Plains Cree

ᐊᔭᒥᐋᐃ ᒪᓯᓇᐦᐃᑲᐣ.

THE BOOK

OF

COMMON PRAYER,

AND ADMINISTRATION OF

THE SACRAMENTS.

AND OTHER RITES AND CEREMONIES OF THE CHURCH

ACCORDING TO THE USE OF THE

Church of England in Canada.

TRANSLATED INTO THE LANGUAGE OF THE CREE INDIANS BY

THE VEN. ARCHDEACON HUNTER, D.D

REVISED BY

THE VEN. ARCHDEACON J. A. MACKAY, D.D.

Anglican Book Centre
Toronto, Canada

Published by
Anglican Book Centre
Toronto, Ontario
Canada M4Y 2J6

Reprinted with a grant from Anglican Book Centre 1992

ISBN 1-55126-059-X

ᑳ ᐃᑕᐢᑌᐠ ᐅᒪ ᐊᔭᒥᐋᐏ ᒪᓯᓇᐃᑲᐣ.

1. ᐊᔭᒥᒋᑫᐏᓇ ᐁ ᐊᔭᒥᐁᑭᓯᑳᐠ ᒥᓇ ᐁ ᑭᐦᒋᑭᓯᑳᐠ.
2. ᑫᑭᓭᐹ ᒥᓇ ᐅᑖᑯᓯ ᐊᔭᒥᐋᐃᐣ.
3. ᒫᒪᐏ ᐊᔭᒥᐁᐢᑖᒪᑫᐏᐣ.
4. ᓇᓈᑐˣ ᐊᔭᒥᐋᐏᓇ ᒥᓇ ᓇᓈᐢᑯᒧᐏᓇ.
5. ᐊᔭᒥᐋᐃᐧᓇ, ᑭᐦᒋᒪᓯᓇᐊᒫᑫᐏᓇ, ᒥᓇ ᒥᐚᒋᒧᐏᓇ.
6. ᑫ ᐃᓯ ᒣᑭᓈᓂᐘˣ ᑲᓈᒋ ᑭᐦᒋᐃᓯᑘᐏᐣ.
7. ᑫ ᐃᓯ ᓯᑲᐊᑖᐦᒋᐠ ᐊᐱᐢᑕᐚᓯᓴᐠ.
8. ᑫ ᐃᓯ ᓯᐅᐊᑖᐦᒋᐠ ᓇᐘᐨ ᑳ ᑲᔭᐦᑌᔮᑎᓯᒋᐠ.
9. ᑲᑵᒋᐦᑐᐏ ᒪᓯᓇᐃᑲᐣ.
10. ᑳ ᐃᑕᐢᑌᐠ ᐊᓱᒋᐦᐃᐍᐏᐣ.
11. ᑫ ᐃᓯ ᑭᐦᒋᐏᑭᐦᑐᐃᐍˣ.
12. ᑫ ᐃᓯ ᓇᐦᐃᓂᐦᒋᐠ ᐅᓂᐱᐘᐠ.
13. ᐁ ᐊᔭᒥᐁᐢᑕᒪᐋᑕᒥˣ ᐊᔭᒥᐋᐏᐣ.
14. ᑫ ᐃᓯ ᐊᔭᒥᐋˣ ᐁ ᓇᓈᐢᑯᒧᐏ ᑭᓯᑳᐠ.
15. ᐁ ᐱᐢᑭᐦᑕᐢᑖˣ ᓱᑿᐊᐢᑳᓂ ᐊᐢᑭ.

ᐊᔭᒥᒋᑫᐃᐧᓇ ᐁ ᐊᔭᒥᐁᑭᓯᑳᐠ ᒥᓇ ᐁ ᑭᐦᑭᑭᓯᑳᐠ.

ᑭᓯᑳᐧ	ᐁ ᑫᑭᓭᐸ ᐊᔭᒥᐋᕽ		ᐁ ᐅᑖᑯᓯ ᐊᔭᒥᐋᕽ	
	ᓂᔅᑕ ᐊᔭᒥᑭᑫᐃᐧᐣ	ᑭᐦᒑᐧᐨ ᐊᔭᒥᑭᑫᐃᐧᐣ	ᓂᔅᑕ ᐊᔭᒥᑭᑫᐃᐧᐣ	ᑭᐦᒑᐧᐨ ᐊᔭᒥᑭᑫᐃᐧᐣ
ᓂᔅᑕ ᐊᔭᒥᐁᑭᓯᑳᐤ ᒣᑳᐧᐨ ᐋᐧᐯᔅ	ᐋᐧᓵᔭ 1, 21 ᐃᔅᑯ	ᓴᔅ ᐯᐅᓪ 1, 26 ᐃᔅᑯ	ᐋᐧᓵᔭ 2, 18 ᐃᔅᑯ	ᓂᓵᐤ ᐱᑦ 3
ᓂᓱ ,, ,, ,,	ᐋᐧᓵᔭ 5, 26 ᐃᔅᑯ	ᓴᔅ ᐯᐅᓪ 1.26 ᐅᐦᑎ, 57 ᐃᔅᑯ	ᐋᐧᓵᔭ 11, 11 ᐃᔅᑯ	ᓂᓵᐤ ᑳᐃᔅᑎᔭᓇ 5
ᓂᔥᑐ ,, ,, ,,	ᐋᐧᓵᔭ 25	ᓴᔅ ᐯᐅᓪ 1.57 ᐅᐦᑎ	ᐋᐧᓵᔭ 26, 16 ᐃᔅᑯ	ᓂᔅᑕ ᑳᐃᔅᑎᔭᓇ 9
ᓀᐤ ,, ,, ,,	ᐋᐧᓵᔭ 30.8 ᐅᐦᑎ, 22 ᐃᔅᑯ	ᓴᔅ ᐯᐅᓪ 3, 19 ᐃᔅᑯ	ᐋᐧᓵᔭ 32, 18 ᐃᔅᑯ	ᑭᔅᑫᔦᐧᑕᑫᐃᐧᐣ 22
ᑳᐃᔅᒪᔅ ᑭᓯᑳᐤ	ᐋᐧᓵᔭ 9, 8 ᐃᔅᑯ	ᓴᔅ ᐯᐅᓪ 2, 15 ᐃᔅᑯ	ᐋᐧᓵᔭ 7.10 ᐅᐦᑎ, 17 ᐃᔅᑯ	ᑖᐧᑕᐢ 3.4 ᐅᐦᑎ, 9 ᐃᔅᑯ
ᓂᔅᑕᐣ ᐊᔭᒥᐁᑭᓯᑳᐤ ᐊᔅᑯᐦ ᑳᐃᔅᒪᔅ ᑭᓯᑳᐤ	ᐋᐧᓵᔭ 35	ᓴᔅ ᐯᐅᓪ 2.15 ᐅᐦᑎ, 39 ᐃᔅᑯ	ᐋᐧᓵᔭ 40, 12 ᐃᔅᑯ	ᑳᐃᐧᓯᔭᓇ 1, 21 ᐃᔅᑯ
ᓂᓱ ,, ,, ,,	ᐋᐧᓵᔭ 42, 17 ᐃᔅᑯ	ᐃᐱᓯᔭᓇ 1.3 ᐅᐦᑎ, 15 ᐃᔅᑯ	ᐋᐧᓵᔭ 43, 22 ᐃᔅᑯ	ᑖᐧᑕᐢ 2.3 ᐅᐦᑎ, 9 ᐃᔅᑯ
ᐅ ᓭᑳᐧᐢᓯᐃᐧᐃᐧᐣ X, ᐁᐊᐧᑯ ᐁ ᐅᐢᑭ ᐊᐢᑭᐊᐧᕽ ᑳ ᐃᑕᐦᑕᐠ	ᑫᓂᐢ 17, 14 ᐃᔅᑯ	ᕑᐅᒪᓇ 2, 17 ᐃᔅᑯ	ᑎᐧᑌᐅᓇᒥ 10.12	ᑳᐃᐧᓯᔮ 2.8 ᐅᐦᑎ, 18 ᐃᔅᑯ
ᓂᔅᑕ ᐊᔭᒥᐁᑭᓯᑳᐤ ᐊᔅᑯᐦ ᐃᐱᐸᓂ	ᐋᐧᓵᔭ 49, 17 ᐃᔅᑯ	ᓴᔅ ᒫᑯ 2, 16 ᐃᔅᑯ	ᐋᐧᓵᔭ 52.13, ᐊᓯᑎ 53	ᐃᐱᓯᔭᓇ 3
ᓂᓱ ,, ,, ,,	ᐋᐧᓵᔭ 54	ᓴᔅ ᐯᐅᓪ 2.40	ᐋᐧᓵᔭ 55	ᐃᓯᑭᑫᐃᐧᓇ 8.26
ᓂᔥᑐ ,, ,, ,,	ᐋᐧᓵᔭ 60	ᓴᔅ ᒪᐤ 1.29	ᐋᐧᓵᔭ 61	ᐃᓯᑭᑫᐃᐧᓇ 9, 23 ᐃᔅᑯ
ᓀᐤ ,, ,, ,,	ᐋᐧᓵᔭ 62	ᓴᔅ ᒫᑯ 4	ᐋᐧᓵᔭ 63.7 ᐅᐦᑎ, 15 ᐃᔅᑯ	ᐃᓯᑭᑫᐃᐧᓇ 9.23
ᓂᔭᓇᐣ ,, ,, ,,	ᐋᐧᓵᔭ 65.8	ᓴᔅ ᒪᐤ 2	ᐋᐧᓵᔭ 66, 23 ᐃᔅᑯ	ᐃᓯᑭᑫᐃᐧᓇ 10, 24 ᐃᔅᑯ
ᓂᑯᑖᐧᓯᐠ ,, ,, ,,	ᑲᑫᐦᑖᐁᐧᐃᐧᓇ 8	ᓴᔅ ᒫᐢ 2.13	ᑲᑫᐦᑖᐁᐧᐃᐧᓇ 15	ᐃᓯᑭᑫᐃᐧᓇ 10.24
ᐊᔭᒥᐁᑭᓯᑳᐤ ᓭᑎᐊᐧᑫᓯᒪ ᑳ ᐃᓯᔮᐸᑌᐠ	ᑫᓂᐢ 1, ᐊᓯᑎ 2, 4 ᐃᔅᑯ	ᓴᔅ ᒫᑯ 16.13	ᑫᓂᐢ 2.4	ᐃᐱᓯᔭᓇ 1
,, ᓭᓭᑫᓯᒪ ,, ,,	ᑫᓂᐢ 3	ᓴᔅ ᒫᑯ 17, 22 ᐃᔅᑯ	ᑫᓂᐢ 6	ᐃᐱᓯᔭᓇ 2
,, ᑭᐢᑳᐧᑫᓯᒪ ,, ,,	ᑫᓂᐢ 8	ᓴᔅ ᒫᐢ 9.30.	ᑫᓂᐢ 9, 20 ᐃᔅᑯ	ᐸᐦᐃᒪᐣ
ᐋᐢᑫᐧᓂᐢᑐ, ᐁᐊᐧᑯ ᓂᔅᑕ ᑭᓯᑳᐤ ᐸᐁᐧᔅ	ᐋᐧᓵᔭ 58	ᓴᔅ ᒫᐢ 2.13 ᐅᐦᑎ, 23 ᐃᔅᑯ	ᒐᓇ 3	ᐃᐸᐅᐧ 12, 18 ᐃᔅᑯ
ᓂᔅᑕ ᐊᔭᒥᐁᑭᓯᑳᐤ ᒣᑳᐧᐨ ᐸᐁᐧᔅ	ᑫᓂᐢ 11.31, ᐊᓯᑎ 12, 9 ᐃᔅᑯ	ᓴᔅ ᒫᑯ 18	ᑫᓂᐢ 15, 19 ᐃᔅᑯ	ᓴᔅ ᒐᐣ
ᓂᓱ ,, ,, ,,	ᑫᓂᐢ 17, 10 ᐃᔅᑯ	ᓴᔅ ᒫᑯ 23	ᑫᓂᐢ 21, 22 ᐃᔅᑯ	ᐱᐢᐃᐱᓯᔭᓇ 2, 17 ᐃᔅᑯ
ᓂᔥᑐ ,, ,, ,,	ᑫᓂᐢ 22, 20 ᐃᔅᑯ	ᓴᔅ ᒪᐤ 17	ᑫᓂᐢ 32, 31 ᐃᔅᑯ	ᑭᔅᑫᔦᐧᑕᑫᐃᐧᐣ 5.6

ᓀᐤ ” ” ”	ᑫᓂᓯᐢ 37	ᓴᐣᐟ ᓘᐠ 23, 26 ᐃᐢᑯ	ᑫᓂᓯᐢ 45	ᐃᐸᐅᐊᐧ 12, 17 ᐃᐢᑯ
ᓂᔮᓇᓐ ” ” ”	ᐁᐠᓵᑐᐢ 3, 21 ᐃᐢᑯ	ᓴᐣᐟ ᒫᐢ 14.12, 43 ᐃᐢᑯ	ᐁᐠᓵᑐᐢ 5, ᐊᓯᑭ 6.2 ᐃᐢᑯ	ᓂᔥᑕ ᑎᒪᑎ 6
ᐹᐟ ᐊᔭᒥᐁᑭᓯᑳᐤ	ᓴᑳᐧᔭ 9, 9.15 ᐃᐢᑯ	ᓴᐣᐟ ᒫᔪ 26.14.	ᐁᐠᓵᑐᐢ 11	ᓴᐣᐟ ᓘᐠ 19.28 ᑕ
ᑳ ᒥᔭᐧᑭᐦᑌᐠ ᐹᐊᐧᑌ	ᑫᓂᓯᐢ 22, 19 ᐃᐢᑯ	ᓴᐣᐟ ᒑᐣ 18	ᐋᐧᓵᔭ 52.13, ᐊᓯᑭ 53	ᓂᔥᑕ ᐱᑕ 2
ᐃ ᑕ, ᐁᐊᑯ ᐊᐱᓯᓯᓄᐃᐧ ᑭᓯᑳᐤ	ᐁᐠᓵᑐᐢ 12, 18 ᐃᐢᑯ	ᓴᐣᐟ ᒫᔪ 28	ᐋᐧᓵᔭ 52, 13 ᐃᐢᑯ	ᓴᐣᐟ ᒑᐣ 20.11 ᐅᐦᒋ, 19 ᐃᐢᑯ
ᓂᔥᑕ ᐊᔭᒥᐁᑭᓯᑳᐤ ᐁ ᑭ ᐃᐢᑕ ᑭᓯᑳᐠ	ᐁᐠᓵᑐᐢ 16, 19 ᐃᐢᑯ	ᓴᐣᐟ ᓘᐠ 24.13 ᐅᐦᒋ, 35 ᐃᐢᑯ	ᐁᐠᓵᑐᐢ 17	ᓂᔥᑕ ᑳᐃᐧᑎᔭᓇ 15, 29 ᐃᐢᑯ
ᓂᔥ ” ” ” ”	ᐁᐠᓵᑐᐢ 24	ᓴᐣᐟ ᒫᐢ 16, 19 ᐃᐢᑯ	ᐁᐠᓵᑐᐢ 34, 15 ᐃᐢᑯ	ᓂᔥᑕ ᑳᐃᐧᑎᔭᓇ 15.32
ᓂᐢᑐ ” ” ” ”	ᓇᐸᑕᐢ 14, 25 ᐃᐢᑯ	ᓴᐣᐟ ᒑᐣ 21	ᓇᐸᑕᐢ 20.22, ᐊᓯᑭ 21.10 ᐃᐢᑯ	ᑳᐋᐧᓯᔭᓇ 3
ᓀᐤ ” ” ” ”	ᓇᐸᑕᐢ 22, 21 ᐃᐢᑯ	ᓴᐣᐟ ᒑᐣ 14	ᓇᐸᑕᐢ 24	ᐅᒪᓇ 6.3
ᓂᔮᓇᓐ ” ” ” ”	ᑎᔪᑕᐊᓇᒥ 4, 23 ᐃᐢᑯ	ᐃᓯᑭᑫᐃᐧᓇ 1, 9 ᐃᐢᑯ	ᑎᔪᑕᐊᓇᒥ 4.23 ᐅᐦᒋ, 41 ᐃᐢᑯ	ᓂᓵᐧᐤ ᑳᐃᐧᑎᔭᓇ 9
ᐅᐦᐱᐢᑳᐃᐧ ᑭᓯᑳᐤ	ᑳᓂᐁᐢ 7.9 ᐅᐦᒋ, 15 ᐃᐢᑯ	ᓴᐣᐟ ᓘᐠ 24.44	ᓂᓵᐧᐤ ᑭᐦᒋ ᐅᑭᒫᐊᐧᐠ 2, 16 ᐃᐢᑯ	ᐃᐸᐅᐊᐧ 4
ᐊᔭᒥᐁᑭᓯᑳᐤ ᐁ ᑭ ᐅᐦᐱᐢᑳᐃᐧ ᑭᓯᑳᐠ	ᑎᔪᑕᐊᓇᒥ 6	ᐃᓯᑭᑫᐃᐧᓇ 1.9 ᐅᐦᒋ, 26 ᐃᐢᑯ	ᑎᔪᑕᐊᓇᒥ 10.12 ᐅᐦᒋ, ᐊᓯᑭ 11.2 ᐃᐢᑯ	ᐃᐸᐅᐊᐧ 9.2
ᐦᐄᐧᐟ ᐊᔭᒥᐁᑭᓯᑳᐤ	ᑎᔪᑕᐊᓇᒥ 16, 18 ᐃᐢᑯ	ᐅᒪᓇ 8, 18 ᐃᐢᑯ	ᒍᐁᐢ 2.21	ᑳᐁᓯᔭᓇ 5.16
ᑕᐃᓂᑎ ᐊᔭᒥᐁᑭᓯᑳᐤ	ᐋᐧᓵᔭ 6, 8 ᐃᐢᑯ	ᓴᐣᐟ ᒫᔪ 3	ᐋᐧᓵᔭ 40.12	ᓂᐢᑕᐧᐤ ᑳᐃᐧᑎᔭᓇ 13.5
ᓂᔥᑕ ᐊᔭᒥᐁᑭᓯᑳᐤ ᐊᐢᑯᐦᒡ ᑕᐃᓂᑎ	ᑎᔪᑕᐊᓇᒥ 30	ᐅᒪᓇ 13	ᑎᔪᑕᐊᓇᒥ 31, 14 ᐃᐢᑯ	ᓴᐣᐟ ᒫᔪ 5, 21 ᐃᐢᑯ
ᓂᔥ ” ” ”	ᑎᔪᑕᐊᓇᒥ 32, 13 ᐃᐢᑯ	ᓂᔥᑕ ᑳᐃᐧᑎᔭᓇ 3	ᑎᔪᑕᐊᓇᒥ 34	ᓴᐣᐟ ᒫᔪ 5.21
ᓂᐢᑐ ” ” ”	ᒑᔕᐊ 1	ᐱᐁᐃᐱᔭᓇ 4.4	ᒑᔕᐊ 5.13 ᐅᐦᒋ, 6.21 ᐃᐢᑯ	ᓴᐣᐟ ᒫᔪ 6, 19 ᐃᐢᑯ
ᓀᐤ ” ” ”	ᒑᔕᐊ 23	ᑳᐋᐧᓯᔭᓇ 3, 18 ᐃᐢᑯ	ᒑᔕᐊ 24, 26 ᐃᐢᑯ	ᓴᐣᐟ ᒫᔪ 6.19
ᓂᔮᓇᓐ ” ” ”	ᐅᔭᓱᐁᐧᐊᐧᐢ 4, 17 ᐃᐢᑯ	ᐃᐱᓯᔭᓇ 4, 17 ᐃᐢᑯ	ᐅᔭᓱᐁᐧᐊᐧᐢ 5, 24 ᐃᐢᑯ	ᓴᐣᐟ ᒫᔪ 7
ᓂᑯᑖᐧᓯᐠ ” ” ”	ᓂᔥᑕ ᓵᑕᔪᐃᐢ 2, 22 ᐃᐢᑯ	ᓂᔥᑕ ᒑᐣ 4.7	ᓂᔥᑕ ᓵᑕᔪᐃᐢ 3	ᓴᐣᐟ ᒫᐢ 4, 21 ᐃᐢᑯ
ᑌᐸᑯᐦᑊ ” ” ”	ᓂᔥᑕ ᓵᑕᔪᐃᐢ 4, 19 ᐃᐢᑯ	ᑫᒥᐢ 1, 16 ᐃᐢᑯ	ᓂᔥᑕ ᓵᑕᔪᐃᐢ 12	ᓴᐣᐟ ᒫᔪ 13.24 ᐅᐦᒋ, 47 ᐃᐢᑯ
ᐊᔦᓈᐤ ” ” ”	ᓂᔥᑕ ᓵᑕᔪᐃᐢ 16	ᑳᐁᓯᔭᓇ 5	ᓂᔥᑕ ᓵᑕᔪᐃᐢ 17.20	ᓴᐣᐟ ᒫᔪ 18.21
ᑫᐠ ᒦᑕᐦᑦ ” ” ”	ᓂᓵᐧᐤ ᓵᑕᔪᐃᐢ 1.17	ᐅᒪᓇ 7.7	ᓂᓵᐧᐤ ᓵᑕᔪᐃᐢ 12, 24 ᐃᐢᑯ	ᓴᐣᐟ ᒫᔪ 20, 17 ᐃᐢᑯ
ᒦᑕᐦᑦ ” ” ”	ᓂᔥᑕ ᐊᑭᓅᔭᑭᒍᐃᐧᓇ 22.2	ᓂᔥᑕ ᒑᐣ 5	ᓂᔥᑕ ᐊᑭᓅᔭᑭᒍᐃᐧᓇ 29.9 ᐅᐦᒋ, 29 ᐃᐢᑯ	ᓴᐣᐟ ᒫᔪ 25.14 ᐅᐦᒋ, 31. ᐃᐢᑯ

ᐊᔭᒥᕽᑫᐃᐧᓇ ᐁ ᐊᔭᒥᐁᑭᓯᑲᐤ ᒥᓇ ᐁ ᑮᐦᑭᓯᑲᐤ.

ᑭᓯᑲᐧ	ᐁ ᑫᑭᓭᐸ ᐊᔭᒥᐊᐧᐠ		ᐁ ᐅᑖᑯᓯᐠ ᐊᔭᒥᐊᐧᐠ	
	ᓂᐢᑕᐟ ᐊᔭᒥᐦᒋᑫᐃᐧᐣ	ᑮᐦᑖᐧᐠ ᐊᔭᒥᐦᒋᑫᐃᐧᐣ	ᓂᐢᑕᐟ ᐊᔭᒥᐦᒋᑫᐃᐧᐣ	ᑮᐦᑖᐧᐠ ᐊᔭᒥᐦᒋᑫᐃᐧᐣ
ᒥᑖᐦᐧ ᐯᔭᑯᔓ ᐊᔭᒥᐁᑭᓯᑳᐤ ᐊᐢᑯᐦᐨ ᑖᐃᓂᑎ	ᓂᐢᑕᐟ ᑮᐦᑎᐅᑭᒪᐊᐧᐠ 8, 22 ᐃᐢᑯ	ᓂᐢᑕᐟ ᒫᐠ 2, 18 ᐃᐢᑯ	ᓂᐢᑕᐟ ᑮᐦᑎᐅᑭᒪᐊᐧᐠ 8.22 ᐅᐦᑎ, 41 ᐃᐢᑯ	ᔫᐣ ᓵᐠ 10.25 ᐅᐦᑎ, 38 ᐃᐢᑯ
ᒥᑕᐦᐧ ᓂᓱᔓ „ „ „	ᓂᐢᑕᐟ ᑮᐦᑎᐅᑭᒪᐊᐧᐠ 17	ᓂᐢᑕᐟ ᐱᐟ 2	ᓂᐢᑕᐟ ᑮᐦᑎᐅᑭᒪᐊᐧᐠ 18.17	ᔫᐣ ᓵᐠ 15
ᒥᑖᐦᐧ ᓂᐢᑐᔓ „ „ „	ᓂᐢᑕᐟ ᑮᐦᑎᐅᑭᒪᐊᐧᐠ 19	ᓂᐢᑕᐟ ᑌᓴᓬᐊᓂᔭᓇ 5.5	ᓂᐢᑕᐟ ᑮᐦᑎᐅᑭᒪᐊᐧᐠ 21, 21 ᐃᐢᑯ	ᔫᐣ ᓵᐠ 12.15 ᐅᐦᑎ, 35 ᐃᐢᑯ
ᒥᑖᐦᐧ ᓀᐅᔓ „ „ „	ᓂᓲᐤ ᑮᐦᑎᐅᑭᒪᐊᐧᐠ 2, 16 ᐃᐢᑯ	ᓂᐢᑕᐟ ᑳᓬᐃᔅᑎᔭᓇ 13	ᓂᓲᐤ ᑮᐦᑎᐅᑭᒪᐊᐧᐠ 5	ᔫᐣ ᓵᐠ 14, 25 ᐃᐢᑯ
ᒥᑖᐦᐧ ᓂᔭᓇᓄᔓ „ „ „	ᓂᓲᐤ ᑮᐦᑎᐅᑭᒪᐊᐧᐠ 6.8 ᐅᐦᑎ, 24 ᐃᐢᑯ	ᑭᐢᑫᔨᐦᑖᑯᐦᑫᐃᐧᐣ 2	ᓂᓲᐤ ᑮᐦᑎᐅᑭᒪᐊᐧᐠ 19, 29 ᐃᐢᑯ	ᔫᐣ ᓵᐠ 16.19
ᒥᑖᐦᐧ ᓂᑯᑖᐧᓯᔓ „ „ „	ᑫᓬᐃᒪᔮ 5	ᑭᐢᑫᔨᐦᑖᑯᐦᑫᐃᐧᐣ 3	ᑫᓬᐃᒪᔭ 9, 25 ᐃᐢᑯ	ᔫᐣ ᓵᐠ 18.9 ᐅᐦᑎ, 28ᐃᐢᑯ
ᒥᑖᐦᐧ ᑌᐸᑯᐦᑊᔓ „ „ „	ᑫᓬᐃᒪᔭ 31, 14 ᐃᐢᑯ	ᑫᒥᐢ 2	ᑫᓬᐃᒪᔭ 31.27 ᐅᐦᑎ, 35 ᐃᐢᑯ	ᔫᐣ ᒫᐠ 3, 22 ᐃᐢᑯ
ᒥᑖᐦᐧ ᐊᔦᓈᓀᐅᔓ „ „ „	ᑫᓬᐃᒪᔭ 35	ᓂᐢᑕᐟ ᑳᓬᐃᔅᑎᔭᓇ 6.9	ᑫᓬᐃᔭᔭ 36.20	ᐃᐟᑫᐃᐧᓇ 8.5 ᐅᐦᑎ, 26ᐃᐢᑯ
ᑫᑳᐟ ᓂᓯᑕᓇᐤ „ „ „	ᑫᓬᐃᒪᔭ 16.10	ᓂᐢᑕᐟ ᑳᓬᐃᔅᑎᔭᓇ 2	ᓂᐦᐃᒪᔭ 1.2, 9 ᐃᐢᑯ	ᔫᐣ ᒫᐠ 6, 41 ᐃᐢᑯ
ᓂᓯᑕᓇᐤ „ „ „	ᐃᓯᑭᔭᔅ 14	ᓲᓚᓇ 12	ᐃᓯᑭᔭᔅ 18.20	ᔫᐣ ᒫᐠ 6.41
ᓂᓯᑕᓇᐤ ᐯᔭᑯᔓ „ „ „	ᐃᓯᑭᔭᔅ 34, 27 ᐃᐢᑯ	ᓂᐢᑕᐟ ᒫᐠ 1.2, 3 ᐃᐢᑯ	ᒑᓂᐁᔅ 3	ᔫᐣ ᒫᐠ 15
ᓂᓯᑕᓇᐤ ᓂᓱᔓ „ „ „	ᒑᓂᐁᔅ 5	ᓂᐢᑕᐟ ᑳᓬᐃᔅᑎᔭᓇ 12	ᒑᓂᐁᔅ 6	ᔫᐣ ᓵᐠ 5, 17 ᐃᐢᑯ
ᓂᓯᑕᓇᐤ ᓂᐢᑐᔓ „ „ „	ᐦᐋᓯᔭ 11	ᓂᐢᑕᐟ ᑎᒥᑎ 1.15 ᐅᐦᑎ, 2.9 ᐃᐢᑯ	ᐦᐋᑫᐊᐧ 2, 10 ᐃᐢᑯ	ᔫᐣ ᒮᔅ 2, 18 ᐃᐢᑯ
ᓂᓯᑕᓇᐤ ᓀᐅᔓ „ „ „	ᐦᐋᓯᔭ 14	ᑭᐢᑫᔨᐦᑖᑯᑫᐃᐧᐣ 7	ᒪᐦᑲ 6	ᔫᐣ ᒫᐠ 5, 25 ᐃᐢᑯ
ᓂᓯᑕᓇᐤ ᓂᔭᓇᓄᔓ „ „ „	ᐁᒥᐢ 5	ᑭᐢᑫᔨᐦᑖᑯᑫᐃᐧᐣ 21	ᐁᒥᐢ 9	ᔫᐣ ᓵᐠ 7, 18 ᐃᐢᑯ
ᓂᓯᑕᓇᐤ ᓂᑯᑖᐧᓯᔓ „ „ „	ᓵᑳᔅᐊᔭ 7.8 ᐅᐦᑎ, 8.9 ᐃᐢᑯ	ᑭᐢᑫᔨᐦᑕᑯᑫᐃᐧᐣ 22	ᒫᔅᐊᑲᐧ 3 ᐊᐟᑎ 4	ᔫᐣ ᒮᔅ 5.22

KEY TO THE CREE SYLLABIC SYSTEM.

VOWELS.

	as in h*a*te, ā	as *i* in p*i*n, e	as in n*o*, o	as in p*u*n, u	as in p*a*n, a	Final Consonants.
	ᐁ	ᐃ	ᐅ	ᐊ	ᐊ	
W	wā ᐌ	we ᐍ	wo ᐅ	wu ᐘ	wa ᐚ	
P	pā ᐯ	pe ᐱ	po ᐳ	pu ᐸ	pa ᐹ	ᑊ
T	tā ᑌ	te ᑎ	to ᑐ	tu ᑕ	ta ᑖ	ᐟ
K	kā ᑫ	ke ᑭ	ko ᑯ	ku ᑲ	ka ᑳ	ᐠ
Ch	chā ᒉ	che ᒋ	cho ᒍ	chŭ ᒐ	cha ᒑ	ᐨ
M	mā ᒣ	me ᒥ	mo ᒧ	mu ᒪ	ma ᒫ	ᒼ
N	nā ᓀ	ne ᓂ	no ᓄ	nu ᓇ	na ᓈ	ᐣ
S	sā ᓭ	se ᓯ	so ᓱ	su ᓴ	sa ᓵ	ᐢ
Y	yā ᔦ	ye ᔨ	yo ᔪ	yu ᔭ	ya ᔮ	

Final w . . . ᐤ

" i . . ᐧ

Aspirated final k ᕽ

Extra signs— X = Christ, ᕒ = r, ᓬ = l, = wi,
" = h before a vowel.
" = a soft guttural h when before a consonant.

KEY TO THE ORTHOGRAPHY.

The consonants are sounded as in English.

The vowels are sounded as follows:—

ā	as	***a***	in	h*a*te.
a	,,	***a***	,,	f*a*r.
e	,,	*e*	,,	m*e*.
i	,,	*i*	,,	p*i*n.
ī	,,	*i*	,,	th*i*ne.
o	,,	*o*	,,	n*o*te.
u	,,	*u*	,,	b*u*t.
oo	,,	*oo*	,,	s*oo*n.
ew	,,	*ew*	,,	f*ew*.
ow	,,	*ow*	,,	n*ow*.

aw, *a* as in f*a*r and *w* as in no*w*.

Vowels are always pronounced separately, as **Kī**-che is-e-twa-**win.**

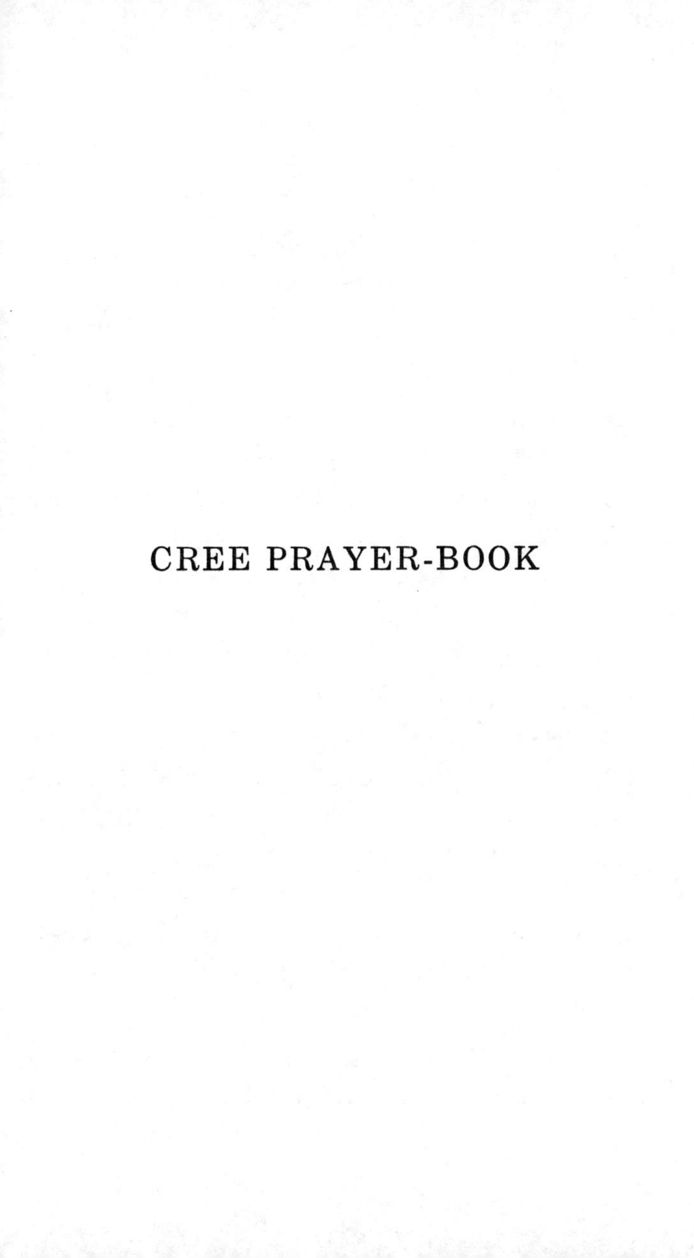

CREE PRAYER-BOOK

ᑫ ᐃᓯ ᐊᔕᒥᐊᕽ

ᐁ ᑫᑭᓭᐹᔮᐠ ᒥᓇ ᐁ ᐅᑖᑯᓯᐢᐠ

ᑕᐦᑤᐤ ᐁ ᑭᓯᑳᐠ ᒥᓭᑳᒼ ᐊᐢᑭᐃᐧᐣ.

¶ ᐁ ᒪᒋ ᐊᔕᒥᐋᕽ ᐊᔕᒥᐁᐃᐧᐦᐅᓂᐤ ᑭᑕ ᐊᔕᒥᑖᐤ ᓈᐣᑕᐤ ᐯᔕᐠ ᐊᐦᐴ ᐊᐊᐧᓯᒼ ᐅᐦᐃ ᐱᐢᑭᑕᓯᓇᐦᐃᑲᓂᓭ, ᐁᑲᐧ ᒫᑲ ᑭᑕ ᐃᑌᐤ ᐊᓂᒪ ᐊᐢᑯᐦᐨ ᑳ ᐊᑎ ᒪᓯᓇᐃᑳᑌᐠ.

ᐃᐢᐱ ᑳ ᒪᒑᔑᐃᐧᐟ ᐊᔑᓯᔑᓂᐤ ᐳᓂᑖᒋ ᐅ ᒪᒋᐦᑎᐃᐧᐣ
ᑳ ᑭ ᐃᐦᑐᑕᕽ ᒥᓇ ᐃᐦᑐᑖᐦᑭ ᐊᓂᒪ ᑳ ᐃᑕᐢᑌᐠ ᐅᔕᓱᐍᐃᐧᐣ
ᒥᓇ ᑳ ᑲᐧᔕᐢᑲᐧᕽ ᑭᑕ ᐱᒫᒋᐁᐤ ᐅᐟ ᐊᒑᐦᑲᐧ. ᐃᓯᑭᐁᓬ
xviii. 27.

ᓂ ᐄᐧᐦᑌᐣ ᓂ ᐊᐧᓂᐦᑎᐃᐧᓇ, ᒥᓇ ᓂ ᒪᒋᐦᑎᐃᐧᐣ ᑳᑭᑫ
ᓈᐦᑎᐢᑲᐃᐧᐢᑳᑯᐣ. ᓂᑲᒧᓇ li. 3.

ᐸᑖᐸᐦᑕᒪᐃᐧᐣ ᑮᔮᐟ ᓂ ᒪᒋᐦᑎᐃᐧᓇ ᒥᓇ ᑳᓯᐯᐦᐊ ᑲᑭᔭᐤ
ᓂ ᒪᒌᔑᐃᐧᓇ. ᓂᑲᒧᓇ li. 9.

ᐅ ᐸᑭᑎᓇᒫᑯᐃᐧᐣ ᑭᓭᒪᓂᑐ ᐁᐊᐧᑯ ᐁ ᐱᑯ ᐋᔮᐟ
ᐋᒑᕽ, ᐧ ᐱᑯ ᐋᔮᐠ ᒥᓇ ᐁ ᐸᑕᐯᔑᒧᒪᑲᕽ ᒥᑌᐦ ᑭᓭ-
ᒪᓂᑐ ᓇᒪᐃᐧᔭ ᑭ ᑲ ᐋᑕᐍᔑᑌᐣ. ᓂᑲᒧᓇ li. 17.

ᔮᔑᑭᐱᑕᒧᐠ ᑭᑌᐦᐃᐋᐧᐊᐧ ᓇᒪᐃᐧᔭ ᒫᑲ ᑭ ᑭᑭᐢᑳᒥᑲᐧ-
ᓂᐋᐧᐊᐧ, ᒥᓇ ᑫᐧᐢᑭᐢᑖᕽ ᑳ ᑎᐯᔑᒥᑫᐟ ᑭ ᑭᓭᒪᓂᑐᒥᐋᐧᐤ
ᒋᑫᒫ ᑭᓭᐋᐧᑎᓯᐤ ᒥᓇ ᑭᑎᒫᑭᓈᑫᐤ, ᐸᐯᒋᐤ ᑭᑕ ᑭᓯᐋᐧᓯᐟ
ᒥᓇ ᐍᔐᒋ ᑭᓭᐋᐧᑎᓯᐤ, ᒥᓇ ᐳᓅᔑᑕᐨ ᒫᔑᑫᑲᐧ. ᔪᐃᓬ
ii. 13.

ᑳ ᑎᐯᔑᒥᑫᐟ ᑭ ᑭᓭᒪᓂᑐᒥᓇᐤ ᐋᔮᐤ ᑭᓭᐋᐧᑎᓯᐃᐧᓇ
ᒥᓇ ᐊᓭᓈᒫᑫᐃᐧᓇ ᐁ ᐋᑕ ᑭ ᐊᐧᓂᑐᑕᐋᐧᔭᕽ, ᐁᑳ ᐁ

KĀ ISSE UYUMIHÅK

Ā Kākisāpayak Menu ā Otakosik

TU̇TWAW Ā KESIKAK MISUKAMĀ USKEWIN.

¶ Ā mache uyumihåk Uyumihāweyinew kittu uyumitaw nantow pāyuk u̇po uwusimā ohe piskitusinuhikunisu ākwu maku kittu itwāo unimu uskȯch ka utte musinuhikatāk.

Ispe ka muchayiwit uyiseyinew ponitache o muchėtiwin ka ke itotu̇k, menu itotu̇ke unimu ka itustāk oyusowāwin menu ka kwuyuskwu̇k kittu pimachihāo ot uchåkwu.—Ezek. xviii. 27.

Ne wėtān ne wunėtiwinu, menu ne muchėtiwin kakekā nȯtiskowiskakon.—Psalm li. 3.

Putapu̇tumowin keyam ne muchėtiwinu menu kasepāhu ku̇keyow ne muchayiwinu.—Psalm li. 9.

O pukitinumakoowin Kisāmunito āwuko ā peko uyat uchåk, ā peko uyak menu ā putupāyimomuku̇k metāh, Kisāmunito numuweyu ke ku atuwāyitān.—Psalm li. 17.

Yayikipitumok ketāhiwawu numuweyu maku ke kikiskachikuniwawu menu kwāskeståk ka Tipāyichikāt ke Kisāmunitomiwaw chikāma kisāwatisew menu kitimakinakāo, pupāchew kittu kisiwasit menu wāyoche kisāwatisew, menu ponā yitum mayekākwi.—Joel ii. 13.

Ka Tipāyichikāt ke Kisāmunitominow uyaw kisāwatisewinu menu usānumakāwinu ā atu ke wunitotuwayuk, āka ā ȯche nutȯtumwayu̇k ot

ᐅᐦᒋ ᓇᑐᐦᑖᒫᐧᔭˣ ᐅᐟ ᐃᑌᐧᐃᐧᐣ ᑳ ᑎᐯᔨᒋᑫᐟ ᑭ ᑭᓭᒪ-ᓂᑐᒥᓇᐤ ᑭᑕ ᒥᑎᒣᔭˣ ᐅᔭᓱᐁᐧᐃᐧᓇᐧ ᑳ ᑭ ᐅᐦᑎᐢᑲᐊᐧᐢ-ᑖᐧᑯᔭˣ. ᑖᓂᔭᓬ ix. 9, 10.

ᑌᐯᔨᒋᑫᔭᐣ ᑲᑫᐢᑭᒥᐣ ᒫᑲ ᓇᐦᐁᑳᐨ, ᓇᒪᐃᐧᔭ ᑭ ᑭᓯ-ᐋᐧᓯᐃᐧᓂˣ ᐁᑳ ᑭᑕ ᐃᓯᐦᐃᔭᐣ ᑖᐱᐢᑯᐨ ᓇᒪ ᑫᑳ:. ᒉᕒᐃᒫᔭ x. 24; ᓂᑲᒧᓇ vi. 1.

ᓂ ᑲ ᐸᓯᑯᐣ ᐁᑯᓯ ᓂ ᑲ ᓈᑖᐤ ᓅᐦᑖᐃᐧ, ᒥᓇ ᓂ ᑲ ᐃᑖᐤ, ᓅᐦᑖ, ᓂ ᑭ ᒪᒋᑐᑌᐣ ᑭᐦᒋᑭᓯᐠ, ᒥᓇ ᑭᔭ ᐁ ᐃᑖᐱᓯᓂᔭᐣ, ᐁᑯᓯ ᒫᑲ ᓇᒪᐃᐧᔭ ᓂ ᑌᐸᑫᔨᑖᑯᓯᐣ ᑭᑯ ᐢ ᑭᑕ ᐃᑎᐦᐃᐧᔮᐣ. ᓴᐣᐟ ᓬᐅᐠ xv. 18, 19.

ᐁᑳᐃᐧᔭ ᐱᐦᑐᑲᐦ ᑭᐟ ᐊᑐᐢᑮᔭᑲᐣ ᐅᔭᓱᐁᐧᓄᐧᓂˣ ᑌᐯ-ᔨᒋᑫᔭᐣ, ᒋᑫᒫ ᑭᔭ ᐁ ᐃᓯ ᐋᐧᐸᐦᑕᒪᐣ ᓇᒪᐃᐧᔭ ᐊᐃᐧᔭᐠ ᐊᔨᓯᔨᓂᐤ ᑭᑕ ᑭ ᑲᐧᔭᐢᑭᑖᑎᓯᐊᐧᑭᒫᐤ. ᓂᑲᒧᓇ cxliii. 2.

ᑭᐢᐱᐣ ᓇᒪᐃᐧᔭ ᓂᐟ ᐊᔮᓈᐣ ᒪᒋᐦᑎᐃᐧᐣ ᑭᐟ ᐃᑖᐧᓈᓇᐤ, ᑭ ᒋᓯᒥᓱᓇᐤ ᒥᓇ ᓇᒪᐃᐧᔭ ᑖᐯᐃᐧᐣ ᑭ ᑭᑭᐢᑳᔨᓈᓇᐤ, ᒫᑲ ᑭᐢᐱᐣ ᑭᐟ ᐋᒋᒧᓈᓇᐤ ᑭ ᒪᒋᐦᑎᐃᐧᓂᓇᐊᐧ ᐃᐧᔭ ᑖᐯᐤ ᒥᓇ ᑲᐧᔭᐢᑳᐧᑎᓯᐤ ᑭᑕ ᐊᐢᓇᒫᑕˣ ᑭ ᒪᒋᐦᑎᐃᐧᓂᓇᐊᐧ, ᒥᓇ ᑭᑕ ᐯᐦᑭᐃᑯᔭˣ ᑲᐦᑭᔭᐤ ᐁᑳ ᑲᐧᔭᐢᑳᐧᑎᓯᐃᐧᐣ ᐅᐦᒋ. ᓂᐢᑕᐟ ᒎᐣ i. 8, 9.

ᐊᔭᒥᐋᐃᐧ ᐊᑐᐢᑳˣ ᑳ ᑎᐯᔨᒋᑫᐟ ᐁ ᐃᓯ ᑲᑕᐊᐧᓯᓯᐠ ᓄᓈᑎᓯᐃᐧᐣ; ᓂᓯᑫᐧᔨᒥˣ ᐁ ᐅᐦᑎᐢᑲᐃᐧᐢᑲᐋᐧᓭᐠ ᒥᓯᐁᐧ ᐊᐢᑭ. ᓂᑲᒧᓇ xcvi. 9.

ᐁᒥᓯ ᐃᑌᐤ ᑳ ᐃᐢᐯᔨᑖᑯᓯᐟ ᐅᑎᐢᐹᑫᔨᑖᑯᓯᐤ ᑲ ᐅᐟ ᐃᐦᑖᐃᐧᓂᐟ ᑳᑭᑫ ᐊᔮᐃᐧᓂˣ, ᐅᑲᓈᑎᓯᐤ ᑳ ᐃᓯᔨᑳᓱᐟ; ᓂ ᐃᐧᑭᐣ ᐃᑕ ᑳ ᐃᐢᐹᐠ ᒥᓇ ᑳ ᑲᓈᑕˣ, ᒥᓇ ᐁ ᐃᐧᒋᐋᔮᒪᐠ ᐊᓇ ᑳ ᑑᓯᐁᐧᔨᒧᐟ ᒥᓇ ᑳ ᑕᐸᐦᑌᔨᒧᐟ ᐅᐟ ᐸᒎᐦᑯˣ. ᐋᓴᔭ lvii. 15.

itwāwin ka Tipāyichikāt ke Kisāmunitominow kittu mitimāyuk oyusowāwinu ka ke ōtiskowustwakoyuk.—Dan. ix. 9, 10.

Tāpāyichikāyun kukāskimin maku nuhākach, numuweyu ke kisiwasiwinik āka kittu isehiyun tapiskoch numu kākwi.—Jer. x. 24; Psalm vi. 1.

Ne ku pusikon ākose ne ku nataw nōtawe, menu ne ku itaw, Nōta, ne ke muchetotān kichekesik, menu keyu ā itapisineyun, ākose maku numuweyu ne tāpukāyitakosin kekosis kittu itikowiyan.—St. Luke xv. 18, 19.

Ākaweyu pētokū ket utoskāyakun oyusowāwinik Tāpāyichikāyun, chikāma keyu ā isse waputumun numuweyu uweyuk uyiseyinew kittu ke kwuyuskitatisewukimaw.—Psalm cxliii. 2.

Kespin numuweyu net uyanan muchētiwin ket itwananow, ke chesimisonow menu numuweyu tapwāwin ke kikiskakonanow, maku kespin ket achimonanow ke muchētiwininowu weyu tapwāo menu kwuyuskwatisew kittu usānumatuk ke muchētiwininowu, menu kittu pākihikoyuk kukeyow āka kwuyuskwatisewin ōche.—1 St John i. 8, 9.

Uyumihawe utoskāk ka Tipāyichikāt ā isse kutuwusisik kunatisewin; kosikwāyimik a ōtiskowiskowayāk misiwā uske—Psalm xcvi 9.

Omisse itwāo ka ispāyitakosit Otispakāyitakosew ka ot itawinit kakekā uyawinik, Okunatisew ka isseyikasot; ne wekin ittu ka ispak menu ka kunatuk, menu a weche uyamuk unu ka nāsowāyimot menu ka tuputāyimot ot uchākōk.—Isaiah lvii. 15.

᙭ᒪᐢ ᑭᓯᑳᐤ. ᒫᑎᑲ ᑭ ᐯᑕᒫᑎᓈᐚᐤ ᐁᓯ ᒥᔮᐧᑐᑖᑲᐧᕽ ᑭᐦᒋ ᒥᔭᐚᑕᒧᐃᐧᐣ ᐊᓂᒪ ᑫ ᐊᔮᒋᐠ ᑲᐢᔭᐤ ᐊᔨᓯᔨᓂᐊᐧᐠ: ᒋᑫᒫ ᐊᓄᐦᐨ ᑳ ᑭᓯᑲᐠ ᑭᔭᐚᐤ ᐅᐦᒋ ᓂᑖᐃᐧᑭᐤ ᐅᐟ ᐅᑌᓇᕽ ᑌᐱᐟ, ᐅᐱᒫᒋᐃᐁᐧᐤ ᐁᐊᐧᑯ ᙭ ᑳ ᑎᐯᔨᒋᑫᐟ. ᓘᐠ ᕒᐅ ii. 10, 11.

ᐃᐢᑕᕒ ᑭᓯᑳᐤ. ᑳ ᑎᐯᔨᒋᑫᐟ ᑖᐯᐧ ᑭ ᐘᓂᐢᑳᐤ. ᓘᐠ ᕒᐅᐠ xxiv. 34.

ᑭᑕ ᓇᓈᐢᑯᒫᐤ ᑭᓭᒪᓂᑐ ᑳ ᒥᔨᑯᔭᕽ ᓵᐟᑖᐃᐧᐣ ᐃᔭ ᐅᐦᒋ ᑳ ᑎᐯᔨᒥᑯᔭᕽ ᒋᓴᐢ ᙭. ᓂᐢᑕᑦ ᑲᕒᐃᐢᑎᔭᓇ xv. 57.

ᑳ ᑭᐦᒋ ᓵᑭᐃᑕᑯᐠ ᓂᑐᑌᒥᑎᐠ, ᑭᓭᒪᓂᑐ ᐅᐟ ᐃᑘᐃᐧᐣ ᑭ ᐃᐧᑕᒫᑯᓈᓇᐤ ᓇᓈᑐᕽ ᐃᑕ ᑭᑕ ᑭᐢᑫᔨᑕᒪᕽ ᒥᓇ ᑭᑕ ᐃᐧᑕᒪᕽ ᑳ ᐊᔮᑭᐧᐘᐢᑌᑭ ᑭ ᒪᒋᐦᑎᐃᐧᓂᓇᐘ ᒥᓇ ᑭ ᒪᒑᑎᓯᐃᐧᓂᓇᐘ; ᒥᓇ ᐁ ᑭᑕ ᑳᑐᐚᔭᕽ ᐊᐦᐳ ᑭ ᐋᑯᐊᒪᐚᔭᕽ ᑭᓭᒪᓂᑐ ᓯᐸᑳᑎᓯᐟ ᑭᐦᒋᑭᓯᑯᐃ ᑯᐦᑖᐃᐧᓇᐤ; ᒫᑲ ᑭᑕ ᐋᑐᑕᒪᕽ ᐁ ᑕᐸᐦᑌᔨᒧᔭᕽ, ᐁ ᐱᑫᐧᔨᑕᒪᕽ, ᒥᓇ ᓇᓇᐃᐦᑕᒧᐃᐧ ᒥᑌᐦ ᐁ ᐊᔮᔭᕽ; ᑭᑕ ᑭ ᐅᐦᑎᓇᒪᕽ ᐊᓭ-ᓇᒫᑯᐃᐧᐣ ᐃᐧᔭ ᐁ ᐊᔨᐚᑭ ᒥᔫᐧᑎᓯ ᒥᓇ ᐁ ᑭᓭ-ᐚᑎᓯᐟ. ᐋᑕᐃᐧᔭ ᒫᑲ ᐁ ᐃᑕᐢᑌᐠ ᑕᐦᑭ ᑭᑕ ᐋᒋᒧᐢᑕᐚᔭᕽ ᑭ ᒪᒋᐦᑎᐃᐧᓂᓇᐘ ᑭᓭᒪᓂᑐ; ᐅᓵᑦ ᒫᑲ ᐁᑯᓯ ᑭ ᑲ ᑐᑌᐦᑖᓇᐤ ᒫᓇ ᒣᒫᒪᐘᐱᔭᐦᑯ ᑭᑕ ᓇᓈᐢᑯᒫᔭᕽ ᐊᓂᐃ ᐅ ᑭᐦᒋ ᒥᔪᐧᑐᑖᑫᐃᐧᓇ ᐅᒋᐦᒋᕽ ᑳ ᑭ ᐅᐦᑎᓇᒪᕽ, ᒥᓇ ᑭᑕ ᓄᑯᐦᑖᔭᕽ ᑳ ᐃᑕᐢᑌᐠ ᑭᑕ ᒪᒥᐦᒋᒫᔭᕽ, ᒥᓇ ᑭᑕ ᓇᑐᐦᑕᒹᔭᕽ ᑳ ᑲᓈᑕᓂᔨᐠ ᐅᐟ ᐃᑘᐃᐧᐣ ᐁᑯᓯ ᑭᑕ ᓇᑐᑕᒪᐚᔭᕽ ᐱᑯ ᑫᑲ: ᑫ ᐋᐸᒋᐃᑯᔭᕽ ᒥᓇ ᐁ ᐃᓯ ᑭᐧᑕᒫᔭᕽ ᑫᐦᒋᐚ.

Christmas. Matiku ke pātumatinawaw āsse meywatotakwŭk kiche meyuwatumoowin unimu kā uyachik kŭkeyow uyiseyiniwuk; chikāma unŏch ka kesikak keyuwaw ŏche nitawikew ot otānăk David, Opimachihiwāo āwuko Christ ka Tipāyichikāt.—St. Luke ii. 10, 11.

Easter. Ka Tipāyichikāt tapwā ke wuniskaw. —St. Luke xxiv. 34.

Kittu nunaskomaw Kisāmunito ka meyikoyŭk sakŏtwawin weyu ŏche ka Tipāyimikoyŭk Jesus Christ.—1 Corinthians xv. 57.

Ka kiche sakihitukok netotāmetik, Kisāmunito ot itwāwin ke wĕtumakonanow nunatŏk ittu kittu kiskāyitumŭk menu kittu wetumŭk ka ayakwetuwustāke ke muchĕtiwininowu menu ke muchatisewininowu; menu āka kittu katowayŭk ŭpo kittu akohumuwayŭk Kisāmunito Seyokatiset kichekesikoowe Kŏtawenow; maku kittu atotumŭk ā tupŭtayimoyŭk, ā pekwāyitumŭk, menu nunuhitumoowe mitāh ā uyayŭk; kittu ke ŏtinumŭk usānumakoowin weyu ā uyiwake meywatiset menu a kisāwatiset. Atuweyu maku ā itustāk tŭke kittu achimostuwayŭk ke muchĕtiwininowu Kisāmunito; osam maku ākose ke ku totātanow manu māmamowupiyŭko kittu nunaskomayŭk unihe o kiche meyototakāwinu ochichĕk ka ke ŏtinumŭk, menu kittu nokŏtayŭk ka itustāk kittu mumichimayŭk, menu kittu nutŏtumwayŭk ka kunatuneyik ot itwāwin, ākose kittu nutotumuwayŭk piko kakwi kā apuchihikoyŭk menu ā isse kwetumayŭk kāchiwak keyowinăk menu ket

ᑭᔭᐃᐧᓈˣ ᒥᓇ ᑭᐟ ᐊᑳᐦᑯᓈˣ. ᐁᐊᐧᑯ ᐅᐦᒋ ᑳ ᓇᑕᐁᐧᔨᒥᑕᑯᐠ ᑕᐦᑐ ᐊᓄᐦᐨ ᐅᑕ ᐁᔮᔪᐠ, ᑭᑕ ᐃᐧᒋᐃᐧᔪᐠ ᐁ ᐯᐦᑳˣ ᒥᑌᐦ ᒥᓇ ᑕᐸᐦᑌᔨᒧᐃᐧ ᐃᑌᐃᐧᐣ ᐁ ᑭᑭᔪᐠ ᑭᑕ ᓈᑕᒪˣ ᑭᐦᒋᐊᐱᐃᐧᐣ ᐃᑕ ᐁᐧᐦᒋᐸᔨᐠ ᑭᐦᒋᑭᓯᑯᐃᐧ ᓴᐁᐧᔨᒋᑫᐃᐧᐣ ᐁ ᓇᐢᐱᑐᐦᑕᐃᐧᔪᐠ:

¶ ᒫᒪᐃᐧ ᐋᒋᒥᓯᐃᐧᐣ ᑭᑕ ᐃᑗᒋᐠ ᑲᑭᔭᐤ ᐅᑕᔭᒥᐋᐊᐧᐟ ᐁ ᓇᐢᐱᑐᑕᐋᐧᒋᐠ ᐊᔭᒥᐁᐃᐧᔨᓂᐊᐧ ᑲᑭᔭᐤ ᐁ ᐅᒋᐦᒋᑲᐧᓇᐱᒋᐠ.

ᓯᔦᐦᑳᑎᓯᔭᐣ ᒥᓇ ᐊᔨᐋᐧᐠ ᑫᓭᐋᐧᑏᓯᔭᐣ ᐅᐦᑖᐃᐧᒫᐤ; ᓂ ᑭ ᐊᐧᓂᐃᐦᑎᓈᐣ ᒥᓇ ᓂ ᑭ ᐊᐧᓇᐋᒫᓈᐣ ᑭᐟ ᐃᑖᑎᓯᐃᐧᓇ ᑖᐱᐢᑯᐨ ᒫᔭᑎᐦᑲᐧᐠ ᐁ ᐊᐧᓂᓯᐦᑭᐠ, ᐅᓵᐢ ᒥᐢᑕᐦᐃ ᓂ ᑭ ᐱᒥᑎᓴᐁᓈᐣ ᐁ ᐃᓯ ᐅᔦᔨᑕᒧᒪᑲᐦᑭ ᒥᓇ ᐁ ᓇᑕᐁᐧᔨᑕᒧᒪᑲᐦᑭ ᓂᑌᐦᐃᓈᓇ, ᓂ ᑭ ᐊᐧᓂᑐᑌᓈᐣ ᑳ ᑲᓈᑕᐦᑭ ᑯᔭᓱᐁᐧᐃᐧᓇ, ᓇᒪ ᓄᐦᒋ ᑐᑌᓈᐣ ᐊᓂᐃ ᓂ ᑲ ᑭ ᑐᑌᐦᑖᐣ; ᒪᑲ ᓂ ᑭ ᑐᑌᓈᐣ ᐊᓂᐃ ᐁᑳ ᓂ ᑲ ᑭ ᑐᑌᐦᑖᐣ, ᒥᓇ ᓇᒪ ᓂ ᑭᑭᐢᑳᑯᓈᐣ ᒥᔪ ᐊᔮᐃᐧᐣ; ᒫᑲ ᑭᔭ, ᑌᐯᔨᒋᑫᔮᐣ, ᑭᓭᐋᐧᑐᑕᐃᐧᓈᐣ ᑭᑎᒫᑭ ᐅᒪᒫᑎᓴᐠ, ᒫᓈᒋᐃᐠ ᐊᓂᑭ ᑭᓭᒪᓂᑐ ᑳ ᐋᐧᑐᑕᐦᑭᐠ ᐅ ᐊᐧᓂᐦᑎᐃᐧᓂᐋᐧᐊᐧ, ᒥᓈᐧᒋᐃᐠ ᐊᓂᑭ ᑳ ᑭᓯᓈᑌᔨᑕᐦᑭᐠ, ᑳ ᑭ ᐃᓯ ᐊᓱᑕᒪᐋᐧᒋᐠ ᐊᔨᓯᔨᓂᐊᐧᐠ ᐃᐧᔭ ᐅᐦᒋ X ᒋᓴᐢ ᑌᐯᔨᒥᑯᔮˣ; ᒥᓇ ᒥᔨᓇᐤ ᐊᔨᐋᐧᐠ ᑫᓭᐋᐧᑎᓯᔭᐣ ᐅᐦᑖᐃᐧᒫᐤ ᐃᐧᔭ ᐅᐦᒋ, ᑭᑕ ᑭ ᐊᔭᒥᐋᐋᐧᑎᓯᔦᐧ ᒥᓇ ᐋᔮᑲᒥᓯᐃᐧ ᐱᒫᑎᓯᔮˣ ᓂ ᓂᐦᓂᒥᓈˣ, ᑭᑕ ᑭ ᑭᐢᑌᔨᑖᑯᑖᔮˣ ᑳ ᑲᓈᑕˣ ᑭ ᐃᐧᔪᐃᐧᐣ. ᐋᒣᐣ.

¶ ᐅᒪ ᒉᓇᒫᑫᐃᐧᐣ ᑭᑕ ᐃᑗᐟ ᐊᔭᒥᐁᐃᐧᔨᓂᐤ ᐱᒋ, ᐁ ᓂᐸᐃᐧᐟ; ᐊᔨᓯᔨᐊ ᑫᔮᐱᐨ ᐁ ᐅᒋᐦᒋᑲᐧᓇᐱᒋᐠ.

ᓯᔦᐦᑳᑎᓯᐟ ᑭᓭᒪᓂᑐ, ᐅᐦᑖᐃᐧᔭ ᑳ ᑎᐯᔨᒥᑯᔭˣ ᒋᓴᐢ X.

uchåkonåk. Āwuko ôche ka nutuwāyimitukok tůto unôch otu āyayāk, kittu wechehiyāk ā pākůk metāh menu tupůtayimoowe itwāwin ā kikeyāk kittu natumůk kiche upiwin ittu wāchipuyik kiche kesikoowe suwāyichikāwin ā nuspitôtuweyāk :

¶ **Mamowe achimisowin kittu itwāchik kukeyow otuyumihawuk a nuspitôtuwachik Uyumihāweyinewu kukeyow a ochichekwunupichik.**

Seyôkatiseyun menu uyiwak kāsāwatiseyun Ôtawemaw ; Ne ke wunitinan menu ne ke wunuhumanan ket itatisewinu tapiskoch mayutikwuk ā wunisikik, Osam mistuhe ne ke pimitisuhānan ā isse oyāyitumomukůke menu ā nutuwāyitumomukůke netāhinanu, Ne ke wunitotānan ka kunatůke koyusoowāwinu, Numu nôche totānan unihe ne ku ke totātan ; Maku ne ke totānan unihe āka ne ku ke totātan, Menu numu ne kikiskakonan meyo uyawin ; Maku keyu, Tāpāyichikāyun, kisāwatotowinan kitimake omuchauisuk, Munachihik unike Kisāmunito ka atotůkik o wunětiwiniwawu, Menwachihik unike ka kesinatāyitůkik, Ka ke isse usotumowuchik uyiseyinewuk weyu ôche Christ Jesus Tāpāyimikoyåk ; Menu meyinan uyiwak kāsāwatiseyun Ôtawemaw weyu ôche, Kittu ke uyumihawatisewe menu uyakwamisewe pimatiseyåk ne nekaneminåk, kittu ke kistāyitakotayåk ka kunatůk ke weyoowin. Amen.

¶ **Omu usānumakāwin kittu itwāt Uyumihāweyinew piko, ā nepowit ; uyiseyinewuk kāyapich ā ochichekwunupichik.**

Seyôkatiset Kisāmunito, Ôtaweyu ka Tipāyi-

ᐁᑳ ᑳ ᓇᑕᐌᔨᑕᕽ ᑭᑕ ᓂᓯᐘᓈᒋᐅᔨᐟ ᐅᒪᒨᑎᓯᐘ, ᒫᑲ ᓇᐘᐨ ᑭᑕ ᐸᓂᐦᑖᔨᐟ ᐅ ᒪᒋᐦᑎᐃᐧᓂᔨᐘ ᐁᑯᓯ ᑭᑕ ᐱᒫᒉᓯᔨᐟ; ᒥᓇ ᑳ ᑭ ᒦᔭᐟ ᑲᐢᑭᐁᐃᐧᓯᐃᐧᐣ ᒥᓇ ᐅᔭᓱᐁᐧᐃᐧᐣ ᐅᐟ ᐊᑐᐢᑫᔮᑲᓇ ᑭᑕ ᐃᐧᐦᑕᒪᐚᔭᐟ ᒥᓇ ᐋᒋᒧᐢᑕᐚᔨᐟ ᐅᐟ ᐃᔨᓂᒪ ᐁ ᑭᓯᓈᑌᔨᑕᒥᐃᑯᔨᐟ ᐅ ᒪᒋᐦᑎᐃᐧᓂᔨᐘ, ᐁ ᐚᐸᐦᐊᒫᒥᐦᐤ ᒥᓇ ᐁ ᐊᓴᓇᒫᒥᐦᐤ ᐅ ᒪᒋᐦᑎᐃᐧᓂᔨᐘ; ᐃᐧᔭ ᑭᓭᒪᓂᑐ ᐊᓴᓇᒪᐌᐤ ᒥᓇ ᐸᑭᑎᓅᐤ ᑲᑭᔭᐤ ᐊᓂᐦᐃ ᑳ ᑭᓯᓈᑌᔨᑕᒥᐃᑯᔨᐟ ᐅ ᒪᒋᐦᑎᐃᐧᓂᔨᐘ ᒥᓇ ᒥᑐᓂ ᑳ ᑖᐯᐧᑕᒥᔨᐟ ᑳ ᑲᓈᑕᓂᔨᐠ ᐅ ᒥᔭᐧᒋᒍᐃᐧᐣ. ᕐ ᐘᑯ ᐅᐦᒋ ᒫᑲ ᓇᑐᑕᒪᐚᑖᐠ ᑭᑕ ᒥᔨᑯᔭᕽ ᑖᐯᐧ ᑭᓯᓈᑌᔨᑕᒍᐃᐧᐣ ᑭ ᒪᒋᐦᑎᐃᐧᓂᓇᐘ ᐅᐦᒋ ᒥᓇ ᑳ ᑲᓈᑎᓯᔨᐟ ᐅᐟ ᐋᒫᐦᑲᐧ, ᑭᑕ ᑭ ᓇᐃᔭᐁᐧᐋᔭᕽ ᐊᓄᐦᐨ ᐅᒪ ᑳ ᐃᐦᑐᑕᒪᕽ; ᒥᓇ ᑭᑕ ᑭ ᐯᐦᑲᕽ, ᒥᓇ ᑭᑕ ᑲᓈᑕᕽ ᑭᐟ ᐃᑖᑎᓯᐃᐧᓂᓇᐤ ᑭ ᓂᑳᓂᒥᓈᕽ; ᑭᑕ ᑭ ᐱᔨᐢ ᐅᑎᐦᑕᒪᐧᕽ ᐅ ᑳᑭᑫ ᒥᔦᐧᔨᒍᐃᐧᐣ; ᐃᐧᔭ ᐅᐦᒋ ᒋᓴᐢ X ᑳ ᑎᐯᔨᒥᑯᔭᕽ.

¶ ᐅᑕ, ᒥᓇ ᐁ ᑭᓯᐱᑎᐦᑭ ᑲᑭᔭᐤ ᑯᑕᑲ ᐊᔭᒥᐋᐃᐧᓇ ᐊᔨᓯᔨᓂᐘᐠ ᑭᑕ ᐃᑌᐧᐘᐠ, ᐋᒣᐣ.

¶ ᐁᑲᐧ ᐊᔭᒥᐁᐃᐧᔨᓂᐤ ᑭᑕ ᐅᒋᐦᒋᑲᐧᓇᐱᐤ ᒥᓇ ᑭᑕ ᐃᑌᐧᐤ ᑳ ᑎᐯᔨᒋᑫᐟ ᐅ ᐊᔭᒥᐋᐃᐧᐣ, ᐊᔨᓯᔨᓂᐘᐠ ᐃᐧᐢᑕᐚᐤ ᐁ ᐅᒋᐦᒋᑲᐧᓇᐱᒋᐠ ᒥᓇ ᐁ ᓇᐢᐱᑐᐦᑕᐚᒋᐠ, ᐅᑕ, ᒥᓇ ᐱᑯ ᐃᑕ ᐁ ᐋᐸᒋᑖᕽ ᐁ ᐊᔭᒥᐊᕽ.

ᓅᐦᑖᐃᐧᓈᐣ ᑭᐦᒋᑭᓯᑯᕽ ᐁᔮᔭᐣ, ᑭᑕ ᐃᐧ ᑲᓈᑌᔨᑖᑲᐧᐣ ᑭ ᐃᐧᔪᐃᐧᐣ, ᑭ ᑎᐯᔨᒋᑫᐃᐧᐣ ᑭᑕ ᐃᐧ ᐅᑎᐦᒋᐸᔨᐤ, ᐁ ᐃᑌᔨᑕᒪᐣ ᑭᑕ ᐃᐧ ᑐᒋᑳᑌᐤ ᐅᑕ ᐊᐢᑭᕽ, ᑳ ᐃᓯ ᐊᔮᐠ ᑭᐦᒋᑭᓯᑯᕽ. ᒥᔨᓈᐣ ᐊᓄᐦᐨ ᑳ ᑭᓯᑳᐠ ᑫ ᐅᐦᒋ ᐱᒫᑎᓯᔮᕽ; ᒥᓇ ᐊᓴᓇᒪᐃᐧᓈᐣ ᓂ ᒪᒋᐦᑎᐃᐧᓂᓈᓇ, ᑳ ᐃᓯ ᐊᓴᓇᒪ-

mikoyuk Jesus Christ, āka ka nutuwāyituk kittu musiwunachihoyit omuchatisewu, maku nowuch kittu ponitayit o muchētiwineyiwu akose kittu pimatiseyit ; menu ka ke meyat kuskihāwisewin menu oyusowāwin ot utoskāyakunu kittu wētumuwayit menu achimostuwayit ot eyinemu ā kesinatāyitumihikoyit o muchētiwineyiwu, ā apuhumamit menu ā usānumamit o muchētiwineyiwu ; weyu Kisāmunito usānumuwāo menu pukitināo kukeyow unihe ka kesinatāyitumihikoyit o muchētiwineyiwu menu metone ka tapwātumeyit ka kunatuneyik o meywachimoowin. Āwuko ōche maku nutotumuwatak kittu meyikoyuk tapwā kesinatāyitumoowin ke muchētiwinenowu ōche menu ka Kunatiseyit ot Uchākwu, kittu ke nuheyowāhayuk unōch omu ka itotumuk ; menu kittu ke pākuk menu kittu kunatuk ket itatisewininow ke nekaneminàk ; kittu ke peyis otitumwuk o kakekā meywāyimoowin ; weyu ōche Jesus Christ ka Tipāyimikoyuk.

¶ Otu menu ā kisipitike kukeyow kotuku uyumihawinu uyiseyinewuk kittu itwāwuk, Amen.

¶ Ākwu Uyumihāweyinew kittu ochichekwunupew menu kittu itwāo Ka Tipāyichikāt ot Uyumihawin, uyiseyinewuk westuwaw ā ochichekwunupichik menu ā nuspitōtuwachik, otu, menu piko ittu ā apuchitàk ā uyumihàk.

Nōtawenan kichekesikōk āyayun, Kittu we kunatāyitakwun ke Wēyoowin, Ke tipāyichikāwin kittu we otichipuyew, Ā itāyitumun kittu we tochikatāo otu uskēk, ka isse uyak kichekesikōk. Meyinan unōch ka kesikak kā ōche pimatiseyàk ; Menu usānumowinan ne muchētiwininanu, ka

ᐋᐧᑭᐦᑭᐠ ᐊᓂᑭ ᑳ ᐊᐧᓂᑐᑖᑯᔮᐦᑭᐠ; ᒥᓇ ᐁᑳᐃᐧᔭ ᐃᑐᐦᑕ-ᐃᓈᐤ ᑯᑌᔨᒥᑯᐃᐧᓂᕽ, ᒫᑲ ᒥᑖᐧᐁᓇᒪᐃᐧᓈᐤ ᒪᑭ ᑫᔮ:. ᑭᔭ ᑭᐟ ᐋᔮᐤ ᑎᐯᔨᒋᐤᐃᐧᐤ, ᒥᓇ ᓵᑎᓯᐃᐧᐤ, ᒥᓇ ᑭᔅᑌ-ᐧᑖᑯᓯᐃᐧᐤ, ᑳᑭᑫ ᒥᓇ ᑳᑭᑫ. ᐋᒣᐣ.

¶ ᐁᑲᐧ ᒥᓇ ᑭᑕ ᐃᑌᐤ,

ᑌᐯᔨᒋᑫᔮᐤ ᐹᔅᑭᑌᓇᒪᐃᐧᓈᐤ ᓂᑐᓂᓈᓇ.

ᓇᔅᐱᒍᐃᐧᐤ. ᐁᑯᓯ ᓂᑐᓂᓈᕽ ᐅᐦᒋ ᓂ ᑲ ᐃᐧᑌᓈᐤ ᑭ ᒪᒥᐦᒋᒥᑯᐃᐧᐤ.

ᐊᔭᒥᐁᐃᐧᔨᓂᐤ. ᑭᓭᒪᓂᑐ ᑭᔨᐱ ᐱᒫᒋᐃᓈᐤ.

ᓇᔅᐱᒍᐃᐧᐤ. ᑌᐯᔨᒋᑫᔮᐤ ᑭᔨᐱ ᐃᐧᒋᐃᓈᐤ.

¶ ᐁᐧ ᑲᑭᔮᐤ ᐁ ᓂᐸᐃᐧᕽ ᐊᔭᒥᐁᐃᐧᔨᓂᐤ ᑭᑕ ᐃᑌᐤ,

ᑭᑕ ᒪᒥᐦᒋᒫᐤ ᐁᐧᔦᑖᐃᐧᕽ, ᒥᓇ ᐅᑯᓯᓯᒫᐤ ᒥᓇ ᑳ ᐳᓈᑎᓯᐟ ᐊᒐᕽ;

ᓇᔅᐱᒍᐃᐧᐤ. ᑳ ᑭ ᐃᐦᑲᕽ ᒥᓯᒫ- ᐅᐦᒋ, ᐊᓄᐦ- ᒥᓇ ᒉᑳᐧ-, ᒥᓇ ᑳᑭᑫ ᑫ ᐃᐦᑭᕽ: ᐃᔨᑯᕽ ᑫ ᓈᔅᐱᒋ ᐊᔅᑭᐊᐧᕽ. ᐋᒣᐣ

ᐊᔭᒥᐁᐃᐧᔨᓂᐤ. ᒪᒥᐦᒋᒥᕽ ᑳ ᑎᐯᔨᒋᑫᐟ.

ᓇᔅᐱᒍᐃᐧᐤ. ᑭᑕ ᐃᐧ ᒪᒥᐦᒋᒫᐤ ᐅ ᐃᐧᔦᐃᐧᓂᕽ ᑳ ᑎᐯᔨᒋᑫᐟ.

¶ ᐁ ᑫᑭᓭᐹ ᐊᔭᒥᐋᐧᕽ.

¶ ᐁᑲᐧ ᑭᑕ ᐃᑌᐧᕽ ᐊᐦᐳ ᑭᑕ ᓂᑲᒧᕽ ᐅᒪ ᓂᑲᒧᐣ.

ᐦᐊᐤ ᐁᑲᐧ ᓂᑲᒧᔅᑕᐋᐧᑖᐧ ᑳ ᑎᐯᔨᒋᑫᐟ.

ᓂᑲᒧᐣ 95.

ᐦᐊᐤ ᐁᑲᐧ ᓂᑲᒧᔅᑕᐋᐧᑖᐧ ᑳ ᑎᐯᔨᒋᑫᐟ; ᒥᔦᑖᑯᑐᐋᐧᑖᐧ ᑳ ᓵᑲᔅᑖᐟ ᑭ ᐱᒫᒋᐃᑯᐃᐧᓇᓐ.

isse usānumowukichik unike ka wunitotakoyâkik; Menu ākaweyu itôtuhinan kotāyimikoowinik, Maku metakwānumowinan muche kākwi. Keyu ket uyan tipāyichikāwin, menu sôkatisewin, menu kistāyitakosewin, kakikā menu kakikā. Amen.

¶ Ākwu menu kittu itwāo,

Tāpāyichikāyun paskitānumowinan netoninanu.

Nuspimoowin. Ākose netonenâk ôche ne ku wêtānan ke mumichimikoowin.

Uyumihāweyinew. Kisāmunito keyipe pimachihinan.

Nuspimoowin. Tāpāyichikāyun keyipe wechihinan.

¶ Ākwu kûkeyow ā nepowik Uyumihāweyinew kittu itwāo,

Kittu mumichimaw Wāyôtawêk, menu Okosisimaw; menu Ka Kunatiset Uchâk.

Nuspimoowin. Ka ke ikik michimach ôche, unôch menu mākwach, menu kakikā kā ikik; eyikôk kā naspiche uskewûk. Amen.

Uyumihāweyinew. Mumichimik ka Tipāyichikāt.

Nuspimoowin. Kittu we mumichimaw o weyoowinik ka Tipāyichikāt.

¶ Ā Kākisāpa Uyumihâk.

¶ Ākwu kittu itwâk ûpo kittu nikumôk omu nikumon.

How ākwu nikumostowatak ka Tipāyichikāt.

Psalm 95

How ākwu nikumostowatak ka Tipāyichikāt; meyôtakôtoowatak ka sôkustat ke pimachihikoowininow.

ᒫᐦᑎ ᐯ ᐅᐦᑎᐢᑲᐏᐢᑲᐚᑖᐠ ᓇᓈᐢᑯᒧᐏᐣ ᑭᑭ, ᒥᓇ ᐁ ᓂᑲᒧᔭᕽ ᐚᐸᐦᑎᓯᐍᑖᐠ ᐁ ᒪᒪᐦᑖᑯᐃᐣᔭᕽ.

ᒋᑫᒫ ᑳ ᑎᐯᓯᒋᑫ ᑭᐟᒋ ᑭᓭᒪᓂᑐᐏᐤ; ᒥᓇ ᐏᔭ ᑭᐦᒋᐅᑭᒫᐏᐤ ᐁ ᐊᓯᐚᑭᐢᑲᐚᐟ ᑲᑭᔭᐤ ᒪᓂᑐᐘ.

ᐅᒋᐦᒋᕽ ᐊᔮᓯᐘ ᑳ ᑎᒥᑭ ᐊᐢᑭᕽ; ᐁᑯᓯ ᐁ ᓱᑲᐢᑌᑭ ᐘᒋᔭ ᐏᔭ ᒥᓇ ᐊᔮᐤ.

ᑭᐦᒋᑲᒥ ᐏᔭ ᐊᔮᐤ ᒥᓇ ᐏᔭ ᑭ ᐅᑖᐤ; ᒥᓇ ᐅᒋᐦᒋᔭ ᐅᐟᒋ ᑭ ᐅᓯᓇᐨ ᑳ ᐹᐦᑿᒫᓯᐠ ᐊᐢᑭ.

ᐦᐊᐤ ᒫᐦᑎ ᐊᔭᒥᐋᐏ ᐊᑐᐢᑲᐚᑖᐠ ᒥᓇ ᓇᐘᑭᐢᑕᐚᑖᐠ; ᒥᓇ ᐅᒋᐦᒋᑿᓂᐢᑕᐚᑕᐠ ᑳ ᑎᐯᓯᒋᔪᐟ ᑳ ᑭ ᐅᓯᐃᑕᕽ.

ᒋᑫᒫ ᐁᐘᑯ ᑳ ᑎᐯᓯᒋᑫᐟ ᑭ ᒪᓂᑐᒥᓇᐤ, ᐁᑯᓯ ᑭᔮᓇᐤ ᐅᐟ ᐃᓯᓂᒪ ᑳ ᐊᓴᒫᐟ, ᒥᓇ ᐅ ᒫᔭᑎᐟᑯᒪ ᑳ ᐸᒥᐦᐋᐟ.

ᐊᓄᐦᐨ ᑳ ᑭᓯᑳᐠ ᑭᐢᐱᐣ ᑭ ᐏ ᓇᑐᐦᑕᐚᐚᐤ, ᐁᑳᐏᔭ ᒪᐢᑲᐘᐢᑖᐠ ᑭᑌᐟᐃᐚᐊ; ᑖᐱᐢᑯᐨ ᐊᓂᒪ ᒋᓯᐚᑖᐏᐣ ᒥᓇ ᑯᑌᓯᒥᐍᐏ ᑭᓯᑳᐤ ᐱᑿᑕᐢᑭᕽ.

ᐃᐢᐱ ᑯᐟᑖᐏᐚᐘᐠ ᑳ ᑯᑌᓯᒥᒋᐠ, ᑳ ᑯᒋᐦᐃᒋᐠ ᐁᑯᓯ ᑳ ᐚᐸᐸᑕᑭᐠ ᓂᐟ ᐃᐡᒋᑫᐏᓇ.

ᓂᒥᑕᓇᐤ ᐊᐢᑭ ᐃᓯᑯᕽ ᓂ ᑭ ᒥᑯᐢᑳᑌᓯᑕᒥᐃᔭᐠ ᐁᐘᑯᓂᐠ ᐊᓯᐡᓯᓂᐘᐠ; ᐁᑯᓯ ᓂ ᑭ ᐃᑖᐧᐣ; ᐁᐘᑯᓂᐠ ᐊᓯᐡᓯᓂᐘᐠ ᑳ ᐘᓂᐡᐦᑭᐠ ᐅᑌᐦᐃᐚᕽ, ᒥᓇ ᓇᒪᐏᔭ ᑭ ᑭᐢᑫᓯᑕᒪᐧᐠ ᓂᐟ ᐃᐡᒋᑫᐏᓇ.

ᐁᐘᑯᓂᐠ ᓂ ᑭ ᑭᐦᒋᐃᑖᐘᐠ ᓂ ᑭᓯᐚᓯᐏᓂᕽ, ᐁᑳ ᑭᑕ ᐱᐦᑐᑫᒋᐠ ᓂᐟ ᐊᔪᐧᐱᐃᐍᐏᓂᕽ.

ᑭᑕ ᒪᒥᐦᒋᒫᐤ ᐍᔪᑖᐏᕽ, ᒥᓇ ᐅᑯᓯᓯᒫᐤ, ᒥᓇ ᑳ ᑲᓈᑎᓯᐟ ᐊᒫᕽ.

Mâte pā ôtiskowiskowatak nunaskomoowin kike, menu ā nikumoyûk wapûteyiwātak ā mumûtakohikoyûk.

Chikāma ka Tipāyichikāt kiche Kisāmunitoowew; menu weyu Kicheokimawew a uyiwakiskowat kûkiyow munitoowu.

Ochichêk uyayiwu ka timeke uskêk; ākose ā sôkustāke wucheyu weyu menu uyaw.

Kichekume weyu uyaw menu weyu ke osêtaw; menu ochicheyu ôche ke oyinum ka pâkwuchayik uske.

How mâte uyumihawe utoskowatak menu nowukestowatak; menu ochichekwunestowatak ka Tipāyichikāt ka ke osihitûk.

Chikāma āwuko ka Tipāyichikāt ke Munitominow, ākose keyanow ot eyinemu ka usumat, menu o mayutikomu ka pumihat.

Unôch ka kesikak kespin ke we nutôtowawaw, ākaweyu muskowustak ketāhiwawu; tapiskoch unimu kisiwâtwawin menu kotāyimiwāwe kesikaw pikwutuskêk.

Ispe kôtawewawuk ka kotāyimichik, ka kochehichik ākose ka wapûtûkik net issêchikāwinu.

Nāmitunow uske eyikôk ne ke mikoskatāyitumihikwuk āwukonik uyiseyinewuk; ākose ne ke itwan, āwukonik uyiseyinewuk ka wunisikik otahiwâk, menu numuweyu ke kiskāyitumwuk net issêchekāwinu.

Āwukonik ne ke kiche itawuk ne kisiwasiwinik, āka kittu pêtokāchik net uywāpihiwāwinik.

Kittu mumichimaw Wāyôtawêk, menu Okosisimaw, menu ka Kunatiset Uchâk.

ᑳ ᑭ ᐃᐦᑭᕽ ᒥᒋᒫᐨ ᐅᐦᒋ, ᐊᓄᐦᐨ ᒥᓇ ᒉᑳᐧᐨ, ᒥᓇ ᑳᑭᑫ ᑫ ᐃᐦᑭᕽ ᐃᔑᑯᕽ ᑫ ᓈᐢᐱᒋ ᐊᐢᑭᐘᕽ. ᐋᒣᐣ.

¶ ᐁᑲᐧ ᑫ ᐊᔭᒥᑖᕽ ᓂᑲᒧᓇ ᑳ ᐃᑕᑭᐦᑌᑭ ᑭᑕ ᐃᓯ ᐊᔭᒥᑖᕽ, ᑕᐦᑳᐧᐤ ᒪᑲ ᐁ ᐊᑎ ᑭᓯᐱᑎᕽ ᐱᑳᐧᓂᒪ ᓂᑲᒧᐣ ᑭᑕ ᐃᑖᐧᓂᐘᐣ,

ᑭᑕ ᒪᒥᐦᒋᒫᐤ ᐍᓴᑖᐎᕽ, ᒥᓇ ᐅᑯᓯᓯᒫᐤ, ᒥᓇ ᑳ ᑲᓈᑎᓯᐟ ᐊᒑᕽ.

ᑳ ᑭ ᐃᐦᑭᕽ ᒥᒋᒫᐨ ᐅᐦᒋ, ᐊᓄᐦᐨ ᒥᓇ ᒉᑳᐧᐨ, ᒥᓇ ᑳᑭᑫ ᑫ ᐃᐦᑭᕽ: ᐃᔑᔪᕽ ᑫ ᓈᐢᐱᒋ ᐊᐢᑭᐘᕽ. ᐋᒣᐣ.

¶ ᐁᑲᐧ ᑭᑕ ᐊᔭᒥᑖᓂᐘᐣ ᒥᑐᓂ ᐁ ᐸᑲᐦᑯᐍᕽ ᓂᐢᑕᑕ ᐊᔭᒥᒋᑫᐎᐣ ᑲᔮᓯ ᑌᐢᑎᒪᐣᐟ ᐅᐦᒋ, ᐁᑯᓯ ᐁ ᑭᓯ ᐊᔭᒥᑖᕽ ᐁᑲᐧ, ᑭ ᒪᒥᐦᒋᒥᑎᓈᐣ ᑭᓭᒪᓂᑐ, ᑫ ᐃᑌᐧᕽ ᐊᐦᐸ ᑫ ᓂᑲᒧᕽ.

¶ ᐁ ᑫᑭᓭᐹ ᐊᔭᒥᐋᕽ.

ᑭ ᒪᒥᐦᒋᒥᑎᓈᐣ ᑭᓭᒪᓂᑐ.

ᑭ ᒪᒥᐦᒋᒥᑎᓈᐣ ᑭᓭᒪᓂᑐ: ᓂ ᑭᐢᑫᔨᑌᓈᐣ ᐁ ᑎᐯᔨᒋᑫᔭᐣ.

ᒥᓯᐌ ᐊᐢᑭ ᑭ ᐸᑕᐱᐢᑖᑯᐣ: ᐁ ᐅᐦᑖᐎᒫᐎᔭᐣ ᑳᑭᑫ.

ᑭᔭ ᑲᑭᔭᐤ ᐅᑭᓯᑯᐘᐠ ᑭ ᒪᐎᒧᐢᑖᑲᐧᐠ: ᑭᐦᒋᑭᓯᐠ ᒥᓇ ᑳ ᑕᐦᑐ ᔪᐦᑫᔨᑖᑯᓯᐟ ᐁᑯᑕ.

ᑭᔭ ᒉᕑᐊᐱᐣ ᒥᓇ ᓭᕑᐊᐱᐣ: ᑭ ᒪᐎᒧᐢᑖᑲᐧᐠ ᑳᑭᑫ.

ᑫᓈᑎᓯᔭᐣ, ᑫᓈᑎᓯᔭᐣ, ᑫᓈᑎᓯᔭᐣ: ᑌᐯᔨᒋᑫᔭᐣ ᑭᓭᒪᓂᑐ ᓯᓴᑳᑎᓯᔭᐣ;

ᑭᐦᒋᑭᓯᐠ ᒥᓇ ᐊᐢᑭ ᓵᑲᐢᑭᓀᐤ ᐁ ᐃᓯ ᑭᐦᒑᔨᐘᐠ: ᑭ ᑭᐢᑌᔨᑖᑯᓯᐎᐣ.

ᑳ ᒪᒪᐦᑖᑯ ᐃᐧᒉᑐᒥᐠ ᐊᐹᐢᑎᓭᐘᐠ: ᑭ ᒪᒥᐦᒋᒥᑲᐧᐠ.

Ka ke ikik michimach ōche, unōch menu mākwach, menu kakikā kā ikik : eyikōk kā naspiche uskewŭk. Amen.

¶ Ākwu kā uyumitâk nikumonu ka itukitāke kittu isse uyumitâk, tŭtwaw maku ā ute kisipitik pikwanimu nikumon kittu itwaniwun,

Kittu mumichimaw Wāyōtawēk, menu Okosisimaw, menu ka Kunatiset Uchâk.

Ka ke ikik michimach ōche, unōch menu mākwach menu kakikā kā ikik : eyikōk kā naspiche uskewŭk. Amen.

¶ Ākwu kittu uyumitaniwun mitone a pukŭkowāk nistum uyumichikāwin Kuyase Testament ōche, ākose ā kese uyumitâk ākwu, Ke mumichimitinan Kisāmunito, kā itwāk ŭpo kā nikumōk.

¶ Ā Kākisāpa Uyumihâk.

Ke Mumichimitinan Kisāmunito.

Ke mumichimitinan Kisāmunito ; ne kiskāyitānan ā Tipāyichikāyun.

Misiwā uske ke putupestakon ; ā Ōtawemaweyun kakikā.

Keyu kŭkeyow okesikoowuk ke muwimostakwuk ; kichekesik menu ka tŭto sōkāyitakosit ākotu.

Keyu Cherubin menu Seraphin ; ke mowimostakwuk kakikā.

Kānatiseyun, Kānatiseyun, Kānatiseyun ; Tāpāyichikāyun Kisāmunito Seyōkatiseyun ;

Kichikesik menu uske sakuskināo ā isse ki chayiwŭk ; ke kistāyitakosewin.

Ka mumŭtako wechâtochik Apostleuk, ke mumichimikwuk.

ᑳ ᒥᔦ ᐅᐃᐧᒉᐋᐧᑲᓂᑐᒋᐠ ᐅᑭᐢᑭᐁ ᐃᑫᐸᐧᐠ: ᑭ ᒪᒥᐦᑭ-ᒥᑲᐧᐠ;

ᑳ ᐅᓵᒉᔭᑎᑭᐠ ᐁ ᑭᐦᑭᑖᐧᐁᐧᔨᑖᑯᓯᑭᐠ ᐅᐦᑭᓇᑖᑲᓇᐠ: ᑭ ᒪᒥᐦᑭᒥᑲᐧᐠ.

ᑳ ᑲᓈᑎᓯᑭᐠ ᒥᓯᐁᐧᐢᑲᒥᐠ ᐅᑕᔭᒥᐋᐊᐧᐠ: ᑭᐟ ᐊᑭᒥᑲᐧᐠ.

ᐅᐦᑖᐃᐧᒫᐤ; ᑳᑭᑫ ᑌᐯᔨᒋᑫᔭᐣ;

ᑳ ᑭᐢᑌᔨᒥᐦᐟ, ᑎᔮᐯᐧᐃᐧᓂᐃᐧᐟ: ᒥᓇ ᐱᐁᔭᑯᐟ ᑭᑯᓯᐢ;

ᒥᓇ ᑳ ᑲᓈᑎᓯᐟ ᐊᒫᕽ: ᐅᒥᔦᑌᐦᐁᐃᐁᐧᐤ.

ᑫᐦᑭᐅᑭᒫ ᑲᐦᑕᒪᐣ ᑭᐢᑌᔨᑖᑯᓯᐃᐧᐣ: ᑭᔭ X.

ᑭᔭ ᑳᑭᑫ ᐁᐧᑯᓯᓯᒥᐢᐠ: ᐅᐦᑖᐃᐧᒫᐤ.

ᐃᐢᐱ ᐁᐧᑎᓇᒫᒍᔭᐣ ᑭᑕ ᐱᒫᒋᐊᐟ ᐊᔨᓯᔨᓂᐤ: ᓇᒪ-ᐃᐧᔭ ᑭ ᑭ ᐋᑕᒉᐧᔨᑌᐣ ᐅᐢᑭᓂᑭᐢᑫᐧᕽ ᑭᑕ ᐅᐦᑭᔭᐣ.

ᑳᐦ ᓵᑯᑖᔭᐣ ᐁ ᐋᐦᑲᐧᕽ ᓂᐳᐃᐧᐣ: ᑭ ᑭ ᐹᐢᑭᑌᓇ-ᒪᐋᐧᐊᐧᐠ ᑭᐦᑭᑭᓯᑯᐃᐧ ᐅᑌᓇᐤ ᑲᑭᔭᐤ ᐅᑖᐯᐧᑕᒍᐊᐧᐠ.

ᑭᐟ ᐊᐱᐋᐧᐣ ᐅ ᑭᐦᑭᓂᐢᑭᕽ ᑭᓭᒪᓂᑐ: ᐅ ᑭᐢᑌᔨᑖ-ᑯᓯᐃᐧᓂᕽ ᐅᐦᑖᐃᐧᒫᐤ.

ᓂ ᑖᐯᐧᑌᓈᐣ ᑭᑕ ᐯᑭ: ᐅᔭᓱᐋᐧᓯᔮᕽ.

ᐁᐊᐧᑯ ᐅᐦᑭ ᑭ ᒪᐃᐧᒍᐢᑖᑎᓈᐣ ᑭᑕ ᐃᐧᑭᐊᑭᐠ ᑭᐟ ᐊᑐᐢᑫ-ᔮᑲᓇᐠ: ᑳ ᑭ ᑎᐸᐃᑫᐢᑕᒪᐊᐧᑭᐠ ᑳ ᑭᐢᑕᑭᑌᐠ ᑭ ᒥᐦᑯ ᐅᐦᑭ.

ᐃᓯᐦᐃᐠ ᑭᑕ ᐊᓯᑕᑭᒥᐦᑭᐠ ᐅᑲᓈᑭᐦᐅᐊᐧ: ᑭᐦᑭ ᑭᐢᑌ-ᔨᑖᑯᓯᐃᐧᓂᕽ ᑳᑭᑫ.

ᑌᐯᔨᒋᑫᔭᐣ ᐱᒫᒋᐃᐧᐠ ᑭᐟ ᐃᔨᓂᒪᐠ: ᒥᓇ ᓴᐁ ᔨᒥ ᑳ ᑎᐱᔭᐁᐧᐃᐧᓇᒫᔭᐣ.

ᑎᐯᔨᒥᐠ: ᒥᓇ ᓯᑐᓂᐠ ᑳᑭᑫ.

ᑕᐦᐣ ᑭᓯᑳᐤ: ᑭ ᑭᐢᑕᑭᒥᑎᓈᐣ;

Ka meyo owechāwakunitochik Okiskiwāhikāwuk; ke mumichimikwuk;

Ka osamāyutichik ā kichitwawāyitakosichik Ochinutakunuk: ke mumichimikwuk.

Ka kunatisechik misiwāskumik Otuyumihawuk; ket achimikwuk.

Otawemaw kakikā Tāpāyichikāyun;

Ka kistāyimit, teapwāwiniwit; menu peyāyukot Kekosis;

Menu ka Kunatiset Uchåk; Omeyotāhāhiwāo.

Kāchiokimakůtumun kistāyitakosewin; keyu Christ.

Keyu kakikā Wākosisimisk; Otawemaw.

Ispe wātinumasoyun kittu pimachihut uyiseyinew; numuweyu ke ke atuwāyitān oskinekiskwåk kittu ocheyun

Ka sakotayun ā åkwůk nipoowin; ke ke paskitānumuwawuk kichekesikoowe otānow kůkeyow otapwåtumoowuk.

Ket upiwan o kichiniskék Kisāmunito; o kistāyitakosewinik Otawemaw.

Ne tapwåtānan kittu pāche; oyusoowaseyåk.

Āwuko oche ke mowimostatinan kittu wechihuchik ket utoskāyakunuk; ka ke tipuhikāstumowuchik ka kistukitāk ke miko oche.

Isehik kittu usitukimichik okunachihoowu; kiche kistāyitakosewinik kakikā.

Tāpāyichkāyun, pimachihik ket eyinemuk; menu suwāyimik ka tipiyuwāwinumayun.

Tipāyimik; menu setonik kakikā.

Tůto kesikaw; ke kistukimitinan;

ᒥᓇ ᓂ ᐸᑕᐱᐢᑌᓈᐣ ᑭ ᐎᔦᐎᐣ: ᐃᐳᑯᕽ ᑫ ᓈᐢᐱᒋ ᐊᐢᑭᐚᕽ.

ᐃᑌᐳᑕ ᑌᐯᐳᒋᑫᔪᐣ: ᑭᑕ ᑲᓇᐍᐳᒥᔮᕽ ᑳ ᑭᓯᑳᐠ ᐁᑳ ᒪᒋᐦᑎᐎᐣ ᑭᑕ ᐊᔮᔮᕽ.

ᑌᐯᐳᒋᑫᔪᐣ, ᑭᓭᐚᑐᑕᐎᓈᐣ: ᑭᓭᐚᑐᑕᐎᓈᐣ.

ᑌᐯᐳᒋ ᔪᐣ, ᑭ ᓯᓭᐚᑎᓯᐎᐣ ᓂ ᑲ ᐎ ᔫᓯᑐᑖᑯᓈᐣ ᑳ ᐃᓯ ᒪᒥᓯᑐᑖᑖᕽ.

ᑌᐯᐳᒋᑫᔪᐣ, ᑭᔪ ᑭ ᑭ ᒪᒥᓯᑐᑖᑎᐣ: ᐁᑳᐎᔪ ᐎᑳ-
ᓂ ᑲ ᐗᐚᓄᐳᑌᐣ.

¶ ᐁ ᐅᑖᑯᓯ ᐊᔭᒥᐋᕽ ᐅᒪ ᐁ ᐧᑯ ᑫ ᐋ ᒋᑖᕽ.

ᓂᐟ ᐊᒑᕽ ᒪᒋᐦᒋᒀᐤ ᑳ ᑎᐯᐳᒋᑫᐳᐟ.

ᓭᐤᐟ ᐳᐠ i. 46.

ᓂᐧ ᐊᒑᕽ ᒪᒋᐦᒋᒀᐤ ᑳ ᑎᐯᐳᒋᑫᐳᐟ: ᒥᓇ ᓂᐟ ᐊᒑᕽ ᑭ ᒫᒪᐦᑖᑯᓯᐢᑕᐍᐤ ᑭᓭᒪᓂᑐᐘ ᐅᐱᒫᒋᐃᐍᒪ.

ᐎᔭ ᐁ ᑭ ᓈᑲᑌᐳᑕᒫᐧᐟ ᐅ ᑕᐸᐦᑌᐳᑖᑯᓯᐎᓂᐳᐤ ᐅᐟ ᐸᑐᐢᑫᔮᑲᓂᐢᑵᒪ.

ᒋᑫᒪ ᒫᑎᑲ, ᐊᓄᐦᐨ ᐅᐦᒋ: ᑲᑭᔪᐤ ᑫ ᐚᓂᐢᑫ ᐱᒫ-ᑎᓯᒋᐠ ᓴᐍᐳᑖᑯᓯᐤ ᓂ ᑲ ᐃᑎᑳᐠ.

ᐎᔭ ᐊᓇ ᑳ ᑭᒫᐳᐎᐟ ᑮᐦᒋ ᑫᑳᐧᔭ ᓂ ᑭ ᑐᑖᒪᐠ: ᒥᓇ ᑲᓈᑕᓂᐳᐤ ᐅ ᐎᔦᐎᐣ.

ᒥᓇ ᐅ ᑭᓭᐚᑎᓯᐎᐣ ᐊᔮᐳᐚ ᐊᓂᐃ ᑳ ᑯᓯᑵᐳᒥᑯᐟ: ᐁ ᐊᑎ ᐋᔮᐠᐢᑫ ᐱᒫᑎᓯᐳᐟ ᐊᐳᓯᐳᓂᐚ.

ᑭ ᐚᐸᑎᐳᐁᐤ ᒪᐢᑲᐎᓯᐎᐣ ᐅᐢᐱᑐᐣ ᐅᐦᒋ: ᑭ ᓯᓭ-ᑎᓴᐍᐤ ᑳ ᑭᐢᑌᐳᔪᐳᐟ ᐁ ᐃᑌᐳᑕᒥᐳᐟ ᐅᑌᐦᐃᐳᕽ.

ᑭ ᓂᐦᑎᓀᐤ ᐅᓱᐦᑳᑎᓯᐚ ᐅᐟ ᐊᐱᐚᓂᐳᕽ ᐅᐦᒋ: ᐁᑯᓯ ᑭ ᑭᐢᑌᐳᑖᑯᐦᐁᐤ ᑳ ᑕᐸᐦᑌᐳᑖᑯᓯᐳᐟ ᒥᓇ ᑳ ᔦᐢᑳᑎᓯᐳᐟ.

Menu ne putupestānan ke weyoowin; eyikók kā naspiche uskewúk.

Itāyitu Tāpāyichikāyun; kittu kunuwāyimeyák ka kesikak āka muchétiwin kittu uyayák.

Tāpāyichikāyun, kisāwatotowinan; kisāwatotowinan.

Tāpāyichikāyun, ke kisāwatisewin ne ku we yasetotakonan; ka isse mumisetotaták.

Tāpāyichikāyun, keyu ke ke mumisetotatin; ākaweyu wékach ne ku wuwanāyitān.

¶ **Ā Otakose Uyumihák omu āwuko kā apuchíták.**

Net Uchák Mumíchimāo Ka Tipāyichikāyit.

St. Luke i. 46.

Net uchák mumíchimāo ka Tipāyichikāyit; menu net uchák ke mumutakosestuwāo Kisāmunitoowu Nopimachihiwāmu.

Weyu ā ke nakutāyitumwat o tupútāyitākosewineyew ot utoskāyakuniskwāmu.

Chikāma, matiku, unóch óche; kúkeyow kā aniskā pimatisechik suwāyitakosew ne ku itikwuk.

Weyu unu ka kíchayiwit kíche kākwuyu ne ke totumak; menu kunatuneyew o weyoowin.

Menu o kisāwatisewin uyayiwu unihe ka kosikwāyimikot; ā utte ayaniskā pimatiseyit uyiseyinewu.

Ke wapútiyiwāo muskuwisewin ospiton óche; ke siswātisuwāo ka kistāyimoyit ā itāyitumeyit otāhiyék.

Ke nétināo osókatisewu ot upiwineyik óche; ākose ke kistāyitakohāo ka tupútāyitakoseyit menu ka yoskatiseyit.

ᑭ ᑭᐢᐳᐦᐁᐤ ᑳ ᓅᐦᑌᑲᑌᔨᐟ ᒥᔦ ᑫᑳᐧᔭ ᐅᐦᒋ: ᒫᑲ ᐁᐧᔦᑎᓯᔨᐟ ᑭ ᓯᐯᐧᑎᓴᐁᐧᐤ ᐱᓯᓯᐢ.

ᐃᐧᔭ ᐁ ᑭᐢᑭᓯᐟ ᐅ ᑭᓭᐋᐧᑎᓯᐃᐧᐣ ᑭ ᐃᐧᒋᐁᐤ ᐅᐟ ᑐᐢᑫᔮᑲᓇ ᐃᐢᔅᐁᐃᔅ: ᑳ ᑭ ᐃᓯ ᐊᔑᑕᒪᐋᐧᐟ ᑲᔮᐢ ᐦᑖᐃᐧᓇᐋᐧ ᐁᐢᔅᐁᐋᒫ ᒥᓇ ᐅᐟ ᐊᐋᐧᓯᒥᓯᔨᐋᐧ ᑳᑭᑫ.

ᑭᑕ ᒪᒥᐦᒋᒫᐤ ᐁᐧᔦᑖᐃᐧᕽ, ᒥᓇ ᐅᑯᓯᓯᒫᐤ: ᒥᓇ ᑳ ᓴᓈᑎᓯᐟ ᐊᒑᕽ.

ᑳ ᑭ ᐃᐦᑭᕽ ᒥᒋᒫᐨ ᐅᐦᒋ, ᐊᓄᐦᐨ ᒥᓇ ᒉᑳᐧᐨ, ᒥᓇ ᓴᒋᑫ ᑫ ᐃᐦᑭᕽ: ᐃᔨᑯᕽ ᑫ ᓈᐢᐱᒋ ᐊᐢᑭᐋᐧᕽ. ᐋᒣᐣ.

¶ ᐁᑳᐧ ᑭᑕ ᐊᔭᒥᑖᓂᐋᐧᐣ ᑯᑕᐠ ᐊᔭᒥᒋᑫᐃᐧᐣ ᐅᐢᑭ ᑌᐢᑎᒪᐤ ᐅᐦᒋ, ᐁᑯᓯ ᐁ ᑭᓯ ᐊᔭᒥᑖᕽ ᐁᑳᐧ ᑫ ᐊᔭᒥᑖᕽ ᐅᒪ ᓂᑲᒧᐣ ᑳ ᐊᑎ ᐊᐢᑌᐠ, ᐁ ᑫᑭᓭᐹ ᐊᔭᒥᐋᕽ.

ᐦᐊᐤ ᒪᒪᐦᑖᔪᓯᐢᑖᕽ ᑳ ᑎᐯᓯᒋᑫᐟ.

ᓂᑲᒧᐣ 100.

ᐦᐊᐤ ᒪᒪᐦᑖᑯᓯᐢᑖᕽ ᑳ ᑎᐯᓯᒋᑫᐟ ᒥᓯᐁᐧ ᐊᐢᑭᕽ: ᐊᑐᐢᑫᐢᑖᕽ ᑳ ᑎᐯᓯᒋᑫᐟ ᒪᒪᐦᑖᑯᓯᐃᐧᐣ ᑭᑭ, ᒥᓇ ᐯ ᐅᐦᒉᐢᑲᐃᐧᐢᑳᕽ ᐁ ᓂᑲᒧᔭᐠ.

ᑫᒋᓈᐦᐅᐠ ᑳ ᑎᐯᓯᒋᔦᐟ ᐁᐋᐧᑯ ᑭᓭᓂᑐ: ᐃᐧᔭ ᑳ ᑭ ᐅᓯᐃᑕᕽ ᓇᒪᐃᐧᔭ ᑮᔭᓇᐤ; ᑮᔭᓇᐤ ᐃᐧᔭ ᐅᐟ ᐃᔨᓂᒪ ᒥᓇ ᐅ ᒫᔭᑎᐟᑯᒪ ᑳ ᑲᓇᐁᐧᔨᒫᐟ.

ᐱᑐᑫᐋᐧᕽ ᐅᐟ ᐃᐢᑳᐧᑌᒥᕽ ᑭᑭ ᓇᓈᐢᑯᒧᐃᐧᐣ, ᒥᓇ ᐅ ᒫᐊᒋᐃᑐᐃᐧᑲᒥᑯᕽ ᑭᑭ ᒪᒥᐦᒋᒥᐁᐧᐃᐧᐣ: ᓇᓈᐢᑯᒥᕽ ᒥᓇ ᒥᔦ ᑮᓯᐧᑖᒫᐧᕽ ᐅ ᐃᐧᔦᐃᐧᐣ.

ᒋᑫᒫ ᑳ ᑎᐯᓯᒋᑫ ᒥᔮᐧᑎᓯᐤ, ᐅ ᑭᓭᐋᐧᑎᓯᐃᐧᐣ ᑳᑭᑫ

Ke kespohāo ka nôtākutāyit meyo kākwuyu ôche; maku ka wāyotiseyit ke sipwātisuwāo pisisik.

Weyu ā kiskisit o kisāwatisewin ke wechihāo ot utoskāyakunu Israel; ka ke isse usotumuwat kuyas kôtawenowu Abrahamu menu ot uwasimiseyiwu kakikā.

Kittu mumichimaw Wāyôtawêk, menu Okosisimaw; menu ka Kunatiset Uchâk.

Ka ke ikik michimach ôche, unoch menu mākwach, menu kakikā kā ikik; eyikôk kā naspiche uskewûk. Amen.

¶ Ākwu kittu uyumitaniwun kotuk uyumichikāwin Oske Testament ôche, ākose ā kese uyumitâk ākwu kā uyumitâk omu Nikumon ka utte ustāk, ā Kākisāpa Uyumihâk.

How Mumûtakosestâk Ka Tipāyichikāt.

Psalm 100.

How mumûtakosestâk ka Tipāyichikāt misewā uskêk; utoskāstâk ka Tipāyichikāt mumûtakosewin kike, menu pā ôtiskowiskâk ā nikumoyāk.

Kāchnahok ka Tipāyichikāt āwuko Kisāmunito; weyu ka ke osihitûk numuweyu keyanow; keyanow weyu ot eyinemu menu o mayutikomu ka kunuwāyimat.

Pêtokāwâk ot iskwâtāmik kike nunaskomowin, menu o mawuchihitoowikumikôk kike mumichimiwāwin; nunaskomik menu meyo keswatumwâk o weyoowin.

Chikāma Ka Tipāyichikāt meywatisew, o kisāwatisewin kakikā uyayew; menu o tapwāwin

ᐋᔮᔨᐤ: ᒥᓇ ᐅ ᑖᐯᐏᐣ ᐋᔮᔨᐤ ᐃᔨᑯᕽ ᐁ ᐊᑎ ᐋᔮᓂᐢᑫ ᐱᒫᑎᓯᔨᐟ ᐊᔨᓯᔨᓂᐘ.

ᑭᑕ ᒪᒥᐦᒋᒫᐤ ᐌᔪᑖᐏᕽ, ᒥᓇ ᐅᑯᓯᓯᒫᐤ; ᒥᓇ ᑳ ᑲᓈᑎᓯᐟ ᐊᒑᕽ.

ᑳ ᑭ ᐃᐦᑭᕽ ᒥᒋᒫᐨ ᐅᐦᒋ, ᐊᓄᐦᐨ ᒥᓇ ᒣᑳᐧᐨ, ᒥᓇ ᑳᑭᑫ ᑫ ᐃᐦᑭᕽ: ᐃᔨᑯᕽ ᑫ ᓈᐢᐱᒋ ᐊᐢᑭᐘᕽ. ᐋᒣᐣ.

¶ ᐁ ᐅᑖᑯᓯ ᐊᔭᒥᐊᕽ ᐅᒪ ᐁᐘᑯ ᑫ ᐋᐸᒋᑖᕽ.

ᑳ ᑎᐯᔨᒋᑫᔭᐣ, ᐁᑲᐧ ᐸᑭᑎᐣ ᑭᐟ ᐊᑐᐢᑫᔮᑲᐣ.

ᓭᐣᐟ ᕒᐅᐠ 2, 29.

ᑳ ᑎᐯᔨᒋᑫᔭᐣ, ᐁᑲᐧ ᐸᑭᑎᐣ ᑭᐟ ᐊᑐᐢᑫᔮᑲᐣ ᑭᑕ ᓯᐍᑌᐟ ᐯᔭᑕᑫᔨᒧᐏᓂᕽ: ᑳ ᐃᑕᐢᑌᐠ ᑭᐟ ᐃᑗᐏᐣ.

ᒋᑫᒫ ᓂᐢᑭᓯᑲᐧ ᑭ ᐚᐸᑕᒧᒪᑲᓇᐧ: ᑭ ᐱᒫᒋᐃᐍᐏᐣ.

ᐊᓂᒪ ᑳ ᑭ ᑲᔫᒋᑖᔭᐣ: ᑲᑭᔭᐤ ᐊᔨᓯᔨᓂᐤ ᑭᑕ ᐚᐸᑕᕽ.

ᐚᐢᑌᐤ ᑭᑕ ᐚᐢᑌᓇᒫᑯᒋᐠ ᒣᐣᑕᕒᐊᐠ: ᒥᓇ ᐅ ᒪᒪᐦᒑᑯᓯᐏᓂᐚᐤ ᑭᐟ ᐃᔨᓂᒪᐠ ᐃᐢᕒᐁᐃᕒ.

ᑭᑕ ᒪᒥᐦᒋᒫᐤ ᐌᔪᑖᐏᕽ, ᒥᓇ ᐅᑯᓯᓯᒫᐤ: ᒥᓇ ᑳ ᑲᓈᑎᓯᐟ ᐊᒑᕽ;

ᑳ ᑭ ᐃᐦᑭᕽ ᒥᒋᒫᐨ ᐅᐦᒋ, ᐊᓄᐦᐨ ᒥᓇ ᒣᑳᐧᐨ, ᒥᓇ ᑳᑭᑫ ᑫ ᐃᐦᑭᕽ: ᐃᔨᑯᕽ ᑫ ᓈᐢᐱᒋ ᐊᐢᑭᐘᕽ. ᐋᒣᐣ.

¶ ᐁᑲᐧ ᐊᔭᒥᐁᐏᔨᓂᐤ ᒥᓇ ᑲᑭᔭᐤ ᐊᔨᓯᔨᓂᐘᐠ ᑭᑕ ᐃᑗᐘᐠ ᐊᐦᐳ ᑭ ᓂᑲᒧᐘᐠ ᐊᓂᒪ ᐋᐸᐢᑎᕒᐊᐠ ᐅ ᑖᐯᐧᑕᒧᐏᓂᐚᐤ ᑲᑭᔭᐤ ᐁ ᓂᐸᐏᒋᐠ.

ᓂ ᑖᐯᐧᑌᐣ ᐁ ᐃᐦᑖᐟ ᑭᓭᒪᓂᑐ ᐅᐦᑖᐏᒫᐤ ᓯᔪᐦᑳᑎᓯᐟ, ᑳ ᑭ ᐅᓯᑖᐟ ᑭᐦᒋᑭᓯᐠ ᒥᓇ ᐊᐢᑭ.

uyayew eyikók ā utte ayaniskā pimatseyit uyiseyinewu.

Kittu mumichimaw Wāyótawék, menu Okosisimaw; menu Ka Kunatiset Uchák.

Ka ke ikik michimach óche, unóch menu mākwach, menu kakikā kā ikik; eyikók kā naspiche uskewúk. Amen.

¶ Ā Otakose Uyumihák omu āwuko kā apuchiták.

Ka Tipāyichikāyun, Ākwu Pukitin Ket Utoskāyakun.

St. Luke 2, 29.

Ka Tipāyichikāyun, ākwu pukitin ket utoskāyakun kittu sipwātāt pāyútukayimoowinik; ka itustāk ket itwāwin.

Chikāma neskesikwu ke wapútumomukunwu; ke pimachihiwāwin.

Unimu ka ke kwuyachitayun; kúkeyow uyiseyinew kittu wapútúk.

Wastāo kittu wastānumakochik Gentileuk; menu o mumútakosewiniwaw ket eyinemuk Israel.

Kittu mumichimaw Wāyótawék, menu Okosisimaw; menu Ka Kunatiset Uchák.

Ka ke ikik michimach óche, unóch menu mākwach, menu kakikā kā ikik; eyikók kā naspiche uskewúk. Amen.

¶ Ākwu uyumihāweyinew menu kúkeyow uyiseyinewuk kittu itwāwuk úpo kittu nikumouk unimu Apostleuk o Tapwātumoowinewaw kúkeyow ā nepowichik.

Ne tapwátān ā itat Kisāmunito Ótawemaw Seyókatiset, ka ke ositat kichekesik menu uske.

ᒥᓇ ᒋᓭᐢ X ᐅ ᐯᔭᑯᑯᓯᓵᓇ ᑳ ᐢᐯᔨᒥᑯᔭᕽ, ᑲᓈᑎᓯᔨᐟ ᐊᓖᑲᐧ ᑳ ᑭ ᐅᐦᒋᐟ, ᑳ ᑭ ᓂᐦᒑᐏᐤᐃᑯᐟ ᐅᐢᒋ ᓂᑭᐢᑫᐧᐊᐧ ᒣᐃᐊᐧ, ᑳ ᑭ ᑲᑳᐧᑕᑭᐃᐦᐟ ᒣᑳᐧ ᐸᐣᑎᔭᐠ ᐸᐧ ᐁ ᑎᐯᔨᑕᕽ, ᑳ ᑭ ᒋᐢᑖᐧᐢᑲᐧᑎᐦᐟ, ᑳ ᑭ ᓂᐱᐟ, ᒥᓇ ᑭ ᓇᐃᓂᐦᐟ, ᑳ ᑭ ᐃᑐᐦᑌᐟ ᒋᐸᔭᐢᑭᕽ; ᐁ ᓂᐢᑐ ᑭᓯᑲᔨ ᑳ ᑭ ᐋᐱᓯᓯᕽ, ᐁᑯᓯ ᑭ ᒋᑭᓯᑯᕽ ᑳ ᐃᓯ ᐅᐦᐱᐢᑳ ᐁ ᐊᑎ ᐃᓯ ᐊᐱᐋᐧᐟ ᐅ ᑭᐦᒋᓂᐢᑭᔨᕽ ᑭᓴᒪᓂᑐᐊ ᐅᐦᒑᐧᒫᐧ ᓯᔦᑲᑎᓯᔨᐟ: ᐁᑯᑕ ᐅᐦᒋ ᑫ ᐯ ᐅᔭᐟ ᐋᐧᒑᐟ ᐊᓂᐃ ᒣᑳᐧ ᑫ ᐱᒫᑎᓯᔪᑫᐧ ᒥᓇ ᐊᓂᐃ ᑳ ᑭ ᓂᐱᔨᐟ.

ᓂ ᒌᐯᐧᑌᐣ ᐁ ᐱᐦᒌᐟ ᑳ ᑲᓈᑎᓯᐟ ᐸᓖᕽ. ᐁ ᐃ ᒌᒋ ᐁ ᑲᓈᑎᓯᒋᐠ ᒥᓯᐁᐧᐢᑯᒥᐠ ᒌᐯᐧ ᐅᒌᐯᐧᒑᒧᐊᐧᐠ; ᐁ ᐃᐧᒣᐣᑐᒋ ᐅᑲᓈᑎᓯᐊᐧᐠ: ᐁ ᐊᔅᓂᑲᑌᐤ ᒪᒋᐦᑎᐃᐧᓇ; ᒥᓇ ᑭᑕ ᐊᐧᓂᐢᑲᔦᑳᑌᐠ ᒥᔫ, ᒥᓇ ᑳᑫ ᐱᒫᑎᓯᐃᐧᐣ. ᐋᒣᐣ.

¶ ᐁᑲᐧ ᒫᑲ ᐅᐦᐃ ᐊᔭᒦᐋᐧᐃᐧᓇ ᐊᐢᑯᐦ ᑳ ᐊᑎ ᐊᐢᑌᑭ, ᑲᑭᔭᐤ ᐁ ᐅᒋᐦᒋᑲᐧᓇᐱᕽ, ᓂᑲᐣ ᒫᑲ ᐊᔭᒥᐁᐧᐃᐧᔨᓂᐤ ᑭᑕ ᐃᑌᐤ,

ᑳ ᑎᐯᔨᒋᑫᐟ ᑭ ᑲ ᐃᐧ ᐃᐧᒣᐃᐧᑯᐋᐧᐤ.

ᓇᐢᐱᒍᐃᐧᐣ. ᒥᓇ ᑭᔭ ᑭ ᑲ ᐃᐧ ᐃᐧᒣᐃᐧᐠ ᑭᐟ ᐊᓖᐦᑯᕽ.

ᐊᔭᒥᐁᐧᐃᐧᔨᓂᐤ. ᐁᑲᐧ ᐊᔭᒦᑖᐤ.

ᑌᐯᔨᒋᑫᔭᐣ, ᑭᓴᐋᐧᑐᑕᐃᐧᓈᐣ.

X. ᑭᓴᐋᐧᑐᑕᐃᐧᓈᐣ.

ᑌᐯᔨᒋᑫᔭᐣ, ᑭᓴᐋᐧᑐᑕᐃᐧᓈᐣ.

ᐅᐦᒑᐃᐧᓈᐣ ᑭᐦᒋᑭᓯᑯᕽ ᐁᔦᔭᐣ, ᑭᑕ ᐃᐧ ᑲᓈᑌᔨᑖᑲᐧᐣ ᑭ ᐃᐧᔦᐃᐧᐣ, ᑭ ᑎᐯᔨᒋᑫᐃᐧᐣ ᑭᑕ ᐃᐧ ᐅᑎᐦᒋᐸᔨᐤ, ᐁ ᐃᑌᔨᑕᒪᐣ ᑭᑕ ᐃᐧ ᑐᒋᑳᑌᐤ ᐅᑕ ᐊᐢᑭᕽ, ᑳ ᐃᓯ ᐋᔭᐠ

Menu Jesus Christ o Pāyukokosisanu ka Tipāyimikoyůk, Ka Kunatiseyit Uchåkwu ka ke ochet, Ka ke nitawekihikot oskinekiskwāwu Marywu, Ka ke kukwatukihit mākwach Pontius Pilate ā tipāyitůk, Ka ke chestuhaskwatit, ka ke nipit, menu ka ke nuhinit, Ka ke itōtāt chepuyuskēk; Ā nisto kesikayik ka ke apisisik; Ākose kichekesikōk ka isse ōpiskat; Ā utte isse upiwat o kicheniskeyik Kisāmunitou Ōtawemawu Seyōkatiseyit; Ākotu ōche kā pā oyusoowatat unihe mākwach kā pimatiseyikwā menu unihe ka ke nipeyit.

Ne tapwåtān ā itat Ka Kunatiset Uchåk; Ā itachik ā kunatisechik misewāskumik tapwā otapwātumoowuk; Ā wechåtochik Okunatisewuk; Ā usānikatāke muchētiwinu; menu kittu wuniskanikatāk meyow; Menu kakikā pimatisewin. Amen.

¶ Akwu maku ohe uyumihawinu uskōch ka utte ustāke, kůkeyow a ochichekwunupik, nekan maku Uyumihāweyinew kittu itwāo,

Ka Tipāyichikāt ke ku we wechāwikoowaw.

Nuspimoowin. Menu keyu ke ku we wechāwikoowet uchåkōk.

Uyumihāweyinew. Ākwu uyumihatan.

Tāpāyichikāyun, kisāwatotowinan.

Christ, kisāwatotowinan.

Tāpāyichikāyun, kisāwatotowinan.

Nōtawenan kichekesikōk āyayun, Kittu we kunatāyitakwun ke weyowin, Ke tipāyichikāwin kittu we otichipuyew, Ā itāyitumun kittu we tochikatāo otu uskēk, ka isse uyak kichekesikōk.

ᑭᐦᒋᑭᓯᑯᕽ. ᒥᔪᓈᐣ ᐊᓄᐦᐨ ᑳ ᑭᓯᑳᐠ ᑫ ᐅᐦᒋ ᐱᒫᑎᓯᔮᕽ ᒥᓇ ᐊᓴᓇᒪᐃᐧᓇᐣ ᓂ ᒪᒋᐦᑎᐃᐧᓂᓈᓇ, ᑳ ᐃᓯ ᐊᓴᓇᒪ-ᐋᐧᑭᐦᒋᐠ ᐊᓂᑭ ᑳ ᐋᐧᓂᑐᑖᑯᔮᐦᑭᐠ; ᒥᓇ ᐁᑳᐃᐧᔭ ᐃᑐᐦᑕ-ᐦᐃᓈᐣ ᑯᑌᔨᒥᑯᐃᐧᓂᕽ, ᒫᑲ ᒥᑖᑫᐧᓇᒪᐃᐧᓈᐣ ᒪᒋ ᑫᑲ:. ᐋᒣᐣ.

¶ ᐁᑲᐧ ᐊᔭᒥᐁᐃᐧᔨᓂᐤ ᐁ ᓂᐸᐃᐧᐟ ᑭᑕ ᐃᑌᐧᐤ,

ᑌᐯᔨᒋᑫᔮᐣ, ᐚᐸᐦᑎᔨᓈᐣ ᑭ ᑭᓴᐚᑎᓯᐃᐧᐣ.

ᓇᐢᐱᒧᐃᐧᐣ. ᒥᓇ ᒥᔪᓈᐣ ᑭ ᐱᒫᒋᐦᐃᐁᐧᐃᐧᐣ.

ᐊᔭᒥᐁᐃᐧᔨᓂᐤ. ᑌᐯᔨᒋᑫᔮᐣ, ᐱᒫᒋᐦ ᑭᐦᒋᐅᑭᒫᐤ.

ᓇᐢᐱᒧᐃᐧᐣ. ᒥᓇ ᑭᑎᒫᑭᐦᑕᐃᐧᓈᐣ ᑕᐦᑖᐤ ᒣ ᐧᒧᐢᑖᑖᐦᑭ.

ᐊᔭᒥᐁᐃᐧᔨᓂᐤ. ᑭᑭᐢᑲᒧᐦᐃᐠ ᑭᐟ ᐊᑐᐢᑫᔮᑲᓇᐠ ᑲᐧᔭᐢᑭᑖ-ᑎᓯᐃᐧᐣ.

ᓇᐢᐱᒧᐃᐧᐣ. ᒥᓇ ᒪᒪᐦᑖᑯᐦᐃᐠ ᑳ ᓇᐊᐧᓱᓇᒋᐠ ᑭᐟ ᐃᔨᓂᒪᐠ.

ᐊᔭᒥᐁᐃᐧᔨᓂᐤ. ᑌᐯᔨᒋᑫᔮᐣ, ᐱᒫᒋᐃᐠ ᑭᐟ ᐃᔨᓂᒪᐠ

ᓇᐢᐱᒧᐃᐧᐣ. ᒥᓇ ᓭᐁᐧᔨᒥᐠ ᑭ ᑎᐯᔨᒫᑲᓇᐠ.

ᐊᔭᒥᐁᐃᐧᔨᓂᐤ. ᒣᑭ ᐯᔭᑕᑫᔨᒧᐃᐧᐣ ᑫ ᐃᐢᑯ ᐱᒫᑎ ᔮᕽ ᑌᐯᔨᒋᑫᔮᐣ.

ᓇᐢᐱᒧᐃᐧᐣ. ᒋᑫᒫ ᓇᒪᐃᐧᔭ ᐊᐃᐧᔭᐠ ᑯᑕᐠ ᓂ ᓈᑕᒫᑯᓈᐣ ᑭᔭ ᐱᑯ ᑭᓴᒪᓂᑐ.

ᐊᔭ ᐁᐃᐧᔨᓂᐤ. ᑭᓴᒪᓂᑐ ᐯᐦᑭᐦᑖ ᓂᑌᐦᐃᓈᓇ ᐱᐦᒋ ᓂᔭ-ᐃᐧᓈᕽ.

ᓇᐢᐱᒧᐃᐧᐣ. ᒥᓇ ᐁᑳᐃᐧᔭ ᒪᐢᑲᒥᓈᐣ ᑳ ᑲᓈᑎᓯᐟ ᑭᐟ ᐊᒫᕽ.

Meyinan unóch ka kesikak kā óche pimatiseyåk; Menu usānumowinan ne muchétiwininanu, Ka isse usānumowukíchik unike ka wunitotakoyåkik; Menu ākaweyu itótuhinan kotāyimikoowiník, Maku metakwānumowinan muche kākwī. Amen.

¶ Ākwu Uyumihāweyinew ā nepowit kittu itwāo,

Tāpāyichikāyun, wapúteyinan ke kisāwatisewin.

Nuspimoowin. Menu meyinan ke pimachihiwāwin.

Uyumihāweyinew. Tāpāyichikāyun, pimaché Kícheokimaw.

Nuspimoowin. Menu kitimakítowinan tútwaw māwimostatåke.

Uyumihāweyinew. Kikiskumohik ket utoskāyakunuk kwuyuskitatisewin.

Nuspimoowin. Menu mumútakohik ka nowusonuchik ket eyinemuk.

Uyumihāweyinew. Tāpāyichikāyun, pimachihik ket eyinemuk.

Nuspimoowin. Menu suwāyimik ke tipāyimakunuk.

Uyumihāweyinew. Māke pāyútukāyimoowin kā isko pimatiseyåk Tāpāyichikāyun.

Nuspimoowin. Chikāma numuweyu uweyuk kotuk ne natumakonan keyu piko Kisāmunito.

Uyumihāweyinew. Kisāmunito påkita netāhinanu péche neyowinåk.

Nuspimoowin. Menu ākaweyu muskuminan ka Kunatiset Ket Uchåk.

¶ **ᐁᑲᐧ** ᓂᐢᑐ ᐊᔭᒥᐋᐏᓇ; ᓂᐢᑕᑦ ᐊᓂᒪ ᑳ ᐅᔭᑭᑌᐤ ᑭᑕ ᐋᐸᑕᕽ ᐁᐘᑹᓂᒪ ᐁ ᑭᓯᑳᐤ, ᐁᑲᐧ ᐊᐢᑯᐦ ᑯᑕᑲ ᓂᓱ ᐁ ᑫᑭᓭᐹ ᐊᔭᒥᐋᕽ ᒥᓇ ᐁ ᐅᑖᑯᓯᐠ ᐊᔭᒥᐋᕽ.

¶ ᐁ ᑫᑭᓭᐹ ᐸᔭᒥᐋᕽ, ᐯᔭᑕᐠ ᐊᔮᐏᐣ ᐁ ᓇᑐᑕᒥᕽ.

ᑭᓯᒪᓂᑐ, ᑳ ᐅᓯᑖᔭᐣ ᐯᔭᑕᑫᔨᒧᐏᐣ ᒥᓇ ᑳ ᓵᑭᑖᔭᐣ ᒥᔪ ᐅᐢᑌᒥᐦᑐᐏᐣ, ᐁ ᑭᐢᑫᔨᒥᑖᕽ ᑳ ᐅᐦᒋ ᐋᔨᑕᐢᑌᐤ ᓂ ᑳᑭᑫ ᐱᒫᑎᓯᐏᓂᓈᐣ, ᑭ ᑎᑊᑐᑖᑯᐏᐣ ᒥᑐᓂ ᓇᒪ ᐊᔨᒥ-ᐃᐍᐤ; ᓈᑕᒪᐏᓈᐣ ᓂᔭᓇᐣ ᑭᐟ ᐊᑐᐢᑫᔮᑲᓇᐤ ᐁ ᑕᐸᐦᑌ-ᔨᒨᔮᐠ ᒥᓯᐍ ᐁ ᐃᓯ ᒫᔨᑐᑖᑯᔮᑭᐤ ᑳ ᐃᐧ ᓂᓯᐘᓈᒋ-ᐃᑯᔮᑭᐤ, ᐁᑯᓯ ᐁ ᒪᐢᑲᐏ ᐊᐢᐯᔨᒨᔮᕽ ᑭ ᓈᑕᒫᑫᐏᐣ, ᐍᑳᐏᔭ ᓂ ᑲ ᐃᐧ ᑯᐢᑕᒪᐧᓈᐣ ᐅ ᓱᐦᑳᑎᓯᐏᓂᐚᐤ ᑳ ᐃᐧ ᐘᓈᐃᑯᔮᑭᐤ; ᐏᔭ ᐅ ᓱᐦᑳᑎᓯᐏᐣ ᐅᐦᒋ **ᒋᓴᐢ X** ᑳ ᑎᐯᔨᒥᑯᔮᕽ. ᐋᒣᐣ.

¶ ᓂᓱᐦᑳᒫᑯᐏᐣ ᐁ ᓇᑐᑕᒥᕽ.

ᑳ ᑎᐯᔨᒋᑫᔭᐣ ᑭᐦᒋᑭᓯᑯᐏ ᓄᐦᑖᐏᓈᐣ, **ᓱᐦᑳᑎᓯᔭᐣ** ᒥᓇ ᑳᑭᑫ ᑳ **ᑭ**ᓯᒪᓂᑐᐏᔭᐣ, ᑳ ᑭ ᑲᓇᐍᔨᒦᔮᕽ ᑭᑕ ᐅᑎᐦᑕᒫᕽ ᐊᓄᐦ ᑳ ᑭᓯᑳᐤ ᒥᔪᐊᔮᐏᓂᕽ; ᓈᑕᒪᐏᓈᐣ ᐁᑯᑕ ᐅᒪ ᐁ ᐃᓯ ᓱᑫᔨᑖᑲᐧᕽ ᑭ ᒪᓂᑐᐋᔨᐏᐣ, ᒥᓇ ᐸᑭᑌᔨᑕᒪᐏᓇᐣ ᐊᓄᐦ ᑳ ᑭᓯᑳᐤ ᑳ ᑭᑕ ᐘᓂᐦᑏᔮᕽ, ᒥᓇ ᐁᑳ ᑭᑕ ᐃᐢᐸᑖᔮᕽ ᐋᔨᒥᓯᐏᓂᕽ; ᒫᑲ ᑲᑭᔭᐤ ᓂᐟ ᐃᐦᑐᑕᒧᐏᓂᓈᓇ ᑭᑕ ᐅᔭᑭᑕᒫᑯᔮᕽ ᑭ ᑎᐯᔨᒋᑫᐏᐣ, ᑭᑕ ᑭ ᐃᐦᑐᑕᒫᕽ ᑕᐦᑭ ᐊᓂᒪ ᐁ ᑲᐧᔭᐢᑲᐧᕽ ᑭᔭ ᐁ ᐃᑖᐱᓯ-ᓂᔭᐣ; ᐏᔭ ᐅᐦᒋ **ᒋᓴᐢ X** ᑳ ᑎᐯᔨᒥᑯᔮᕽ. ᐋᒣᐣ.

¶ ᐁ ᐅᑖᑯᓯᐠ ᐊᔭᒥᐋᕽ, ᐯᔭᑕᐠ ᐊᔮᐱᐣ ᐁ ᓇᑐᑕᒥᕽ.

ᑭᓯᒪᓂᑐ, ᑭᔭ ᐅᐦᒋ ᑲᑭᔭᐤ ᑲᓈᒋ ᓇᑕᐍᔨᑕᒧᐏᓇ,

¶ Ākwu nisto uyumihawinu; nistum unimu ka oyukitāk kittu aputūk āwukwanimu ā kesikak, ākwu uskōch kotuku neso, ā Kākisāpa Uyumihåk menu ā Otakose Uyumihåk.

¶ Ā Kākisāpa Uyumihåk, Pāyūtuke uyawin ā nutotumik.

Kisāmunito, ka ositayun pāyūtukāyimoowin menu ka sakitayun meyo ototāmitoowin, ā kiskāyimitåk ka ōche ayetustāk ne kakikā pimatisewininan, ke tipitotakoowin mitone numu ayimehiwāo; natumowinan neyunan ket utoskāyakunuk ā tupūtāyimoyåk misiwā ā isse mayitotakoyåkik ka we nisiwunachihikoyåkik, ākose ā muskuwe uspāyimoyåk ke natumakāwin, ākaweyu ne ku we kostumwanan o sōkatisewinewaw ka we wunahikoyåkik; weyu o sōkatisewin ōche Jesus Christ ka Tipāyimikoyåk. Amen.

¶ Nesōkumakoowin ā nutotumik.

Ka Tipāyichikāyun kichekesikoowe Nōtawenan, Seyōkatiseyun menu kakikā ka Kisāmunitooweyun, ka ke kunuwāyimeyåk kittu otitumåk unōch ka kesikak meyo uyawinik; natumowinan ākotu omu ā isse sōkāyitakwūk ke munitoatisewin, menu pukitāyitumowinan unōch ka kesikak āka kittu wunētiyåk, menu āka kittu ispūtayåk ayimisewinik; maku kūkeyow net itotumoowininanu kittu oyukitumakoyåk ke tipāyichikāwin, kittu ke itotumåk tūke unimu ā kwuyuskwūk keyu ā itapisineyun; weyu ōche Jesus Christ ka Tipāyimikoyåk. Amen.

¶ Ā Otakose Uyumihåk, Pāyūtuke uyawin ā nutotumik.

Kisāmunito, keyu ōche kūkeyow kunache nutu-

ᓴᑭᔭᐤ ᐁ ᒥᔮᐧᓯᑭ ᐅᔭᓱᐁᐧᐃᐧᓇ, ᒥᓇ ᑲᑭᔭᐤ ᑳᐧᔭᐢ ᐃᐦᑐᑕᒧᐃᐧᓇ ᐁᐧᐦᒋᒪᑲᐦᐠ; ᒥᓯᐢ ᑭᐟ ᐊᑐᐢᑫᔮᑲᓇᐠ ᐊᓂᒫ ᐯᔭᐦᑕᑫᓯᒧᐎᐣ ᐊᐢᑭ ᐁᑳ ᑫ ᑭ ᒉᑭᒪᑲᐤ; ᑖᐱᐢᑯᐟ ᑭᑕ ᐃᑕᐢᑌᑭ ᓂ ᐦᐃᓈᓇ ᑭᑕ ᓇᓇᐃᐦᑕᒫᐤ ᑯᔭᓱᐁᐧᐃᓇ. ᒥᓇ ᑭᔭ ᐁ ᓈᑕᒪᐎᔮᐤ ᐁᑳ ᐁ ᑯᐢᑖᔮᐦᑭᐠ ᑳ ᐃᐧ ᓂᓯᐸᐧᒧ-ᓈᒋᐃᑯᔮᐦᑭᐠ ᐯᔭᑕᐠ ᐊᔮᐃᐧᓂᐤ ᑭᑕ ᑭ ᐱᒫᑎᓯᔮᐤ; ᐁ ᐃᓯ ᑲᐢᑭᑕᒫᑯᔮᐤ ᒋᓭᐢ X ᑭᐱᒫᒋᐃᐁᐧᒥᓈᐣ. ᐋᒣᐣ.

¶ ᓈᑕᒫᑯᐎᐣ ᐁ ᓇᑐᑕᒥᐦ.

ᐋᐧᐢᑌᓇ ᓂ ᐊᐧᓂᑎᐱᐢᑭᓯᐎᓂᓈᐣ, ᑭᐟ ᐃᓯ ᐸᑯᓭᔨᒥᑎᓈᐣ ᑌᐯᔨᒋᑫᔭᐣ; ᒥᓇ ᑭ ᑭᐦᒋ ᑭᓭᐋᐧᑎᓯᐎᐣ ᐅᐦᒋ ᓈᑕᒪᐎᓈᐣ ᐁᑳ ᐊᔨᒥᓯᐎᐣ ᒥᓇ ᐸᐢᐱᓀᐎᐣ ᑭᑕ ᓭᓯᑫᐦᐃᑯᔮᐤ ᐊᑭᐦ-ᑫ ᑎᐱᐢᑳᐠ; ᐃᐧᔭ ᐅ ᓵᑭᐃᐁᐧᐃᐧᐣ ᐅᐦᒋ ᑭ ᐯᔭᑯᑯᓯᔮᐤ, ᑭᐱᒫᒋᐃᐁᐧᒥᓈᐣ ᒋᓭᐢ X. ᐋᒣᐣ.

¶ ᐁᑲᐧ ᐅᑕ ᑭᑕ ᐅᑎᓂᑳᑌᐤ ᓂᑲᒧᐣ.

¶ ᐁᑲᐧ ᑭᐦᒋᐅᑭᒫᐤ ᐁ ᐊᔭᒥᐁᐢᑕᒫᐦᐠ.

ᑌᐯᔨᒋᑫᔭᐣ ᑭᐦᒋᑭᓯᑯᐃᐧ ᑭᑖᐃᐧᓈᐣ, ᒫᒪᐁᐧᔭᐢ ᑲ ᐃᐢᐯ-ᔩᑖᑯᓯᔭᐣ ᒥᓇ ᑳ ᓱᐦᑳᑎᓯᔭᐣ, ᑳ ᑎᐯᔨᒪᒋᐠ ᑲᑭᔭᐤ ᑭᐦᒋ-ᐅᑭᒫᐋᐧᐠ, ᑳ ᐊᔨᐋᐧᑭᐢᑲᐊᐧᒋᐠ ᑲᑭᔭᐤ ᑌᐯᔨᒋᑫᒋᐠ, ᑭᔭ ᐱᑯ ᑳ ᑎᐯᔨᒪᒋᐠ ᑳ ᑭᐦᒋᐅᑭᒫᑲᐦᑕᐦᑭᐠ, ᑭ ᑭᐦᒋᐊᐱᐃᐧᓂᐤ ᐅᐦᒋ ᑳ ᑲᓇᐋᐧᐸᒪᒋᐠ ᑲᑭᔭᐤ ᐋᐧᐢᑭᑕᐢᑲᒥᐠ ᑳ ᐊᔮᒋᐠ; ᓈᐢᐱ-ᓂᑌᐦᐃᓈᐤ ᐅᐦᒋ ᑭ ᐸᑯᓭᔨᒥᑎᓈᐣ ᑭᑕ ᒥᓗ ᑲᓇᐋᐧᐸᒪᐟ ᓂ ᑭᐦᒋᐅᑭᒫᒥᓈᐣ ᒦᓭᐟ, ᑳ ᑎᐯᔨᒥᑯᔮᐤ; ᒥᓇ ᐃᓯ ᐅᐦᑎ-ᓇᒪᐤ ᐅ ᓂᓱᑳᒫᑫᐃᐧᓂᓯᐤ ᑳ ᑲᓈᑎᓯᔨᐟ ᑭᐟ ᐊᐋᐦᑲᐧ, ᑖᐦᐠ

wāyitumoowinu, kůkeyow ā meywasike oyusoowāwinu, menu kůkeyow kwuyusk itotumoowinu wāchemukůke; meyik ket utoskāyakunuk unimu pāyůtukāyimoowin uske āka kā ke mākemukůk; tapiskoch kittu itustāke netāhenanu kittu nunuhitumák koyusoowāwinu, menu keyu ā natumowiyák āka ā kostayákik ka we nisiwunachihikoyákik, pāyutuke uyawinik kittu ke pimatiseyák; ā isse kuskitumakoyák Jesus Christ Nopimachihiwāminan. Amen.

¶ Natumakoowin ā nutotumik.

Wastānu ne wunitipiskisewinenan, ket isse pukosāyimitinan Tāpāyichikāyun; menu ke kiche kisāwatisewin óche natumowinan āka ayimisewin menu puspināwin kittu sāsikāhikoyák unóch kā tipiskak; weyu o sakihiwāwin óche ke pāyukokosisan, Nopimachihiwāminan Jesus Christ. Amen.

¶ Ākwu otu kittu otinikatāo Nikumon.

¶ Ākwu Kicheokimaw ā Uyumihāstumát.

Tāpāyichikāyun Kichekesikoowe Nótawenan, mamuwāyus ka ispāyitakoseyun menu ka sókatiseyun, ka tipāyimuchik kůkeyow kicheokimawuk, ka uyiwakiskowuchik kůkeyow tāpāyichikāchik, keyu piko ka tipāyimuchik ka kicheokimakůtůkik, ke kicheupiwinik óche ka kunuwapumuchik kůkeyow wuskituskumik ka uyachik; naspich netāhinák óche ke pukosāyimitinan kittu meyo kunuwapumut ne Kicheokimaminan George, ka Tipāyimikoyák; menu isse ótinumow o nesókumakāwineyew ka Kunatiseyit Ket

ᑭᑕ ᐃᑌᔨᑕᕽ ᐁ ᐃᑌᔨᑕᒪᐧᐟ ᒥᓇ ᑭᑕ ᒥᑎᒣᐟ ᑭᐟ ᐃᑖᑎ-ᓯᐃᐧᐣ; ᐁᐧᐋᒋ ᐅᐦᒋᐢᑕᒪᐤ ᑭᐦᒋᑭᓯᑯᐃᐧ ᒣᑭᐃᐧᓇ; ᐸᑭᑌ-ᔨᑕᒪᐤ ᒥᔪ ᐊᔮᐃᐧᐣ ᒥᓇ ᒪᐢᑲᐚᑎᓯᐃᐧᐣ ᑭᓀᐧᐠ ᑭᑕ ᐱᒫᑎᓯᐟ; ᒥ ᒪᐢᑲᐃᐧᓯᐃᐧᐣ ᒥᑐᓂ ᑭᑕ ᓵᑯᒋᐋᐧᐟ ᑲᑭᔭᐤ ᑲ ᐃᐧ ᒪᔨᑐᑖᑯᐟ; ᐁᑲᐧ ᐃᐢᑳᐧᔮᐨ ᐳᓂᑖᒋ ᐅᒪ ᐱᒫᑎᓯᐃᐣ ᑭᑕ ᐃᐧ ᐅᑎᐦᑕᐨ ᑳᑭᑫ ᒪᒪᐦᑖᑯᓯᐃᐧᐣ ᒥᓇ ᒥᓄᐧᔨᒧᐃᐧᐣ, ᐃᐧᔭ ᐅᐦᒋ ᒋᓭᐢ X ᑳ ᑎᐯᔨᒥᑯᔮᕽ. ᐋᒣᐣ.

¶ ᑭᐦᒋᐅᑭᒫᐤ ᐅ ᐯᔨᑖᐦᑯᒫᑲᓇ ᐁ ᐊᔭᒥᐁᐢᑕᒪᐦᒋᐠ.

ᑲᑭᔭᐤ ᑫᑲ: ᑫᐢᑭᑖᔭᐣ ᑭᓭᒪᓂᑐ, ᑳ ᐅᐦᒋᒋᐚᓂᑖᔭᐣ ᑲᑭᔭᐤ ᒥᔮᐧᑎᓯᐃᐧᐣ, ᐁ ᑕᐸᐦᑌᔨᒧᔮᕽ ᑭ ᐸᑯᓭᔨᒥᑎᓈᐣ ᑭᑕ ᓴᐁᐧᔨᒪᐟ ᓂ ᑭᐦᒋᐅᑭᒫᐢᑫᐧᒥᓈᐣ ᒣᕒᐃ, ᒥᓇ ᐊᓬᐃᐠᓵᐣᑕᕒᐊ ᐅᑳᐃᐧᒫᐤ ᑭᐦᒋᐅᑭᒪᐢᑫᐧᐤ, ᒥᓇ ᐁᑐᐚᕒᐟ ᑳ ᑭᐦᒋᐅᑭᒪᑲᐦᑕᕽ ᐁᐧᓬᐢ, ᒥᓇ ᑲᑭᔭᐤ ᑭᐦᒋᐅᑭᒫᐤ ᐅ ᐯᔨᑖᐦᑯᒪᑲᓇ; ᑭᑭᐢᐤ-ᒧᐦᐃᐠ ᑳ ᑲᓈᑎᓯᔨᐟ ᑭᐟ ᐊᒫᐠᑲᐧ; ᐁᐧᐋᑎᓯᐃᐠ ᑭᐦᒋᑭᓯᑯᐃᐧ ᒣᑭᐃᐧᐣ; ᑕᑯᓇᒪᐃᐧᐠ ᑲᑭᔭᐤ ᒥᓄᐧᔨᒧᐃᐧᐣ; ᒥᓇ ᐯᓯᐃᐧᐠ ᑭ ᑳᑭᑫ ᐅᑌᓇᐃᐧᐃᐧᓂᕽ; ᐃᐧᔭ ᐅᐦᒋ ᒋᓭᐢ X ᑳ ᑎᐯ-ᔨᒥᑯᔮᕽ. ᐋᒣᐣ.

¶ ᐁ ᐊᔭᒥᐁᐢᑕᒪᐦᒋᐠ ᑳ ᑭᐦᒋᐅᑭᒪᑲᐦᑕᕽ ᑳᓇᑕ, ᒥᓇ ᑳ ᑭᐦᒋᐅᑭᒫᑲᐦᑕᐦᑭᐠ ᐸᐯᐢᑭᐦᒋ ᑎᐯᔨᒋᑫᐃᐧᓇ.

ᑳ ᑎᐯᔨᑕᒪᐣ ᑲᑭᔭᐤ ᒪᐢᑲᐃᐧᓯᐃᐧᐣ ᒥᓇ ᑭᓭᐚᑎᓯᐃᐧᐣ, ᑭ ᑳᑭᓯᒧᑐᑖᑎᓈᐣ ᑭ ᒥᔪ ᑭᑖᐸᐦᑫᐃᐧᐣ ᑭᑕ ᐅᐦᒋ ᐃᐧᒋᐊᐟ ᑲ ᑭᐦᒋᐅᑭᒫᑲᐦᑕᕽ ᒥᓯᐁᐧ ᓂᐟ ᐊᐢᑭᓈᐣ, ᒥᓇ ᑳ ᑭᐦᒋᐅᑭ-ᒪᑲᐦᑕᕽ ᐅᒪ ᑳ ᐱᐢᑭᑕᑭᑌᐠ ᐃᑕ ᑳ ᐊᔮᔮᕽ. ᐃᓯ ᑭᐢᑭ-ᓄᑕᐦᐃᐠ ᑭ ᓇᑐᑕᒫᑎᓈᐣ, ᑖᐯᐧᐃᐧᓂᕽ ᒥᓇ ᑲᐧᔭᐢᑭᑖᑎᓯᐃᐧᓂᕽ

Uchâkwu, tûke kittu itāyitûk ā itāyitumwut menu kittu mıtimāt ket itatisewin; wāyoche ôchestumow kíchekesikoowe mākewinu; pukitāyítumow meyo uyawin menu muskowatisewin kinwās kittu pimatiset; me muskuwisewin mitone kittu sakochehat kûkeyow ka we mayitotakot; ākwu iskwayach ponĕtache omu pimatisewin kittu we otítum kakikā mumûtakosewin menu meywāyimoowin, weyu ôche Jesus Christ ka Tipāyimikoyâk. Amen.

¶ **Kícheokimaw o Pāsotâkomakunu ā Uyumihāstumâchik.**

Kûkeyow kākwī kāskítayun Kisāmunito, ka ôchechiwunítayun kûkeyow meywatisewin, ā tupûtāyimoyâk ke pukosāyimitinan kittu suwāyimut ne Kícheokimaskwāminan Mary, menu Alexandra Okawemaw Kícheokimaskwāo, menu Edward ka Kícheokimakûtûk Wales, menu kûkeyow Kícheokimaw o Pāsotâkomakunu; kikiskumohik ka Kunatiseyit Ket Uchâkwu; wāyotisehik kíchekesikoowe mākewin; tukonumowik kûkeyow meywāyimoowin; menu pāsewik ke kakikā otānowiwinik; weyu ôche Jesus Christ ka Tipāyimikoyâk. Amen.

¶ **Ā Uyumihāstumâchik ka Kícheokimakûtûk Canada menu ka Kícheokimakûtûkik Pupāskíche Tipāyichikāwinu.**

Ka Tipāyitumun kûkeyow muskowisewin menu kisāwatisewin, ke kakesimototatinan ke meyo kitapûkāwin kittu ôche wechihut ka Kícheokimakûtûk misewā net uskenan, menu ka Kícheokimakûtûk omu ka piskítukítāk ittu ka uyayâk. Isse kıskinôtuhik, ke nutotumatinan,

ᑭᑕ ᐱᒧᑌᒋᐠ ᑭᔭ ᐁ ᐃᓯ ᐚᐸᐦᑕᒪᐤ, ᒥᓇ ᑭᑕ ᐃᓯ ᐚᐸᒋᑖᒋᐠ ᑎᐯᔨᒥᐍᐏᐣ ᑳ ᑭ ᐸᑭᑎᓇᒫᐦᒋᐠ ᑭᔭ ᑭᑕ ᑭᐢᑌᔨᑖᑯᐃᑲᐏᔮᐣ ᒥᓇ ᑭᑕ ᐚᐸᒋᐃᑯᔨᐟ ᑲᑭᔮᐤ ᐊᐧᔨᓯᔨᓂᐊᐧ ᐅ ᑎᐯᔨᒋᑫᐏᓂᐚᐤ ᑳ ᐋᔮᔨᐟ; ᐃᐧᔭ ᐅᐦᒋ ᒋᓭᐢ X ᑳ ᑎᐯᔨᒥᑯᔮᐤ. ᐋᒣᐣ.

¶ ᐁ ᐊᔭᒥᐁᐢᑖᒫᐦᒋᐠ ᒫᒪᐏ ᑭᐦᒋᐅᑭᒫᐤ, ᒥᓇ ᐁ ᐃᐦᑕᓯᔨᐟ ᐅ ᐯᓱᑖᐦᑯᒫᑲᓇ, ᒥᓇ ᑭᐦᒋᐅᑭᒫᐦᑲᓇᐠ, ᒥᓇ ᑳ ᐅᓯᑖᒋᐠ ᐅᔭᓱᐍᐏᓇ, ᑭᑕ ᐃᑌᐤ ᐁᑳ ᐁ ᐚᐸᒋᑖᐤ ᐊᓂᐦᐃ ᑯᑕᑲ.

ᑳ ᑎᐯᔨᒋᑫᔭᐣ ᑭᓭᒪᓂᑐ ᒫᒪᐍᔭᐢ ᓴᐚᑳᑎᓯᔮᐣ, ᑳ ᑎᐯᔨᒪᒋᐠ ᐁ ᓇᓈᑐᐦᑯᐢᑳᓂᓯᒋᐠ ᐊᔨᓯᔨᓂᐊᐧᐠ ᐅᑕ ᐊᐢᑭᐤ, ᐁ ᑕᐸᐦᑌᔨᒧᔮᐤ ᑭ ᑳᑭᓯᒧᑐᑖᑎᓈᐣ ᑭᑕ ᒥᓴᐧ ᑲᓇᐚᐸᒪᐟ ᓂ ᑭᐦᒋᐅᑭᒫᒥᓈᐣ ᑳ ᑎᐯᔨᒥᑯᔮᐤ ᑭᐦᒋᐅᑭᒫᐤ ᒑᕑ, ᒥᓯᐍ ᐃᓯ ᑭᑕ ᒪᒥᑑᐦᑕᐱᑯᐟ ᑭ ᑭᐢᑭᑐᑕᐃᐍᐏᐣ, ᒥᓇ ᑭᑕ ᑲᓇᐍᔨᒥᑯᐟ ᑭ ᒪᐢᑲᐃᓯᐏᐣ. ᓴᐍᔨᒥᐠ ᒥᓇ ᓂ ᑭᐦᒋᐅᑭᒫᐢᑫᐧᒥᓈᐣ ᐃᕑᐃᓴᐸᐟ, ᒥᓇ ᒣᕑᐃ ᐅᑳᐏᒫᐤ ᑭᐦᒋᐅᑭᒫᐢᑫᐧᐤ ᒥᓇ ᐃᕑᐃᓴᐸᐟ ᑭᐦᒋᐅᑭᒫᐢᑫᐧᓯᐢ, ᒥᓇ ᑲᑭᔮᐤ ᑭᐦᒋᐅᑭᒫᐤ ᐅ ᐯᓱᑖᑯᒫᑲᓇ. ᑭᑭᐢᑲᒧᐦᐃᐠ ᐃᔨᓂᓯᐏᐣ ᑳ ᑭᐦᒋᐅᑭᒪᑲᐣ ᒥᓯᐍ ᓂᐟ ᐊᐢᑭᓈᐣ, ᒥᓇ ᑳ ᑭᐦᒋᐅᑭᒫᑲᐦᑕᑭᐠ ᑳ ᐸᐯᐢᑭᐦᑕᑭᐦᑌᐠ ᓂᐟ ᐸᐢᑭᓈᐣ, ᒥᓇ ᐅᔭᐍᐏᓇ ᑳ ᐅᓯᑖᒋᐠ, ᒥᓇ ᑲᐢᑲᔮᐤ ᑳ ᐃᑕᔨᐦᒋᐠ ᓈᐣᑕᐤ ᑭᑕ ᐃᓯ ᑎᐯᔨᒥᑯᔮᑭᐠ; ᑮᑕ ᑭ ᐃᓯ ᐅᔭᐢᑌᐠ ᒥᓇ ᑭᑕ ᐋᔭᑕᐢᑌᐠ ᐅᐟ ᐊᑐᐢᑫᐏᓂᐚᐤ ᐅᐦᒋ, ᑖᐯᐤ ᐯᔭᑕᑫᔨᒧᐏᐣ ᒥᓇ ᒥᓯᐍ ᐸᒥᐦᐅᔦᐣ, ᒥᓇ ᑖᐯᐏᐣ, ᒥᓇ ᑳᔮᐢ ᐅᔭᓱᐍᐏᐣ, ᒥᓇ ᐊᓪ ᒥᐋᐏᐣ, ᒥᓇ ᐊᔭᒥᐋᐚᑎᓯᐏᐣ, ᑭᑕ

tapwāwinik menu kwuyuskitatisewinik kittu pimótāchik keyu ā isse wapútumun, menu kittu isse apuchitachik tipāyimiwāwin ka ke pukitinumâchik keyu kittu kistāyitakohikowiyun menu kittu apuchihikoyit kûkeyow uyiseyinewu o tipāyichikāwinewâk ka uyayit; weyu óche Jesus Christ ka Tipāyimikoyâk. Amen.

¶ Ā Uyumihāstumachik mamowe Kicheokimaw, menu ā ituseyit o Pāsotâkomakunu, menu Kicheokimâkanuk, menu Ka Ositachik Oyusowāwinu, kittu itwāk āka ā apuchitâk unihe kotuku.

Ka Tipāyichikāyun Kisāmunito Mamuwāyus Seyókatiseyun, ka tipāyimuchik ā nunatókoskanāsichik uyiseyinewuk otu uskêk, ā tupútāyimoyâk ke kakesimototatinan kittu meyo kunuwapumut ne Kicheokimaminan ka tipāyimikoyâk Kicheokimaw George, misiwā isse kittu mumenótuhikot ke kiskinótuhiwāwin, menu kittu kunuwāyimikot ke muskuwisewin. Suwāyimik menu ne Kicheokimaskwāminan Elizabeth, menu Mary Okawemaw Kicheokimaskwāo, menu Elizabeth Kicheokimaskwāsis, menu kûkeyow Kicheokimaw o Pāsotâkomakunu. Kikiskumohik eyinesiwin ka Kicheokimakûtûk misewā net uskenan, menu ka Kicheokimakûtûkik ka Pupāskitukitāk net uskenan, menu Oyusowāwinu Ka Ositachik, menu kûkeyow ka ituyichik nantow kittu isse tipāyimikoyâkik; kittu ke isse oyustāk menu kittu ayatustāk ot utoskāwiniwaw óche, tapwā pāyútukāyimoowin menu meyo pumihoowin, menu tapwāwin, menu kwuyusk oyusoowāwin, menu uyumihawin, menu uyumihawatisewin,

ᐊᔮᑕᐢᑖᒪᑲᐃᐧᔮᕽ ᐃᐢᑯ ᑫ ᐊᔮᓄᐢᑫ ᐱᒫᑎᓯᕽ; ᐃᐧᔭ ᐅᐦᒋ ᒋᓴᐢ X ᑳ ᑎᐯᔨᐨᑯᔮᕽ. ᐋᒣᐣ.

¶ ᐊᔭᒥᐁᐃᐧᔨᓂᐊᐧᐠ ᒥᓇ ᐊᔨᓯᔨᓂᐊᐧᐠ ᐁ ᐊᔭᒥᐁᐢᑕᒪᐦᒋᐠ.

ᑲᑭᔭᐤ ᑫᑲ: ᑫᐢᑭᑖᔭᐣ ᒥᓇ ᑳᑭᑫ ᒣᓄᑐᐃᐧᔭᐣ, ᑭᔭ ᑳ ᒣᑭᔭᐣ ᑲᐦᑭᔭᐤ ᐊᒑᐦᑯᐃᐧ ᒣᑭᓄᐧᓇ; ᐯ ᔮᓯᑎᓭᐊᒪᐃᐧᐠ ᓂ ᑭᐦᒋᐊᔭᒥ ᒣᐃᐧᔨᓂᒥᓈᓇᐠ ᒥᓇ ᐊᔭᒥᐁᐃᐧᔨᓂᐊᐧᐠ ᒥᓇ ᑲᑭᔭᐤ ᐅᑕᔭᒥᐋᐊᐧ ᑳ ᑲᓇᐃᐧᐢᑯᑎᔨᐦᒋᐠ, ᑭᐟ ᐋᒑᐦᑲᐧ ᑭᑕ ᐱᒫᑎᓯᐢᑳᑯᒋᐠ, ᒥᓇ ᑖᐯᐧ ᑭᑕ ᓇᐦᐁᔨᑕᒥᐦᐃᐢᑭᐠ ᓯᑭᓇᒪᐃᐧᐠ ᑖᐱᑕᐃᐧ ᑳ ᑲᑳᔭᐃᐧᓯᐢᑳᑫᐠ ᑭ ᓴᐁᐧᔨᒋᑫᐃᐧᐣ. ᐸᑭᑌᔨᑕᒪᐃᐧᓈᐣ ᐅᒪ ᑌᐯᔨᒋᑫᔭᐣ ᐅ ᑭᐢᑌᔨᑖᑯᓯᐃᐧᐣ ᐅᐦᒋ ᑳ ᓇᑐᑌᐢᑖᒪᑯᔮᕽ ᒥᓇ ᑳ ᓈᑖᒪᑯᔮᕽ ᒋᓴᐢ X. ᐋᒣᐣ.

¶ ᑲᑭᔭᐤ ᓇᓈᑐᕽ ᐁ ᐃᓯ ᐊᔮᒋᐣ ᐊᔨᓯᔨᓂᐊᐧᐠ ᐁ ᐊᔭᒥᐁᐢᑕᒪᐦᒋᐠ.

ᑭᓭᒪᓂᑐ ᑳ ᐅᓯᐦᐊᐟ ᒥᓇ ᑳ ᑲᓇᐁᐧᔨᒪᐟ ᑲᑭᔭᐤ ᐊᔨᓯᔨᓂᐤ, ᐁ ᑕᐸᐦᑌᔨᒧᔮᕽ ᑭ ᐸᑯᓭᔨᒥᑎᓇᐣ ᑲᑭᔭᐤ ᓇᓈᑐ ᐁ ᐃᓯ ᐊᔮᒋᐠ ᐊᔨᓯᔨᓄᐊᐧᐠ, ᑭᑕ ᐃᑌᔨᑕᒪᐣ ᑭᑕ ᑭᐢᑫᔨᑕᒧᐊᒋᐠ ᑭᐟ ᐃᑖᑎᓯᐃᐧᓇ, ᑭ ᐱᒫᒋᐃᐁᐧᐃᐧᐣ ᐋᐧᐸᑎᔨ ᐁ ᑕᐦᑐᐢᑳᓂᓯᒋᐠ ᐊᔨᓯᔨᓂᐊᐧᐠ. ᐅᒑᒡ ᒫᑲ ᒥᓯᐁᐧᐢᑲᒥ ᐅᑖᐯᐧᑕᒧᐊᐧᐠ ᑳ ᐊᔭᒥᐁᐢᑕᒪᐊᑭᐦᒋᐠ ᑭᑕ ᐃᓯ ᒥᔪ ᐊᔮᒋ ᑭᑕ ᑭᐢᑭᓄᑕᐦᐋᐟ ᒥᓇ ᑎᐯᔨᒫᐟ ᑭ ᒥᔪ ᐊᒑᕽ, ᑲᑭᔭᐤ ᑭᑕ ᐃᑐᐦᑕᐃᑯᒋᐠ ᑖᐯᐧᐃᐧᓂᕽ (") ᐅᑕᔭᒥᐋᐤ ᐁ ᐃᓯᔨᑳᑎᔨᐟ, ᒥᓇ ᑖᐱᑕᐃᐧ ᑭᑕ ᒥᒋᒥᓇᑭᐠ ᑖᐯᐧᑕᒧᐃᐧᐣ ᐅᐟ ᐋᒑᐦᑯᐋᐧᕽ ᐁ ᐋᔨᒋᐃᑯᒋᐠ ᐯᔭᑕᑫᔨᒧᐃᐧᐣ ᒥᓇ ᑲᐧᔭᐢᑭᑖ-

kittu ayatustumakowiyåk isko kā ayaniskā pimatisėk; weyu óche Jesus Christ ka Tipāyimikoyåk. Amen.

¶ **Uyumihāweyinewuk menu Uyiseyinewuk ā Uyumihāstumåchik.**

Kůkeyow kākwī kāskitayun menu kakikā Mānitooweyun, keyu ka mākeyun kůkeyow uchåkoowe mākewinu; pā yasitisuhumowik ne Kicheuyumihāweyineminanuk menu Uyumihāweyinewuk menu kůkeyow Otuyumihawu ka kunuwiskóteyichik, ket Uchåkwu kittu pimatiseskakochik; menu tapwā kittu nuhāyitumihiskik sekinumowik tapitowe ka kukayowiseskakāk ke suwāyichikāwin. Pukitāyitumowinan omu Tāpāyichikāyun, o kistāyitakosewin óche ka Nutotāstumakoyåk menu ka Natumakoyåk Jesus Christ. Amen.

¶ **Kůkeyow nunatók ā isse uyachik Uyiseyinewuk ā Uyumihāstmåchik.**

Kisāmunito ka osehut menu ka kunuwāyimut kůkeyow uyiseyinew, ā tupůtāyimoyåk ke pukosāyimitinan kůkeyow nunatók ā isse uyachik uyiseyinewuk, kittu itāyitumun kittu kiskāyitumohuchik ket itatisewinu, ke pimachihiwāwin wapůteyik ā tůtoskanāsichik uyiseyinewuk. Osam maku Misiwāskumik Otapwåtumoowuk ka uyumihāstumowukichik kittu isse meyo uyachik; kittu kiskinótuhat menu tipāyimat ke meyo Uchåk, kůkeyow kittu itótuhikochik tapwāwinik tůto Otuyumihaw ā iseyikatisot, menu tapitowe kittu michiminůkik tapwåtumoowin ot uchåko-

ᑎᓯᐃᐧᐣ. ᐁᑯᓯ ᓈᐢᐱᒋ ᑭ ᑲᓇᐃᐧᐢᑯᐦᑎᔨᑎᓈᐣ ᐅᐦᒑᐃᐧ-ᒫᐃᐧᕽ ᐁ ᐃᓯ ᑭᓭᐚᑎᓯᔭᐣ, ᑲᑭᔭᐤ ᑕᐦᑐ ᓈᐣᑕᐤ ᐁ ᐃᓯ ᐁᑳ ᓇᐦᐁᔨᑕᐦᑭᐠ ᐊᐦᐳ ᐁ ᒫᔨᐊᔮᒋᐠ ᐅ ᒥᑐᓀᔨᒋᑲᓂᐚᕽ ᐊᐦᐳ ᐏᔭᐏᐚᕽ ᐊᐦᐳ ᓈᐣᑕᐤ ᑫᑲ: ᐁ ᒫᔨᐸᔨᐦᐃᑯᒋᐠ; [*ᐅᓖᐟ ᐅᑎ ᐸᓂᑭ ᑳ ᓇᑕᐍᔨᑖᑲᐧᕽ ᑭᑕ ᐊᔭᒥᐁᐢᑕᒪᐚᔮᐦᑭᐠ] ᐃᑌᔨᑕ ᑭᑕ ᑳᑭᒋᐊᒋᐠ ᒥᓇ ᑭᑕ ᐏᒋᐊᒋᐠ ᓇᓈᑐᕽ ᐁ ᐃᓯ ᑹᑕᒫᒋᐠ, ᐁ ᒥᔭᒋᐠ ᓯᐯᔨᑕᒧᐃᐧᐣ ᐃᔮᑕ ᐹᐦᑕᑯᐢᑲᑯᑗ-ᐊᔨᒥᓯᐃᐧᐣ, ᒥᓇ ᐸᐚᓯᒣ ᑭᑕ ᐋᐸᒋᐃᑯᒋᐠ. ᑕᐦᑗᐤ ᐁᑳ ᐁ ᓇᐦᐁᔨᑕᐦᑭᐠ. ᐁᐚᑯᒪ ᐁᓯ ᓇᑐᑕᒫᑖᕽ ᐏᔭ ᒋᓭᐢ X ᐅᐦᒋ. ᐋᒣᐣ.

*ᐅᒪ ᑭᑕ ᐃᑌᐧᕽ ᐊᐃᐧᔭᐠ ᓇᑕᐍᔨᑕᐦᑭ ᑭ ᐊᔭᒥᐁᐢᑕᒫᐦ.

¶ ᒫᒪᐃᐧ ᓇᓈᐢᑯᒧᐃᐧᐣ.

ᑲᑭᔭᐤ ᑫᑲ: ᑫᐢᑭᑖᔭᐣ ᑭᓭᒪᓂᑐ, ᐍᔪᑖᐏᒥᑯᔭᐣ ᑲᑭᔭᐤ ᑭᓭᐚᑎᓯᐏᓇ, ᓂᔭᓈᐣ ᑭᐟ ᐊᑐᐢᑫᔮᑲᓇᐠ ᐁ ᐋᑕ ᐁᑳ ᑌᐸᑫᔨᑖᑯᓯᔮᕽ ᓈᐢᐱᐨ ᐁ ᑕᐸᐦᑌᔨᒨᔭᕽ ᓂᑌᐦᐃᓈᕽ ᑭ ᒥᔨᑎᓈᐣ ᓇᓈᐢᑯᒧᐃᐧᐣ ᐁ ᐃᓯ ᒥᔪᑐᑕᐏᔮᕽ ᒥᓇ ᐁ ᑭᓭᐚᑐᑕᐏᔮᕽ ᓂᔭᓈᐣ ᒥᓇ ᑲᑭᔭᐤ ᐊᔨ-ᓯᔨᓂᐤ; [*ᐅᓖᐟ ᐅᑎ ᐊᓂᑭ ᑳ ᓇᑕᐍ-ᔨᑕᐦᑭᐠ ᑭᑕ ᓇᓈᐢᑯᒥᐢᑭᐠ ᐁ ᑭ ᐃᓯ ᓄᑯᑐᐊᐧᒋᐠ ᐊᓄᒋᐦᑫ ᑭ ᑭᓭᐚᑎᓯᐏᓇ] ᑭ ᓇᓈᐢᑯᒥᑎᓈᐣ ᑳ ᑭ ᐅᓯᐦᐃᔮᕽ, ᑳ ᑲᓇᐍᔨᒥᔮᕽ, ᒥᓇ ᑲᑭᔭᐤ ᒥᔪ ᑫᑲᐧᔭ ᑳ ᐅᐦᒋᐢᑕᒪᐏᔮᕽ ᐅᒪ ᐱᒫᑎᓯᐏᓂᕽ; ᒫᑲ ᐅᓖᐟ ᐁᑳ ᑭᑕ ᑭ ᐅᔭᑭᒋᑲᑌᐠ ᑭ ᓖᑭᐃᐍᐏᐣ ᐁ ᐱᒫᒋᑖᔭᐣ ᐅᒪ ᐊᐢᑭ ᐏᔭ ᐅᐦᒋ

*ᐅᒪ ᑭᑕ ᐃᑌᐧᕽ ᑭᐢᐱᐣ ᐊᐃᐧᔭᐠ ᑳ ᐊᔭᒥᐁᐢᑕᒫᐦ ᓇᑕ-ᐍᔨᑕᐦᑭ ᑭᑕ ᓇᓈᐢ-ᑯᒧᐢᑕᒫᐦᐟ.

wåk ā uyechihikochik pāyůtukāyimoowin menu kwuyuskitatisewin. Ākose naspiche ke kunuweskốteyitinan ốtawemawík ā isse kisāwatiseyun, kůkeyow tůto nantow ā isse āka nuhāyítůkik ůpo ā maye uyachik o mitonāyichikuniwåk ůpo weyowiwåk ůpo nantow kākwī ā mayipuyihikochik; [* osam ote unike ka nutuwāyitakwůk kittu uyumihāstumuwayåkik] itāyitu kittu kakechihuchik menu kittu wechihuchik nunatốk ā isse kwetumachik, ā meyuchik sepāyítumoowin eyatu påtukoskakotwawe ayimisewin, menu uwusimā kittu apuchihikochik tůtwaw āka ā nuhāyítůkik. Āwukomu āsse nutotumatåk weyu Jesus Christ ốche. Amen.

* omu kittu itwåk uweyuk nutuwāyitůke kittu uyumihāstumåt.

¶ Mamowe nunaskomoowin.

Kůkeyow kākwī kāskítayun Kisāmunito, Wāyốtawemikoyun kůkeyow kisāwatisewinu, neyunan ket utoskāyakunuk ā atu āka tāpukāyitakoseyåk naspich ā tupůtāyimoyåk netāhinåk ke meyitinan nunaskomoowin ā isse meyototuweyåk menu ā kisāwatotoweyåk neyunan menu kůkeyow uyiseyinew; [* osam ote unike ka nutuwāyitůkik kittu nunaskomiskik ā ke isse nokốtowuchik unốchekā ke kisāwatisewinu] ke nunaskomitinan ka ke osehiyåk, ka kunuwāyimeyåk, menu kůkeyow meyo kākwuyu ka ốchestumoweyåk omu pimatisewinik; maku osam āka kittu ke oyukíchikatāk ke sakihiwāwin ā pimachítayun omu uske weyu ốche ka Tipāyimikoyåk

* omu kittu itwåk kespin uweyuk ka uyumihāstumåche nutuwāyitůke kittu nunaskomostumåt.

ᑳ ᑎᐯᓕᒥᑯᔮᕽ ᒋᓴᐢ X; ᐁ ᒥᓕᔮᕽ ᐚᐚᐦ ᐊᔭᒥᐋᐏᐣ ᒥᓇ ᐃᐦᑕᑌᓕᑕᒧᐃᐣ ᑭᑕ ᐸᔮᔮᕽ ᑭᐦᒋ ᒥᔦᐊᔮᐏᐣ ᓂ ᓂᑳᓂᒥᓈᕽ. ᒥᓇ ᑭ ᐸᑯᓭᓕᒥᑎᓈᐣ ᑭᑕ ᐃᓯ ᑭᐢᑫᓕᑕ-ᒧᐃᔮᕽ ᑲᑭᔭᐤ ᑭ ᑭᓭᐚᑎᓯᐏᓇ ᑖᐯᐧ ᑭᑕ ᓇᓈᐢᑯᒧᒪᑲᐦᐠ ᓂᑌᐦᐃᓈᓇ, ᒥᓇ ᑭᑕ ᓄᑯᐦᑖᔮᕽ ᐁ ᓇᓈᐢᑯᒥᑖᕽ ᓇᒪᐏᔭ ᐱᐠ ᓂᑐᓂᓈᕽ ᐅᐦᒋ, ᒫᑲ ᓂᐟ ᐃᑖᑎᓯᐏᓂᓈᕽ ᒥᓇ; ᐁ ᐸᑭᑎᓂᓯᔮᕽ ᑭᐟ ᐊᑐᐢᑫᐏᓂᕽ ᐃᓯ; ᒥᓇ ᐁ ᐱᒧᑌᔮᕽ ᐢᓇᒋᐅᐏᓂᕽ ᒥᓇ ᑲᐧᔭᐢᑭᑖᑎᓯᐏᓂᕽ ᐃᓕᑯᕽ ᑫ ᐱᒫᑎᓯᔮᕽ; ᐏᔭ ᐅᐦᒋ ᒋᓴᐢ X ᑳ ᑎᐯᓕᒥᑯᔮᕽ, ᐁᐊᐧᑯ, ᐸᓯᒋ ᑭᔭ ᒥᓇ ᑳ ᑲᓇᑎᓯᐟ ᐊᒑᕽ ᑭᑕ ᑭ ᐊᔮᐟ ᑲᑭᔭᐤ ᑭᐢᑌᓕᑖᑯᓯᐏᐣ ᒥᓇ ᒪᒥᐦᒋᒥᑯᐏᐣ, ᐃᓕᑯᕽ ᑫ ᓈᐢᐱᒋ ᐊᐢᑭᐊᐧᕽ. ᐋᒣᐣ.

¶ ᓭᐣᐟ ᑳᐃᓭᐢᑕᑕ ᐅᐟ ᐊᔭᒥᐋᐏᐣ.

ᑲᑭᔭᐤ ᑫᑲ ᑫᐢᑭᑖᔭᐣ ᑭᓭᒪᓂᑐ, ᑳ ᑭ ᒥᓕᔮᕽ ᑭ ᐏᒋᐃᐁᐧᐏᐣ ᐊᓅᐦ ᐅᒪ ᑭᑕ ᒫᒪᐏ ᐅᔭᐢᑖᐧᑖᐧᕽ ᓂ ᒪᐏ-ᒧᐢᒋᑫᐏᓂᓈᓇ; ᒥᓇ ᑳ ᐊᓯᑕᒫᑫᔮᐣ ᑭᐢᐱᐣ ᐋᑕ ᐱᑯ ᓂᓯ ᐊᐦᐯ ᓂᐢᑐ ᒥᔮᐊᒋᐃᑐᑖᐧᐏ ᑭ ᐏᔦᐏᓂᕽ ᑭᑕ ᒥᔭᒋ ᐁ ᐃᓯ ᓇᑐᑕᒫᐢᑭᐠ. ᑎᐱᑐᑕᒪᐏᐠ ᐊᓅᐦ, ᑌᐯᓕᒋᑫᔭᐣ, ᐁ ᐃᓯ ᓇᑕᐁᐧᓕᑕᒫᐢᑭᐠ ᒥᓇ ᐁ ᐃᓯ ᓇᑐᑕᒫᐢᑭᐠ ᑭᐟ ᐊᑐᐢᑫᔮᑲᐧᐠ, ᑫ ᐃᓯ ᐋᐸᒋᐃᑯᒋᐠ; ᐁ ᒥᓕᔮᕽ ᐅᑕ ᐊᐢᑭᕽ ᑭᑕ ᑭᐢᑫᓕᑕᒫᕽ ᑭ ᑖᐯᐧᐏᐣ, ᒥᓇ ᑯᑕᐠ ᐊᐢᑭᕽ ᑳᑭᑫ ᐱᒫᑎᓯᐏᐣ. ᐋᒣᐣ.

ᓂᓵᐤ ᑳᐃᐣᑎᔭᓇ xiii.

ᐅ ᑭᓭᐚᑎᓯᐏᐣ ᑳ ᑎᐯᓕᒥᑯᔮᕽ ᒋᓴᐢ X, ᒥᓇ ᐅ ᓵᑭᐃᐁᐧᐏᐣ ᑭᓭᒪᓂᑐ, ᒥᓇ ᐅ ᐏᒋᐃᐁᐧᐏᐣ ᑳ ᑲᓈᑎᓯᐟ ᐊᒑᕽ, ᑭ ᑲ ᐏ ᐏᒉᐏᑯᓈᓇᐤ ᑲᑭᔭᐤ ᑳᑭᑫ. ᐋᒣᐣ.

Jesus Christ; ā meyiyâk wawach uyumihawin menu itutāyitumoowin kittu uyayâk kiche meyo uyawin ne nekaneminâk. Menu ke pukosāyimitinan kittu isse kiskāyitumoheyâk kûkeyow ke kisāwatisewinu tapwā kittu nunaskomomukûke netāhinanu, menu kittu nokôtayâk ā nunaskomitâk numuweyu piko netoninâk ôche, maku net itatisewininâk menu; ā pukitinisoyâk ket utoskāwinik isse; menu ā pimôtāyâk kunachihoowinik menu kwuyuskitatisewinik eyikôk kā pimatiseyâk; weyu ôche Jesus Christ ka Tipāyimikoyâk, āwuko, usiche keyu menu ka Kunatiset Uchâk kittu ke uyat kûkeyow kistāyitakosewin menu mumichimikoowin, eyikôk kā naspiche uskewûk. Amen.

¶ Saint Chrysostom ot Uyumihawin.

Kûkeyow kākwi kāskitayun Kisāmunito, ka ke meyiyâk ke wechihiwāwin unôch omu kittu mamowe oyustwatâk ne muwimoschikāwininanu; menu ka usotumakāyun kespin atu piko neso ûpo nisto meyawuchihitotwawe ke weyowinik kittu meyuchik ā isse nutotumaskik. Tipitotumuwik unôch, Tāpāyichikāyun, ā isse nutuwāyitumaskik menu ā isse nutotumaskik ket utoskāyakunuk, kā isse apuchihikochik; ā meyiyâk otu uskêk kittu kiskāyitumâk ke tapwāwin, menu kotuk uskêk kakikā pimatisewin. Amen.

2 Corinthianu xiii.

O kisāwatisewin ka Tipāyimikoyûk Jesus Christ, menu o sakihiwāwin Kisāmunito, menu o wechihiwāwin ka Kunatiset Uchâk, ke ku we wechāwikonanow kûkeyow kakikā. Amen.

ᒫᒪᐎ ᐊᔭᒥᐁᐢᑖᒫᑫᐎᐣ.

ᑭᓯᒪᓂᑐ ᐍᔫᑖᐎ ᐎᔭᐣ ᑭᐦᒋᑭᓯᑯᕽ; ᑭᓯᐚᑐᑕᐎᓈᐣ ᒋᑎᒫᑭ ᐅᒪᒑᑎᓯᐠ.

ᑭᓯᒪᓂᑐ ᐍᑯᓯᓯᒫᐎᔭᐣ ᐯᒫᒋᑖᔭᐣ ᐊᐢᑭ; ᑭᓯᐚᑐᑕᐎᓈᐣ ᒋᑎᒫᑭ ᐅᒪᒑᑎᓯᐠ.

ᑭᓯᒪᓂᑐ ᑲ ᑲᓈᑎᓯᔭᐣ ᐊᒑᕽ, ᑳ ᐅᐦᒋᔭᐣ ᐅᐦᑖᐎᒫᐤ ᒥᓇ ᐅᑯᓯᓯᒫᐤ ᐅᐦᒋ; ᑭᓯᐚᑐᑕᐎᓈᐣ ᒋᑎᒫᑭ ᐅᒪᒑᑎᓯᐠ.

ᑳ ᑲᓈᑎᓯᔭᐣ ᑳ ᒪᒥᐦᒋᒥᑯᐎᓯᔭᐣ ᒥᓇ ᑳ ᑭᐢᑕᑭᒥᑯᐎᓯᔭᐣ ᑕᕒᐃᓂᑎ, ᑲ ᓂᐢᑐ ᐊᔨᐎᔭᐣ ᒫᑲ ᑳ ᐯᔭᑯ ᒪᓂᑐᐎᔭᐣ; ᑭᓯᐚᑐᑕᐎᓈᐣ ᑭᑎᒫᑭ ᐅᒪᒑᑎᓯᐠ.

ᐁᑳᐎᔭ ᑭᐢᑭᓯᑐᑕ ᒐᐯᔨᒋᑫᔭᐣ ᓂ ᐘᓂᐦᑎᐎᓂᓈᓇ, ᐊᐦᐳ ᐅ ᐘᓂᐦᑎᐎᓂᐚᐘ ᑳᔭᐢ ᓄᐦᑖᐎᓈᓇᐠ; ᒥᓇ ᐁᑳᐎᔭ ᐋᔨᒥᐦᐃᓈᐣ ᓂ ᒪᒋᐦᑎᐎᓂᓈᓇ ᐅᐦᒋ; ᒪᓈᒋᐦᐃᓈᐣ ᒥᔪ ᒪᓂᑐ, ᒪᓇᒋᐃᐠ ᑭᔭ ᑭᐟ ᐃᔨᓂᒪᐠ ᑳ ᑭ ᐱᒪᒋᐊᒋᐠ ᐁ ᐊᔨᐚᑲᑭᑌᐠ ᑭ ᒥᐦᑯ ᐅᐦᒋ, ᒥᓇ ᐁᑳᐎᔭ ᑭ ᑲ ᐎᑭᓯᐢᑕᐎᓇᐣ ᑳᑭᑫ.

ᒪᓈᒋᐃᓈᐣ ᒥᔪ ᒪᓂᑐ.

ᑲᑭᔭᐤ ᒫᔨᐊᔮᐎᓂᕽ ᒥᓇ ᐋᔨᒪᓄᕽ ᐅᐦᒋ; ᒪᒋᐦᑎᐎᓂᕽ ᐅᐦᒋ, ᐅ ᐘᓴᓯᐃᐍᐎᓂᕽ ᒥᓇ ᐅ ᓯᐦᑭᐢᑳᑫᐎᓂᕽ ᒪᒋᒪᓂᑐ ᐅᐦᒋ; ᑭ ᑭᐟᐚᓯᐎᓂᕽ ᐅᐦᒋ, ᒥᓇ ᑳᑭᑫ ᑲᑿᑕᑭᑖᐎᓂᕽ ᐅᐦᒋ,

ᒥᔪ ᒪᓂᑐ ᐱᒫᒋᐃᓈᐣ.

ᑲᑭᔭᐤ ᐸᓴᑿᐱᐎ ᒥᑌᐦ ᐅᐦᒋ; ᑭᐢᑌᔨᒧᐎᓂᕽ, ᑲᐨᐦᒋᒨᐎᓂᕽ, ᒥᓇ ᑲᓴᓯᑖᐎᓂᕽ ᐅᐦᒋ; ᐃᓴᐋᓇᑫᔨᒧ-

MAMOWE UYUMIHĀSTUMAKĀWIN.

Kisāmunito Wāyôtawemaweyun kîchekesikôk; kisāwatotowinan kitimake omuchatisuk.

Kisāmunito Wākosisimaweyun Pāmachîtayun uske; kisāwatotowinan kitimake omuchatisuk.

Kisāmunito ka Kunatiseyun Uchâk, ka ôcheyun Ôtawemaw menu Okosisimaw ôche; kisāwatotowinan kitimake omuchatisuk.

Ka kunatiseyun, ka mumîchimikoowiseyun menu ka kistukimikoowiseyun Trinity, ka nisto Uyewiyun maku ka pāyuko Munitooweyun; kisāwatotowinan kitimake omuchatisuk.

Ākaweyu kiskisetotu Tāpāyichikāyun ne wunêtiwininanu, ûpo o wunêtiwiniwawu kuyas nôtawenanuk; menu ākaweyu ayimihinan ne muchêtiwininanu ôche; munachihinan meyo Munito, munachihik keyu ket eyinemuk ka ke pimachihuchik ā uyiwakukîtāk ke mîko ôche, menu ākaweyu ke ku we kisestowinan kakikā.

Munachihinan meyo Munito.

Kûkeyow maye uyawinîk menu ayimunôk ôche; muchêtiwinîk ôche, o wuyāsihiwāwinîk menu o sêkiskakāwinîk muche munito ôche; ke kisiwasiwinîk ôche, menu kakikā kukwatukîtawinîk ôche,

Meyo Munito pimachihinan.

Kûkeyow pusukwapiwe metāh ôche; kistāyimoowinîk, kukîchimoowinîk, menu kuyāsita-

ᐃᐧᓂᕽ, ᐸᑳᐧᑎᑐᐃᐧᓂᕽ, ᒥᓇ ᑭᓯᐢᑑᑐᐃᐧᓂᕽ, ᒥᓇ ᑲᑭᔭᐤ ᒪᐢᑲᐃᐧᑌᐦᐁᐃᓂᕽ ᐅᐦᒋ,

ᒥᔦ ᒪᓂᑐ ᐱᒫᒋᐃᓇᐣ.

ᐱᓯᑳᐧᑎᓯᐃᐧᓂᕽ ᒥᓇ ᑲᑭᔭᐤ ᓂᑕᐠ ᓂᐳᐃᐧ ᒪᒋᐦᑎᐃᐧᓂᕽ, ᒥᓇ ᑲᑭᔭᐤ ᑳ ᐃᓯ ᒐᒋᓯᐦᐃᐁᐧᐠ ᐅᒪ ᐊᐢᑭ, ᒥᓇ ᐃᐧᔮ-ᓯᐃᐧᐃᐧᐣ, ᒥᓇ ᒪᒋᒪᓂᑐ ᐅᐦᒋ,

ᒥᔦ ᒪᓂᑐ ᐱᒫᒋᐃᓈᐣ.

ᐁ ᐋᐧᓴᐢᑯᑌᐸᔨᐠ ᒥᓇ ᐁ ᑭᐢᑎᕽ; ᐸᓯᔪᐃᐧᐣ ᒥᓇ ᔨᐢᑭᐯᐃᐧᐣ; ᐋᔨᒫᐢᐱᓀᐃᐧᐣ, ᐋᔪᐢᑳᒪᑐᐃᐧ ᐋᐦᑯᓯᐃᐧᐣ ᒥᓇ ᓅᑌᐦᑲᑌᐃᐧᐣ; ᓄᑎᓂᑐᐃᐧᐣ, ᓂᐸᐦᐃᑐᐃᐧᐣ ᒥᓇ ᓯᓯᑯᒋᐢᐱᓀᐃᐧᐣ ᐅᐦᒋ,

ᒥᔦ ᒪᓂᑐ ᐱᒫᒋᐃᓈᐣ.

ᑲᑭᔭᐤ ᒪᒋ ᓯᑭᐢᑲᑐᐃᐧᐣ, ᑭᔫ ᓯᐦᑭᒥᑐᐃᐧᐣ ᒥᓇ ᒫᔭᐦ-ᑲᒥᑭᓯᐃᐧᐣ ᐅᐦᒋ; ᑲᑭᔭᐤ ᓇᐢᐹᐨ ᐊᔭᒥᐋᐃᐧᐣ, ᓇᐢᐹᐨ ᐁᓯᑖᐧᐃᐧᐣ, ᒥᓇ ᐁ ᐱᑯᓇᒥᕽ ᐊᔭᒥᐋᐃᐧᐣ; ᐁ ᒪᐢᑲᐚᐢᑌᐠ ᒥᑌᐦ, ᒥᓇ ᐁ ᐋᑕᐁᐧᔨᑕᒥᕽ ᑭᐟ ᐃᑌᐧᐃᐧᐣ ᒥᓇ ᑯᔭᔪ-ᐁᐧᐃᐧᐣ ᐅᐦᒋ,

ᒥᔦ ᒪᓂᑐ ᐱᒫᒋᐃᓈᐣ.

ᑳ ᒪᒫᑖᐚᕽ ᑭ ᑲᓇᒋ ᐊᔨᓯᔨᓂᐃᐧᐃᐧᐣ; ᑳ ᑲᓈᑕᐠ ᑭ ᓂᐦᑕᐃᐧᑭᐃᐧᐣ ᒥᓇ ᑳ ᓴᔦᑲᐟᓵᐧᓯᐃᐧᔭᐣ, ᑭ ᓯᑲᐊᑖᑯᐃᐧᐣ, ᑭ ᔨᐊᐧᓂᓯᐃᐧᓯᐃᐧᐣ ᒥᓇ ᑭ ᑯᑌᔨᒥᑐᐃᐧᐣ ᐅᐦᒋ,

ᒥᔦ ᒪᓂᑐ ᐱᒫᒋᐃᓈᐣ.

ᑭ ᑲᑳᐧᑫᔨᒧᐃᐧᐣ ᒥᓇ ᑭ ᒥᐦᑯᐃᐧ ᐊᐯᐧᓯᐃᐧᐣ; ᑭ ᒋᐢᑕᐋᐢᑲᐧᑎᑯᐃᐧᐣ ᒥᓇ ᑭ ᑯᑭᐦᑖ ᐃᐧᐣ, ᑳ ᑭᐢᑕᑭᑌᐠ ᑭ ᓂᐳᐃᐧᐣ ᒥᓇ ᑭ ᓇᐃᓂᑯᐃᐧᐣ; ᑳ ᑭᐦᒑᔨᐚᕽ ᑭᐟ ᐋᐱᓯ-

winik ōche; esuwanukāyimoowinik, pukwatioowinik, menu kisestatoowinik, menu kūkeyow nuskuwitāhāwinik ōche,

Meyo Munito pimachihinan.

Pisikwatisewinik menu kūkeyow kotuk nipoowe muchētiwinik, menu kūkeyow ka isse chuchesihiwāk omu uske, menu weyasewiwin, menu muche munito ōche,

Meyo Munito pimachihinan.

Ā wasuskotāpuyik menu ā kestik; pusisoowin menu yiskipāwin; ayimaspināwin, asoskumatoowe ākosewin menu nōtākutāwin; notinitoowin, nipuhitoowin menu sisekotaspināwin ōche,

Meyo Munito pimachihinan.

Kūkeyow muche sēkiskatoowin, kemoch sēkimitoowin menu mayūkumikisiwin; kūkeyow nuspach uyumihawin, nuspach isētwawin, menu a pekonumik uyumihawin; ā muskuwustāk metāh, menu ā atuwāyitumik ket Itwāwin menu Koyusoowāwin ōche,

Meyo Munito pimachihinan.

Ka mumātawūk ke kunache Uyiseyinewiwin; ka kunatūk ke Nitawikiwin menu ka Circumcisiweyun, ke Sekuhūtakoowin, ke Yewunisehisoowin menu ke Kotāyimikoowin ōche,

Meyo Munito pimachihinan.

Ke Kukwatukāyimoowin menu ke mikoowe Upwāsewin; ke Chestuhaskwatikoowin menu ke Kotukitawin; ka kistukitāk ke Nipoowin menu ke Nuhinikoowin; ka kichayiwūk ket Apisisi-

ᓯᓄᐃᐧᓐ ᒥᓇ ᑯᐦᐱᐢᑳᐃᐧᓐ; ᒥᓇ ᑳ ᑭ ᑕᑑᓯᕽ ᑳ ᑲᓈᑎᓯ
ᐊᑖᕽ ᐅᐦᒋ,

ᒥᔕ ᒪᓂᑐ ᐱᒫᒋᐃᓈᓐ.

ᑕᐦᑖᐤ ᐋᐢᒥᓯᐃᐧᓂᕽ ᐁᔮᔭᐦᑭ, ᑕᐦᑖᐤ ᒉᔕ ᐸᔮᔭᐦᑭ
ᐅᑎᐦᑕᒫᐦᑭ ᓂᐯᐃᐧᓐ ᒥᓇ ᐅᔭᓱᐁᐧᐃᐧᑭᓯᑳᑭ,

ᒥᔕ ᒪᓂᑐ ᐱᒫᒋᐃᓈᓐ.

ᓂᔭᓈᓐ ᐅᒪᒦᑎᓯᐊᐧᐠ ᑭ ᐸᑯᓭᔦᒥᑎᓈᓐ ᑭᑕ ᓇᑐᐦᑕᐃᐧᔮᕽ
ᑌᐯᔦᐦᑫᔭᓐ ᑭᓭᒪᓂᑐ, ᒥᓇ ᑭᑕ ᐃᑌᔦᑕᒪᓐ ᑭᑕ ᐅᔭᑭᑕᒪᓐ
ᒥᓇ ᑭᑕ ᐃᑕᐢᑖᔭᓐ ᑳ ᑲᓈᑕᕽ ᑭᐟ ᐊᔭᒥᐋᐃᐧᓐ ᒥᓯᐁᐧᐢᑲᒥᐠ
ᑲᐧᔭᐢᐠ ᐃᓯ,

ᑭ ᐸᑯᓭᔦᒥᑎᓈᓐ ᑭᑕ ᓇᑐᐦᑕᐃᐧᔮᕽ ᒥᔕ ᒪᓂᑐ.

ᑭᑕ ᐃᑌᔦᑕᒪᓐ ᑭᑕ ᑲᓇᐁᐧᔦᒪᐟ ᒥᓇ ᑭᑕ ᒪᐢᑲᐃᐧᓯᐦᐊᐟ
ᑖᐯᐧ ᑭᐟ ᐊᑐᐢᑳᑯᐃᐧᓂᕽ ᑲᐧᔭᐢ ᑭᑖᑎᓯᐃᐧᓂᕽ ᒥᓇ ᑲᓈᒋ
ᐱᒫᑎᓯᐃᐧᓂᕽ ᑭᐟ ᐊᑐᐢᑫᔮᑲᓐ ᒫᕒ, ᓂ ᑭᒋᐅᑭᒫᒥᓈᓐ ᑲ
ᒋᑎᐯᔦᒥᑯᔮᕽ,

ᑭ ᐸᑯᓭᔦᒥᑎᓈᓐ ᑭᑕ ᓇᑐᐦᑕᐃᐧᔮᕽ ᒥᔕ ᒪᓂᑐ.

ᑭᑕ ᐃᑌᔦᑕᒪᓐ ᑭᑕ ᐅᔭᑭᑕᒪᐧᐟ ᐅᑌᐦ ᑭ ᑖᐯᐃᐧᓂᕽ
ᐃᓯ, ᑭ ᑯᓯᑫᐧᔦᒥᑯᐃᐧᓂᕽ ᒥᓇ ᑭ ᔮᑭᐃᐁᐧᐃᐧᓂᕽ, ᒥᓇ
ᑭᑕ ᑭ ᑕᐦᑭ ᒪᒥᓯᑐᑖᐠ, ᒥᓇ ᑕᐦᑭ ᑭᑕ ᓇᑐᓇᕽ ᑭ ᑭᐢᑌ-
ᔦᒥᑯᐃᐧᓐ ᒥᓇ ᑭ ᒪᒥᐦᒋᒥᑯᐃᐧᓐ,

ᑭ ᐸᑯᓭᔦᒥᑎᓈᓐ ᑭᑕ ᓇᑐᐦᑕᐃᐧᔮᕽ ᒥᔕ ᒪᓂᑐ.

noowin menu Kôpiskawin; menu ka kē tukosik ka Kunatiset Uchāk ôche,

Meyo Munito pimachihinan.

Tûtwaw ayimisewinik āyayâke, tûtwaw māyo uyayâke, otitumâke nipoowin menu oyusoowāwikesikake,

Meyo Munito pimachihinan.

Neyunan omuchatisewuk ke pukosāyimitinan kittu nutôtuweyâk Tāpāyichikāyun Kisāmunito, menu kittu itāyitumun kittu oyukitumun menu kittu itustayun ka kunatûk ket uyumihawin misewāskumik kwuyusk isse,

Ke pukosāyimitinan kittu nutôtowiyâk meyo Munito.

Kittu itāyitumun kittu kunuwāyimut menu kittu muskuwisehut tapwā ket utoskakoowinik kwuyuskitatisewinik menu kunache pimatisewinik ket utoskāyakun George, ne Kicheokimaminan ka Tipāyimikoyâk,

Ke pukosāyimitinan kittu nutôtowiyâk meyo Munito.

Kittu itāyitumun kittu oyukitumwut otāh ke tapwāwinik isse, ke kosikwāyimikoowinik menu ke sakihiwāwinik, menu kittu kē tûke mumisetotask, menu tûke kittu nutonûk ke kistāyimikoowin menu ke mumichimikoowin,

Ke pukosāyimitinan kittu nutôtowiyâk meyo Munito.

ᑭᑕ ᐃᑌᔨᑕᒪᐣ ᑭᑕ ᓈᑕᒪᐚᐟ ᒥᓇ ᓂᑕ ᑲᓇᐁᐧᔨᒪᐟ, ᐁ ᒥᓯᐟ ᑭᑕ ᔮᑯᒋᐚᐟ ᑲᑭᔭᐤ ᐅ ᓄᑎᓈᑲᓇ,

ᑭ ᐸᑯᓭᔨᒥᑎᓈᐣ ᑭᑕ ᓇᐣᐦᑕᐃᐧᔮᕽ ᒥᔪ ᒪᓂᑐ.

ᑭᑕ ᐃᑌᔨᑕᒪᐣ ᑭᑕ ᒥᔪᑐᑕᐊᐟ ᒥᓇ ᑲᓇᐁᐧᔨᒪᐟ ᓂ ᑭᐦᒋᐅᑭᒫᐢᑫᐧᒥᓈᐣ ᐃᓫᐃᓴᐸᐟ, ᒥᓇ ᒣᕑᐃ ᐅᑳᐃᐧᒫᐤ ᑭᐦᒋᐅᑭᒫᐢᑫᐧᐤ, ᒥᓇ ᐃᓫᐃᓴᐸᐟ ᑭᐦᒋᐅᑭᒫᐢᑫᐧᓯᐢ ᒥᓇ ᑲᑭᔭᐤ ᑭᐦᒋᐅᑭᒫᐤ ᐅ ᐯᔭᑳᐦᑯ ᑲᓇ,

ᑭ ᐸᑯᓭᔨᒥᑎᓈᐣ ᑭᑕ ᓇᐣᐦᑕᐃᐧᔮᕽ ᒥᔪ ᒪᓂᑐ.

ᑭᑕ ᐃᑌᔨᑕᒪᐣ ᑭᑕ ᐚᐢᑌᓇᒪᐊᐧᒋᐠ ᑲᑭᔭᐤ ᑭᐦᒋᐊᔭᒥ-ᐁᐃᐧᔨᓂᐊᐧᐠ ᒥᓇ ᐊᔭᒥᐁᐃᐧᔨᓂᐊᐧᐠ, ᒌᐯᐧ ᓂᓯᑐᑕᒧᐃᐧᐣ ᒥᓇ ᑭᐢᑫᔨᑕᒧᐃᐧᐣ ᑭᑕ ᐋᔭᒋᐠ ᑭᐟ ᐃᑌᐃᐧᐃᐧᓂᕽ ᐅᐦᒋ, ᐁᑯᓯ ᐁ ᐃᓯ ᑲᑫᐢᑫᐧᒋᐠ ᒥᓇ ᐁ ᐃᓯ ᐱᒫᑎᓯᒋᐠ ᑭᑕ ᐸᐦᔭ-ᑌᐢᑖᒋᐠ ᒥᓇ ᑭᑕ ᐚᐸᑎᔨᐁᐧᒋᐠ,

ᑭ ᐸᑯᓭᔨᒥᑎᓈᐣ ᑭᑕ ᓇᐣᐦᑕᐃᐧᔮᕽ ᒥᔪ ᒪᓂᑐ.

ᑭᑕ ᐃᑌᔨᑕᒪᐣ ᑭᑕ ᐃᓯᑎᓴᐊᐧᒋᐠ ᐅᑕᑐᐢᑫᐊᐧᐠ ᑭ ᑭᐢᒋ-ᑳᓂᕽ, ᑭᑕ ᑭᐢᑫᔨᑕᒧᐋᒋᐠ ᑭ ᐱᒫᒋᐃᐁᐧᐃᐧᐣ ᑲᑭᔭᐤ ᐊᔨᓯ-ᔨᓂᐊᐧ ᒥᓇ ᑭᑕ ᓯᐦᑭᐢᑲᐦᑭᐠ ᑭ ᑎᐯᔨᒋᑫᐃᐧᐣ,

ᑭ ᐸᑯᓭᔨᒥᑎᓈᐣ ᑭᑕ ᓇᐣᐦᑕᐃᐧᔮᕽ ᒥᔪ ᒪᓂᑐ.

ᑭᑕ ᐃᑌᔨᑕᒪᐣ ᑭᑕ ᑭᑭᐢᑲᒍᐦᐊᒋᐠ ᑳ ᑭᐦᒋᐅᑭᒫᑲᐦᑕᕽ ᒥᓯᐁᐧ ᓂᐟ ᐊᐢᑭᓈᐣ, ᒥᓇ ᑳ ᑭᐦᒋᐅᑭᒫᑲᐦᑕᕽ ᐅᒪ ᑳ

Kittu itāyitumun kittu natumowut menu kittu kunuwāyimut ā meyut kittu sakochihat kůkeyow o notınakunu,

Ke pukosāyimitinan kittu nutôtowiyåk meyo Munito.

Kittu itāyitumun kittu meyototuwut menu kunuwāyimut ne Kicheokimaskwāminan Elizabeth, menu Mary Okawemaw Kicheokimaskwāo, menu Elizabeth Kicheokimaskwāsis, menu kůkeyow Kicheokimaw o Pāsotåkomakunu,

Ke pukosāyimitinan kittu nutôtowiyåk meyo Munito.

Kittu itāyitumun kittu wastānumowuchik kůkeyow Kicheuyumihāweyinewuk menu Uyumihāweyinewuk, tapwā nisitôtumoowin menu kiskāyitumoowin kittu uyachik ket Itwāwinik ôche, ākose ā isse kukāskwāchik menu ā isse pimatisechik kittu puyůtāstachik menu kittu wapůteyiwāchik,

Ke pukosāyimitinan kittu nutôtowiyåk meyo Munito.

Kittu itāyitumun kittu issitisuwuchik ototoskāwuk ke kistikanik, kittu kiskāyitumohachik ke pimachihiwāwin kůkeyow uyiseyinewu menu kittu sêkiskůkik ke tipāyichikāwin,

Ke pukosāyimitinan kittu nutôtowiyåk. meyo Munito.

Kittu itāyitumun kittu kikiskumohuchik ka Kicheokimakůtůk misewā net uskenan, menu ka

ᐱᐢᑭᑕᑭᑌᐠ ᐊᐢᑭ, ᒦᔮᐧᑎᓯᐃᐧᐣ, ᐃᔨᓂᓯᐃᐧᐣ ᒥᓇ ᓂᓯ-ᑐᐦᑕᒍᐃᐧᐣ,

ᑭ ᐸᑯᓭᔨᒥᑎᓈᐣ ᑭᑕ ᓇᑐᐦᑕᐃᐧᔮᕽ ᒥᔪ ᒪᓂᑐ.

ᑭᑕ ᐃᑌᔨᑕᒪᐣ ᑭᑕ ᓴᐁᐧᔨᒪᒋᐠ ᑳ ᒫᒪᐊᐧᐱᐃᑯᒋ ᐅᔭᒋᐁᐧᐃᐧᓂᑫᐃᐧᐣ ᒥᓯᐁᐧ ᐃᑕ ᐋᐸᔮᓯᐃᐧ ᑎᐯᔨᒋᑫᐃᐧᓂᕽ, ᒥᓇ ᑭᑕ ᐃᑕᐢᑖᐊᐧᐟ ᐅᔭᒋᐁᐧᐃᐧᓂᑫᐃᐧᓂᐋᐧᐊᐧ ᑭᑕ ᐃᓯ ᑭᐢᑌᔨᑖᑲᐧᕽ ᑭ ᐃᐧᔪᐃᐧᐣ, ᒥᓇ ᑭᑕ ᐃᓯ ᒥᔪ ᐊᔮᒋᐠ ᑭᐟ ᐃᔨᓂᒪᐠ,

ᑭ ᐸᑯᓭᔨᒥᑎᓈᐣ ᑭᑕ ᓇᑐᐦᑕᐃᐧᔮᕽ ᒥᔪ ᒪᓂᑐ.

ᑭᑕ ᐃᑌᔨᑕᒪᐣ ᑭᑕ ᓴᐁᐧᔨᒪᒋᐠ ᒥᓇ ᑭᑕ ᑲᓇᐁᐧᔨᒪᒋᐠ ᐅᔭᒋᐁᐧᐃᐧᑭᒫᐊᐧᐠ, ᐁ ᒥᔭᒋᐠ ᑭ ᓂᓯᑲᒫᑫᐃᐧᐣ ᑲᐧᔭᐢ ᑭᑕ ᐅᔭᒋᐁᐧᒋᐠ ᒥᓇ ᑭᑕ ᒥᒋᒥᓇᐦᑭᐠ ᑖᐯᐧᐃᐧᐣ,

ᑭ ᐸᑯᓭᔨᒥᑎᓈᐣ ᑭᑕ ᓇᑐᐦᑕᐃᐧᔮᕽ ᒥᔪ ᒪᓂᑐ.

ᑭᑕ ᐃᑌᔨᑕᒪᐣ ᑭᑕ ᓴᐁᐧᔨᒪᒋᐠ ᒥᓇ ᑭᑕ ᑲᓇᐁᐧᔨᒪᒋᐠ ᑲᑭᔭᐤ ᑳ ᐊᑐᐢᑲᐙᒋᐠ ᐊᔨᓯᔨᓂᐊᐧ ᑭᐢᑭᓄᐊᒫᑫᐃᐧᐣ ᐅᐦᒋ, ᐊᑐᐢᑫᐃᐧᐣ ᐅᐦᒋ, ᒥᓇ ᐅᓯᒋᑫᐃᐧᐣ ᐅᐦᒋ,

ᑭ ᐸᑯᓭᔨᒥᑎᓈᐣ ᑭᑕ ᓇᑐᐦᑕᐃᐧᔮᕽ ᒥᔪ ᒪᓂᑐ.

ᑭᑕ ᐃᑌᔨᑕᒪᐣ ᑭᑕ ᒥᔪ ᑐᑕᐊᐧᒋᐠ ᒥᓇ ᑭᑕ ᑲᓇᐁᐧᔨᒪᒋ ᑲᑭᔭᐤ ᑭᐟ ᐃᔨᓂᒪᐠ,

ᑭ ᐸᑯᓭᔨᒥᑎᓈᐣ ᑭᑕ ᓇᑐᐦᑕᐃᐧᔮᕽ ᒥᔪ ᒪᓂᑐ.

ᑭᑕ ᐃᑌᔨᑕᒪᐣ ᑭᑕ ᒥᔭᒋᐠ ᑲᑭᔭᐤ ᐁ ᑕᐦᑐᐢᑳᓂᓯᒋᐠ

Kicheokimakŭtŭk omu ka piskĭtukĭtāk uske, neywatisewin, eyinesiwin menu nisitŏtumoowin,

Ke pukosāyimitinan kittu nutŏtowiyåk meyo Munito.

Kittu itāyĭtumun kittu suwāyimuchik ka namowupihikochik oyusowāwinĭkāwin misewā ttā Akuyasewe Tipāyichikāwinik, menu kittu tustawut oyusowāwinĭkāwiniwawu kittu isse kistāyĭtakwŭk ke weyowin, menu kittu isse meyo uyachik ket eyinemuk,

Ke pukosāyimitinan kittu nutŏtowiyåk meyo Munito.

Kittu itāyĭtumun kittu suwāyimuchik menu kittu kunuwāyimuchik Oyusowāwikimawuk, ā meyuchik ke nesŏkumakāwin kwuyusk kittu oyusowāchik menu kittu michiminŭkik tapwāwin,

Ke pukosāyimitinan kittu nutŏtowiyåk meyo Munito.

Kittu itāyĭtumun kittu suwāyimuchik menu kittu kunuwāyimuchik kukeyow ka utoskowachik uyiseyinewu kiskinohumakāwin ŏche, utoskāwin ŏche, menu osĭchikāwin ŏche,

Ke pukosāyimitinan kittu nutŏtowiyåk meyo Munito.

Kittu itāyĭtumun kittu meyo totowuchik menu kittu kunuwāyimuchik kŭkeyow ket eyinemuk,

Ke pukosāyimitinan kittu nutŏtowiyåk meyo Munito.

Kittu itāyĭtumun kittu meyuchik kŭkeyow ā

ᐊᔨᓯᔨᓂᐊᐧᐠ ᒥᔪ ᐃᐧᒉᐦᑐᐃᐧᐣ, ᐯᔭᑕᑫᔨᒧᐃᐧᐣ ᒥᓇ ᒥ ᐅᑐᑌᒥᐦᑐᐃᐧᐣ,

ᑭ ᐸᑯᓭᔨᒥᑎᓈᐣ ᑭᑕ ᓇᑐᐦᑕᐃᐧᔮᕽ ᒥᔪ ᒪᓂᑐ.

ᑭᑕ ᐃᑌᔨᑕᒪᐣ ᑭᑕ ᒥᔨᔮᕽ ᒥᑌᐦ ᑭᑕ ᑭ ᓭᑭᐃᑖᕽ ᒥ ᑭᑕ ᑯᓯᑫᐧᔨᒥᑖᕽ, ᒥᓇ ᐋᐦᑲᒉᔨᒧᐃᐧᓂᕽ ᑭᑕ ᑎᐱᑐᑕᒫᕽ ᑯᔭ ᐟᐁᐧᐃᐧᓇ,

ᑭ ᐸᑯᓭᔨᒥᑎᓈᐣ ᑭᑕ ᓇᑐᐦᑕᐃᐧᔮᕽ ᒥᔪ ᒪᓂᑐ.

ᑭᑕ ᐃᑌᔨᑕᒪᐣ ᑭᑕ ᔭᐦᑭ ᒥᔭᒥᐠ ᑲᑭᔭᐤ ᑭᐟ ᐃᔨᓂ ᓂᐟᑲᒫᑯᐃᐧᐣ ᑭᑕ ᓇᑐᐦᑕᑭᐠ ᑭᐟ ᐃᑌᐃᐧᐣ ᔪᐢᑎᓯᐃᐧᕽ ᒥᓇ ᑭᑕ ᐅᑎᓇᐦᑭᐠ ᒥᑐᓂ ᐁ ᓭᑭᑖᒋᐠ, ᒥᓇ ᑭᑕ ᓄᑯᑖᒋ ᐁ ᐃᓯ ᐅᐦᐱᑭᑖᐟ ᐊᓘᕽ,

ᑭ ᐸᑯᓭᔨᒥᑎᓈᐣ ᑭᑕ ᓇᑐᐦᑕᐃᐧᔮᕽ ᒥᔪ ᒪᓂᑐ.

ᑭᑕ ᐃᑌᔨᑕᒪᐣ ᑭᑕ ᐃᑐᐦᑕᐊᒥᐠ ᑖᐯᐧᐃᐧᓂ ᒉᐢᑲᓈᕽ ᑲᑭᔭᐤ ᑕᐦᑐ ᑳ ᑭ ᐊᐧᓂᓯᐦᑭᐠ ᒥᓇ ᑳ ᐊᐧᓴᓯᐃᒋᐠ,

ᑭ ᐸᑯᓭᔨᒥᑎᓈᐣ ᑭᑕ ᓇᑐᐦᑕᐃᐧᔮᕽ ᒥᔪ ᒪᓂᑐ.

ᑭᑕ ᐃᑌᔨᑕᒪᐣ ᑭᑕ ᒪᐢᑲᐃᐧᓯᐊᒋᐠ ᑕᐦᑐ ᑳ ᓂᐸᐃᐧᒋᐠ ᒥᓇ ᑭᑕ ᑳᑭᒋᐊᒋᐠ ᒥᓇ ᑭᑕ ᐊᐧᒋᐊᒋᐠ ᑳ ᓅᔑᐃᐧ-ᑌᐦᐁᒋᐠ, ᒥᓇ ᑭᑕ ᐊᐧᓂᐢᑲᓱᒋ ᐸᓂᑭ ᑲ ᐸᐦᑭᓯᑭᐠ, ᒥᓇ ᒥᑐᓂ ᑭᑕ ᓵᑯᒋᑕᒪᐃᐧᔮᕽ ᒪᒋᒪᓂᑐ ᓯᐹ ᓂᓯᑎᓈᕽ,

ᑭ ᐸᑯᓭᔨᒥᑎᓈᐣ ᑭᑕ ᓇᑐᐦᑕᐃᐧᔮᕽ ᒥᔪ ᒪᓂᑐ.

ůtoskanāsichik uyiseyinewuk meyo wechåtoowin, ɔayůtukāyimoowin, menu meyo ototāmitoowin,

Ke pukosāyimitinan kittu nutótowiyåk meyo Munito.

Kittu itāyitumun kittu meyiyåk metāh kittu ke sakihitåk menu kittu kosikwāyimitåk, menu åkumāyimoowinik kittu tipitotumåk koyusoowāwinu,

Ke pukosāyimitinan kittu nutótowiyåk meyo Munito.

Kittu itāyitumun kittu yůke meyuchik kůkeyow ket eyinemuk nesókumakoowin kittu nutótůkik ket itwāwin yoskatisewinik, menu kittu otinůkik mitone ā sakitachik, menu kittu nokótachik ā isse ópikitat Uchåk,

Ke pukosāyimitinan kittu nutótowiyåk meyo Munito.

Kittu itāyitumun kittu itótuhuchik tapwāwine māskunåk kůkeyow tůto ka ke wunisikik menu ka wuyāsehichik,

Ke pukosāyimitinan kittu nutótowiyåk meyo Munito.

Kittu itāyitumun kittu muskowisehuchik tůto ka nepowichik menu kittu kakechihuchik menu kittu wechihuchik ka nāsowitāhāchik; menu kittu wuniskanuchik unike ka půkisikik; menu mitone kittu sakochētumuweyåk Muchemunito sepa nesitinåk,

Ke pukosāyimitinan kittu nutótowiyåk meyo Munito.

ᑭᑕ ᐃᑌᔨᑕᒪᐣ ᑭᑕ ᓈᑕᒪᐊᐧᒋᐠ, ᑭᑕ ᐃᐧᒋᐊᒋᐠ ᒥ ᑭᑕ ᑳᑭᒋᐊᒋᐠ ᑲᑭᔭᐤ ᑳ ᐊᔮᒋᐠ ᐸᐢᐱᓀᐃᐧᓂᕽ, ᑭᐧᑕᒫᐃᐧᓂ ᒥᓇ ᐋᔨᒥᓯᐃᐧᓂᕽ,

ᑭ ᐸᑯᓭᔨᒥᑎᓈᐣ ᑭᑕ ᓇᑐᐦᑕᐃᐧᔮᕽ ᒥᔪ ᒪᓂᑐ.

ᑭᑕ ᐃᑌᔨᑕᒪᐣ ᑭᑕ ᑲᓇᐁᐧᔨᒪᒋᐠ ᑲᑭᔭᐤ ᑳ ᐸᐹᒧᑌ ᐦᔭᒋᐠ ᐊᐢᑭᕽ ᐊᐦᐳ ᓂᐱᕽ, ᑲᑭᔭᐤ ᐃᐢᑫᐧᐊᐧᐠ ᐁ ᐃᐧ ᐋᐧᐸᒫ ᐊᐧᓱᒋᐠ, ᑲᑭᔭᐤ ᐅᑖᐦᑯᓯᐊᐧᐠ ᒥᓇ ᐅᐢᑲᐋᐧᓯᓴᐠ, ᒥᓇ ᑭ ᐋᐧᐸᑎᔭᒋᐠ ᑭ ᑭᑎ-ᑭᓈᑫᐃᐧᐣ ᑲᑭᔭᐤ ᑭᐸᐋᐧᑲᓇᐠ ᒥ ᐅᑎᓈᑲᓇᐠ,

ᑭ ᐸᑯᓭᔨᒥᑎᓈᐣ ᑭᑕ ᓇᑐᐦᑕᐃᐧᔮᕽ ᒥᔪ ᒪᓂᑐ.

ᑭᑕ ᐃᑌᔨᑕᒪᐣ ᑭᑕ ᓈᑕᒪᐊᐧᒋᐠ ᒥᓇ ᑭᑕ ᐅᐦᒋᐢᑕᒪᐊᐧᒋᐠ ᑳ ᑭᐋᐧᑎᓯᒋᐠ ᐊᐋᐧᓯᓴᐠ, ᒥᓇ ᓯᑳᐃᐧᐢᑫᐧᐊᐧᐠ, ᒥᓇ ᑲᑭᔭ ᑳ ᐱᑭᐢᑳᒋ ᐊᔮᒋᐠ ᐊᐦᐳ **ᑳ** ᑭᑎᒪᐃᐦᒋᐠ,

ᑭ ᐸᑯᓭᔨᒥᑎᓈᐣ ᑭᑕ ᓇᑐᐦᑕᐃᐧᔮᕽ ᒥᔪ ᒪᓂᑐ.

ᑭᑕ ᐃᑌᔨᑕᒪᐣ ᑭᑕ ᑭᑎᒫᑭᓇᐊᐧᒋᐠ ᑲᑭᔭᐤ ᐊᔨᓯᔨᓂᐊᐧᐠ.

ᑭ ᐸᑯᓭᔨᒥᑎᓈᐣ ᑭᑕ ᓇᑐᐦᑕᐃᐧᔮᕽ ᒥᔪ ᒪᓂᑐ.

ᑭᑕ ᐃᑌᔨᑕᒪᐣ ᑭᑕ ᐊᓭᓇᒪᐊᐧᒋᐠ ᑳ ᐸᑳᐧᑎᑯᔮᑭᐠ, ᒥᓇ ᑳ ᒫᔨᑐᑖᑯᔮᑭᐠ, ᒥᓇ ᑳ ᒪᒋ ᐃᑎᑯᔮᑭᐠ, ᒥᓇ ᑭᑕ ᑫᐧᐢᑭ-ᓇᒪᐧᐟ ᐅᑌᐦᐃᐋᐧᐊᐧ,

ᑭ ᐸᑯᓭᔨᒥᑎᓈᐣ ᑭᑕ ᓇᑐᐦᑕᐃᐧᔮᕽ ᒥᔪ ᒪᓂᑐ.

Kittu itāyitumun kittu natumowuchik, kittu wechihuchik menu kittu kakechihuchik kŭkeyow ka uyachik puspināwinik, kwetumawinik, menu ayimisewinik,

Ke pukosāyimitinan kittu nutôtowiyâk meyo Munito.

Kittu itāyitumun kittu kunuwāyimuchik kŭkeyow ka pupamotāhochik uskêk ŭpo nipêk, kŭkeyow iskwāwuk ā we wapumawusochik, kŭkeyow otâkosewuk menu oskuwasisuk, menu kittu wapŭteyuchik ke kitimakinakāwin kŭkeyow kipuwakunuk menu otinakunuk,

Ke pukosāyimitinan kittu nutôtowiyâk meyo Munito.

Kittu itāyitumun kittu natumowuchik menu kittu ôchestumowuchik ka kewatisechik uwasisuk, menu sekawiskwāwuk, menu kŭkeyow ka pekiskache uyachik ŭpo ka kitimuhichik,

Ke pukosāyimitinan kittu nutôtowiyâk meyo Munito.

Kittu itāyitumun kittu kitimakinowuchik kŭkeyow uyiseyinewuk,

Ke pukosāyimitinan kittu nutôtowiyâk meyo Munito.

Kittu itāyitumun kittu usānumowuchik ka pukwatikoyâkik, menu ka mayetotakoyâkik, menu ka muche itikoyâkik, menu kittu kwāskinumwut otāhewawu,

Ke pukosāyimitinan kittu nutôtowiyâk meyo Munito.

ᑭᑕ ᐃᑌᔨᑕᒪᐣ ᑭᑕ ᒥᔨᔮᕽ ᒥᓇ ᑭᑕ ᑲᓇᐌᔨᑕᒪᐃᔮ ᑭᐢᑎᑳᐣ ᐊᐢᑭᕽ ᑳ ᐅᐦᒋᐠ, ᐃᐢᐱ ᐁᐢᐸᔨᑭ ᑭᑕ ᑭ ᒥᔮᐧᐸ ᒋᑖᔭᕽ,

ᑭ ᐸᑯᓭᔨᒥᑎᓈᐣ ᑭᑕ ᓇᑐᐦᑕᐎᔮᕽ ᒥᔪ ᒪᓂᑐ.

ᑭᑕ ᐃᑌᔨᑕᒪᐣ ᑭᑕ ᒥᔨᔮᕽ ᑖᐯᐧ ᑭᓯᓈᑌᔨᑕᒧᐃ ᒪᒋᐦᑎᐎᐣ ᐅᐦᒋ, ᑭᑕ ᐊᓴᓇᐠᑲᐎᔮᕽ ᑲᑭᔭᐤ ᓂ ᒪᒋᐦᑎᐎ ᓂᓈᓇ, ᓂ ᓄᐦᑌᐸᔨᐎᓂᓈᓇ ᒥᓇ ᓂ ᑲᑫᐹᑎᓯᐎᓂᓈᓇ ᒥᓇ ᑭᑕ ᑭᑭᐢᑲᒧᐃᔮᕽ ᐅ ᐎᒋᐃᐌᐎᐣ ᑳ ᑳᓈᑎᓯᐟ ᑭ ᐊᒫᕽ ᑭᑕ ᒥᓄᑖᔭᕽ ᓂᐟ ᐃᑖᑎᓯᐎᓂᓈᓇ ᑳ ᐃᑗᒪᑲᕽ ᑳᓈᑕᕽ ᑭᐟ ᐃᑗᐎᐣ,

ᑭ ᐸᑯᓭᔨᒥᑎᓈᐣ ᑭᑕ ᓇᑐᐦᑕᐎᔮᕽ ᒥᔪ ᒪᓂᑐ.

ᒪᓂᑐᐎᑯᓯᔮᐣ, ᑭ ᐸᑯᓭᔨᒥᑎᓈᐣ ᑭᑕ ᓇᑐᐦᑕᐎᔮᕽ.

ᒪᓂᑐᐎᑯᓯᔮᐣ, ᑭ ᐸᑯᓭᔨᒥᑎᓈᐣ ᑭᑕ ᓇᑐᐦᑕᐎᔮᕽ.

ᑭᔭ ᐅᓂᐳᐢᑕᒫᑫᐤ, ᑳ ᐅᑎᓇᒪᐣ ᒪᒋᐦᑎᐎᓇ ᐊᐢᑭᕽ ᐆᐦᒋ,

ᒥᔨᓈᐣ ᑭ ᐯᔭᑕᑫᔨᒧᐃᐌᐎᐣ.

ᑭᔭ ᐅᓂᐳᐢᑕᒫᑫᐤ ᑳ ᐅᑎᓇᒪᐣ ᒪᒋᐦᑎᐎᓇ ᐊᐢᑭᕽ ᐆᐦᒋ,

ᑭᑎᒫᑭᓇᐎᓈᐣ.

X, ᓇᑐᐦᑕᐎᓈᐣ.

X, ᓇᑐᐦᑕᐎᓈᐣ.

ᑌᐯᔨᒋᑫᔭᐣ, ᑭᑎᒫᑭᓇᐎᓈᐣ.

ᑌᐯᔨᒋᑫᔭᐣ, ᑭᑎᒫᑭᓇᐎᓈᐣ.

Kittu itāyitumun kittu meyiyåk menu kittu kunuwāyitumowiyåk kistikan uskěk ka ŏchek, ispe āspuyike kittu ke meywapuchitayåk,

Ke pukosāyimitinan kittu nutŏtowiyåk meyo Munito.

Kittu itāyitumun kittu meyiyåk tapwā kesinatāyitumoowin muchětiwin ŏche, kittu usānumoweyåk kůkeyow ne muchětiwininanu, ne nŏtāpuyiwininanu menu ne kukāpatisewininanu, menu kittu kikiskumoheyåk o wechihiwāwin ka Kunatiset Ket Uchåk kittu menŏtayåk net itatisewininanu ka itwāmukůk ka kunatůk ket Itwāwin,

Ke pukosāyimitinan kittu nutŏtowiyåk meyo Munito.

Munitoowekosisan, ke pukosāyimitinan kittu nutŏtoweyåk.

Munitoowekosisan, ke pukosāyimitinan kittu nutŏtoweyåk.

Keyu Onipostumakāo, ka otinumun muchětiwinu uskěk ŏche,

Meyinan ke pāyůtukāyimohiwāwin.

Keyu Onipostumakāo, ka otinumun muchětiwinu uskěk ŏche,

Kitimakinowinan.

Christ nutŏtowinan.

Christ nutŏtowinan.

Tāpāyichikāyun, kitimakinowinan.

Tāpāyichikāyun, kitimakinowinan.

X, ᑭᑎᒫᑭᓇᐃᐧᓈᐣ.
X, ᑭᑎᒫᑭᓇᐃᐧᓈᐣ.
ᑌᐯᔑᒥᑫᔭᐣ, ᑭᑎᒫᑭᓇᐃᐧᓈᐣ.
ᑌᐯᔑᒥᑫᔭᐣ, ᑭᑎᒫᑭᓇᐃᐧᓈᐣ.

ᓅᐦᑖᐃᐧᓈᐣ ᑭᐦᒋᑭᓯᑯᕽ ᐁᔮᔭᐣ, ᑭᑕ ᐃᐧ ᑲᓈᑌᔑᑖᑲᐧᐣ ᑭ ᐃᐧᔦᐃᐧᐣ, ᑭ ᑎᐯᔑᒥᑫᐃᐧᐣ ᑭᑕ ᐃᐧ ᐅᑎᐦᒋᐸᔑᐤ, ᐁ ᐃᑌ-ᔑᑕᒪᐣ ᑭᑕ ᐃᐧ ᑐᒋᑳᑌᐤ ᐅᑕ ᐊᐢᑭᕽ, ᑳ ᐃᓯ ᐊᔮᐠ ᑭᐦᒋ-ᑭᓯᑯᕽ. ᒥᔑᓈᐣ ᐊᓄᐦᐨ ᑳ ᑭᓯᑳᐠ ᑫ ᐅᐦᒋ ᐱᒫᑎᓯᔮᕽ, ᒥᓇ ᐊᓭᓇᒪᐃᐧᓈᐣ ᓂ ᒪᒋᐦᑎᐃᐧᓂᓈᓇ, ᑳ ᐃᓯ ᐊᓭᓇᒪ-ᐊᐧᑭᐦᒋᐠ ᐊᓂᑭ ᑳ ᐊᐧᓂᑐᑖᑯᔮᐦᑭᐠ; ᒥᓇ ᐁᑳᐃᐧᔭ ᐃᑐᐦᑕᐃᐧᓈᐣ ᑯᑌᔑᒥᑯᐃᐧᓂᕽ, ᒪᑲ ᒥᑖᑫᐧᓇᒪᐃᐧᓈᐣ ᒪᒋ ᑫᑲ:. ᐋᒣᐣ.

ᑌᐯᔑᒥᑫᔭᐣ, ᐁᑳᐃᐧᔭ ᒥᔑᓈᐣ ᐁ ᐃᓯ ᑲᐢᑭᑖᒪᑯᔮᕽ ᓂ ᒪᒋᐦᑎᐃᐧᓂᓈᓇ.

ᒥᓇ ᐁᑳᐃᐧᔭ ᐁ ᐃᓯ ᐊᐧᓂᐦᑎᔮᕽ ᐃᓯ ᑎᐸᐦᐊᒪᐃᐧᓈᐣ.

ᐁᑲᐧ ᐊᔭᒥᐋᑖᐣ.

ᑭᔐᒪᓂᑐ ᑳ ᑭᔐᐋᐧᑎᓯᔭᐣ ᐅᐦᑖᐃᐧᒫᐤ, ᐁᑳ ᑳ ᐋᑕ-ᐁᐧᔑᑕᒪᐣ ᐁᑳ ᓀᐦᐁᔑᑕᒨᒪᑲᐦᑭ ᐱᔑᑲᐧᐢᑌᑭ ᒥᑌᐦ, ᐊᐦᐴ ᐅ ᓇᑕᐁᐧᔑᑕᒧᐃᐧᓂᐋᐧᐤ ᒥᑯᐢᑳᑌᔑᑕᒧᐃᐧᐣ ᑳ ᐊᔮᒋᐠ, ᑭᔐ-ᐋᐧᑎᓯᐃᐧ ᐃᐧᒋᑖ ᓂᐟ ᐊᔭᒥᐋᐃᐧᓂᓈᓇ ᑳ ᐅᓯᑖᔮᕽ ᐋᔑᒥᓯᐃᐧᐣ ᒥᓇ ᓇᔕᑖᐃᐧᐸᔑᐃᐧᐣ ᐱᔮᑕᑯᐢᑳᑯᔮᐦᑭ; ᒥᓇ ᑭᑎᒫᑭᐦᑕᐃᐧᓈᐣ ᐊᓂᐦᐃ ᒪᒋ ᑫᐧᔭ ᐅ ᑲᔕᔑᓯᐃᐧᐣ ᒥᓇ ᐅ ᒪᒋ ᐃᔑ-ᓂᓯᐃᐧᐣ ᒫᒥᒪᓂᑐ ᐊᐦᐴ ᐊᔑᓯᔑᓂᐤ ᑳ ᐃ ᐃᐦᑐᑖᑯᔮᕽ ᐁᑳ ᑭᑕ ᑭ ᐃᐦᑭᓂᔑᐠ; ᐁᑯᐟ ᐁ ᓈᑲᑕᐁᐧᔑᒥᑯᔮᕽ ᑭ ᒥᔦᑐᑖᑫᐃᐧᐣ ᑭᑕ ᐃᐧ ᐱᐁᐧᑎᓴᐦᐊᒧᐧᐟ; ᓂᔭᓈᐣ ᑭᔭ ᑭᐟ ᐊᑐᐢᑫᔮᑲᓇᐠ ᐁᑳᐃᐧᔭ ᓂ ᑲ ᐃᐧ ᒥᑯᐢᑲᒥᐃᑯᐣ ᐸᑳᐧᑎ

Christ, kitimakinowinan.
Christ, kitimakinowinan.
Tāpāyichikāyun, kitimakinowinan.
Tāpāyichikāyun, kitimakinowinan.

Nôtawenan kichekesikôk āyayun, Kittu we kunatāyitakwun ke weyowin, Ke tipāyichikāwin kittu we otichipuyew, Ā itāyitumun kittu we tochikatāo otu uskék, ka isse uyak kichekesikôk. Meyinan unôch ka kesikak kā ôche pimatiseyåk, Menu usānumowinan ne muchétiwininanu, Ka isse usānumowukichik unike ka wunitotakoyåkik; Menu ākaweyu itôtuhinan kotāyimikoowinik, Maku metakwānumowinan muche kākwi. Amen.

Tāpāyichikāyun, ākaweyu meyinan ā isse kuskitumakoyåk ne muchétiwininanu.

Menu ākaweyu ā isse wunétiyåk isse tipuhumowinan.

Ākwu uyumihatan.

Kisāmunito, ka kisāwatiseyun Ôtawemaw, āka ka atuwāyitumun āka nāhāyitumomukûke peyekwustāke metāh, ûpo o nutuwāyitumoowiniwaw mikoskatāyitumoowin ka uyachik, kisāwatisewe wechita net uyumihawininanu ka ositayåk ayimisewin menu nuyātawipuyiwin peyåtukoskakoyåke; menu kitimakitowinan, unihe muche kākwuyu, o kuyāyisewin menu o muche eyinesiwin muche munito ûpo uyiseyinew ka we itotakoyåk, āka kittu ke ikineyik; ākose ā nakutuwāyimikoyåk ke meyototakāwin kittu we pewātisuhumwut; neyunan keyu ket utoskāyakunuk ākaweyu ne ku we mikoskachihikonan pukwatitoowin uyumihawin ôche, ākose kakikā

ᑐᐃᐧᐣ ᐊᔭᒥᐋᐃᐧᐣ ᐅᐦᒋ, ᐁᑯᓯ ᑳᑭᑫ ᑭ ᑲ ᐃᐧ ᒥᔨᑎᓈᐣ ᓇᓈᐢᑯᒧᐃᐧᐣ ᐱᐦᒋ ᑳ ᑲᓈᑕᕽ ᑭᐟ ᐊᔭᒥᐁᐃᐧᒥᑯᕽ; ᐃᔭ ᐅᐦᒋ **ᒋᓴᐢ X** ᑳ ᑎᐯᔨᒥᑯᔮᕽ.

ᑌᐯᔨᒋᑫᔭᐣ, ᐸᓯᑯ, ᐃᐧᒋᐃᓈᐣ, ᒥᓇ ᐱᒫᒋᐃᓈᐣ, ᑭ ᐃᐧᐦᔪᐃᐧᐣ ᐅᐦᒋ.

ᑭᓭᒪᓂᑐ ᓂ ᑭ ᐯᐦᑌᓈᐣ ᓂᐦᑕᐊᐧᑳᓈᕽ ᐅᐦᒋ, ᒥᓇ ᓄᐦᑖ-ᐃᐧᓈᓇᐠ ᓂ ᑭ ᐋᒋᒧᐢᑖᑯᓈᓇᐠ, ᑭᐢᒋ ᐊᑐᐢᑫᐃᐧᓇ ᑳ ᑭ ᑐᑖᒫᐧᐟ ᒣᑳᐧᐨ ᐁ ᐱᒫᑎᓯᒋᐠ, ᒥᓇ ᑳᔮᐢ ᐅᐦᒋ ᐁ ᒪᐧᔪ ᐃᐦᑖᒋᐠ.

ᑌᐯᔨᒋᑫᔭᐣ ᐸᓯᑯ, ᐃᐧᒋᐃᓈᐣ, ᒥᓇ ᐱᒫᒋᐃᓈᐣ, ᑭ ᑭᐢᑌᔨᑖᑯᓯᐃᐧᐣ ᐅᐦᒋ.

ᑭᑕ ᒪᒥᐦᒋᒫᐤ **ᐁ**ᐧᔪᑖᐃᐧᕽ, ᒥᓇ **ᐅ**ᑯᓯᓯᒫᐤ; ᒥᓇ ᑳ **ᑲ**ᓈᑎᓯᐟ **ᐊ**ᒑᕽ;

ᑳ ᑭ ᐃᐦᑭᕽ ᒥᒋᒫᐨ ᐅᐦᒋ, ᐊᓄᐦᐨ ᒥᓇ ᒣᑳᐧᐨ, ᒥᓇ ᑳᑭᑫ ᑫ ᐃᐦᑭᕽ; ᐃᔨᑯᕽ ᑫ ᓈᐢᐱᒋ ᐸᐢᑭᐊᐧᕽ. **ᐋ**ᒣᐣ

ᑳ ᐃᐤ ᓂᓯᐊᐧᓈᒋᐃᑯᔮᑭᐠ ᓵᑯᒋᑕᒪᐃᐧᓈᐣ **X**.

ᑭᓭᐋᐧᑎᓯᐃᐧ ᑲᓇᐋᐧᐸᐦᑕ ᓂᐟ **ᐊ**ᔨᒥᓯᐃᐧᓂᓈᓇ.

ᑭᑎᒫᑭᓇ ᐁ ᓇᓅᑲᑌᔨᑕᒧᒪᑲᐦᑭ ᓂᑌᐦᐃᓈᓇ.

ᑭᓭᐋᐧᑎᓯᐃᐧ ᐊᓭᓇᒪᐃᐧᐠ **ᐅ** ᒪᒋᐃᐦᑎᐃᐧᓂᐋᐧᐊᐧ ᑭᐟ ᐃᔨᓂᒪᐠ.

ᑭᓭᐋᐧᑎᓯᐃᐧᐣ ᐅᐦᒋ ᓇᑐᐦᑕ ᓂᐟ ᐊᔭᒥᐋᐃᐧᓂᓈᓇ.

ᑭᔭ Uᐱᐟ ᐅᑯᓯᓴ ᑭᑎᒫᑭᓇᐃᐧᓈᐣ.

ᒣᑳᐧᐨ ᐊᓄᐦᐨ ᒥᓇ ᑳᑭᑫ ᐃᑌᔨᑕ ᑭᑕ ᓇᑐᐦᑕᐃᐧᔮᕽ **X**.

ᑭᓭᐋᐧᑎᓯᐃᐧ ᓇᑐᐦᑕᐃᐧᓈᐣ **X**, ᑭᓭᐋᐧᑎᓯᐃᐧ ᓇᑐᐦᑕ-ᐃᐧᓈᐣ ᑌᐯᔨᒋᑫᔭᐣ **X**.

ke ku we meyitinan nunaskomoowin pe̊che ka kunatůk ket Uyumihāwikumiko̊k; weyu o̊che Jesus Christ ka Tipāyimikoyåk.

Tāpāyichikāyun, pusiko, wechihinan, menu pimachihinan, ke weyoowin o̊che.

Kisāmunito, ne ke pātānan ne̊towukanåk o̊che, menu no̊tawenanuk ne ke achimostakonanuk, ki̊che utoskāwinu ka ke totumwut mākwach a pimatisechik, menu kuyas o̊che ā moyā i̊tachik.

Tāpāyichikāyun, pusiko, wechihinan, menu pimachihinan ke kistāyi̊takosewin o̊che.

Kittu mumi̊chimaw Wāyo̊tawe̊k, menu Okosisemaw; menu ka Kunatiset Uchåk;

Ka ke i̊ki̊k michimach o̊che, uno̊ch menu mākwach, menu kakikā kā i̊ki̊k; eyiko̊k kā naspiche uskewůk. Amen.

Ka we nisiwunachihikoyåkik sakochi̊tumowinan, Christ.

Kisāwatisewe kunuwapůtu net Ayimisewininanu.

Kitimakinu ā nunākatāyitumomukůke netāhinanu.

Kisāwatisewe usānumowik o muche̊tiwiniwawu ket eyinemuk.

Kisāwatisewin o̊che nuto̊tu net uyumihawininanu.

Keyu David okosisu kitimakinowinan.

Mākwach uno̊ch menu kakikā itayi̊tu kittu nuto̊toweyåk Christ.

Kisāwatisewe nuto̊towinan Christ; kisāwatisewe nuto̊towinan Tāpāyichikāyun Christ.

ᑌᐯᓕᒥᑫᔭᐣ ᑭ ᑮᓴᐚᑎᓯᐎᐣ ᓂ ᑲ ᐃᐧ ᐋᐧᐸᑎᓕᐧ-
ᑲᐃᐧᓈᐣ.

ᑳ ᐃᓯ ᐊᐢᐯᓕᒧᑖᑖᐟ.

ᐁᑲᐧ ᐊᔭᒥᐋᐧᑖᐣ.

ᐁ ᑕᐸᐦᑌᓕᒨᔮᐟ ᑭ ᐸᑯᓭᒥᑎᓈᐣ ᐅᐦᑖᐃᐧᒫᐤ, ᑭᑕ ᑭᑎᒫᑭᓇᒪᐣ ᓂ ᓃᓯᐋᐧᑎᓯᐃᐧᓂᓈᓇ, ᒥᓇ ᑭᑕ ᑭᐢᑌᓕᑖᑲᐧᐟ ᑭ ᐃᐧᔐᐃᐧᐣ ᐸᑲᑌᓇ ᐃᐧᓈᐣ ᐊᓂᐦᐃ ᒪᒋ ᑫᑲᐧᔭ ᑳ ᑭ ᑲᐢᑭᑕᒫᒍᔮᐟ, ᒥᓇ ᐃᑌᓕᑕ ᑕᐦᑖᐤ ᐊᓕᒥᓯᐃᐧᓂᐟ ᐁᔮᔭᐦᑭ ᑭᑕ ᑭ ᐸᐢᐯᓕᒧᑕᒫᐟ ᑭ ᑭᓴᐋᐧᑎᓯᐎᐣ; ᒥᓇ ᑳᑭᑫ ᑭᑕ ᐊᑐᐢᑫᐢᑖᑖᐟ ᑲᓈᑎᓯᐃᐧᓂᐟ ᒥᓇ ᐯᐦᑭᐅᐃᐧ ᐃᑖᑎᓯᐃᐧᓂᐟ, ᑭᔭ ᑭ ᑭᐢᑌᓕᒥᑯᐃᐧᓂᐟ ᒥᓇ ᑭ ᒪᒥᐦᒋᒥᑯᐃᐧᓂᐟ ᐃᓯ; ᐃᐧᔭ ᐅᐦᒋ ᑳ ᐯᔭᑯᐟ ᓂᔮᑕᒫᑯᔮᐟ ᒥᓇ ᓃᑐᑌᐢᑕᒫᑯᔮᐟ, ᒋᓴᐢ X ᑲ ᑎᐯᓕᒥᑯᔮᐟ. ᐋᒣᐣ.

¶ ᓭᐣᐟ ᑲᐤᐃᓴᐢᑕᑕ ᐅᐟ ᐊᔭᒥᐋᐃᐧᐣ.

ᑲᑭᔭᐤ ᑕᑲ: ᑫᐢᑭᑖᔭᐣ ᑭᓴᒪᓂᑐ, ᑳ ᑭ ᒥᓕᔮᐟ ᑭ ᐃᐧᒋ-ᐃᐁᐧᐃᐧᐣ ᐊᓄᐦ- ᐅᒪ ᑭᑕ ᒫᒪᐃᐧ ᐅᔭᐢᑖᐧᑖᐟ ᓂ ᒪᐃᐧ-ᒍᐢᒋᐤᐃᐧᓂᓈᓇ; ᒥᓇ ᑳ ᐊᓯᑖᒪᑫᔭᐣ ᑭᐢᐱᐣ ᐋᑕ ᐱᑯ ᓂᓱ ᐊᐦᐸ ᓂᐢᑐ ᒥᔮᐋᐧᒋᐃᑐᑖᐃᐧ ᑭ ᐃᐧᔐᐃᐧᓂᐟ ᑭᑕ ᒥᔭᒋ ᐁ ᐃᓯ ᓇᑐᑖᒪᐢᑭᐤ. ᑎᐱᑐᑕᒪᐃᐧᐤ ᐊᓄᐦ-, ᑌᐯᓕᒥᑫᔭᐣ, ᐁ ᐃᓯ ᓇᑕᐁᐧᓕᑖᒪᐢᑭᐤ ᒥᓇ ᐁ ᐃᓯ ᓇᑐᑖᒪᐢᑭᐤ ᑭ ᐊᑐᐢᑫᔩᑲᓇᐤ ᑫ ᐃᓯ ᐋᐸᒋᐃᑯᒋᐤ; ᐁ ᒥᓕᔮᐟ ᐅᑕ ᐊᐢᑭᐟ ᑭᑕ ᑭᐢᑫᓕᑖᒪᐟ ᑭ ᑖᐯᐃᐧᐣ, ᒥᓇ ᑯᑕᐤ ᐊᐢᑭᐟ ᑳᑭᑫ ᐱᒫ-ᑎᓯᐎᐣ. ᐋᒣᐣ.

ᓂᓵᐤ ᑳᐤᐃᐟᑎᔭᓇ xiii.

ᐅ ᑭᓴᐚᑎᓯᐎᐣ ᑳ ᑎᐯᓕᒥᑯᔭᐟ ᒋᓴᐢ X, ᒥᓇ ᐅ ᓵᑭᐃᐁᐧᐎᐣ ᑭᓴᒪᓇᐤ, ᒥᓇ ᐅ ᐃᐧᒋᐃᐁᐧᐎᐣ ᑳ ᑲᓈᑎᓯᐟ ᐊᐧᒌᐟ, ᑭ ᑲ ᐃᐧ ᐃᐧᑫᐃᐧᑯᓈᓇᐤ ᑲᑭᔭᐤ ᑳᑭᑫ. ᐋᒣᐣ

Tāpāyichikāyun, ke kisāwatisewin ne ku we wapûteyikowinan;
Ka isse uspāyimototaták.
Ākwu uyumihatan.

Ā tupûtāyimoyák ke pukosāyimitinan Ótawemaw, kittu kitimakinumun ne nāsowatisewininanu, menu kittu kistāyítakwúk ke weyoowin ekutānumowinan unihe muche kākwuyu ka ke kuskítumasoyák, menu itāyítu tútwaw ayimisewiník āyayáke kittu ke uspāyimototumák ke kisāwatisewin, menu kakikā kittu utoskāstaták kunatisewiník menu pākihoowe itatisewiník, keyu ke kistāyimikoowiník menu ke mumíchimikoowiník isse; weyu óche ka pāyukot neyatumakoyák menu nātotāstumakoyák, Jesus Christ ka Tipāyimikoyák. Amen.

¶ Saint Chrysostom ot Uyumihawin.

Kúkeyow kākwī kāskítayun Kisāmunito, ka ke meyiyák ke wechihiwāwin unóch omu kittu mamowe oyustwaták ne mowimoschikāwininanu; menu ka usotumakāyun kespin atu piko neso úpo nisto meyawuchihitotwawe ke weyoowiník kittu meyuchik ā isse nutotumaskik. Tipitotumowik unóch, Tāpāyichikāyun, ā isse nutuwāyítumaskik menu ā isse nutotumaskik ket utoskāyakunuk kā isse apuchihikochik; ā meyiyák otu uskék kittu kiskāyítumák ke tapwāwin, menu kotuk uskék kakikā pimatisewin. Amen.

2 Corinthians xiii.

O kisāwatisewin ka Tipāyimikoyúk Jesus Christ, menu o sakihiwāwin Kisāmunito, menu o wechihiwāwin ka Kunatiset Uchák, ke ku we wechawikonanow kúkeyow kakikā. Amen.

ᓇᓈᑐᕽ ᐊᔭᒥᐋᐃᐧᓇ.

¶ ᑭᐟ ᑭᒥᐊᐧᕽ ᐁ ᓇᑕᐁᐧᔨᑖᑲᐧᕽ.

ᑭᓴᒪᓂᑐ, ᑭᐦᒋᑭᓯᑯᐃᐧ ᐅᐦᑖᐃᐧᔪᐤ, ᑭᔭ **ᑮᑯᓯᐢ ᒌᓴᐢ X** ᐅᐦᒋ ᑳ ᑭ ᐊᔪᑕᒪᐊᐧᒋᐠ ᑲᑭᔭᐤ ᐊᓂᑭ ᑳ ᓇᑐᓇᐦᑭᐠ ᑭ· ᐅᑌᓇᐃᐧᐃᐧᐣ ᒥᓇ ᑲᐧᔭᐢᑮᑎᓯᐃᐧᐣ ᐁᑯᑕ ᑳ ᐊᔮᐠ ᑲᑭᔭᐤ ᑫᑲ: ᑭᑕ ᑌᐱ ᐱᒫᒋᐃᑯᒋᐠ ᐃᐧᔭᐃᐧᐋᐧᕽ; ᐃᓯᑎᓴᐊᒪᐃᐧᓇᐣ ᑭ ᐸᑯᓴᔨᒥᑎᓈᐣ ᒣᑳᐧᐨ ᐅᒪ ᐁ ᑭᐧᑖᒫᔮᕽ, ᓇᐦᐃᔨᑯᕽ ᑭᒥᐊᐧᐣ ᒥᓇ ᓯᑭᐯᐢᑖᐊᐧ, ᑭᑕ ᑭ ᐅᐦᑎᓇᒫᕽ ᑭᐢᑎᑫᓇ ᐊᐢᑭᕽ ᐁᐧᒋᒪᑲᐦᑭ, ᓂ ᒥᓴᐧᓯᒍᐃᐧᓂᓈᕽ ᐃᓯ ᒥᓇ ᑭᔭ ᑭ ᑭᐢᑌᔨᒥᑯᐃᐧᓂᕽ ᐃᓯ, ᐃᐧᔭ ᐅᐦᒋ **ᒌᓴᐢ X** ᑳ ᑎᐯᓯᒥᑯᔮᕽ. **ᐋᒣᐣ.**

¶ ᑭᑕ ᒥᔪᑭᓯᑳᐠ ᐁ ᓇᑕᐁᐧᔨᑖᑲᐧᕽ.

ᒫᒪᐁᐧᔭᐢ ᓯᔪᑳᑎᐟᔭᐣ **ᑭᓴᒪᓂᑐ**, ᓅᐦᑖᐃᐧᓈᐣ ᑭᐦᒋᑭᓯᑯᐢ, ᑭᔭ ᑳ ᐅᓯᑖᔭᐣ ᒥᓇ ᑳ ᒣᑭᔭᐣ ᑲᑭᔭᐤ ᒥᔪ ᑫᑲᐧᔭ ᒥᓇ ᑳ ᑭᑎᒫᑭᓇᐃᐧᔮᕽ ᓂᔭᓈᐣ ᐅᒪᒌᑎᓯᐊᐧᐠ ᐊᐊᐧᓯᒣ ᐃᔨᑯᕽ ᑳ ᐃᓯ ᑲᐢᑭᑕᒫᓱᔮᕽ; ᑭ ᑳᑭᓯᒧᑐᑖᑎᓈᐣ ᑭᑕ ᑭᑎᒫᑭᓇᐃᐧᔮᕽ, ᒥᓇ ᐸᑭᑌᐦᑕᒪᐃᐧᓈᐣ ᑭᑕ ᐃᔨ ᒪᒥᔪᑭᓯᑳᐠ ᑭᑕ ᑭ ᐅᐦᑎᓯᔮᕽ ᑭᐢᑎᑲᓇ ᐊᐢᑭᕽ ᐅᐦᒋ ᐃᑕ ᐅᑎ ᒋᐸᐦᑫ, ᒥᓇ ᑭ ᑭᓴᐋᐧᑎᓯᐃᐧᐣ ᑭᑕ ᑭᐢᑭᓄᐊᒫᑯᔮᕽ ᑭᑕ ᒥᓄᑖᔮᕽ ᐁ ᐃᓯ ᐱᒫᑎᓯᔮᕽ ᑭᑕ ᑭᐢᑌᔨᑖᑯᑖᔮᕽ ᑳ ᑲᓈᑕᕽ ᑭ ᐃᐧᔪᐃᐧᐣ; ᐃᐧᔭ ᐅᐦᒋ **ᒌᓴᐢ X** ᑳ ᑎᐯᓯᒥᑯᔮᕽ. ᐋᒣᐣ.

¶ ᐁ ᐅᐢᑭ ᐊᐢᑭᐊᐧᕽ.

ᑳᑭᑫ ᐁᔮᔭᐣ ᑳ ᑎᐯᔨᒋᑫᔭᐣ **ᑭᓴᒪᓂᑐ**, ᑳ ᑭ ᑲᓇᐁᐧᔨᒥᔮᕽ ᓂᔭᓈᐣ ᐁᑳ ᐁ ᑌᐸᔨᐦᑖᑯᓯᔮᕽ ᑭᐟ ᐊᑐᐢᑫᔭᑲᓇᐠ

ᑭᑕ ᐅᑎᔮᐸᑕᒫᕽ ᒥᓇ ᑯᑕᐠ ᐊᐢᑭᐃᐧᐣ. ᑳᓯᐊᒪᐃᐧᓈᐣ ᑭ ᑕᐸᐦᑌᔨᒧᐃᐧ ᓇᑐᑕᒫᑎᓈᐣ ᓂ ᐋᐧᓂᑐᑕᒧᐃᐧᓂᓈᓇ ᓄᑖᓈᐦᑭᒥᓈᕽ, ᐁᑯᓯ ᑭᔭᐋᐧᑎᓯᐃᐧ ᐃᐧᑫᐃᐧᓈᐣ (ᑕᐦᑐ) ᑭᓯᑳᐤ ᐃᔨᓂᕽ ᑫ ᐱᒫᑎᓯᔫᕽ; ᑲᓇᐁᐧᔨᒥᓈᐣ ᒥᓇ ᑭᐢᑭᓄᑕᐦ ᓈᐣ ᐋᔨᒥᓯᐃᐧᓂᕽ ᒥᓇ ᑯᑌᔨᒥᑯᐃᐧᓂᕽ, ᑭ ᓂᓱᐦᑲᒫᑫᐃᐧᐣ ᐅᐦᒋ ᑭ. ᑭ ᔭᐦᑭᑭᔫᕽ ᐊᔭᒥᐋᐋᐧᑎᓯᐃᐧᓂᕽ ᐁ ᐊᑎ ᔭᐦᑭ ᑭᔭᔫᑎᓯᔫᕽ ᐁᑯᓯ ᐱᔨᐢ ᑭᑕ ᑭ ᑭᓯᐱᐢᑲᒫᕽ ᐅᒪ ᐱᒫᑎᓯᐃᐧᐣ ᒪᒪᐦᑖᑯᓯᐃᐧᓂᕽ; ᐃᐧᔭ ᐅᐦᒋ ᒋᓴᐢ X ᑳ ᑎᐯᔨᒥᑯᔫᕽ. ᐋᒣᐣ.

¶ ᐊᔭᒥᐋᐃᐧᐣ ᑭᑕ ᑭᓯᐢᑲᐸᔨᐠ.

ᒫᒪᐁᐧᔭᐢ ᓯᐹᑲᑎᓯᔭᐣ ᑭᔭᒪᓂᑐ ᑭᑯᓯᐢ ᒋᓴᐢ X ᐅᐦᒋ ᑳ ᑭ ᐃᑕᓱᐋᐧᑕᒋᐠ ᐸᐹᐢᑎᐦᐊᐠ ᑭᑕ ᐃᑐᐦᑌᒋᐠ ᒥᓯᐁᐧᐢᑲᒥᐠ, ᒥᓇ ᑭᑕ ᐃᐧᑕᒪᐋᐧᒋᐠ ᒦᔫᐧᒋᒧᐃᐧᐣ ᑭᔭᐤ ᐊᔨᓯᔨᓂᐊᐧ. ᐸᑭᑌᔨᑕᒪᐃᐧᓈᐣ ᓂᔭᓈᐣ ᑳ ᑭ ᐱᑐᑲᐃᔫᕽ ᑭᐟ ᐊᔭᒥᐁᐃᐧᑲᒥᑯᕽ ᒋᐦᑫᔨᑕᒧᐃᐧᐣ ᑭᑕ ᓇᓇᐃᐦᑕᒫᕽ ᑭᐟ ᐃᑌᐧᐃᐧᐣ ᒥᓇ ᑭᑕ ᓄᐦᑌ ᑭᐢᑫᔨᑕᒧᐃᐁᐧᔫᕽ ᑭ ᐱᒫᒋᐃᐁᐧᐃᐧᐣ. ᑭᑎᒫᑭᓇᐃᐧᐠ ᐁᑳ ᑳ ᐊᔭᒥᐋᒋᐠ, ᐁᑳ ᑳ ᑭᐢᑫᔨᒥᐢᑭᐠ. ᓄᐦᑖᐃᐧᓈᐣ ᑭᐦᒋᑭᓯᑯᕽ ᑳ ᑎᐯᔨᑕᒫᐣ ᐊᑐᐢᑫᐃᐧᐣ, ᑭᑎᒫᑭᐦᑕ ᑭ ᓇᑐᑕᒫᑎᓈᐣ ᓂᐟ ᐊᔭᒥᐋᐃᐧᓂᓈᓇ ᒥᓇ ᐃᓯᑎᓴᐦᐅᐠ ᐅᑕᑐᐢᑫᐊᐧᐠ ᑭᐟ ᐊᑐᐢᑫᐦᐃᐁᐧᐃᐧᓂᕽ. ᑭ ᓂᓱᑲᒫᑫᐃᐧᐣ ᐅᐦᒋ ᐊᐧᐁᐧᔨᐦᐃᐠ ᑭᑕ ᐊᑐᐢᑲᐢᑭᐠ, ᒥᔨᐠ ᐊᑑᐦᑯᐃᐧ ᒪᐢᑲᐃᐧᓯᐃᐧᐣ ᒥᓇ ᔮᑭᐃᐁᐧᐃᐧᐣ ᒥᓇ ᑲᐧᔭᐢᐠ ᒫᒥᑐᓀᔨᒋᑲᐣ, ᒪᐢᑲᐃᐧᓯᐦᐃᐠ ᑭᑕ ᓯᐯᔨᑕᐦᑭᐠ ᐋᔨᒥᓯᐃᐧᐣ, ᐁᑯᓯ ᐃᑌᔨᑕ ᑳ ᑲᓈᑎᓯᔨᐟ ᑭᐟ ᐊᑑᐦᑲᐧ ᑭᑕ ᐃᐧᒋᑖᔨᐟ ᐅᐟ ᐊᑐᐢᑫᐃᐧᓂᐋᐧᐤ, ᐁᑲᐧ ᒫᑲ ᐅ ᐱᒫᑎᓯᐃᐧᓂᐋᐧᐤ ᒥᓇ ᐅ ᑲᑫᐢᑫᐧᐃᐧᓂᐋᐧᐤ ᐅᐦᒋ ᑭᑕ ᐊᐧᐸ-

ᑎᔨᐁᐧᒋᐠ ᑭ ᑭᐢᑌᔨᑖᑯᓯᐃᐧᐣ, ᒥᓇ ᑭᑕ ᔭᑯᐦᑕᒌᒋᐠ ᐅ ᐱᒫᒋ-ᐃᑯᐃᐧᓂᔨᐤ ᑲᑭᔭᐤ ᐊᔨᓯᔨᓂᐊᐧ; ᐃᐧᔭ ᐅᐦᒋ ᒋᓴᐢ X ᑳ ᑎᐯᔨᒥᑯᔮᕽ. ᐋᒣᐣ.

¶ ᐁ ᐊᔭᒥᐁᐢᑕᒫᐦᒋᐠ ᑲ ᐃᐧ ᐋᔨᒥᐃᐦᒋᐠ.

ᒫᒪᐁᐧᔭᐢ ᓯᐦᑳᑎᓯᔭᐣ ᑭᓭᒪᓂᑐ, ᑭᐢᐱᐣ ᐁᑳ ᑭᔭ ᓇᒪ ᑫᑲ: ᒪᐢᑲᐃᐧᓯᒪᑲᐣ ᓇᒪ ᑫᑲ: ᑲᓈᑕᐣ, ᐁ ᑕᐸᐦᑌᔨᒨᔮᕽ ᓂᐟ ᐊᔭᒥᐁᐢᑕᒪᐋᐧᓈᓇᐠ ᐊᓄᑭ ᑳ ᐃᐧ ᑭᐦᑖᐧᒥ ᐃᑌᐧᒋᐠ ᑳ ᑭ ᐊᓱᑕᒫᑫᐢᑕᒫᐦᒋᐠ ᐃᐢᐱ ᐁ ᓯᑲᐊᑖᐦᒋ ᒥᓇ ᑳ ᐃᐧ ᓇᑐᓇᐦᑭᐠ ᑭ ᓂᓱᑲᒫᑫᐃᐧᐣ ᐁ ᑭᐦᒋᑐᑖᐦᒋᐠ ᐋᔨᒥᐃᑐᐃᐧᓂᕽ; ᒥᑖᒉᐧᓇᒪᐃᐧᐠ ᑯᑌᔨᒥᑯᐃᐧᓇ ᐊᐢᑭᕽ ᒥᓇ ᒥᔭᐃᐧᕽ ᒥᓇ ᒪᒋᒪᓂᑐᕽ ᑳ ᐅᐦᒋᑭ, ᒥᓇ ᒥᔨᐠ ᑭ ᓂᓱᑲᒫᑫᐃᐧᐣ ᒥᑐᓄ ᑭᑕ ᐸᑭᑌᔨ-ᒥᓱᒋᐠ ᑭᑕ ᐊᑐᐢᑰᐢᑭᐠ, ᐃᐧᔭᐃᐧᐋᐧᕽ ᒥᓇ ᐅ ᒥᑐᓀᔨᒋᑲᓂᐋᐧᕽ ᒥᓇ ᐅᐟ ᐊᒑᐦᑯᐋᐧᕽ; ᐃᐧᔭ ᐅᐦᒋ ᒋᓴᐢ X ᑳ ᑎᐯᔨ-ᒥᑯᔮᕽ. ᐋᒣᐣ.

¶ ᒫᒪᐊᐧᐱᐃᐧᐣ ᐊᔭᒥᐋᐃᐧ ᐅᔭᓯᐁᐧᐃᐧᓂᕽ.

ᒫᒪᐁᐧᔭᐢ ᓯᐦᑳᑎᓯᔭᐣ ᒥᓇ ᐧᑭᑫ ᐁᔮᔭᐣ ᑭᓭᒪᓂᑐ, ᑳ ᑭ ᐃᐧᒋᐊᒋᐠ ᑭᐟ ᐊᒑᐦᑲᐧ ᐅᐦᒋ ᓂᐢᑕᐟ ᐁ ᒫᒪᐊᐧᐱᒋᐠ ᐊᐹᐢᑎᓭᐊᐠ, ᒥᓇ ᑳ ᑭ ᐊᓱᑕᒪᑫᔭᐣ ᑭᑯᓯᐢ ᒋᓴᐢ X ᐅᐦᒋ ᑭᑕ ᐃᐧᒉᐊᐧᒋᐠ ᐅᑕᔭᒥᐋᐊᐧᐠ ᐃᐢᑯ ᑫ ᐊᐢᑭᐊᐧᕽ; ᑭ ᓇᑐᑕᒧᑎᓈᐣ ᑭᑕ ᐃᐧᒉᐊᐧᒋ ᐅᒫᒪᐊᐧᐱᐊᐧᐠ ᐊᔭᒥᐋᐃᐧ ᐅᔭᓯᐁᐧᐃᐧᓂᕽ. ᑲᓇᐁᐧᔨᒥ ᑭᑕ ᐊᔮᒋᐠ ᐃᔨᓃᓯᐃᐧᐣ, ᑭᐢᑫᔨᑕᒧᐃᐧᐣ, ᒥᓇ ᑕᐸᐦᑌᔨᒧᐃᐧᐣ, ᐁᑯᓯ ᑭ ᑭᐦᒋ ᑭᓭᐋᐧᑎᓯᐃᐧᓂᕽ ᑭᐢᑭᓄᑕᐦᐃᐠ ᒥᓇ ᒫᒥᓄᓇᒪᐃᐧᐠ ᐅ ᒫᒥᑐᓀᔨᒋᑲᓂᐋᐧᐊᐧ ᒥᓇ ᐅ ᐱᑭᐢ-ᑫᐧᐃᐧᓂᐋᐧᐊᐧ, ᑭᐟ ᐊᒑᐦᑲᐧ ᐁ ᐃᐧᒋᐃᑯᒋᐠ ᑭᑕ ᑭ ᐃᓯ

ᐅᔭᐢᑖᒋᐠ ᑲᑭᔭᐤ ᑫᑲ: ᐊᔭᒥᐁᐃᐧᑲᒥᑯᐟ, ᑖᐯᐧ ᑭᑕ ᑲᐧᔭᐢᑯᐸᔨᐠ ᒥᓇ ᐅ ᑎᐯᔨᒋᑫᐃᐧᐣ ᓄᐱᒫᒋᐃᐁᐧᒥᓈᐣ ᒋᓴᐢ X ᑭᑕ ᔭᑯᐦᑌᒪᑲᕽ. ᐅᒪ ᑭ ᓇᑐᑖᒪᑎᓄᐣ ᐅ ᑲᐢᑭᑕᐨᑫᐃᐧᐣ ᒥᓇ ᐅᐟ ᐃᑌᐧᐢᑖᒪᑫᐃᐧᐣ ᐅᐦᒋ ᒋᓴᐢ X ᑳ ᑎᐯᔨᒥᑯᔮᕽ. ᐋᒣᐣ.

¶ ᒫᒪᐊᐧᐱᐃᐧᐣ ᐅᔭᓯᐁᐧᐃᐧᓂᑫᐃᐧᓂᕽ.

ᒫᒪᐁᐧᔭᐢ ᑫᓭᐚᑎᓯᔭᐣ ᑭᓭᒪᓂᑐ, ᐁ ᑕᐸᐦᑌᔨᒨᔭᕽ ᓂᐟ ᐊᔭᒥᐁᐢᑕᒪᐚᑌᓈᐣ ᒥᓯᐁᐧ ᑎᐯᔨᒋᑫᐃᐧᐣ ᐃᑕ ᑳ ᐃᐧᒋᐃᐁᐧᔮᕽ, ᒫᑲ ᐅᔫᑦ ᐊᓄᐦᐨ ᒉᑳᐧᐨ ᓂ ᐃᐧ ᐊᔭᒥᐁᐢᑕᐚᓈᓇᐠ ᑳ ᒫᒪᐊᐧᐱᐃᑯᒋᐠ ᐅᔭᓯᐁᐧᐃᐧᓂᑫᐃᐧᐣ, ᑭ ᓇᑐᑖᒪᑎᓈᐣ ᑭᑕ ᐃᑕᐢᑖᐊᐧᐟ ᐅ ᒥᑐᓂᔨᒋᑲᓂᐚᐊᐧ ᒥᓇ ᐅ ᐱᑭᐢᑫᐧᐃᐧᓂᐚᐊᐧ ᑭᑕ ᑭ ᐃᓯ ᐅᔭᐢᑖᒋᐠ ᒥᓇ ᑭᑕ ᑭ ᐃᑕᓱᐚᐧᑕᑭᐠ ᑲᑭᔭᐤ ᑫᑲ: ᑖᐯᐧ ᐯᔭᑕᑫᔨᒧᐃᐧᐣ, ᒥᓴᐧᔨᒧ ᐃᐧᐣ, ᑖᐯᐧᐃᐧᐣ, ᐊᔭᒥᐚᐃᐧᐣ, ᒥᓇ ᑲᐧᔭᐢᑭᑖᑎᓯᐃᐧᐣ, ᑭᑕ ᐋᔮᑕᐢᑕᒫᑲᐃᐧᔮᕽ ᐃᔨᑯᕽ ᑫ ᐊᑎ ᐋᔮᓂᐢᑫ ᐱᒫᑎᓯᐤ ᐊᔨᓯᔨᓂᐤ. ᑲᑭᔭᐤ ᐅᒪ ᑭ ᑕᐸᐦᑌᔨᒧᐃᐧ ᓇᑐᑖᒪᑎᓈᐣ ᐅ ᐃᐧᔪᐃᐧᓂᕽ ᒋᓴᐢ X ᑳ ᑎᐯᔨᒥᑯᔮᕽ ᒥᓇ ᓄᐱᒫᒋᐃᐁᐧ ᓈᐣ. ᐋᒣᐣ.

¶ ᑭᑕ ᒥᔪᑭᐦᒋᑫᕽ.

ᒫᒪᐁᐧᔭᐢ ᓯᔪᑳᑎᓯᔭᐣ ᑭᓭᒪᓂᑐ, ᑳ ᑭ ᐅᓯᑕᒪᐊᐧᐟ ᐊᔨᓯᔨᓂᐤ ᐅᒪ ᐊᐢᑭ, ᒥᓇ ᐊᔨᓯᔨᓂᐤ ᑳ ᑭ ᐅᓯᐦᐊᐧᐟ ᑭᑕ ᑭᐢᑌᔨᑖᑯᐃᐧᐢ, ᑭᓭᐚᑎᓯᐃᐧ ᓇᑐᐦᑕᐨ ᐅ ᒪᐃᐧᒧᐢᒋᑫᐃᐧᓂᐚᐊᐧ ᑭᐟ ᐃᔨᓂᒪᐠ ᒥᓇ ᑎᐱᑐᑕ ᑭᐟ ᐊᓯᑕᒪᑫᐃᐧᐣ; ᐊᐢᑭ ᑭᑕ ᐅᐦᐱᑭᒋᑫᒪᑲᕽ, ᐁᑲᐧ ᒥᓇ ᐊᓂᒪ ᒥᔪ ᑭᐢᑎᑳᐣ ᑭᔭ ᑭᐟ ᐃᑌᐧᐃᐧᐣ ᑭᑕ ᐁᐧᔪᒋ ᔭᐦᑭᑭᕽ ᑭᑕ ᑭᐢᑌᔨᑖᑲᐧᕽ ᑳ ᑲᓈᑕᐟ ᑭ ᐃᐧᔪᐃᐧᐣ, ᐃᐧᔭ ᐅᐦᒋ ᒋᓴᐢ X ᑳ ᑎᐯᔨᒥᑯᔮᕽ. ᐋᒣᐣ.

¶ ᓇᑕᒥᓇᐃᓯᐃᐧᐣ ᒥᓇ ᓇᑕᐊᐧᑕᔦᐃᐧᐣ.

ᒫᒪᐁᐧᔭᐣ ᓯᔦᑳᑎᓯᔭᐣ ᑭᓭᒪᓂᑐ ᑳ ᑭ ᐅᓯᑕᒪᐊᐧᐤ ᐊᔨᓯᔨᓂᐤ ᐅᒪ ᐊᐢᑭ, ᒥᓇ ᑲᑭᔭᐤ ᑫᑲ: ᐁᑯᑕ ᑳ ᐋᔮᐠ ᑳ ᑭ ᐸᑭᑎᓇᒪᐊᐧᐤ ᑭᑕ ᐸᒥᐋᐧᑫᐤ. ᑭ ᓇᑐᑕᒫᑎᓈᐣ ᑭᑕ ᒥᔦᐸᔨᐃᑯᒋᐠ ᐅᐤ ᐊᑐᐢᑫᐃᐧᓂᐋᐧᐤ ᑳ ᒫᒋᒋᐠ, ᑳ ᔑᒋᑭᔕᐢᐁᐧᒋ ᒥᓇ ᑳ ᓇᑕᐊᐧᑕᔦᒋᐠ ᐃᑕ ᐁᐧᑎᐦᒋᐸᔨᔨᑭ ᑭᑕ ᐃᑕᑐᐢᑫᒋ, ᐁᑯᓯ ᑭᑕ ᒪᓈᒋᑖᒋᐠ ᒥᓇ ᑐᐧᔭᐢᐠ ᑭᑕ ᐃᑖᐸᒋᑖᒋᐠ ᑲᑭᔭᐤ ᑫᑲ ᑳ ᐸᑭᑎᓇᒪᐊᐧᒋᐠ ᒥᓇ ᑭᔭ ᑭᑕ ᓇᓈᐢᑯᒥᐢᑭᐠ; ᐃᐧᔭ ᐅᐦᒋ ᒋᓴᐢ X ᑳ ᑎᐯᔨᒥᑯᔮˣ. ᐋᒣᐣ.

¶ ᐁ ᒣᐨ ᐱᒥᐸᔨᐠ ᐋᐦᑯᓯᐃᐧᐣ.

ᒫᒪᐁᐧᔭᐣ ᓯᔦᑳᑎᓯᔭᐣ ᑭᓭᒪᓂᑐ, ᑳ ᑎᐯᔨᑕᒪᐣ ᐱᒫᑎᓯᐃᐧᐣ ᒥᓇ ᓂᐱᐃᐧᐣ, ᑭᑎᒫᑭᓇᐃᐧᓈᐣ ᓂᔭᓈᐣ ᑭᑎᒫᑭ ᐅᒪᒫᑎᓴᐠ, ᑳ ᐅᑎᐦᑎᑯᔮˣ ᐅᒪ ᑭᐦᒋ ᐋᐦᑯᓯᐃᐧᐣ. ᐃᑲᑌᓇᒪᐃᐧᓈᐣ ᑭ ᓇᑐᑕᒪᑎᓈᐣ ᐅᒪ ᑭᐦᒋ ᐋᔨᒥᓯᐃᐧᐣ, ᐁᑯᓯ ᑭᐢᑭᔑᐊᐧᒪᐃᐧᓈᐣ ᑭᑕ ᐃᓯ ᓂᓯᑐᐦᑕᒫˣ ᒥᓇ ᑭᑕ ᐃᓯ ᓇᓇᐃᐦᑕᒫˣ ᑯᔭᔪᐁᐧᐃᐧᓇ ᑭᑕ ᑭ ᐋᔮᔭˣ ᒥᔦ ᐊᔮᐃᐧᐣ ᐃᔨᑯˣ ᑫ ᐱᒫᑎᓯᔮˣ ᑭᔭ ᐁ ᑲᓇᐁᐧᔨᒥᔮˣ. ᔭᑭᐦᑖ ᒥᓇ ᓂ ᑭᓭᐋᐧᑎᓯᐃᐧᓂᓈᐣ ᑭᑕ ᐸᒥᐋᐧᔭᑭᐠ ᐋᔨᒥᓯᐃᐧᓂˣ ᑳ ᐋᔭᒋᐠ, ᒥᓇ ᐃᑌᔨᑕ ᐅᒪ ᑳ ᐅᑎᐦᑎᑯᔮˣ ᑭᑕ ᐋᐸᒋᐃᑯᒋᐠ ᑭᐟ ᐃᔨᓂᐤ, ᒥᓇ ᑭᑕ ᑭᐢᑌᔨᑖᑲᐧˣ ᑳ ᑲᓈᑕˣ ᑭ ᐃᐧᔦᐃᐧᐣ; ᐃᐧᔭ ᐅᐦᒋ ᒋᓴᐢ X ᑳ ᑎᐯᔨᒥᑯᔮˣ. ᐋᒣᐣ.

¶ ᐅᑖᐦᑯᓯᐤ ᐁ ᐊᔭᒥᐁᐢᑕᒪᐦᐤ.

ᒪᒪᐁᐧᔭᐣ ᓯᔦᑳᑎᓯᔭᐣ ᒥᓇ ᑳᑭᑫ ᐁᔮᔭᐣ ᑭᓭᒪᓂᑐ, ᑳ ᒣᑭᔭᐣ ᐱᒪᑎᓯᐃᐧᐣ ᒥᓇ ᒥᔦ ᐊᔮᐃᐧᐣ, ᑭ ᓇᑐᑕᒫᑎᓈᐣ ᑭᑕ

ᑭᑎᒫᑭᐦᑕᒪᐣ ᓂᐟ ᐊᔭᒥᐋᐃᐧᓂᓈᓇ ᑳ ᐊᔭᒥᐁᐢᑕᒪᐚᔮᕽ ᐊᐊᐧ ᑭᐟ ᐊᑐᐢᑫᔮᑲᐣ, [ᑭᐟ ᐊᑐᐢᑫᔮᑲᓂᐢᑫᐧᐨ,] ᐁ ᐃᐧᒋᐃᒪᐟ ᐊᓂᐃ ᑳ ᐸᒥᐃᑯᐟ ᒥᓇ ᐁ ᐃᐧᒋᑖᐊᐧᐟ ᑲ ᐃᓯ ᓈᓇᐹᒋᐃᐦᐟ ᑭᑕ ᑭ ᒥᔪ ᐊᔮᐟ ᒥᓇ, ᐃᐧᔭᐃᐧᕽ ᒥᓇ ᐅ ᒥᑐᓀᔨᒋᑲᓂᕽ, ᐁᑯᓯ ᑭᑕ ᑭ ᓇᓈᐢᑯᒥᐢᐠ ᑭ ᑲᓈᒋ ᐊᔭᒥᐁᐃᐧᑲᒥᑯᕽ, ᐃᐧᔭ ᐅᐦᒋ ᒋᓴᐢ X ᑳ ᑎᐯᔨᒥᑯᔮᕽ. ᐋᒣᐣ.

¶ ᐅᐱᒧᑌᐦᐅᐊᐧᐠ ᐁ ᐊᔭᒥᐯᐢᑕᒫᐦᒋᐠ.

ᑭᓭᒪᓂᑐ ᓄᐦᑖᐃᐧᓈᐣ ᑭᐦᒋᑭᓯᑯᕽ, ᑭ ᒪᐢᑲᐃᐧᓯᐃᐧᐣ ᐅᐦᒋ ᒥᓯᐁᐧ ᐃᑕ ᑳ ᐊᔮᔭᐣ; ᑲᓇᐁᐧᔨᒥᐠ, ᑭ ᐸᑯᓭᔨᒥᑎᓈᐣ ᑲᑭᔭᐤ ᑳ ᐱᒧᑌᐦᐅᒋᐠ ᐊᐢᑭᕽ ᐊᐦᐳ ᓂᐱᕽ, ᐅᓵᐨ ᐅᑎ ᐊᓂᑭ ᑳ ᐃᐧ ᐊᔭᒥᐁᐢᑕᒪᐚᔭᑭᐠ; ᑭ ᑭᓭᐚᑎᓯᐃᐧ ᑲᓇ-ᐁᐧᔨᒥᐁᐧᐃᐧᐣ ᑭᑕ ᐃᐧ ᐚᐢᑳᐢᑲᑲᐧᐠ, ᒥᑖᑫᐧᓇᒪᐃᐧᐠ ᑲᑭᔭᐤ ᑫᑲ: ᑳ ᐊᐢᑖᓯᐸᑲᕽ, ᒥᓇ ᑭᑕ ᐃᐧ ᒥᔪ ᐅᑎᐦᑕᒪᐃᐧᐠ ᐃᑌ ᑳ ᐃᑐᑌᐦᐅᒋᐠ; ᐃᐧᔭ ᐅᐦᒋ ᒋᓴᐢ X ᑳ ᑎᐯᔨᒥᑯᔮᕽ. ᐋᒣᐣ.

¶ ᒣᑲᐧᐨ ᓄᑎᓂᑐᐃᐧᐣ ᐁ ᐱᒥᐸᔨᐠ.

ᒫᒪᐁᐧᔭᐢ ᓯᔪᑳᑎᓯᔭᐣ ᒥᓇ ᑫᐢᑌᔨᑖᑯᓯᔭᐣ ᑳ ᑎᐯ-ᔨᒋᑫᔭᐣ ᑭᓭᒪᓂᑐ, ᑲ ᑎᐯᔨᒪᒋᐠ ᐅᓄᑎᓂᑫᐊᐧᐠ, ᑭ ᑳᑭᓯ-ᒧᑐᑖᑎᓈᐣ ᐅᒪ ᐁ ᒫᑫᐧᔨᒧᔮᕽ ᑭᔭ ᑭᒋᐦᒋᕽ ᑭᑕ ᐆᑎᓇᒪᐣ ᐅᒪ ᑳ ᐃᐢᐸᔨᐠ ᒥᓇ ᑭᑕ ᐅᔭᓱᐚᓯᔮᕽ ᓂᔭᓈᐣ ᒥᓇ ᓂ ᐃᐧᒋᓄᑎᓂᑐᒫᑲᓂᓈᓇᐠ. ᑭ ᒪᐢᑲᐃᐧᓯᐃᐧᐣ ᐊᐧᐢᑲᐃᐧᓇ ᑌᐯ-ᔨᒋᑫᔭᐣ ᒥᓇ ᐯ ᐃᐧᒋᐃᓇᐣ, ᒋᑫᒫ ᓇᒪᐃᐧᔭ ᑕᐦᑭ ᑳ ᒪᐢᑲᐃᐧᓯᐟ ᑳ ᒥᔭᐟ ᓵᑯᑖᐃᐧᐣ ᒫᑲ ᑭ ᑲ ᑭ ᐱᒫᒋᐃᐚᐣ ᐁ ᒥᐦᒣᑎᕽ ᐊᐦᐳ ᐁ ᒐᑲᐚᓯᓯᕽ. ᐁᑳᐃᐧᔭ ᐁ ᐃᓯ ᐊᐧᓂᐦᑎᔮᕽ ᐃᓯ ᑎᐸᐊᒪᐃᐧᓈᐣ ᒫᑲ ᑭᑎᒫᑭᐦᑕᐃᐧᓈᐣ ᐁ

ᑳᑭᓯᒧᑐᑖᑖᕽ ᒥᓇ ᓈᑕᒪᐃᐧᓈᐣ. ᑮᔮᐟ ᑭᑕ ᓄᑲᐧᐣ ᑭᔭ ᐁ ᒪᐢᑲᐃ ᓈᑕᒪᐃᐧᔮᕽ ᒥᓇ ᐁ ᐱᒫᒋᐃᔮᕽ; ᐃᐧᔭ ᐅᐦᒋ ᒋᓴᐢ X ᑳ ᑎᐯᔨᒥᑯᔮᕽ. ᐋᒣᐣ.

ᓇᓈᐢᑯᒧᐃᐧᓇ.

¶ ᓇᓈᐢᑯᒧᐃᐧᐣ ᐁ ᑭ ᑭᒥᐊᐧᕽ.

ᑭᓭᒪᓂᑐ ᓄᐦᑖᐃᐧᓈᐣ ᑭᐦᒋ ᑭᓯᑯᕽ, ᑭᔭ ᑭ ᑭᓭᐚᑎᓯᐃᐧᑲᓇᐍᔨᒥᐍᐃᐧᓂᕽ ᑳ ᐃᑕᑭᐦᑕᒪᐣ ᓂᐢᑕᐟ ᒥᓇ ᐃᐢᑳᐧᔮ-ᑭᒥᐊᐧᐣ ᑭᑕ ᔮᓭᐢᑫᒪᑲᕽ ᐊᐢᑭᕽ, ᑭᑕ ᒥᔦ ᓂᑖᐃᐧᑭᐦᑭ ᑭᐢᑎᑲᓇ ᑭᑕ ᐋᐸᒋᑖᒋᐠ ᐊᔨᓯᔨᓂᐊᐧᐠ; ᓂ ᑕᐸᐦᑌᔨᒧᐣ ᐁ ᒥᔨᑖᕽ ᓇᓈᐢᑯᒧᐃᐧᓇ, ᑳ ᑭ ᐃᑌᔨᑕᒪᐣ ᓂ ᑭᐦᒋ ᑭᐧᑕᒫᐃᐧᓂᓈᕽ, ᑭᑕ ᐯ ᐃᓯᑎᓴᐊᒪᐃᐧᔮᕽ ᐁ ᒥᓱᐧᔨᑖᑲᐧᕽ ᑭᒥᐊᐧᐣ ᐊᐧᐢᑭ-ᑕᐢᑲᒥᐠ ᒥᓇ ᐁ ᑭ ᓵᐳᐸᑖᔮᐣ ᐊᐢᑭ ᒣᑳᐧᐨ ᐁ ᐹᐢᑌᐠ, ᑭᑕ ᑭ ᑭᐦᒋ ᒥᓱᐧᔨᑕᒫᕽ ᓂᔭᓈᐣ ᐁ ᐋᑕ ᐁᑳ ᑌᐸᑫᔨ-ᑖᑯᓯᔮᕽ ᑭᐟ ᐊᑐᐢᑫᔮᑲᓇᐠ, ᑭᑕ ᑭ ᒫᑲ ᑭᐢᑕᑭᑕᒫᕽ ᑳ ᑲᓈᑕᕽ ᑭ ᐃᐧᔦᐃᐧᐣ ᐁ ᐃᓯ ᑭᓭᐚᑐᑕᐃᐧᔮᕽ; ᐃᐧᔭ ᐅᐦᒋ ᒋᓴᐢ X ᑳ ᑎᐯᔨᒥᑯᔮᕽ. ᐋᒣᐣ.

¶ ᐁ ᒥᔦ ᑭᓯᑳᐠ.

ᑌᐯᔨᒋᑫᔭᐣ ᑭᓭᒪᓂᑐ, ᑭ ᑭᓭᐚᑎᓯᐃᐧᓂᕽ ᑳ ᒥᔦᐦᑌᐁᐃᔮᕽ ᐅᒪ ᒥᓇ .ᑳ ᐋᐢᑌᑭᓯᑲᐠ. ᓂᑌᐦᐃᓈᕽ ᐅᐦᒋ ᑭ ᓇᓈᐢᑯ-ᒥᑎᓈᐣ ᐅᒪ ᑳ ᐃᓯ ᒥᔦᑐᑕᐃᐧᔮᕽ, ᑭ ᓇᑐᑕᒫᑎᓈᐣ ᒫᑲ ᑭᑕ ᐃᐧᒋᐃᔮᕽ ᑭᑕ ᐃᓯ ᐋᐸᒋᑖᔮᕽ ᐅᒪ, ᒥᓇ ᑲᑭᔭᐤ ᑭ ᒥᔦᑐᑖᑫᐃᐧᓇ, ᑭᑕ ᐅᐦᒋ ᑭᐢᑌᔨᑖᑲᐧᕽ ᑳ ᑲᓈᑕᕽ ᑭ ᐃᐧᔦᐃᐧᐣ ᐃᐧᔭ ᐅᐦᒋ ᒋᓴᐢ X ᑳ ᑎᐯᔨᒥᑯᔮᕽ. ᐋᒣᐣ.

¶ ᐁ ᐳᓂᐸᔨᐠ ᓄᑎᓂᑐᐃᐧᐣ.

ᒫᒪᐁᐧᔭᐢ ᓯᔫᑳᑎᓯᔭᐣ ᑭᓭᒪᓂᑐ ᑳ ᒪᐢᑲᐃᐧ ᓈᑕᒪᐊᐧᒋᐠ ᑭᐟ ᐊᑐᐢᑫᔮᑲᓇᐠ ᐁ ᐅᐦᑎᐢᑲᐃᐧᐢᑲᐋᐧᒋᐠ ᐅ ᓄᑎᓈᑲᓂᐋᐧᐊᐧ: ᑭ ᓇᓈᐢᑯᒥᑎᓈᐣ ᐁ ᐸᐢᐱᐃᔮᕽ ᐋᔨᒪᓄᕽ ᑳ ᑭ ᐊᔮᔮᕽ. ᓂ ᓂᓯᑕᐃᐧᓀᓈᐣ ᑭᔭ ᐁ ᒥᔪᑐᑕᐃᐧᔮᕽ ᑳ ᑭ ᐅᐦᒋ ᐁᐦ ᐊᐢᐱᐃᑲᐃᐧᔮᕽ; ᐁᑯᓯ ᑭ ᓇᑐᑕᒫᑎᓈᐣ ᑫᔮᐱ. ᐁᑯᓯ ᑭᐟ ᐃᓯ ᑭᑎᒫᑭᓇᐃᐧᔮᕽ, ᒥᓯᐁᐧᐢᑲᒥᐠ ᑭᐟ ᑭᐢᑫᔨᑖᑲᐧᕽ ᑭᔭ ᐁ ᐱᒫᒋᐃᔮᕽ ᒥᓇ ᐁ ᓈᑕᒪᐃᐧᔮᕽ; ᐃᐧᔭ ᐅᐦᒋ ᒋᓭᐢ X ᑳ ᑎᐯᔨᒥᑯᔮᕽ. ᐋᒣᐣ.

¶ ᐋᔨᒫᐢᐱᓀᐃᐧᐣ ᐁ ᐳᓂᐸᔨᐠ.

ᑌᐯᔨᒋᑫᔭᐣ ᑭᓭᒪᓂᑐ, ᑳ ᑭ ᑲᑫᐢᑭᒧᐃᔮᕽ ᓂ ᒪᒋᐦᑎᐃᐧᓂᓈᓇ ᐅᐦᒋ ᐅᒪ ᑳ ᑭ ᐅᑎᐦᑎᑯᔮᕽ ᐋᐦᑯᓯᐃᐧᐣ, ᐁᑲᐧ ᒫᑲ ᒣᑳᐧ ᐁ ᐸᐸᓭᐢᑌᐦᐅᔮᕽ ᑳ ᑭᐢᑭᓯᑐᑕᒪᐣ ᑭᓭᐋᐧᑎᓯᐃᐧᐣ ᐁᑯᓯ ᑳ ᐸᐢᐱᐃᔮᕽ ᓂᐳᐃᐧᓂᕽ ᐅᐦᒋ, ᑭ ᐸᑭᑎᓇᒫᑎᓇᐣ ᐁᐧᔫᑖᐃᐧᒫᐃᐧᔭᐣ ᑳ ᑭᓭᐋᐧᑎᓯᔭᐣ, ᓂᔭᓈᐣ ᓂᐟ ᐊᒑᐦᑯᓇᐠ ᒥᓇ ᓂᔭᐃᐧᓈᓇ, ᐁ ᐱᒫᑎᓯᒪᑲᕽ ᐸᑭᑎᓈᐟᐃᐧᐣ, ᐊᔨᐢ ᑭᔭ ᑳ ᑭ ᐸᐢᐱᐦᐃᔮᕽ ᑕᐦᑭ ᐁ ᓇᓈᐢᑯᒥᑖᕽ ᒣᑳᐧ ᑭᐟ ᐊᔭᒥᐁᐃᐧᑲᒥᑯᕽ, ᑭ ᑭᓭᐋᐧᑎᓯᐃᐧᓇ ᐅᐦᒋ, ᐃᐧᔭ ᐅᐦᒋ ᒋᓭᐢ X ᑳ ᑎᐯᔨᒥᑯᔮᕽ. ᐋᒣᐣ.

ᐊᔭᒥᐋᐃᐧᓇ, ᑭᐦᒋᒪᓯᓇᐊᒫᑫᐃᐧᓇ ᒥᓇ ᒥᐋᐧᒋᒧᐃᐧᓇ
ᒥᓴᑳᒣ ᐊᐢᑭ.

ᓂᐢᑕᑦ ᐊᔭᒥᐁᑭᓯᑳᐤ ᒣᑳᐧᐨ ᐋᐧᐯᔥ.

ᐊᔭᒥᐋᐃᐧᐤ.

ᓯᐋᐧᑲᑎᓯᔭᐤ ᑭᓴᒪᓂᑐ, ᒥᔮᐤ ᒪᐢᑲᐃᐧᓯᐃᐧᐤ ᑭᑕ ᑭ ᐁᐧᐱᓇᒫᕽ ᐋᐧᓂᑎᐱᐢᑳᐃᐧ ᐊᑐᐢᑫᐃᐧᓇ ᒥᓇ ᑭᑕ ᑭ ᐸᐢᑎᐢᑲᒫᕽ ᐋᐧᐢᑌᐃᐧ ᐃᑖᑎᓯᐃᐧᐤ, ᐊᓄᐦᐨ ᒣᑳᐧᐨ ᐅᑕ ᓂᐸᐃᐧᓂ ᐱᒫᑎᓯᐃᐧᓂᕽ, ᑭᑯᓯᐢ ᒋᓴᐢ X ᐃᑕ ᑳ ᑭ ᐯ ᓈᑎᑯᔮᕽ ᑭᑭ ᑭᐦᒋ ᑕᐸᐦᑌᔮᑕᑯᓯᐃᐧᐤ; ᐃᐢᐱ ᐃᐢᑳᐧᔮᐨ ᑭᓯᑳᑫ, ᐯ ᐃᑐᐦᑌᒋ ᒥᓇ, ᐁ ᑭᑭᐟ ᐅ ᑭᐦᒋ ᑭᐢᑌᔮᑕᑯᓯᐃᐧᐤ ᑭᑕ ᐅᔭᓯᐋᐧᒌᐟ ᑫ ᐱᒫᑎᓯᔦᐟ ᒥᓇ ᑳ ᑭ ᓂᐱᔦᐟ, ᓂᔮᐤ ᒥᓇ ᑳᑭᑫ ᐱᒫᑎᓯᐃᐧᓂᕽ ᓂ ᑲ ᐃᐧ ᐃᓯ ᐋᐧᓂᐢᑳᐤ, ᐃᐧᔭ ᐅᐦᒋ ᑳ ᐱᒫᑎᓯᐟ ᒥᓇ ᑳ ᑭᐦᒋ ᑎᐯᔦᑕᕽ ᐊᓯᒋ ᑭᔭ ᒥᓇ ᑳ ᑲᓈᑎᓯᐟ ᐋᐧᐃᐧᕽ, ᐊᓄᐦᐨ ᒥᓇ ᑳᑭᑫ. ᐋᒣᐤ.

¶ ᐅᒪ ᐊᔭᒥᐋᐃᐧᐤ ᑭᑕ ᐋᐸᑕᐤ ᐊᓯᒋ ᑯᑕᑲ ᐊᔭᒥᐋᐃᐧᓇ ᐃᐢᑯ ᑲᕑᐃᐢᒪᐢ ᑭᓯᑳᐤ.

ᑭᐦᒋᒪᓯᓇᐊᒫᑫᐃᐧᐤ. ᕑᐅᒪᓇ xiii. 8.

ᐁᑳᐃᐧᔭ ᐊᐃᐧᔭᐠ ᐊᔑᓯᔑᓂᐤ ᒪᓯᓇᐋᒫᕽ ᐱᑯ ᑭᑕ ᓵᑭᐃᑐᔦᐠ: ᒋᑫᒫ ᐊᓇ ᑳ ᓵᑭᐋᐟ ᐃᐧᒋ ᐊᔑᓯᔑᓂᐊᐧ ᑭ ᑎᐱᑐᑦ ᐅᔭᓱᐁᐧᐃᐧᐤ. ᒋᑫᒫ ᐅᒪ, ᓇᒪᐃᐧᔭ ᑭ ᑳ ᐱᔥᑳᐧᑎᓯᐤ, ᓇᒪᐃᐧᔭ ᑭ ᑲ ᓂᐸᒑᑲᐤ, ᓇᒪᐃᐧᔭ ᑭ ᑲ ᑭᒧᑎᐤ, ᓇᒪᐃᐧᔭ ᑭ ᑲ ᒧᐢᑕᐃᐧᓇᒫᑲᐤ, ᐁᑯᓯ ᑭᐢᐱᐤ ᐁᑕᑲᐧᔅᑫᐧ ᑯᑕᐠ ᐅᔭᓱᐁᐧᐃᐧᐤ, ᐁᑯᑕ ᒫᒪᐋᐧᑭᑌᐤ ᐅᒪ ᐃᑌᐃᐧᐤ, ᑭ ᑲ ᓵᑭᐋᐤ ᑭᒋ ᐊᔑᓯᔑᓂᐤ ᑳ ᐃᓱ ᓵᑭᐃᓱᔭᐤ. ᓵᑭᐁᐃᐧᐤ ᓇᒪᐃᐧᔭ ᒫᔑᑐᑕᐁᐧᐤ ᐃᐧᒋ ᐸᔑᓯᔑᓂᐊᐧ: ᓵᑭᐁᐃᐧᐤ ᒫᑲ ᐁᐊᐧᑯ ᐁ ᑎᐱᑐᑕᒥᕽ ᐅᔭᓱᐁᐧᐃᐧᐤ. ᒥᓇ ᐅᒪ, ᐁ ᑭᐢᑫᔑᑕᒫᕽ ᐁᑳᐧ ᐁ ᐊᑎ ᐃᐢᐸᐠ ᑭᑕ ᑯᐢᑯᐢᑲᔭᕽ; ᒋᑫᒫ ᑭ ᐱᒫᒋᐅᐃᐧᓂᓇᐤ ᓇᐋᐧᐨ ᐁᑳ ᑭ ᐯᓵᐧᐸᑌᓈᐤ ᐃᔑᑯᕽ ᐃᐢᐱ ᓂᐢᑕᑦ ᑳ ᑖᐯᐧᑕᒫᕽ. ᐁ ᑎᐱᐢᑳᐠ ᓵᓵᐧ ᒥᐢᑕᐃ ᒫᔫᐢᑲᒧᐸᔨᐤ, ᒥᓇ ᐁ ᑭᓯᑳᐠ ᑭᓯᑳᐧᐠ ᐊᔫᐤ: ᒋᑯᓇᑖᐠ ᒫᑲ ᐋᐧᓂᑎᐱᐢᑳᐃᐧ ᐊᑐᐢᑫᐃᐧᓇ, ᒥᓇ ᐸᓯᐢᑳᑖᐠ ᐋᐧᐢᑌᐃᐧ ᑭᑭᐢᑳᒋᑲᐤ. ᑲᐧᔭᐢᐦ ᐃᓯ ᐱᒪᐅᑖᐠ ᑖᐱᐢᑯᐨ ᐁ ᑭᓯᑳᐠ; ᓇᒪᐃᐧᔭ ᑭᐢᑫᐧᑲᒥᑭᓯᐃᐧᓂᕽ ᒥᓇ ᑭᐢᑫᐧᐯᐃᐧᓂᕽ, ᓇᒪᐃᐧᔭ ᐱᓯᑲᐧᑎᓯᐃᐧᓂᕽ ᒥᓇ ᑲᑫᐸᑎᓯᐃᐧᓂᕽ, ᓇᒪᐃᐧᔭ ᑭᑳᑐᐃᐧᓂᕽ ᒥᓇ ᑳᑫᐧᔑᑐᐃᐧᓯᐠ. ᒫᑲ ᐸᓯᐢᑳᕽ ᑳ ᑌᐯᔑᑫᐟ ᒋᓴᐢ X, ᒥᓇ ᐁᑳᐃᐧᔭ ᐃᔑᓇᒪᐋᐧᑕᒧᐠ ᐃᐧᔨᓯᐃ ᐃᐧᐤ ᑭᑕ ᑎᐱᑐᑕᒣᐟ ᐁ ᐃᓯ ᒥᒋ ᒥᐢᑕᐁᐧᔑᑕᒧᒪᑳᕽ.

ᓂᓱ ᐊᔭᒥᐁᑭᓯᑳᐤ ᒉᑳᐧᐨ ᐚᐯᔾ.

ᒥᐚᐧᒋᒧᐃᐧᐣ. ᓴᐣᐟ ᒫᐟᒍ xxi. 1.

ᐃᐢᐱ ᒪᑲ ᑫᑳᐟ ᐁ ᐊᑎ ᑕᑯᓯᑭᐠ ᑫᕒᐅᓭᕒᐊᒥᕽ, ᓴᓴᐠ ᐁ ᐅᑎᑕᑭᐠ ᐯᐟᐯᒋ, ᐅᕒᐃᐦᐣ ᐊᐧᒋᕽ, ᐁᑯᐢᐱ ᒋᓴᐢ ᑭ ᓯᐯᐧᑎᓴᐁᐧᐤ ᓂᓱ ᐅ ᑭᐢᑭᓄᐊᒪᐊᐧᑲᓇ, ᐅᒥᓯ ᒫᑲ ᐁ ᐃᑖᐟ, ᐃ ᑌᐠ ᐅᑌᓇᕽ ᑭᓯᐊᐧᐠ ᑳ ᐊᔮᐠ, ᐁᑯᓯ ᒫᑲ ᓵᒫᐠ ᑭ ᑲ ᒥᐢᑲᐚᐧᐚᐧᐤ ᓱᓱᐃᐧᒥᐢᑕᑎᐨ ᐁ ᓴᑲᐱᓱᐟ, ᒥᓇ ᐅᐟ ᐊᐊᐧᓯᒥᓴ ᐁ ᐃᐧᑫᐚᐧᐟ; ᐚᐸᐅᑯᐠ, ᐁᑯᓯ ᒫᑲ ᐯᑕᒪᐃᐧᐠ. ᑭᐢᐱᐣ ᐊᐃᐧᔭᐠ ᐊᐳᓯᐳᓂᐤ ᓈᓂᑕᐤ ᐃᑎᑯᔦᑯ ᐅᒥᓯ ᑭ ᑲ ᐃᑖᐊᐧᐤ, ᑳ ᑎᐯᔨᑫᐟ ᓇᑕᐁᐧᔨᒉᐤ; ᓵᒫᐠ ᒫᑲ ᐁᑯᓯ ᑫ ᐯ ᐃᓯᑎᓴᐚᐧᐟ. ᑲᑭᔭᐤ ᐅᒪ ᑭ ᐃᑭᐣ, ᑭᑕ ᑎᐱᐸᔨᐠ ᑳ ᑭ ᐃᑌᐧᐟ ᐅᑭᐢᑭᐁᐧᐃᑫᐤ, ᐅᒥᓯ ᐁ ᐃᑌᐧᐟ. ᐃᐧᑕᒫᕽ ᑭᔭᐚᐧᐤ ᐅᑖᓂᓴ ᓵᔭᐣ, ᐚᐸᐢ, ᑭᐟ ᐅᐤᒫᐨ ᑭ ᐯᒋ ᓈᑎᐠ, ᐁ ᔦᐢᑲᑎᓯᐟ, ᒥᓇ ᐁ ᑌᑕᐱᐟ ᓱᓱᒥᐢᑕᑎᒪᐧ, ᒥᓇ ᐅᐟ ᐊᐚᐧᓯᒥᓴ ᓱᓱᐃᐧᒥᐢᑕᑎᐨ. ᑭᐢᑭᓄᐊᒪᐚᐧᑲᓇᐠ ᑭ ᐃᑐᑌᐊᐧᐠ, ᐁ ᑭ ᑐᑕᐦᑭᐠ ᐊᓂᒪ ᒋᓴᓴ ᑲ ᑭ ᐃᑎᑯᒋᐠ, ᐁ ᑭ ᐯᓯᐚᐧᒋᐠ ᒫᑲ ᓱᓱᐃᐧᒥᐢᑕᑎᒪᐧ, ᒥᓇ ᒥᐢᑕᑎᒧᓯᓴ, ᐁ ᑭ ᐊᐢᐸᐢᑖᒋᐠ ᐅᐟ ᐊᔦᐃᐧᓂᓯᐚᐧᐊᐧ, ᐁᑯᑕ ᒫᑲ ᐁ ᑭ ᑌᐦᑕᐱᐟ. ᓈᐢᐱᐨ ᒫᑲ ᒥᑫᐟ ᑳ ᒫᒪᐁᐧᔭᑎᒋᐠ ᐊᐱᓯᐱᓂᐊᐧᐠ ᑭ ᑕᓴᐧᑭᑎᐊᐧᐠ ᐅᑕᔦᐃᐧᓂᓯᐚᐧ · ᒉᐢᑲᓇᕽ; ᑯᑕᑲᐠ ᒫᑲ ᐁ ᑭᐢᑲᑕᐊᐤᐠ ᐊᐧᑎᑲᐧᓇ ᒥᐢᑎᑯᕽ ᐅᐦᒋ, ᐁ ᑭ ᐊᓈᐢᑫᐢᑖᒋᐠ ᒉᐢᑲᓇᕽ. ᐊᓂᑭ ᒫᑲ ᑳ ᒫᒪᐁᐧᔭᑎᒋᐠ ᐊᐱᓯᐱᓂᐊᐧᐠ ᑳ ᓂᑲᓄᑌᒋᐠ, ᒥᓇ ᐊᓂᑭ ᑳ ᐊᐢᓂᐚᐧᒋᐠ, ᑭ ᑌᐯᐧᐊᐧᐠ, ᐅᒥᓯ ᐁ ᐃᑌᐧᒋᐠ, "ᐅᓵᓇ ᐅᑯᓯᓴ ᑌᐱᐟ; ᓴᐁᐧᐱᑖᑯᓯᐤ ᑲ ᐯ ᐃᑐᑌᐟ ᐅᐟ ᐃᓯᐱᑲᓯᐃ ᓂᐱᕽ ᑲ ᑎᐯᐱᒋᑫᐱᐟ, "ᐅᓴᓇ, ᒪᐊᐧᒋ ᐁᐢᐸᑫᐱᑕᑯᓯᐟ. ᐃᐢᐱ ᒪᑲ ᑳ ᑕᑯᓯᕽ ᑫᕒᐅᓭᕒᐊᒥᕽ, ᑲᑭᔭᐤ ᐅᑌᓇᐤ ᐊᐧᐚᐧᓄᐱᒪᐧᐠ, ᐅᒥᓯ ᐁ ᐃᑌᐧᒋᐠ, ᐊᐁᐧᓇ ᐊᐊᐧ? ᑳ ᒫᒪᐁᐧᔭᑎᒋᐠ ᐊᐱᓯᐱ ᐊᐧᐠ ᒪᑲ ᐅᒥᓯ ᑭ ᐃᑌᐧᐊᐧᐠ, ᐁᐳᑯ ᐊᐊ ᒋᓴᐢ ᐅᑭᐢᑭᐁᐧᐃᑫᐤ ᐊᓂᑕ ᓇᓴᕒᐃᐟ ᑲᕒᐊᕒᐃ ᐊᐢᑭᕽ ᑲ ᐅᐦᒋᐟ. ᒋᓴᐢ ᒫᑲ ᑭ ᐃᑐᑌᐤ ᐅᐟ ᐊᔭᒥᐁᐃᐧᑲᒥᑯᐱᕽ ᑭᓴᒪᓂᑐᐊᐧ, ᐁ ᑭ ᐊᐧᔭᐃᐧᑎᓴᐚᐧᐟ ᒫᑲ ᑲᑭᔭᐤ ᐊᓂᐃ ᑳ ᒥᐢᑐᑐᓂᐱᐟ ᒥᓇ ᑳ ᐊᑖᐁᐧᐱᐟ ᑭᐦᒋ ᐊᔭᒥᐁᐃ ᑲᒥᑯᕽ, ᒥᓇ ᐁ ᑭ ᑲᐧᑕᐱᐁᐧᐸᐊᕽ ᐅ ᒥᒋᓱᐃᐧᓇᑎᑯᐱᐊᐧ ᐊᓂᐃ ᑳ ᒥᐢᑯᑐᓈᐱᐟ ᓱᓂᔮᐊᐧ, ᒥᓇ ᐅᐟ ᐊᐱᐃᐧᓂᐱᐊᐧ ᐊᓂᐃ ᑳ ᐊᑕ ᐧᑫᐱᐟ ᐅᒥᒥᐊᐧ, ᐅᒥᓯ ᒫᑲ ᐁ ᑭ ᐃᑖᐟ, ᐅᒥᓯ ᐃᑕᓯᓇᐃᑳᑌᐤ, ᓂ ᐚᐧᐢᑲᐃᑳᐣ ᐊᔭᒥᐁᐃᐧᑲᒥᐠ ᑭ ᐃᓯᐱᑳᑌᐤ; ᒫᑲ ᑭᔭᐸᐤ ᑭ ᑭ ᐃᓯᑖᓇᐚᐧᐤ ᑭᑕ ᐅ ᐚᐧᑎᒋᐠ ᑭᒍᑎᐢᑲᐠ.

ᓂᓱ ᐊᔭᒥᐁᑭᓯᑳᐤ ᒉᑳᐧᐨ ᐚᐯᔾ.

ᐊᔭᒥᐋᐃᐧᐣ.

ᑳ ᑭᐦᒋᑖᐧᐁᐧᐱᑖᑯᓯᔭᐣ ᑌᐯᔨᒋᑫᔭᐣ, ᑳ ᑭ ᐃᑕᐢᑖᔭᐣ ᑲᑭᔭᐤ ᑳᓇᒋ ᒪᓯᓇᐃᑫᐃᐧᓇ ᑭᑕ ᒪᓯᓇᐃᑳᑌᑭ ᓂ ᑭᐢᑭᓄᐊᒫᑯᐃᐧᓂᓈᐣ ᐅᐦᒋ, ᒥᐱᓈᐣ ᑭᑕ ᑭ ᓇᐣᐦᑕᒫᕽ, ᒥᓇ

ᐊᔭᒥᒌᔮᕽ, ᒥᓇ ᓈᑲᑌᔨᑕᒫᕽ, ᒥᓇ ᑭᐢᑭᓄᐊᒫᑯᔮᕽ, ᒥᓇ ᒫᒥᑐᓀᔨᑕᒫᕽ ᒥᑐᓂ, ᐊᓂᒪ ᓯᐯᔨᑕᒧᐏᐣ ᒥᓇ ᒥᔪᑌᐦᐁᐏᐣ ᑳ ᑲᓈᑕᕽ ᑭᐟ ᐃᑘᐏᓂᕽ ᑳ ᐅᐦᒋᐸᔨᐠ ᑭᑕ ᑭ ᐅᐦᒋ ᐅᑎᐦᑎᓇᒫᕽ ᒥᓇ ᑳᑭᑫ ᑭᑕ ᒥᒋᒥᓇᒫᕽ ᐊᓂᒪ ᒥᔪ ᐋᐢᐯᔨᒧᐏᐣ ᑭᑕ ᐊᔮᔮᕽ ᑳᑭᑫ ᐱᒫᑎᓯᐏᐣ, ᑳ ᑭ ᒥᔨᔮᕽ ᐏᔭ ᐅᐦᒋ ᓄᐱᒪᒋᐃᐍᒥᓈᐣ ᒋᓴᐢ X. ᐋᒣᐣ.

ᑭᐦᒋᒪᓯᓇᐊᒪᑫᐏᐣ. ᕒᐅᒪᓇ xv. 4.

ᑕᐦᑐ ᑫᑲᐧᔭ ᑳᔮᐢ ᑳ ᑭ ᒪᓯᓇᐃᑲᑌᐠ ᑭ ᒪᓯᓇᐃᑳᑌᐘ ᑭᔮᓇᐤ ᑭᑕ ᑭᐢᑭᓄᐊᒫᑯᔭᕽ, ᐁᑯᓯ ᓯᐯᔨᑕᒧᐏᐣ ᒥᓇ ᒥᔪᑌᐦᐃᑯᐏᐣ ᑭᐦᒋ ᒪᓯᓇᐃᑫᐏᓂᕽ ᐁ ᐅᐦᑎᓇᒪᕽ ᑭᑕ ᑭ ᐅᐦᒋ ᐊᔮᔮᕽ ᐊᐢᐯᔨᒧᐏᐣ. ᐁᑲᐧ ᒫᑲ ᑭᓴᒪᓂᑐ ᑳ ᐅᐦᒋᐢᑖᒪᑫᐟ ᓯᐯᔨᑕᒧᐏᐣ ᒥᓇ ᒥᔪᑌᐁᐃ ᔨᐏᐣ ᑭ ᑲ ᐃᐧ ᐸᑭᑌᔨᑕᒫᑯᐚᐤ ᑭᑕ ᐯᔭᑯᑖᐧᐠ ᐁ ᐃᓯ ᒫᒥᑐᓀᔨᒥᑐᐧᐠ ᑕᐱᐢᑯᐨ X ᒋᓴᐢ: ᐯᔭᐠ ᐃᑌᔨᑕᒧᐏᐣ ᒥᓇ ᐯᔭᐠ ᒥᑐᐣ ᐅᐦᒋ ᑭᑕ ᑭᐢᑕᑭᒫᐧᐠ ᐅ ᑭᓴᒪᓂᑐᒪ ᒥᓇ ᐅᐦᑖᐏᔭ ᑳ ᑎᐯᔨᒥᑯᔭᕽ ᒋᓴᐢ X. ᐁᑯᓯ ᒫᑲ ᐅᑎᓂᑐᐠ, ᑖᐱᐢᑯᐨ X ᑳ ᑭ ᐃᓯ ᐅᑎᓂᑯᐧᐠ, ᐅ ᑭᐢᑕᑭᒥᑯᐏᓂᕽ ᐃᓯ ᑭᓴᒪᓂᑐ. ᒋᑫᒫ ᓂᐟ ᐃᑖᐧᐣ X ᐁ ᑭ ᐊᑐᐢᑳᑕᕽ ᓴᕒᑲᑕᓴᐧᔑᐏᐏᐣ ᐅ ᑖᐯᐏᐣ ᑭᓴᒪᓂᑐ ᐅᐦᒋ, ᑭᑕ ᑎᐱᑐᑕᕽ ᐊᓯᑖᒪᑫᐏᓇ ᑳ ᑭ ᒥᔨᐦᒋᐠ ᐅᐦᑖᐏᒫᐚᐧᐠ, ᒥᓇ ᑫᑐᑕᐧᕓᐊᐠ ᑭᑕ ᑭᐢᑕᑭᒫᒋᐠ ᑭᓴᒪᓂᑐᐘ ᐅ ᑭᓴᐚᑎᓯᐏᓂᔨᐤ ᐅᐦᒋ; ᑳ ᐃᑕᓯᓇᐃᑳᑌᐠ, ᐁᐘᐧᑯ ᐅᐦᒋ ᑯ ᑳ ᒪᒥᐦᒋᒥᑎᐣ ᒣᑳᐧᐨ ᐃᑕ ᐁ ᐊᔮᒋᐠ ᑫᑐᑕᐧᕓᐊᐠ, ᒥᓇ ᓂ ᑳ ᓂᑲᒧᐢᑌᐣ ᑭ ᐃ ᔪᐏᐣ. ᒥᓇ ᒫᑲ ᐃᑘᐤ, ᒪᒦᑯᓯᐠ ᑭᔭᐚᐤ ᑫᑐᑕᐧᕓᐃᑎᐠ, ᑭᑭ ᐅᐟ ᐃᔨᓂᒪ. ᐁᑯᓯ ᒥᓇ, ᒪᒪᐦᒋᒥᕽ ᑳ ᑎᐯᔨᒋᑫᐟ, ᑭᔭᐚᐤ ᑫᑐᑕᐧᕓᐃᑎᐠ; ᒥᓇ ᑮᔭᐨ ᑲᑭᔭᐤ ᐊᔨᓯᔨᓂᐘ ᑭᑕ ᒪᒥᒋᒥᐠ. ᒥᓇ ᒫᑲ, ᐚᓵᔭ ᐃᑘᐤ, ᑭᑕ ᐃᐦᑕᑲᐧᓂᔨᐤ ᐅᒣᐱᑭᐏᐣ ᑫᓯ, ᐁᑯᓯ ᐊᓇ ᑫ ᐸᓯᑯᐟ ᑭᑕ ᑎᐯᔨᒫᐟ ᑫᑐᑕᐧᕓᐊ; ᐁᐘᐧᑯᓂ ᑫᑐᑕᐧᕓᐊᐠ ᑫ ᐊᐢᐯᔨᒧᑕᐚᐧᒋᐠ. ᐁᑲᐧ ᒫᑲ ᑭᓴᒪᓂᑐ ᑳ ᐅᐦᒋᐢᑖᒪᑫᐟ ᐊᐢᐯᔨᒧᐏᐣ ᑭ ᑲ ᐃᐧ ᒧᐢᑭᓀ ᒥᔨᑯᐚᐤ ᑲᑭᔭᐤ ᒪᒫᑯᓯᐏᐣ ᒥᓇ ᐯᔭᑕᑫᔨᒧᐏᐣ ᐁ ᑖᐯᐧᑕᒣᐠ, ᑭᑕ ᐁᐧᔪᐦᒋ ᐊᔮᔭᐧᐠ ᐊᐢᐯᔨᒧᐏᐣ, ᐅ ᒪᐢᑲᐧᓯᐏᓂᕽ ᑳ ᑲᓈᑎᓯᐟ ᐋᒦᕽ.

ᒥᐚᒋᒧᐏᐣ. ᓫᐅᐟ ᕒᐅᐠ xxi. 25.

ᐁᑯᓯ ᒥᓇ ᑭᑕ ᐊᔮᐘ ᐁ ᑭᐢᑭᓇᐙᒋᓈᑲᐧᑭ ᑭᓯᑲᐤ ᐱᓯᒧᕽ ᒥᓇ ᑎᐱᐢᑳᐤ ᐱᓯᒧᕽ ᒥᓇ ᐊᒐᑯᓯᕽ; ᒥᓇ ᐊᐢᑭᕽ ᐁ ᑯᑕᑭᒌᒋᐠ ᐊᔨᓯᔨᓂᐚᐠ ᐁ ᐘᐚᓀᔨᑕᑭᐠ, ᑭᐦᒋᑲᒥ ᒥᓇ ᑳ ᒫᒪᑳᐊᑭ ᐁ ᐯᑳᑲᐧᑭ; ᐊᔨᓯᔨᓂᐘᐠ ᐁᑳ ᐁ ᑭᐢᑭᓯᒋᐠ ᐁ ᐃᓯ ᓴᑭᓯᒋᐠ, ᒥᓇ ᒋᑫᒪ ᐁ ᐯᐢᐍᔨᑕᑭᐠ ᐊᓂᐃ ᑫ ᐅᑎᒋᐸᔨᑭ ᐊᐢᑭᕽ: ᒋᑫᒫ ᑳ ᓯᑫᔩᑲᐧᑭ ᑭᓯᑯᕽ ᑭᑕ ᐘᐢᑲᐏᐸᔨᐊᐧ. ᐁᑲᐧ ᒫᑲ ᑫ ᐚᐸᒪᒋᐠ ᐃᔨᓂᐏᑯᓯᓵᓇ

ᐁ ᐯ ᓄᑯᓯᐳᐟ ᐊᐧᐢᑯᕽ ᑭᑭ ᒪᐢᑲᐃᐧᓯᐃᐧᐣ ᒥᓇ ᑭᐦᒋ ᑭᐢᑌᐳᑖᑯᓯᐃᐧᐣ. ᐃᐢᐱ ᒫᑲ ᐅᐃ ᒦᒋ ᑎᐱᐸᐳᑳᐧᐃᐧ, ᒐᐢᒑᐢᐱᐣ, ᒥᓇ ᐅᐱᐢᑫᐧᐳᐣ; ᒋᑫᒪ ᑭ ᐱᒪᒋᐃᑯᐱᓂᐋᐧᐤ ᑭᓯᐋᐧᐣ ᐁ ᐯ ᐊᔮᐣ. ᑭ ᐃᐧᑕᒪᐁᐧᐤ ᒫᑲ ᐋᐁᐧᒋᑲᐣ; ᐋᐧᐸᒥᕽ ᑭᐦᒋ ᓯᒥᓈᑎᐣ, ᒥᓇ ᑲᑭᔭᐤ ᒥᐢᑎᑲᐧᐣ: ᐃᐢᐱ ᓯᔮᑭᐸᑭᒌᐃᐧ, ᑭ ᐊᐧᐸᑌᓈᐋᐧᐤ ᒥᓇ ᑭ ᑭᐢᑫᐳᑌᓈᐋᐧᐤ ᑭᔭᐊᐧᐤ ᑭᓯᐊᐧᐣ ᐁᑲᐧ ᐁ ᐊᔮᐣ ᑭᑕ ᓂᐱᕽ. ᐁᑯᓯ ᒫᑲ ᒣᐧᒋ ᓀᐢᑕᐊᐧᐤ, ᐃᐢᐱ ᐊᐧᐸᑕᒣᑯ ᑲᑭᔭᐤ ᐊᓂᐃ ᐁ ᑎᐱᐸᐳᑭ, ᑭᐢᑫᐳᑕᒧᐣ ᐅᐟ ᐅᑌᓇᐱᐧᐃᐧᐣ ᑭᔅᒪᓂᑐ ᑭᓯᐊᐧᐣ ᐁ ᐋᔮᐳᐣ. ᑕᐯᐧ ᑭᐟ ᐃᑎᓈᐊᐧᐤ, ᐅᑭ ᐊᐳᓯᐳᓂᐊᐧᐣ ᐊᓄᐦᒡ ᑳ ᐱᒫᑎᓯᑭᐣ ᓇᒪᐃᐧᔭ ᑭᑕ ᒣᑭᐸᐳᐊᐧᐣ ᐋᑎᒪ ᑲᑭᔭᐤ ᑭ ᑎᐱᐸᐳᑭ. ᑭᓯᐣ ᒥᓇ ᐊᐢᑭ ᑭᑕ ᓯᐯᐧᐸᐳᐊᐧ, ᒫᑲ ᓂᐟ ᐊᔭᒥᐃᐧᓇ ᓇᒪᐃᐧᔭ ᑭᑕ ᓯᐯᐧᐸᐳᐊᐧ.

ᓂᐢᑐ ᐊᔭᒥᐁᑭᓯᑳᐤ ᒣᑳᐧᐨ ᐋᐟᐯᐣᐟ.

ᐊᔭᒥᐋᐃᐧᐣ.

ᐅᐯᐳᒋᑫᔭᐣ ᑭᔅᐢ X, ᐃᐢᐱ ᓂᐢᑕᑦ ᑳ ᑕᑯᓯᓂᔭᐣ ᑭ ᑭ ᐃᓯᑎᔅᐋᐧᐤ ᑭᐟ ᐊᑐᐢᑫᔮᑲᐣ ᑭᑕ ᑲᐧᔮᒋᑖᐧᐢᒼ ᑭ ᒣᐢᑲᓇᐤ ᑭ ᓂᑳᓂᒥᕽ; ᒥᐳᐣ ᐊᔭᒥᐁᐃᐧᐳᓂᐊᐧᐣ ᒥᓇ ᑳ ᑲᓇᐁᐧᐳᑕᐦᓄᐣ ᑭ ᒪᒫᑖᐃᐧ ᐃᓯᒑᐧᐃᐧᓇ ᐃᐧᐢᑖᐧᐤ ᑭᑕ ᐅᔮᐢᒑᐧᐢᑭᐣ ᒥᓇ ᑭᑕ ᑲᐧᔮᒋᒑᐧᐢᑭᐣ ᑭ ᒣᐢᑲᓇᐤ, ᐁ ᑯᐧᐢᑭᓇᒫᐧᒋᐣ ᐅᑌᐦᐃᐳᐊᐧ ᑳ ᔅᓯᐱᑕᒥᐳᐟ ᑭᑕ ᑭ ᐃᐳᓀᓯᐳᐟ ᒑᐱᐢᑯᐨ ᐅᑲᐧᔭᐢᑭᒌᑎᓯᐊᐧ, ᐃᐢᐱ ᑭᒑᐧᑦ ᐯ ᐃᑐᐦᑌᔭᓂ ᑭᑕ ᐅᔭᓱᐋᐧᑕᒪᐣ ᐸᐢᑭ ᑭᑕ ᐃᓯ ᒥᐢᑳᑲᐃᐧᔮᕽ ᑐᐃᐧ ᐊᐳᓯᐳᓂᐊᐧᐣ ᑳ ᒥᔮᐧᐱᓯᒥᐢᑭᐣ, ᑳ ᐱᒫᑎᓯᔭᐣ ᒥᓇ ᑳ ᑎᐯᐳᒋᑫᔭᐣ ᐊᓯᒋ ᐁᐧᐘᐦᒑᐃᐧᕽ ᒥᓇ ᑳ ᑲᓈᑎᓯᐟ ᐋᒫᕽ. ᑳᑭᑫ ᐯᔭᐣ ᒪᓂᑐ, ᐃᐳᑯᕽ ᑫ ᓈᐢᐱᒋ ᐊᐢᑭᐋᐧᕽ. ᐋᒣᐣ.

ᑭᐦᒋᒪᓯᓇᐊᒫᑫᐃᐧᐣ. ᓂᐢᑕᑦ ᑲᕑᐃᐣᑎᔭᓇ iv. 1.

ᑭᔮᑦ ᐊᐳᓯᐳᓂᐤ ᓂ ᑲ ᐃᑕᑭᒥᑯᓈᐣ, ᐅᐟ ᐊᑐᐢᑫᔮᑲᓇ X, ᒥᓇ ᑳ ᐸᒥᓇᒍᐃᐦᒋᐣ ᐊᓂᐃ ᑳ ᑭᐢᑫᐳᑖᑯᒑᐟ ᑭᔅᒪᓂᑐ. ᐅᑕ ᒫᑲ, ᐃᓯ ᓇᑕᐁᐳᑖᑯᓯᐤ ᐅᐸᒥᓇᒪᑫᐤ, ᑭᑕ ᐃᓯ ᒥᐢᑳᐦᐟ ᐊᐳᓯᐳᓂᐤ ᐁ ᐊᔮᑲᐧᒥᓯᐟ. ᒫᑲ ᓂᔭ ᐃᐧᔭ ᓈᐢᐱᐊᐱᐢᑌᐳᑳᐧᐣ ᑭᔭᐋᐧᐤ ᑭᑕ ᐅᔭᓱᐋᐧᓯᔦᐣ, ᐊᐦᐳ ᐊᐳᓯᐳᓂᐠ ᑭᑕ ᐅᔭᓱᐋᐧᓯᐟ ᐁᐦᐁ, ᓇᒪᐃᐧᔭ ᓂᔭ ᓄᔭᓱᐋᐧᑎᓱᐣ. ᒋᑫᒫ ᓇᒪᐃᐧᔭ ᓂᔭ ᑫᑲ: ᓂᐟ ᐃᓯ ᓇᐢᒑᐧᑌᐳᒥᓱᐣ; ᓇᒪᐃᐧᔭ ᒫᑲ ᐁᐊᐧᑯ ᐅᐦᒋ ᑭᑕ ᑲᐧᔭᐢᑭᒌᑎᓯᐊᐧᑭᒋᑲᓱᔮᐣ: ᒫᑲ ᐸᓇ ᑳ ᐅᔭᓱᐋᐧᓯᐟ ᐁᐊᐧᑯ ᑳ ᑎᐯᐳᒋᑫᐟ. ᐁᑯᓯ ᒫᑲ ᐁᑲᐃᐧᔭ ᑫᑲ: ᓂᔮᐣ ᐅᔭᓱᐋᐧᑕᒧᐣ, ᐃᐳᑯᕽ ᑳ ᑎᐯᐳᒋᑫᐟ ᑕᑯᓯᑭ, ᐊᓇ ᑫ ᓄᑯᐟ ᐋᐧᓴᔮᕽ ᐁᑳ ᑳ ᑭ ᓄᑲᐧᑭ ᐊᐧᓂᑎᐱᐢᑲᕽ, ᒥᓇ ᑫ ᓄᑯᒌᐟ ᒥᑐᓂᐳᒋᑲᓇ ᒥᑌᐃᕽ; ᐁᑲᐧ ᒫᑲ ᑲᑭᔭᐤ ᐊᐳᓯᐳᓂᐤ ᑭᔅᒪᓂᑐᐊᐧ ᑫ ᒥᐳᑯᐟ ᐅ ᒪᒥᒋᒥᑯᐃᐧᐣ.

ᒥᐚᒋᒧᐎᐣ. ᓴᐣᐟ ᒫᐟᔪ xi. 2.

ᐃᐢᐱ ᒫᑲ ᑳᐣ ᑳ ᐯᑕᕽ ᐊᓂᑕ ᑭᐸᐳᐎᑲᒥᑯᕽ ᐅᐟ ᐊᑐᐢᑫᔪᐎᓂᔦᐘ X, ᑭ ᐃᔨᓂᓴᐁᐤ ᓂᓯ ᐅ ᑭᐢᑭᓄᐊᒪᐚᑲᓇ. ᐅᒥᓯ ᒪᑲ ᐁ ᐃᑖᐟ, ᑭᔭ ᒋ ᑳ ᐎ ᐯ ᑕᑯᓯᕽ, ᐊᐦᐳ ᒋ ᑯᑕᐠ ᑫᔭᐱ- ᓂ ᑲ ᐊᓴᐚᐸᒫᓈᐣ? ᒋᓴᐢ ᑭ ᓇᐢᑵᐘᔨᒉᐤ ᐅᒥᓯ ᐁ ᑭ ᐃᑖᐟ, ᓂᑳᐢ, ᓇᑕᐎ ᐚᐸᑎᔦᕽ ᑳᐣ ᐊᓂᐃ ᑳ ᐯᑕᒉᐠ ᒥᓇ ᑳ ᐚᐸᑕᒉᐠ: ᐁᑳ ᑳ ᐚᐱᒋᐠ ᐅᑎᓇᒪᐎᐠ ᐅ ᐊᐧᐱᐎᓂᐚᐤ, ᒥᓇ ᑳ ᒫᐢᑭᑲᑌᒋᐠ ᐱᒧᑌᐘᐠ, ᒥᓇ ᐊᓂᑭ ᑳ ᒪᑳᐢᐱᓄᒋᐠ ᐯᐦᑭᐋᐘᐠ, ᒥᓇ ᐁᑳ ᑳ ᐯᐦᑕᑭᐠ ᓇᓇ- ᐃᑕᒷᐠ, ᒥᓇ ᑳ ᓂᐱᒋᐠ ᐘᓂᐢᑲᓇᐘᐠ, ᒥᓇ ᑳ ᑭᑎᒫᑭᓯᒋᐠ ᑲᑫᐢᑭᓫᐘᐠ ᒥᐚᒋᒧᐎᐣ. ᓴᐌᔦᒑᑯᔨᐤ ᐃᓴ ᐊᓇ ᐁᑳ ᑫ ᓇᓭᑕᐍᔦᒥᑫ. ᐁᑯᔨ ᒫᑲ ᐯ ᐊᑎ ᔨᐯᐧᑌᒋᐠ, ᒋᓴᐢ ᐅᒥᓯ ᐃᑌᐤ ᑳ ᒫᒪᐍᔭᑎᔦᐟ ᐊᔦᔨᔦᓂᐘ ᐁ ᑭ ᐅᐦᒋ ᐊᔦᒌᐟ ᑲᓇ. ᑫᑲ: ᑳ ᐅᐦᒋ ᐘᔭᐎᔦᐠ ᐱᑲᐧᒋᐢᑲᒥᑳᕽ ᑭᑕ ᐚᐸᑕᒉᐠ? ᐚᓂᐢᑲᐘᐠ ᒋ ᐁ ᓇᓇᒥᐍᔮᐢᑕᕽ? ᒫᑲ ᑫᑲ: ᑳ ᐅᐦᒋ ᐊ ᔭᐎᔦᐠ ᑭᑕ ᐚᐸᑕᒉᐠ? ᐊᔦᔨ- ᔦᓂᐤ ᒋ ᑳ ᐅᐢᑯᑖᑲᐟ ᐁ ᔦᐢᑳᔦᐠ ᒥᐢᑯᑖᑲᐧ? ᒋᐢᐟ, ᐊᓂᑭ ᑳ ᐎᔮᑕᐦᑭᐠ ᔨ ᔦᐢᑳᔦᑭ ᐸᔮᐘᐠ ᑭᐦᒋ ᐅᑭᒫᐘ ᐎᑭᔦᕽ. ᒫᑲ ᑫᑲ: ᑳ ᐅᐦᒋ ᐘᔭᐎᔦᐠ ᑭᑕ ᐚᐸᑕᒉᐠ? ᒉ ᑭᐢᑭᐍᔦᑫᐤ ᒋ? ᐁᐦᐁ, ᑭᐟ ᐃᑎᓈᐚᐤ, ᐊᐚᔨᒉ ᐃᐢᐱ ᐅᑭᐢ- ᑭᐍᐏᑫᐤ. ᒋᐢᒫ ᐁᑐᑯ ᐊᐚ, ᐅᒥᓯ ᑳ ᐅᑕᔨᓇᐃᑳᔦᐟ, ᐢᐟ, ᒋᑭ ᓂᑲᓂᓴᐊᒫᑎᐣ ᓂ ᒥᔨᔦᐍᐨ ᑫ ᓂᑲᓂᐘᐍᔨᑕᒪᐤ ᑭ ᒉᐢᑲᓇᐤ.

ᓀᐤ ᐊᔭᒥᐁᑭᓯᑳᐤ -ᑳᐧ- ᐚᐯᔨ.

ᐊᔭᒥᐋᐎᐣ.

ᑌᐯᔨᒋᑫᔭᐣ, ᐘᓂᐢᑲᓇ ᑭ ᐸᑯᓴ ᒥᑎᓈᐣ ᑭ ᓯᐦᑯᐢᔨᐎᐣ ᒥᓇ ᐯ ᓈᔨᓈᐣ, ᒥᓇ ᑭᐦᒋ ᒪᐢᑲᐎᓯᐎᐣ ᐅᐦᒋ ᓈᑕᒪᐏᓈᐣ; ᐎᔭ ᓂ ᒪᒋᐦᑎᐍᓂᓈᓇ ᒥᓇ ᓂ ᒫᒋᑎᔨᐎᓂᓈᓇ ᐁ ᑭᐱᐦᒋᐃᑯᔮᕽ ᐁ ᐚᑕ ᐎ ᒥᑎᒣᔮᕽ ᐊᓱᒪ ᒉᐢᑲᓇᐤ ᐃᑕ ᓂ ᑲ ᐱᒧᑌᐦᑖᔭᐣ, ᑭᔭᑕ ᑭ ᐍᔦᒋ ᑭᓴᐚᑎᓯᐎᓂᕽ ᑭᔦᐸ ᐎᐢᐎᓈᐣ ᒥᓇ ᐸᐢᐱᐎᓈᐣ, ᑭᔭ ᐊᔨᒋ ᐍᔦᑖᐎᕽ ᒥᓇ ᑳ ᑲᓈᑎᓯᐟ ᐊᐧᒫᕽ, ᑳ ᐱᒫᑎᓯᔮᐣ ᒥᓇ ᑳ ᑎᐯᔨ- ᒉᔮᐣ ᐯᔭᐠ ᒪᓂᑐ, ᐃᔨᑯᕽ ᑫ ᓈᐢᐱᒋ ᐊᐢᑭᐘᕽ. ᐊᒣᐣ.

ᑭᐦᒋᒪᓯᓇᐊᒫᑫᐎᐣ. ᐱᓬᐃᐱᔭᓇ iv. 4.

ᒪᒪᑖᑯᓯᐠ ᑳ ᑎᐯᔨᒋᑫᐟ ᐃᓯ ᑳᑭᑫ: ᒥᓇ ᒫᑲ ᓂ ᑲ ᐃᑖᐣ, ᒪᒪᑖᑯᓯᐠ. ᑭᔮᐟ ᑭᐟ ᐊᔮᑲᐧᒥᓯᐎᓂᐚᐤ ᑭᑕ ᑭᐢᑫᔦᑕᒪᐠ ᑲᑭᔭᐤ ᐊᔦᔨᔦᓂᐚᐠ. ᑳ ᑎᐯᔨᒋᑫᐟ ᑭᔨᐚᐠ ᐊᔮᐤ. ᐁᑳᐎᔭ ᑫᑲ: ᑭ ᑲ ᐎ ᑲᐢᑫᔦᑕᑭ ᐃᓱᓈᐚᐤ; ᒫᑲ ᑲᑭᔭᐤ ᑫᑲ: ᒍ ᐊᔭᒥᐋᔭᐠ ᒥᓇ ᐁ ᒪᐎᒧᐢᒋᑕᔭᐠ ᑭᑭ ᐁ ᓇᓈᐢᑯᒧᔭᐠ ᑭ ᓇᑐᑌᐢᑕᒫᓯᐎᓂᐚᐘ.

ᑭ ᑲ ᐃᐧ ᑭᐢᑫᔨᑕᒧᐊᐋᐧᐤ ᑭᓭᒪᓂᑐ. ᐁᑯᓯ ᐅ ᐯᔭᑕᑫᔨᒧ ᐁᐧᔑᐧᐤ ᑭᓭᒪᓂᑐ, ᑲ ᐊᔨᐋᐧᑭᐢᑲᒧᒪᑲᕽ ᑲᑭᔭᐤ ᓂᓯᑐᑕᒧᐃᐧᐤ, ᑭ ᑲ ᑲᓇᐁᐧᔨᑕᒫᑯᓈᐋᐧᐤ ᑭ ᑌᐃᐋᐧᐊᐧ ᒥᓇ ᑭ ᒥᑐᓀᔨᒋᑲᓂᐋᐧᐸᐧ X ᒋᓭᐢ ᐃᓯ.

ᒥᐋᐧᒋᒧᐃᐧᐣ. ᓭᐣᐟ ᒑᐣ i. 19.

ᐁᐊᐧᑯ ᐅᒪ ᐅᐟ ᐋᒋᒧᐃᐧᐣ ᒑᐣ, ᐃᐢᐱ ᒍᐊᐧᐢ ᒉᕑᐅᓭᕑᐊᒥᕽ ᑳ ᑭ ᐯ ᐅᐦᒋ ᐃᓯᑎᓭᐋᐧᒋᐢ ᐊᔭᒥᐁᐃᐧᔨᓂᐊᐧ ᒥᓇ ᕑᐃᐸᐧᐟ, ᑭᑕ ᑲᑫᐧᒋᒫᔨᐟ. ᐊᐁᐧᓇ ᑭᔭ? ᑭ ᐃᐧᑕᐨ ᒫᑲ, ᓇᒪᐃᐧᔭ ᑭ ᐸᓀᐧᑕᐨ; ᒫᑲ ᑭ ᐃᑌᐧᐤ ᓇᒪᐧᐤ ᓂᔭ X. ᑭ ᑲᑫᐧᒋᒣᐊᐧᐢ ᒫᑲ, ᐊᐁᐧᓇ ᒫᑲ? ᐃᕑᐊᐧᒐ ᒋ ᑭᔭ? ᐅᒥᓯ ᒫᑲ ᐃᑌᐢ, ᓇᒪᐃᐧᔭ ᓂᔭ ᐁᐊᐧᑯ. ᑭᔭ ᒋ ᐊᓇ ᐅᑭᐢᑭᐁᐧᐃᑫᐤ? ᑭ ᓇᐢᑫᐧᐊᐧᓯᒣᐤ ᒫᑲ, ᓇᒪᐃᐧᔭ. ᐅᒥᓯ ᒫᑲ ᑭ ᐃᑌᐊᐧᐢ, ᐊᐁᐧᓇ ᑭᔭ? ᑭᑕ ᑭ ᐋᒋᒧᐢᑕᐊᐧᑭᒋᐢ ᑳ ᑭ ᐯ ᐱᑎᓭᐅᑯᔭᑭᐢ, ᒌᓂᓯ ᑭᔭ ᐁᒌᑭᒥᓱᔭᐣ? ᐅᒥᓯ ᒫᑲ ᑭ ᐃᑌᐤ, ᓂᔭ ᐊᓇ ᑳ ᒪᑌ ᑌᐯᐧᐟ ᐱᑲᐧ ᐢᑲᒥᑲᕽ, ᑲᐧᔭᐢᑲᒧᑕᐋᐧᕽ ᐅ ᒣᐢᑲᓇᐤ ᑳ ᑎᐯᔨᒋᑫᐟ, ᑳ ᑭ ᐃᑌᐧᐟ ᐅᑭᐢᑭᐁᐧᐃᑫᐤ ᐋᐧᓭᔭ. ᐊᓂᑭ ᒫᑲ ᑳ ᑭ ᐯ ᐃᓯᑎᓭᐅᐦᒋᐢ ᑭ ᐹᕑᐊᓯᐃᐧᐊᐧᐢ. ᑭ ᑲᑫᐧᒋᒣᐊᐧᐢ ᒫᑲ, ᐅᒥᓯ ᐁ ᑭ ᐃᑖᒋᐢ, ᒌᓄᑭ ᒫᑲ ᑳ ᐸᑊᑕᓯᐃᐧᐃᐁᐧᔭᐣ, ᑭᐢᐱᐣ ᓇᒪᐧᐤ ᑭᔭ ᐊᓇ X, ᐊᐦᐳ ᐃᕑᐊᐧᒐ, ᐸᐧᐦᐳ ᐊᓇ ᐅᑭᐢᑭᐁᐧᐃᑫᐤ? ᒑᐣ ᑭ ᓇᐢᑫᐧᐊᐧᓯᒣᐤ, ᐅᒥᓯ ᐁ ᐃᑌᐧᐟ, ᓂᐱ ᓂᔭ ᓱᐦᒋ ᐸᑊᑕᓯᐃᐧᐃᐋᐧᐣ; ᒫᑲ ᐯᔭᐠ ᑭ ᐃᐧᒋᑲᐸᐃᐧᐢᑖᑯᐊᐧᐤ, ᐁᑲ ᑳ ᑭᐢᑫᔨᒪᐧᐠ. ᐁᐊᐧᑯ ᐊᐊᐧ, ᑳ ᐯ ᐊᐢᑯᐃᐧᐟ ᐅ ᒪᐢᑭᓯᓀᔮᐱ ᐁᑲ ᐁ ᑌᐸᑫᔨᑖᑯᓯᔮᐣ ᑭᑕ ᐋᐱᑯᓇᒪᐧᐠ. ᐊᓱᑕ ᐃᓭ ᐯᑖᐹᕑᐊ ᑭ ᐊᔨᑭᓇᐧ ᐅᐃ, ᐊᑳᒥᕽ ᒐᕑᑕᓂᕽ, ᐃᑕ ᒐᐨ ᑳ ᑭ ᑕᓯ ᐸᑊᑕᓯᐃᐧᐁᐧᐟ.

ᑲᕑᐃᐢᒪᐢ ᑮᓯᑳᐤ.

ᐅ ᓂᐦᑖᐃᐧᑭᐃᐧᐣ X, ᑲᕑᐃᐢᒪᐢ ᑮᓯᑳᐤ ᑳ ᐃᓯᔨᑲᑌᐢ.

¶ ᐁ ᑫ ᓭᐹ ᐊᔭᒥᐋᕽ ᐅᒪ ᑭᑕ ᐅᑎᓂᑳᑌᐤ.

ᒫᑎᑲ, ᐅᐢᑭᓂᑭᐢᑫᐧᐤ ᑭᑕ ᑭ ᐢᑲᐋᐧᐊᐧᓯ. ᒥᓇ ᑭᑕ ᓂᐦᑖᐃᐧᑭᐁᐤ ᐅᑯᓯᓴ; ᐃᒫᐣᐅᐁᐃᕑ ᒫᑲ ᑭᑕ ᐃᓯᔨᑳᑌᐤ. ᐋᐧᓭᔭ vii. 14.

ᑮᔭᓇᐤ ᑭ ᓂᐦᑖᐃᐧᑭᑕᒫᑲᓂᐃᐧᓇᐤ ᐊᐋᐧᓯᐢ, ᑮᔭᓇᐤ ᑭ ᒥᔨᑲᐃᐧᓇᐤ ᐅᑯᓯᓯᒫᐤ. ᐋᐧᓭᔭ ix. 6.

ᐁᑯᑕ ᐅᒪ ᑭᓭᒪᓂᑐ ᑳ ᑭ ᓱᑯᑖᐟ ᐁ ᒋᑭᐃᑯᔭᕽ, ᐁ ᑭ ᐃᓯᑎᓭᐋᐧᐟ ᑭᓭᒪᓂᑐ ᐅ ᐯᔭᑯᑯᓯᓵᓇ ᐊᐢᑭᕽ, ᐁᐊᐧᑯ ᑭᑕ ᐅᐦᒋ ᐱᒪᑎᓯᔭᕽ. ᓂᐢᑕᐨ ᒑᐣ iv. 9.

ᑭᑕ ᐃᐧ ᒪᒥᒋᒫᐤ ᐅ ᑭᓭᒪᓂᑐᒪ ᒥᓇ ᐅᐦᑖᐃᐧᔭ ᑳ ᑎᐯᔨᒥᑯᔭᕽ ᒋᓭᐢ X,

ᑳ ᑭ ᓵᐍᔨᒥᑯᔭᕽ ᐁ ᒥᔨᑯᔭᕽ ᑲᑭᔭᐤ ᐊᑖᐦᑯᐃᐧ ᓵᐍᔨᑖᑯᓯᐏᐣ ᑳ ᐊᔮᐠ ᑭᐦᒋ ᑭᓯᑯᐃᐧ ᐊᔨᕽ ᑭᑭ X. ᐃᐱᓯᔭᓇ i. 3.

ᑭᑕ ᒪᒥᐦᒋᒫᐤ ᐁᔪᑕᐃᐧᕽ ᒥᓇ ᐅᑯᓯᓯᒫᐤ, ᒥᓇ ᑳ ᑲᓈᑎᓯᐟ ᐊᒑᕽ.

ᑳ ᑭ ᐃᑭᕽ ᒥᒋᒫᐨ ᐅᐦᒋ ᐊᓄᐦᐨ ᒥᓇ ᒣᑳᐧᐨ ᒥᓇ ᑳᑭᑫ ᑫ ᐃᑭᕽ: ᐃᔨᑯᕽ ᑫ ᓈᐢᐱᒋ ᐊᐢᑭᐘᕽ. ᐋᒣᐣ.

ᐊᔭᒥᐋᐃᐧᐣ.

ᒫᒪᐍᔭᐢ ᓯᔪᑳᑎᓯᔭᐣ ᑭᓭᒪᓂᑐ, ᑳ ᑭ ᒥᔨᔮᕽ ᑳ ᐯᔭᑯᐟ ᑭᑯᓯᐢ ᑭᑕ ᐅᑎᓇᕽ ᓂᐟ ᐃᓯ ᐊᔮᐃᐧᓂᓈᐣ, ᒥᓇ ᐅᒪ ᐁ ᐃᐦᑭᓂᔨᐠ ᑳ ᑭ ᓂᐦᑖᐃᐧᑭᐃᑯᐟ ᐅᐢᑭᓂ-ᑭᐢᑫᐋᐧ; ᐃᑌᔨᑕ ᓂᔭᓈᐣ ᐁ ᐅᐢᑭ ᓂᐦᑖᐃ ᑭᐃᑲᐃᐧᔮᕽ, ᒥᓇ ᑭᐟ ᐊᐋᐧᓯᒥᓭᐠ ᐁ ᐃᓯᐃᑲᐃᐧᔮᕽ ᐁ ᒑᐸᐦᑯᒥᔮᕽ ᒥᓇ ᐁ ᓂᓯᑲᒪᐃᐧᔭᕽ, (ᐦ) ᑭᓯᑳᐤ ᑭᑕ ᐅᐢᑭ ᓂᑖᐃᐧᑭᐃᑯᔮᕽ ᑳ ᑳᓈᑎᓯᐟ ᑭᐟ ᐊᒑᕽ; ᐃᐧᔭ ᐅᐦᒋ ᑳ ᑎᐯᔨᒥᑯᔮᕽ ᑭᓭᐢ X, ᑳ ᐱᒫᑎᓯᐟ ᒥᓇ ᑳ ᑎᐯᔨᒋᑫᐟ ᐊᓯᒋ ᑭᔭ ᒥᓇ ᑳ ᑲᓈᑎᓯᐟ ᐊᒑᕽ, ᑳᑭᑫ ᐯᔭᐠ ᒪᓂᑐ, ᐃᔨᑯᕽ ᑫ ᓈᐢᐱᒋ ᐊᐢᑭᐘᕽ. ᐋᒣᐣ.

ᑭᐦᒋᒪᓯᓇᐊᒫᑫᐃᐧᐣ. ᐃᐸᕒᐅᐊᐧ i. 1.

ᑭᓭᒪᓂᑐ, ᐊᓇ ᑲᔮᐢ ᐊᔮᐢᑲᐤ ᒥᓇ ᓇᓈᑐᕽ ᐃᓯ ᑳ ᑭ ᑭᑐᑖᐟ ᐅᐦᑖᐃᐧᒫᐊᐧ ᐅᑭᐢᑭᐍᐃᐧᑫᐊᐧ ᐅᐦᒋ, ᐁᑲᐧ ᐅᒪ ᐃᐢᑳᐧᔮᐨ ᐁ ᑭᑭᓯᑳᐠ ᑭ ᑭ ᑭᑐᑎᑯᓇᐤ ᐅᑯᓯᐢ ᐅᐦᒋ, ᑳ ᑭ ᐅᔭᑭᒫᐟ ᑭᑕ ᑎᐯᔨᑕᒥᔨᐟ ᑲᑭᔭᐤ ᑫᑲ: ᒥᓇ ᐯᐊᐧᑯᓂ ᐅᐦᒋ ᑳ ᑭ ᐅᓯᑖᐟ ᐊᐢᑭ; ᐁᐊᐧᑯᓂ ᐁ ᐋᐧᓵᔭᔨᐠ ᐅ ᑭᐢᑌᔨᑖᑯᓯᐏᐣ ᒥᓇ ᒣᐧᒋ ᐁ ᓇᐢᐱᑖᑯᐟ ᐅᐟ ᐃᓯᓈᑲᓯᐃᐧᓂᕽ ᒥᓇ ᐁ ᓯᑐᓇᕽ ᑲᑭᔭᐤ ᑫᑲ: ᐅ ᑭᐦᑖᔨᐃᐧ ᐃᑌᐃᐧᐣ ᐅᐦᒋ, ᐃᐢᐱ ᑳ ᐯᑭᑖᐟ ᒪᒋ ᐃᐦᑎᐏᓇ ᑭ ᓇᐊᐱᐤ ᐅ ᑭᐦᒋᓂᐢᑭᔨᕽ ᒫᒪᐍᔭᐢ ᑳ ᑭᐦᒋ-ᐅᑭᒫᐏᔨᐟ ᐃᐢᐱᒥᕽ; ᐊᐋᐧᓯᒣ ᐁ ᑭ ᐃᓯᐃᐦᐟ ᐃᔨᑯᕽ ᐅᑭᓯᑯᐊᐧ ᑭᑫᒫ ᐅᐟ ᐃᓯ ᓂᑖᐃᐧᑭᐃᐧᐣ ᐅᐦᒋ ᐁ ᐋᓂᐢᑫᐢᑲᕽ ᐊᐋᐧᓯᒣ ᑭᐦᒋ ᐃᐧᔦᐃᐧᐣ ᐃᔨᑯᕽ ᐁᐊᐧᑯᓂᐠ. ᑭᑫᒫ ᑖᓇᓂ ᐅᑭᓯᑯᐊᐧ ᐃᐧᑳ ᑳ ᐃᑖᐟ, ᑭᔭ ᓂᑯᓯᐢ, ᐊᓄᐦᐨ ᑳ ᑭᓯᑳᐠ ᑭ ᑭ ᓂᑖᐃᐧᑭᐃᑎᐣ? ᒥᓇ ᒫᑲ, ᓂᔭ ᐅᑖᐃᐧᔭ ᓂ ᑳ ᐃᓯ ᐊᔮᐊᐧᐣ, ᐁᑯᓯ ᐃᐧᔭ ᓂᑯᓯᐢ ᑭᑕ ᐃᓯ ᐊᔮᐤ? ᐃᐢᐱ ᒫᑲ ᒥᓇ ᐁ ᐱᑐᑲᐋᐧᐟ ᓂᐢᑕᑦ ᓂᑖᐃᐧᑭᐋᐧᑲᓇ ᐊᐢᑭᕽ ᐃᑌᐤ, ᑭᔮᑦ ᑲᑭᔭᐤ ᐅᑭᓯᑯᒪ ᑭᓭᒪᓂᑐ ᑭᑕ ᐅᒥᐦᒋᑲᐧᓂᐢᑖᐠ. ᐅᑭᓯᑯᐊᐧ ᒫᑲ ᐃᑌᐤ, ᑳ ᐃᓯᐋᐧᐟ ᐅᑭᓯᑯᒪ ᑭᑕ ᐊᑖᐦᑯᐃᐧᔨᐟ, ᒥᓇ ᐅᐸᒥᐢᑖᑫᒪ ᐁ ᑳᐧᑯᑌᐠ ᐃᐢᑯᑌᐤ: ᒫᑲ ᐅᑯᓯᓯᒫᐊᐧ ᐅᒥᓯ ᐃᑌᐤ, ᑭ ᑭᐦᒋ ᐅᑭᒫᐋᐧᐱᐃᐧᐣ ᑭᓭᒪᓂᑐ ᑳᑭᑫ ᒥᓇ ᑳᑭᑫ ᐊᔮᐤ; ᒥᓇ ᑲᐧᔭᐢᑲᐧᑎᓯᐃᐧ ᑎᐯᔨᒋᑲᐣ ᑳ ᑎᐯᔨᒋᑲᐣ ᔭᐣ ᑭᐟ ᐅᑌᓇ-ᐃᐧᐃᐧᓂᕽ. ᑭ ᑭ ᓵᑭᑖᐣ ᑲᐧᔭᐢᑲᐧᑎᓯᐃᐧᐣ ᒥᓇ ᑭ ᑭ ᐸᑳᐧᑌᐣ ᒪᒋ ᐃᐦᑎᐏᐣ; ᐁᐊᐧᑯ ᐅᐦᒋ ᑭᓭᒪᓂᑐ, ᑭ ᑭᓭᒪᓂᑐᐨ ᐅᑎ ᐤ ᑭ ᑐᒥᓂᐠ ᒪᒪᑖᑯᓯᐃᐧ ᑐᒥᓂᑲᐣ ᔫᐦᒋ ᐊᔨᐋᐧᐠ ᐃᔨᑯᕽ ᑭ ᐃᐧᑫᐋᐧᑲᓇᐠ. ᒥᓇ, ᑭᔭ ᑌᐯᔨᒋᑫᔭᐣ, ᒥᒋᒫᐨ ᑭ ᑭ

ᐅᔭᐢᑲᒥᑭᑎᑖᐣ ᐊᐢᑭ, ᐁᑯᓯ ᑭᓯᑲᐧ ᐁᐘᑯᓂ ᐊᑐᐢᑫᐃᐧᓇ ᑭᒥᐦᒥᕽ ᐅᐦᒋ; ᑭᑕ ᓂᓯᐊᐧᓈᑕᓇᐧ; ᒫᑲ ᑭᔭ ᑫᔮᐱᐨ ᑭ ᑲ ᐃᐦᑖᐣ; ᒥᓇ ᑲᑭᔭᐤ ᑭᑕ ᐊᑎ ᑳᔮᓴ-ᓂᑲᐧᓇᐧ ᑖᐱᐢᑯᐨ ᑭᑭᐢᑳᒥᑖᐣ; ᒥᓇ ᑖᐱᐢᑯᐨ ᐊᐢᐸᑯᐣ ᑭ ᑲ ᐃᓯ ᓇᐦᐋᐍᑭᓃᐣ, ᑖᐱᐢᑯᐨ ᑭᑭᐢᑳᒥᑲᐣ ᑭᑕ ᐋᐦᒋ ᐊᔮᐊᐧ; ᒫᑲ ᑭᔭ ᐯᔭᑲᐧᐣ ᐁᓯ ᐋᔮᔭᐣ, ᒥᓇ ᑮᐟ ᐊᐢᑭᐃᐧᓇ ᓇᒪᐃᐧᔭ ᑭᑕ ᓄᑌᐸᐳᐧ.

ᒥᐋᐧᑭᒧᐃᐧᐣ. ᓭᐣᐟ ᒫᐣ i. 1.

ᒥᑭᒪᐨ ᐅᐦᒋ ᑭ ᐊᔮᐤ ᐃᑌᐃᐧᐣ, ᒥᓇ ᐃᑌᐃᐧᐣ ᑭ ᐃᐧᑫᐁᐧᐤ ᑭᓴᒪᓂᑐᐊᐧ ᐁᐧᓯ ᑭ ᑭᓴᒪᓂᑐᐃᐧᐤ ᐃᑌᐃᐧᐣ. ᐁᐘᑯ ᐊᐊᐧ ᒥᑭᒫᐨ ᐅᐦᒋ ᑭ ᐃᐧᑫᐁᐧᐤ ᑭᓴᒪ-ᓂᑐᐊᐧ. ᐃᐧᔮ ᑲᑭᔭᐤ ᑫᑲᐧᔭ ᑭ ᐅᓯᑕᐤ; ᒥᓇ ᐁᐧ ᐃᐧᔭ ᐁ ᐅᓯᑖᐟ ᓇᒪ ᑫᑲ: ᑭ ᐅᓯᑭᑳᑌᐤ, ᑳ ᑭ ᐅᓯᑭᑖᑌᐠ. ᐃᐧᔭ ᑭ ᐱᒫᑎᓯᐃᐧᓂᐃᐧᐤ; ᒥᓇ ᒫᑲ ᐱᒪ-ᑎᓯᐃᐧᐣ ᑭ ᐋᐧᓴᐢᑳᒪᑲᓄᐠ ᐊᐱᓯᐱᓂᐊᐧᐠ. ᐋᐧᐢᑌᐤ ᒫᑲ ᑭ ᐊᐧᓯᑌᐤ ᐊᐧᓂᑎᐱᐢᑳᕽ· ᒫᑲ ᐊᐧᓂᑎᐱᐢᑳᐤ ᓇᒪᐃᐧᔭ ᑭ ᑭᐢᑫᐱᑕᒧᒪᑲᐣ. ᑭ ᐊᔮᐤ ᐊᐱᓯᐱᓂᐤ ᑭᓴᒪᓂᑐᐊᐧ ᐁ ᐯ ᐃᓯᑎᓴᐅᑯᐟ, ᒫᐣ ᐁ ᐃᓯᐱᑲᔪᐟ. ᐁᐘᑯ ᑭ ᐯ ᐋᑭᒧ, ᑭᑕ ᐋᑐᑕᕽ ᐋᐧᐢᑌᐤ ᑲᑭᔭᐤ ᒫᑲ ᐊᐱᓯᐱᓂᐊᐧ ᐃᐧᔭ ᑭᑕ ᐅᐦᒋ ᑖᐯᐧᑕᒥᐱᐟ. ᓇᒪᐃᐧᔭ ᐃᐧᔭ ᑭ ᐁᐘᑯᓂᐃᐧᐤ ᐊᓂᒪ ᐋᐧᐢᑌᐤ ᒫᑲ ᑭ ᐯ ᐃᓯᑎᓴᐋᐧᐤ ᑭᑕ ᐯ ᐋᑐᑕᕽ ᐊᓂᒪ ᐋᐧᐢᑌᐤ. ᐁᐘᑯ ᑖᐯᐧ ᐋᐧᐢᑌᐤ, ᐃᔮᓴᐢᑲᑯᓯᐠ (ᐦ) ᐊᐱᓯᐱᓂᐊᐧᐠ ᑳ ᐯ ᐱᑐᑫᓯᐠ ᐅᑕ ᐊᐢᑭᕽ. ᐊᐢᑭᕽ ᐃᓴ ᑭ ᐊᔮᐤ, ᐃᐧᔭ ᒫᑲ ᑭ ᐅᓯᐦᑖᐤ ᐊᐢᑭ, ᓇᒪᐃᐧᔭ ᒫᑲ ᑭ ᑭᐢᑫᔨᒥᐠ ᐊᐢᑭ. ᑭ ᐯ ᓈᑌᐤ ᑳ ᑎᐯᔨᒫᐟ, ᒫᑲ ᓇᒪᐃᐧᔭ ᑭ ᐅᑎᓂᐠ ᑳ ᑎᐯᔨᒫᐟ. ᒫᑲ (ᐦ) ᑳ ᑭ ᐅᑎᓂᑯᐟ, ᐁᐘᑯᓂ ᑭ ᒥᔦᐤ ᐃᑕᑭᒥᑯᐃᐧᐣ ᑭ ᐅᑖᐧᓯᒥᓯᒥᓂᔨᐟ ᑭᓴᒪᓂᑐᐊᐧ, ᐊᓂᐃ ᐅᑎ ᑳ ᑖᐯᐧᔦᔨᑕᒥᔨᐟ ᐅ ᐃᐧᔦᐃᐧᐣ. ᐊᓂᑭ ᐁᑳ ᒥᑯᕽ ᑳ ᐅᐦᒋ ᓂᑖᐃᐧᑭᑭᐠ, ᐊᐦᐳ ᐁᑳ ᐱᐧᔮᓯᐃᐧ ᐃᑌᔨᑕᒧᐃᐧᓂᕽ, ᐊᐦᐳ ᐁᑳ ᐊᔨᓯᔨᓂᐃᐧ ᐃᑌᔨᑕᒧᐃᐧᓂᕽ, ᑭᓴᒪᓂᑐᕽ ᐱᑯ ᐅᐦᒋ. ᐃᑌᐃᐧᐣ ᑭ ᐃᐧᔮᓯᐃᐧᐤ, ᒥᓇ ᑭ ᑭ ᐃᐧ ᐊᔮᒥᑯᓇᐤ (ᐁ ᑭ ᐊᐧᐸᑕᒪᕽ ᒫᑲ ᐅ ᑭᐢᑌᔨᑖᑯᓯᐃᐧᐣ, ᐅ ᑭᐢᑌᔨᑖᑯᓯᐃᐧᐣ ᐅ ᐯᔮᑯᑯᓯᓴᓇ ᐁᐧᔦᐧᑖᐃᐧᕽ), ᐁ ᓵᐢᑭᓃᐢᑲᑯᐟ ᑭᓴᐋᐧᑎᓯᐃᐧᐣ ᒥᓇ ᑖᐯᐧᐃᐧᐣ.

ᓭᐣᐟ ᐃᐢᑎᐱᐣ ᐅ ᑭᓯᑳᑦ.

ᐊᔭᒥᐋᐧᐃᐧᐣ.

ᐃᑌᐳᑕ ᑌᐯᐳᑭᑫᔭᐣ, ᑖᐦᑖᐤ ᐃᔮᐳᒥᐃᑲᐃᐧᔮᐠ ᐅᑕ ᐊᐢᑭᕽ ᐁ ᐋᐧᐸᑎᐳᐁᐧᔮᐟ ᑭ ᑖᐯᐧᐃᐧᐣ ᐅᐦᒋ, ᑭᑕ ᑭ ᒪᐢᑲᐃᐧ ᐃᑖᐱᔮᕽ ᑭᐦᒋᑭᓯᑯᕽ, ᒥᓇ ᑖᐯᐧᑕᒧᐃᐧᐣ ᐅᐦᒋ ᑭᑕ ᑲᓇᐋᐧᐸᑕᒫᕽ ᐊᓂᒪ ᑭᐢᑌᐳᑖᑯᓯᐃᐧᐣ ᑫ ᓄᑖᐧᑲᐃᐧᔮᕽ, ᒥᓇ ᐁ ᓵᑲᐢᑭᓃᐢᑲᑯᔮᕽ ᑳ ᑲᓈᑎᓯᐟ ᐋᐧᒫᕽ ᑭᑕ ᑲᐢᑭᑖᔮᕽ ᑭᑕ ᒥᔦ ᑭᑐᑖᔮᐠ ᑳ ᒫᐳᑐᑖᑯᔮᐠ, ᐁ ᑭᐢᑭ-

ᓇᐚᐸᒫᔮᕽ ᐊᓇ ᓂᐢᑕᐨ ᑳ ᑭ ᐅᐦᒋᓇᑎᐦᐟ ᐅᐟ ᐊᔭᒥᐋᐃᐧᐣ ᓭᐣᐟ ᐃᐢᑎᐱᐣ, ᑳ ᐤ ᐊᔭᒥᐁᐢᑕᒫᐧᐟ ᐊᓂᐃ ᑳ ᑭ ᓂᐸᐃᑯᐟ ᐁ ᒪᐃᐧᒍᐢᑖᐢ ᑭᔭ ᑳ ᑭᓴᐚᐧᑎᓯᔮᐣ ᓴᐢ, ᑳ ᓂᐸᐃᐧᐊᐧᐟ ᐅ ᑭᐦᒋᓂᐢᑭᕽ ᑭᓴᒪᓂᑐ ᑭᑕ ᐃᐧᒋᐊᒋᐠ ᑲᑭᔮᐤ ᐊᓂᑭ ᑳ ᐚᐳᒥᐃᐦᒋᐠ ᑭᔭ ᐅᐦᒋ, ᑳ ᐯᔭᑯᔮᐣ ᐁ ᓇᐣᑌᐢᑕᒪᐃᐧᔮᕽ ᒥᓇ ᐁ ᓈᑕᒪᐃᐧᔮᕽ. ᔫᒣᐣ.

ᑭᐦᒋᒪᓯᓇᐊᒫᑫᐃᐧᐣ ᐁᑕᑭᐦᑌᐠ. ᐃᔨᒋᑫᐃᐧᓇ vii. 55.

ᐃᐢᑎᐱᐣ ᐁ ᒍᐢᑭᓃᐟ ᑳ ᑲᓇᑎᓯᐳᐟ ᐋᒀᐦᑲᐧ, ᐃᐢᐱᒥᕽ ᓱᐦᑭ ᑭ ᐃᑖᐱᐤ, ᐁᑯᓯ ᐤ ᐚᐸᐦᑕᐨ ᑭᓴᒪᓂᑐᐘ ᐅ ᑭᐢᑌᐳᑖᑯᓯᐃᐧᓂᐳᐤ, ᒥᓇ ᒋᓴᓴ ᐁ ᓂᐸᐃᐧᐳᐟ ᐅ ᐅᐦᒋᓂᐢᑭᐳᕽ ᑭᓴᒪᓂᑐᐘᐧ, ᑭ ᐃᑌᐧᐤ ᒫᑲ, ᒋᐢᐟ, ᓂ ᐚᐸᑌᐣ ᑭᐦᒋ ᑭᔨᐠ ᐁ ᔪᐢᓂᑳᑌᐠ, ᒥᓇ ᐃᐳᓂᐃᐧᑯᓯᔫᐣ ᐁ ᓂᐸᐃᐧᐟ ᑭᓴᒪᓂᑐᐘᐧ ᐅ ᑭᐦᒋᓂᐢᑭᐳᕽ. ᒫᑲ ᐤ ᒥᐢᑕᐦᐃ ᑌᐯᐧᐊᐧᐠ, ᒥᓇ ᐁ ᑭ ᑭᐱᑕᑕ ᑫᓂᓱᒋᐠ ᐁᑯᓯ ᐁ ᑭ ᒫᒪᐃ ᒍᐢᑭᐢᑕᐚᐧᒋᐠ; ᑭ ᐊᐧᔭᐃᐧᐁᐧᐱᓄᐊᐧᐠ ᒫᑲ ᐅᑌᓈᕽ ᐅᐦᒋ, ᐁᑯᓯ ᐁ ᑭ ᐱᒫᐧᐱᐢᑲᐚᒋᐠ: ᐊᓂᑭ ᒫᑲ ᐅᑖᒋᒍᐊᐧᐠ ᑭ ᐊᐢᑖᐊᐧᐠ ᐅᐢᑯᑖᑲᐚᐧᐊᐧ ᐅᔨᑎᐳᕽ ᐅᐢᑭᓂᑭᐊᐧ ᓵᐢ ᐁ ᐃᔨᐳᑳᓱᐳᐟ. ᑭ ᐱᒫᐧᐱᐢᑲᐁᐊᐧᐠ ᒫᑲ ᐄᐢᑎᐱᓇ, ᐁ ᒪᐃᐧᒍᐢᑕᐚᐧᐳᐟ ᑳ ᑎᐯᐳᒋᑫᐳᐟ, ᐁ ᐃᑌᐧᐳᐟ, ᑌᐯᐳᒋᑫᔮᐣ ᒋᓴᐢ, ᐅᑎᐣ ᓂᐟ ᐊᐦᒐᕽ. ᑭ ᐅᒋᐦᒋᑲᐧᓇᐱᐤ ᒫᑲ, ᒥᓇ ᑭ ᐃᔨ ᒪᐃᐧᒍᐢᒋᑫᐤ ᐁ ᑭᓯᐁᐧᐟ, ᑌᐯ ᒋᑫᔮᐣ, ᐁᑳᐃᐧᔭ ᐅᒪ ᒪᒋᐃᑎᐃᐧᐣ ᐊᑭᑕᒪᐃᐧᐠ. ᐃᐢᐱ ᒫᑲ ᐅᒪ ᑳ ᐃᑌᐧᐟ, ᑭ ᑲᐃᐧᑲᐧᓯᐤ.

ᒥᐋᐧᒋᒍᐃᐧᐣ. ᓭᐣᐟ ᒫᓭ xxiii. 34.

ᒫᑎᑲ, ᑭᐟ ᐃᔨᑎᓴᐊᒫᑎᓈᐚᐤ ᐅᑭᐢᑭᐁᐧᐃᑫᐊᐧᐠ, ᒥᓇ ᐃᐳᓂᓯᐃᐧ ᐊᐳᓯᐳᓂᐊᐧᐠ, ᒥᓇ ᒪᓯᓇᐃᑫᐃᐧᐳᓂᐊᐧᐠ; ᐋᑎᐟ ᒪᑲ ᑭ ᑲ ᓂᐸᐋᐚᐧᐊᐧᐟ ᒥᓇ ᑭ ᑲ ᒋᐢᑖᐢᑳᐧᒑᐧᐋᐧᐊᐧᐠ; ᒥᓇ ᐋᑎᐟ ᑭ ᑲ ᐸᐸᓴᐢᑌᐋᐧᐋᐧᐊᐧᐠ ᑭᐟ ᐊᔭᒥᐃᐁᐧᑲᒥᑯᐋᐧᕽ, ᒥᓇ ᑭᑕ ᐋᔮᓱᐃᐧ ᑲᑳᐧᑕᑭᐊᐩᑲᐧᐤ ᓇᓇᑐᕽ ᐅᑌᓇᕽ. ᑭᔮᐋᐧᐤ ᒫᑲ ᑭᑕ ᐸᑲᒥᐢᑲᑯᐩᐠ ᑲᑭᔮᐤ ᐊᓂᒪ ᑲᐧᔭᐢ ᐃᔨᒍᐧᐱᔨᐃᐧᓂ ᒥᐦᑯ ᑳ ᓯᑭᓂᑳᑌᐠ ᐊᐢᑭᕽ, ᐊᓂᑕ ᐅᐦᒋ ᐅ ᒥᐦᑯ ᑲᓈᑎᓯᐃᐧ ᐁᐱᐩ ᐱᐳᐢ ᐅ ᒥᐦᑯ ᓵᑳᐋᔮᐢ ᐅᑯᓯᓴ ᐹᐊᑳᔮᐢ, ᑳ ᑭ ᓂᐸᐦᐋᐩᐠ ᑖᐢᑕᐚᐧᐳᕽ ᑭᐦᒋ ᐊᔭᒥᐁᐃᐧᑲᒥᑯᕽ ᒥᓇ ᐸᑭᑎᓇᓯᐃᐧᓇᐱᐢᑯᕽ. ᑖᐯᐧ ᑭᐟ ᐃᑎᓈᐚᐤ, ᑲᑮᔮᐤ ᐅᐃ ᑫᑳᔭ ᑭᑕ ᐸᑲᒥᐢᑲᑲᐧᐠ ᐅᑯ ᑳ ᐊᓂᐢᑫ ᐱᒫᑎᓯᒋᐠ. ᐋ ᒉᐅᓵᓴᐠ, ᒉᐅᓵᓴᐠ, ᑭᔭ ᑳ ᓂᐸᐊᒋᐠ ᐅᑭᐢᑭᐁᐧᑫᐊᐧᐠ ᒥᓇ ᑳ ᐱᒫᐧᐱᐢᑲᐊᒋᐠ ᑳ ᑭ ᐯ ᐃᔨᑎᓴᐊᒫᑲᐃᐧᔮᐣ, ᑖᓂᑕᐦᑖᐧᐤ ᑳ ᐋᑕ ᐃᐧ ᒫᒪᐃᐧ ᒫᐊᐧᒋᐊᒋᐠ ᑭᐟ ᐊᐋᐧᓯᒥᓴᐠ, ᑖᐱᐢᑯᐨ ᒥᓯᔮᐤ ᑳ ᐃᔨ ᒫᐊᐧᒋᐋᐧᐟ ᐅ ᒥᓯᔮᓯᓯᒪ ᓯᐋ ᐅᑕᑲᐧᓂᕽ, ᒫᑲ ᓇᒪᐃᐧᔭ ᑭᐟ ᐃᑌᐳᑌᓈᐚᐤ! ᒋᐢᐟ ᒫᑲ, ᑭ ᐋᐧᐢᑲᐃᑲᐣ ᑭ ᓇᑲ ᒫᑲᐃᐧᐣ ᐁ ᐱᔨᓯᑳᐧᐢᑌᐠ. ᒋᑫᒪ ᓂᔭ ᑭᐟ ᐃᑎᓇᐋᐧᐤ, ᓇᒪᐃᐧᑳᐨ ᒥᓇ ᑭ ᑲ ᐋᐧᐸᒥᓇᐋᐧᐤ, ᐋᑎᒫ ᐱᑯ ᐃᑌᐧᔦᑯ, ᓴᔪᐧᐳᑖᑯᓯᐤ ᑳ ᐯ ᐃᑐᑌᐟ ᑳ ᑎᐯᐳᒋᑫᐟ ᐅᐟ ᐃᔨᐳᑳᓱᐃᐧᓂᕽ

ᓭᐣ ᒑᐣ ᐅᒥᔮᐧᑭᒧ ᐅ ᑭᓯᑳᑦ.

ᐊᔭᒥᐹᐃᐧᐣ.

ᑫᓭᐋᐧᑎᓯᔭᐣ ᑌᐯᓕᒋᑫᔭᐣ, ᑭ ᐸᑯᓭᓕᒥᑎᓈᐣ ᑭᑦ ᐋᐧᐢᑌᓇᒪᐊᐧᒋᐠ ᑲᑭᔭᐤ ᐅᑕ-
ᔮᒥᐋᐊᐧᐠ ᑭ ᑭᐦᒋ ᐋᐧᐢᑌᐤ ᐅᐦᒋ, ᐁᑯᓯ ᐁ ᐋᐧᐢᑌᓈᒪᑯᒋᐠ ᐅ ᑲᑫᐢᑭᒥᐁᐧᐃᐧᓂᓕᐤ
ᑳ ᑭ ᓴᐁᐧᓕᑖᑯᓯᐟ ᑭᐟ ᐃᓯᑎᓴᐋᐧᑲᐣ ᒥᓇ ᑭ ᒥᔮᐧᑭᒧᐃᓕᓂᑦ ᓭᐣ ᒑᐣ ᑭᑦ ᐃᓯ
ᐱᒧᑌᒋᐠ ᐋᐧᐢᑌᕽ, ᑭ ᑖᐯᐧᐃᐧᓂᕽ ᐅᑎ, ᐱᓕᐢ ᑭᑦ ᐅᑎᐦᑕᑭᐠ ᑲᑭᑫ ᐱᒫᑎᓯᐃᐧᐣ;
ᐃᐧᔭ ᐅᐦᒋ ᒋᓴᐢ X ᑳ ᑎᐯᓕᒥᑯᔮᕽ. ᐋᒣᐣ.

ᑭᐦᒋᒪᓯᓇᐊᒫᑫᐃᐧᐣ. ᓂᐢᑕᑦ ᒑᐣ i. 1.

ᐊᓇ ᒥᒋᒪᐨ ᐅᐦᒋ ᑳ ᑭ ᐊᔮᐟ, ᐊᓇ ᑳ ᑭ ᐯᐦᑕᐋᐧᔮᕽ, ᐊᓇ ᑳ ᑭ
ᐊᐸᒫᔮᕽ ᓂᐢᑭᓯᑯᓈᓇ ᐅᐦᒋ, ᑳ ᑭ ᑲᓇᐋᐧᐸᒫᔮᕽ, ᒥᓇ ᑳ ᑭ ᓵᒥᓈᔮ,
ᐱᒫᑎᓯᐃᐧ ᐃᑌᐧᐃᐧᐣ ᐅᐦᒋ (ᐱᒫᑎᓯᐃᐧᐣ ᒫᑲ ᑭ ᓅᑯᓯᐤ, ᒥᓇ ᓂ ᑭ ᐋᐧᐸ-
ᒫᓈᐣ ᒥᓇ ᓂᐟ ᐋᒋᒫᓈᐣ ᒥᓇ ᑭ ᐃᐧᑕᒫᑎᓈᐣ, ᐊᓇ ᑳᑭᑫ ᐱᒫᑎᓯᐃᐧᐣ, ᑳ ᑭ
ᐃᐧᒋ ᐊᔮᒥᑯᐟ ᐁᐧᔫᑖᐃᐧᕽ, ᒥᓇ ᑳ ᑭ ᐋᐧᐸᑕᐃᑲᐃᐧᔮᕽ) ; ᐊᓇ ᑳ ᑭ ᐋᐧᐸᒫᔮᕽ
ᒥᓇ ᑳ ᑭ ᐯᑕᐋᐧᔮᕽ ᑭ ᐃᐧᑖᒥᓈᐣ ᑭᔭᐋᐧᐤ ᒥᓇ, ᑭᐢᑕᐋᐧᐤ ᑭᑦ ᐃᐧᒣᐃᐧᔮᕽ;
ᐁᐦᐁ, ᐁᑯᓯ ᒪᑲ ᑭ ᐃᐧᒣᐋᐧᓇᐤ ᒥᓇ ᐁᐧᔫᑖᐃᐧᕽ ᒥᓇ ᐅᑯᓯᓴ ᒋᓴᐢ X ; ᐅᐃ
ᒫᑲ ᑭ ᒪᓯᓇᐊᒫᑎᓈᐣ ᑭ ᒪᒪᑖᑯᓯᐃᐧᓂᐋᐧᐤ ᒥᑐᓂ ᑭᑦ ᑎᐱᐸᓕᐠ. ᐁᐊᐧᑯ ᒫ-
ᐅᒪ ᐃᑌᐧᐃᐁᐧᐃᐧᐣ ᑳ ᑭ ᐯᑕᒧᓯᓄᔮᕽ ᒥᓇ ᑳ ᐃᐧᑕᒫᑖᕽ ᑭᓭᒪᓂᑐ ᐁ ᐋᐧᐢᒍ
ᐣᐧᓂᐃᐧᐟ ᒥᓇ ᐃᐧᔭ ᐁᑲ ᓈᐣᑕᐤ ᐊᐧᓂᒣᐱᐢᑳᐤ ᐁ ᑭᑭᐢᑳᑯᐟ. ᑭᐢᐱᐣ ᓂ ᐃᐧᒣᐋᐧᑦ
ᑭᐟ ᐃᑖᐧᓈᓇᐤ ᐁ ᐱᒧᑌᔮᕽ ᒫᑲ ᐸᐧᓂᑎᐱᐢᑲᕽ, ᑭ ᑭᔮᐢᑭᓈᓄᐤ ᒥᓇ ᓇᒪᐃᐧᔭ
ᑖᐯᐧᐃᐧᐣ ᑭᐟ ᐃᐦᑐᑎᓈᓇᐤ; ᒫᑲ ᑭᐢᐱᐣ ᐋᐧᐢᑌᕽ ᑭ ᐱᒧᑖᓈᓇᐤ ᑖᐱᐢᑯᐨ ᐃᐧᔭ
ᐋᐧᐢᑌᕽ ᑳ ᐊᔮᐟ (ᐃᐧᒣᐋᐧᑲᓂᑐᓈᓇᐤ ᒥᓇ ᐅ ᒥᐦᑯᓕᐤ ᒋᓴᐠ ᐅᑯᓯᓴ ᑭ ᐯᑭᐃᑯ-
ᐋᐧᓈᓇᐤ ᑲᑭᔭᐤ ᒪᒋᐃᐦᑎᐃᐧᓂᕽ ᐅᐦᒋ. ᑭᐢᐱᐣ ᓇᒪᐃᐧᔭ ᓂᐟ ᐊᔮᓈᐣ ᒪᒋᐃᐦᑎᐃᐧᐣ
ᑭᐟ ᐃᑖᐧᓈᓇᐤ ᑭ ᒋᓯᒥᓱᓇᐤ ᒥᓇ ᓇᒪᐃᐧᔭ ᑖᐯᐧᐃᐧᐣ ᑭ ᑭᑭᐢᑳᑯᓈᓇᐤ. ᒫᑲ
ᑭᐢᐱᐣ ᑭᐟ ᐋᒋᒧ ᓇᐤ ᑭ ᒪᒋᐃᐦᑎᐃᐧᓂᓇᐊᐧ ᐃᐧᔭ ᑖᐯᐧᐤ ᒥᓇ ᑲᐧᔮᐢᑳᐧᑎᓯᐤ ᑭᑦ
ᐊᓴᓇᒫᑕᕽ ᑭ ᒪᒋᐦᑎᐃᐧᓂᓇᐊᐧ ᒥᓇ ᑭᑦ ᐯᐦᑭᐃᑯ ˣ ᑲᑭᔭᐤ ᐁᑳ ᑲᐧᔮᐢᑳᐧᑎᓯᐃᐧᐣ
ᐅᐦᒋ. ᑭᐢᐱᐣ ᑭᐟ ᐃᑖᐧᓈᓇᐤ ᐁᑳ ᐁ ᑭ ᐅᐦᒋ ᒪᒋᐃᐦᑎᔮᕽ ᑭᔮᐢᑭᐣ ᑭᐟ
ᐃᓯᐋᓇᐤ ᐁᑯᓯ ᐅᐟ ᐃᑌᐧᐃᐧᐣ ᓇᒪᐃᐧᔭ ᑭ ᑭᑭᐢᑳᑯᐋᐧᓇᐤ.

ᒥᐋᐧᒋᒧᐃᐧᐣ. ᓭᐣ ᒑᐣ xxi. 19.

ᒋᓴᐢ ᑭ ᐃᑌᐤ ᐱᑕᐊ, ᐱᒥᑎᓴᐦᐅᐣ. ᐱᑕ ᒫᑲ, ᐁ ᑫᐧᐢᑭᑳᐸᐱᐧᐟ, ᐋᐧᐸᒣᐟ
ᐊᓂᐃ ᑭᐢᑭᓅᐊᒪᐋᐧᑲᓇ ᒋᓴᐢ ᑳ ᓵᑭᐋᐧᐟ ᐁ ᐯ ᐱᒥᑎᓴᐃᑫᓕᐟ; ᐊᓇ ᒥᐅ

ᑭ ᐋᓯᓯ ᒧᐟ ᐋᐧᐢᑭᑲᓂᔩᕽ ᐁ ᑎᐱᐢᑭᓅᑫᐧᒋᐠ, ᒥᓇ ᑳ ᑭ ᐃᑌᐧᐟ, ᑌᐯᔨᒋᑫᔭᐣ. ᐊ ᐧᓇ ᑳ ᐊᐧᔕᓯᐸᑭᑎᓂᐦᐠ? ᐱᑕᐢ ᒫᑲ ᐁ ᐋᐧᐸᒫᐟ ᐃᑌᐤ ᒋᓴᓴ, ᑌᐯᔨᒋᑫᔭᐣ, ᑲ: ᒫᑲ ᐊᐊᐧ ᓈᐯᐤ ᑫ ᐃᐦᑐᑕᕽ. ᒋᓴᐢ ᐃᑌᐤ, ᑭᐢᐱᐣ ᐃᑌᔨᑕᒫᐣ ᑭᑕ ᐯᐦ ᐃᔨᑯᕽ ᑭᑕ ᑕᑯᓯᓈᐣ, ᑫᑳ: ᑭᔭ ᐁᑯᑕ ᑫᓇᐋᐧᐸᒥᑯᔭᐣ? ᐯ ᐱᒥᑎᓴᐅᐣ ᑭᔭ. ᐅᒪ ᐃᑌᐧᐃᐧᐣ ᒫᑲ ᑭ ᐸᐸᒥᐸᔨᐤ ᒍᑳᐧᐨ ᐅᑭ ᐤᒋᐋᐧᒥᑐᒋᐠ, ᐊᓇ ᑭᐢᑭᓄᐊᒪᐋᐧᑲᐣ ᐁᑳ ᑭᑕ ᓂᐱᐟ: ᒫᑲ ᒋᓴᐢ ᓇᒪᐃᐧᔭ ᐅᐦᒋ ᐃᑌᐤ, ᐁᑳ ᑭᑕ ᓂᐱᔨᐟ; ᒫᑲ, ᑭᐢᐱᐣ ᐃᑌᔨᑕᒫᐣ ᑭᑕ ᐯᐦᐅᐟ ᐃᔨᑯᕽ ᑭᑕ ᑕᑯᓯᓈᐣ, ᑫᑳ: ᑭᔭ ᐁᑯᑕ ᑫᓇᐋᐧᐸᒥᑯᔭᐣ? ᐁᐊᐧᑯ ᐊᐊᐧ ᑭᐢᑭᓄᐊᒪᐋᐧᑲᐣ ᑳ ᐋᐧᑐᑕᕽ ᐅᐃ, ᒥᓇ ᑳ ᑭ ᒪᓯᓇᐸᕽ ᐅ[illegible]: ᐁᓯ ᑭ ᑭᐢᑫᔨᑌᓈᓇᐤ ᐅᐟ ᐋᒋᒧᐱᐃᐧᐣ ᐁ ᑖᐯᐧᒫᑲᓂᔨᐠ. ᐊᔮᐊᐧ ᒫᑲ ᒥᐦᒉᐟ ᑯᑕᑲ ᒋᓴᐢ ᑳ ᑭ ᑐᑕᕽ, ᐁᐊᐧᑲᐧᓂ ᑭᐢᐱᐣ ᑲᑭᔭᐤ ᒪᓯᓇᐃᑳᑌᑭ ᐊᐦᐸ ᐁᑐᑫ ᒪᐋᐧᐨ ᐊᐢᑭᕽ ᑭᑕ ᑌᐸᐢᑎᓈᐧ ᒪᓯᓇᐃᑲᓇ ᑭᑕ ᒪᓯᓇᐃᑳᑌᑭ.

ᐊᐱᐢᑕᐋᐧᓯᓴᐠ ᐅ ᑭᓯᑳᒥᐋᐧᐤ.

ᐊᔭᒥᐦᐋᐃᐧᐣ.

ᒋᔖᐧᑳᑎᓯᔭᐣ ᒋᓴᒪ ᑐ, ᑭᔭ ᐅᑐᓂᐋᐧᕽ ᐅᐦᒋ ᐅᐢᑳᐧᓯᓴᐠ ᒥᓇ ᐅᓄᐦᑐᐊᐧᐠ ᑳ ᐅᔭᑭᐦᑕᒪᐣ ᒪᐢᑲᐃᐧᓯᐃᐧᐣ, ᒥᓇ ᑳ ᑭ ᐃᓯᐊᒋᐠ ᐅᐢᑳᐧᓯᓴᐠ ᑭᑕ ᒪᒥᐦᒋᐃᐢᑭᐠ ᐅ ᓂᐳᐃᐧᓂᐋᐧᕽ, ᓵᑯᒋᑖ ᒥᓇ ᓂᐸᐦᑖ ᑲᑭᔭᐤ ᒪᒋᐃᐦᑎᐃᐧᐣ ᐱᐦᒋ ᓂᔭᐃᐧᓈᕽ ᒥᓇ ᓯᑐᓈᐣ ᑭ ᓂᓯᑲᓄᑫᐃᐧᐣ ᐅᐦᒋ, ᐁᑯᓯ ᐁ ᐯᑲᕽ ᓂ ᐱᒫᑎᓯᐎᐃᐧᓂᓈᐣ ᒥᓇ ᐁ ᐋᔭᑕᕽ ᓂ ᑖᐯᐧᑕᒧᐃᐧᓂᓈᐣ, ᐱᔨᐢ ᓂᐳᐃᐧᓂᕽ ᐃᑯ ᑭᑕ ᑭ ᑭᐢᑌᔨᑕᑯᐃᑖᕽ; ᐃᐧᔭ ᐅᐦᒋ ᒋᓴᐢ X ᑳ ᑎᐯᔨᒥᑯᔮᕽ. ᐋᒣᐣ.

ᑭᐦᒋᒪᓯᓇᐊᒫᑫᐃᐧᐣ. ᑭᐢᑫᔨᑖᑯᑫᐃᐧᐣ xiv. 1.

ᐁᑯᓯ ᓂ ᑭ ᐃᑖᐱᐣ ᐸᑎ ᒫᑲ, ᐊᓇ ᒫᔭᑎᑯᓯᐢ ᑭ ᓂᐸᐃᐧᐤ ᔮᔭᐣ ᐊᐧᒋᕽ ᐁ ᐃᐧᒉᐃᐧᑯᐟ ᒫᑲ ᒥᑖᑕᑐᒥᐢᓇᐤ ᒥᓇ ᓄᒥᑕᓇᐤ ᓄᐤ ᐊᔨᐋᐧᐠ ᐁ ᐋᔮᔨᐟ ᐅ ᐃᐧᔦᐃᐧᐣ ᒥᓇ ᐅ ᐃᐧᔦᐃᐧᓂᔨᐤ ᐆᑖᐃᐧᔭ ᐁ ᒪᓯᓇᐃᑳᑌᔨᑭ ᐅᐢᑎᑯᐋᐧᕽ. ᐁᑯᓯ ᓂ ᑭ ᐯᐦᑌᐣ ᐃᑌᐧᐃᐧᐣ ᑭᐦᒋ ᑭᓯᑯᕽ ᐅᐦᒋ ᑖᐱᐢᑯᐨ ᒥᐦᒉᐟ ᓂᐱᔭ ᐁ ᐯᑳᐧᑭ ᒥᓇ ᑖᐱᐢᑯᐨ ᐁ ᑭᓯᐁᐧᒋᐠ ᐁ ᑭᑐᒋᐠ; ᐁᑯᓯ ᐊᓂᒪ ᐃᑌᐧᐃᐧᐣ ᑳ ᐯᑖᒪᐣ ᑖᐱᐢᑯᐨ ᐅᐟ ᐃᑌᐧᐃᐧᓂᐋᐧᐤ ᐅᑭᑐᒋᑫᐊᐧᐠ ᐁ ᑭᑐᑖᒋᐠ ᐅ ᑭᑐᒋᑲᓂᐋᐧᐊᐧ; ᐁᑯᓯ ᓂᑲᒧᐊᐧᐠ ᒫᓇ ᐱᑯ ᐅᐢᑭ ᓂᑲᒧᐣ ᐅᑎᐢᑲᐋᐧᔨᕽ ᐊᓂᒪ ᑭᐦᒋ ᐊᐱᐃᐧᐣ ᒥᓇ ᐅᑎᐢᑲᐋᐧᔨᕽ ᐊᓂᑭ ᓄᐤ ᑳ ᐱᒫᑎᓯᒋᐠ ᐅᓯᒋᑲᓇᐠ ᒥᓇ ᐊᓂᑭ ᑳ ᓂᑲᓄᔨᑖᑯᓯᒋᐠ; ᓇᒪᐃᐧᔭ ᒫᑲ ᐊᐃᐧᔭᐠ ᐊᔨᓯᔨᓂᐤ ᑭ ᑲᐢᑭᑖᐤ ᑭᑕ ᑭᐢᑫᔨ ᕽ ᐁᐊᐧᑯ ᓂᑲᒧᐣ ᐱᓇ

ᐊᓂᑉ ᒦᑕᑐᒥᑕᓇᐤ ᒥᓇ ᓃᒥᑕᓇᐤ ᓃᐤ ᐊᔨᐚᐠ, ᐊᓂᑉ ᐅᑎ ᑳ ᑭ ᑭᐢᐱᓇᒋᐦᒋᐠ ᐊᐢᑭᕽ ᐅᐦᒋ. ᐁᐊᐧᑯᓂᐠ ᐅᑭ ᐁᑳ ᑳ ᑭ ᐅᐦᒋ ᐃᐧᔨᐱᐃᑯᒋᐠ ᐃᐢᑫᐧᐊᐧ ᒋᑫᒫ ᐅᐢᑭᔨᓂᐃᐧᐊᐧᐠ. ᐁᐊᐧᑯᓂᐠ ᐅᑭ ᑳ ᐸᐸᒥᑎᓭᐚᐧᒋᐠ ᒫᔭᑎᓯᐢ ᐱᑯ ᐃᑌ ᐁ ᐋᔨᑐᑌᔨᐟ. ᐅᑭ ᑭ ᑭᐢᐱᓇᒌᐊᐧᐠ ᐊᔨᓯᔨᓈᕽ ᐅᐦᒋ ᑭᑕ ᓂᑳᓂ ᒥᓂᓯᐃᐧᐃᐧᓂᒋᐠ ᒋᓴᒪᓂᐤ ᐃᓯ ᒥᓇ ᒫᔭᑎᑯᓯᐢ ᐃᓯ. ᓇᒪ ᑫᑲ: ᒫᑲ ᑮᔮᐢᑭᐃᐧᐤ ᑭ ᒥᐢᑳᒪᐤ ᐅᑐᓂᐚᐧᕽ; ᓇᒪ ᓈᐤᑕᐤ ᒫᔨᓈᑯᒋᑫᐊᐧᐠ.

ᒥᐚᐧᒋᒧᐃᐧᐤ. ᓴᐤᐟ ᒫᐟᐧ ii. 13.

ᐅᑭᓯᑯᒪ ᑳ ᑎᐯᔨᐦᒋᑫᐟ ᑭ ᓄᑯᐃᓯᐢᑖᐁᐧᔨᐊᐧ ᔫᓯᑊᐊ ᐸᐚᐧᒥᐃᐧᓂᕽ, ᐁ ᐃᑕᐟ, ᐊᐧᓂᐢᑳ, ᒥᓇ ᐅᑎᐤ ᐅᐢᑲᐚᐧᓯᐢ ᒥᓇ ᐅᑳᐃᐧᔭ, ᐁᑯᓯ ᐃᒋᐦᑎᕽ ᐃᑖᒍ, ᐁᑯᑌ ᒫᐣ ᐊᔮ ᐃᔨᑯᕽ ᒥᓇ ᑭᑕ ᐃᐧᑕᒫᑑ; ᒋᑫᒫ ᐦᐁᕒᐊᐟ ᑭᑕ ᓇᓈᑐᓇᐁᐧᐤ ᐅᐢᑲᐚᐧᓯᐢ ᑭᑕ ᓂᓯᐊᐧᓈᒋᐚᐧᐟ. ᐃᐢᐱ ᒫᑲ ᑳ ᐊᐧᓂᐢᑳᐟ, ᑭ ᐅᑎᓃᐤ ᐅᐢᑲᐚᐧᓯᐢ ᒥᓇ ᐅᑳᐃᐧᔨᐚᐧ ᐁ ᑭᐧᑳ ᑎᐱᐢᑳᔨᐢ, ᐃᒋᐦᑎᕽ ᐁ ᑭ ᐃᓯ ᓯᐯᐧᑌᐟ: ᐁᑯᑌ ᒫᑲ ᑭ ᐊ ᐤ ᐱᔨᐢ ᐁ ᑭ ᓂᐱᔨᐟ ᐁᕒᐊᑕ: ᑭᑕ ᑎᐸᔨᔨᐢ ᑳ ᑭ ᐃᑌᐤ ᑳ ᑎᐯᔨᒋᑫᐟ ᐅᑭᐢᑭᐁᐧᐃᑫᐊᐧ ᐅᐦᒋ, ᐁ ᐃᑌᐤᐟ, ᐃᒋᐦᑎᕽ ᐅᐦᒋ ᓂ ᑭ ᓇᑐᒫᐤ ᓂᑯᓯᐢ. ᐁᑯᓯ ᐁᕒᐊᐟ, ᐃᐢᐱ ᑳ ᐚᐧᐸᑕᕽ ᐁ ᐸᐹᐱᓄᑖᑐᐟ ᐃᔨᓂᓯᐃᐧᔨᓂᐊ, ᐊᔨᐚᐧ ᒥᐢᑕᐃ ᑭ ᑭᓯᐚᐧᓯᐤ, ᐁᑯᓯ ᐃᓯᑎᓴᐅᐁᐧᐤ ᐁ ᑭ ᓂᐸᐚᐧᐟ ᒫᑲ ᑳᐦᑭᔮᐤ ᓇᐯᐸᐚᐧᓯᐢ ᐯᕒᐃᔭᒥᕽ ᑳ ᐊᔮᔨᐟ, ᒥᓇ ᒥᓯᐁᐧ ᐚᐧᐢᑳ ᐁᑯᑕ ᑳ ᐊᔮᔨᐟ, ᐁ ᓂᓯ ᐱᐳᓃᐁᐧᔨᐟ ᒥᓇ ᓄᑕᐤ, ᐃᐢᐱ ᐃᓴ ᐱᑯ ᐅᐦᒋ. ᐊᓂᒪ ᒥᑐᓂ ᑳ ᑭ ᑲᑫᐧᒋᒫᐟ ᐃᔨᓂᓯᐃᐧᔨᓂᐊ. ᐁᑯᐢᐱ ᒫᑲ ᑳ ᒋᐱᐸᔨᐢ ᐊᓂᒪ ᑳ ᑭ ᐃᑌᐤᐟ ᔦᕒᐃᒪᔭ ᐅᑭᐢᑭᐁᐧᐃᑫᐤ ᐁ ᐃᑌᐤᐟ, ᐊᓂᑕ ᕒᐁᒪ ᑭ ᒪᑌ ᐯᑖᑯᓯᓈᓂᐃᐧᐤ, ᑭᓯᓈᑌᐧᒧᐃᐧᐣ, ᒥᓇ ᒫᑐᐃᐧᐣ, ᒥᓇ ᑭᐦᒋ ᑳᑲᐧᑕᐧᑌᐧᒧᐃᐧᐣ, ᕒᐁᒋᓫ ᐁ ᒪᐃᐧᑳᑎᐟ ᐅᐟ ᐊᐋᐧᓯᒥᓴ, ᒥᓇ ᓇᒪᐃᐧᔭ ᑭ ᐃᐧ ᑳᑭ ᐦᐃᑯᓯᐤ, ᒋᑫᒫ ᐁᑳ ᐁ ᐃᐦᑖᔨᐟ.

ᐊᓭᒥᐁᑭᓯᑳᐤ ᐊᐢᑯᐦ- ᑲᕒᐃᐢᒪᐢ ᑭᓯᑳᐤ.

ᐊᓭᒥᐋᐃᐧᐣ.

ᒫᒪᐁᐧᔮᐢ ᓯᓵᑲᑎᓯᔫ ᑭᓴᒪᓂᐤ, ᑳ ᑭ ᒥᔨᔮᕽ ᑳ ᐯᔭᑯᐟ ᑭᑯᓯᐢ ᑭᑕ ᐅᑎᓇᕽ ᓂᐟ ᐃᓯ ᐊᔮᐃᐧᓂᓈᐤ, ᒥᓇ ᐅᒪ ᐁ ᐃᐦᒋᓂᔨᐢ ᑳ ᑭ ᓂᐦᒌ ᐧᑭᐃᑯᐟ ᐅᐢᑭᓂᑭᐢᑫᐧᐊᐧ; ᐃᑌᔨᑕ ᓂᔮᓈᐤ ᐁ ᐅᐢᑭ ᓂᒑᐃᐧᑭᐃᑲᐱᐃᐧᔮᕽ, ᒥᓇ ᑭᐟ ᐊᐋᐧᓯᒥᓯᐢ ᐁ ᐃᓯᐃᑲᐃᐧᔮᕽ ᐁ ᒌᐸᒋᒥᔮᕽ ᒥᓇ ᐁ ᐅᓯᑲᒪᐃᐧᔮᕽ. (ᐦ) ᑭᓯᑳᐤ ᑭᑕ ᐅᐢᑭ ᓂᒑᐃᐧᑭᐃᑯᔮᕽ ᑳ ᑳᓇᑎᓯᐟ ᑭᐟ ᐊᐦᒫᕽ; ᐃᐧᔭ ᐅᐦᒋ ᑳ ᑎᐯᔨᒥᑯᔮᕽ ᒋᓴᐢ X,

ᑳ ᐱᒫᑎᓯᐟ ᒥᓇ ᑳ ᑎᐯᔨᒋᑫᐟ ᐊᓯᒋ ᑭᔭ ᒥᓇ ᑳ ᑲᓈᑎᓯᐟ ᐋᐄ᙮, ᑳᑭᑫ ᐯᔭᐠ ᒪᓂᑐ, ᐃᔑᑯ᙮ ᑫ ᓈᐢᐱᒋ ᐊᐢᑐᐊᐧ᙮. ᐋᒣᐣ.

ᑮᐦᒋᒪᓯᓇᐊᒫᑫᐃᐧᐣ. ᑲᓪᐁᓯᔭᓇ iv. 1.

ᒫᑲ ᓂᐟ ᐃᑖᐣ ᐃᐢᑯ ᐁ ᐸ ᐋᓯᓯᐃᐧᐟ ᐊᐧᐊ ᐋᓂᐢᑫ ᐅᑎᐯᔨᑕᒧ, ᓇᒪᐃᐧᔭ ᐱᑐᐢ ᐃᑌᔨᑖᑯᓯᐤ ᐁᓯ ᐊᔮᐟ ᐊᑐᐢᑫᔮᑲᐣ, ᐋᑕ ᑲᑭᔭᐤ ᑫᑲ: ᐃᐧᔭ ᐁ ᑎᐯᔨᑕᕽ; ᒫᑲ ᑎᐯᔨᒥᐠ ᐅᑲᓇᐁᐧᔨᒥᐁᐧᐋᐧ ᒥᓇ ᐅᑲᓇᐁᐧᔨᑕᒫᑫᐊᐧ ᐃᐢᑯ ᐊᓂᒪ ᐃᔑᑯᕽ ᐁ ᐃᑕᑭᑕᒫᑯᐠ ᐅᐦᑖᐃᐧᔭ. ᐁᑯᓯ ᑮᔭᓇᐤ ᒥᓇ, ᒣᑲᐧᐨ ᐁ ᐊᐋᐧᓯᓯᐃᐧᔭᕽ, ᑭ ᑭ ᑎᐯᔨᒥᑯᓈᓇᐤ ᐊᓂᐃ ᑳ ᓂᐢᑕᒪᐢᑌᑭ ᐅᑕ ᐊᐢᑭᕽ: ᒫᑲ ᐃᐢᐱ ᒥᑐᓂ ᐁ ᐅᑎᒋᐸᔨᐠ ᐃᔑᑯᕽ, ᑭᓭᒪᓂᑐ ᑭ ᓯᐯᐧᑎᓴᐁᐧᐤ ᐅᑯᓯᓴ, ᐃᐢᑫᐧᕽ ᑳ ᑭ ᐅᐦᒋ ᓂᑖᐃᐧᑭᔨᐟ, ᒣᑲᐧ ᐅᔭᓯᐁᐧᐃᐧᓂᕽ ᐁ ᓂᑖᐃᐧᑭᔨᐟ, ᑭᑕ ᑎᐸᐃᑫᐢᑕᒪᐋᐧᐟ ᐊᓂᐃ ᐅᔭᓯᐁᐧᐃᐧᓂᕽ ᑳ ᐊᔮᔨᐟ, ᑭᑕ ᒥᔨᑲᐃᐧᔭᕽ ᐅ ᑖᐹᑯᒥᑯᐃᐧᓂᐋᐧᐤ ᐅᑯᓯᓯᒪᐊᐧᐠ. ᐁᑯᓯ ᒫᑲ ᐁ ᐅᑯᓯᓯᒫᐃ ᔦᐠ, ᑭᓭᒪᓂᑐ ᑭ ᐃᓯᑎᓴᐁᐧᐤ ᐅᐟ ᐊᒌᐦᒋᔨᐊᐧ ᐅᑯᓯᓴ ᑭᑌᐃᐧᓈᕽ, ᐁ ᐃᑕᑌᐧᒧᔨᐟ, ᐋᐸ, ᓅᐦᑖ. ᐁᑯᓯ ᒫᑲ ᓇᒪᐃᐧᔭ ᐊᐋᐧᓯᒣ ᑭᐟ ᐊᑐᐢᑫᔮᑲᓂᐃᐧᐣ. ᒫᑲ ᐅᑯᓯᓯᒫᐤ; ᑭᐢᐱᐣ ᒫᑲ ᐅᑯᓯᓯᒫᐤ ᐁᑲᐧ ᐋᓂᐢᑫ ᐅᑎᐯᔨᑕᒧ ᑭᓭᒪᓂᑐ ᐅᐦᒋ.

ᒥᐋᐧᒋᒧᐃᐧᐣ. ᓭᐣᐟ ᒫᑘ i. 18.

ᐅᒥᓯ ᒫᑲ ᑭ ᐃᐦᑭᓂᔮᐤ ᐅ ᓂᑖᐃᐧᑭᐃᐧᐣ ᒋᓭᐢ X; ᐃᐢᐱ ᐊᓂᐃ ᐅᑳᐃᐧᔭ ᒣᕒᐃᐊᐧ ᐁ ᑭ ᐊᓯᑕᒪᐋᐧᔨᐟ ᑭᑕ ᐃᐧᒣᐋᐧᔨᐟ ᒍᓯᐸ, ᒪᐧᔦᐢ ᐁ ᑭ ᓈᑎᑐᒋᐠ, ᑭ ᑭᐢᑫᔨᒫᐤ ᐁ ᐊᔭᐋᐧᐟ ᐊᐋᐧᓯᓴ ᑲᓈᒋ ᐊᐦᒑᑲᐧ ᐅᐦᒋ. ᐁᑯᓯ ᒍᓯᐟ ᐅ ᓈᐯᒪ, ᐁ ᑲᐧᔭᐢᐠ ᐃᓯᐁᐧᐱᓯᐃᐧ ᐊᔨᓯᔨᓂᐃᐧᐟ, ᒥᓇ ᐁᑳ ᐁ ᐃᑌᔨᑕᕽ ᑭᑕ ᒫᒪᐃᐧ ᑭᐢᑫᔨᑖᑯᐋᐧᐟ ᑭ ᐃᑌᔨᑕᐠ ᑭᒧᐨ ᑭᑕ ᐸᑭᑎᓈᐟ. ᒫᑲ ᐃᐢᐱ ᐸ ᒫᒥᑐᓀᔨᑕᕽ ᐅᐃ, ᒋᐢᐟ, ᐅᑭᓯᑯᒪ ᑳ ᑎᐯᔨᐦᒋᑫᔨᐟ ᑭ ᓄᑯᐃᓯᐢᑖᐠ ᐸᐋᐧᒧᐃᐧᓂᕽ, ᐁ ᐃᑌᐧᔨᐟ, ᒍᓯᐟ, ᑭᔭ ᐅᑯᓯᓴ ᑌᐱᐟ ᐁᑳᐃ ᔭ ᑯᐢᑕ ᑭᑕ ᐅᑎᓇᐟ ᒣᕒᐃ ᑭᐊᐧ; ᒋᑫᒫ ᐊᓂᐃ ᑳ ᐊᔮᐋᐧᐟ ᑲᓈᒋ ᐋᐦᒑᐦᑯᕽ ᐅᐦᒋᔨᐊᐧ.. ᑭᑕ ᓂᑖᐃᐧᑭᐁᐧᐤ ᒫᑲ ᑫ ᐅᑯᓯᓯᐟ, ᒋᓭᐢ ᒫᑲ ᑭ ᑲ ᐃᓯᔨᐦᑲᑖᐤ: ᒋᑫᒫ ᑭᑕ ᐱᒫᒋᐁᐤ ᐅᐟ ᐊᔨᓯᔨᓂᒪ ᐅ ᒪᒌᔨᐃᐧᓂᔨᕽ ᐅᐦᒋ. ᐁᑲᐧ ᒫᑲ ᑲᑭᔭᐤ ᐅᒪ ᑭ ᐃᐦᑭᐣ, ᑭᑕ ᑎᐱᐸᔨᐠ ᑳ ᑭ ᐃᑌᐧᐟ ᑳ ᑎᐯᔨᒋᑫᐟ ᐅᑭᐢᑭᐁᐧᐃᑫᐊᐧ ᐅᐦᒋ ᐁ ᐃᑌᐧᐟ, ᒋᐢᐟ, ᐅᐢᑭᓂᑭᐢᑫᐤ ᐊᐋᐧᓯᓴ ᑭᑕ ᐊᔮᐁᐧᐤ, ᐁᑯᓯ ᑭᑕ ᓂᑖᐃᐧᑭᐁᐧᐤ ᐅᑯᓯᓴ, ᐃᒫᓐᔪᐁᓫ ᒫᑲ ᑭᑕ ᐃᓯᔨᑳᑌᐊᐧᐠ; ᐁᐅᑯ ᐊᓂᒪ ᐁ ᐃᑌᐧᐢᑕᒪᐋᐧᑕᒥᕽ ᑭᓭᒪᓂᑐ ᑭ ᐃᐧᒣᐃᐧᑯᓇᐤ. ᐁᑯᓯ ᒍᓯᐟ ᐁ ᐊᐧᓂᐢᑲᐟ ᐅ ᓂᐹᐃᐧᓂᕽ ᐅᐦᒋ, ᑭ ᑐᑕᐠ ᐊᓂᒪ ᑳ ᑎᐯᔨᐦᒋᑫᔨᐟ ᐅᑭᓯᑯᒥᔨᐊᐧ ᑳ ᑭ ᐃᑎᑯᐟ, ᐁ ᑭ ᐅᑎᓈᐟ ᐃᐧᐊᐧ. ᓇᒪᐃᐧᔭ ᒫᑲ ᑭ ᐅᐦᒋ ᑭᐢᑫᔨᒣᐤ ᐹᑐᐢ ᐃᔑᑯᕽ ᑳ ᑭ ᓂᑖᐃᐧᑭᐋᐧᔨᐟ ᐅᑯᓯᓯᔨᐊᐧ; ᒋᓭᐢ ᒫᑲ ᑭ ᐃᓯᔨᑳᑌᐤ.

ᐅ ᓴᔆᑲᑦᓴᐧᔨᐃᐧᐃᐧᐣ X, ᐁᐊᐧᑯ ᐁ ᐅᐢᑭ ᐊᐢᑭᐊᐧᕽ ᑳ ᐃᑕᑭᑌᐠ.

ᐊᔭᒥᐋᐃᐧᐣ.

ᒫᐠ ᐁᐧᔭᐢ ᔨᐘᑳᑎᓯᔭᐣ ᑭᓴᒪᓂᐣ, ᑳ ᑭ ᐃᑌᔨᑕᒪᐣ ᑳ ᑭᐦᒋᒑᐧᐁᐧᔮᑯᓯᐟ ᑭᑯᓯᐢ ᑭᑕ ᓴᔆᑲᑦᓵᐧᔨᐃᐧᐃᐦᐟ, ᒥᓇ ᑭᑕ ᓇᓇᐃᑕᕽ ᐅᔭᓯᐁᐧᐃᐧᐣ ᐊᔮᓯᔮᓂᐊᐧ ᐅᐦᒋ; ᒥᔮᓈᐣ ᒉᐯᐧ ᐊᓛᐦᑯᐃᐧ ᐯᐦᑲᑎᓯᐃᐧᐣ, ᓂᑌᐦᐃᓈᓇ ᒥᓇ ᒥᓯᐍᐧ ᓂᔭᐃᐧᓈᓇ ᑭᑕ ᐃᐧ ᑭᒋᐢᑎᓂᑳᑌᐊᐧ ᑲᑭᔭᐤ ᐊᐢᑭᐃᐧ ᒥᓇ ᒥᔭᐃᐧ ᐸᐧᑳᐋᐧᑕᒧᐃᐧᓇ ᐅᐦᒋ; ᐁᑯᓯ ᑭᑕ ᑭ ᒥᓯᐁᐧ ᐃᓯ ᓇᓇᐃᐦ ᒫᕽ ᑳ ᑲᓈᑕᕽ ᑭᐟ ᐃᑌᔨᑕᒧᐃᐧᐣ. ᐃᐧᔭ ᐅᐦᒋ ᐁᐊᐧᑯ ᑭᑯᓯᐢ ᒋᓴᐢ X ᑳ ᑎᐯᔨᒥᑰᔭᕽ. ᐋᒣᐣ.

ᑭᐦᒋᒪᓯᓇᐊᒪᑫᐃᐧᐣ. ᔆᐅᒪᓇ iv. 8.

ᓴᐁᐧᔮᑯᓯᐤ ᐊᓇ ᐊᔮᓯᔮᐤ ᐁᑳ ᑳ ᐸᑭᑕᒫᑯᐟ ᑳ ᑎᐯᔨᒋᑫᔨᐟ ᒪᒋᐃᐦᑎᐃᐧᐣ. ᐅᒪ ᒫᑲ ᓴᐁᐧᔮᑯᓯᐃᐧᐣ ᐱᑯ ᒋ ᑳ ᓴᔆᑲᑦᓴᐧᔨᐃᐧᐟ ᑳ ᐃᐧᑖᒪᐦᐟ, ᐊᐦᐸ ᒋ ᐁᑳ ᑳ ᓴᔆᑲᑦᓴᐧᔨᐃᐧᐟ ᒥᓇ? ᒋᑫᒪ ᑭᐟ ᐃᒌᐧᓈᓇᐤ, ᑫᔆᐁᐋᐧᑦ ᐅ ᒉᐯᐧᑕᒧᐃᐧᐣ ᑲᐧᔭᐢᑭᒌᑎᓯᐃᐧᐣ ᐁ ᑭ ᐃᑕᑭᑖᒪᐦᐟ. ᒌᓂᓯ ᒫᑲ ᑳ ᐃᑕᑭᑖᒪᐦᐟ? ᓵᓴᐧ ᒋ ᐁ ᑭ ᓴᔆᑲᑦᓴᐧᔨᐃᐧᐟ, ᐊᐦᐸ ᒋ ᐁᑳ ᐁ ᓴᔆᑲᑦᓴᐧᔨᐃᐧᐟ? ᓇᒪᐃᐧᔭ ᐁ ᑭ ᓴᔆᑲᑦᓴᐧᔨᐃᐧᐟ, ᒫᑲ ᐁᑳ ᐁ ᓴᔆᑲᑦᓴᐧᔨᐃᐧᐟ: ᐁᑯᓯ ᑭ ᒥᔼᐤ ᐊᓂᒪ ᑭᐢᑭᓇᐧᒋᐅᐃᐧᐣ ᓴᔆᑲᑦᓴᐧᔨᐃᐧᐃᐧᐣ, ᐁ ᐸᔻᑦᐢᑕᒫᐦᐟ ᐊᓂᒪ ᑲᐧᔭᐢᑭᒌᑎᓯᐃᐧᐣ ᑳ ᑭ ᐊᔻᐟ ᒉᐯᐧᑕᒧᐃᐧᐣ ᐅᐦᒋ ᑫᔻᐱ ᐁᑳ ᐁ ᓴᔆᑲᑦᓴᐧᔨᐃᐧᐟ: ᑭᑕ ᑭ ᐅᔦᒑᐃᐧᒋᐠ ᑲᑭᔭᐤ ᐊᓂᑭ ᑳ ᒉᐯᐧᑕᑭᐠ ᐋᑕ ᐁᑳ ᐁ ᓴᔆᑲᑦᓴᐧᔨᐃᐧᒋᐠ, ᑲᐧᔭᐢᑭᒌᑎᓯᐃᐧᐣ ᑭᑕ ᐊᑭᑖᒪᐦᒋᐠ; ᒥᓇ ᑭᑕ ᐅᔦᒑᐃᐧᐢᑲᒫᐧᐟ ᓴᔆᑲᑦᓴᐧᔨᐃᐧᐃᐧᐣ ᐊᓂᐃ ᐁᑳ ᐱᑯ ᑳ ᓴᔆᑲᑦᓴᐧᔨᐃᐧᒋᐠ, ᒫᑲ ᑳ ᐱᒧᑌᒋᐠ ᑕᑯᐢᑫᐃᐧᓂᕽ ᐊᓂᒪ ᒉᐯᐧᓴᐧᔮᑕᒧᐃᐧᐣ ᑯᐦᒑᐃᐧᓈᐤ ᐁᔆᐁᐋᐧᑦ ᑳ ᑭ ᐊᔻᐟ ᐁᑳ ᐁ ᓴᔆᑲᑦᓴᐧᔨᐃᐧᐟ. ᒋᑫᒪ ᓇᒪᐃᐧᔭ ᐅᔭᓯᐁᐧᐃᐧᐣ ᐅᐦᒋ ᑳ ᑭ ᐊᔪᑖᒪᐦᐟ ᐁᔆᐁᐋᐧᑦ ᐊᐦᐸ ᐅᐟ ᐊᐋᐧᓯᒥᓴ, ᑭᑕ ᐋᐧᓄᐢᑫ ᑎᐯᔨᑕᕽ ᐊᐢᑭ, ᒫᑲ ᐊᓂᒪ ᑲᐧᔭᐢᑭᒌᑎᓯᐃᐧᐣ ᒉᐯᐧᓴᐧᔨᑕᒧᐃᐧᐣ ᐅᐦ. ᐃᐧᔭ ᑭᐢᐱᐣ ᐊᓂᑭ ᐅᔭᓯᐁᐧᐃᐧᓂᕽ ᑯᐦᒋᒋᐠ ᐃᔻᓂᐢᑭ ᑎᐯᔨᑕᒧᐋᐧᑫᐧ, ᒉᐯᐧᓴᐧᔨᑕᒧᐃᐧᐣ ᑕᐃᐧᓂᑲᑌᐤ, ᒥᓇ ᐊᔪᑖᒪᑫᐃᐧᐣ ᓇᒪ ᓈᓇᑕᐤ ᐃᑖᐸᑕᐣ.

ᒥᐋᐧᒋᒧᐃᐧᐣ. ᓴᐣᐟ ᔆᐅᐠ ii. 15.

ᐁᑯᓯ ᑭ ᐊᑎ ᐃᐢᐸᔮᐤ ᐃᐢᐱ ᐅᑭᓯᑯᐊᐧ ᐁ ᑭ ᓇᑲᑎᑯᒋᐠ ᑭᐦᒋ ᑭᓯᑯᕽ ᐃᓯ ᐅᑲᓇᐃᐧᒫᔭᑎᑫᐧᐊᐧᐠ ᑭ ᐃᑎᑐᐊᐧᐠ, ᐁᑳᐧ ᐯᐟᔆᐃᐊᒥᕽ ᐃᑐᑌᒑᐠ ᒥᓇ ᐊᐧᐸᑕᒑᐠ ᐅᒪ ᑳ ᐃᑭᕽ, ᑳ ᑎᐯᔨᒋᑫᐟ ᑳ ᑭ ᑭᐢᑫᔨᑕᒧᐃᑯᔭᕽ. ᐁᑯᓯ ᑭ ᐯ ᐃᑐᑌᐊᐧᐠ ᐁ ᑲᑫᐧᔹᐅᒋᐠ, ᑭ ᒥᐢᑲᐁᐧᐋᐧᐠ ᒫᑲ ᒣᔆᐃᐊᐧ ᒥᓇ ᒍᓯᐸ, ᐊᓯᒋ ᐊᓂᐃ ᐅᐢᑲᐋᐧᓯᓴ ᐁ ᐱᒥᓯᓂᔮᐟ ᐃᑕ ᐱᓯᐢᑭᐊᐧ ᑳ ᒥᒋᓱᔮᐟ. ᒥᓇ ᐃᐢᐱ ᑳ ᐊᐧᐸᑕᒋᐠ ᑭ ᑭᐢᑫᐧ

ᔦᑕᒧᐃᐁᐧᐊᐧᐠ ᐊᓂᒪ ᐱᑭᐢᑫᐧᐃᐧᐣ ᑳ ᑭ ᐃᓯ ᐃᐧᑖᒪᒋᐠ ᐅᐃ ᐅᐦᒋ ᐊᐋᐧᓯᓴ. ᑲᑭᔭᐤ ᒪᑲ ᑳ ᑭ ᐯᑕᑭᐠ ᑭ ᒫᒪᐢᑳᑕᒪᐊᐧᐠ ᐊᓂᐃ ᑫᑲ:ᔭ ᑳ ᑭ ᐃᐧᑕᒪᑯᒋᐠ ᐅᑲᓇᐃᐧ ᒪᔭᑎᑫᐧᐊᐧ. ᒣᐡᐃ ᒪᑲ ᑭ ᑲᓇᐁᔦᑕᐨ ᑲᑭᔭᐤ ᐅᐃ ᐊᔭᒥᐃᐧ , ᐁ ᒪᐟ ᑐᓃᔦᑕᕽ ᐅᑌᐦᐃᕽ. ᐁᑯᓯ ᐅᑲᓇᐃᐧᒪᔭᑎᑫᐧᐊᐧᐠ ᑭ ᑭᐁᐧᐊᐧᐠ ᐁ ᒪᒥᐦᒋᒫᒋᐠ ᒥᓇ ᐁ ᓂᑲᒧᐢᑕᐋᐧᒋᐠ ᑭᓴᒪᓂᑐᐊᐧ, ᑲᑭᔭᐤ ᐊᓂᐃ ᐅᐦᒋ ᑳ ᑭ ᐯᑕᑭᐠ ᒥᓇ ᑳ ᑭ ᐊᐧᐸᑕᑭᐠ, ᒉᐧᒋ ᑳ ᑭ ᐃᓯ ᐃᐧᑕᒪᒋᐠ. ᐁᑯᓯ ᐃᐢᐱ ᐊᔦᓈᓀᐤ ᑭᓯᑲᐊᐧ ᐁ ᑭ ᑎᐢᐸᔦᑭ, ᑭᑕ ᓴᔥᐢᑕᓴᐧᔨᐃᐧᐟ, ᒋᓴᐢ ᑭ ᐃᓯᔦᑲᑕᐤ, ᐊᓂᒪ ᑳ ᑭ ᐃᓯᔦᑳᑎᑯᐟ ᐅᑭᓯᑯᐊᐧ ᐁ ᒪᐧᓭ ᑭᑭᐢᑲᑯᐟ ᐅᑲᐃᐧᔭ.

ᐃᐱᐸᓂ, ᐁᐊᐧᑯ ᑳ ᑭ ᓄᑯᑖᐧᐦᒋᐠ ᑫᐣᑕᐧᕐᐊᐠ ᐅᐱᒫᒋᐃᐁᐧᐊᐧ.

ᐊᔭᒥᐋᐧᐃᐧᐣ.

ᑭᓴᒪᓂᑐ, ᐁ ᑭᐢᑭᓄᑕᐦᐃᐁᐧᐟ ᐊᑲᐦᑯᐢ ᑳ ᑭ ᓄᑯᑐᐊᐧᒋᐠ ᑫᐣᑕᐧᕐᐊᐠ ᑭ ᐯᔭᑯ-ᑯᓯᓵᓇ; ᑭᓴᐋᐧᑎᓯᐃᐧ ᒥᔦᓅᐣ ᓂᔭᓈᐣ, ᐊᓄᐦᐨ ᒉᑳᐧᐨ ᓂ ᒌᐯᐧᑕᒧᐃᐧᓂᓈᐣ ᐅᐦᒋ ᑳ ᑭᐢᑫᔦᒥᒌᕽ, ᐃᐢᐱ ᓇᑲᑕᒪᐦᑭ ᐅᒪ ᐊᐢᑭ ᑭᑕ ᑭ ᐊᔮᔭᕽ ᒥᑐᓂ ᒫᒪᐃᐧ ᐁ ᐃᓯ ᑭᓯᑕᒫᑫᒪᑲᕽ ᑳ ᑭᐢᑌᔦᒌᑲᐧᕽ ᑭ ᒪᓂᑐᐃᐧᐃᐧᐣ; ᐃᐧᔭ ᐅᐦᒋ ᒋᓴᐢ X ᑳ ᑎᐯ-ᔦᒥᑯᔮᕽ. ᐋᒣᐣ.

ᑭᐦᒋᒪᓯᓇᐊᒫᑫᐃᐧᐣ. ᐃᐱᓯᔭᓇ iii. 1.

ᐁᐊᐧᑯ ᐅᒪ ᐅᐦᒋ ᓂᔭ ᐹᕐ, ᐅᑭᐸᐃᑳᓱ X ᒋᓴᐢ ᐅᐦᒋ ᑭᔭᐋᐧᐤ ᑫᐣᑕᐧᕐᐊᐠ ᑭᑕ ᐋᐧᐸᒋᐃᑕᑯᐠ, ᑭᐢᐱᐣ ᐅᑎ ᑳ ᐯᑕᒧᐁᐧᑫᐧ ᐁ ᐃᓯ ᐸᒥᒌᕽ ᐅ ᑭᓴᐋᐧᑎᓯᐃᐧᐣ ᑭᓴᒪᓂᑐ ᑳ ᑭ ᒥᔦᑲᐃᐧᔮᐣ ᑭᔭᐋᐧᐤ ᐃᓯ; ᐋᐧᐸ ᐃᐁᐧᐃᐧᐣ ᑳ ᑭ ᐅᐦᒋ ᑭᐢᑫ-ᔦᑕᒧᐃᑲᐃᐧᔮᐣ ᑳ ᐊᐧᓂᒧᑕᕽ, ᓵᓴᐧ ᑳ ᑭ ᐃᓯ ᒪᓯᓇᐊᒫ ᑯᐠ ᒐᑲᐋᓯᐢ ᒫᑲ ᐊᔭᒥᐃᐧᓇ, ᐁᑯᑕ ᐃᐢᐱ ᐊᔭᒥᑖᓭᑯ ᑭ ᑲ ᑭ ᐋᐧᐸᑌᓈᐋᐧᐤ ᐁ ᐃᓯ ᓂᓯᑐᑕᒫᐣ ᐅ ᐧᓂᒧᒋ ᐊᔮᐃᐧᓇ X; ᑲᔮᐢ ᐁ ᐯ ᐋᔭᓂᐢᑫ ᓂᑖᐃᐧᑭᕽ ᐁᑳ ᑲ ᑭ ᐅᐦᒋ ᑭᐢᑫᔦᑕᒧᐃᐦᒋᐠ ᐊᔦᓯᔦᓂᐃᐧᑯᓯᓵᓇᐠ, ᑳ ᐃᓯ ᐁᑳᐧ ᐊᐧᐸᑕᐃᒥᐦᐟ ᐅ ᑲᓈᒋ ᐊᐹᐢ-ᑎᕐᐃᒪ ᒥᓇ ᐅᑭᐢᑭᐁᐧᐃᐧᑫᒪ ᐋᐧᑮᐦᑲᐧ ᐅᐦᒋ; ᐅᒪ ᐅᑎ, ᑫᐣᑕᐧᕐᐊᐠ ᐁ ᐃᐧᒋᑎᐯ-ᔦᑕᒧᒥᐁᐧᒋᐠ, ᒥᓇ ᐁ ᐃᐧᒋᐃᐁᐧᒋᐠ ᐊᓂᒪ ᒥᔭᐤ, ᒥᓇ ᐁ ᐊᓯᑕᑭᒋᑳᔑᒋᐠ ᐊᓂᒪ ᐊᔑᑖᒫᑫᐃᐧᐣ X ᒋᓴᐢ ᑳ ᐊᔮᕽ ᒥᔮᐧᒋᒧᐃᐧᐣ ᐅᐦᒋ, ᐁᐊᐧᑯ ᑭᑕ ᐸᒥᑖᔮᐣ ᑳ ᑭ ᐃᑕᑭᒥᑲᐃᐧᔮᐣ, ᐁ ᐃᑕᐢᑌᐠ ᐊᓂᒪ ᒉᑭᐃᐧᐣ ᐅ ᓂᔑᑳᒫᑫᐃᐧᐣ ᑭᓴᒪᓂᑐ ᑳ ᑭ ᒥᔦᑲᐃᐧᔮᐣ ᐁ ᐃᓯ ᐊᑐᐢᑫᒪᑲᓂᔦᐠ ᐅ ᒪᐢᑲᐃᐧᓯᐃᐧᐣ. ᓂᔭ ᑳ ᒫᐊᐧᒋ ᐊᐱᐢᑌ-ᔦᒌᑯᓯᔮᐣ ᐁ ᐃᑕᓯᒋᐠ ᑲᑭᔭᐤ ᐅᑲᓈᑎᓯᐊᐧᐠ, ᐅᒪ ᓂᔑᐦᑳᒫᑯᐃᐧᐣ ᓂ ᑭ ᒥᔦᑲᐃᐧᐣ, ᑭᑕ ᐋᐧᐃᐧᑕᒪᐊᐧᑭᐠ ᑫᐣᑕᐧᕐᐸᐠ ᐁᑳ ᑫ ᑭ ᑌᐱ ᑭᐢᑫᔦᑕᒥᕽ ᐅ ᐁᐧᔦᑎᓯᐃᐧᓇ X; ᓇ ᑭᑕ ᐋᐧᐸᑕᒧᐊᑭᐠ ᑲᑭᔭᐤ ᐊᔦᓯᔦᓂᐊᐧᐠ ᐁ ᐃᑕᑭᑌᐠ ᐊᓂᒪ ᑳ ᐊᐧᓂᒧᑕᕽ

ᑳᑭᑫ ᐁ ᐯ ᐊᐢᑭᐋᕽ ᑳ ᑭ ᐊᔫᐠ ᑳᑕᓄᕽ ᑭᓴᒪᓂᑐᕽ ᐊᓇ ᑳ ᑭ ᐅᓯᑖᐟ ᑲᑭᔭᑦ ᐤᑲ:; ᐁᐋᒍ ᒫᑲ ᐅᐦᒋ ᐁᑲᐧ ᑳ ᑭᐦᒑᔦᐃᐧᒋᐠ ᒥᓇ ᑳ ᒪᐢᑲᐃᐧᓯᒋᐠ ᑭᐦᒋᑭᓯᑯᐃᐧ ᐊᔦᕽ ᑭᑕ ᑭᐢᑫᔦᑕᒧᐃᐦᒋᐠ ᐅ ᑭᐦᒋ ᐃᔦᓂᓯᐃᐧᐣ ᑭᓴᒪᓂᑐᐣ, ᑳ ᐃᑕᐢᑌᔦᐠ ᑳᑭᑫ ᐋᐁᐧᓴᔦᑕᒧᐃᐧᐣ ᑳ ᑭ ᐋᐁᐧᓴᔦᑦᕽ X ᒋᓴᐢ ᑳ ᑎᐯᔦᒥᑯᔭᕽ ᐅᐦᒋ: ᐁᐋᒍ ᒫᑲ ᑳ ᐅᐦᒋ ᐋᔭᕽ ᔑᑫᔦᒧᐃᐧᐣ ᒥᓇ ᐱᑐᑫᐃᐧᐣ ᐊᐢᐯᔦᒧᐃᐧᓂᕽ ᐁ ᑖᐯᐧᓴᔦᒫᔭᕽ.

ᒥᐋᐧᒋᒧᐃᐧᐣ. ᓴᐣᐟ ᒫᐟᐤ ii. 1.

ᐁᑲᐧ ᐃᐢᐱ ᑳ ᓂᑖᐃᐧᑭᐟ ᒋᓴᐢ ᐊᓂᑕ ᐯᐟᓪᐃᔭᒥᕽ ᒍᑎᐊᐃᕽ ᑳ ᐃᑕᑲᐧᕽ, ᒣᑳᐧᐨ ᐁ ᑭᐦᒋ ᐅᑭᒫᐃᐧᐟ ᐦᐁᕐᐊᐟ, ᒋᐢᐟ, ᐃᔦᓂᓯᐃᐧᔦᓂᐊᐧᐠ ᑭ ᐯ ᑕᑯᓯᓇᐧᐠ ᐚᐸᓄᑖᕽ ᐅᐦᒋ ᒉᕐᐅᓴᓪᐊᒥᕽ ᐃᓯ. ᐁ ᐃᑌᐧᒋᐠ, ᑖᓂᐹᐧ ᑳ ᑭ ᓂᑖᐃᐧᑭᐟ ᐅᐟ ᐅᑭᒫᒥᐚᐧᐊᐧ ᒍᐊᐧᐠ? ᒋᑫᒫ ᓂ ᑭ ᐚᐸᒥᒫᓈᐣ ᐅᐟ ᐊᒐᐦᒍᒪ ᐚᐸᓄᑖᕽ, ᐁᑯᓯ ᐁ ᐯ ᐃᑐᑌᔭᕽ ᑭᑕ ᐅᒋᒋᑲᐧᓇᐱᐢᑕᐚᐧᔫᕽ. ᐃᐢᐱ ᒫᑲ ᐁᕐᐊᐟ ᑭᐦᒋ ᐅᑭᒫᐤ ᑳ ᐯᑦᕽ ᐅᒪ, ᑭ ᒥᑯᐢᑲᑌᔦᑕᑦ, ᒥᓇ ᑲᑭᔭᐤ ᒉᕐᐅᓴᓪᐊᒥᕽ ᐊᓯᒋ. ᐃᐢᐱ ᒫᑲ ᑲᑭᔭᐤ ᒫᒪᐃᐧ ᑳ ᒫᐊᐧᒋᐚᐟ ᑭᐦᒋ ᐊᔭᒥᐁᐃᐧᔦᓂᐊᐧ, ᒥᓇ ᐅ ᒪᓯᓇᐃᑫᐃᐧᔦᓂᒥᔦᐊᐧ ᐊᔦᓯᔦᓂᐊᐧ, ᑭ ᑲᑫᐧᒋᒣᐤ ᑖᓂᑕ ᑫ ᓂᑖᐃᐧᑭᐸᐣ X. ᐅᒥ. ᒫᑲ ᑭ ᐃᑌᐋᐧᐠ, ᐯᐟᓪᐃᔭᒥᕽ ᒍᑎᐊᐃᕽ ᑳ ᐃᑕᑲᐧᕽ; ᒋᑫᒫ ᐁᑯᓯ ᐃᑕᓯᓇᐃᑫᐤ ᐅᑭᐢᑭᐁᐧᐃᑫᐤ; ᑭᔭ ᒫᑲ ᐯᐟᓪᐃᔭᑦ ᒍᑦ ᐊᐢᑭᕽ ᑳ ᐊᔫᔭᐣ ᓇᒪᐃᐧᔭ ᓄᑦᐤ ᑭ ᐃᐢᐱᑌᔦᑖᑯᓯᐣ ᐃᑕ ᐁ ᐊᔭᒋᐠ ᒍᑦ ᐅᑭᒫᐊᐧᐠ; ᒋᑫᒫ ᑭᔭ ᐁᑯᑦ ᑭᑕ ᐯ ᐅᒋᑦ ᐊᓇ ᑭᐦᒋ ᐅᑭᒫᐤ, ᑫ ᑲᓇᐁᐧᔦᒫᐟ ᓂᐟ ᐊᔦᓯᔦᓂᒪ ᐃᐢᕐᐁᐃᓪᐊ. ᐁᑯᓯ ᐦᐁᕐᐊᐟ, ᐃᐢᐱ ᑭᒎ ᑳ ᓇᑐᒫᐟ ᐃᔦᓂᓯᐃᐧᔦᓂᐊᐧ, ᒥᑐᓂ ᑭ ᑲᑫᐧᒋᒣᐤ ᐃᔦᑯᕽ ᒣᐧᒋ ᑳ ᓄᑯᓯᔦᐟ ᐊᒐᑯᓴ. ᐁᑯᓯ ᑭ ᐃᓯᑎᓴᐁᐧᐤ ᐯᐟᓪᐃᔭᒥᕽ; ᐁ ᑭ ᐃᑖᐟ, ᐃᑐᑌᐠ, ᒥᑐᓂ ᓇᑕᐃᐧ ᓇᓇᑐᓈᕽ ᐅᐢᑲᐚᐧᓯᐢ; ᐃᐢᐱ ᒫᑲ ᑭ ᒥᐢᑲᐚᐧᓴᑯ, ᒥᓇ ᐯ ᐃᐧᑕᒪᐃᐧᑫᐠ ᑭᑕ ᐃᑐᑌᔫᐣ ᓂᐢᑕ ᑭᑕ ᐯ ᐅᒋᒋᑲᐧᓇᐱᐢᑕᐊᐧᐠ. ᐃᐢᐱ ᒫᑲ ᑳ ᐯᐦᑕᐚᐧᒋᐠ ᑭᐦᒋ ᐅᑭᒫᐊᐧ, ᑭ ᐊᑎ ᓯᐯᐧᑌᐊᐧᐠ: ᐁᑯᓯ ᒋᐢᐟ, ᐊᒐᑯᓴ, ᑳ ᑭ ᐚᐸᒫᒋᐠ ᐚᐸᓄᑖᕽ, ᑭ ᐊᑎ ᓂᑲᓅᑳᐧᐠ ᐱᔦᐢ ᐁ ᑭ ᐊᑎ ᐅᑎᒋᐸᔦᐟ ᒥᓇ ᐁ ᑭ ᑭᐱᒋᔦᐟ ᐊᓂᑕ ᑎᐱᐢᑯᐨ ᑳ ᐊᔫᔦᐟ ᐅᐢᑲᐚᐧᓯᐢ. ᐃᐢᐱ ᒫᑲ ᑳ ᐚᐸᒪᒋᐠ ᐊᒐᑯᓴ, ᑭ ᑭᐦᒋ ᒪᒪᑖᑯᓯᐊᐧᐠ ᑭᐦᒋ ᒥᔭᐚᐧᑕᒨᐃᐧᓂᕽ. ᐃᐢᐱ ᒫᑲ ᑳ ᐱᑐᑫᒋᐠ ᐚᐢᑲᐃᑲᓂᕽ, ᑭ ᐚᐸᒣᐊᐧᐠ ᐅᐢᑲᐚᐧᓯᓴ ᐊᓯᒋ ᒣᕐᐃᐊ ᐅᑳᐃᐧᔦᐊᐧ, ᐁᑯᓯ ᐁ ᑭ ᐸᐦᑭᓯᑭᐠ, ᐁ ᑭ ᐅᒋᒋᑲ ᓇᐱᐢᑕᐚᐧᒋᐠ: ᐃᐢᐱ ᒫᑲ ᑳ ᐹᐢᑭᓇᑭᐠ ᐅ ᐁᐧᔨᑎᓯᐃᐧᓂᐚᐧᐊᐧ, ᑭ ᐸᑭᑎᓇᒪᐁᐧᐊᐧᐠ ᒣᑭᐃᐧᓇ; ᐅᓵᐃᐧᔔᓂᔫᐊᐧ, ᒥᓇ ᐃᐧᑭᒪᓯᑲᐣ, ᒥᓇ ᐱᑭᐤ ᐃᐧᔦᑭᒫᑯᓯᔦᐟ. ᒫᑲ ᐁ ᐃᐧᑖᒪᑯᒋᐠ ᑭᓴᒪᓂᑐᐊᐧ ᐸᐚᐧᒥᐃᐧᓂᕽ, ᐁᑳ ᑭᑕ ᑭᐁᐧᑐᑕᐚᐧᒋᐠ ᐦᐁᕐᐊᑦ, ᑭ ᐊᑎ ᓯᐯᐧᑌᐊᐧᐠ ᑎᐱᔭᐁᐧ ᐅᐟ ᐊᐢᑭᐊᐧᕽ ᐃᓯ ᑯᑦᐠ ᒣᐢᑲᓈᕽ.

ᓂᐢᑕᑦ ᐊᔭᒥᐁᑭᓯᑳᐤ ᐊᐢᑯᐦᐨ ᐃᐱᐸᓂ.

ᐊᔭᒥᐋᐏᐣ.

ᑌᐯᓲᑫᔭᐣ, ᑭ ᐸᑯᓭᔨᒥᑎᓈᐣ ᑭ ᑭᓭᐚᑎᓯᐏᐣ ᐅᐦᒋ ᑭᑕ ᐅᑎᓇᒪᐏᑦ ᐅᑦ ᐊᔭᒥᐋᐏᓂᐚᐘ ᑭᐟ ᐃᔑᓂᑲᓐ ᑳ ᒪᐏᒋᐢᑖᐢᑭᐠ; ᒥᓇ ᒥᔑᐠ ᑭᑕ ᐚᐸᐦᑕᐦᑭᐠ ᒥᓇ ᑭᑕ ᑭᐢᑫᔨᐦᑕᐦᑭᐠ ᐊᔨᐃ ᑫᑲᐧᔭ ᐅ ᑳ ᑐᑌᐦᑖᐚᐤ, ᒥᓇ ᑭᑕ ᐏ ᐋᔭᐚᐠ ᑭ ᓂᓱᑲᒫᑫᐏᐣ ᒥᓇ ᓱᑲᑎᓯᐏᐣ ᑖᐯᐧ ᑭᑕ ᑎᐱᐦᑕᐦᑭᐠ ᐁᐘᑫᐧᔑᐤ; ᐃᐧᔭ ᐅᐦᒋ ᑭᓭᐢ X ᑳ ᑎᐯᔨᒥᑯᔮᕽ. ᐋᒣᐣ.

ᑭᐦᒋᒪᓯᓇᐦᐊᒫᑫᐏᐣ ᕑᐅᒪ xii. 1.

ᑭ ᐸᑯᓭᔨᒥᑎᓈᐚᐤ ᒫᑲ, ᓂᒋᐚᒥᑎᐠ, ᑭᓭᒪᓂᑐ ᐅ ᑭᓭᐚᑎᓯᐏᓇ ᐅᐦᒋ, ᑭᑕ ᐃᓯ ᐸᑭᑎᓇᒣᐠ ᑭᔭᐏᐚᐘ ᐁ ᐱᒫᑕᐦ ᐸᑭᑎᓈᓱᐏᐣ, ᐁ ᑳᓇᑕᐦ, ᐁ ᒥᔭᐧ-ᐱᔑᒥᑯᐟ ᑭᓭᒪᓂᑐ, ᐁ ᐃᑕᐢᑌᐠ ᑭᑕ ᐃᔑ ᐊᑐᐢᑲᐚᔦᐠ. ᐁᑳᐏᔭ ᒫᑲ ᑭᐢᑭᓇ-ᐚᐸᐦᑕᒧᐠ ᐅᒪ ᐊᐢᑭ: ᒫᑲ ᐏ ᑫᐧᐢᑭᓈᑯᐃᑯᐃ ᓯᐢ ᐁ ᐅᐢᑭ ᐅᔑᒋᑲᑌᐠ ᑭ ᒫᒥᑐᓀᔨᒋᑲᓂᐚᐤ, ᑭᑕ ᐃᔑ ᑫᒋᓈ ᐚᐸᐦᑕᐃᐁᐧᔦᐠ ᑫᑳ: ᐊᓂᒪ ᐁ ᒥᔦᐧᔑᐢ ᒥᓇ ᐁ ᒥᔦᐧᐸᐦᑕᒥᕽ ᒥᓇ ᐁ ᒪᒥᑐᓂᒪᑲᓂᔑᐠ ᐅᐟ ᐃᑌᔨᐦᑕᒧᐏᐣ ᑭᓭᒪᓂᑐ. ᑭᑫᒫ ᓂᐟ ᐃᑖᐤ, ᓂᓱᑲᒫᑯᐏᐣ ᐅᐦᒋ ᑳ ᒥᔑᑲᐏᔮᐣ, ᑲᑭᔭᐤ ᐁ ᐃᑕᔨᐟ ᐊᔑᔨᔑᓂᐤ ᐃᑕ ᑳ ᐊᔮᔦᐠ, ᐁᑳ ᐊᔑᐚᐠ ᑭᑕ ᐃᐢᐯᔑᒥᓱᐟ ᐊᓂᒪ ᑭᑕ ᑭ ᐃᑌᔑᒥᓱᐟ; ᒫᑲ ᑭᑕ ᐃᔑ ᐅ ᒥᑐᓀᔑᒋᑲᓀᐟ ᑭᑕ ᐊᔮᑲᐧᒥᓯᐏ ᒫᒥᑐᓀᔑᑕᐦ, ᑳ ᑭ ᐃᓯ ᐃᔑᑯᐦ ᒫᒥᔮᐟ ᑭᓭᒪᓂᑐ ᑲᑭᔭᐤ ᐊᔑᓯᔑᓂᐊ ᑖᐯᐧᔦᔑᑕᒧᐏᐣ. ᑭᑫᒫ ᑳ ᐃᓯ ᒥᐦᒉᑭ ᑭ ᐸᐢᑫᓯᐏᓂᓇᐘ ᐁ ᐯᔭᑯᐦ ᒥᔭᐤ, ᐁᑯᓯ ᓇᒪᐏᔭ ᐯᔭᑯᐣ ᐁᑖᐸᐦᑭ ᑲᑭᔭᐤ ᐸᐢᑫᓯᐏᓇ: ᐁᑯᓯ ᑭᔮᓇᐤ, ᐁ ᒥᐦᒉᑎᔭᕽ, ᒫᒪᐏ ᐯᔭᐠ ᒥᔭᐤ X ᐃᓯ, ᒥᓇ ᐸᐯᐢᑭᐢ ᐁ ᐅᐸᐢᑫᓯᐏᓂᐢᑯᑐᔭᕽ.

ᒥᐚᒋᒧᐏᐣ. ᓴᐣᐟ ᒐᐣ ii. 41.

ᐅᓂᑭᐊᐦᑲᐧ ᒫᑲ ᑭ ᐃᑐᑌᐘ ᑕᐦᑐ ᐊᐢᑭ ᒉᕑᐅᓵᓚᒥᕽ ᒪᔭᐢᑯᑖᐤ ᐃᑯᐟᐃᐧᓂᕽ. ᐁᑯᓯ ᐃᐢᐱ ᒥᑕᑦ ᓂᓱᓵᑊ ᐁ ᑕᐦᑐ ᐱᐳᓀᐧᔑᐟ ᑭ ᐃᑐᑌᐸᐤ ᐃᐧᑯᐟᐃᐧᓂᕽ ᐁ ᑭ ᒫᓇ ᐃᓯᒋᑫᕽ. ᐁᑯᓯ ᐃᐢᐱ ᑳ ᑎᐱᐸᔑᑕᒋᐢ ᑭᓯᑳᐤ ᒉᑲᐧ ᐁ ᐊᑎ ᑭᐁᐧᒋᐢ ᓇᐯᓯᐢ ᑭᓭᐢ ᐅᑕᓇᕽ ᑭ ᐊᔭᐤ ᒉᕑᐅᓵᓚᒥᕽ; ᐁᑯᓯ ᓇᒪᐏᔭ ᐅᓂ ᐃᑲᐧ ᑭ ᑭᐢᑫᔨᐦᑕᒪᔑᐊᐧ; ᒫᑲ ᐁ ᐊᔭᔑᐟ ᐃᑕ ᑳ ᒪᒪᐁᐧᔭᑎᐃᐧᐟ ᐁ ᐃᑌᔑᒫᒋᐢ, ᐯᔭᐠ ᑭᓯᑳᐤ ᑭ ᐱᒧᑌᐘᐠ ᐁᑯᐟ ᑭ ᓈᐦᑐᓇᐁᐧ ᐊᐧᐠ ᒉᑲᐧ ᐃᑕ ᐁ ᐊᔭᔑᐟ ᐅ ᐊᐧᑯ-ᒫᑲᓂᐚᐘ ᒥᓇ ᐅ ᑐᑌᒥᐘᐧ; ᐁᑯᓯ ᐃᐢᐱ ᐁᑳ ᐁ ᒥᐢᑲᐚᒋᐢ, ᑭ ᑭᐁᐧᐘᐠ ᒉᕑᐅᓵᓚᒥᕽ ᐃᓯ ᐁ ᓈᐦᑐᓇᐚᒋᐢ. ᐁᑯᓯ ᑭ ᐊᑎ ᐃᐢᐸᔑᐤ ᒫᑲ ᐁ ᓂᐢᑐ

ᑭᓯᑳᔨᐠ ᐃᔨᑯᕽ ᐁ ᑭ ᒥᐢᑲᐚᒋᐠ ᑭᐦᒋ ᐊᔭᒥᐁᐃᐧᑲᒥᑯᕽ, ᐁ ᐊᐱᔨᐟ ᒉᑳᐨ ᐃᒼ ᐁ ᐋᔮᔨᐟ ᐅᑭᐢᑭᓄᐊᒪᑫᐃᐧᔨᓂᐊᐧ ᐁ ᓇᐅᐦᑕᐚᐧᐟ, ᒥᓇ ᐁ ᑲᑫᐧᒋᒪᐟ ᑲᑫᐧᒋᑫᒧᐃᐧᓇ: ᑲᑭᔭᐤ ᒫᑲ ᑕᐦᑐ ᑳ ᐯᑕᑯᐟ, ᑭ ᒪᒪᐢᑳᑕᒪᐧᐠ ᐅ ᓂᓯᑐᑕᒧᐃᐧᓂᔨᐤ ᒥᓇ ᐊᓂᒪ ᐁ ᐃᓯ ᓇᐢᑫᐧᐊᐧᓯᐃᐁᐧᔨᐟ ᐁᑯᓯ ᐃᐢᐱ ᐁ ᐚᐧᐸᒪᒋᐠ ᑭ ᒪᒪᐢᑲᑌᔨᑕᒪᐧᐠ, ᐁᑯᐟ ᑳᐃᐧᔭ ᑭ ᐃᑎᐠ, ᓂᑯᓯᐢ, ᑕᓄᐦᑭ ᑳ ᐅᐦᒋ ᐳᑕᐃᐧᔮᕽ! ᒋᐢᐟ, ᑯᑕᐃᐧ ᒥᓇ ᓂᔭ ᑭ ᑭ ᓇᐳᓈᑎᓈᐣ ᐁ ᑭᓯᓈᑌᔨᑕᒫᕽ. ᐁᑯᓯ ᑭ ᐃᑌᐤ, ᑖᓄᑫ ᑳ ᓇᓇᐳᓇᐃᐧᔭᐠ? ᓇᒪ ᒋ ᑭ ᑭᐢᑫᔨᑌᓇᐊᐧᐤ ᐁ ᐃᑕᐢᑌᐠ ᐅᑕᐃᐧ ᐅ ᐚᐧᐢᑳᐃᑲᓂᕽ ᑭᑦ ᐋᔮᔫᐣ? ᒫᑲ ᓇᒪᐃᐧᔭ ᑭ ᓂᓯᑐᑕᒪᐠ ᐊᓂᒪ ᑳ ᑭ ᐃᓯ ᓇᐢᑫᐧᐊᐧᓯᐃᑯᒋᐠ. ᑭ ᑭᐁᐧ ᐃᐧᒉᐁᐧᐤ ᒫᑲ, ᐁᐧᓯ ᐁ ᑭ ᐯ ᐃᑐᑌᒋᐠ ᓈᓴᐃᑎᕽ; ᐁᑯᓯ ᐁ ᑭ ᓇᓇᐃ ᐚᐧᐟ ᐅᑳᐃᐧᔭ ᒫᑲ ᑭ ᑲᓇᐁᐧᔨᑕᒥᔨᐊᐧ ᑲᑭᔭᐤ ᐅᐃ ᐱᑭᐢᑫᐧᐃᐧᓇ ᐅᑌᐦᐃᕽ. ᐁᓂᐟ ᑭᓴᐢ ᑭ ᐊᑎ ᔭᑯᑌᐤ ᐃᔨᓂᓯᐃᐧᓂᕽ ᒥᓇ ᐁ ᑭ ᐊᑎ ᑭᓄᑳᐸᐃᐧᐟ, ᐁ ᑭ ᒪᒥᔦᐧᔨᒥᑯᐟ ᑭᓴᒪᓂᑐᐊᐧ ᒥᓇ ᐊᔨᓯᓂᐊᐧ.

ᓂᓱ ᐊᔭᒥᐁᑭᓯᑳᐤ ᐊᐢᑯᐦᐨ ᐃᐱᐸᓂ.

ᐊᔭᒥᐊᐃᐧᐣ.

ᑲᑭᔭᐤ ᑫᑳ: ᑫᐢᑭᑖᔭᐣ ᒥᓇ ᑳᑭᑫ ᒉᓂᑐᐃᐧᔭᐣ, ᑳ ᑎᐯᔨᑕᒪᐣ ᑲᑭᔭᐤ ᑫᑳ: ᑭᓯᑯᕽ ᒥᓇ ᐊᐢᑭᕽ; ᑭ ᑭᓴᐚᐧᒋᑎᓯᐃᐧᓂᕽ ᐅᐦᒋ ᓇᐅᐦᑕᒼ ᐅ ᒪᐃᐧᒧᐢᒋᑫᐃᐧᓂᐚᐧᐊᐧ ᑭᐟ ᐃᔨᓂᒪᐠ, ᒥᓇ ᒥᔨᓈᐣ ᑭ ᐯᔭᑕᑫᔨᒧᐃᐁᐧᐃᐧᐣ ᑕᐦᑐ ᑭᓯᑳᐤ ᐃᔨᑯᕽ ᑫ ᐱᒫᑎᓯᔮᕽ; ᐃᐧᔭ ᐅᐦᒋ ᑭᓴᐢ X ᑳ ᑎᐯᔨᒥᑯᔮᕽ. ᐋᒣᐣ.

ᑭᐦᒋᒪᓯᓇᐊᒫᑫᐃᐧᐣ. ᕑᐅᒪᓇ xii. 6.

ᐁ ᐊᔮᔭᕽ ᒫᑲ ᐸᐱᑐᐢ ᑭ ᒥᔨᑯᐃᐧᓂᓇᐊᐧ ᐃᔨᑯᕽ ᓂᓯᑳᓗᑯᐃᐧᐣ ᑲ ᑭ ᒥᔨᑲᐃᐧᔭᕽ, ᑭᐢᐱᐣ ᑭᐢᑭᐁᐧᐃᑫᐃᐧᐣ, ᑭᔭᒼ ᑭᐢᑭᐁᐧᐃᑫᑖᐠ ᐁ ᐃᐢᐱᑌᔨᑖᑲᐧᕽ ᑭ ᑖᐯᐧᐋᔨᑖᒧᐃᐧᓂᓈᐤ; ᐊᐦᐳ ᐊᔭᒥᐊᐃᐧ ᐊᑐᐢᑫᐃᐧᐣ, ᐸᑭᑎᓂᓰᑖᐠ ᑭᐟ ᐊᑐᐢᑫᐃᐧᓂᓈᕽ; ᐊᐦᐳ ᐸᓇ ᑳ ᑭᐢᑭᓄᐊᒫᑫᐟ, ᐅ ᑭᐢᑭᓄᐊᒫᑫᐃᐧᐣ; ᐊᐦᐳ ᐊᓇ ᑳ ᓯᑭᑫᒧᐟ ᐅ ᓯᑭᑫᒧᐃᐧᐣ: ᐊᓇ ᑳ ᒉᑭᐟ, ᑭᔮᒼ ᑭᑦ ᐃᑐᑕᒼ ᒥᐧᐁᑌᐁᐧᐃᐧᓂᕽ; ᐊᓇ ᑳ ᐊᐁᐧᐃᐧᔭᓯᐁᐧᐃᐧᐟ, ᑭᑦ ᐚᐦᑲᒉᔨᒧᑕᕽ; ᐊᓇ ᑳ ᑭᑎᒫᑭᓈᑫᐟ, ᐁ ᒋᑫᔨᑕᕽ. ᑭᔮᒼ ᓵᑭᐃᐁᐧᐃᐧᐣ ᐁᑳᐃᐧᔭ ᑲᑲᔕᔨᓯᐃᐧᐣ ᑭᑦ ᐃᐧ ᑭᑭᐸᔨᐣ. ᐹᑲᐧᑕᒧᐠ ᐊᓂᒪ ᑳ ᒫᔭᑕᕽ; ᒥᒋᒥᓇᒧᐠ ᐊᓂ[illegible] ᑳ ᒥᔫᐧᓯᐠ. ᐁ ᓵᑭᐚᓴᑯᐠ ᐅᒋᐚᐧᒥᒫᐊᐧᐠ ᒥᑐᓂ ᒫᒥᔦᑯᑖᑐᐠ; ᑭᐢᑌᔨᑖᑯᓯ[illegible]ᓂᕽ ᐁ ᓇᓂᑳᑐᔨᒥᑐᓴᐠ: ᑖᐱᑕᐁᐧᔨᑕᒧᐃᐧᓂᕽ ᐁᑳ ᑭᑦ ᑭᐦᑎᒥᓴᐠ; ᐁ ᒋᑫᔨᐦᑕᒉᐠ ᑭᐟ ᐊᑑᐦᑯᐚᐧᕽ; ᐁ ᐊᑐᐢᑲᐚᐧᓴᐠ ᑳ ᑎᐯᔨᒋᑫᐟ; ᐁ ᒪᒪᑖᑯᓯᓴᐠ ᐊᐢᐯᔨᒧᐃᐧᓂᕽ; ᐁ ᓯᐯᔨᑕᒉᐠ ᐋᔨᒥᓯᐃᐧᓂᕽ; ᐁ ᑖᐱᑕᐃᐧ ᐊᔭᒥᐋᓴᐠ; ᐁ ᐅᐦᒋᐢᑕᒫᐚᐧᓴᑯᐠ ᐅ

ᑭᐧᑕᒫᐃᐧᓂᐋᐧᕽ ᐅᑳᓇᑎᓯᐊᐧᐠ; ᐁ ᐸᐱᑐᑲᐃᐁᐧᔦᐠ. ᒥᔪ ᑭᓵᐧᑎᑯᐠ ᐊᓂᑭ ᑳ ᑯᑕᑭᐃᑯᔦᑯᐠ; ᒥᔪ ᑭᓵᐧᓯᐁᐧᐠ, ᐁᑳᐃᐧᔭ ᒪᒋᐃᑌᐧᐠ. ᐃᐧᒋ ᒥᔭᐋᐧᑕᒧᒥᑯᐠ ᐸᓂᑭ ᑳ ᒥᔭᐋᐧᑕᑭᐠ: ᒥᓇ ᐃᐧᒋ ᒫᑐᒥᑯᐠ ᐊᓂᑭ ᑳ ᒫᑐᒋᐠ. ᐃᐧ ᐯᔭᑯᑖᐠ ᐁ ᐃᓯ ᒫᒥᑐᓀᔨᒥᑐᔦᐠ. ᐁᑳᐃᐧᔭ ᔮᔭᐁᐧᔨᑕᒧᐠ ᐊᓂᐃ ᑳ ᐃᐢᐯᔨᑖᑲᐧᑭ, ᒫᑲ ᑕᐸᑎᓂᒧᐢᑕᒧᐠ ᐊᓂᐃ ᑳ ᑕᐸᑌᔨᑖᑲᐧᑭ.

ᒥᐋᐧᒋᒧᐃᐧᐣ. ᓭᐣᐟ ᓘᐣ ii. 1

ᐁ ᐊᑎ ᓂᐢᑐ ᑭᓯᑳᐠ ᒫᑲ ᑭ ᐃᐧᑭᑐᓈᓂᐊᐧᐣ ᑫᓇ ᑲᕒᐊᕒᐃᕽ; ᒋᓴᐢ ᒪᑲ ᐅᑲᐃᐧᔭ ᐁᑯᑕ ᑭ ᐊᔮᔨᐊᐧ: ᐁᑯᓯ ᒋᓴᐢ ᐃᐧᐢᑕ ᑭ ᓇᑐᒫᐤ, ᐊᓯᒋ ᐅ ᑭᐢᑭᓄᐊᒪᐋᐧᑲᓇ ᐃᐧᑭᑐᐃᐧᓂᕽ ᐃᐢᐱ ᒪᑲ ᓂᔦᑌᐸᔨᔨᐠ ᓯᒥᓇᐳ, ᒋᓴᐢ ᐅᑲᐃᐧᔭ ᐅᒥᓯ ᑭ ᐃᑎᐠ, ᓇᒪᐃᐧᔭ ᐊᔭᐊᐧᐠ ᓯᒥᓇᐳ. ᒋᓴᐢ ᒫᑲ ᐅᒥᓯ ᐃᑌᐤ, ᐃᐢᑫᐧᐤ, ᑫᑲ: ᒫᑲ ᑭᔮᓇᐤ ᑫ ᐅᐦᒋ ᐸᐸᒣᔨᑕᒪᕽ ᐁᐊᐧᑯ? ᓇᒣᐢᑲᐧ ᐃᓴ ᐅᑎᐦᒋᐸᔨᐤ ᐃᔨᑯᕽ ᐁᑌᔨᑕᒫᐣ. ᐅᑳᐃᐧᔭ ᐅᒥᓯ ᐃᑌᔨ ᐧ ᐸᑐᐢᑫᔮᑲᓇ, ᐱᑯ ᑫᑲ ᑫ ᐃᑎᑯᐁᐧᑫᐧ, ᐃᐦᑐᑕᒧᐠ. ᐁᑯᑕ ᒫᑲ ᑭ ᐊᐢᑌᐊᐧ ᓂᑯᑕᐧᓯᐠ ᐊᓯᓂᐃᐧ ᓂᐱ ᐊᓯᐊᐧᒋᑲᓇ ᑳ ᐃᓯᑕᐧᒋᐠ ᒧᐊᐠ ᐁ ᐯᐦᑭᐃᓱᒋᐠ, ᓈᐣᑕᐤ ᓈᓂᓱ ᐊᐦᐳ ᓇᓂᐢᑐ ᑎᐸᐅᐹᐣ ᐁ ᐃᐢᐱᑌᔨᑖᑲᐧᑭ. ᒋᓴᐢ ᒫᑲ ᐅᒥᓯ ᐃᑌᐤ, ᓴᑲᐢᑭᓀᐸᑖᐠ ᐊᓯᐊᐧᒋᑲᓇ ᓂᐱ ᐅᐦᒋ. ᑭ ᑖᑎᐸᐢᑭᓀᐸᑖᐊᐧᐠ ᒫᑲ. ᐅᒥᓯ ᒫᑲ ᐃᑌᐤ, ᓯᑭᓇᒨᐠ ᐁᑲᐧ, ᐃᑐᑕᑕᒫᕽ ᒫᑲ ᐃᐧᑯᑫᐃᐧᑭᒫᐤ. ᑭ ᐃᑐᑕᑕᒪᐁᐧᐊᐧᐠ ᒫᑲ. ᐃᐢᐱ ᒪᑲ ᐃᐧᑯᑫᐃᐧᑭᒫᐤ ᑳ ᑯᒋᐢᑕᕽ ᓂᐱ ᑳ ᑭ ᓯᒥᓇᐳᐃᐧᑖᕽ, ᓇᒪᐃᐧᔭ ᒫᑲ ᐁ ᑭᐢᑫᔨᑕᐟ ᑖᓂᑌ ᑳ ᐅᐦᒋᐸᔨᔨᐠ; (ᒫᑲ ᐊᑐᐢᑫᔮᑲᓇᐠ ᑳ ᑭ ᓯᑭᓇᑭᐠ ᑭ ᑭᐢᑫᔨᑕᒪᐊᐧᐠ;) ᐊᓇ ᐃᐧᑯᑫᐃᐧᑭᒫᐤ ᑭ ᓇᑐᒣᐤ ᐅᐃᐧᑭᑐᒣᐧ, ᐅᒥᓯ ᒫᑲ ᐃᑌᐤ, ᑳ ᐃᑕᓯᐟ ᐊᔨᓯᔨᓂᐤ ᓂᑳᐣ ᒫᓇ ᐸᑭᑎᓇᐟ ᑳ ᒥᐊᐧᓯᓂᔨᐠ ᓯᒥᓇᐳ, ᐃᐢᐱ ᒫᑲ ᐊᔨᓯᔨ ᐊᐧᐠ ᑳ ᒥᔪ ᒥᓂᑫᐧᑕᐧᐃᐧ, ᐁᑲᐧ ᐁᑳ ᓈᐢᐱᐨ ᑳ ᒥᐊᐧᓯᐠ; ᒫᑲ ᑭᔭ ᑭ ᑭ ᑲᓇᐁᐧᔨᑌᐣ ᑳ ᒥᐋᐧᓯᐠ ᓯᒥᓇᐳ ᐱᔨᐢ ᐊᓄᐦᐨ. ᐁᐊᐧᑯ ᐅᒪ ᓂᐢᑕᐟ ᐁ ᑭᐢᑭᓇᐋᐧᒋ ᐋᐧᐸᑕᐃᐁᐧᐟ ᑭ ᐃᐦᑐᑕᐟ ᒋᓴᐢ ᑫᓇ ᑲᕒᐊᕒᐃᕽ, ᐁ ᑭ ᓄᑯᑖᐟ ᐅ ᑭᐢᑌᔨᑖᑯᓯᐃᐧᐣ; ᐅ ᑭᐢᑭᓄᐊᒪᐊᐧᑲᓇ ᒫᑲ ᑭ ᑖᐯᐧᔦᔨᒥᐠ.

ᓂᐢᑐ ᐊᔭᒥᐁᑭᓯᑳᐤ ᐊᐢᑯᐦᐨ ᐃᐱᐸᓂ.

ᐊᔭᒥᐋᐃᐧᐣ.

ᑲᑭᔭᐤ ᑫᑲ: ᑫᐢᑭᑖᔭᐣ ᒥᓇ ᑳᑭᑫ ᒣᓂᑐᐃᐧᔭᐣ, ᑭᓴᐋᐧᑎᓯᐃᐧ ᑲᓇᐋᐧᐸᐦᑕ ᓂ ᓀᓯᐋᐧᑎᓯᐃᐧᓂᓈᓇ, ᒥᓇ ᑕᐦᑖᐧᐤ ᐃᔮᔨᒥᓯᔮᐦᑭ ᒥᓇ ᑭᐧᔨᑕᒫᔮᐦᑭ ᓯᐃᐧᓂᐢᑫᔨ ᑭ ᑭᐦᒋᓂᐢᐠ ᑭᑕ ᐃᐧᒋᐃᔮᕽ ᒥᓇ ᑭᑕ ᓈᑕᒪᐃᐧᔮᕽ; ᐃᐧᔭ ᐅᐦᒋ ᒋᓴᐢ X ᑳ ᑎᐯᔨᒥᑯᔮᕽ. ᐋᒣᐣ.

ᑭᐦᒋᒪᓯᓇᐊᒫᑫᐎᐣ. ᕒᐅᒪᓇ xii. 16.

ᐁᑳᐏᔭ ᐃᔑᓂᓯᕽ ᑭᔭᐚᐤ ᑭ ᑭᐢᑌᔑᒥᓱᐏᓂᐚᕽ. ᐁᑳᐏᔭ ᐊᐏᔭᕽ ᐊᔑᓯᔑᓂᐤ ᒪᒋᑖᕽ ᐁ ᒪᒋᑖᑯᓭᕽ. ᒦᒥᑐᓀᔑᑕᒧᕽ ᐊᓂᐃ ᑳ ᑭᐦᑫᔑᑖᑲᐧᑭ ᐁ ᐃᓯ ᑭᑖᐸᐸᕽ ᑲᑭᔭᐤ ᐊᔑᓯᔑᓂᐤ. ᑭᐢᐱᑦ ᑭ ᐃᐢᐸᔑᑭ, ᐁ ᐃᓯ ᑲᐢᑭᑖᓭᕽ, ᒥᓗ ᐃᐧᑫᐃᐧᕽ ᑲᑭᔭᐤ ᐊᔑᓯᔑᓂᐤ. ᐁᑳᐏᔭ ᐚᐯᐅᕽ ᓯᔮᑭᐃᑕᑯᕽ, ᒦᑲ ᑕᐏᐢᑕᒧᕽ ᑭᓯᐚᓯᐎᐣ: ᒋᑫᒫ ᐃᑕᓯᓇᐃᑳᑌᐤ, ᐚᐯᐅᐎᐣ ᓂᔭ ᓂ ᑎᐯᔑᑌᐣ; ᓂᔭ ᓂ ᑲ ᑎᐸᐊᒦᑲᐣ ᐃᑌᐤ ᑳ ᑎᐯᔑᒋᑫᐟ. ᒦᑲ ᑭᐢᐱᐣ ᐊᓇ ᑳ ᐸᑳᐧᑎᐢᐨ ᓃᑌᑲᑌᒋ. ᐊᓭ: ᑭᐢᐱᐣ ᓅᑌᔮᐸᑫᐧᒋ ᑭ ᑲ ᒥᓇᐚᐤ: ᒋᑫᒫ ᐁᑯᓯ ᐁ ᐃᐦᑐᑕᒪᐣ ᑭ ᑲ ᐊᓭᐢᑖᐚᐣ ᐁ ᐃᐢᑯᑌᐊᐧᑭ ᑲᐢᑲᐢᑲᓴᐊᐧ ᐅᐢᑎᑳᐧᓂᕽ. ᐁᑳᐏᔭ ᑭ ᑲ ᐃᐧ ᓴᑯᒋᐃᑯᐣ ᑳ ᒫᔭᑖᕽ, ᒦᑲ ᓵᑯᒋᑖ ᑳ ᒫᔭᑖᕽ ᑳ ᒦᔭᐧᓯᕽ ᐅᐦᒋ.

ᒥᐋᐧᑭᒋᔫᐎᐣ. ᓴᐣ ᒫᕽ viii. 1.

ᐃᐢᐱ ᒫᑲ ᑳ ᐯ ᓂᑕᒋᐁᐏᐟ ᐊᐧᒋᕽ ᐅᐦᒋ, ᑭᐦᒋ ᒥᐦᒉᐟ ᑳ ᒫᒪᐁᐧᔭᑎᔑᐟ ᑭ ᒥᑎᓴᐅᐠ. ᒋᐢᐟ ᒪᑲ, ᐁᑯᑕ ᑭ ᐯ ᑕᑯᓯᐣ ᐯᔭᐠ ᑳ ᒪᑯᐢᐱᓀᐟ ᐁ ᑭ ᐅᒋᒋᑲᐧᓇᐱᐢᑳᐧᐟ ᒪᑲ, ᐅᒥᓯ ᐁ ᐃᑖᐟ, ᑌᐯᐦᒋᑫᔭᐣ, ᑭᐢᐱᐣ ᐃᑌᔑᑕᒪᓂ, ᑭ ᑲ ᑭ ᐯᐦᑭᐃᐣ. ᒋᑯᐟ ᒫᑲ ᒋᓭᐢ ᑭ ᐃᓯᒋᑫᔑᐤ ᐁ ᑭ ᓵᒥᓈᐟ, ᐅᒥᓯ ᐁ ᐃᑌᐤ, ᓂᐟ ᐃᑌᔑᑌᐣ ᐃᓴ; ᑭ ᑲ ᐃᐧ ᐯᐦᑭᓯᐣ ᒫᑲ ᐁᑯᓯ ᒫᑲ ᓴᒪᐠ ᑳ ᐃᓯ ᐯᐦᑭᑖᐃᐧᐟ ᐅ ᒪᑯᐢᐱᓀᐃᐧᐣ ᒋᓭᐢ ᒫᑲ ᐅᒥᓯ ᐃᑌᐤ, ᐊᔥᑲᐧᒥᓯ ᐁᐃᐧᔭ ᐊᐏᔭᕽ ᐊᔑᓯᔑᓂᐤ ᐃᐧᑕᒪᐤ; ᒫᑲ ᓯᐯᐧᑌ, ᐋᐧᐸᒋᔑᔅᑕᐤ ᐊᔭᒥᐁᐃᐧᔑᓂᐤ, ᒥᓇ ᐸᑭᑎᓇ ᑫᑭᐃᐧᐣ ᔫᓯᐢ ᑳ ᑭ ᐃᓯ ᑲᑫᐢᑭᒥᐁᐟ, ᑭᑕ ᐅᒋ ᐋᒋᒧᐢᑖᑯᒋᕽ. ᐃᐢᐱ ᒫᑲ ᒋᓭᐢ ᑲ ᐱᑐᑫᐟ ᑲᐸᐢᑖᓀᒥᕽ, ᐁᑯᑕ ᑭ ᐯ ᓈᑎᕽ ᓯᒪᑲᓂᓯᐏᑭᒫᐊᐧ, ᐁ ᒪᐃᐧᒨᐢᑖᑯᐟ, ᐅᒥᓯ ᒫᑲ ᐁ ᐃᑌᐧᔑᐟ, ᑌᐯᐦᒋᑫᔭᐣ, ᓂᐟ ᐊᑐᐢᑫᔮᑲᐣ ᐱᒥᓯᐣ ᓂᑭᕽ ᐁ ᐋᐦᑯᓯᐟ, ᐁ ᓇᓈᒪᐢᐱᓀᐟ, ᓈᐢᐱᐦ ᐁ ᑲᑳᐧᑕᑭᑖᐟ. ᒋᓭᐢ ᒫᑲ ᐅᒥᓯ ᐃᑌᐤ, ᓂ ᑲ ᐯ ᐃᑐᐦᑖᐣ ᐃᓴ ᑭᑕ ᐃᔑᓂᑲᐊᕽ. ᓯᒫᑲᓂᓯᐏᑭᒫᐤ ᑭ ᓇᐢᑫᐧᐊᐧᓯᑫᐤ ᐅᒥᓯ ᐁ ᐃᑖᐟ, ᑌᐯᐦᒋᑫᔭᐣ, ᓇᒪᐃᐧᔭ ᓂᐟ ᐃᐢᐱᑌᔑᑖᑕᓯᐣ ᑭᑕ ᑭ ᐯ ᐱᑐᑫᔭᐣ ᓂ ᐋᐧᐢᑲᐃᑲᓂᕽ; ᒫᑲ ᒧᐦᒋ ᐊᔭᒥ, ᐁᑯᓯ ᒫᑲ ᓂᐟ ᐊᑐᐢᑫᔮᑲᐣ ᑭᑕ ᐃᔑᓂᑲᐊᐤ. ᒋᑫᒪ ᓂᔭ ᐊᔑᓯᔑᓂᐤ ᑳ ᑎᐯᔑᒥᑲᐃᐧᔮᐣ, ᐁ ᑎᐯᔑᒪᑭᕽ ᓂᐢᑕ ᓯᒫᑲᓂᓴᐠ: ᐅᒥᓯ ᒫᑲ ᓂᐟ ᐃᑖᐤ ᐊᓇ ᐊᔑᓯᔑᓂᐤ, ᓯᐯᐧᐦᑌ, ᐁᑯᓯ ᒫᑲ ᓯᐯᐦᑌᐤ; ᒥᓇ ᒫᑲ ᑯᑕᐠ, ᐚᐢᑕᐨ, ᐁᑯᓯ ᒫᑲ ᐯ ᐃᑐᑌᐤ; ᒥᓇ ᓂᐟ ᐊᑐᐢᑫᔮᑲᐣ, ᐅᒥᓯ ᑐᑕ, ᐁᑯᓯ ᒫᑲ ᐃᐦᑐᑕᐨ. ᐃᐢᐱ ᒫᑲ ᒋᓭᐢ ᐱᔦᑕᕽ ᐅᒪ, ᑭ ᒫᒪᐢᑳᑌᔦᔑᐦᑕᐨ, ᐅᒥᓯ ᐁ ᑭ ᐃᑖᐟ ᐊᓂᐃ ᑳ ᐱᒥᑎᓴᐅᑯᐟ, ᑖᐯᐧ ᑭᐟ ᐃᑎᓈᐚᐤ, ᓇᒪᐃᐧᔭ ᓂ ᑭ ᒥᐢᑫᐣ ᐁᑯᓯ ᐁ ᐃᓯ ᒥᓵᐠ ᑖᐯᐧᔦᔑᑕᒧᐎᐣ, ᓇᒪ, ᓇᒪᐃᐧᔭ ᐃᐢᕒᐁᐱᕒᐃᕽ. ᒥᓇ ᒫᑲ ᑭᐟ ᐃᑎᓈᐚᐤ, ᒥᐦᒉᐟ ᑭᑕ ᐯ ᐅᐦᑐᑌᐊᐧᐠ ᐚᐸᓄᕽ ᒥᓇ ᐸᐦᑲᐯᐊᓄᕽ, ᐁᑯᓯ ᒫᑲ

ᑭᑕ ᐃᐧᑭ ᓇᐊᐱᒫᒋᐠ ᐁᐤᐊᐦᐊᒪ, ᒥᓇ ᐊᐧᓴᑲ, ᒥᓇ ᑫᑲᐸ, ᑭᐦᒋ ᑭᓯᑯᐃᐧ ᐅᑌᓇᐃᐧᐃᐧᓂᕽ. ᒪᑲ ᐃᐧᔭ ᐊᓂᑭ ᑳ ᐅᐟ ᐊᐊᐧᓯᒥᓯᒥᑯᒋᐠ ᐊᓂᒪ ᐅᑌᓇᐃᐧᐃᐧᐣ ᑭᑕ ᐊᐧᔭᐃᐧᐁᐧᐱᔪᐊᐧᐠ ᐊᓂᑌ ᑳᑭᑫ ᐊᐧᓂᑎᐱᐢᑳᕽ ᐃᓯ; ᐁᑯᑌ ᑫ ᑕᓯ ᒪᒫᐣᕽ ᒥᓇ ᑫ ᑲᑭᒋᐢᑳᐱᑌᕽ. ᒋᓴᐢ ᒫᑲ ᐅᒥᓯ ᑭ ᐃᑌᐤ ᓯᒪᑲᓂᓯᐃᐧᑭᒪᐊᐧ, ᑭᐁᐧ ᐃᓴ; ᒉᐧᐦᒋ ᒫᑲ ᑳ ᑭ ᐃᓯ ᑖᐧᑕᒪᐣ, ᐁᑯᓯ ᒉᐧᐦᒋ ᑫ ᐃᓯ ᑐᑕᒫᑲᐃᐧᔭᐣ ᐁᑯᓯ ᐅᐟ ᐊᑐᐢᑫᔭᑲᓇ ᑭ ᐱᒪᑎᓯᔦᐊᐧ ᐁᐅᑯ ᐁ ᐃᐢᐸᔦᐠ ᑎᐸᐃᐱᓯᒪᐧᐣ.

ᓀᐤ ᐊᔭᒥᐁᑭᓯᑳᐤ ᐊᐢᑯᐦᐨ ᐃᐱᐸᓂ.

ᐊᔭᒥᐋᐃᐧᐣ.

ᑭᓴᒪᓂᑐ ᑭᔭ ᑳ ᑭᐢᑫᔦᒥᔮᕽ ᐁ ᐃᓯ ᐋᐧᐢᑳᐢᑲᑯᐧᔦᕽ ᒥᐦᑫᐟ ᒥᓇ ᑭᐦᒋ ᐋᔦᒥᓯᐃᐧᓇ, ᒥᓇ ᐁ ᐃᓯ ᓀᓯᐃᐧᓯᔮᕽ ᐁᑳ ᑕᐦᑭ ᐁ ᑭ ᒪᐢᑲᐃᐧᑳᐸᐃᐧᔮᕽ, ᒥᔦᓈᐣ ᐊᓂᒪ ᒪᐢᑲᐃᐧᓯᐃᐧᐣ ᒥᓇ ᐃᓯ ᑲᓇᐁᐧᔦᒥᓈᐣ, ᑭᑕ ᑭ ᓱᑐᓂᑯᐃᐧᓯᔮᕽ ᑲᑭᔭᐤ ᐋᔦᒥᓯᐃᐧᓂᕽ ᒥᓇ ᑭᑕ ᑭ ᓵᑯᒋᑖᔮᕽ ᑲᑭᔭᐤ ᑯᑌᔦᒥᑯᐃᐧᓇ; ᐃᐧᔭ ᐅᐦᒋ ᒋᓴᐢ X ᑳ ᑎᐯᔦᒥᐤᔮᕽ. ᐋᒣᐣ.

ᑭᐦᒋᒪᓯᓇᐊᒫᑫᐃᐧᐣ. ᕑᐅᒪᓇ xiii. 1.

ᑭᔮᐟ ᑲᑭᔭᐤ ᐊᐃᐧᔭᐠ ᑯᑕᒑᐦᑯᐟ ᑭᑕ ᓇᓇᐃᑕᐁᐧᐤ ᑳ ᑭᐦᒑᔦᐃᐧᔦᐟ: ᒋᑫᒫ ᓇᒪᐃᐧᔭ ᐃᑕᑲᐧᐣ ᑭᐦᒑᔦᐃᐧᐃᐧᐣ ᐱᑯ ᑭᓴᒪᓂᑐᕽ ᐅᐦᒋ; ᑭᐦᒑᔦᐃᐧᓇ ᒫᑲ ᑳ ᐊᔮᑭ ᑭ ᐅᔭᑭᑕᑕ ᑭᓴᒪᓂᑕ. ᐁᑯᓯ ᒫᑲ ᐊᓇ ᑳ ᓇᑳᐢᑲᕽ ᑭᐦᒑᔦᐃᐧᐃᐧᐣ ᓇᑳᐢᑲᐟ ᐊᓂᒪ ᑳ ᑭ ᐅᔭᑭᑕᒥᔦᐟ ᑭᓴᒪᓂᑐᐊᐧ: ᐊᓂᑭ ᒫᑲ ᑳ ᓇᑳᐢᑲᑭᐠ ᑭᑕ ᐅᐦᒋᑎᓴᐊᒫᓱᐊᐧᐠ ᐅᔭᓯᐋᐧᑎᑯᐃᐧᐣ. ᒋᑫᒫ ᑳ ᐅᔭᓯᐁᐧᒋᐠ ᓇᒪᐃᐧᔭ ᑭᑕ ᑯᐢᑎᑯᒋᐠ ᑳ ᐊᑐᐢᑲ ᒥᔦᐟ ᒥᔪ ᑫᐤ: ᒫᑲ ᑳ ᒪᒑᔦᐃᐧᔦᐟ. ᑭ ᓀᐦᑌ ᐃᓯ ᐊᔮᐣ ᒋ ᒫᑲ ᐁᑳ ᑭᑕ ᑯᐢᑕᒪᐣ ᑭᐦᒑᔦᐃᐧᐃᐧᐣ? ᐃᐦᑐᑕ ᐊᓂᒪ ᑳ ᒥᔮᐧᓯᐠ, ᐁᑯᓯ ᑭ ᑲ ᒪᒥᐦᒋᒥᑯᐣ ᐁᐊᐧᑯ: ᒋᑫᒫ ᐊᑐᐢᑲᐁᐧᐤ ᑭᓴᒪᓂᑐᐅᐧ ᑭᔭ ᑭᑕ ᒥᔪᑐᑖᐢᐠ. ᒫᑲ ᑭᐢᐱᐣ ᐃᐦ ᑕᒪᓂ ᐊᓂᒪ ᑳ ᒫᔮᑖᕽ, ᐁᑲᐧ ᐱᑯ ᑭᑕ ᐊᐢᑖᓯᔭᐣ; ᒋᑫᒫ ᓇᒪᐃᐧᔭ ᐱᑲᐧᓇᑕ ᐃᓴᐁᐧᐢᐠ ᑳ ᑕᐦᑯᓇᕽ: ᐃᐧᔭ ᑭᓴᒪᓂᑐ ᐅᐟ ᐊᑐᐢᑫᔮᑲᓇ, ᐁ ᑎᐸᐊᒪᐹᐧᐟ ᑭᓯᐋᐧᓯᐃᐧᓂᕽ ᐃᓯ ᐊᓂᐃ ᑳ ᒪᒋ ᑐᑕᒥᔦᐟ. ᐁᑯᓯ ᒫᑲ ᐱᑯ ᑭᑕ ᓇᓇᐃᑕᒣᐠ, ᓇᒪᐃᐧᔭ ᐱᑯ ᑭᓯᐋᐧᓯᐃᐧᐣ ᐅᐦᒋ, ᒫᑲ ᒥᓇ ᓇᐁᔦᑕᒧᐃᐧᐣ ᐅᐦᒋ. ᐁᐊᐧᑯ ᒫᑲ ᐅᒪ ᒥᓇ ᐅᐦᒋ ᑎᐸᐃᑫᐠ ᑳ ᑎᐸᐃᑫᐃᑲᐃᐧᓴᐠ ᓱᓂᔮᐤ; ᒋᑫᒫ ᐁᐊᐧᑯᓂᐠ ᒥᓇ ᐊᑐᐢᑲᐁᐧᐊᐧᐠ ᑭᓴᒪᓂᑐᐊᐧ, ᐁ ᐸᒥᑖᒋᐠ ᒧᓴᐠ ᐁᐊᐧᑫᐧᔦᐤ ᐅᒪ. ᑲᑭᔮᐤ ᒫᑲ ᐁ ᐃᑕᑭᒋᑫᒋᐠ ᑎᐱᑐᑕᒧᐠ: ᑎᐸᐃ ᐃᐧ ᓱᓂᔮᐤ ᐊᓇ ᑳ ᐃᑕᐢᑌᐠ ᑭᑕ ᒥᔦᐦᐟ ᑎᐸᐃᑫᐃᐧ ᓱᓂᔮᐊᐧ; ᐅᔭᓯᐁᐧᐃᐧ ᓱᓂᔮᐤ ᐊᓇ ᑭᑕ ᒥᔦᐦᐟ ᐅᔭᓯᐁᐧᐃᐧ ᓱᓂᔮᐊᐧ; ᑯᓯᑫᐧᔦᒥᕽ ᐊᓇ ᑭᑕ ᑯᓯᑫᐧᔦᒥᐦᐟ, ᑭᐢᑌᔦᒥᕽ ᐊᓇ ᑭᑕ ᑭᐢᑌᔦᒥᐦᐟ.

ᒥᐚᒋᒧᐎᐣ. ᓵᐣᐟ ᒫᐟᔪ viii. 23.

ᐃᐢᐱ ᒫᑲ ᑳ ᐳᓯᐟ ᐅᓯᕽ, ᐅ ᑭᐢᑭᓄᐊᒪᐚᑲᓇ ᑭ ᐱᒥᑎᓴᐅᐠ. ᑭᐢᐟ ᒫᑲ, ᐁᑯᑕ ᑭ ᐸᑭᒥᒪᑲᐣ ᐁ ᒥᐢᑕᐃ ᔦᑎᕽ ᓵᑲᐃᑲᓂᕽ, ᐁ ᑭ ᐹᐳᓯᐸᔮᐠ ᓂᐱ ᐅᓯᕽ ᐁ ᑭ ᐃᐢᐱᒋ ᒪᒫᑲᐊᕽ; ᒫᑲ ᐎᔭ ᑭ ᓂᐹᐤ. ᐁᑯᐟ ᒫᑲ ᐅ ᑭᐢᑭᓄᐊᒪᐚᑲᓇ ᑭ ᐯ ᓈᑎᐠ, ᐁ ᑭ ᑯᐢᑯᓱᑯᐟ ᒫᑲ, ᐅᒥᓯ ᐁ ᐃᑎᑯᐟ, ᑌᐯᔨᒋᑫᔭᐣ, ᐱᒦᒋᐃᓈᐣ; ᓂ ᓂᓯᐚᓈᑎᓯᓈᐣ. ᐅᒥᓯ ᒫᑲ ᐃᑌᐤ, ᑖᓄᑭ ᐅᒪ ᑳ ᐅᐦᒋ ᑯᐢᑖᒋᔦᐠ, ᑭᔭᐚᐤ ᑳ ᐊᐱᓵᓯᐢ ᑭ ᑕᐯᐧᔦᔨᑕᒧᐎᓂᐚᐤ? ᐁᑯᓯ ᒫᑲ ᑭ ᐚᓂᐢᑳᐤ, ᐁ ᑭ ᓄᑕᕽ ᔦᑎᐣ ᒥᓇ ᓵᑲᐃᑲᐣ; ᐁᑯᓯ ᒫᑲ ᑭ ᑭᐦᒋ ᐊᔮᐧᐢᑎᐣ. ᒫᑲ ᐊᓂᑭ ᐊᐳᓯᐳᓂᐊᐧᐠ ᑭ ᒫᒪᐢᑲᑕᒪᐧᐠ, ᐅᒥᓯ ᐁ ᐃᑌᐧᒋᐠ, ᑫᑯᑳᓂ ᐊᐳᓯᐳᓂᐤ ᐎᔭ ᐊᐊᐧ, ᐊᐳᐦᒋᑲ ᐋᐧᐚᐨ ᔦᑎᓇᐧ ᒥᓇ ᓵᑲᐃᑲᐣ ᑳ ᓇᓇᐃᑖᑯᐟ! ᐃᐢᐱ ᒫᑲ ᑳ ᑕᑯᓯᕽ ᐊᓂᑌ ᑫᐧᐢᑲ ᓭ, ᐅᐟ ᐊᐢᑭᐊᐧᕽ ᐊᓂᑭ ᑲᐢᑲᓯᔪᐠ. ᐁᑯᑌ ᑭ ᓇᑭᐢᑯᐠ ᓂᓯ ᐁ ᐎᔭᐎᐢᑲᑯᔨᐟ ᒪᒋ ᐊᒋᐦᑲᐧ, ᒋᐸᔨᑲᒥᐅᕽ ᐌ ᐯ ᐅᐦᑐᑌᒋᐠ, ᓈᐢᐱᐨ ᐁ ᑯᐢᑖᑎᑯᔨᒋᐠ, ᐁᑯᐟ ᒫᑲ ᐁᑳ ᐊᐎᔭᐠ ᐊᐳᓯᐳᓂᐤ ᐁᑯᑕ ᑭᑕ ᑭ ᐱᒧᑌᐤ. ᑭᐢᐟ ᒫᑲ, ᑭ ᒥᐢᑕᐃ ᑌᐯᐘᐠ ᐅᒥᓯ ᐁ ᐃᑌᐧᒋᐠ, ᑫᑳ: ᑫ ᑭ ᑐᑖᑖᕽ, ᑭᔭ ᑭᓴᒪ-ᓂᑐᐎᑯᓯᓵᐣ? ᑭ ᐯ ᐃᑐᑖᐣ ᒋ ᐅᐦᒋᑕᐤ ᑭᑕ ᑲᑳᐧᑕᑭᐃᔭᕽ ᐁ ᒪᐧᓴ ᐅᑎᒋᐸᔮᐠ? ᐚᔭᐤ ᒫᑲ ᐁᑯᑕ ᐅᐦᒋ ᑳ ᐊᔮᒋᐠ, ᑭ ᐸᔮᐤ ᐃᑕ ᐁ ᐃᑕᔨ ᒪᒥᒋᔨᒋᐠ ᑯᐦᑯᓴᐠ. ᐁᑯᓯ ᒫᑲ ᒪᒋ ᐊᒋᐦᑲᐧᐠ ᑭ ᓇᑐᑕᒪᐌᐘᐠ, ᐅᒥᓯ ᐁ ᐃᑕᒋᐠ, ᑭᐢᐱᐣ ᐘᔭᐎ-ᐌᐢᓂᔮᑭ, ᑭᔮᑦ ᐃᓯᑎᓴᐅᓈᐣ ᑭᑕ ᑭᑭᐢᑲᐚᔮᑭᐠ ᑯᐦᑯᓴᐠ. ᐅᒥᓯ ᒫᑲ ᑭ ᐃᑌᐤ, ᓂᔭᐠ. ᐁᑯᓯ ᒫᑲ ᑳ ᐯ ᐘᔭᐎᒋᐠ ᑭ ᐱᐦᒋᔭᐌᐢᑲᐌᐘᐠ ᑯᐦᑯᓴ; ᑭᐢᐟ ᒫᑲ, ᑲᐤᔭᐤ ᐊᓂᑭ ᑯᐦᑯᓴᐠ ᑭ ᐃᐢᐸᑖᐘᐠ ᐁ ᑭᐢᑲᑎᓈᔮᐠ ᓵᑲᐃᑲᓄᕽ, ᐁᑯᓯ ᒫᑲ ᐁ ᑭ ᓂᓯᐚᓇᑎᓯᒋᐠ ᓂᐱᕽ. ᐊᓂᑭ ᒫᑲ ᑳ ᑲᓇᐌᔨᒫᒋᐠ ᑭ ᑕᐸᓯᐘᐠ, ᐁ ᑭ ᐃᑐᑌᒋᐠ ᒫᑲ ᐊᓂᑌ ᐅᑌᓈᕽ, ᐁᑯᓯ ᐁ ᑭ ᐎᑕᑭᐠ ᑲᑭᔭᐤ ᑫᑳ:, ᒥᓇ ᑫᑳ: ᑳ ᐊᐳᑐᑖᒥᐟ ᐊᓂᐃ ᑳ ᐎᔭᐎᐢᑲᑯᔨᐟ ᒪᒋ ᐊᒋᑲᐧ. ᑭᐢᐟ ᒫᑲ ᑲᑭᔭᐤ ᐁ ᐃᑕᓯᒋᐠ ᐅᑌᓈᕽ ᑭ ᐘᔭᐎᐘᐠ ᑭᑕ ᓇᑕᐎ ᓇᑭᐢᑲᐚᒋᐠ ᒋᓴᓴ; ᐃᐢᐱ ᒫᑲ ᐎᔮᐸᒫᒋᐠ, ᑭ ᓇᑐᑕᒪᐌᐘᐠ ᑭᑕ ᓯᐯᐧᑌ ᐟ ᐅᐟ ᐊᐢᑭᐊᐧᕽ ᐅᐦᒋ.

ᓂᔮᓇᐣ ᐊᔭᒥᐁᑭᓯᑳᐤ ᐊᐢᑯᐦᐨ ᐃᐱᐸᓂ.

ᐊᔭᒥᐋᐎᐣ.

ᑌᐯᔨᒋᑫᔭᐣ ᑭ ᐸᑯᓭᔨᒥᑎᓈᐣ ᑭᑕ ᑲᓇᐌᔨᒪᔦᐠ ᑭᐟ ᐃᔨᓂᒪᐠ ᐅᑕᔮᒥᐋᐘᐠ ᑕᐦᑭ ᑖᐯᐧ ᐊᔭᒥᐋᐚᑎᓯᐎᓂᕽ; ᐊᓂᑭ ᑳ ᐊᐢᐯᔨ ᒍᑐᑕᐦᑭᐠ ᑭ ᑭᐦᑭᑭᓯᑯᐎ-ᓄᓯᑲᒫᑫᐎᐣ ᐱᑯ ᑭᑕ ᑭ ᑕᐦᑭ ᓈᑕᒫᑯᒋᐠ ᑳ ᓱᐦᑫᔦᑳᐧᕽ ᑭ ᒪᐢᑲᐎᓯᐎᐣ; ᐎᔭ ᐅᐦᒋ ᑭᓭᐢ X ᑳ ᑎᐯᔨᒥᑯᔮᕽ. ᐋᒣᐣ.

ᑭᐦᒋᒪᓯᓇᐊᒫᑫᐃᐧᐣ. ᑲᕀᐋᓯᔭᓇ iii. 12.

ᐳᓯᐢᑲᒧᐠ ᒫᑲ, ᑖᐱᐢᑯᐨ ᑭᓭᒪᓂᑐ ᐅ ᐊᐧᐁᐧᔦᐳᒫᑲᓇ, ᑳ ᑲᓈᑎᓯᐳᐟ ᒥᓇ ᑳ ᓵᑭᐋᐟ, ᓴᐃᐧᑌᐧᐣ, ᑭᑎᒫᑭᓈᑫᐃᐧᐣ, ᑖᐸᑌᐳᒧᐃᐧᐣ, ᔦᐢᑲᑎᓯᐃᐧᐣ, ᓯᐯᐳᑕᒧᐃᐧᐣ; ᐁ ᓴᓯᐱᔭᐁᐧᓯᐢᑖᑐᔦᐠ, ᒥᓇ ᐁ ᐸᐳᓀᐳᑕᒫᑐᔦᐠ, ᑭᐢᐱᐣ ᐊᐃᐧᔭᐠ ᓈᐣᑕᐤ ᐃᓯ ᓇᔦᑖᐁᐧᐳᒫᒋ ᑯᑕᐦ; ᑖᐱᐢᑯᐨ ᑳ ᑎᐯᐳᒋᑫᐟ ᑳ ᑭ ᐃᓯ ᐳᓀᐳᑕᒫᑯᔦᐠ, ᐁᑯᓯ ᐃᓯ ᑭᐢᐚᐤ ᐃᐦᑐᑖᑐᐠ: ᒫᒪᐃᐧ ᒫᑲ ᑕᑯᐨ ᐅᐃ ᐳᓯᐢᑲᒧᐠ ᓵᑭᐃᐁᐧᐃᐧᐣ, ᐁᐊᐧᑯ ᑳ ᒫᒪᐊᐧᐱᓯᐁᐧᐠ ᒪᒥᑐᓂᐃᐧᓂᕽ. ᑭᔮᑦ ᒫᑲ ᐅ ᐯᔭᑕᑫᐳᒧᐃᐁᐧᐃᐧᐣ X ᑭ ᑲ ᑎᐯᐳᒥᑯᓈᐚᐤ ᑭᑌᐃᐊᐧᕽ, ᑳ ᐃᓯ ᓇᑐᒥᑲᐃᐧᔦᐠ ᒫᒪᐃᐧ ᐯᔭᐠ ᒥᔭᐃᐧᕽ; ᒥᓇ ᓇᓈᐢᑯᒧᐠ. ᑭᔭᑦ ᐅᐟ ᐃᑌᐃᐧᐣ X ᑭ ᑲ ᐁᐧᔦᒋ ᑭᑭᐢᑲᑯᓈᐚᐤ ᒥᓯᐁᐧ ᐃᐳ-ᓂᓯᐃᐧᓂᕽ; ᐁ ᑭᐢᑭᓄᐊᒫᑐᔦᐠ ᒥᓇ ᐁ ᓴᓯᑭᒥᑐᔦᐠ ᐊᔭᒥᐋᐃᐧ ᓂᑲᒧᓇ ᒥᓇ ᓇᓈᐢᑯᒧᐃᐧ ᓂᑲᒧᓇ ᒥᓇ ᐊᑮᐦᑯᐃᐧ ᓂᑲᒧᓇ ᐅᐦᒋ, ᑭᑦ ᓂᑲᒧᐢᑕᐚᐧᔦᐠ ᑭᓭᒪᓂᑐ ᐅ ᑭᓭᐚᐧᑐᑖᑫᐃᐧᐣ ᐁ ᑭᑭᐢᑲᑯᔦᐠ ᑭᑌᐦᐃᐋᐧᕽ. ᐱᑯ ᑫᑲ: ᒫᑲ ᐁ ᐃᐦᑐᑕᒣᐠ, ᐁ ᐃᑌᐧᔦᐠ ᐊᐦᐳ ᐁ ᐃᓯᒋᑫᔦᐠ ᑲᑭᔭᐤ ᐃᐦᑐᑕᒧᐠ ᐅ ᐃᐧᔦᐃᐧᓂᕽ ᑳ ᑎᐯᐳᒋᑫᐟ ᑭᓭᐢ, ᐁ ᓇᓈᐢᑯᒫᔦᐠ ᑭᓭᒪᓂᑐ ᐁᐧᔦᑖᐃᐧᕽ ᐃᐧᔭ ᐅᐦᒋ.

ᒥᐋᐧᒋᒧᐃᐧᐣ. ᓴᐣᐟ ᒫᐟᔦ xiii. 24.

ᑭᐦᒋ ᑭᓯᑯᐃᐧ ᐅᑌᓇᐃᐧᐃᐧᐣ ᐃᑌᐳᑕᑲᐣ ᑕᐱᐢᑯᐨ ᐊᐳᓯᐳᓂᐤ ᑳ ᑭᐢᑎᑲᑕᕽ ᐁ ᒥᐊᐧᓯᓂᐳᐠ ᑭᐢᑎᐦᒋᑲᓂᐳᐤ ᐅ ᑭᐢᑎᑲᓂᕽ: ᒣᑲᐧᐨ ᒫᑲ ᐊᐳᓯᐳᓂᐊᐧᐠ ᐁ ᓂᐸᒋᐠ, ᐊᓂᐃ ᑳ ᐸᑲᐧᑎᑯᐟ ᑭ ᐯ ᑖᑯᓯᓂᐳᐊᐧ ᐁ ᑭᐢᑎᑲᑕᒥᐳᐟ ᒪᒋ ᑭᐢᑎᑲᒋᑲᐣ ᒣᑲᐧᐨ ᐸᑫᐧᓯᑲᓂᑳᓂᕽ, ᐁᑯᓯ ᐁ ᓯᐯᐧᑌᐳᐟ. ᒫᑲ ᐃᐢᐱ ᐸᑫᐧᓯᑲᓂᑳᐣ ᑳ ᐯ ᓵᑲᐢᑭᐟ, ᒥᓇ ᐁᑎ ᒥᓂᓯᐃᐧᐟ, ᐁᑯᓯ ᒥᓇ ᒪᒋ ᑭᐢᑎᑲᒋᑲᐣ ᑭ ᐯ ᐊᓯᒋ ᑯᑯᓯᐤ. ᐁᑯᓯ ᒫᑲ ᐅᐟ ᐊᑐᐢᑫᔫᓇ ᑳ ᑎᐯᐳᑕᕽ ᐊᐧᐢᑳᐃᑲᐣ, ᑭ ᐯ ᐃᑐᑌᐳᐊᐧ, ᐅᒥᓯ ᐁ ᑭ ᐃᑎᑯᐟ, ᐅᐣᒪᐤ, ᓇᒪ ᒋ ᑯᐦᒋ ᑭᐢᑎᑲᑌᐣ ᑳ ᒥᐊᐧᓯᐠ ᑭᐢᑎᑲᒋᑲᐣ ᑭ ᑭᐢᑎᑲᓂᕽ, ᑖᓂᑌ ᒫᑲ ᐁᐧᒋᐸᐳᐟ ᒪᒋ ᑭᐢᑎᑲᒋᑲᐣ? ᐅᒥᓯ ᒫᑲ ᑭ ᐃᑌᐤ, ᑳ ᐸᑳᐧᓯᐟ ᐅᒪ ᑳ ᑭ ᑐᑕᕽ. ᐊᑐᐢᑫᔫᑲᓇ ᐅᒥᓯ ᑭ ᐃᑎᐠ, ᑭᐟ ᐃᑌᐳᑌᐣ ᒋ ᒫᑲ ᑭᑦ ᓇᑕᐃᐧ ᒧᓴᑭᓇᒪᕽ? ᒫᑲ ᐅᒥᓯ ᑭ ᐃᑌᐧᐤ, ᓇᒪᐃᐧᔭ; ᒫᐢᑯᐨ ᐁᑐᑫᐧ ᒣᑲᐧᐨ ᐁ ᒧᓴᑭᓇᔦᐠ ᒪᒋ ᑭᐢᑎᑲᒋᑲᐣ, ᑭ ᑲ ᐊᓯᒋ ᒪᓂᐱᑖᐊᐧᐤ ᐸᑫᐧᓯᑲᓂᑳᐣ. ᑭᔭᑦ ᐁᑯᓯ ᑖᐱᐢᑯᐨ ᑭᑦ ᓂᑖᐃᐧᑭᓇᐧ ᐃᐳᑯᕽ ᑭᑦ ᒫᐊᐧᒋᒋᑳᓂᐃᐧᐠ: ᐃᐢᐱ ᒫᑲ ᐅᑎᒋᐸᐳᑭ ᑭᑦ ᒫᐊᐧᒋᒋᑫᕽ, ᐅᒥᓯ ᓂ ᑲ ᐃᑕᐊᐧᐠ ᐅᒪᐊᐧᒋᒋᑫᐊᐧᐠ, ᒫᐊ ᒋᑕᐠ ᓂᐢᑕᑦ ᒪᒋ ᑭᐢᑎᑲᒋᑲᓇ, ᐁᑯᓯ ᒫᑲ ᐊᔭᓴᐦᐱᑕᒧᐠ ᑭᑦ ᐃᐢᑲᐧᓴᒣᐠ: ᒫᑲ ᐃᐧᔭ ᐸᑫᐧᓯᑲᓂᑳᐣ ᒪᐊᐧᒋᐃᐠ ᓂᐟ ᐊᐢᑕᓯᐃᐧᑲᒥᑯᕽ.

ᓂᑯᑖᐧᓯᐢ ᐊᔭᒥᐁᑭᓯᑳᐤ ᐊᐢᑯᐦᐨ ᐃᐱᐸᓂ.

ᐊᔭᒥᐋᐃᐧᐣ.

ᑭᓭᒪᓂᑐ, ᑭᔭ ᑳ ᑭᐦᒋᑖᐧᐁᐧᔨ ᑯᓯᐟ ᑭᑯᓯᐢ ᑳ ᑭ ᓄᑯᓯᐟ ᑭᑕ ᓂᓯᐊᐧᓈᒋᑖᐋᐧᐟ ᐅᐟ ᐃᓯᒋᑫᐃᐧᓂᔨ · ᒪᒋᒪᓂᑐᐊᐧ ᒥᓇ ᑭᑕ ᐃᓯᐃᑯᔮᕽ ᑭᑕ ᒪᓂᑐᐃᐧᑯᓯᓵᓂᐃᐧᔮᕽ, ᒥᓇ ᑭᑕ ᐊᐢᐯᔨᒧᐃᐤᔮᕽ ᑳᑭᑫ ᐱᒫᑎᓯᐃᐧᐣ; ᒥᔨᓈᐣ ᑭ ᐸᑯᓭᔨᒥᑎᓈᐣ ᐁ ᐊᔩᔩᕽ ᐅᒪ ᐊᐢᐯᔨᒧᐃᐧᐣ ᑭᑕ ᑭ ᐯᐦᑭᐦᐃᓱᔩᕽ ᑖᐱᐢᑯᐨ ᑳ ᐃᓯ ᐯᐦᑭᓯᐟ ᐃᐧᔭ; ᐃᐢᐱ ᑕᑯᓯᐦᑭ ᒥᓇ ᑭᑭ ᓱᐦᑳᑎᓯᐃᐧᐣ ᒥᓇ ᑭᐦᒋ ᑭᐢᑌᔨᑖᑯᓯᐃᐧᐣ ᑭᑕ ᐃᓯᐃᑲᐃᐧᔮᕽ ᑖᐱᐢᑯᐨ ᐃᐧᔭ ᐅ ᑭᐦᒋᐅᑭᒫᐃᐧᐃᐧᓂᕽ; ᐃᑕ ᐊᓯᒋ ᑭᔭ ᐅᐦᑖᐃᐧᒫᐤ ᒥᓇ ᑭᔭ ᑳ ᑲᓵᑎᓯᔭᐣ ᐊᒑᕽ, ᑳ ᐱᒫᑎᓯᐟ ᒥᓇ ᑳ ᑎᐯᔨᒋᑫᐟ ᑳᑭᑫ ᐯᔭᐠ ᒪᓂᑐ ᐃᔨᑯᕽ ᑫ ᓈᐢᐱᒋ ᐊᐢᑭᐊᐧᕽ. ᐋᒣᐣ.

ᑭᐦᒋᒪᓯᓇᐊᒫᑫᐃᐧᐣ. ᓂᐢᑕᑦ ᒑᐣ iii. 1.

ᒫᑎᑲ ᐃᔨᑯᕽ ᓵᑭᐃᐁᐧᐃᐧᐣ ᐁᐧᔪᑖᐃᐧᕽ ᑳ ᑭ ᐸᑭᑎᓇᒫᑯᔭᕽ ᑭᓭᒪᓂᑐ ᐅᐟ ᐊᐋᐧᓯᒥᓴ ᑭᑕ ᐃᑎᑲᐃᐧᔭᕽ; ᐁᑯᑐᐊᐧ ᒫᑲ ᑭᔮᓇᐤ. ᐁᐊᐧᑯ ᐅᒪ ᐅᐦᒋ ᐊᐢᑭ ᓇᒪᒍᐧᔭ ᑭ ᑭᐢᑫᔨᒥᑯᓈᓇᐤ ᒋᑫᒫ ᐁᑳ ᐁ ᑭ ᑭᐢᑫᔨᒥᑯᐟ. ᓯᔮᑭᐃᑕᑯᐠ, ᐁᑲᐧ ᑭᔮᓇᐤ ᑭᓭᒪᓂᑐ ᐅᐟ ᐊᐋᐧᓯᒥᓴ, ᓂᒣᐢᑲᐧ ᒫᑲ ᓄᑲᐧᐣ ᑫ ᐃᓯ ᐊᔩᔩᕽ. ᑭ ᑭᐢᑫ-ᔨᑌᓈᓇᐤ ᐃᐧᔭ ᐃᐢᐱ ᓄᑯᓯᒋ ᑭ ᑲ ᐃᓯ ᐊᔮᓇᐤ ᑖᐱᐢᑯᐨ ᐃᐧᔭ; ᒋᑫᒫ ᑭ ᑲ ᐋᐧᐸᒫᓇᐤ ᑳ ᐃᓯ ᐊᔮᐟ. ᑲᑭᔭᐤ ᒫᑲ ᐊᐃᐧᔭᐠ ᐅᒪ ᑳ ᐃᑕᐢᑌᔨᐠ ᐅ ᐸᑯᓭᔨᒧᐃᐧᐣ ᐯᑭᐃᓱ ᑖᐱᐢᑯᐨ ᑳ ᐃᓯ ᐯᑭᓯᔨᐟ. ᑲᑭᔭᐤ ᐊᐃᐧᔭᐠ ᑳ ᐃᐦᑐᑕᕽ ᒪᒋᐦᑎᐃᐧᐣ ᐱᑯᓇᑦ ᒥᓇ ᐅᔭᓱᐁᐧᐃᐧᐣ ᒋᑫᒫ ᒪᒋᐦᑎᐃᐧᐣ ᐁᐊᐧᑯ ᐁ ᐱᑯᓇᒥᕽ ᐅᔭ-ᓱᐁᐧᐃᐧᐣ. ᐁᑯᓯ ᑭ ᑭᐢᑫᔨᑌᓈᐋᐧᐤ ᐁ ᑭ ᓄᑯᓯᐟ ᑭᑕ ᐅᑎᓇᕽ ᒪᒋᐦᑎᐃᐧᓇ; ᐃᐧᔭ ᒫᑲ ᓇᒪᐃᐧᔭ ᑭᑭᐢᑲᐠ ᒪᒋᐦᑎᐃᐧᐣ. ᐊᐃᐧᔭᐠ ᑭᑭᐢᑲᑯᒋ ᓇᒪᐃᐧᔭ ᒪᒋᐃᐦᑎᐤ; ᐊᐃᐧᔭᐠ ᒪᒋᐃᐦᑎᒋ ᓇᒪᐃᐧᔭ ᐅᐦᒋ ᐋᐧᐸᒣᐤ ᒥᓇ ᓇᒪᐃᐧᔭ ᑭᐢᑫᔨᒣᐤ. ᐊᐱᐢᑕ-ᐋᐧᓯᓯᑎᐠ ᐁᑳᐃᐧᔭ ᐊᐃᐧᔭᐠ ᐊᔨᓯᔨᓂᐤ ᑭ ᑲ ᐊᐧᓂᒥᑎᒣᑕᐃᑯᐋᐧᐤ; ᐊᓇ ᑳ ᐃᐦᑐᑕᕽ ᑲᐧᔭᐢᑳᐧᑎᓯᐃᐧᐣ ᑲᐧᔭᐢᑳᐧᑎᓯᐤ, ᑖᐱᐢᑯᐨ ᑳ ᐃᓯ ᑲᐧᔭᐢᑳᐧᑎᓯᔨᐟ; ᐊᓇ ᑳ ᐃᐦᑐᑕᕽ ᒪᒋᐦᑎᐃᐧᐣ ᒪᒑᔭ ᐁᑯᑕ ᐅᐦᒋᐤ ᒋᑫᒫ ᒥᒋᒫᐨ ᐅᐦᒋ ᒪᒑᔭ ᑭ ᒪᒋᐃᐦᑎᐤ. ᐁᐊᐧᑯ ᐅᒪ ᐅᐦᒋ ᑭᓭᒪᓂᑐ ᐅᑯᓯᓴ ᑳ ᑭ ᓄᑯᓯᔨᐟ ᑭᑕ ᓂᓯᐊᐧᓈᒋᑖᔨᐟ ᐅᐟ ᐃᓯᒋᑫᐃᐧᓂᔨᐊᐧ ᒪᒑᔭ.

ᒥᐋᐧᒋᒧᐃᐧᐣ. ᓭᐣᐟ ᒫᐟᔪ xxiv. 23.

ᐁᑯᐢᐱ ᒪᑲ ᑭᐢᐱᐣ ᐊᐃᐧᔭᐠ ᐊᔨᓯᔨᓂᐤ ᐃᑎᑯᔪᑯ, ᒋᐢᐟ, ᐊᐊᐧ ᐃᑕ X. ᐊᐦᐳ ᐊᓂᑌ; ᐁᑳᐃᐧᔭ ᑖᐯᐧᑕᒧᐠ. ᒋᑫᒫ ᐁᑯᑕ ᑭᑕ ᐸᓯᑯᐊᐧᐠ ᑭᔮᐢᑭᐃ Xᐊᐠ,

ᒥᓇ ᑭᔮᐢᑭᐃᐧ ᐅᑭᐢᑭᐁᐧᐃᐧᑫᐊᐧᐠ ᐁᑯᓯ ᒫᑲ ᑭᑕ ᐋᐧᐸᑎᐩᐁᐧᐊᐧᐠ ᑮᐦᒋ ᑭᐢᑭᓇ-ᐋᐧᒋᒋᑲᓇ ᒥᓇ ᒪᒫᒌᐃᐧ ᐃᓯᒋᑫᐃᐧᓇ; ᐁᐅᑯ ᒫᑲ ᐅᐦᒋ ᑭᐢᐱᐟ ᑭᑕ ᑭ ᐃᐦᑭᐟ ᑭᑕ ᐊᐧᔦᓯᐁᐊᐧᐠ ᐊᓂᐃ ᑳ ᑮᐦᒋ ᐊᐧᐁᐧᔦᐩᒥᒥᐦᐤ. ᐋᐧᐸᒐᒧᐠ ᒫᑲ, ᑭ ᑭ ᑭᓭᒋ ᐃᐧᑖᒫᑎᓇᐋᐧᐤ. ᐁᑯᓯ ᒫᑲ ᑭᐢᐱᐟ ᐃᑎᑯᔦᑳᐃᐧ, ᑭᐢᐟ ᐱᑲᐧᑕᐢᑲᒥᑳᕽ ᐊᔫᐤ; ᐁᑳᐃᐧᔭ ᐃᑐᑌᐠ; ᑭᐢᐟ, ᐱᐢᑭᒋᐋᐧᐢᑲᐃᑲᓂᓯᕽ ᐊᔫᐤ; ᐁᑳᐃᐧᔭ ᑖᐯᐧᑕᒧᐠ. ᑭᑫᒫ ᒌᐱᐢᑰ ᑳ ᐋᐧᐢᑌᐸᐩᐠ ᐋᐧᐸᓄᒌᕽ ᐅᐦᒋ, ᐁᑯᓯ ᒫᑲ ᑳ ᑌᐹᐢᑌᐸᐩᐠ ᓀᑳᐯᐊᓄᕽ; ᐁᑯᓯ ᒉᐧᒋ ᑫ ᐃᑭᕽ ᐯ ᑕᑯᓯᑭ ᐃᐩᓂᐃᐧᑯᓯᓴᐤ. ᑭᑫᒫ ᐃᑌ ᒥᔫ ᑳ ᓂᐳᒪᑲᕽ ᐁᔩᐠ, ᐁᑯᑕ ᑫ ᒪᒪᐃᐧ ᒪᐊᐧᒋᐃᑐᒋᐠ ᒦᑭᓯᐊᐧᐠ. ᓴᒫᐠ ᒫᑲ ᑭ ᐳᓂᐸᐩᑲᐧᐃᐧ ᐅᐃ ᐊᐩᒥᓯᐃᐧᓇ, ᐱᓯᐨ ᑭᑕ ᐊᐧᓂᑎᐱᐢᑭᐸᐩᐤ, ᒥᓇ ᑎᐱᐢᑲᐃᐧ ᐱᓯᐨ ᓇᒪᐃᐧᔭ ᑭᑕ ᒉᑭᐤ ᐅ ᐊᐧᓯᓯᐃᐧᐣ, ᒥᓇ ᐊᑯᐦᑯᓴᐠ ᑭᓯᑯᕽ ᑭᑕ ᐅᐦᒋ ᐸᐦᑭᓯᓇᐧᐠ, ᒥᓇ ᐊᓂᐃ ᑳ ᑮᐦᒫᐩᐊᐧᑭ ᑭᓯᑯᕽ ᑭᑕ ᓇᓇᒥᐸᐩᐊᐧ: ᐁᑯᓯ ᒫᑲ ᑭᑕ ᓄᑲᐧᐣ ᐊᓂᒪ ᐅ ᑭᐢᑭᓇ-ᐋᐧᒋᒋᑲᐣ ᐃᐩᓂᐃᐧᑯᓯᓵᐣ ᑭᓯᑯᕽ; ᑲᑭᔫᐤ ᒫᑲ ᑳ ᑕᐦᑐᐢᑲᓀᓯᒋᐠ ᐊᐩᓯᐩᓂᐊᐧᐠ ᐅᑕ ᐊᐢᑭᕽ ᑭᑕ ᒫᑐᐊᐧᐠ, ᐁᑯᓯ ᒫᑲ ᑭᑕ ᐊᐧᐸᒣᐊᐧᐠ ᐃᐩᓂᐃᐧᑯᓯᓵᓇ ᑭᑕ ᐯ ᐃᑐᑌᐩᐟ ᑮᐦᒋ ᑭᓯᑯᐃᐧ ᐊᐧᐢᑯᕽ ᑭᑭ ᑮᐦᒫᐩᐃᐧᐃᐧᐣ ᒥᓇ ᑮᐦᒋ ᑭᐢᑌᐩᑖᑯᓯᐃᐧᐣ. ᐁᑯᓯ ᒫᑲ ᑭᑕ ᐃᓯᑎᓴᐁᐧᐤ ᐅ ᑭᓯᑯᒪ ᑭᑭ ᐁ ᑮᐦᒋ ᑭᓯᐁᐧᐠ ᐸᐸᑲᐧᐣ: ᑭᑕ ᒫᒪᐃ ᒫᐊᐧᒋ-ᐁᐩᐊᐧ ᒫᑲ ᐊᓂᐃ ᑳ ᑭ ᐊᐧᐁᐧᔦᐩᒫᐟ ᓅᐊᐧᔭᐠ ᔦᑎᓗᕽ ᐅᐦᒋ, ᐋᐩᐤ ᐁ ᑳᑭᓯᐸᐠ ᑭᓯᑯᕽ ᐅᐦᒋ.

ᐊᔭᒥᐁᑭᓯᑳᐤ ᓭ'ᑎᐊᐧᒉᓯᒪ ᑳ ᐃᓯᐩᑳᑌᐠ

ᐁᐊᐧᑯ ᓂᐢᑐ ᐊᔭᒥᐁᑭᓯᑳᐤ ᐁ ᒧᓴ ᐅᑎᐦᑭᐸᐩᐠ ᕓᐅᐟ.

ᐊᔭᒥᐋᐃᐧᐣ.

ᑌᐯᐩᒋᑫᔭᐣ ᑭ ᐸᑯᓴᐩᒥᑎᓈᐣ ᑭᑕ ᑭᑎᒪᑭᐦᑕᒪᐧᐤ ᐅ ᒪᐃᐧᒧᐢᒋᑫᐃᐧᓂᐋᐧᐊᐧ ᑭᐤ ᐃᐩᓂᒪᐠ, ᓂᔭᓈᐣ ᑲᐧᔮᐢ ᑳ ᑲᑫᐢᑭᒧᐃᑲᐃᐧᔩᕽ ᓂ ᐊᐧᓂᐦᑎᐃᐧᓂᓈᓇ ᐅᐦᒋ, ᑭᑕ ᐱᒪᒋᐃᑲᐃᐧᔩᕽ ᑭ ᒥᔦᐧᑐᑖᑫᐃᐧᐣ ᐅᐦᒋ, ᑭᑕ ᑮᐦᒋᑖᐁᐧᐩᑖᑲᐧᕽ ᑭ ᐃᐧᔦᐃᐧᐣ, ᐃᐧᔭ ᐅᐦᒋ ᑭᓴᐢ X ᓄᐱᒫᒋᐃᐁᐧᒥᓈᐣ, ᐃᐧᔭ ᑳ ᐱᒫᑎᓯᐟ ᒥᓇ ᑳ ᑎᐯᐩᒋᑫᐟ ᐊᓯᒋ ᑭᔭ ᒥᓇ ᑳ ᑲᓈᑎᓯᐟ ᐋᐧᒫᕽ, ᑳᑭᑫ ᐯᔭᐠ ᒪᓂᑐ, ᐃᐩᑯᕽ ᑫ ᓈᐢᐱᒋ ᐊᐢᑭᐊᐧᕽ. ᐋᒣᐣ.

ᑮᐦᒋᒪᓯᓇᐊᒫᑫᐃᐧᐣ. ᓂᐢᑕᐨ ᑳᕒᐃᐣᑎᔭᓇ ix. 24.

ᓇᒪ ᒋ ᑭ ᑭᐢᑫᐩᑌᓈᐋᐧᐤ ᐊᓂᑭ ᑳ ᐱᒥᐸᑖᒋᐠ ᑲᑫᐧᒋᐢᑲᑎᑐᐃᐧᓂᕽ ᑳᑭᔫᐤ ᐱᒥᐸᑖᐊᐧᐠ, ᒫᑲ ᐯᔭᐠ ᐱᑯ ᒥᔫᐤ ᐊᐢᑖᐧᑐᐃᐧᐣ? ᐃᓯ ᐱᒥᐸᑖᐠ, ᑭᑕ ᑭ ᒥᐩᑲ ᐃᐧᓴᐠ. ᑲᑭᔫᐤ ᐊᐩᓯᐩᓂᐤ ᒫᑲ ᑳ ᑲᑫᐧ ᐸᐢᑭᔫᑫᐤ ᐁᐊᐧᑯᓂ ᒉᑕᐁᐧᐃᐧᓇ ᑲᓇᐁᐧ-

ᐳᒥᓱ ᒥᓯᐍ ᐃᓯ. ᐄᔭᐚᐤ ᒫᑲ ᐃᐦᑐᑕᒫᐠ ᑭᑕ ᒥᐳᐦᑭᐢ ᑳ ᓂᓯᐚᓈᑕᕽ ᐊᐢᑐᑎᐣ; ᒫᑲ ᑮᔭᓇᐤ ᐁᑳ ᑳ ᓂᓯᐚᓈᑕᕽ. ᐁᑯᓯ ᒫᑲ ᓂᐟ ᐃᓯ ᐱᒥᐸᑖᐣ, ᓇᒪᐃᐧᔭ ᒫᑲ ᐊᓯᐍᐳᑕᒧᐃᐧᓂᕽ; ᐁᑯᓯ ᓂᐟ ᐃᓯ ᔪᑎᓂᑳᐣ, ᓇᒫᐃᐧᔭ ᒫᑲ ᑖᐱᐢᑯᐨ ᐊᐃᐧᔭᐠ ᐱᑯᓇᑕ ᐁ ᐹᐸᑲᒪᐃᑫᐠ: ᒫᑲ ᓂ ᓵᑯᒋᑖᐣ ᓂᔭᐤ, ᒥᓇ ᓂ ᒉᐯᐳᑌᐣ: ᑫᑲ ᓈᐣᑕᐤ ᐃᓯ, ᑯᑕᑲᐠ ᐁ ᑭ ᑲᑫᐢᑭᒪᑭᐠ, ᑕᔮᑲᐧᐨ ᓂᔭ ᑭᑕ ᒍᐧᐱᓂᑳᓯᔮᐣ.

ᒥᐋᐧᑭᒍᐃᐧᐣ. ᓵᐣ ᒫᐟ xx. 1.

ᑭᑫᒪ ᑭᐦᒋ ᑭᓯᑯᐃᐧ ᐅᑌᓇᐃᐧᐃᐧᐣ ᐃᑌᐳᑳᐧᐣ ᑕᐱᐢᑯᐨ ᐊᐳᓯᐳᓂᐤ ᑲ ᑲᓇᐃᐧ-ᐊᐧᐢᑲᐃᑲᓄᐟ, ᐃᐧᐸᐨ ᑫᑭᓭᐟ ᑲ ᐊᐧᔭᐃᐧᐟ ᑭᑕ ᐊᑐᑖᐟ ᐅᑕᑐᐢᑫᐊᐧ ᐊᓂᑕ ᐅ ᒥᓂᓵᑎᑯ ᑭᐢᑎᑳᓂᕽ. ᐃᐢᐱ ᒫᑲ ᑲ ᐊᓯᑕᒫᐧᐟ ᐊᓂᐃ ᐅᑕᑐᐢᑫᐊᐧ ᐸᐯᔭᐠ ᐅᓭᐊᐧᐱᐢᑯᓭ ᐯᔭᐠ ᑭᓯᑳᐤ, ᑭ ᐃᓯᑎᓭᐁᐧᐤ ᐅ ᒥᓂᓵᑎᑯ ᑭᐢᑎᑳᓂᕽ. ᐁᑯᓯ ᒫᑲ ᒥᓇ ᑭ ᐊᐧᔭᐃᐧᐤ ᓈᓂᑕᐤ ᓂᐢᑕᐧᐤ ᐁ ᐃᐢᐸᐳᐠ ᑎᐸᐃᐱᓯᒪᐧᐣ, ᐁ ᑭ ᐊᐧᐸᒫᐟ ᒫᑲ ᑯᑕᑲ ᐁ ᓂᐸᐃᐧᐳ ᐁᑳ ᐁ ᐊᑐᐢᑫᐳᐟ ᐊᑕᑐᐃᐧᓂᕽ. ᐅᒥᓯ ᒫᑲ ᑭ ᐃᑌᐤ; ᑭᐢᑕᐊᐧᐤ ᐃᑐᑌᐢ ᒥᓂᓵᑎᑯ ᑭᐢᑎᑳᓂᕽ, ᑫᑳ ᒫᑲ ᐁ ᑲᐧᔭᐢᑲᐧᕽ ᑭ ᑲ ᒥᐳᑎᓈᐊᐧᐤ. ᐁᑯᓯ ᒫᑲ ᑭ ᓯᐯᐧᑌᐳᐊᐧ. ᒥᓇ ᒫᑲ ᑭ ᐊᐧᔭᐃᐧᐤ ᓈᓂᑕᐤ ᓂᑯᑖᐧᓯᐢ ᐁ ᐃᐢᐸᐳᐠ ᑎᐸᐃᐱᓯᒪᐧᐣ, ᒥᓇ ᑫᑳᐟ ᒥᑕᑕᐟ, ᐁᑯᓯ ᒪᑲ ᒥᓇ ᐁ ᑭ ᑐᑕᕽ. ᒥᓇ ᒪᑲ ᓇᓂᑕᐤ ᒥᑕᑕᐟ ᐯᔭᑯᓭᐟ ᐁ ᐃᐢᐸᐳᐠ ᑎᐸᐃᐱᓯᒪᐧᐣ ᑭ ᐊᐧᔭᐃᐧᐤ, ᐁ ᑭ ᒥᐢᑲᐋᐧᐟ ᒫᑲ ᑯᑕᑲ ᐁᑳ ᐁ ᐋᑐᐢᑫᐳᐟ, ᐅᒥᓯ ᒫᑲ ᐃᑌᐤ, ᒀᓂᑭ ᐅᑕ ᑳ ᓂᐸᐃᐧᔦᐠ ᐁᑳ ᐁ ᐊᑐᐢᑫᔦᐠ? ᐅᒥᓯ ᒫᑲ ᐃᑌᐊᐧᐤ, ᑭᑫᒪ ᓇᒪᐃᐧᔭ ᐊᐃᐧᔭᐠ ᐊᐳᓯᐳᓂᐤᐠ ᓂᐟ ᐊᑐᑎᑯᓈᐣ. ᐅᒥᓯ ᒫᑲ ᑭ ᐃᑌᐤ, ᑭᐢᑕᐊᐧᐤ ᐃᑐᑌᐢ ᒥᓂᓵᑎᑯ ᑭᐢᑎᑳᓂᕽ, ᑫᑲ ᐁ ᑲᐧᔭᐢᑲᐧᕽ ᑭ ᑲ ᒥᐳᑎᓈᐋᐧᐤ. ᐁᑯᓯ ᒫᑲ ᐃᐢᐱ ᐁᑎ ᐅᑳᑯᓯᐢ, ᑳ ᑎᐯᐳᑕᕽ ᒥᓂᓵᑎᑯ ᑭᐢᑎᑳᐣ ᐅᒥᓯ ᐃᑌᐤ ᐅ ᑲᓇᐁᐧᐳᑭᑫᒪ, ᓇᑐᒥᐢ ᐅᑕᑐᐢᑫᐊᐧᐠ, ᒥᐳᐢ ᒫᑲ ᐅ ᑎᐸᐊᒫᑯᐃᐧᓂᐋᐧᐤ, ᓂᐢᑕᑕ ᐊᓇ ᐃᐢᑳᐧᔭᐨ ᐱᐳᐢ ᐊᓇ ᓂᐢᑕᐟ. ᐄᐢᐱ ᒫᑲ ᑌᑯᓯᑭᐠ ᐊᓂᑭ ᑳ ᑭ ᐊᑐᑎᐦᑭᐠ ᓈᓂᑕᐤ ᒥᑖᑕᐟ ᐯᔭᑯᓭᐟ ᐁ ᐃᐢᐸᐳᐠ ᑎᐸᐃᐱᓯᒪᐧᐣ, ᐹᐯᔭᐠ ᐊᐳᓯᐳᓂᐤ ᑭ ᒥᔮᐤ ᐯᔭᐠ ᐅᓭᐊᐧᐱᐢᑯᓭ. ᒫᑲ ᐃᐢᐱ ᐊᑯᑭ ᓂᐢᑕᑕ ᑳ ᑭ ᐊᑐᑎᐦᑭᐠ ᑌᑯᓯᑭᐠ, ᑭ ᐃᑌᐳᑕᒪᐊᐧᐠ ᐊᐊᐧᓯᒉ ᑭᑕ ᐅᐦᑎᓯᑭᐠ ᒫᑲ ᐃᐧᐢᑕᐊᐧᐤ ᐁᑕᓯᐟ ᐊᐳᓯᐳᓂᐤ ᐸᐯᔭᐠ ᐅᓭᐊᐧᐱᐢᑯᓭ ᑭ ᒥᔭᐊᐧᐠ. ᐃᐢᐱ ᒫᑲ ᑳ ᒥᐳᐦᑭᐢ, ᑭ ᒥᐦᑕᐊᐧᒉᐊᐧᐠ ᐅᑲᓇᐃᐧ ᐊᐧᐢᑲᐃᑲᓄᐊᐧ, ᐅᒥᓯ ᐁ ᐃᑌᒋᐠ, ᐅᑯ ᐃᐢᑳᐧᔭᐨ ᐱᑯ ᐯᔭᑲᐧᐤ ᐁ ᐃᐢᐸᐳᐠ ᑎᐸᐃᐱᓯᒪᐧᐣ ᐃᐳᑯᕽ ᑭ ᐊᑐᐢᑫᐊᐧᐠ, ᐁᑯᓯ ᑳ ᐃᓯ ᑎᐸᐊᒪᐃᐧᔭᕽ ᑭᐟ ᐃᓯ ᑎᐸᐊᒫᐋᐧᐊᐧᐠ, ᓂᔭᓈᐣ ᐁ ᑭ ᓇᔭᑕᒫᕽ ᐁ ᑯᓯᑲᐧᕽ ᒥᓇ ᐁ ᑭᓵᐢᑌᐠ ᐁ ᑭᓯᑲᐠ. ᒫᑲ ᑭ ᓇᐢᑫᐊᐧᓯᒉᐤ ᐊᓂᐃ ᐯᔭᐠ, ᐅᒥᓯ ᒪᑲ ᐁ ᑭ ᐃᑖᐟ, ᓂᑐᑌᐢ, ᓇᒪᐃᐧᔭ ᓈᓂᑕᐤ ᑭᐟ ᐃᓯ ᒪᐳ ᑐᑖᑎᐣ; ᓇᒪ ᒋ ᐯᔭᐠ ᐅᓭᐊᐧ-ᐱᐢᑯᐢ ᑭ ᑭ ᐅᐦᒋ ᒪᓯᓇᐃᑲᐣ? ᐅᑎᓇ ᒫᑲ ᐊᓂᒪ ᑳ ᑎᐯᐳᑕᒪᐣ, ᒥᓇ ᓯᐯᐧᑌ;

ᓂ ᑲ ᒥᔭᐤ ᐊᐊᐧ ᐃᐢᑳᐧᔭᐨ, ᑕᐱᐢᑯᐨ ᑭᔭ ᑳ ᐃᓯ ᒥᔪᑕᐣ. ᓇᒪ ᑭ ᑲᐧᔭᐢᐨ ᐁ ᐃᑌᔨᑕᒫᐣ ᓂᔭ ᑭᑕ ᑐᑕᒫᐣ ᑳ ᑎᐯᔨᑕᒫᐣ? ᑭ ᒫᔭᐱᓯᒥᑯᐣ ᒋ ᐁ ᒥᐊᐧᑎᓯᔭᐣ? ᐁᑯᓯ ᒫᑲ ᐊᓂᑭ ᐃᐢᑲᐧᔭᐨ ᑭᑕ ᓂᑲᓂᓯᐊᐧᐠ, ᒥᓇ ᑳ ᓂᑲᓂᓯᒋᐠ ᑭᑕ ᐅᑖᓈᐦᑫᐊᐧᐠ; ᒋᑫᒪ ᒥᐦᑫᐟ ᓇᑐᒪᐊᐧᐠ, ᒫᑲ ᒐᑲᐊᐧᓯᐢ ᑳ ᓇᐊᐧᓯᓂᐦᒋᐠ.

ᐊᔭᒥᐁᑭᓯᑳᐤ ᓭᐠᓭᒉᔨᒪ ᑳ ᐃᓯᔪᐦᑌᐠ

ᐁᐊᐧᑯ ᓂᓱ ᐊᔭᒥᐁᑭᓯᑲᐤ ᐁ ᒍᓴ ᐅᑎᐦᒋᐸᔨᐠ ᐁᐠᐟ.

ᐊᔭᒥᐋᐃᐧᐣ.

ᑌᐯᔨᒋᑫᔭᐣ ᑭᓭᒪᓂᑐ, ᑭ ᐋᐧᐸᑌᐣ ᐁᑳ ᐁ ᐊᐢᐯᔨᒧᔮᕽ ᓈᑐᑕᐤ ᑫᑲ: ᓂᔭᓈᐣ ᐁ ᐃᐦᑐᑕᒫᕽ; ᑭ ᑭᓭᐋᐧᑎᓯᐃᐧᐣ ᐅᐦᒋ ᐃᑌᔨᑕ ᑭ ᓱᐦᑲᑎᓯᐃᐧᐣ ᑭᑕ ᓈᑕᒫᑯᔮᕽ ᑲᑭᔭᐤ ᐊᔨᒥᓯᐃᐧᓂᕽ; ᐃᐧᔭ ᐅᐦᒋ ᑭᓭᐢ X ᑳ ᑎᐯᔨᒥᑯᔮᕽ. ᐋᒣᐣ.

ᑭᐦᒋᒪᓯᓇᐊᒫᑫᐃᐧᐣ. ᓂᓭᐧᐤ ᑲᕑᐃᐣᑎᔭᓇ xi. 19.

ᒋᑫᒪ ᑭ ᒥᔦ ᓯᑐᐃᐧᔮᐋᐧᐊᐧᐠ ᐁᑳ ᑳ ᐃᔨᓂᓯᒋᐠ, ᐃᐧᔭ ᑭᔭᐋᐧᐤ ᐁ ᐃᔨᓂᓯᓴᐠ. ᐃᐧᔭ ᑭ ᓯᑐᐃᐧᔮᐋᐧᐤ ᐊᔨᓯᔨᓂᐤ, ᑭᐢᐱᐣ ᐊᐊᐧᑳᑎᑯᐃᐧᓂᕽ ᑭᐟ ᐃᑐᑕᐃᑯᐋᐧᐤ, ᑭᐢᐱᐣ ᑭ ᑭᑖᒪᑯᐋᐧᐤ, ᑭᐢᐱᐣ ᑯᑎᓂᑯᐋᐧᐤ, ᑭᐢᐱᐣ ᑭᐢᑌᔨᒥᓯ, ᑭᐢᐱᐣ ᑭ ᐸᓯᑫᐧᐅᑯᐋᐧᐤ. ᓂ ᑕᐸᑌᔨᒧᐃᐧ ᐱᑭᐢᑳᐧᐣ, ᑖᐱᐢᑯᐨ ᐁ ᑭ ᓄᓯᐃᐧᔨᔮᕽ. ᐁᔨᐁᐧᕽ ᒫᑲ ᑖᓂᑕ ᐅᑖᓂ ᐊᐃᐧᔭᐠ ᐁ ᓱᑫᔨᒧᐟ (ᓂ ᑭᐢᑫᐧᒧᐣ). ᓂᔭ ᒥᓇ ᓂ ᓱᑫᔨᒧᐣ. "ᐦᐃᐸᕑᐅᐃᐧᐊᐧᐠ ᒋ? ᓂᔭ ᒥᓇ. ᐃᐢᕑᐁᐃᓫᐃᐃᐧᔨᓂᐃᐧᐊᐧᐠ ᒋ? ᐁᑯᓯ ᓂᔭ ᒥᓇ. ᐁᕑᐁᐊᒼ ᐅᐟ ᐊᐋᐧᓯᒥᓭ ᒋ ᐅᐦᒋᐊᐧᐠ? ᐁᑯᓯ ᓂᔭ ᒥᓇ. ᐃᐧᔭᐋᐧᐤ ᒋ X ᐅᐸᒥᐢᑖᑫᒪ? (ᓂᐟ ᐃᓯ ᐱᑭᐢᑳᐧᐣ ᑖᐱᐢᑯᐨ ᐊᐃᐧᔭᐠ ᐁᑳ ᐁ ᐃᔨᓂᓯᐟ) ᓂᔭ ᐊᔨᐋᐧᐠ; ᐊᑐᐢᑫᐃᐧᓂᕽ ᐊᐊᐧᓯᒣ ᒥᐢᑕᐦᐃ, ᑭᐸᐅᑐᐃᐧᑲᒥᑯᕽ ᐊᐊᐧᓯᒣ ᒥᐦᒉᑖᐧᐤ, ᐸᐹᓭᐢᑌᐅᑯᐃᐧᓂᕽ ᐊᔨᐋᐧᐠ, ᓂᐳᐃᐧᓂᕽ ᒥᐦᒉᑖᐧᐤ. ᒍᐊᐧᐠ ᓂᔮᓇᓈᐧᐤ ᓂ ᑭ ᐸᓭᐢᑌᐅᑲᐧᐠ ᑫᑳᐟ ᓄᒥᑐᓇᐤ ᑕᐦᑖᐧᐤ ᒪᓇ ᐁ ᐸᑭᐦᑎᕽ ᐸᓭᐢᑌᐃᑲᐣ. ᓂᐢᑖᐧᐤ ᓂᐱᓯᔭ ᐅᐦᒋ ᓂ ᑭ ᐸᓭᐢᑌᐅᑲᐃᐧᐣ, ᐯᔭᑳᐧᐤ ᓂ ᑭ ᐱᒪᐧᐱᐢᑲᐃᑲᐃᐧᐣ, ᓂᐢᑖᐧᐤ ᑭ ᐱᑳᐧᐅᑌᐤ ᓈᐱᑳᐧᐣ ᐃᑕ ᐁ ᐳᓯᔮᐣ, ᐯᔭᐠ ᑎᐱᐢᑳᐤ ᒥᓇ ᐯᔭᐠ ᑭᓯᑳᐤ ᓂ ᑭ ᐊᔮᐣ ᑎᒥᕽ; ᐸᐹᒧᑌᐅᐃᐧᓂᕽ ᒥᐦᒉᑖᐧᐤ, ᑲᑫᐧᐢᐸᓈᑕᓱᕽ ᓂᐱᕽ, ᑲᑫᐧᐢᐸᓈᑕᓱᕽ ᐅᒪᐢᑲᑌᐧᐢᑲᐠ ᐅᐦᒋ, ᑲᑫᐧᐢᐸᓈᑕᓱᕽ ᓂ ᐃᐧᑕᐢᑭᒫᑲᓇᐠ ᐅᐦᒋ, ᑲᑫᐧᐢᐸᓈᑕᓱᕽ ᑫᑐᑕᐧᓫᐊᐠ ᐅᐦᒋ, ᑲᑫᐧᐢᐸᓈᑕᓱᕽ ᐅᑌᓈᕽ, ᑲᑫᐧᐢᐸᓈᑕᓱᕽ ᐱᑲᐧᑕᐢᑭᕽ, ᑲᑫᐧᐢᐸᓈᑕᓱᕽ ᑭᐦᒋᑲᒥᕽ, ᑲᑫᐧᐢᐸᓈᑕᓱᕽ ᐁ ᑲᓴᓯᑖᒋᐠ ᐅᒋᐋᐧᒥᒫᐊᐧᐠ; ᐊᑐᐢᑫᐃᐧᓂᕽ ᒥᓇ ᑲᑳᐧᑕᑭᐃᐧᓂᕽ, ᑲᓇᐁᐧᑎᐱᐢᑫᐧᐃᐧᓂᕽ ᒥᐦᒉᑖᐧᐤ, ᓱᑌᑲᑌᐃᐧᓂᕽ ᒥᓇ ᓱᑌᔮᐸᑫᐧᐃᐧᓂᕽ, ᐃᔨᐊᐧᓂᓯᐃᐧᓂᕽ ᒥᐦᒉᑖᐧᐤ, ᐁ

ᑲᐗᒋᔮᐣ ᒥᓇ ᐁ ᒍᓴᐢᑲᑌᔮᐣ. ᐁᑯᓯ ᐅᐃ ᐗᔭᐏᑎᒫᔨᕽ ᑳ ᐊᔮᑭ ᑕᑯᐦ-
ᒥᓇ ᑳ ᐹᑕᑯᐢᑳᑯᔮᐣ ᑕᐦᑐ ᑭᓯᑳᐤ, ᐁ ᓯᐦᑌᔨᑕᒥᐃᑭᐠ ᐅᑕᔭᒥᐋᐗᐠ ᑲᑭᔭᐤ.
ᐊᐌᓇ ᓂᓵᓱᐏᓯᐟ ᐁᑳ ᒫᑲ ᓂᔭ ᒥᓇ ᑭᑕ ᓅᓱᐏᓯᔮᐣ? ᐊᐌᓇ ᐯᓱᑫᓱᐃᐦᐟ,
ᐁᑳ ᒫᑲ ᓂᔭ ᑭᑕ ᓴᐢᑲᐅᑲᐏᔮᐣ? ᑭᐢᐱᐣ ᐱᑯ ᑭᑕ ᑲᑭᐦᒋᒧᔮᐣ, ᓂ ᑲ
ᑲᑭᐦᒋᒧᐣ ᐊᓂᐃ ᐅᐦᒋ ᓂ ᓅᓱᐏᓯᐏᓂᕽ ᑳ ᐊᔮᑭ. ᐅ ᑭᓴᒪᓂᑐᒪ ᒥᓇ ᐅᐦᑖ-
ᐏᔭ ᑳ ᑎᐯᔨᐦᑫᐟ ᑭᓭᐢ, ᐊᓇ ᑳᑭᑫ ᑳ ᒪᒥᐦᒋᒥᐦᐟ, ᑭᐢᑫᔨᑕᑦ ᐁᑳ ᐱᑯᓇᑕ ᐁ
ᐃᑌᔮᐣ.

ᒦᐚᒋᒧᐏᐣ. ᓭᐣᐟ ᒍᐅᐠ viii. 4.

ᐁᑯᓯ ᐃᐢᐱ ᒥᓴᐦᒋ ᐊᔨᓯᔨᓂᐗ ᑳ ᒫᐗᓴᑯᔨᐟ ᒥᓇ ᑳ ᐯ ᐅᑎᑎᑯᐟ ᑲ ᐃᑕᑎᓂᔨᐠ ᐅᑌᓇᐤ ᐅᐦᒋ, ᑭ ᑭᑐᑌᐤ ᐋᐌᒋᑲᐣ ᐁ ᐋᐸᒋᒑᐟ. ᑭᐢᑎᑫᐏᔨᓂᐤ ᑭ ᓇᑕᐃ· ᑭᐢᑎᑲᑕᑦ ᐅ ᑭᐢᑎᑲᓂᓴ, ᐁᑯᓯ ᐁ ᐊᑎ ᑭᐢᑎᑫᐟ, ᐊᑎᐦᐟ ᓯᓱᓀ ᒣᐢᑲᓇᕽ ᑭ ᐸᑭᐦᑎᓂᔨᐗ, ᐁᑯᓯ ᑭ ᑕᑯᐢᑲᒋᑳᑌᐗ ᒥᓇ ᐱᓵᓯᓴᐠ ᐃᐢᐱᒥᕽ ᑳ ᐊᔮᒋᐠ ᑭ ᑭᒑᐗᐠ. ᒥᓇ ᑯᑕᑲ ᑭ ᐸᑭᐦᑎᓇᐤ ᐊᓯᓂᕽ, ᐁᑯᓯ ᒪᔭᐤ ᐁ ᐅᐦᐱᑭᕽ, ᑭ ᓂᐳᐏᑲᑌᐤ ᐃᐧᔭ ᐁᑳ ᐁ ᑭ ᒥᔨᒪᐗᓖᐠ. ᒥᓇ ᑯᑕᑲ ᑭ ᐸᑭᑎᓇᐤ ᐅᑳᐏᒥᓇᑲᓯᐢᑲᕽ, ᐁᑯᓯ ᐅᑳᐏᒥᓇᑲᓯᔭ ᑭ ᐊᓯᒋ ᐅᐦᐱᑭᓇᐤ, ᐁ ᑭ ᑭᐱᐢᑲᒧᒪᑲᑭ ᒫᑲ. ᑯᑕᑲ ᒫᑲ ᑭ ᐸᑭᐦᑎᓇᐤ ᐃᑕ ᐁ ᒥᔮᐧᓯᐠ ᐊᐢᑭ, ᒥᓇ ᐁ ᑭ ᓂᑕᐏᑭᑭ ᐁ ᑭ ᔭᐦᑭ ᒥᓂᓯᐘᑭ ᒥᑖᑐᒥᑕᓇᐤ ᐃᔨᑯᕽ. ᐅᐃ ᑳ ᐃᑌᐟ, ᑭ ᑌᐯᐤ, ᐊᓇ ᑳ ᐅᐦᑕᐚᐟ ᑭᑕ ᐯᑕᕽ ᑭᔭᑦ ᑭᑕ ᐯᐦᑕᑦ. ᐁᑯᓯ ᐅ ᑭᐢᑭᓄᐊᒪᐸᐧᑲᓇ ᑭ ᑲᑵᒋᒥᐠ ᐁ ᐃᑘᔨᐟ, ᑫᑳ: ᐅᒪ ᐋᐌᒋᑲᐣ? ᑭ ᐃᑌᐤ ᒫᑲ, ᑭᔭᐗᐤ ᑭ ᒥᔨᑲᐏᓈᐗᐤ ᑭᑕ ᑭᐢᑫᔨᑕᒣᐠ ᐁ ᐃᓯ ᒫᒪᐢᑲᑌᔨᑖᑲᐧᕽ ᑭᓴᒪᓂᑐ ᐅᐟ ᐅᑌᓇᐏᐏᐣ: ᒫᑲ ᐏᔭ ᑯᑕᑲᐠ ᐋᐌᒋᑲᓂᕽ, ᐁ ᐃᑖᐱᒋᐠ ᐋᑕ, ᐁᑳ ᑭᑕ ᐚᐸᑕᑭᐠ, ᒥᓇ ᐋᑕ ᐁ ᐅ ᐯᐦᑕᒧᐏᓂᒋᐠ ᐁᑳ ᑭᑕ ᓂᓯᑐᐦᑕᑭᐠ. ᐁᑲᐧ ᒫᑳ ᐁᐗᑯᒪ ᐋᐌᒋᑲᐣ, ᑭᐢᑎᑳᓄᓴ ᐁᐗᑯ ᐅᐟ ᐊᔭᒥᐏᐣ ᑭᓴᒪᓂᑐ. ᐁᑯᓯ ᐊᓂᐃ ᓯᓱᓀ ᒣᐢᑲᓇᕽ ᐁᐗᑲᐧᓂᐠ ᑳ ᑭ ᐯᐦᑕᑭᐠ; ᐁᑯᓯ ᐯ ᐃᑐᑌᐤ ᒫᒋᔭ, ᒥᓇ ᓯᐯᐧᑖᐤ ᐊᔭᒥᐏᐣ ᐅᑌᐦᐃᒫᕽ ᐅᐦᒋ. ᐁᑳ ᑭᑕ ᑖᐯᐧᑕᑭᐠ ᒥᓇ ᑭᑕ ᐱᒫᑎᓯᒋᐠ. ᐁᑯᓯ ᐃᓂᑭ ᐊᓯᓂᕽ ᐁᐗᑲᐧᓂᐠ, ᐃᐢᐱ ᑳ ᐯᑖᐧᐏᐗ, ᐅᑎᓇᒪᐗᐠ ᐊᔭᒥᐏᐣ ᒥᔭᐚᑕᒧᐏᓂᕽ; ᒫᑲ ᐁᑳ ᐁ ᑭ ᐅᒉᐱᑭᐏᒋᐠ, ᐁᐗᑲᐧᓂᐠ ᐊᒋᔭᐤ ᑕᐯᐧᑕᒪᐗᐠ, ᒫᑲ ᑯᑌᔨᒥᑯᐏᐣ ᐍᑎᑎᑯᑖᐏᐃ ᐸᐦᑭᓯᓈᐧᐠ. ᐁᑯᓯ ᐊᓂᐃ ᐅᑳᐏᒥᓇᑲᓯᐢᑲᕽ ᑳ ᑭ ᐸᐦᑎᑭ, ᐁᐗᑲᐧᓂᐠ ᐊᓂᑭ ᑳ ᐯᐦᑕᑭᐠ. ᐁᑯᓯ ᐁᑎ ᓯᐯᐧᑌᐦᑖᐏ ᑭᐱᐢᑲᒧᒪᑲᓂᔨᐤ ᒥᑯᐢᑲᑌᔨᑕᒧᐏᓇ ᐊᓯᒋ ᐍᔓᑎᓯᐏᓇ ᒥᓇ ᐅᒪ ᐱᒪᑎᓯᐏᐣ ᑳ ᐃᓯ ᒥᔦᐧᔨᑕᒥᐃᐁᐧᐠ, ᐁᑯᓯ ᓇᒪᐏᔭ ᑫᑳ: ᐁ ᒥᔮᐧᓯᐠ ᐁᑯᑕ ᐅᐦᒋ ᐅᐦᐱᑭᐣ. ᒫᑲ ᐊᓂᒪ ᐁ ᒥᔮᐧᓯᐠ ᐊᐢᑭᕽ ᑳ ᐸᐦᑎᑭ, ᐁᐗᑲᐧᓂᐠ ᐊᓂᑭ ᑖᐯᐧ ᒥᓇ ᒥᔦᐧ ᒥᑌᐦᐃᕽ ᐁ ᐯᐦᑕᑭᐠ ᐊᔭᒥᐏᐣ ᐋᔨᒥ ᒥᑭᒥᓇᒪᐗᐠ, ᒥᓇ ᐅᐦᐱᑭᑖᐗᐠ ᒥᓂᓴ ᓴᓯᐯᔨᑕᒧᐏᓂᕽ

ᐊᔭᒥᐁᑭᓯᑳᐤ ᑭᐧᐣᑲᐧᒣᓯᒪ ᑳ ᐃᓯᔨᑳᑌᐠ

ᐁᐊᐧᑯ ᐯᔭᐠ ᐊᔭᒥᐁᑭᓯᑳᐤ ᒪᐧᓴᐢ ᐅᑎᐦᒋᐸᔨᐠ ᐢᐁᐣᐟ.

ᐊᔭᒥᐋᐃᐧᐣ.

ᑌᐯᔨᒋᑫᔭᐣ ᑳ ᑭ ᑭᐢᑭᓄᐊᒪᐃᐧᔮᕽ ᑲᑭᔭᐤ ᓂᐟ ᐃᐦᑐᑕᒧᐃᐧᓂᓈᓇ ᐁᑳ ᓈᐣᑕ ᐁ ᐃᑖᐸᑕᐦᑭ ᑭᐢᐱᐣ ᐁᑳ ᓵ ᐃᐁᐧᐃᐧᐣ ᐁ ᐊᔮᔭᕽ; ᐃᓯᑎᓵᐤ ᑭ ᑲᓈᒋ ᐋᒫᕽ, ᒥᓇ ᓯᑭᓇ ᐱᐦᒋ ᓂᑌᐦᐅᓈᕽ ᐸᓂᒪ ᑳ ᒫᐊᐧᒋ ᐸᐢᑭᔮᑫᐠ ᒣᑭᐃᐧᐣ ᓵᑭᐃᐁᐧᐃᐧᐣ, ᑳ ᐋᔨᒋᐃᐁᐧᐠ ᐯᔭᐦᑕᑫᔨᒧᐃᐧᓂᕽ ᒥᓇ ᑲᑭᔭᐤ ᒥᔮᐧᑎᓯᐃᐧᓂᕽ, ᐊᐃᐧᔭᐠ ᐁᑳ ᐁ ᐊᔮᐟ, ᐁ ᐋᑕ ᐱᒫᑎᓯᐟ ᓂᐱᐤ ᑳ ᐃᑕᑭᒪᐟ; ᒥᔨᓈᐣ ᐅᒪ ᐃᔭ ᐅᐦᒋ ᑭ ᐯᔭᑯᑯᓯᓵᐣ ᒋᓴᐢ X. ᐋᒣᐣ.

ᑭᐦᒋᒪᓯᓇᐊᒫᑫᐃᐧᐣ. ᓂᐢᑕᑦ ᑲᕑᐃᐣᑎᔭᓇ xiii. 1.

ᐋᑕ ᐱᑭᐢᑫᐧᔮᐣ ᐅᑌᔭᓂᐋᐧᐤ ᐅᐦᒋ ᐊᔨᓯᔨᓂᐊᐧᐠ ᒥᓇ ᐅᑭᓯᑯᐊᐧᐠ, ᒫᑲ ᐁᑳ ᐊᔮᔮᐣ ᓵᑭᐃᐁᐧᐃᐧᐣ, ᑖᐱᐢᑯᐨ ᐅᓵᐋᐧᐱᒼ ᑳ ᐯᑖᑲᐧᕽ ᓂᑲ ᐃᑌᔨᑖᑯᓯᐣ, ᐊᐦᐳ ᑭᑐᐁᐧᔮᐱᐢᑲᐃᑲᐣ. ᒥᓇ ᐋᑕ ᐃᓯ ᒥᔨᑯᐃᐧᓯᔮᓂ ᑭᑕ ᑭᐢᑭᐁᐧᐃᑫᔮᐣ, ᒥᓇ ᓂᓯᑐᑕᒪᓂ ᑲᑭᔭᐤ ᑳ ᒫᒪᐢᑳᑎᑲᐧᕽ ᒥᓇ ᑲᑭᔭᐤ ᑭᐢᑫᔨᑕᒧᐃᐧᐣ; ᒥᓇ ᑭᐢᐱᐣ ᐊᔮᔭᓂ ᑲᑭᔭᐤ ᑖᐯᐧᔨᑕᒧᐃᐧᐣ, ᑭᑕ ᑲᐢᑭᑖᔭᐣ ᑭᑕ ᐋᐦᑕᐢᑖᔭᐣ ᐋᐧᒋᔭ, ᒫᑲ ᐁᑳ ᐊᔮᔭᓂ ᓵᑭᐃᐁᐧᐃᐧᐣ, ᓇᒪ ᑫᑲ: ᓂᐟ ᐃᑕᑭᓯᐣ. ᒥᓇ ᐋᑕ ᒣᑭᔮᐣ ᑲᑭᔭᐤ ᑫᑲ: ᑳ ᐊᔮᔭᐣ ᑭᑕ ᐊᓴᒪᑭᐠ ᐅᑭᑎᒫᑭᓯᐊᐧᐠ, ᒥᓇ ᐋᑕ ᐸᑭᑎᓇᒫᓂ ᓂᔭᐤ ᑭᑕ ᐃᐢᑳᐧᓯᑲᑌᐠ, ᒫᑲ ᐁᑳ ᐊᔮᔭᓂ ᓵᑭᐃᐁᐧᐃᐧᐣ, ᓇᒪ ᓈᐣᑕᐤ ᓂᐟ ᐃᓯ ᐋᐸᒋᐃᑯᐣ. ᓵᑭᐃᐁᐧᐃᐧᐣ ᑭᓀᐧᐢ ᓯᐯᔨᑕᒧᒪᑲᐣ, ᒥᓇ ᑭᓭᐋᐧᑎᓯᒪᑲᐣ; ᓵᑭᐃᐁᐧᐃᐧᐣ ᓇᒪᐃᐧᔭ ᐃᓭᐋᐧᓇᑫᔨᑕᒧᒪᑲᐣ: ᓵᑭᐃᐁᐧᐃᐧᐣ ᓇᒪᐃᐧᔭ ᓇᓂᑳᐦᑌᔨᒥᓯᒪᑲᐣ, ᓇ ᐃᐧᔭ ᑭᐢᑌᔨᒧᒪᑲᐣ, ᓇᒪ ᓈᐣᑕᐤ ᐃᓯ ᒫᔨ ᐋᐧᐸᑕᐃᐁᐧᒪᑲᐣ, ᓇᒪᐃᐧᔭ ᐯᔭᑫᐧᔨᒥᓯᒪᑲᐣ, ᓇᒪᐃᐧᔭ ᑭᔨᐱ ᑭᓯᒫᐤ ᓇᒪᐃᐧᔭ ᒪᒋ ᓇᑐᓇᐨ; ᓇᒪᐃᐧᔭ ᒥᔭᐋᐧᑕᒧᒪᑲᐣ ᒪᒋᑐᑕᒧᐃᐧᓂᕽ, ᒫᑲ ᑖᐯᐧᐃᐧᓂᕽ ᒥᔭᐋᐧᑕᒧᒪᑲᐣ; ᑲᑭᔭᐤ ᑫᑲ: ᓇᔭᑕᒧᒪᑲᐣ, ᑲᑭᔭᐤ ᑫᑲ: ᑖᐯᐧᑕᒧᒪᑲᐣ, ᑲᑭᔭᐤ ᑫᑲ: ᐸᑯᓭᔨᑕᒧᒪᑲᐣ, ᑲᑭᔭᐤ ᑫᑲ: ᓵᓯᐯᔨᑕᒧᒪᑲᐣ. ᓵᑭᐃᐁᐧᐃᐧᐣ ᓇᒪᐃᐧᑲᐨ ᓚᑌᐸᔨᐤ; ᒫᑲ ᑭᐢᐱᐣ ᐃᑕᑲᐧᑳᐧᐃᐧ ᑭᐢᑭᐁᐧᐃᑫᐃᐧᓇ, ᑭᑕ ᒣᐧᐢᑕᑕᐋᐧᐸᒋᑳᑌᐊᐧ; ᑭᐢᐱᐣ ᐃᑖᑲᐧᑳᐧᐃᐧ ᐱᑭᐢᑫᐧᐃᐧᓇ, ᑭᑕ ᐳᓂᐸᔨᐊᐧ; ᑭᐢᐱᐣ ᐁᑕᑲᐧᓚᑫᐧ ᑭᐢᑫᔨᑕᒧᐃᐧᐣ, ᑭᑕ ᒣᐧᐢᑕᑕᐁᐧᔨᒋᑳᑌᐤ. ᒋᑫᒫ ᐸᐦᑭ ᑭ ᑭᐢᑫᔨᑌᓈᓇᐤ, ᒥᓇ ᐸᐦᑭ ᑭ ᑭᐢᑭᐯᐧᐃᑳᓈᓇᐤ: ᒫᑲ ᐃᐢᐱ ᐊᓂᒪ ᒥᑐᓂ ᑳ ᑭᓯᒋᑳᑌᐠ ᐅᑎᐦᒋᐸᔨᑭ, ᐁᑲᐧ ᐊᓂᒪ ᐸᐦᑭ ᐱᑯ ᑳ ᐊᔮᐠ ᑫ ᐳᓂᐸᔨᐠ. ᒣᑳᐧᐨ ᐁ ᐊᐋᐧᓯᓯᐃᐧᔮᐣ, ᑖᐱᐢᑯᐨ ᐊᐋᐧᓯᐢ ᓂ ᑭ ᐃᓯ ᐱᑭᐢᑲᐧᐣ, ᑕᐱᐢᑯᐨ ᐊᐋᐧᓯᐢ ᓂ ᑭ ᐃᓯ ᒍᓯᐅᐣ, ᑖᐱᐢᑯᐨ ᐊᐋᐧᓯᐢ ᓂ ᑭ ᐃᓯ ᒫᒥᑐᓀᔨᑌᐣ:

ᒫᑲ ᐯᑳᐧ ᐁ ᑮᔐᐯᐃᐧᔫᐣ ᓂ ᑭ ᐁᐧᐱᓄᐣ ᐊᓂᐃ ᑳ ᐊᐚᐧᓯᓯᐁᐧᔨᑖᑲᐧᑭ. ᑭᑫᒪ
ᐊᓄᐦᐨ ᐚᐸᒧᓂˣ ᑭ ᐚᐸᑌᓈᓇᐤ ᐊᑳᐚᐨ; ᒫᑲ ᐁᑯᐢᐱ ᒥᑐᓂ ᒦᑳᐧᑲᓂˣ;
ᐊᓄᐦᐨ ᐸᐦᑭ ᓂ ᑭᐢᑫᔨᑌᐣ; ᒫᑲ ᐁᑯᐢᐱ ᓂ ᑲ ᑭᐢᑫᔨᑌᐣ ᒖᐱᐢᑯᐨ ᑳ ᐃᓯ
ᑭᐢᑫᔨᒥᑲᐃᐧᔫᐣ. ᒫᑲ ᐁᑳᐧ ᐃᑕᑲᐧᓇᐧ ᒑᐯᐧᔦᔨᑕᒧᐃᐧᐣ, ᐊᐢᐯᔨᒧᐃᐧᐣ, ᓵᑭᐃᐁᐧᐃᐧᐣ,
ᐅᐃ ᓂᐢᑐ; ᒫᑲ ᒫᐊᐧᒋ ᐁ ᓂᑮᓄᔨᑖᑲᐧˣ ᐁᐊᐧᑯ ᓵᑭᐃᐁᐧᐃᐧᐣ.

ᒥᐚᒥᒧᐃᐧᐣ. ᓴᐣᐟ ≷ᐅᐠ xviii. 31.

ᐁᑯᓯ ᑭ ᐅᑎᓄᐤ ᐊᓂᐃ ᒥᑖᑕᐟ ᓂᔓᓵᑊ, ᐁ ᑭ ᐃᑖᐟ ᒫᑲ, ᒋᐢᐟ, ᑭᐟ ᐃᑐᑖᓇᐤ ᒉᕀᐅᓭᐊᒥˣ. ᑲᑭᔭᐤ ᒫᑲ ᐊᓂᐃ ᐅᑭᐢᑭᐁᐧᐃᑫᐊᐧᐠ ᑳ ᑭ ᐃᑕᓯᓇᐃᑫᒋᐠ ᐃᔨᓂᐃᐧᑯᓯᓵᐣ ᐅᐦᒋ ᑭᑕ ᑎᐸᔨᐊᐧ. ᑭᑫᒪ ᑭᑕ ᐸᑭᑎᓇᒫᐊᐧᐊᐧᐠ ᒉᐣᑕᐧ≷ᐊᐠ, ᐁᑯᓯ ᑭᑕ ᑯᑕᐚᐧᑳᑖᐤ, ᒥᓈ ᓄᐯᐚᐧᑲᐨ ᑭᑕ ᑐᑕᐚᐤ, ᒥᓇ ᑭᑕ ᓯᑳᐧᑖᐤ: ᐁᑯᓯ ᑭᑕ ᐸᓴᐢᑎᐁᐧᐊᐧᐠ ᒥᓇ ᑭᑕ ᓂᐸᐁᐊᐧᐠ: ᑭ ᓂᐢᑐ ᑭᓯᑲᔨᑭ ᒫᑲ ᑭᑕ ᐊᐧᓂᐢᑳᐤ ᒥᓇ. ᒫᑲ ᓇᒪᐃᐧᔭ ᑫᑳ: ᐅᒪ ᑭ ᓂᓯᑐᑕᒪᐊᐧᐠ; ᒥᓇ ᐅᒪ ᐃᑌᐃᐧᐣ ᑭ ᑳᑕᒫᐊᐧᐊᐧᐠ, ᓇᒪᐃᐧᔭ ᒪᑲ ᑭ ᑭᐢᑫᔨᑕᒪᐊᐧᐠ ᐊᓂᐃ ᑳ ᑭ ᐃᑌᐃᐧᐦᐟ. ᑭ ᐊᔨᑭᐣ ᒫᑲ, ᐁ ᓭᑎ ᐅᑎᑕˣ ᒉᕀᐃᑯ, ᐯᔭᐠ ᓈᐯᐤ ᐁᑳ ᐁ ᐚᐱᐟ ᒋᑭ ᑯᐢᑲᓇˣ ᑭ ᐊᐱᐤ ᐁ ᐸᑯᓯᑕᐧᐟ: ᐁ ᐯᑕᐚᐧᐟ ᒫᑲ ᒥᒉᐟ ᐃᔨᓯᔨᓂᐊᐧ ᐁ ᐱᒧᑌᔨᐟ, ᑭ ᑲᑫᐧᒋᑫᒧ ᒑᓂᓯ ᐁ ᐃᑕᑲᒥᑲᓂᔨᐠ. ᐁᑯᓯ ᑭ ᐃᐧᑕᒫᐧᐤ ᒋᓴᓴ ᓇᓴᐃᑎˣ ᑳ ᐅᐦᒋᔨᐟ, ᐁ ᐱᒧᑌᔨᐟ, ᑭ ᑌᐯᐧᐤ ᒫᑲ, ᐁ ᐃᑌᐧᐟ, ᒋᓴᐢ, ᑌᐱᐟ ᐅᑯᓯᓴ, ᑭᑎᒫᑭᓇᐃᐧᐣ. ᐊᓂᑭ ᒫᑲ ᑳ ᓂᑲᓄᑌᒋᐠ, ᑭ ᑭᑕᐊᒪᐁᐧᐊᐧᐠ, ᑭᑕ ᑭᐱᐦᑐᐁᐧᔨᐟ: ᒫᑲ ᒥᐢᑕᐃ ᐊᐊᐧᓯᑫ ᑭ ᒍᐯᐧᐤ: ᑭᔭ ᑳ ᐅᑯᓯᓯᒥᐢ ᑌᐱᐟ, ᑭᑎᒫᑭᓇᐃᐧᐣ. ᒋᓴᐢ ᒫᑲ ᑭ ᑭᐱᐦᒋᑳᐸᐃᐧᐤ, ᐁᑯᓯ ᐁ ᑭ ᓯᑭᐦᑫᒧᐟ ᑭᑕ ᐯ ᐃᑐᐦᑕᐃᒥᐦᐟ ᐃᑕ ᐁ ᐊᔮᐟ: ᐃᐢᐱ ᒫᑲ ᑭᓯᐊᐧᐠ ᐯ ᐯ ᐊᔭᔨᐟ, ᑭ ᑲᑫᐧᒋᒣᐤ, ᑫᑳ: ᓄᑕᐁᐧᔨᑕᒪᐣ ᑭᑕ ᑐᑖᑖᐣ? ᐁᑯᓯ ᑭ ᐃᑌᐧᔨᐸ, ᑌᐯᐧᔨᒋᑫᔭᐣ, ᑭᑕ ᐸᔮᔮᐣ ᓂ ᐚᐱᐃᐧᐣ. ᒋᓴᐢ ᒫᑲ ᑭ ᐃᑌᐤ, ᐊᔭ ᑭ ᐊᐧᐱᐃᐧᐣ: ᑭ ᑕᐯᐧᐊᐧᑫᔨᑕᒧᐃᐧᐣ ᑭ ᑭ ᐱᒫᒋᐃᑯᐣ. ᐁᑯᓯ ᓴᒪᐠ ᑭ ᐊᐧᐱᐤ ᒥᓇ ᑭ ᐱᒥᑎᓴᐁᐧᐤ, ᐁ ᒪᒥᐦᒋᒫᐟ ᑭᓴᒪᓂᑐᐊᐧ: ᑲᑭᔭᐤ ᒫᑲ ᐊᔨᓯᔨᓂᐊᐧᐠ, ᐃᐢᐱ ᐃᐧᔭᐸᑕᑭᐠ, ᑭ ᒪᒥᐦᒋᒣᐊᐧᐠ ᑭᓴᒪᓂᑐᐊᐧ.

ᔪᐢᑕᐟ ᑭᓯᑳᐤ ≷ᐁᐣᐟ ᐁ ᒫᑕᑭᐦᑌᐠ, ᐋᐢᐁᐧᐟᓂᐢᑌ ᑳ ᐃᓯᔨᑳᑌᐠ.

ᐊᔭᒥᐋᐃᐧᐣ.

ᓯᔦᑳᑎᓯᔭᐣ ᒥᓇ ᑳᑭᓇ ᒉᓂᑐᐃᐧᔭᐣ, ᐁᑳ ᑳ ᐸᑳᐧᑕᒪᐣ ᓈᐣᑕᐤ ᑫᑳ: ᑳ ᑭ ᐅᓯᒑᔭᐣ, ᒥᓇ ᑳ ᐊᓵᓇᒫᐊᐧᒋᐠ ᐅ ᒪᒋᐃᐦᑎᐃᐧᓂᐚᐊᐧ ᑲᑭᔭᐤ ᐊᓂᑭ ᑳ ᑭᓯᐚᑌᔨᑕᒥᐃᑯᒋᐠ; ᐅᓯᐦᒑ ᑭᑕ ᑭᑭᐢᐦᑯᔮˣ ᐅᐢᑭ ᒥᑌᐦᐊ ᐁ ᐱᑫᐧᔨᑕᒧᒪᑲᐦᑭ; ᒌᐯᐧ

ᐁ ᑭᓯᓈᑌᔨᑕᒥᐃᑯᔮᕽ ᓂ ᒪᒋᐃᐦᑎᐃᐧᓂᓈᓇ ᒥᓇ ᐁ ᐃᐧᑕᒫᕽ ᐁ ᐃᓯ ᑭᑎᒪᒼ ᑭᓯᔮᕽ, ᑭᑕ ᑭ ᐅᐦᒋᐢᑕᒪᐃᐧᔮᕽ ᒥᑐᓂ ᐊᓭᓇᒫᑫᐃᐧᐣ ᒥᓇ ᐋᐸᐊᒫᑫᐃᐧᐣ, ᑭᔭ ᑲᑭᔭᐤ ᑭᓭᐚᑎᓯᐃᐧᐣ ᐁᔫᔭᐣ ᑭᓭᒪᓂᑐ; ᐃᐧᔭ ᐅᐦᒋ ᒋᓭᐢ X ᑳ ᑎᐯᔨᒥᑯᔮᕽ. ᐋᒣᐣ.

ᑭᐦᒋᒪᓯᓇᐊᒫᑫᐃᐧᐣ ᐁᑕᑭᐦᑌᐠ. ᒍᐃᕒ ii. 12.

ᑫᐧᐢᑭᐢᑕᐃᐧᐠ, ᐃᑌᐧᐤ ᑳ ᑎᐯᔨᒋᑫᐟ, ᒥᓯᐁᐧ ᑭᑌᐦᐃᐋᐧᕽ, ᒥᓇ ᐁ ᐃᔨᐊᐧᓂᓯᐃᓱᐊᐠ, ᒥᓇ ᐁ ᒫᑐᐊᐠ, ᒥᓇ ᐁ ᒥᐦᒑᑌᐧᐃᐧᑕᒣᐠ; ᐁᑯᓯ ᔫᔭᑭᐱᑕᒧᐠ ᑭᑌᐦᐃᐋᐧᐊᐧ ᓇᒪᐃᐧᔭ ᒫᑲ ᑭ ᑭᑭᐢᑳᒋᑲᓂᐋᐧᐊᐧ, ᒥᓇ ᑫᐧᐢᑭᐢᑖᕽ ᑳ ᑎᐯᔨᒋᑫᐟ ᑭ ᑭᓭᒪᓂᑐᒥᐋᐧᐤ, ᒋᑫᒪ ᑭᓭᐚᑎᓯᐤ ᒥᓇ ᑭᑎᒫᑭᓈᑫᐤ, ᐸᐯᒋᐤ ᑭᑕ ᑭᓯᐋᐧᒋᓯᐟ, ᒥᓇ ᐁᐧᔪᒋ ᑭᓭᐋᐧᑎᓯᐤ, ᒥᓇ ᐳᓂᔨᑕᑦ ᒫᔨᑫᔅ:. ᐊᐁᐧᓇ ᑫᐢᑫᔨᑕᕽ ᑭᐢᐱᐣ ᑫ ᑫᐧᐢᑭᑫᐧ ᒥᓇ ᑫ ᒥᐦᒑᑕᒧᑫᐧ, ᒥᓇ ᑫ ᓇᑲᑕᒧᑫᐧ ᓴᐁᐧᔨᒋᑫᐃᐧᐣ, ᐸᑫᐧᓯᑲᓂ ᐸᑭᑎᓈᓱᐃᐧᐣ ᐅᑎ ᒥᓇ ᒥᓂᑫᐧᐃᐧ ᐸᑭᑎᓈᓱᐃᐧᐣ ᑭᑕ ᐸᑭᑎᓇᒫᐦᐟ ᑳ ᑎᐯᔨᒋᑫᐟ ᑭ ᑭᓭᒪᓂᑐᒥᐋᐧᐤ? ᑭᑐᐦᒑᐠ ᐱᐱᑲᐧᐣ ᓵᔭᓂᕽ, ᑲᓈᒋᒑᐠ ᐃᔨᐊᐧᓂᓯᐃᓱᐃᐧᐣ, ᓇᑐᐦᑫᒧᐠ ᐁ ᐊᔫᑳᐧᒣᔨᑖᑲᐧᕽ ᒫᐊᐧᒋᐃᑐᐃᐧᐣ; ᒫᐊᐧᒋᐃᐦᑯᐠ ᐊᔨᓯᔨᓂᐊᐧᐠ, ᑲᓈᒋᐃᐦᑯᐠ ᑳ ᒪᒪᐃᐧᒫᐊᐧᒋᐃᑐᒋᐠ, ᒫᒪᐃᐧ ᓇᑐᒥᑯᐠ ᑭᓭᐃᔨᓂᐊᐧᐠ, ᒫᐊᐧᒋᐃᐦᑯᐠ ᐊᐋᐧᓯᓴᐠ ᒥᓇ ᐊᓂᑭ ᑳ ᓅᐦᑐᒋᐠ; ᑭᔮᑦ ᑳ ᐅᐢᑭᐢᑫᐧᐁᐧᐟ ᑭᑕ ᐸᐧᔭᐃᐧᐤ ᐅ ᐱᐢᑭᐦᒋᑲᒥᑯᕽ ᐅᐦᒋ ᒥᓇ ᐅᐢᑭᐢᑫᐧᐋᐧᐣ ᐅ ᓂᐯᐃᐧᑲᒥᑯᕽ ᐅᐦᒋ. ᑭᔮᑦ ᐊᔭᒥᐁᐃᐧᔨᓂᐊᐧᐠ ᐅᐟ ᐊᑐᐢᑫᔫᑲᓇ ᑳ ᑎᐯᔨᒋᑫᐟ, ᑭᑕ ᒫᑐᐊᐧᐠ ᑕᐢᑕᐚᐧᔨᕽ ᐱᐢᑭᑖᔭᐃᐧᑲᒥᑯᕽ ᒥᓇ ᐸᑭᑎᓈᓱᐃᐧᓈᐱᐢᑯᕽ, ᒥᓇ ᑭᔮᑦ ᑭᑕ ᐃᑌᐧᐊᐧᐠ, ᒪᓈᒋᐃᐠ ᑭᐟ ᐊᔨᓯᔨᓂᒪᐠ, ᑳ ᑎᐯᔨᒋᑫᔭᐣ, ᒥᓇ ᐁᑳᐃᐧᔭ ᐸᑭᑎᓂᐠ ᑳ ᑎᐯᔨᒪᒋᐠ ᑭᑕ ᒪᒋᐃᑎᐦᒋᐠ, ᐊᔨᓯᔨᓂᐊᐧ ᑭᑕ ᑎᐯᔨᒥᑯᒋᐠ; ᑫᑳ: ᐅᐦᒋ ᑫ ᐃᑌᐧᒋᐠ ᓇᓈᑐᕽ ᐊᔨᓯᔨᓂᐊᐧᐠ, ᒑᓂᐁᐧᐦᐃ ᐅ ᑭᓭᒪᓂᑐᒥᐋᐧᐊᐧ?

ᒥᐋᐧᒋᒧᐃᐧᐣ. ᓴᐣᐟ ᒫᐟᔪ vi. 16.

ᐃᐢᐱ ᐃᔨᐊᐧᓂᓯᐃᓱᔭᓂ, ᐁᑳᐃᐧᔭ ᐃᓯᓈᑯᓯ ᑳ ᐃᓯᓈᑯᓯᒋᐠ ᐅᑕᔭᒥᐁᐧᓱᐢᓂᐠ ᐁ ᑲᐢᑫᔨᑕᒧᐃᐧᓈᑯᓯᒋᐠ; ᒋᑫᒪ ᒫᔨᐦᑫᐧᓈᑯᐃᓱᐊᐧᐠ ᑭᑕ ᐋᐧᐸᒥᑯᒋᐠ ᐊᔨᓯᔨᓂᐊᐧ ᐁ ᐃᔨᐊᐧᓂᓯᐃᓱᒋᐠ. ᑖᐯᐧ ᑭᐟ ᐃᑎᓈᐋᐧᐤ ᐊᔫᐊᐧᐠ ᐅ ᑎᐸᐊᒫᑯᐃᐧᓂᐋᐧᐤ. ᒫ ᑭᔭ, ᐃᐢᐱ ᐃᔨᐊᐧᓂᓯᐃᓱᔭᓂ, ᑕᒪᐢᑯ, ᒥᓇ ᑳᓯᑫᐧ; ᐁᑳ ᑭᑕ ᐋᐧᐸᒥᐢᑭᐠ ᐊᔨᓯᔨᓂᐊᐧᐠ ᐁ ᐃᔨᐊᐧᓂᓯᐃᓱᔭᐣ, ᒫᑲ ᐱᑯ ᐊᓇ ᑯᑖᐃᐧ ᑳ ᐊᐧᓂᒧᑎᓯᐟ; ᐁᑯᓯ ᒫᑲ ᑯᐦᑖᐃᐧ, ᐊᐧᓂᒧᑕᓄᕽ ᑳ ᐋᐧᐸᑫᐟ, ᐃᐧᔭ ᒧᓯᐢ ᑭ ᑲ ᑎᐸᐊᒫ. ᐁᑳᐄᐧᔭ ᐊᐢᒑᐧᓯᐢ ᑭᐟ ᐊᐢᒑᐧᑲᓂᑲᓱᐃᐧᓂᐋᐧᐊᐧ ᐅᑕ ᐊᐢᑭᕽ, ᑫ ᑕᓯ ᓂᓯᐊᐧᓈᒋ. ᒪᓂᒍᓯᐊᐧᑭ ᒥᓇ ᒥᓯᐋᐧᐱᐢᑳᑭ, ᒥᓇ ᐃᑕ ᑭᒧᑎᐢᑲᐠ ᐁ ᐱᑯᓂᑫᒋᐠ ᒥᓇ ᐁ ᑭᒧᑎᒋᐠ: ᒫᑲ ᐊᐢᒑᐧᓯᐢ ᑭᐟ ᐊᐢᒑᐧᑲᓂᑲᓱᐃᐧᓂᐋᐧᐊᐧ ᑭᐦᒋ ᑭᓯᑯᕽ, ᐊᓂᑕ ᐁᑳ ᑫ ᑕᓯ ᓂᓯᐊᐧᓈᒋ ᒪᓂᒍᓯᐊᐧᑭ ᐋᐦᐳ ᒥᓯᐋᐧᐱᐢᑳᑭ, ᒥᓇ ᐁᑯᑌ ᓇᒪᐃᐧᔭ ᐅᑭᒧᑎᐢᑲᐠ ᐁ ᐱᑯᓂᑫᒋᐠ

ᓇᒪᐃᐧᔭ ᒥᓇ ᑭᒍᑎᐊᐧᐠ: ᒋᑫᒫ ᐃᑕ ᐁ ᐊᐢᑌᐠ ᑭᐟ ᐊᐢᑖᐧᑲᓂᑳᓱᐃᐧᐣ, ᐁᑯᑕ ᒥᓇ ᑭᑌᐦ ᑭᑕ ᐊᔮᐤ.

ᓂᐢᑕᑦ ᐊᔭᒥᐁᑭᓯᑳᐤ ᒣᑳᐧᐨ ᓬᐁᐣᐟ.

ᐊᔭᒥᐋᐃᐧᐣ.

ᑌᐯᔨᒋᑫᔭᐣ, ᓂᔭᓈᐣ ᐅᐦᒋ ᑳ ᑭ ᔨᐊᐧᓂᓯᐦᐃᓱᔭᐣ ᓃᒥᑕᓇᐤ ᑭᓯᑳᐤ ᒥᓇ ᓃᒥᑕᓇᐤ ᑎᐱᐢᑳᐤ, ᒥᔨᓈᐣ ᒪᐢᑲᐃᐧᓯᐃᐧᐣ ᓇᐦᐃᔨᑯᕽ ᑭᑕ ᐋᐸᒋᑖᔮᕽ ᒥᒋᐃᐧᐣ ᓂᔭᐃᐧᓈᓇ ᐊᒑᐦᑯᕽ ᐁ ᐃᓯ ᑎᐯᔨᑖᑲᐧᑮ, ᑳᑭᑫ ᑭᑕ ᓇᓇᐃᐦᑕᒫᕽ ᑭ ᒪᓂᑐᐃᐧ ᓯᐦᑭᐢᑳᑫᐃᐧᓇ, ᑲᐧᔭᐢᑭᑖᑎᓯᐃᐧᓂᕽ ᒥᓇ ᑖᐯᐧ ᑲᓈᒋᐅᐃᐧᓂᕽ, ᑭ ᑭᐢᑌᔨᑖᑯᓯᐃᐧᓄᕽ ᒥᓇ ᑭ ᒪᒥᐦᒋᒥᑯᐃᐧᓂᕽ ᐃᓯ, ᑳ ᐱᒫᑎᓯᔭᐣ ᒥᓇ ᑳ ᑎᐯᔨᒋᑫᔭᐣ ᐊᓯᒋ ᐅᐦᑖᐃᐧᒫᐤ ᒥᓇ ᑳ ᑲᓈᑎᓯᐟ ᐊᒑᕽ ᐯᔭᐠ ᒪᓂᑐ, ᐃᔨᑯᕽ ᑫ ᓈᐢᐱᒋ ᐊᐢᑭᐊᐧᕽ. ᐋᒣᐣ.

ᑭᐦᒋᒪᓯᓇᐊᒫᑫᐃᐧᐣ. ᓂᓵᐧᐤ ᑲᕐᐃᐣᑎᔭᓇ vi. 1.

ᐁ ᐃᐧᒋ ᐊᑐᐢᑫᒫᔮᕽ ᒫᑲ ᑭ ᓇᑐᑕᒫᑎᓈᐣ ᒥᓇ ᐁᑳ ᐱᑯᓇᑕ ᑭᑕ ᒥᔨᑲᐃᐧᔦᐠ ᐅ ᑭᓭᐋᐧᑎᓯᐃᐧᐣ ᑭᓭᒪᓂᑐ (ᒋᑫᒫ ᐃᑌᐤ, ᐃᑕ ᐁ ᓇᐃᐸᔨᐠ ᑭ ᑭ ᓇᑐᐦᑕᑎᐣ, ᒥᓇ ᐁ ᐱᒫᒋᐃᐁᐧᐃᐧ ᑭᓯᑳᐠ ᑭ ᑭ ᐃᐧᒋᐃᑎᐣ; ᒫᑎᑲ, ᐊᓄᐦᐨ ᐁᑯᑕ ᑳ ᓇᐃᐸᔨᐠ; ᒫᑎᑲ, ᐊᓄᐦᐨ ᐱᒫᒋᐃᐁᐧᐃᐧᑭᓯᑳᐤ); ᐁᑳ ᓈᐣᑕᐤ ᑭᑕ ᐃᓯᒋᑫᔮᕽ ᑭᑕ ᐅᐦᒋ ᐸᐦᑭᓯᕽ ᐊᐃᐧᔭᐠ, ᓂᐟ ᐊᑐᐢᑫᐃᐧᓂᓈᐣ ᐁᑳ ᑭᑕ ᐊᑖᒣᔨᑖᑲᐧᕽ; ᒫᑲ ᒥᓯᐁᐧ ᐃᓯ ᐁ ᒥᔦ ᐋᐧᐸᑕᐃᐁᐧᐃᓱᔮᕽ, ᐁ ᐃᓯ ᐅᐟ ᐅᑐᐢᑮᔭᑲᓂᒥᑯᔮᕽ ᑭᓭᒪᓂᑐ, ᒥᐢᑕᐦᐃ ᓯᐯᔨᑕᒧᐃᐧᓂᕽ, ᐋᔨᒥᓯᐃᐧᓂᕽ, ᑲᐧᑖᒪᐃᐧᓂᕽ, ᑲᑳᐧᑕᑫᔨᑕᒧᐃᐧᓂᕽ, ᐸᐸᓴᐢᑌᐅᑯᐃᐧᓂᕽ, ᑭᐸᐅᑐᐃᐧᓂᕽ, ᐅᐯᐧᑲᒥᑭᓯᐃᐧᓂᕽ, ᐊᑐᐢᑫᐃᐧᓂᕽ, ᓂᐯᐱᐃᐧᓂᕽ, ᐃᔨᐊᐧᓂᓯᐃᐧᓂᕽ; ᐯᐦᑳᑎᓯᐃᐧᓂᕽ, ᑭᐢᑫᔨᑕᒧᐃᐧᓂᕽ, ᓯᐱᔭᐁᐧᓯᐃᐧᓂᕽ, ᒥᔭᐧᑎᓯᐃᐧᓂᕽ, ᑳ ᑲᓈᑎᓯᐟ ᐊᒑᕽ ᐅᐦᒋ, ᐁᑳ ᐁ ᑲᐸᓴᕽ ᓵᑭᐃᐁᐧᐃᐧᐣ ᐅᐦᒋ, ᑖᐯᐧᐃᐧᓂ ᐊᔭᒥᐃᐧᐣ ᐅᐦᒋ, ᐅ ᒪᐢᑲᐃᐧᓯᐃᐧᐣ ᑭᓭᒪᓂᑐ ᐅᐦᒋ; ᐁ ᐃᓯ ᐊᓱᐃᐧᓂᐊᐧᕽ ᑲᐧᔭᐢᑭᑖᑎᓯᐃᐧᐣ ᑭᐦᒋᓂᐢᑭᕽ ᐃᑌᑫ ᒥᓇ ᓇᒫᑎᓂᕽ ᐃᑌᑫ, ᑭᐢᑕᑭᒥᑯᐃᐧᓂᕽ ᒥᓇ ᒪᒪᑭᒥᑯᐃᐧᓂᕽ, ᒫᔮᒋᒥᑯᐃᐧᓂᕽ ᒥᓇ ᒥᔮᐧᒋᒥᑯᐃᐧᓂᕽ; ᐅᑲᔕᓯᐃᐁᐧᐢᑲᐠ, ᐁᑯᓯ ᐁᔨᐁᐧᕽ ᐁ ᑖᐯᐧᔮᕽ; ᑳ ᐁ ᑭᐢᑫᔨᒥᑲᐃᐧᔭᕽ, ᒫᑲ ᐁᔨᐁᐧᕽ ᒥᑐᓂ ᐁ ᑭᐢᑫᔨᒥᑲᐃᐧᔮᕽ; ᐁ ᓂᐱᔮᕽ, ᒫᑲ ᒋᐢᐟ, ᓂ ᐱᒫᑎᓯᓈᐣ; ᐁ ᑲᑫᐢᑭᒧᐃᑲᐃᐧᔮᕽ, ᐁᑳ ᒫᑲ ᐁ ᓂᐸᐃᑲᐃᐧᔮᕽ; ᒥᑯᐢᑳᑌᔨᑕᒧᐃᐧᐣ ᐁ ᐊᔮᔮᕽ, ᐁᔨᐁᐧᕽ ᒫᑲ ᒧᓴᐠ ᐁ ᒪᒪᑖᑯᓯᔮᕽ; ᐁ ᑭᑎᒫᑭᓯᔮᕽ, ᐁᔨᐁᐧᕽ ᒫᑲ ᒥᐦᒉᐟ ᐊᐃᐧᔭᐠ ᐁ ᐁᐧᔦᑎᓯᐋᔮᕽ; ᐁᑳ ᑫᑲ: ᐁ ᐊᔮᔭᕽ, ᐁᔨᐁᐧᕽ ᒫᑲ ᑲᑭᔭᐤ ᑫᑲ: ᐁ ᐊᔮᔮᕽ.

ᒥᐋᐧᒋᒧᐃᐧᐣ. ᓴᐣᐟ ᒫᐟᔫ iv. 1.

ᐁᑯᐢᐱ ᒫᑲ ᒋᓴᐢ ᑳ ᐃᑐᐦᑕᐃᑯᐟ ᐊᒑᐦᑲᐧ ᐱᑲᐧᑕᐢᑲᒥᑳᕽ, ᑭᑕ ᑲᑫᐧᒋᐃᑯᐟ ᒪᒋ ᐊᒑᐦᑲᐧ. ᐃᐢᐱ ᒫᑲ ᓀᒥᑕᓇᐣ ᑭᓯᑳᐊᐧ ᒥᓇ ᓀᒥᑕᓇᐤ ᑎᐱᐢᑳᐊᐧ ᐁᑳ ᑳ ᒥᒋᓱᐟ, ᐁᑯᐢᐱ ᒣᐧᐢᑕᐢ ᑳ ᓅᐦᑌᑲᑌᐟ. ᐃᐢᐱ ᒫᑲ ᐅᑲᑫᐧᒋᐃᐁᐧᐊᐧ ᑳ ᐅᑎᐦᑎᑯᐟ, ᐅᒥᓯ ᑭ ᐃᑎᐠ; ᑭᐢᐱᐣ ᑭᔭ ᑫᓭᒪᓂᑐᐃᐧ ᑯᓯᓵᓂᐃᐧᐊᐧᓐ, ᐃᓯᐠ ᐅᑭ ᐊᓯᓂᔭᐠ ᑭᑕ ᐸᑫᐧᓯᑲᓂᐃᐧᒋᐠ. ᒫᑲ ᑭ ᓇᐢᑫᐧᐊᐧᓯᒣᐤ ᐁ ᑭ ᐃᑖᐟ, ᐃᑕᓯᓇᐃᑳᑌᐤ, ᐊᔨᓯᔨᓂᐤ ᓇᒪᐃᐧᔭ ᐱᑯ ᐸᑫᐧᓯᑲᓇ ᑭᑕ ᐅᐦᒋ ᐱᒫᑎᓯᐟ, ᒫᑲ ᑳ ᐃᑕᑎᕽ ᐃᑌᐃᐧᐣ ᑳ ᐅᐦᒋᐸᔨᔨᐠ ᑭᓭᒪᓂᑐ ᐅᑐᓂᕽ. ᐁᑲᐧ ᒫᑲ ᒪᒋ ᐊᒑᕽ ᑭ ᐅᑎᓈᐤ ᐁ ᑭ ᐃᑐᐦᑖᐟ ᐊᓂᑕ ᑳᓈᒋ ᐅᑌᓈᕽ, ᐁ ᑭ ᓇᐊᐱᐋᐟ ᐁ ᐊᐧᓇᐢᑯᐊᐧᕽ ᑭᐦᒋ ᐊᔭᒥᐃᐧᑲᒥᐠ. ᐅᒥᓯ ᒫᑲ ᐃᑌᐤ, ᑭᐢᐱᐣ ᑭᔭ ᑫᓭᒪᓂᑐᐃᐧ ᑯᓯᓵᓂᐃᐧᐊᐧᓐ, ᓂᐦᒋᐸᔨᐅ; ᒋᑫᒫ ᐃᑕᓯᓇᐃᑳᑌᐤ, ᑭᑕ ᓯᐦᑭᒣᐤ ᐅ ᓯᑯᒪ ᑭᑕ ᑲᓇ ᐧᔨᒥᐢᑭᐠ; ᐅ ᒋᐦᒋᐋᐧᕽ ᑭᑕ ᒥᒋᒥᓂᐢᑭᐠ ᑭᑕ ᐁᑳ ᓴᐢᑳᐱᐢᑭᓯᑌᓯᒧᔭᐣ. ᒋᓴᐢ ᑭ ᐃᑌᐤ, ᒥᓇ ᐃᓴ ᐃᑕᓯᓇᐃᑳᑌᐤ, ᐁᑳᐃᐧᔭᐧ ᑲᑫᐧᒋ ᑳ ᑎᐯᔨᒋᑫᐟ ᑭ ᑭᓭᒪᓂᑐᐨ. ᑫᔮᐱᐨ ᒪᒋ ᐊᒑᕽ ᑭ ᐅᑎᓈᐤ ᐁ ᑭ ᑯᐢᐹᒪᒋᐁᐧᑖᐟ ᐊᓂᒪ ᐊᔨᐋᐧᐠ ᐁ ᐃᐢᐹᔨᐠ ᐊᐧᒋ, ᐁᑯᓯ ᐁ ᑭ ᐋᐧᐸᑕᑖᐟ ᑲᑭᔭᐤ ᐅᑌᓇᐃᐧᐃᐧᓇ ᐅᑕ ᐊᐢᑭᕽ, ᒥᓇ ᐁ ᐃᓯ ᑭᐦᑫᔨᐦᑖᑲᐧᓂᔨᑭ. ᐅᒥᓯ ᒫᑲ ᐃᑌᐤ, ᑲᐦᑭᔭᐤ ᐆᐃ ᑭ ᑲ ᒥᔨᑎᐣ, ᑭᐢᐱᐣ ᐸᐦᑭᓯᓂᔭᓂ ᒥᓇ ᐅᒋᒋᑫᐧᓇᐱᐢᑕᐃᐧᔭᓂ. ᐁᑲᐧ ᒋᓴᐢ ᑳ ᐃᑖᐟ, ᐊᐊᐧᓯᑌ ᑭᔭ, ᓴᑕᐣ; ᒋᑫᒫ ᐃᑕᓯᓇᐃᑳᑌᐤ, ᑭ ᑲ ᐅᒋᒋᑲᐧᓇᐱᐢᑕᐋᐧᐤ ᑳ ᑎᐯᔨᒋᑫᐟ ᑭ ᑭᓭᒪᓂᑐᐨ, ᐁᐅᑯ ᐱᑯ ᑫ ᐊᑐᐢᑲᐊᐧᐟ. ᐁᑲᐧ ᒫᑲ ᒪᒋ ᐊᒑᕽ ᓇᑲᑌᐤ, ᒋᐢᐟ ᒫᑲ, ᐅᑭᓯᑯᐊᐧ ᑭ ᐯ ᓈᑎᐠ ᐁ ᐯ ᐸᒥᐃᑯᐟ.

ᓂᓱ ᐊᔭᒥᐁᑭᓯᑳᐤ ᒣᑳᐧᐨ ᔐᐁᐣᐟ.

ᐊᔭᒥᐋᐃᐧᐣ.

ᒫᒪᐁᐧᔭᐢ ᓯᔦᑳᑎᓯᔭᐣ ᑭᓭᒪᓂᑐ, ᑳ ᐋᐧᐸᐦᑕᒪᐣ ᐁᑳ ᐁ ᐊᔮᔮᕽ ᓱᐦᑳᑎᓯᐃᐧᐣ ᓂᔮᓈᐣ ᑫᒋᐋᐧᐠ ᑭᑕ ᑭ ᐃᐧᒋᐃᓱᔮᕽ; ᑲᓇᐁᐧᔨᒥᓈᐣ ᐊᐧᔭᐃᐧᑎᒫᔨᕽ ᓂᔭᐃᐧᓈᕽ ᒥᓇ ᐱᐦᒑᔨᕽ ᓂᐟ ᐊᒑᐦᑯᓈᕽ; ᑭᑕ ᑭ ᒥᑖᑫᐧᓇᒫᑲᐃᐧᔮᕽ ᑲᑭᔭᐤ ᐋᔨᒥᓯᐃᐧᓇ ᑫ ᐃᐧ ᐅᑎᐦᑎᑯᔮᕽ ᓂᔭᐃᐧᓈᕽ ᒥᓇ ᑲᑭᔭᐤ ᒪᒋ ᒥᑐᓀᔨᒋᑲᓇ ᑫ ᐃᐧ ᓅᒋᐃᑯᔮᕽ ᒥᓇ ᐃᐧᓴᑲᐅᑯᔮᕽ ᓂᐟ ᐊᒑᐦᑯᓈᕽ; ᐃᐧᔭ ᐅᐦᒋ ᒋᓴᐢ X ᑳ ᑎᐯᔨᒥᑯᔮᕽ. ᐋᒣᐣ

ᑭᐦᒋᒪᓯᓇᐊᒫᑫᐃᐧᐣ. ᓂᐢᑕᐨ ᑌᓴᔐᐊᓂᔭᓇ iv. 1.

ᓂᑭᐊ ᒥᑎᐠ, ᑭ ᑲᑭᓯᒧᑐᑖᑎᓈᐣ ᒥᓇ ᑭ ᓯᐦᑭᒥᑎᓈᐣ ᑳ ᑎᐯᔨᒋᑫᐟ ᒋᓴᐢ ᐃᓯ, ᐊᓂᒪ ᑳ ᑭ ᐃᓯ ᒥᔨᑖᕽ ᑭᑕ ᐃᓯ ᐱᒧᑌᔦᐠ ᒥᓇ ᑭᑕ ᓇᐃᔭᐁᐧᐋᔦᐠ ᑭᓭᒪᓂᑐ, ᑳ ᐃᓯ ᐱᒧᑌᔦᐠ ᐃᓴ ᐱᑯ, ᐊᔨᐋᐧᐠ ᐁᑯᓯ ᑭᑕ ᐃᓯ ᐊᔮᔦᐠ. ᒋᑫᒫ ᑭ ᑭᐢᑫ-

ᔪᑌᓈᐋᐧᐤ ᑳ ᑮ ᐃᓯ ᐋᐧᔮᑳᐧᒥᒥᒫᕽ ᑳ ᑎᐯᔨᒋᑫᐟ ᒋᓴᐢ ᐅᐦᒋ. ᐃᐧᔭ ᐯᐊᐧᑫᐧᔪᐤ ᐅᒪ ᐁᔨᐟ ᓇᑕᐁᐧᔪᑕᕽ ᑭᓭᒪᓂᑐ, ᑭ ᑳᓈᒋᐅᐃᐧᓂᐋᐧᐨ, ᑭᑕ ᑲᓇᐁᐧᔪᒥᔑᔦᐠ ᐱᓯᑳᐧ-ᑎᓯᐃᐧᐣ ᐅᐦᒋ; ᑲᑭᔭᐤ ᐊᐃᐧᔭᐠ ᑳ ᐃᑕᓯᔦᐠ ᑭᑕ ᑭᐢ ᔪᑕᕽ ᑭᑕ ᑲᓇᐁᐧᔪᕽ ᐱᐧᔭᐤ ᑳᓈᑎᓯᐃᐧᓂᕽ ᒥᓇ ᑭᐢᑌᔫᑯᓯᐃᐧᓂᕽ, ᓇᒪᐃᐧᔭ ᒪᒋ ᒍᐢᑌᐧᔪᑕᒍᐃᐧᓂᕽ, ᑖᐱᐢᑯᐨ ᑫᑐᑕᐧᕀᐊᐧᐠ ᐁᑳ ᑳ ᑭᐢᑫᔫᒫᒋᐠ ᑭᓭᒪᓂᑐᐊᐧ, ᐁᑳ ᐸᐃᐧᔭᐠ ᐊᔪᓯᔪᓂᐤ ᑭᑕ ᐊᐧᓂᑐᑕᕽ, ᐁᑯᓯ ᑭᑕ ᒫᔪᑐᑖᐧᐟ ᐃᐧᒋ ᐊᔪᓯᔪᓂᐊᐧ ᐁᑯᑐᐃᐧᕽ: ᒋᑫᒫ ᑳ ᑎᐯᔨᒋᑫᐟ ᐋᐯᐅᐁᐧᐤ ᑭᐢᐱᐣ ᐊᐃᐧᔮ ᐁᑯᓯ ᐁ ᐃᓯᒋᑫᔪᐟ, ᑳ ᑭ ᐃᓯ ᓂᔮᐠ ᐋᐧᔮᑳᐧᒥᒥᒫᕽ ᒥᓇ ᐃᐧᑕᒫᑖᕽ. ᒋᑫᒫ ᑭᓭᒪᓂᑐ ᓇᒪᐃᐧᔭ ᑯᐦᒋ ᓇᐅᒥᑯᓇᐤ ᑭᑕ ᐁᑳ ᐯᑳᑎᓯᔭᕽ, ᒫᑲ ᑭᑕ ᑳᓈᑎᓯᔭᕽ. ᐁᑯᓯ ᒫᑲ ᐊᓇ ᑳ ᐋᑕᐁᐧᔪᑕᕽ, ᓇᒪᐃᐧᔭ ᐊᔪᓯᔪᓂᐊᐧ ᑳ ᐋᑕᐁᐧᔪᒪᐟ, ᒫᑲ ᑭᓭᒪᓂᑐᐊᐧ, ᑳ ᒥᔪᑯᔦᐠ ᑳ ᑳᓈᑎᓯᔪᐟ ᐅᐟ ᐊᒫᐦᑲᐧ.

ᒥᐋᐧᒋᒍᐃᐧᐣ. ᓴᐣᐟ ᒫᐟᐤ xv. 21.

ᐁᑯᐢᐱ ᒪᑲ ᒋᓴᐢ ᑭ ᓯᐯᐧᑌᐤ, ᐁ ᑭ ᐃᑐᑌᐟ ᒫᑲ ᐊᓂᑌ ᑖᐧᕒ ᒥᓇ ᓴᐧᑕᐣ. ᒋᐢᐟ ᒫᑲ, ᑫᓇᐣ ᐃᐢᑫᐧᐤ ᑭ ᐯ ᐅᐦᒋ ᐊᐧᔭᐃᐧᐤ ᐁᐊᐧᑯ ᐊᐢᑭᕽ, ᐁᑯᓯ ᐁ ᑭ ᑌᐹᐧᑎᑯᐟ, ᐅᒥᓯ ᐁ ᐃᑌᐧᔪ, ᑭᑎᒪᑭᓇᐃᐧᐣ, ᑌᐯᔨᒋᑫᔭᐣ, ᑭᔭ ᐅᑯᓯᓴ ᑌᐱᐟ; ᓂᑕᓂᐢ ᓈᐢᐱᐨ ᐊᐧᐃᐧᓴᑭᐢᑲᐠ ᒪᒋᐸᐧᒫᐦᑲᐧ. ᒫᑲ ᓇᒪᐊᐧᐨ ᐯᔭᑯᐣᐣ ᑭ ᓇᐢᑫᐧᐊᐧᔨᒣᐤ. ᐁᑯᓯ ᒫᑲ ᐅ ᑭᐢᑭᓄᐊᒪᐋᐧᑲᓇ ᑭ ᐯ ᐃᑐᑌᔪᐊᐧ ᐁ ᐯ ᐸᑯᓴᔪᒥᑯᐟ, ᐁ ᐃᑌᐧᔪᐟ, ᓯᐯᐧᑎᓴᐤ; ᒋᑫᒪ ᑭ ᓄᓴᐃᐧ ᑌᐹᐧᒥᑯᓇᐤ. ᒫᑲ ᑭ ᓇᐢᑫᐧᐊᐧᔨᒣᐤ ᐅᒥᓯ ᐁ ᑭ ᐃᑌᐧᐟ, ᓇᒪᐃᐧᔭ ᓂ ᐯ ᐃᓯᑎᓴᐳᑲᐃᐧᐣ ᐱᑯ ᑭᑕ ᓈᑕᑭᐠ ᐊᓂᑭ ᑲ ᐊᐧᓂᐅᒋᐠ ᒫᔭᑎᑲᐧᐠ ᐅ ᐊᐧᐢᑳᐃᑲᓂᕽ ᐃᐢᕒᐁᐃᐢ. ᐁᑯᓯ ᒫᑲ ᐊᓇ ᐃᐢᑫᐧᐤ ᑭ ᐯ ᐃᑐᐦᑌᐤ ᐁ ᑭ ᐯ ᐅᒋᒋᑲᐧᓇᐱᐢᑕᐋᐧᐟ, ᐅᒥᓯ ᐁ ᐃᑌᐧᐟ, ᑌᐯᔨᒋᑫᔭᐣ, ᓂᐎᒋᒪᐃᐧᐣ! ᒫᑲ ᑭ ᓇᐢᑫᐧᐊᐧᔨᒣᐤ ᐅᒥᓯ ᐁ ᑭ ᐃᑖᐟ, ᓇᒪᐃᐧᔭ ᒥᐊᐧᔨᐣ ᑭᑕ ᒪᐢᑲᒥᐦᑭᐠ ᐸᐊᐧᔨᓴᐠ ᐅ ᐸᑫᐧᔨᑲᓂᒥᐊᐧᐊᐧ, ᐁᑕᔨ ᒪᑲ ᑭᑕ ᐁᐧᐱᓇᒫᑭᐠ ᐊᑎᒪᐧᐠ. ᐅᒥᓯ ᒫᑲ ᑭ ᐃᑌᐧᐤ, ᑖᐯᐧ, ᑌᐯᔨᒋᑫᔭᐣ: ᒫᑲ ᐁᔪᐁᐧᕽ ᐊᑎᒪᐧᐠ ᒥᒋᐊᐧᐠ ᐱᐊᐧᒋᑲᓇ ᐅᐟ ᐅᑭᒪᒥᐊᐧᐊᐧ ᐅ ᒥᒋᓱᐃᐧᓇᑎᑯᔪᕽ ᑳ ᐅᐦᒋ ᐸᐦᑭᑎᓂᔪᑭ. ᒋᓴᐢ ᑳ ᑭ ᓇᐢᑫᐧᐊᐧᔨᒣᐤ ᐅᒥᓯ ᐁ ᑭ ᐃᑖᐟ, ᐃᐢᑫᐧᐤ, ᑭᐦᒑᔪᐊᐧᐣ ᑭ ᑕᐯᐧᑕᒍᐃᐧᐣ; ᑭ ᑐᑕᒪᑲᐃᐧᐣ ᑳ ᐃᓯ ᓇᑕᐁᐧᔪᑕᒪᐣ. ᐅᑕᓂᓴ ᒫᑲ ᑭ ᐃᔪᓂᑲᐃᒪᐊᐧ ᐁᐅᑯ ᐁ ᐃᐢᐸᔪᐠ ᑎᐸᐃᐱᓯᒪᐧᐣ.

ᓂᐢᑐ ᐊᔭᒥᐁᑭᓯᑳᐤ ᒣᑳᐨ ᔐᐁᐩ.

ᐊᔭᒥᐋᐃᐧᐣ.

ᑭ ᓇᐣᑕᒫᑎᓈᐣ ᒫᒪᐁᐧᔭᐢ ᓯᐊᐧᑳᑎᓯᔭᐣ ᑭᓭᒪᓂᑐ, ᑭᑕ ᑲᓇᐋᐧᐸᑕᒪᐧᐟ ᐅᑌᐦᐃᐋᐧ

ᐅᐦᒋ ᑳ ᒧᐢᑕᐍᔨᑕᒫᐢᑭᐠ ᑭᐟ ᐊᑐᐢᑫᔮᑲᓇᐠ ᑕᐸᐦᑌᔨᒧᐃᐧᓂᕽ, ᐁᑯᓯ ᓯᐃᐧᓂᐢᑫᔨ ᐁ ᑭᐦᒋᓂᐢᑭᐊᐧᕽ ᑭ ᑭᐢᑌᔨᑖᑯᓯᐃᐧᓐ ᑭᑕ ᓈᑕᒪᐃᐧᔮᕽ ᐋᐧᐦ ᒪᔨᑐᑖᑯᔮᑲᐧᐃᐧ ᑳ ᐃᐧᓂᓯᐊᐧᓈᒥᐃᑯᔮᑭᐠ; ᐃᐧᔭ ᐅᐦᒋ ᑭᓴᐢ X ᑳ ᑎᐯᔨᒥᑯᔮᕽ. ᐋᒣᓐ.

ᑭᐦᒋᒪᓯᓇᐊᒫᑫᐃᐧᓐ. ᐃᐱᓯᔭᓇ v. i.

ᐃᐧ ᓇᓈᐢᐱᑖᕽ ᒫᑲ ᑭᓴᒪᓂᑐ, ᑖᐱᐢᑯᒼ ᑳ ᓵᑭᐃᐦᐃᑦ ᐊᐋᐧᓯᓴᐠ; ᒥᓇ ᐱᒧᑑ ᓵᑭᐃᐁᐧᐃᐧᓂᕽ, ᑖᐱᐢᑯᒼ X ᑳ ᑭ ᐃᓯ ᓵᑭᐃᑯᓭᐠ, ᒥᓇ ᑳ ᑭ ᐃᓯ ᐸᑭᑎᓂᓱᐟ ᑮᔭᓇᐤ ᐅᐦᒋ, ᐸᑭᑎᓈᓱᐃᐧᓐ ᒥᓇ ᒪᒍᐢᑌᐊᒫᑫᐃᐧᓐ ᐁ ᐸᑭᑎᓇᒫᐦᐟ ᑭᓴᒪᓂᑐ ᐁ ᐃᐧᑭᒪᓯᑲᓂᐃᐧᐠ. ᒫᑲ ᐱᓯᑳᐧᑎᓯᐃᐧᓐ ᒥᓇ ᑲᑭᔭᐤ ᐁᑳ ᐁ ᐯᑲᕽ ᐃᑖᑎᓯᐃᐧᓐ, ᐊᐦᐳ ᒧᐢᑕᐃᐧᓈᒫᑫᐃᐧᓐ, ᐁᑳᐃᐧᔭ ᑲᓇᑫ ᑭᑕ ᐃᐧᒋᑲᑌᐤ ᐃᑕ ᑳ ᐋᔮᓭᐠ, ᑫ ᐃᓯᓈᑯᒋᑫᐋᐧᐸᓐ ᐳᑲᓈᑎᓯᐊᐧᐠ; ᓇᒪᐃᐧᔭ ᒥᓇ ᐃᐧᓂᑐᓈᒧᐃᐧᓐ, ᐸᐦᐳ ᐱᑯᓇᑕ ᐱᑭᐢᑫᐧᐃᐧᓐ, ᐊᐦᐳ ᐊᐧᐃᐧᔭᑌᐧᐃᐧᓐ ᐁᑳ ᐁ ᓇᐃᐸᔨᐠ, ᒫᑲ ᓇᐋᐧᒼ ᓇᓇᐢᑯᒧᐃᐧᓐ. ᒋᑫᒫ ᐅᒪ ᑫᒋᓈ ᑭ ᑭᐢᑫᔨᑌᓈᐋᐧᐤ, ᐁᑲ ᐊᐃᐧᔭᐠ ᐅᐱᓯᑳᐧᑎᓯᐤ, ᐊᐦᐳ ᐁᑳ ᐁ ᐯᑳᑎᓯᐟ ᐊᔨᓯᔨᓂᐤ, ᐊᐦᐳ ᑳ ᒧᐢᑕᐃᐧᓈᒫᑫᐢᑭᐟ ᐊᔨᓯᔨᓂᐤ, ᐁᐋᐧᑯ ᑳ ᐅ ᒪᓂᑐᑳᓂᐟ, ᓈᑐᑖᐤ ᑫᑳ: ᐋᔮᐤ ᐳᐟ ᐅᑌᓇᐃᐧᐃᐧᓂᔨᕽ X ᒥᓇ ᑭᓴᒪᓂᑐ. ᐁᑳᐃᐧᔭ ᐊᐃᐧᔭᐠ ᐱᑯᓇᑕ ᐊᔭᒥᐃᐧᓇ ᑭ ᑲ ᐅᐦᒋ ᐊᐧᓭᓯᒥᑯᐋᐧᐤ: ᒋᑫᒫ ᐁᑯᑐᐊᐧ ᐅᐦᒋ ᐅ ᑭᓯᐋᐧᓯᐃᐧᓐ ᑭᓯᒪᓂᑐ ᑳ ᐱᑎᑎᑯᒥᐠ ᐊᓂᑭ ᑳ ᓂᑖᐃᐧᑭᐃᑯᒥᐠ ᓵᓯᐱᑕᒧᐃᐧᓐ. ᐁᑳᐃᐧᔭ ᒫᑲ ᐁᐊᐧᑯᓂᐠ ᐅ ᐃᐧᑫᐋᐧᑲᓂᐠ; ᒋᑫᒫ ᑲᔪᑌ ᑭ ᑭ ᐊᐧᓂᑎᐱᐢᑭᓯᓈᐋᐧᐤ, ᒫᑲ ᐁᑲᐧ ᐋᐧᓵᔫᕽ ᑭ ᐃᐧᑫᐋᐧᐊᐧᐤ ᑳ ᑎᐯᔨᒥᑫᐟ: ᐃᓯ ᐱᒧᑑ ᑖᐱᐢᑯᒼ ᑳ ᓂᑖᐃᐧᑭᐃᑯᒥᐠ ᐋᐧᐢᑌᐤ, ᒋᑫᒫ ᐁ ᐃᓯ ᒥᓂᓯᐊᐧᕽ ᐋᐧᐢᑌᐤ ᐁᐊᐧᑯ ᒥᓯᐍ ᒥᔮᐧᑎᓯᐃᐧᓐ ᒥᓇ ᑲᐧᔭᐢᑭᑖᑎᓯᐃᐧᓐ ᒥᓇ ᑖᐯᐧᐃᐧᓐ), ᐁ ᓱᑯᑖᓴᐠ ᑳ ᐃᓯ ᒥᓴᐧᔨᑕᕽ ᑳ ᑌᐯᓴᒋᑫᐟ; ᒥᓇ ᐁᑳᐃᐧᔭ ᐅ ᐃᐧᑫᐋᐧᑲᓂᑕᒧᐠ ᐁᑳ ᑳ ᐋᐸᑕᑭ ᐊᐧᓂᑎᐱᐢᑲᐃᐧ ᐊᑐᐢᑫᐃᐧᓇ, ᒫᑲ ᔮᔭᐤ ᑭᑕᐊᒫᑫᐠ; ᒋᑫᒫ ᐊᓂᐃ ᑭᒧᒼ ᑳ ᐃᐦᑐᑕᑭᐠ ᓇᐧᐯᐊᐧᑫᔨᑖᑲᐧᓐ ᐊᐦᐳ ᑭᑕ ᐋᔨᒧᑕᒥᕽ. ᒫᑲ ᑲᑭᔭᐤ ᑫᑳ: ᑳ ᑭᑐᑕᒥᕽ ᓱᑲᐧᓐ ᐋᐧᐢᑌᕽ: ᒋᑫᒫ ᑲᑭᔭᐤ ᑫᑳ: ᑳ ᓱᑖᓂᐊᐧᕽ ᐋᐧᐢᑌᐤ. ᐁᑯᓯ ᒫᑲ ᐃᑌᐤ, ᑯᐢᑯᐢᑳ ᑭᔭ ᑳ ᓂᐹᔨᓐ, ᒥᓇ ᐊᐧᓂᐢᑳ ᓂᔨᐃᐧᓂᕽ ᐅᐦᒋ, ᐁᑯᓯ X ᑭ ᑲ ᐋᐧᓴᐢᑳᒪᐠ.

ᒥᐋᐧᒋᒧᐃᐧᓐ. ᓴᐣᐟ ᕒᐅᐠ xi. 14.

ᐁᑯᓯ ᑭ ᐊᐧᔭᐃᐧᐁᐧᐱᓄᐤ ᒪᒋᐊᒋᐦᑳᐧ, ᐁᑳ ᐁ ᑭ ᐦᑕᐍᔨᐟ. ᐁᑯᓯ ᑭ ᐃᐢᐸᔨᐤ, ᐃᐢᐱ ᒪᒋᐊᒋᕽ ᑳ ᐊᐧᔭᐃᐧᐟ: ᐁᑳ ᑳ ᓂᐦᑕᐍᐟ ᓇᐯᐤ ᑭ ᐱᑭᐢᑫᐧᐤ; ᐊᔨᓯᔨᓂᐊᐧᐠ ᒪᑲ ᑭ ᒫᒪᐢᑲᑕᒪᐧᐠ. ᒫᑲ ᐊᑎᐦᐟ ᑭ ᐃᑌᐧᐊᐧᐠ, ᐊᐧᔭᐃᐧᐁᐧᐱ ᐤ ᒪᒋᐊᒋᐦᑳᐧ ᐱᐁᕒᓯᐸᐦ ᐅᐦᒋ ᑳ ᑎᐯᔨᒪᔨᐟ ᒪᒋᐊᒋᐦᑳᐧ. ᑯᑕᐠ ᒪᑲ, ᐁ ᑯᑌᔨᒫᐦᐠ, ᑭ ᓇᑕᐍᔨᑕᒪᐧᐠ ᑭᐢᒋᓇᐊᐧᒋ ᐃᓯᒋᑫᐃᐧᓐ ᑭᐦᒋ ᑭᓯᑯᕽ ᐅᐦᒋ. ᐃᐧᔭ ᒫᑲ, ᐁ ᑭᐢᑫᔨᑕᕽ ᐁ ᐃᓯ ᒪᒥᑐᓀᔨᑕᒥᔨᐟ, ᑭ ᐃᑎᐤ, ᑳ ᐃᑕᑎᕽ ᐅᑌᓇᐃᐧᐃᐧᓐ ᑳ ᓇᓈᓂᐢᒋᐃᑐᒪᑲᕽ

ᓂᓯᐋᐧᓈᑕᐣ; ᒥᓇ ᐚᐢᑳᐃᑲᐣ ᑳ ᓇᓃᓂᐢᑭᐃᑐᒪᑲᐦ ᐸᑭᐦᑎᐣ. ᒥᓇ ᑭᐢᐱᐣ ᓴᑕᐣ ᐱᑯᓂᓯᑭ, ᑕᓂᓯ ᑫ ᐃᓯ ᓂᐸᐃᐧᒪᑲᓂᐦᐟ ᐅᐟ ᐅᑌᓇᐃᐧᐃᐧᐣ? ᑭᑫᒪ ᐁ ᐃᑌᐧᔦᐠ ᐊᐧᔭᐃᐧᐁᐧᐱᓀᐤ ᒪᑭᐋᓖᐦᑲᐧ ᐱᐁᕓᓯᐸᐦ ᐅᐦᑭ. ᑭᐢᐱᐣ ᓖᑲ ᓂᔭ ᐱᐁᕓᓯᐸᐦ ᐅᐦᑭ ᓂ ᐊᐧᔭᐃᐧᐁᐧᐱᓅᐊᐧᐠ ᒪᑭᐋᓖᐦᑲᐧᐠ, ᐊᐁᐧᓂᐃ ᐅᐦᑭ ᑭᑑᓯᐊᐧᐊᐧᐠ ᑳ ᐊᐧᔭᐃᐧᐁᐧᐱᓈᑭᐠ? ᐁᐊᐧᑯ ᐅᐦᑭ ᑭ ᑲ ᐅᔭᓱᐚᑎᑯᐚᐧᐊᐧᐠ. ᓖᑲ ᑭᐢᐱᐣ ᓂᔭ ᑭᓴᒪᓂᐣ ᐅᑭᐦᑭ ᐅᐦᑭ ᓂ ᐊᐧᔭᐃᐧᐁᐧᐱᓈᐊᐧᐠ ᒪᑭᐋᓖᐦᑲᐧᐠ, ᐁᑯᓴᓵᓂ ᑭᓴᒪᓂᐣ ᐅᐟ ᐅᑌᓇᐃᐧᐃᐧᐣ ᐁᐧᑎᐦᑎᓄᔦᐠ. ᒣᑳᐧᐨ ᐁ ᒪᐢᑲᐃᐧᓯᐟ ᓇᐯᐤ, ᒥᑐᓂ, ᐁ ᓂᓖᐢᑫᐧᐟ ᑲᓇᐁᐧᐱᑕᑭ ᐃᐧᑭ, ᐅᐟ ᐊᔮᐃᐧᓇ ᐯᔭᑕ ᐊᔮᐱᐊᐧ: ᓖᑲ ᐃᐢᐱ ᓇᐊᐧᐨ ᐁ ᒪᐢᑲᐃᐧᓯᐱᐟ ᐃᐢᐱᐨ ᐃᐧᔭ ᐅᑎᐦᑎᑯᓯᑭ, ᒥᓇ ᓵᑯᑭᐃᑯᑭ, ᒪᐢᑲᒥᐠ ᑲᑭᔭᐤ ᐅ ᓂᓖᐢᑫᐧᐃᐧᐣ ᑳ ᑭ ᐊᐢᐯᐱᒍᑕᐦ, ᐁᑯᓯ ᓇᓈᓂᐢᑭᑖᐱᐊᐧ ᐁ ᒪᓂᐊᐧᑖᑎᑯᐟ. ᐊᓇ ᐁᑲ ᑳ ᐃᐧᑫᐃᐧᐟ ᓂ ᓇᑳᐢᑲᐠ; ᐁᑯᓯ ᐊᓇ ᑲ ᑳ ᐃᐧᑭ ᒫᐊᐧᑭᑭᑫᒥᐟ ᐅᓴᐢᐁᐧᐁᐧᐱᓂᑫᐤ. ᐃᐢᐱ ᐁᑳ ᑳ ᐯᐦᑭᓯᐟ ᐊᒫᐦ ᓀᑳᑎᑭ ᐊᐱᓯᐱᓂᐊᐧ, ᐸᐸᒎᑌᐤ ᐸᐢᑌᐊᐧᐱᐦ, ᐁ ᓇᓈᑐᓇᐦ ᐊᓭᐧᐱᐃᐧᐣ; ᐁᑯᓯ ᐁᑳ ᐁ ᒥᐢᑲᐦ, ᐃᑌᐧᐤ, ᓂᑭᐦ ᓂ ᑲ ᐃᓯ ᑭᐚᐧᐣ ᐃᑕ ᑳ ᑭ ᐯ ᐅᐦᑭ ᐊᐧᔭᐃᐧᔮᐣ. ᐁᑯᓯ ᐃᐢᐱ ᐁ ᑕᑯᓯᐦ, ᒥᐢᑲᐟ ᐁ ᑭ ᐁᐧᐸᐃᑫᐃᐧᐦᐟ ᒥᓇ ᐁ ᐊᐧᐁᐧᓯᑭᑲᑌᐱᐠ. ᐁᑲᐧ ᓇᑕᐃᐧ ᐅᑎᓇᒫᓯ ᑌᐸᑯᐦ ᑯᑕᑲ ᐋᓖᐦᑲᐧ, ᐊᐊᐧᓯᒣ ᐁ ᒪᓖᐱᐃᐧᐱᐟ ᐃᐢᐱᐨ ᐃᐧᔭ, ᐁᑯᓯ ᐱᑐᑫᐊᐧᐠ, ᒥᓇ ᐊᔮᐊᐧᐠ ᐁᑯᑕ, ᐁᑯᓯ ᐃᐢᑳᐧᔫᓂᐦ ᑳ ᐃᓯ ᐊᔮᐟ ᐁᐊᐧᑳᐧᓇ ᓈᐯᐤ, ᐊᐊᐧᓯᒣ ᓖᐱ ᐊᔫᐤ ᐃᐢᐱᐨ ᓂᐢᑕᐠ. ᑭ ᐊᐱᑭᐣ ᓖᑲ ᐃᐢᐱ ᐅᒪ ᑳ ᐊᐱᑌᐧᐟ, ᐯᔭᐠ ᐃᐢᑫᐧᐤ ᑳ ᒪᒪᐁᐧᔭᑎᐱᐟ ᐊᐱᓯᐱᓂᐊᐧ ᐅᐦᑭ ᑭ ᐱᑭᐢᑫᐧᐤ ᐁ ᐃᑎᑯᐟ, ᑭᐦᑭ ᓴᐁᐧᐱᑳᑯᓯᐤ ᐊᓇ ᑳ ᑭ ᓂᑕᐃᐧᑭᐃᐢᐠ ᒥᓇ ᐊᓇ ᑳ ᑭ ᓄᐱᐢᐠ. ᓖᑲ ᑭ ᐃᑌᐧᐤ ᐁᐦᐊ, ᓇᐊᐧᐨ ᓖᑲ ᓴᐁᐧᐱᑳᑯᓯᐊᐧᐠ ᐊᓂᑭ ᑳ ᓇᑐᐦᑕᑭᐠ ᑭᓴᒪᓂᑕ ᐅᐟ ᐃᑌᐧᐃᐧᐣ ᐁᑯᓯ ᑳ ᑲᓇᐁᐧᐱᑕᑭᐠ.

ᓀᐤ ᐊᔭᒥᐁᑭᓯᑳᐤ ᒣᑳᐧᐨ ᕓᐁᐣᐟ.

ᐊᔭᒥᐋᐃᐧᐣ.

ᐃᑌᐱᑕ ᑭ ᐸᑯᓴᐱᒥᑎᓈᐣ ᒫᒪᐁᐧᔭᐢ ᓯᔦᑲᑎᓯᔭᐣ ᑭᓴᒪᓂᐣ, ᓂᔮᐣ ᓂ ᒪᑭᑐᑕᒍᐃᐧᓂᓈᓇ ᐅᐦᑭ ᑳ ᑲᐢᑭᑕᒫᓯᔮᐦ ᑭᑕ ᐚᐱᒥᐃᑲᐃᐧᔮᐦ, ᐁ ᒥᔦᑌᐦᐁᐃᐁᐧᐠ ᑭ ᓂᓯᑳᒣᐃᐧᐣ ᓂ ᑲ ᐃᐧ ᑭᓴᐚ ᑎᓯᐃᐧ ᐃᑲᑌᓇᒫᑲᐃᐧᓈᐣ; ᐃᐧᔭ ᐅᐦᑭ ᑳ ᑎᐯᐱᒥᑯᔮᐦ ᓃᐱᒫ ᐃᐁᐧᒥᓈᐣ ᑭᓴᐢ X. ᐋᒣᐣ.

ᑭᐦᑭᒪᓯᓇᐸᒫᑫᐃᐧᐣ. ᑳᕓᐁᓯᔭᓇ iv. 21.

ᐄᐧᑕᒪᐃᐧᐠ, ᑭᔭᐚᐤ ᑳ ᓇᑕᐁᐧᐱᑕᒣᐠ ᑭᑕ ᑎᐯᐱᒥᑯᔦᐠ ᐅᔭᓯᐁᐧᐃᐧᐣ, ᓇᒪ ᑭ ᑭ ᐯᐦᑌᓈᐚᐤ ᐅᔭᓯᐁᐧᐃᐧᐣ? ᑭᑫ ᐃᑕᓯᓇᐃᑳᑌᐤ, ᐁᐦᐁᐸᐠ ᑭ ᓂᓯᐱᐊᐧ ᐅᓅᓯᓴ,

ᐯᔮᐠ ᐊᑐᐢᑫᔮᑲᓂᐢᑫᐘ ᐅᐦᒋ, ᐁᑯᓯ ᑯᑕᑲ ᐅᑎᐯᔨᒥᓱᐎ ᐃᐢᑫᐘᐠ. ᒫᑲ ᐸᒣᓇ ᐅᑯᓯᐢ ᐊᑐᐢᑫᔮᑲᓂᐢᑫᐤ ᑭ ᐅᐦᒋᐤ ᐱᐧᔮᓯᐎᐎᓂᕽ; ᒫᑲ ᐅᑯᓯᐢ ᐊᓇ ᐅᑎᐯᔨᒥᓱᐎ ᐃᐢᑫᐤ ᑭ ᐅᐦᒋᐤ ᐊᓯᑖᒪᑯᐎᓂᕽ. ᐚᐁᐧᒋᑲᐣ ᒫᑲ ᐁᑯᑕ ᐅᒪ ᐋᔮᐣ: ᒋᑫᒫ ᐅᑭ ᓂᓯ ᐃᐢᑫᐘᐠ ᐁᐘᑯᓂ ᓂᓯ ᐊᓯᑖᒣᑫᐎᓇ; ᐊᓂᒪ ᐯᔮᐠ ᓵᐧᓃ ᐊ ᕽ ᐅᐦᒋ, ᑳ ᐅᐟ ᐊᐚᓯᒥᓯᐟ ᑎᐯᔨᒧᐎᓂᕽ, ᐁᐘᑯ ᐦᐁᑳᐣ. ᐊᐘ ᐦᐁᑳᐣ ᒫᑲ ᐁᐘᑯ ᓵᐧᓃ ᐊᐧᒋ ᐊᐣᐁᐱᔮ ᐊᐢᑭᕽ, ᐁᐘᑯ ᒫᑲ ᑖᐱᐢᑯᐣ ᑫᐣᐅᓭᓭᐊᐟ ᐊᓄᐦᐣ ᑳ ᐋᔮᐠ: ᒋᑫᒫ ᑎ ᔨᒥᑯᐎᓂᕽ ᐋᔮᐤ ᑭᑭ ᐅᐟ ᐊᐚᓯᒥᓭ. ᒫᑲ ᐊᓂᒪ ᑫᐣ ᓭᓭᐊᐟ ᐃᐢᐱᒥᕽ ᑳ ᐋᔮᐠ ᑎᐯᔨᒥᓱᐎᓂᕽ ᐋᔮᐤ, ᐁᐘᑯ ᐊᓇ ᑭᑳᐎᓈᐤ. ᒋᑫᒫ ᐃᑕᓯᓇᐃᑳᑌᐤ, ᒪᒪᒑᑯᓯ, ᑭᔭ ᐁᑳ ᑳ ᓂᑖᐅᓭᔮᐣ ᐁᓯ ᐁᑳ ᑳ ᐅᐟ ᐊᐚᓯᒥᓯᔮᐣ. ᐸᐢᐳᐁᐧ ᒥᓇ ᐯᒑᑯᓯ, ᑭᔭ ᐁᑲ ᑳ ᓂᑖᐎᑭᐚᐘᓱᔮᐣ: ᒋᑫᒫ ᐊᐱᐚᐠ ᒥᐦᑯᑎᐱᐊ ᐅᐟ ᐊᐚᓯᒥᓭ ᑳ ᐯᔭᑯᐟ ᐃᐱᑯᕽ ᐊᓇ ᑳ ᐅᓈᐯᒥᐟ. ᐁᑯᓯ ᒫᑲ ᑭᔮᓇᐤ, ᓂᒋᐚᒥᑎᐣ, ᑖᐱᐢᑯᐣ ᐚᓭᐠ ᑳ ᑭ ᐃᓯ ᐋᔮᐟ, ᐊᓯᑖᒣᑫᐎᓂᕽ ᑰᐦᒋ ᓂᑖᐎᑭᔮᕽ. ᒫᑲ ᑖᐱᐢᑯᐣ ᐁᑯᐢᐱ ᐊᓇ ᑳ ᑭ ᓂᑖᐎᑭᐟ ᐅᔭᓱᐧᐃᐎᓂᕽ ᐃᓯ ᑭ ᑯᑕᑭᐁᐤ ᐊᓂᐃ ᑳ ᑭ ᓂᑖᐎᑭᐱᐟ ᐊᒫᐦᑯᕽ ᐃᓯ, ᐁᑯᓯ ᒣᐧᒋ ᐁᑲᐧ. ᒫᑲ ᑖᓂᓯ ᐁᑌᐧᒪᑲᕽ ᑭᐦᒋ ᒪᓯᓇᐃᑫᐎᐟ? ᐋᐧᔭᐃᐧᐁᐧᐱᐟ ᐊᑐᐢᑫᔮᑲᓂᐢᑫᐤ ᒥᓇ ᐅᑯᓯᐢ: ᒋᑫᒫ ᐅᑯᓯᐢ ᐊᑐᐢᑫᔮᑲᓂᐢᑫᐤ ᓇᒪᐎᔭ ᑭᑕ ᑭ ᐃᐧᒋ ᑎᐯᔨᑕᒧᒣᐤ ᐅᑯᓯᐢ ᐊᓇ ᐅᑎᐯᔨᒥᓱᐎ ᐃᐢᑫᐤ. ᐁᑯᓯ ᒫᑲ, ᓂᒋᐚᒥᑎᐣ, ᓇᒪᐗᐤ ᐊᑐᐢᑫᔮᑲᓂᐢᑫᐤ ᑳ ᑭ ᓂᑖᐎᑭᐃᑯᔮᕽ ᒫᑲ ᐅᑎᐯᔨᒥᓱᐎ ᐃᐢᑫᐤ.

ᒥᐋᐧᒋᒧᐎᓐ. ᓵᐣᐟ ᒫᐣ vi. 1.

ᑳ ᐳᓂᐸᔨᑭ ᐅᐃ ᒋᓵᐢ ᑭ ᐋᓱᐊᐊᐠ ᑲᓭᐊᓭᐃ ᓵᑲᐃᑲᐣ ᐁᐘᑲᐧᓂᒪ ᑕᐱᐢᐃᔮᐢ ᓵᑲᐃᑲᐣ. ᑭᐦᒋ ᒥᑫᐟ ᒫᑲ ᑳ ᒫᒪᐁᐧᔭᑎᐱᐟ ᐊᐱᓯᐱᓂᐊ ᑭ ᐱᒥᑎᓴᐅᐠ, ᒋᑫᒫ ᐁ ᑭ ᐚᐸᑕᒥᐱᐟ ᐅ ᒫᒫᒋᑖᐎ ᐃᓯᒋᑫᐎᓇ ᑳ ᑭ ᐊᐱᑐᑕᒫᐧᐟ ᑳ ᐋᑯᓯᐱᐟ. ᒋᓵᐢ ᒫᑲ ᑭ ᐋᒪᒋᐁᐧᐤ ᐊᐧᒋᕽ, ᐁᑯᑕ ᐁ ᑭ ᐃᐧᑕᐱᒫᐟ ᐅ ᑭᐢᑭᓄᐊᒪᐋᐧᑲᓇ. ᐅ ᒫᔮᐢᑯᒑᑐᐃᐧᐦᑯᑐᐃᐧᓂᐋᐧᐤ ᒫᑲ ᒍᐊᐧᐣ, ᓵᓴᐧ ᑫᑳᐟ ᐅᑎᒋᐸᔨᐱᐤ. ᒋᓵᐢ ᒫ ᐁ ᐊᐱᒑᐱᐟ, ᐁᑯᓯ ᐁ ᐋᐧᐸᒫᐟ ᐁ ᐯ ᑭᐦᒋ ᒥᒣᑎᐱᐟ ᐁ ᓈᑎᑯᐟ, ᐅᒥᓯ ᐃᑌ ᐱᓭᐃᐸ, ᒑᓂᑌ ᑫ ᐅᐦᒋ ᐊᒑᐃᐧᔮᕽ ᐸᑫᐧᓯᑲᐣ, ᑭᑕ ᒥᒋᓱᒋᐢ ᐅᑭ? ᐆᒪ ᒫᑲ ᑭ ᐃᑌᐧᐤ ᐁ ᐃᐧ ᑯᒋᐋᐧᐟ; ᒋᑫᒪ ᐃᐧᔭ ᑭ ᑭᐢᑫᔨᑕᐦ ᐋᐧ ᐃᓯᒋᑫᐟ. ᐱᓭᐃᐧ ᑭ ᓇᐢᑫᐧᐊᐧᓯᒣᐤ, ᓂᓵᐧᐤ ᒥᑕᑐᒥᑕᓇᐤ ᓱᓃᔮᐢ ᐃᐱᑯᕽ ᐸᑫᐧᓯᑲᐣ ᓇᒪᐎᔭ ᑭᑕ ᑌᐱ-ᐸᔨᐃᑲᐧᐣ, ᐊᑕ ᒥᓵᐧ ᐊᐦᐸᐱᓯᐢ ᐱᑯ ᐅᑎᓈᒋᐢ. ᐯᔮᐠ ᐅ ᑭᐢᑭᓄᐊᒪᐋᐧᑲᓇ, ᐋᐧᐣᑕᐣᐅᐊ, ᓵᐧᒪᐣ ᐱᑕᐢ ᐅᒋᐊᐧᒪ, ᐅᒥᓯ ᐃᑎᐠ, ᐋᔮᐤ ᐅᑕ ᐅᐢᑭᓂᑭᐤ, ᐁ ᐊᔮᐋᐧᐟ ᓂᔮᓇᐣ ᐃᐢᑫᐧᓯᓯᑲᓂ ᐸᑫᐧᓯᑲᓇ, ᒥᓇ ᓂᓯ ᑭᓄᓵᐘ; ᑫᑳᐟ ᒫᑲ ᐃᐧᔭ ᐁᑐᐧᑯ ᐅᑭ ᑳ ᐃᓯ ᒥᐦᑯᑎᒋᐢ? ᒋᓵᐢ ᒫᑲ ᐅᒥᓯ ᑭ ᐃᑌᐤ, ᓇᐊᐢᐃᑯᐢ ᐊᐱᓯᐱᓂᐊᐠ.

ᑭ ᒪᐢᑯᓯᐢᑳᐤ ᒫᑲ ᐁᑯᑕ. ᑭ ᓇᐊᐱᐊᐧᐠ ᒪᑲ ᐊᐲᓯᐲᓂᐊᐧᐠ, ᓇᐣᑕᐤ ᓂᔮᓇᓈᐧᐨ ᑭᐦᑭ ᒥᑖᐣᒥᑕᓇᐤ ᐁ ᑭ ᐃᐦᑕᓯᒋᐠ. ᑭᓯᐢ ᒫᑲ ᑭ ᐅᑎᓄᐤ ᐸᑫᐧᓯᑲᓇ; ᐃᐢᐱ ᒪᑲ ᑳ ᓇᓈᐢᑯᒧᐟ, ᑭ ᒫᑎᓇᒪᐁᐧᐤ ᐊᓂᐃ ᑳ ᖨ ᓇᐊᐱᐲᐟ; ᒥᓇ ᑭᓅᓴᐸᐧ ᐃᐲᑯᕽ ᐁ ᓇᑕᐁᐧᐲᒫᒋᐠ. ᐃᐢᐱ ᒫᑲ ᑳ ᑭᐢᐳᒋᐠ, ᐅᒥᓯ ᑭ ᐃᑌᐤ ᐅ ᑭᐢᑭᓄ-ᐊᒪᐘᐧᑲᓇ, ᒪᐘᐧᓴᑯᓇᒧᐠ ᐃᐢᑲᐧᒋᑲᓇ ᑳ ᐊᐢᑌᑭ, ᐁᑲ ᑫᑲ: ᑭᑕ ᐘᓂᑖᕽ. ᑭ ᒪᐘᐧᓵᑯᓇᒪᐧᐠ ᒫᑲ, ᐁᑯᓯ ᒥᑖᑕᐦᐟ ᓂᓱᓵᐨ ᐃᐧᑯᐱᐊᐧᑕ ᑭ ᓵᑲᐢᑭᓇᑖᐊᐧᐠ ᐃᐲᑯᕽ ᐁ ᑭ ᐃᐢᑳᐧᒦᒋᐠ ᓂᔮᓇᐣ ᐃᐢᑫᐧᓯᓯᑳᓂ ᐸᑫᐧᓯᑲᓇ ᑳ ᑭ ᐃᐢᑳᐧᒦᒋᐠ ᐊᓂᑭ ᑳ ᑭ ᒥᒋᓱᐠ. ᐅᑭ ᒫᑲ ᐊᐲᓯᐲᓂᐊᐧᐠ, ᐃᐢᐱ ᑳ ᐚᐸᑕᑭᐠ ᒪᒫᑖᐃᐧ ᐃᓯᒋᑫᐃᐧᐣ ᑭᓯᐢ ᑳ ᑭ ᑐᑕ ᐲᐟ, ᑭ ᐃᑌᐊᐧᐠ, ᐁᐘᐧᑯ ᐊᐘᐧ ᑕᐯᐧ ᐅᑭᐢᑭᐁᐧᐃᐧᑫᐤ ᑲ ᑭ ᐃᐧ ᐯ ᐃᑐᑌᐟ ᐅᑕ ᐊᐢᑭᕽ.

ᓃᔮᓇᐣ ᐊᔭᒥᐁᑭᓯᑳᐤ ᒣᑳᐧᐨ ᕒᐁᐣᐟ.

ᐊᔭᒥᐋᐃᐧᐣ.

ᑭ ᐸᑯᓭᐲᒥᑎᓈᐣ ᒫᒪᐁᐧᔭᐢ ᓯᔦᑳᑎᓯᔭᐣ ᑭᓭᒪᓂᑐ ᑭᑕ ᑭᓭᐚᑎᓯᐃᐧ ᑲᓇᐚ-ᐸᒥᐠ ᑭᐟ ᐃᐲᓂᒪᐠ; ᐁ ᐃᓯ ᑭᐦᑭ ᒥᔦᐣᑕᒉᐧᒋᐠ ᑭᑕ ᑭ ᑎᐯᐲᒥᐦᒋᐠ ᒥᓇ ᐱᒫᒋᐃᐦᒋᐠ ᑳᑭᑫ ᐃᐧᔭᐃᐧᐚᕽ ᒥᓇ ᐅᐟ ᐊᐍᐦᑯᐚᕽ; ᐃᐧᔭ ᐅᐦᑭ ᑭᓯᐢ X ᑳ ᑎᐯᐲᒥᑯᔮᕽ. ᐋᒣᐣ.

ᑭᐦᒋᒪᓯᓇᐊᒫᑫᐃᐧᐣ. ᐃᐸᕒᐅᐊᐧᐠ ix. 11.

X ᐁ ᑭ ᐯ ᐃᑐᑌᐟ ᐁ ᑭᐦᒋᐊᔭᒥᐁᐃᐧᐲᓂᐦᑕᕽ ᐊᓂᐃ ᒥᔦ ᑫᑳᐧᔭ ᑫ ᐅᑎᐦᒋᐸᐲᑭ, ᐊᓂᒪ ᐊᐲᐚᐠ ᐁ ᑭᐦᒌᐲᐊᐧᕽ ᒥᓇ ᐁ ᒪᒥᑐᓂᒋᑳᑌᐠ ᐊᔭᒥᐁᐃᐧ-ᑲᒥᑯᐚᐦᐟ ᐁᑳ ᒥᐦᒋᔭ ᐁ ᑭ ᐅᐦᒋ ᐅᓯᒋᑳᑌᐠ, ᐁᐘᐧᑯ ᐁ ᐃᑌᐧᕽ ᐁᑳ ᐅᑕ ᐁ ᐅᓯᒋᑲᓂᐘᐧᕽ, ᓇᒪᐃᐧᔭ ᒥᓇ ᐅ ᒥᐦᑯᐚᐤ ᐚᐸᑎᑲᐧᐠ ᒥᓇ ᒨᐢᑐᔑᓯᐠ, ᒫᑲ ᐃᐧᔭ ᑫᒋᐚᐠ ᐅ ᒥᐦᑯ ᐅᐦᒋ ᐯᔮᑲᐧᐤ ᒫᒪᐃᐧ ᑭ ᐱᑐᑫᐤ ᐃᑕ ᑳ ᑲᓇᑕᓂᐲᐠ ᐁ ᑭ ᑲᐢᑭᑖᐟ ᑳᑭᑫ ᐱᒫᒋᐃᐁᐧᐃᐧᐣ. ᑭᑫᒫ ᑭᐢᐱᐣ ᐅ ᒥᐦᑯᐚᐤ ᐚᐸᑎᑲᐧᐠ ᒥᓇ ᔮᐯ ᒨᐢᑐᓴᐧᐠ ᒥᓇ ᐱᐦᑯᑌᐤ ᐁ ᑭ ᒪᒍᐢᑌᐊᒫᑫᕽ ᐅᓃᒥᓂᓯᐢ ᐁ ᐊᐧᓴᐧᐸᐲᑖᐧᒋᐠ ᐊᓂᑭ ᐁᑳ ᑳ ᐯᑭᐃᐦᒋᐠ, ᑭᑕ ᑭ ᑲᓈᒋᐃᑯᒋᐠ ᑭᑕ ᐯᐦᑭᓯᕽ ᐄᐧᔮᓯᕽ; ᑖᓂᐲᑯᕽ ᐚᐃᐧᐢ ᐅ ᒥᐦᑯ X ᐊᓇ ᑳᑭᑫ ᐋᒫᐦᑲᐧ ᐅᐦᒋ ᑳ ᑭ ᐸᑭᑎᓂᓱᐢᑖᐧᐟ ᐁᑳ ᓈᐣᑕᐤ ᐁ ᐃᓯ ᒪᐲ ᐊᔮᐟ ᑭᓭᒪᓂᑐᐊᐧ, ᑫ ᑭ ᐯᑭᑖᐟ ᐁ ᐃᓯ ᑭᐢᑫᔨᒥᓱᐊᐧᐠ ᑭᑕ ᐳᓂᑖᐊᐧᐠ ᓂᐳᐃᐧᓂ ᐊᑐᐢᑫᐃᐧᓇ ᑭᑕ ᐊᑐᐢᑲᐚᐊᐧᐠ ᑳ ᐱᒫᑎᓯᐟ ᑭᓭᒪᓂᑐ? ᐁᑯᓯ ᐁᐘᐧ ᐅᒪ ᐅᐦᒋ ᐃᐧᔭ ᐁᐘᐧᑯ ᐅᓇᐣᑌᐢᑕᒪᑫᐤ ᐅᐢᑭ ᐊᓯᑕᒪᑫᐃᐧᓂᕽ, ᐊᐃᐧᔭᐠ ᐁ ᑭ ᓂᐲᐟ ᑭᑕ ᑎᐸᐃᑫᐢᑕᒫᐧᑕᕽ ᐊᓂᐃ ᐊᐧᓂᐣᑕᒋᐃᐧᓇ ᑳ ᑭ ᐸᔾᑭ ᒣᑳᐧᐨ ᐁ ᐱᒥᐸᐲᐠ ᐊᓂᒪ ᓂᐢᑕᐤ ᐊᓯᑕᒫᑫᐃᐧᐣ, ᐊᓂᑭ ᑳ ᑭ ᓇᐣᒥᐦᒋᐠ ᑭᑕ ᒥᐲᐦᒋᐠ ᐊᓂᒪ ᐅᐢᑕᒫᑫᐃᐧᐣ ᑳᑭᑫ ᑎᐯᐲᑕᒧᐃᐧᐣ.

ᒥᐚᒋᒧᐏᐣ. ᓭᐣᐟ ᒑᐣ viii. 46.

ᒋᓭᐢ ᑭ ᐃᑌᐤ, ᑖᓈᓇ ᑭᔭᐚᐤ ᑫ ᑕᐯᐧᒥᐟ ᒪᒋᑐᑕᒧᐏᐣ ᐁ ᐊᑖᐨᒥᐟ? ᑭᐢᐱᐣ ᒫᑲ ᑎᔮᐯᐧᐚᓄ, ᑖᓄᑭ ᐁᑲ ᑳ ᑕᐯᐧᑕᐏᔦᐠ? ᑭᓭᒪᓂᑐᕽ ᑳ ᑎᐯᔨᐦᑖᑯᓯᐟ ᓇᑐᐦᑕᒻ ᑭᓭᒪᓂᑐᐊ ᐅᐟ ᐃᑌᐏᓂᔨᐘ: ᑭᔭᐚᐤ ᐁᑳ ᐍᒋ ᓇᑐᐦᑕᒣᐠ, ᒋᑫᒫ ᓇᒪᐏᔭ ᑭᓭᒪᓂᑐᕽ ᑭ ᑎᐯᔨᑖᑯᓯᓈᐘᐤ. ᑭ ᓇᐢᑫᐧᐘᓯᒣᐘᐠ ᒪᑲ ᒎᐘᐠ ᐁ ᑭ ᐃᑖᒋᐠ, ᓇᒪ ᒋ ᑲᐧᔭᐢᐠ ᓂᐟ ᐃᑖᐧᓈᐣ ᐁ ᓭᒫᕐᐃᑕᓂᐏᔭᐣ, ᒥᓇ ᐁ ᒧᔮᐘᐟ ᒪᒋᐊᒑᕽ? ᒋᓭᐢ ᑭ ᓇᐢᑫᐧᐘᓯᒣᐤ, ᓇᒪᐏᔭ ᓂᐟ ᐊᔮᐚᐤ ᒪᒋᐊᒑᕽ: ᒫᑲ ᓂ ᑭᐢᑌᔨᒫᐤ ᓄᐦᑖᐱᐧ, ᑭᔭᐘᐤ ᒪᑲ ᑭ ᐱᐍᔨᒥᓇᐘᐤ. ᓇᒪᐏᔭ ᒫᑲ ᓂ ᓇᑐᓄᐣ ᑎᐱᔮᐤ ᓂ ᑭᐢᑌᔨᑕᑯᓯᐏᐣ: ᐃᐦᑖᐤ ᐊᓇ ᓄᑐᓇᕽ, ᒥᓇ ᑳ ᐅᔭᓯᐚᓯᐍᐟ. ᑖᐯᐧ, ᑖᐯᐧ, ᑭᐟ ᐃᑎᓈᐚᐤ, ᑭᐢᐱᐣ ᐊᔨᓯᔨᓂᐤ ᑲᓇᐍᔨᑕᑭ ᓂᐟ ᐃᑌᐏᐣ, ᓇᒪᐏᑳᐨ ᑭᑕ ᐚᐸᑕᒻ ᓂᐳᐏᐣ. ᐁᑯᓯᐟ ᒪᑲ ᒎᐘᐠ ᑭ ᐃᑌᐘᐠ, ᐁᑲᐧ ᓂ ᑭᐢᑫᔨᑌᓈᐣ ᐁ ᐊᔮᐘᐟ ᒪᒋᐊᒑᕽ. ᐁᑊᕐᐁᐊᒻ ᑭ ᓂᐱᐤ, ᒥᓇ ᐅᑭᐢᑭᐍᐃᑫᐘᐠ; ᑭᔭ ᒪᑲ ᑭᐟ ᐃᑖᐧᐣ, ᑭᐢᐱᐣ ᐊᔨᓯᔨᓂᐤ ᑲᓇᐍᔨᑕᑭ ᓂᐟ ᐃᑌᐏᐣ, ᓇᒪᐏᑳᐨ ᑭᑕ ᑯᒋᐢᑕᒻ ᓂᐳᐏᐣ. ᐊᐘᓯᒣ ᒋ ᑭᔭ ᑭᐟ ᐃᑌᔨᐦᑖᑯᓯᐣ ᐃᐢᐱᐨ ᓄᑖᐏᓇᐣ ᐁᑊᕐᐋᒻ, ᑳ ᑭ ᓂᐱᐟ? ᒥᓇ ᐅᑭᐢᑭᐍᐃᑫᐘᐠ ᑳ ᑭ ᓂᐱᒋᐠ; ᐊᐍᓇ ᒪᑲ ᑭᔭ ᐁᑕᑭᒥᓯᔭᐣ? ᒋᓭᐢ ᑭ ᓇᐢᑫᐧᐘᓯᒣᐤ, ᑭᐢᐱᐣ ᓂᔭ ᑭᐢᑕᑭᒥᓱᔮᓂ ᓇᒪᐏᔭ ᓇᓂᑕᐤ ᐃᑖᐸᑕᐣ ᓂ ᑭᐢᑕᑭᒥᑯᐏᐣ: ᓄᐦᑖᐏ ᑳ ᑭᐢᑕᑭᒥᐟ; ᓂ ᑭᓭᒪᓂᑐᒥᓇᐣ ᐃ ᐃᑖᔦ: ᑫᔮᐱᐨ ᒫᑲ ᓇᒪᐏᔭ ᑭ ᑭᐢᑫᔨᒪᐚᐤ; ᒫᑲ ᓂᔭ ᓂ ᑭᐢᑫᔨᒫᐤ; ᑭᐢᐱᐣ ᒪᑲ ᓇᒪᐏᔭ ᓂ ᑭᐢᑫᔨᒫᐤ ᐃᑌᐧᔮᓂ, ᓂ ᑳ ᑲᑭᔮᐢᑭᐢᑭᐣ ᑖᐱᐢᑯᐨ ᑭᔭᐚᐤ: ᒪᑲ ᓂ ᑭᐢᑫᔨᒪᐤ, ᒥᓇ ᓂ ᑲᓇᐍᔨᑕᒫᐣ ᐅᐟ ᐃᑌᐏᐣ. ᑯᐦᑖᐏᐸᐤ ᐁᑊᕐᐁᐋᒻ ᑭ ᒪᒪᑖᑯᓯᐤ ᐁ ᐏ ᐚᐸᑕᕽ ᓂ ᑭᓯᑲᒻ; ᑭ ᐚᐸᑕᒻ ᒪᑲ, ᐁᑯᓯ ᑭ ᒥᔦᐧᔨᑕᒻ. ᐁᑯᓯ ᒪᑲ ᒎᐘᐠ ᑭ ᐃᑌᐘᐠ, ᓇᒣᐢᑲᐧ ᓂᔮᓇᓄᒥᑕᓇᐤ ᑭᐟ ᐃᑕᐦᑐ ᐱᐳᓇᐣ, ᑭ ᑭ ᐚᐸᒫᐤ ᒋ ᒫᑲ ᐁᑊᕐᐁᐋᒻ? ᒋᓭᐢ ᒪᑲ ᐅᒥᓯ ᑭ ᐃᑌᐤ, ᑖᐯᐧ, ᑖᐯᐧ, ᑭᐟ ᐃᑎᓈᐚᐤ, ᐁ ᒪᐧᔦ ᐊᔮᐟ ᐁᑊᕐᐁᐋᒻ ᓂ ᑭ ᐊᔮᐣ. ᑭ ᐅᑎᓄᐘᐠ ᒪᑲ ᐊᓯᓂᔭ ᐁ ᐏ ᐱᒪᐧᐱᐢᑲᐚᒋᐠ; ᒫᑲ ᒋᓭᐢ ᑭ ᑳᓯ, ᒥᓇ ᐁ ᑭ ᐸᐧᔭᐏᐟ ᑭᐦᒋ ᐊᔭᒥᐁᐏᑲᒥᑯᕽ ᐅᐦᒋ.

ᐊᔭᒥᐁᑭᓯᑳᐤ ᐁ ᓈᑕᒧᒪᑲᕽ ᐃᐢᑕᕐ.

ᐹᒻ ᐊᔭᒥᐁᑭᓯᑳᐤ ᑳ ᐃᓯᔨᑳᑌᐠ

ᐊᔭᒥᐋᐏᐣ.

ᓯᐸᑲᑎᓯᔭᐣ ᒥᓇ ᑳᑭᑫ ᒣᓂᑐᐏᔭᐣ, ᐁ ᓵᑭᐊᐟ ᐸᔨᓯᔨᓂᐤ ᑳ ᑭ ᐯ ᐃᓯ- ᑎᓭᐘᐟ ᑭᑯᓯᐢ ᓄᐱᒫᒋᐃᐍᒥᓈᐣ ᒋᓭᐢ X ᑭᑕ ᐅᑎᓇᕽ ᓂᐟ ᐃᓯ ᐊᔮᐏᓂᓈᐣ

ᒥᓇ ᑭᑕ ᑯᑌᐳᑕᕽ ᓂᐳᐏᐣ ᐱᒥᑖᐢᑲᐧᐃᑲᓂᕽ, ᑲᑭᔭᐤ ᐊᔨᓯᔨᓂᐊᐧ ᑭᑕ ᑭᐢᑭᓇ-ᐋᐧᐸᑕᑕᒥᔨᐟ ᐅ ᑭᐦᒋ ᑕᐸᐦᑌᔨᑖᑯᓯᐏᐣ; ᑭᓴᐋᐧᑎᓯᐏ ᐃᑌᔨᑕ, ᓂᔭᓈᐣ ᑭᑕ ᑭᐢᑭᓇᐋᐧᐸᑕᒫᐧᔮᕽ ᐅ ᓯᐯᔨᑕᒧᐏᐣ ᒥᓇ ᑭᑕ ᐃᐧᑫᐋᐧᔮᕽ ᐅᐟ ᐋᐱᓯᓯᓄᐏᓂᕽ; ᐃᐧᔭ ᐅᐦᒋ ᒋᓴᐢ X ᑳ ᑎᐯᔨᒥᑯᔮᕽ. ᐋᒣᐣ.

ᑭᐦᒋᒪᓯᓇᐊᒫᑫᐏᐣ. ᐱᓪᐃᐱᔭᓇ ii. 5.

ᐅᒪ ᒫᒥᑐᓀᔨᒋᑲᐣ ᑭ ᑲ ᐃᐧ ᐊᔮᓈᐋᐧᐤ, ᑳ ᑭ ᑭᑭᐢᑲᑯᐟ ᐃᐧᐢᑕ X ᒋᓴᐢ: ᐁᐊᐧᑯ, ᐅᐟ ᐃᓯᓈᑯᓯᐏᓂᔨᐤ ᑭᓴᒪᓂᑐᐊᐧ ᐁ ᐊᔮᐟ, ᓇᒪᐃᐧᔭ ᑫᑲ: ᑭᑕ ᐅᑎᐦᑎ-ᓇᒥᕽ ᑭ ᐃᑕᑭᑕᑕ ᑭᑕ ᐃᐧᒋ ᐃᐢᐱᑌᔨᑖᑯᓯᒫᐟ ᑭᓴᒪᓂᑐᐊᐧ, ᒫᑲ ᑭ ᑲᐧᔭᑯᓂᓱ, ᐁ ᐅᑎᓇᕽ ᐊᐣᐢᑫᔮᑲᓇ ᐅᐟ ᐃᓯᓈᑯᓯᐏᓂᔨᐤ, ᐊᔨᓯᔨᓂᕽ ᒫᑲ ᐁ ᑭ ᐃᓯᐃᐦᐟ; ᐁᑯᓯ ᒫᑲ ᐊᔨᓯᔨᓂᕽ ᐁ ᑭ ᐃᓯᐃᑯᐃᐧᓯᐟ, ᑭ ᑕᐸᐦᑌᔨᑖᑯᐃᓱ, ᐁ ᑭ ᓇᓇᐃᑕᕽ ᓂᐳᐃᐧᓂᕽ ᐃᐢᑯ, ᐁᐦᐁ, ᓂᐳᐏᐣ ᐱᒥᑖᐢᑯᐃᑲᓂᕽ. ᐁᐊᐧᑯ ᒫᑲ ᐅᐦᒋ ᑭᓴᒪᓂᑐ ᒥᐢᑕᐦᐃ ᑭ ᑭᐢᑌᔨᑖᑯᐁᐤ, ᒥᓇ ᑭ ᒥᔦᐤ ᐊᓯᒪ ᐃᐧᔪᐏᐣ ᑳ ᒫᐊᐧᒋ ᑭᐢᑕᑭᑌᐠ ᐁ ᐱᑕᑎᕽ ᐃᐧᔪᐏᐣ; ᐅ ᐃᐧᔪᐏᓂᕽ ᒋᓴᐢ ᑲᑭᔭᐤ ᐊᐃᐧᔭᐠ ᑭᑕ ᐅᒋᐦᒋᑲᐧᓂᐟ, ᑭᐦᒋ ᑭᓯᑯᕽ ᒥᓇ ᐊᐢᑭᕽ ᒥᓇ ᐊᑖᒥᕽ ᐊᐢᑭᕽ, ᒥᓇ ᑲᑭᔭᐤ ᒥᑌᔭᓂ ᑭᑕ ᐃᐧᐳᑯᐧ ᒋᓴᐢ X ᐁ ᑎᐯᔨᒋᑫᐟ, ᐅ ᑭᐢᑌᔨᑖᑯᓯᐏᓂᕽ ᑭᓴᒪᓂᑐ ᐁᐧᔪᑖᐏᕽ.

ᒥᐋᐧᒋᒧᐏᐣ. ᓴᐣᐟ ᒫᐟᔪ xxvii. 1.

ᐃᐢᐱ ᒪᑲ ᐁᑎ ᑫᑭᓴᐹᔮᐠ, ᑲᑭᔭᐤ ᑭᐦᒋ ᐊᔭᒥᐁᐃᐧᔨᓂᐊᐧᐠ ᒥᓇ ᑳ ᓂᑲᓄ-ᔨᑖᑯᓯᒋᐠ ᐊᔨᓯᔨᓂᐊᐧᐠ ᑭ ᒪᐋᐧᒋᐃ ᐊᐧᐠ ᐁ ᐅᔭᓯᐁᐧᒋᐠ ᑭᑕ ᓂᐸᐋᒋᐠ ᒋᓴᓴ; ᐃᐢᐱ ᒪᑲ ᑲ ᒪᒪᒋᑲᐧᐱᑖᒋᐠ ᑭ ᓯᐯᐧᑕᐁᐊᐧᐠ, ᐁᑯᓯ ᐁ ᑭ ᐸᑭᑎᓇᒪᐊᐧᒋᐠ ᐸᐣᑎᔭᐢ ᐸᓪᐊᐟ ᐅᔭᓯᐁᐧᐃᐧᑭᒫᐊᐧ. ᐁᑲᐧ ᒪᑲ ᒍᑕᐢ, ᑲ ᑭ ᒥᓯᒫᐟ, ᐃᐢᐱ ᐃᐧᔮᐸᐦᑕᕽ, ᐁ ᑭ ᐅᔭᓯᐊᐧᑎᒥᐦᐟ ᑭ ᒥᐦᑭᔭᐁᐧᓯᐤ ᒥᓇ ᑲᐃᐧ ᐁ ᑭ ᐯ ᒥᔮᐟ ᑭᐦᒋ ᐊᔭ-ᒥᐁᐃᐧᔨᓂᐊᐧ ᒥᓇ ᑲ ᓂᑲᓄᔨᑕᑯᓯᔨᐟ ᐊᓂᐃ ᓂᐢᑐᒥ ᓇᐤ ᑕᐦᑕᐧᐱᐢᐠ ᓱᓂᔭᐊᐧ, ᐆᒥᓯ ᐁ ᐃᑌᐧᐟ, ᓂ ᑭ ᒪᒋ ᐃᓯᐦᒋᑳᐣ, ᐁ ᑭ ᒥᓯᑕᒪᐣ ᑳ ᑲᓈᑕᕽ ᒥᐦᑯ. ᐅᒥᓯ ᒪᑲ ᑭ ᐃᑌᐊᐧᐠ, ᑫᑲ: ᓂᔭᓈᐣ ᑫᓇᐋᐧᐸᒥᑯᔮᕽ ᐁᐊᐧᑲᐧᓯᒪ? ᑲᓇᐊᐧᐸᑕ ᑭᔭ ᐁᐅᑯ. ᑭ ᐸᑭᒋᐁᐧᐱᓄᐤ ᒪᑲ ᐊᓂᐃ ᓂᐢᑐᒥᑕᓇᐤ ᑕᑕᐧᐱᐢᐠ ᓱᓂᔭᐊᐧ ᐊᓂᑕ ᑭᐦᒋ ᐊᔭᒥᐁᐃᐧᑲᒥᑯᕽ, ᐁᑯᓯ ᐁ ᑭ ᓯᐯᐧᑌᐟ, ᐁ ᑭ ᓇᑕᐃᐧ ᐊᑯᑎᓱᐟ. ᐊᓂᑭ ᒪᑲ ᑭᐦᒋ ᐊᔭᒥᐁᐃᐧᔨᓂᐊᐧᐠ ᑭ ᐅᑎᓄᐊᐧᐣ ᐊᓂᐃ ᓱᓂᔭᐊᐧᐱᐢᑲᐧ, ᐆᒥᓯ ᒫᑲ ᐁ ᑭ ᐃᑌᐧᒋᐠ, ᓇᒪᐃᐧᔭ ᒥᐊᐧᓯᐣ ᑭᑕ ᐸᑭᑎᓂᐦᒋᐠ ᐊᓯᑕ ᐸᑭᑎᓈᓱᐏᓂᕽ, ᒋᑫᒪ ᒥᐦᑯ ᑭ ᐅᐦ ᑖᐋᐧᓂᐊᐧᐣ. ᐁᑯᓯ ᒫᑲ ᑭ ᐅᔭᓯᐊᐧᑌᐊᐧᐠ, ᐁ ᑭ ᐊᑖᐁᐧᒋᐠ ᒫᑲ ᐅᑕᓯᐢᑭ-ᐃᐧᔮᑲᓂᐦᑫᐊᐧ ᐅ ᑭᐢᑎᑲᓂᔨᐤ, ᐁᑯᑕ ᑭᑕ ᑭ ᓇᐃᓂᒥᐦᐟ ᒫᓂᑌᐊᐧ. ᐁᐅᑯ ᒫᑲ ᐅᐦᒋ ᐊᓂᒪ ᑭᐢᑎᑲᐣ ᑳ ᑭ ᐃᓯᔨᑲᑌᐠ, ᒥᐦᑯᐃᐧ ᑭᐢᑎᑲᐣ, ᐱᔨᐢ ᐊᓄᐦᐨ ᑳ ᑭᓯᑳᐠ.

ᐁᑯᐢᐱ ᒫᑲ ᑳ ᑎᐱᐸᔨᐠ ᐊᓂᒪ ᑳ ᑭ ᐃᑌᐧᐟ ᐅᑭᐢᑭᐁᐧᐃᑫᐤ ᑫᐃᒫᔭ, ᐅᒥᓯ ᐁ ᐃᑌᐧᐟ, ᐁᑯᓯ ᒫᑲ ᑭ ᐳᑎᓄᐘᐠ ᓂᐢᑐᒥᑕᓇᐤ ᑕᐦᑘᐱᐢᒃ ᓱᓂᔮᐘ, ᐊᓂᒪ ᑳ ᑭ ᐃᑕᑭᒥᐦᐟ ᐊᓇ ᑳ ᑭ ᐊᑖᐚᓂᐃᐧᐠ, ᐊᓂᐃ ᑳ ᑭ ᐃᑕᑮᒫᐟ ᐃᐢᐤᐁᐃᐧ ᐅᐟ ᐊᐊᐧᓯᒥᐢ; ᐁᑯᓯ ᒫᑲ ᐁ ᑭ ᒉᑭᐟ ᒥᐢᑯᐦ ᐊᓂᒪ ᐅᑕᓯᐢᑭᐃᐧᔭᑲᓂᐦᑫᐤ ᐅᑭᐢᑎᑲᐣ, ᒉᐧᐦᑭ ᑳ ᑎᐯᔨᑫᐟ ᑳ ᑭ ᐃᑕᓱᐊᐧᓯᐟ. ᑭᓯᐢ ᒫᑲ ᑭ ᐅᑎᐢᑲᐃᐧᑳᐸᐃᐧᐢᑕᐁᐧᐤ ᐅᔭᓱᐁᐧᐃᐧᑭᒫᐊᐧ; ᐊᓇ ᒫᑲ ᐅᔮᓱᐁᐧᐃᐧᑭᒪᐤ ᑭ ᑲᑫᐧᑭᒉᐤ, ᐅᒥᓯ ᐁ ᐃᑖᐟ, ᑭᔭ ᑭ ᐅᐟ ᐅᑭᒫᒥᐊᐧᐊᐧ ᒍᐊᐧᐠ? ᑭᓯᐢ ᒫᑲ ᐅᒥᓯ ᑭ ᐃᑌᐤ, ᑭᐟ ᐃᑕᐣ. ᐃᐢᐱ ᒫᑲ ᐁ ᐊᑖᒥᒥᑯᐟ ᑭᐦᒋ ᐊᔭᒥᐁᐃᐧᔨᓂᐊᐧ ᒥᓇ ᑳ ᓂᑲᓅᔨᑖᑯᓯᔨᐟ, ᓇᒪ ᑫᑳ ᑭ ᐃᓯ ᓇᐢᑫᐧᐊᐧᓯᒉᐤ. ᐁᑳᐧ ᒫᑲ ᐸᐧᕀᐊᐟ ᐅᒥᓯ ᑭ ᐃᑌᐤ, ᓇᒪ ᑭ ᑭ ᐯᐦᑕᐚᐊᐧᐠ ᑕᓂᓯ ᒥᐦᑫᐟ ᑫᑲᐧᔭ ᐁ ᐸᔨᑖᑭᒥᐢᑭᐠ? ᓇᒪᐚᐨ ᒫᑲ ᓇᐢᑫᐧᐊᐧᓯᒉᐤ ᑲᓇᑫ ᐯᔭᐠ ᐸᔭᒥᐊᐧᐣ; ᐁᐅᑯ ᒫᑲ ᐅᐦᑭ ᓈᐢᐱᐦ ᑭ ᒪᒪᐢᑲᑕᐠ ᐅᔭᓱᐁᐧᐃᐧᑭᒪᐤ. ᐁᑯᐢᐱ ᒫᑲ ᑳ ᐃᐧᑯᑐᓈᓂᐃᐧᐠ ᐅᔭᓱᐁᐧᐃᐧᑭᒪᐤ ᑭ ᒫᓇ ᐸᑭᑎᓇᒪᐁᐧᐤ ᐊᔨᓯᔨᓂᐊᐧ ᐯᔭᐠ ᑭᐸᑖᐧᑲᓇ ᐱᑳᐧᓂᐱ ᐁ ᓇᑕᐁᐧᔨᒫᔨᐟ. ᑭ ᐊᔫᐁᐧᐊᐧᐠ ᒫᑲ ᐯᔭᐠ ᐁ ᐚᐳᑖᑯᓯᔨᐟ ᑭᐸᑖᐧᑲᓇ, ᐸᐤᐊᐸᐢ ᐁ ᐃᓯᔨᐦᑳᓱᔨᐟ. ᐁᐅᑯ ᒫᑲ ᐅᐦᑭ, ᐃᐢᐱ ᑳ ᒫᒪᐃᐧ ᒫᐊᐧᑭᐱᑐᑭᐢ, ᐸᐧᕀᐊᐟ ᐅᒥᓯ ᑭ ᐃᑌᐤ, ᐊᐁᐧᓇ ᑫ ᓇᑕᐁᐧᔨᒪᐧᐠ ᑭ ᐸᑭᑎᓇᒪᑕᑯᐠ? ᐸᐤᐚᐸᐢ ᒋ? ᐊᐦᐳ ᑭᓯᐢ ᐊᓇ X ᐁᓯᔨᐦᑳᓱᐟ? ᑭᑫᒫ ᑭ ᑭᐢᑫᔨᐦᑕᐠ ᐃᓴᐧᓇᑫᔨᒧᐃᐧᐣ ᐱᑯ ᐁ ᑭ ᐅᐦᑭ ᐸᑭᑎᓇᒫᑯᐟ. ᐃᐢᐱ ᒫᑲ ᑳ ᓇᐊᐱᐟ ᐆᔭᓱᐁᐧᐊᐧᐱᐃᐧᓂᕽ, ᐃᐧᐊᐧ ᑭ ᐯ ᐃᓯᒋᓴᐧᒫᐤ, ᐅᒥᓯ ᐁᐦ ᐃᑎᑯᐟ. ᐁᑲᐃᐧᔭ ᓈᓂᑕᐤ ᑐᑕᐤ ᐸᓇ ᑳ ᑳᐧᔭᐢᑳᐧᑎᓯᐟ ᐊᔨᓯᔨᓂᐤ; ᒋᑫᒪ ᓂ ᑭ ᑲᑲᐧᑕ ᑭᐃᑯᐣ ᒥᐦᑫᐟ ᑫᑲ:ᔭ ᐊᓄᐦᒄ ᑳ ᑭᓯᑲᐠ ᐃᐧᔭ ᐁ ᐸᑖᐧᑎᐠ. ᒫᑲ ᑭᐦᑭ ᐊᔭᐁᐃᐧᔨᓂᐊᐧ ᒥᓇ ᑳ ᓂᑲᓅᔨᑖᑯᓯᒋᐠ ᑭ ᑲᑫᐢᑭᒉᐊᐧᐠ ᐊᓂᐃ ᐊᔨᓯᔨᓂᐊᐧ ᑭᑕ ᓇᑐᑕᒫᔨᐟ ᐸᐤᐚᐸᐢ, ᐁᑯᓯ ᐃᐧᔭ ᑭᑕ ᓂᓯᐊᐧᓇᒋᐃᒥᐦᐟ ᒋᓴᐢ. ᐅᔭᓱᐁᐧᐃᐧᑭᒪᐤ ᒫᑲ ᑭ ᓇᐢᑫᐧᐊᐧᓯᒉᐤ ᐅᒥᓯ ᐁ ᑭ ᐃᑖᐟ, ᑖᓈᓇ ᐅᑯ ᑳ ᐃᓯ ᓂᓯᒋᐢ ᑐᑕᐁᐧᔨᒪᐠ ᑭᑕ ᐸᑭᑎᓇᒫᑕᑯᐠ? ᐅᒥᓯ ᒫᑲ ᑭ ᐃᑌᐊᐧᐠ, ᐸᐤᐚᐸᐢ. ᐸᐧᕀᐊᐟ ᒫᑲ ᐅᒥᓯ ᐃᑌᐤ, ᑖᓂᓯ ᒫᑲ ᐃᐧᔭ ᑫ ᑐᑕᐊᐧᐠ ᑭᓯᐢ, X ᑳ ᐃᓯᔨᐦᑳᓱᐟ? ᑲᑭᔭᐤ ᒫᑲ ᐅᒥᓯ ᐃᑌᐊᐧᐠ, ᑭᔮᐟ ᑭᑕ ᒋᐢᑕᐢᑳᐧᑖᐤ. ᐅᔭᓱᐁᐧᐃᐧᑭᒪᐤ ᐅᒥᓯ ᑭ ᐃᑌᐤ, ᑖᓄᑭ, ᑫᑳ: ᑳ ᒪᒋ ᑐᑕᕽ? ᒫᑲ ᐋᐦᒋ ᐱᑯ ᓯᐦᑭ ᐊᐊᐧᓯᒉ ᑭ ᑌᐯᐧᐊᐧᐠ, ᐅᒥᓯ ᐁ ᐃᑌᐧᒋᐠ, ᑭᔮᐟ ᑭᑕ ᒋᐢᑕᐢᑳᐧᑖᐤ. ᐃᐢᐱ ᒫᑲ ᐸᐧᕀᐊᐟ ᐄᐧᔮᐸᑕᕽ ᐁᑳ ᑫᑲ ᑭᑕ ᑭ ᓯᑯᐦᑖᐟ, ᒫᑲ ᐊᔨᐊᐧᐠ ᐁ ᐊᔫᓯᐦᑫᐃᐧᐦᐟ, ᑭ ᐅᑎᓇᐟ ᓂᐱ, ᐁᑯᓯ ᐁ ᑭ ᑳᓯᑭᐦᑫᐟ ᐁ ᑲᓈᐧᐸᒥᑯᐟ ᐊᔨᓯᔨᓂᐊᐧ, ᐅᒥᓯ ᐁ ᐃᑌᐟ, ᓂᔭ ᓇᒧᐃᐧᔭ ᓂᐟ ᐊᑖᒉᔨᑖᑯᓯᐣ ᐅ ᒥᐦᑯ ᐊᐊᐧ ᑳ ᑳᐧᔭᐢᑳᐧᑎᓯᐟ ᐊᔨᓯᔨᓂᐤ; ᑲᓇᐊᐸᐦᑕᒧᐠ ᑭᔭᐊᐤ. ᐁᑯᓯ ᒫᑲ ᑲᑭᔭᐤ ᐊᔨᓯᔨᓂᐊᐧ ᑭ ᓇᐢᑫᐧᐊᐧᓯᒉᐊᐧᐠ, ᐅᒥᓯ ᐁ ᑭ ᐃᑌᐧᒋᐠ, ᐅ ᒥᐦᑯ ᑭᔭᑦ ᓂᔭᓈᐣ ᓂ ᑳ ᐸᑕᑯᐢᑲᑯᓇᐣ, ᒥᓇ ᓂᐟ ᐊᐋᐧᓯᒥᓯᓈᓇᐠ. ᐁᑳᐧ ᒫᑲ

ᑭ ᐸᑭᑎᓇᒪᐍᐤ ᐸ³ᐊᐸᐢᐊ ᐃᐢᐱ ᒫᑲ ᑳ ᐸᐸᓴᐢᑌᐚᐟ ᒋᓴᓴ, ᑭ ᐸᑭᑎᓄᐤ ᑭᑕ ᒎᐢᑕᐢᒀᑎᒥᐦᐟ. ᐊᓂᐃ ᒫᑲ ᐅ ᓯᒪᑲᓂᓯᒪ ᐊᓇ ᐅᔭᓱᐍᐏᑭᒫᐤ ᑭ ᐃᑐᑕᐁᐺᐠ ᒋᓴᓴ ᐊᓂᑕ ᓯᒫᑲᓂᓯᐏᑲᒥᑯᕽ ᐁ ᑭ ᒫᒪᐏ ᓇᑐᒫᒋᐠ ᒫᑲ ᑲᑭᔭᐤ ᓯᒪᑲᓂᓴ. ᐁᑯᓯ ᒫᑲ ᑭ ᑫᑕᓵᑫᓄᐘᐠ, ᐁ ᑭ ᐳᐢᑕᓵᑲᐚᒋᐠ ᒫᑲ ᒥᐦᑵᑭᓅᓵᑲᔪᐤ. ᐃᐢᐱ ᒫᑲ ᐅᑲᐏᒥᓇᑲᓯᔭ ᑳ ᐅᐦᒋ ᐊᐱᑳᑕᐦᑭᐠ ᐅᑭᒪᐘᐢᑐᑎᓂᔪᐤ ᑭ ᐳᐢᑕᐢᑐᑎᓇᐍᐘᐠ ᐅᐢᑎᒀᓂᔪᕽ, ᒥᓇ ᐚᓂᐢᑲᐘᐢ ᐅ ᑭᐦᒋᓂᐢᑭᔪᕽ; ᐁᑯᓯ ᒫᑲ ᑭ ᐅᒋᐦᒋᑿᓇᐱᐢᑕᐍᐘᐠ, ᒥᓇ ᐁ ᑭ ᒣᑕᐚᑳᑖᒋᐠ ᐅᒥᓯ ᐁ ᐃᑗᒋᐠ, ᐁᶻ, ᐅᐟ ᐅᑭᒪᒥᐘᐘ ᒍᐘᐠ! ᑭ ᓴᓯᒀᑌᐘᐠ ᒫᑲ, ᒥᓇ ᐁ ᑭ ᐅᑎᓇᒫᒋᐠ ᐊᓂᐢᑲᐘᐢ, ᐁ ᐸᑲᒪᐚᒋᐠ ᐅᐢᑎᑿᓂᔪᕽ. ᐃᐢᐱ ᒫᑲ ᑳ ᐳᓂ ᒣᑕᐚᑳᑖᒋᐠ, ᑭ ᑫᑖᓵᑫᓄᐘᐠ, ᐁ ᑭ ᐳᐢᑕᓵᑲᐊᒋᐠ ᒥᓇ ᐅᐢᑯᑖᑲᔪᐤ, ᐁᑯᓯ ᐁ ᑭ ᓯᐻᑕᐚᒋᐠ ᑭᑕ ᒋᐢᑕᐢᑳ ᑖᒋᐠ. ᐁ ᐊᑎ ᐘᔭᐏᒋᐠ ᒫᑲ, ᑭ ᒣᑿᐢᑲᐍᐘᐠ ᓴᐧ³ᐃᓂᐃ ᐃᔪᓂᐘ, ᓴᐧᒪᐣ ᐁ ᐃᓯᔪᐦᑲᓯᔪᐟ; ᐙᐳᑯᓂ ᑳ ᓯᑭᒫᒋᐠ ᑭᑕ ᐱᒥᐃ ᑕᔪᐟ ᐅ ᐱᒥᑕᐢᑿᐃᑲᓂᔪᐤ. ᐃᐢᐱ ᒫᑲ ᑳ ᑕᑯᓯᑭᐠ ᐊᓂᑌ ᑲᶻᑯᑕ ᑳ ᐃᓯᔪᑲᑌᐠ, ᐁᑿᓂᒪ ᐁ ᐃᑘᓂᐏᐠ, ᐅᐢᑎᑿᓂᑲᐣ. ᑭ ᒥᔦᐘᐠ ᓯᐃᐧᑳᐧᐳᔪᐤ ᑭᑕ ᒥᓂᑵᔪᐟ ᐁ ᐊᓯᑎᓂᑳᑌᔪᐠ ᑳ ᐏᓴᑲᕽ; ᐃᐢᐱ ᒫᑲ ᑳ ᑯᒋᐢᑕᕽ, ᓇᒪᐏᔭ ᑭ ᐏ ᒥᓂᑵᐤ. ᐁᑯᓯ ᒫᑲ ᑭ ᒋᐢᑕᐢᑿᑌᐘᐠ, ᒥᓇ ᐁ ᑭ ᒫᑎᓇᒪᑐᒋᐠ ᐅᐟ ᐊᔦᐏᓂᓯᔪᐘ; ᐁ ᐊᐢᑚᑐᒋᐠ, ᑭᑕ ᑎᐱᐸᔪᐠ ᐊᓂᒪ ᑲ ᑭ ᐃᑗᐟ ᐅᑭᐢᑭᐍᐃᑫᐤ, ᒫᑎᓇᒪᑐᐘᐠ ᓂᐟ ᐊᔦᐏᓂᓴ, ᒥᓇ ᓂᐟ ᐊᑿᐳᐏᐣ ᑭ ᐊᐢᑚᑐᐘᐠ. ᐁᑯᓯ ᐁ ᑭ ᓇᐊᐱᒋᐠ, ᑭ ᑳᓇᐚᐸᒣᐘᐠ; ᐁ ᑭ ᐊᐢᑖᐚᒋᐠ ᒫᑲ ᐁᑯᑕ ᐃᐢᐱᒥᕽ ᐅᐢᑎᑿᓂᔪᕽ, ᐅ ᒥᓯᒥᑯᐏ ᒪᓯᓇᐅᑰᐏᐣ, **ᐁᐅᑯ ᐊᐘ ᒋᓴᐢ ᐅᐟ ᐅᑭᒪᒥᐚᐘ ᒍᐘᐠ.** ᐁᑯᑕ ᒫᑲ ᐁᑯᐢᐱ ᓂᓱ ᑭᒧᑎᐢᑲᐠ ᐊᓯᒋ ᑭ ᒋᐢᑖᐢᑿᑖᐘᐠ; ᐯᔭᐠ ᐅ ᑭᐦᒋᓂᐢᑭᔪᕽ, ᒥᓇ ᑯᑕᐢ ᐅ ᓇᒪᑎᓂᔪᕽ. ᐊᓂᑭ ᒫᑲ ᐁᑯᑕ ᑲ ᐱᒥ ᒪᒥᔮᐢᑲᐚᒋᐠ ᑭ ᑮᑲᒣᐘᐠ ᐁ ᐍᐍᐱᐢᑵᔪᒋᐠ, ᐅᒥᓯ ᒫᑲ ᐁ ᐃᑗᒋᐠ, ᑭᔭ ᑳ ᓂᓯᐘᓇᒋᑖᔭᐣ ᑭᐦᒋ ᐊᔭᒥᐁᐏᑲᒥᐠ, ᐁᑯᓯ ᑳ ᒋᒫᑖᔭᐣ ᓂᐢᑐ ᑭᓯᑳᑭ, ᐱᒫᒋᐃᓯ. ᑭᐢᐱᐣ ᑭᔭ ᑭᓴᒪᓂᑐᐏ ᑯᓯᓵᐣ, ᐯᒋ ᓂᓵᑕᐏ ᐱᒥᑖᐢᑿᐃᑲᓂᕽ ᐅᐦᒋ. ᐏᐢᑕᐘᐤ ᒫᑲ ᑭᐦᒋ ᐊᔭᒥᐁᐏᔪᓂᐘᐠ ᐁ ᒣᑕᐚᑳᑖᒋᐠ, ᐊᓯᒋ ᒪᓯᓇᐃᑫᐏᔪᓂᐘᐠ ᒥᓇ ᑲ ᓂᑳᓄᔪᑖᑯᓯᒋᐠ ᐅᒥᓯ ᑭ ᐃᑗᐘᐠ, ᑯᑕᑲ ᑭ ᐱᒫᒋᐁᐤ; ᐏᔭ ᓇᒪᐏᔭ ᑭ ᐱᒫᒋᐃᓱ. ᑭᐢᐱᐣ ᐁᐘᑖ ᐃᐢ³ᐁᐃ³ ᑭᐦᒋᐅᑭᒫᐤ ᑭᔭᑦ ᐁᑿ ᐱᒥᑕᐢᑿᐃᑲᓂᕽ ᑭᑕ ᐯ ᐅᐦᒋ ᓂᐦᑕᑯᓯᐤ, ᐁᑯᓯ ᒫᑲ ᑭ ᑲ ᑕᐻᑕᐚᓇᐤ. ᒪᒥᓯᑐᑕᐍᐤ ᑭᓴᒪᓂᑐᐘ; ᑭᔭᑦ ᐁᑿ ᑭᑕ ᐱᒫᒋᐃᐠ, ᑭᐢᐱᐣ ᐘ ᐊᔭᐏᑯᑵ; ᒋᑫᒪ ᑭ ᐃᑗᐤ, ᓂᔭ ᑭᓴᒪᓂᑐᐏ ᑯᓯᓵᐣ. ᐏᐢᑕᐚᐤ ᑭᒧᑎᐢᑲᐠ, ᑲ ᐏᒋ ᒋᐢᑕᐢᑿᓯᒫᒋᐠ, ᐁᑯᓯ ᑭ ᐊᔪᑌᐘᐠ. ᐃᐢᐱ ᒫᑲ ᓂᑯᑘᓯᐢ ᐁ ᐃᐢᐸᔪᐠ ᑎᐸᐃᐱᓯᒷᐣ ᑭ ᐘᓂᑎᐱᐢᑳᐤ ᒥᓯᐻ ᐊᐢᑭᕽ ᐱᔪᐢ ᐁ ᐅᑎᑭᐸᔪᐠ ᑫᑲᐠ ᒥᑕᑕᐦᐟ ᐁ ᐃᐢᐸᔪᐠ ᑎᐸᐃᐱᓯᒷᐣ. ᓈᓂᑕᐤ ᒫᑲ ᑫᑲᐟ ᒥᑖᑕᐦᐟ ᐁ ᐃᐢᐸᔪᐠ ᑎᐸᐃᐱᓯᒷᐣ, ᒋᓴᐢ ᑭ ᒥᐢᑕᐃ ᑌᐻᐤ, ᐅᒥᓯ ᐁ ᐃᑗᐟ, ᐃᶻᐊ·, ᐃᶻᐊ·, ᶻᐋᒪ

ᓵᐹᐠᑕᓇᐧ? ᐁᑲᐧᓂᒪ ᐁ ᐃᑕᐧᓂᐠ, ᓂ ᑭᓭᒪᓂᑐᐨ, ᓂ ᑭᓭᒪᓂᑐᐨ, ᑕᓄᐦᑭ ᑲ ᑭ ᓇᑲᓯᔭᑦ? ᐋᑎᐦᐟ ᒫᑲ ᐊᓂᑭ ᐁᑯᑕ ᑲ ᓂᐸᐎᑭᐠ ᐃᐢᐱ ᐱᓴᑕᑭᐠ ᐁᐅᑯ, ᐅᒥᓯ ᑭ ᐃᑌᐧᐊᐧᐠ, ᐋᐊᐧ ᐊᔨᓯᔨᓂᐤ ᓇᑐᒣᐤ ᐃᓵᔭᓴ. ᐯᔭᐠ ᒪᑲ ᓭᒪᐠ ᑭ ᐃᐢᐸᑖᐤ. ᐁ ᑭ ᐅᑎᓈᐟ ᒫᑲ ᐹᐦᑯᑫᐧᐅᓇ, ᐁ ᑭ ᓵᑲᐢᑭᓇᐋᐟ ᒫᑲ ᓯᐋᐧᑳᐳᔨᐤ, ᒥᓇ ᐁ ᑭ ᐊᐢᑖᐟ ᐋᓂᐢᑲᐊᐧᐢᑯᓯᕽ, ᐁᑯᓯ ᐁ ᑭ ᒥᔭᐟ ᑭᑕ ᒥᓂᑫᐧᔨᐟ. ᒫᑲ ᐃᐧᔭ ᑯᑕᑲᐠ ᑭ ᐃᑌᐧᐊᐧᐠ, ᐁᐤ ᑐᑖᕽ, ᑭᔭᐨ ᐊᐧᐸᑖᑖᐠ ᒫᐦᑎ ᐃᐢᐊᔭᐢ ᑫ ᐯ ᐃᑐᑌᑫᐧ ᑭᑕ ᐱᒪᒋᐋᐧ. ᒋᓴᐢ, ᒫᑲ ᒥᓇ ᐃᐢᐱ ᑳ ᒥᐢᑕᐦᐃ ᑌᐯᐧᐟ, ᑭ ᐸᑭᑎᓄᐤ ᐅᐟ ᐊᒫᐦᑲᐧ. ᒋᐢᐟ ᒪᑲ, ᐋᑯᐁᑲᐃᑲᑦ ᑭᐦᒋ ᐸᔭᒥᐁᐎᑲᒥᑯᕽ ᑭ ᑖᑐᐸᔨᐤ ᐁ ᓂᓯᑖᐸᔨᐠ ᐃᐢᐱᒥᕽ ᐅᐦᒋ ᐱᔨᐢ ᑕᐸᓯᐢ; ᒥᓇ ᒪᑲ ᐊᐢᑭ ᑭ ᑭᐦᑲᐧᑦ, ᒥᓇ ᐁ ᑲᑭᐢᑖᐱᐢᑲᐠ ᑭ ᑖᑖᐢᑭᐸᔨᐤ: ᔨᑲᐧᐸᐢᑲᓇ ᒪᑲ ᑭ ᐸᐹᐢᑭᑌᐸᔨᐊᐧ; ᒥᐦᑫᐟ ᒪᑲ ᐊᓂᑭ ᐅᑲᓈᑎᓯᐊᐧᐠ ᐃᔭᐧ ᐃᐧᐋᐧᐊᐧ ᑲ ᓂᐹᒋᐠ, ᑭ ᐊᐧᓂᐢᑕᐊᐧᐠ, ᐁ ᑭ ᐯ ᐅᐦᒋ ᐊᐧᔭᐎᑭᐠ ᒫᑲ ᔨᑲᐧᐊᐢᑕᓂᕽ ᐃᐢᐱ ᐁ ᑭ ᐊᐧᓂᐢᑲᔨᐟ ᒥᓇ ᐁ ᑭ ᐃᑐᑌᑭᐠ ᑲᓇᒋ ᐅᑌᓈᕽ, ᒥᐦᑫᐟ ᒫᑲ ᐁ ᓄᑯᐃᓯᐢᑕᐋᐧᒋᐠ. ᐃᐢᐱ ᒫᑲ ᑭᐦᒋ ᓯᒪᑲᓂᓯᐎᑭᒫᐤ, ᒥᓇ ᐊᓂᐃ ᑲ ᐃᐧᑫᑯᐟ, ᐁ ᐆᓇᐋ ᐸᒫᒋᐠ ᒋᓭᓭ, ᐃᐧᔭᐸᑕᐦᑭᐠ ᐁ ᓇᓇᒪᐢᑲᒥᑭᐸᔨᐠ, ᒥᓇ ᐊᓂᒪ ᑲ ᑭ ᐊᔨᐧ ᑭᓂᔨᐠ, ᓈᐢᐱᐨ ᑭ ᓭᑭᓯᐊᐧᐠ, ᐅᒥᓯ ᐁ ᐃᑌᐧᒋᐠ, ᑕᐯᐧ ᐃᓭ ᐊᐊᐧ ᑭ ᑭᓭᒪᓂᑐᐎ ᑯᓯᓴᓂᐎᐤ.

ᑳ ᒥᔕ·ᑭᑌᐠ ᐸᐢᐚᑌ.

ᒋᐢᐟ ᑭᓭᒪᓂᑦ ᐅ ᒫᔭᑎᐦᑯᓯᒪ, ᑳ ᐅᑎᓇᒪᐧᐟ ᐅ ᒪᒋᐦᑎᐎᓂᔨᐊᐧ ᐊᐢᑭᕽ ᑳ ᐊᔮᔨᐟ. ᓴᑦᐟ ᒫᑦ i. 29.

ᑭ ᒥᓵᐧᑲᓂᑲᑖᐤ ᑭᔮᓇᐤ ᑭ ᐊᐧᓂᑐᑕᒧᐎᓂᓇᐊᐧ ᐅᐦᒋ, ᑭ ᐃᐧᓭᑲᐋᐧᐤ ᑭᔮᓇᐤ ᑭ ᒪᒋᑐᑕᒧᐎᓂᓇᐊᐧ ᐅᐦᒋ; ᑭᔮᓇᐤ ᑭ ᐯᔭᑕᑫᔨᒧᐎᓂᓇᐤ ᐅᐦᒋ ᑲᑫᐢᑭᒧᐃᑯᐎᑦ ᑭ ᐊᔮᐤ; ᒥᓇ ᐅ ᐸᐸᓭᐢᑌᐦᐅᑯᐎᓇ ᐅᐦᒋ ᑭᔮᓇᐤ ᑭᐟ ᐃᔨᓂᑲᐃᑲᐎᓈᓇᐤ. ᐋᐧᓵᔭ liii. 5.

ᐁᐊᐧᑯ ᐅᒪ ᓵᑭᐃᐁᐧᐃᐧᑦ, ᓇᒪᐃᐧᔭ ᐁ ᑭ ᓵᑭᐋᔭᕽ ᑭᓭᒪᓂᑦ, ᒫᑲ ᐁ ᑭ ᓵᑭᐃᑯᔭᕽ ᐁᑯᓯ ᐁ ᑭ ᐃᓯᑎᓭᐋᐧᐟ ᐅᑯᓯᓴ ᑭᑕ ᑎᐸᐃᑫᐢᑕᒫᐤᔭᕽ ᑭ ᒪᒋᐦᑎᐎᓂᓇᐊᐧ. ᓂᐢᑕᑦ ᒫᑦ iv. 10.

ᑌᐸᑫᔨᑖᑯᓯᐤ ᒫᔭᑎᐦᑯᓯᐢ [ᐁᐊᐧᑯ ᐅᐢᒫᒋᐃᐁᐧᐤ] ᑳ ᑭ ᓂᐸᐃᐦᐟ ᑭᑕ ᒥᔨᐦ ᐊᓂᒪ ᑲᐢᑭᐁᐎᓯᐎᑦ ᒥᓇ ᐁᐧᐋᐧᑎᓯᐎᑦ ᒥᓇ ᐃᔨᓂᓯᐎᑦ ᒥᓇ ᒪᐢᑲᐎᓯᐎᑦ ᒥᓇ ᑭᐦᒐᔨᐎᐎᑦ ᒥᓇ ᑭᐢᑌᔨᑖᑯᓯᐎᑦ ᒥᓇ ᑭᐢᑕᑭᒥᑯᐎᑦ. ᑭᐢᑫᔨᑖᑫᐎᑦ v. 12.

ᑭᑕ ᒪᒥᐦᒋᒫᐤ ᐁᐧᐊᑖᐎᕽ, ᒥᓇ ᐅᑯᓯᓯᒫᐤ, ᒥᓇ ᑳ ᑲᓈᑎᓯᐟ ᐋᒫᕽ.

ᑳ ᑭ ᐃᑭᕽ ᒥᒋᒫᐨ ᐅᐦᒋ ᐊᓄᐦᐨ ᒥᓇ ᒣᑲᐧᐨ ᒥᓇ ᑳᑭᑫ ᑫ ᐃᑭᕽ, ᐃᔨᑯᕽ ᑫ ᓈᐢᐱᒋ ᐊᐢᑭᐊᐧᕽ. ᐋᒣᑦ.

ᐊᔭᒥᐋᐃᐧᓇ.

ᒫᒪᐁᐧᔭᐢ ᓯᐚᑳᑎᓯᔭᐠ ᑭᓭᒪᓂᑐ ᑭ ᐸᑯᓭᔨᒥᑎᓈᐠ ᑭᑕ ᑭᓭᐚᑎᓯᐃᐧ ᑲᓇᐚ-ᐸᒋᐢ ᐅᑭ ᑭᐟ ᐃᔨᓂᒪᐢ ᐁᐊᐧᑯᓂ ᑭᑕ ᐱᒫᒋᐚᐟ ᑳ ᑭ ᑌᐸᑫᔨᒧᐟ ᑌᐯᔨᒥᑯᔮᕽ ᒋᓵᐢ X ᑭᑕ ᑲᐘᓯᑐᑖᐦᐟ ᒥᓇ ᑭᑕ ᐸᑭᑎᓂᐦᐟ ᐅᒋᐦᒋᔨᕽ ᒪᒋᐊᔨᓯᔨᓂᐊᐧ ᑭᑕ ᑯᑕᑭᐃᑯᐟ ᐁ ᓂᐸᐃᑯᐟ ᐱᒥᑖᐢᑲᐧᐃᑲᓂᕽ; ᐁᑲᐧ ᑳ ᐱᒫᑎᓯᐟ ᒥᓇ ᑳ ᑎᐯᔨᒋᑫᐟ ᐊᓯᒋ ᑭᔭ ᒥᓇ ᑳ ᑲᓈᑎᓯᐟ ᐋᒦᕽ, ᑳᑭᑫ ᐯᔭᐠ ᒪᓂᑐ, ᐃᔨᑯᕽ ᑫ ᓈᐢᐱᒋ ᐊᐢᑭᐊᐧᕽ. ᐋᒣᐣ.

ᒫᒪᐁᐧᔭᐢ ᓯᐚᑳᑎᓯᔭᐠ ᒥᓇ ᑳᑭᑫ ᒣᓂᑐᐃᐧᔭᐠ ᑭᐟ ᐋᒦᕽ ᐅᐦᒋ ᑲᑭᔭᐤ ᐅᑕᔭ ᐙᐊᐧᐢ ᑳ ᑎᐯᔨᒥᐦᒋᐢ ᒥᓇ ᑳ ᑲᓈᒋᐃᐦᒋᐢ, ᑭᑎᒫᑭᐦᑕ ᓂ ᓇᑐᑖᒪᑫᐃᐧᓂᓈᓇ ᒥᓇ ᓂᐟ ᐊᔭᒥᐋᐃᐧᓂᓈᓇ ᑳ ᐃᓯ ᐊᔭᒥᐁᐢᑕᒪᐊᐧᑭᐦᒋᐢ ᑲᑭᔭᐤ ᓇᓈᑐᕽ ᐁ ᐃᓯ ᐋᔭᒋᐢ ᐊᔨᓯᔨᓂᐊᐧᐢ ᑭ ᑳᔫᒋ ᐊᔭᐟ ᐁᐃᐧᑲᒥᑯᕽ, ᑕᐦᑐ ᐁᑯᑌ ᑳ ᐃᓯ ᐃᐧᒋᐃᐁᐧᐟ, ᐸᑯ ᐁ ᐃᑕᑭᒥᐦᐟ ᑭᑕ ᐃᓯ ᐸᒥᐦᑖᓱᐟ, ᑭ ᑲ ᐃᐧ ᑖᐯᐧ ᐊᑐᐢᑳᐢ; ᐃᐧᔭ ᐅᐦᒋ ᑳ ᑎᐯᔨᒥᑯᔮᕽ ᒥᓇ ᓅᐱᒫᒋᐃᐁᐧᒥᓈᐠ ᒋᓵᐢ X. ᐋᒣᐣ.

ᑫᓵᐚᑎᓯᔭᐠ ᑭᓭᒪᓂᑐ, ᑳ ᑭ ᐅᓯᐦᐊᐟ ᑲᑭᔭᐤ ᐊᔨᓯᔨᓂᐤ ᒥᓇ ᐁᑳ ᑳ ᐸᑲᐧᑕᒪᐠ ᓈᐠᑐᐤ ᑫᑲ: ᑳ ᑭ ᐅᓯᑖᔭᐠ, ᒥᓇ ᐁᑳ ᑳ ᓇᑕᐁᐧᔨᑕᒪᐠ ᑭᑕ ᓂᓯᐊᐧ-ᓈᑎᓯᐟ ᐅᒪᒋᑎᓯᐤ ᒫᑲ ᔮᔭᐤ ᑭᑕ ᑫᐧᐢᑭᐟ ᑭᑕ ᐱᒫᑎᓯᐟ; ᑭᑎᒫᑭᓇᐃᐧᐢ ᑲᑭᔭᐤ ᒍᐊᐧᐢ, ᒥᓇ ᐅᑖᓄᐧᑕᒧᐊᐧᐢ, ᒥᓇ ᓇᐢᐹᐨ ᐅᑎᓯᑖᐧᐊᐧᐢ; ᐅᑎᓇᐨ ᑲᑭᔭᐤ ᐊᐧᓄᔨᐧ-ᑕᒧᐃᐧᐠ ᒥᓇ ᒪᐢᑲᐃᐧᑌᐦᐁᐃᐧᐠ ᒥᓇ ᐁ ᐋᑕᐁᐧᔨᑕᒥᕽ ᑭᐟ ᐃᑌᐃᐧᐠ; ᐁᑯᓯ ᐃᓯ ᑭᐁᐧᑖᐦᐃᐢ ᑳ ᓴᐁᐧᔨᒋᑫᔭᐠ ᑭᓭᒪᓂᑐ ᐃᑕ ᑭᐟ ᐃᔨᓂᒪ ᐁ ᐃᐧᒋᐃᐁᐧᔨᐟ ᑭᑕ ᑭ ᐱᒫᒋᐃᐦᒋᐢ ᐊᓯᒋ ᐊᓂᑭ ᑖᐯᐧ ᑳ ᐅᐟ ᐃᔨᓂᒥᔭᐠ, ᒥᓇ ᑭᑕ ᒫᒪᐅᐧᐢ-ᑳᓄᓯᒋᐢ ᐁ ᐯᔭᑯᐟ ᐅᑲᓇᐃᐧᒫᔭᑎᐦᑫᐤ ᒋᓵᐢ X ᑳ ᑎ ᔨᒥᑯᔮᕽ; ᑳ ᐱᒫᑎᓯᐟ ᒥᓇ ᑳ ᑎᐯᔨᒋᑫᐟ ᐊᓯᒋ ᑭᔭ ᒥᓇ ᑳ ᑲᓈᑎᓯᐟ ᐋᒦᕽ, ᐯᔭᐠ ᒪᓂᑐ, ᐃᔨᑯᕽ ᑫ ᓈᐢᐱᒋ ᐊᐢᑭᐊᐧᕽ. ᐋᒣᐣ.

ᑭᐦᒋᒪᓯᓇᐊᒫᑫᐃᐧᐣ. ᐃᐸᔅᐅᐊᐧ x. 1.

ᒋᑫᒫ ᐅᔭᓱᐁᐧᐃᐧᐣ ᐁ ᐋᔮᐢ ᐁ ᒌᑳᐢᑌᑎᑭ ᐊᓂᐃ ᒥᐛ ᑯᑲᐧᔭ ᑫ ᐅᑎᒋ-ᐸᔨᑭ, ᓇᒫᐃᐧᔭ ᒫᑲ ᒣᒧᐦᐨ ᐁ ᐃᓯᓈᑲᐧᑭ ᐁᐊᐧᑯᓂ, ᓇᒪᐃᐧᔭ ᐃᐧᑳᐨ ᐊᓂᐃ ᑫᔮᐱᐨ ᐸᑭᑎᓈᓱᐃᐧᓇ ᐅᐦᒋ ᑳ ᐸᑭᑎᓇᐦᑭᐢ ᑕᐦᑐ ᐊᐢᑭ ᑭᑕ ᑭ ᐅᐦᒋ ᒪᒥᑐᓂᐋᒋᐢ ᐊᓂᐃ ᑳ ᐯ ᓈᑕᒥᔨᐟ. ᑭᐢᐱᐠ ᐃᐧᔭ ᑭ ᐃᑭᕽ ᓇᒪ ᒋ ᐅ ᑲ ᑭ ᐴᓂ ᐸᑭᑎᓂᑳᑖᐧᐤ, ᒋᑫᒫ ᐊᓂᑭ ᑳ ᐃᓯ ᐊᔭᒥᐋᒋᐢ, ᐯᔭᑳᐤ ᐁ ᑭ ᑭᑭᐃᐦᒋᐢ ᓇᒪᐃᐧᔭ ᐊᐊᐧᓯᒣ ᐅ ᑲ ᑭ ᑭᐢᑫᔨᒥᓱᑖᐧᐤ ᑭᑕ ᒪᒋᐃᐦᑎᒋᐢ? ᒫᑲ ᐊᓂᐃ ᑳ ᐃᓯ ᐸᑭᑎᓈᓱᕽ ᒪᓂ ᑭᐢᑭᓯᑐᒋᑲᑌᐊᐧ ᒪᒋᑎᐃᐧᓇ ᑕᐦᑐ ᐊᐢᑭ. ᒋᑫᒫ ᓇᒪᐃᐧᔭ

ᑭᑕ ᑭ ᐃᐦᑭᐣ ᐅ ᒥᐦᑯᐚᐤ ᒧᐢᑐᓭᐧᐠ ᒥᓇ ᐚᐸᑎᑲᐧᐠ ᑭᑕ ᑭ ᐅᑎᓇᒧᒪᑲᑭ ᒪᒋᐦᑎᐃᐧᐣ. ᐁᐊᐧᑯ ᐅᐦᒋ ᐃᐢᐱ ᐁ ᑕᑯᓯᕽ ᐊᐢᑭᕽ, ᑳ ᐃᑌᐧᐟ, ᐸᑭᑎᓈᓯᐃᐧᐣ ᒥᓇ ᐸᑭᑎᓂᑫᐃᐧᐣ ᓇᒪᐃᐧᔭ ᑭ ᓇᑕᐁᐧᔨᑌᐣ, ᒫᑲ ᒥᔭᐤ ᑭ ᑭ ᑲᐧᔮᒋᑕᒪᐃᐧᐣ; ᐁ ᒥᓯᐁᐧᔮᑭ ᒪᒧᐢᑌᐊᒫᑫᐃᐧᓇ ᒥᓇ ᐸᑭᑎᓈᓯᐃᐧᓇ ᒪᒋᐦᑎᐃᐧᐣ ᐅᐦᒋ ᓇᒪᐃᐧᔭ ᑭ ᒥᔦᐧᔨᑌᐣ. ᐁᑲᐧ ᒫᑲ ᓂ ᑭ ᐃᑖᐧᐣ, ᒋᐢᐟ ᓂ ᐯ ᐃᑐᐦᑖᐣ (ᑎᑎᐯᑭᓂᑲᓂ ᒪᓯᓇᐃᑲᓂᕽ ᓂᐟ ᐃᑕᓯᓇᐅᑲᐃᐧᐣ) ᑭᑕ ᐃᐦᑐᑕᒫᐣ ᐁ ᐃᓯ ᓇᑕᐁᐧᔨᑕᒪᐣ, ᑭᓭᒪᓂᑐ. ᐅᒪ ᑳ ᐃᑌᐧᐟ, ᐸᑭᑎᓈᓯᐃᐧᓇ ᒥᓇ ᐸᑭᑎᓂᑫᐃᐧᓇ ᒥᓇ ᐁ ᒥᓯᐁᐧᔮᑭ ᒪᒧᐢᑌ-ᐊᒫᑫᐃᐧᓇ ᒥᓇ ᐸᑭᑎᓈᓯᐃᐧᓇ ᒪᒋᐦᑎᐃᐧᓇ ᐅᐦᒋ ᓇᒪᐃᐧᔭ ᑭ ᓇᑕᐁᐧᔨᑌᐣ ᒥᓇ ᓇᒪᐃᐧᔭ ᑯᐦᒋ ᒥᔦᐧᔨᑌᐣ (ᐁᐊᐧᑯᓂ ᑳ ᐸᑭᑎᓄᑲᑌᑭ ᐁ ᐃᑕᐢᑌᐠ ᐅᔭᓯᐁᐧᐃᐧᐣ), ᐁᑲᐧ ᑳ ᑭ ᐃᑌᐧᐟ, ᒋᐢᐟ, ᓂ ᐯ ᐃᑐᐦᑕᐣ ᑭᑕ ᐃᐦᑐᑕᒫᐣ ᐁ ᐃᓯ ᓇᑕᐁᐧᔨᑕᒪᐣ. ᐯᔭᐠ ᐅᑎᓇᒡ ᑭᑕ ᐋᔮᑕᐢᑖᐟ ᐅᓂᒪ ᑯᑕᐠ. ᐁᐊᐧᑯ ᐅᐟ ᐃᑌᔨᑕᒧᐃᐧᐣ ᐅᐦᒋ ᑭ ᑭ ᑲᓈᒋᐃᑲᐃᐧᓈᐤ ᐁ ᑭ ᐸᑭᑎᓂᑳᑌᔨᐠ ᐃᐧᔭᐤ ᒋᓭᐢ X ᐯᔭᑳᐧᐤ ᒫᒪᐃᐧ. ᐁᑯᓯ ᑖᐯᐧ ᑲᑭᔭᐤ ᐊᔭᒥᐁᐃᐧᔨᓂᐤ ᓂᐸᐃᐧᐤ (ᐦ) ᑭᓯᑳᐤ ᐁ ᐸᒥᐢᑖᑫᐟ ᒥᓇ ᐁ ᐸᑭᑎᓂᑫᐟ ᒥᐦᑫᑖᐧᐤ ᐁ ᐯᔭᑲᐧᕽ ᐸᑭᑎᓈᓯᐃᐧᐣ ᐁᑳ ᐁᐊᐧᑯ ᑭᑕ ᑭ ᐅᑎᓇ-ᒧᒪᑲᕽ ᒪᒋᐦᑎᐃᐧᓇ; ᒫᑲ ᐃᐧᔭ ᐃᐢᐱ ᐯᔭᑳᐧᐤ ᑳ ᐸᑭᑎᓂᑫᐟ ᐯᔭᐠ ᐸᑭᑎᓈᓯᐃᐧᐣ ᒪᒋᐦᑎᐃᐧᓇ ᐅᐦᒋ ᑳᑭᑫ ᑭ ᓇᐊᐱᐤ ᐅ ᑭᐦᒋᓂᐢᑭᔨᕽ ᑭᓭᒪᓂᑐᐊᐧ; ᐁᑯᐢᐱ ᐅᐦᒋ ᐁ ᐯᐦᐅᐟ ᐃᔨᑯᕽ ᑳ ᐹᑲᐧᑎᑯᐟ ᐅ ᑕᑯᐢᑲᒋᑲᓇ ᑭᑕ ᐃᓯᐃᒥᐦᐟ. ᒋᑲᒫ ᐯᔭᑳᐧᐤ ᐁ ᐸᑭᑎᓂᓱᐟ ᑭ ᒪᒥᑐᓂᐁᐤ ᑳᑭᑫ ᐊᓂᐃ ᑳ ᑲᓈᑎᓯᔨᐟ. ᐁᑯᓯ ᑳ ᑲᓈᑎᓯᐟ ᐊᒫᕽ ᐃᐧᔭ ᒥᓇ ᑭᐟ ᐋᒋᒧᐢᑖᑯᓇᐤ; ᒋᑫᒫ ᒉᐧᐢᑕᐢ ᐃᔨᑯᕽ ᑳ ᐃᑌᐧᐟ, ᐁᐊᐧᑯ ᐅᒪ ᐊᓯᑕᒫᑫᐃᐣ ᑫ ᐃᓯ ᐃᐧᒋᐃᓯᒋᑫᒪᑭᐠ ᒉᐧᐢᑕᐢ ᐁᐊᐧᑯᓂ ᑭᓯᑲᐊᐧ, ᐃᑌᐧᐤ ᑳ ᑎᐯᔨᒋᑫᐟ; ᓂ ᑲ ᐊᐢᑖᐚᐣ ᓄᔭᓯᐁᐧᐃᐧᓇ ᐅᑌᐦᐃᐚᕽ, ᒥᓇ ᐅ ᒥᑐᓄᔨᒋᑲᓂᐚᕽ ᓂ ᑲ ᒪᓯᓇᐊᒫᐧᐣ; ᐁᑲᐧ ᐃᑌᐧᐤ, ᐁᑯᓯ ᐅ ᒪᒋᐦᑎᐃᐧᓂᐚᐊᐧ ᒥᓇ ᐅ ᐊᐧᓂᐦ-ᑎᐃᐧᓂᐚᐊᐧ ᓇᒪᐃᐧᑳ ᒥᓇ ᓂ ᑲ ᑭᐢᑭᓯᑐᑕᒫᐧᐣ. ᐃᑕ ᒫᑲ ᐁ ᐳᓄᔨᒋᓄᑌᐤ ᐁᐊᐧᑯᓂ ᐅᐃ, ᓇᒪᐃᐧᔭ ᐸᐊᐧᓯᒉ ᐃᐦᑕᑲᐧᐣ ᐸᑭᑎᓈᓯᐃᐧᐣ ᒪᒋᐦᑎᐃᐧᐣ ᐅᐦᒋ. ᐁ ᐊᔭᔭᕽ ᒫᑲ, ᓂᒋᐚᒥᑎᐠ, ᓯᑫᔨᒧᐃᐧᐣ ᑭᑕ ᐱᑐᑫᔭᕽ ᐃᑕ ᑳ ᑲᓈᑕᕽ ᐅ ᒥᐦᑯ ᐅᐦᒋ ᒋᓭᐢ, ᐊᓂᒪ ᒉᐢᑲᓇᐤ ᑳ ᑭ ᑲᐧᔮᒋᑕᒫᑯᔭᕽ, ᐁ ᐅᐢᑳᔨᐊᐧᕽ ᒥᓇ ᐁ ᐱᒫᑕᕽ ᒉᐢᑲᓇᐤ, ᓭᐳ ᐊᓂᒪ ᐋᑯᐁᑲᐃᑲᐣ ᐁᐊ ᑯ ᑳ ᐃᑕᒥᕽ, ᐅ ᐃᐧᔮᐢ; ᐁᑯᓯ ᐁ ᐊᔮᐚᔭᕽ ᑭᐦᒋ ᐊᔭᒥᐁᐃᐧᔨᓂᐤ ᐁ ᑎᐯᔨᑕᕽ ᑭᓭᒪᓂᑐ ᐅ ᐋᐢ ᐃᑲ; ᑭᔮᑕ ᓈᑖᒧᑐᑕᐋᐧᑖᐠ ᐁ ᑕᐯᐧᒪᑲᕽ ᒥᑌᐦ ᐁ ᑭᓇᔭᕽ ᒥᑐᓂ ᑖᐯᐧᔦᔨᑕᒧᐃᐧᓂᕽ, ᐁ ᐊᔮᔭᐠ ᑭᑌᐦᐃᓇᐊᐧ ᐁ ᐯᐦᑭᑖᕽ ᒪᒋ ᑭᐢᑫᔨᒥᓯᐃᐧᓂᕽ ᐅᐦᒋ ᒥᓇ ᑭᔭᐃᐧᓇᐤ ᐁ ᑭᒋᐢ-ᑖᐸᐁᐧᐠ ᐁ ᐯᑲᕽ ᓂᐱ ᐅᐦᒋ; ᒥᒋᒥᓇᑖᐠ ᐁ ᐃᓯ ᐋᑐᑕᒪᕽ ᑭᐟ ᐊᐢᐯᔨᒧᐃᐧᓂᐤ ᐁᑳ ᑭᑕ ᐊᐧᐢᑲᐃᐧᐸᔨᐠ; ᒋᑫᒫ ᑖᐯᐧᐤ ᐊᓇ ᑳ ᑭ ᐊᓯᑕᒫᑫᐟ; ᒥᓇ ᒫᒥᑐᓄᔨ ᒥᑐᑖᐠ ᑭᑕ ᓯᑭᐢᑳᑐᔭᕽ ᓭᑭᐃᑐᐃᐧᓂᕽ ᒥᓇ ᒥᐋ ᐊᑐᐢᑫᐃᐧᓂᕽ; ᐁᑳ ᑭᑕ ᐳᓂᑕᔭᐠ

ᐁ ᒫᒪᐃᐧ ᒫᐊᐧᒋᐃᐧᑐᔭᕽ ᒌᐱᐢᑯᐨ ᐊᑎᐦᐟ ᑳ ᐃᑐᑕᐦᑭᐠ, ᒫᑲ ᑭᑕ ᓴᓯᐦᑭᒥᑐᔭᕽ; ᐁᑯᓯ ᐊᐊᐧᓯᒣ ᐊᐳᐦᒋᑲ ᐁ ᐋᐧᐸᐦᑕᒣᐠ ᑭᓯᑳᐤ ᑭᓯᐋᐧᐠ ᐁ ᐯ ᐊᔮᐠ.

ᒥᐋᐧᒋᒧᐃᐧᐣ. ᓵᐣ ᓘᐣ xix. 1.

ᐹᐧᕒᐊᐟ ᒫᑲ ᑭ ᐅᑎᓄᐤ ᒋᓴᐢ ᒥᓇ ᑭ ᐸᐸᓴᐢᑌᐁᐧᐤ. ᓯᒫᑲᓂᓴᐠ ᒫᑲ ᑭ ᐊᐱᑳᑕᒪᐧᐠ ᑭᐦᒋ ᐅᑭᒫᐊᐧᐢᑐᑎᐣ ᑳᐃᐧᒥᓇᑲᓯᔭ ᐅᐦᒋ, ᐁ ᑭ ᐳᐢᑕᐢᑐᑎᓇᐋᐧᒋᐠ ᒫᑲ, ᒥᓇ ᑭ ᐳᐢᑖᓴᑲᐁᐧᐊᐧᐠ ᒥᑫᐧᑭᓄᐧᓵᑲᐠ: ᐁᑯᓯ ᑭ ᐯ ᓈᑌᐊᐧᐠ, ᐁ ᐃᑌᐧᒋᐠ, "ᐁᕒ, ᐅ ᑭᐦᒋ ᐅᑭᒫᒥᐋᐧᐊᐧ ᒎᐊᐧᐠ? ᐁᑯᓯ ᑭ ᐸᑲᒪᐁᐧᐊᐧᐠ ᐅ ᒋᐦᒋᐋᐧᐊᐧ ᐅᐦᒋ. ᐹᐧᕒᐊᐟ ᒫᑲ ᒥᓇ ᑭ ᐊᐧᔭᐃᐧᐤ, ᐁᑯᓯ ᐃᑌᐤ, ᒋᐢᐟ, ᑭ ᐯᑕᒫᑎᓈᐋᐧᐤ, ᑭᑕ ᑭᐢᑫᔮᑕᒣᐠ ᐁᑳ ᑫᑲ: ᐁ ᒥᐢᑲᒫᐣ ᑭᑕ ᐅᐦᒋ ᐅᔭᓯᐋᐧᑎᐦᐟ. ᐁᑯᓯ ᒋᓴᐢ ᑭ ᐯ ᐊᐧᔭᐃᐧᐤ, ᐁ ᑭᑭᐢᑲᕽ ᐊᓂᒪ ᒪᓵᓂ ᑭᐦᒋᐅᑭᒫᐊᐧᐢᑐᑎᐣ ᒥᓇ ᒥᑫᐧᑭᓄᐧᓵᑲᐠ. ᐸᐧᕒᐊᐟ ᒫᑲ ᑭ ᐃᑌᐤ, ᒋᐢᐟ, ᐁᐊᐧᑳᐧᓇ ᓈᐯᐤ! ᐃᐢᐱ ᒫᑲ ᑭᐦᒋ ᐊᔮᒥᐁᐧᐃᐧᔮᓂᐊᐧᐠ ᒥᓇ ᐅᑎᓂᐁᐧᐊᐧᐠ ᐃᐧᔫᐸᒫᒋᐠ, ᑭ ᑌᐯᐧᐊᐧᐠ, ᐁ ᐃᑌᐧᒋᐠ, ᒋᐢᑕᐋᐧᐢᑳᐧᐢ, ᒋᐢᑕᐋᐧᐢᑳᐧᐢ, ᐸᐧᕒᐊᐟ ᐃᑌᐤ, ᐅᑎᓂᕽ ᑭᔭᐋᐧᐤ, ᒥᓇ ᒋᐢᑕᐋᐧᐢᑲᐧᑎᕽ; ᒋᑫᒫ ᓂᔭ ᐃᐧᔭ ᓇᒪᐃᐧᔭ ᓂ ᐟᒥᐢᑲᒫᐧᐣ ᑫᑲ: ᑭᑕ ᐅᐦᒋ ᐅᔭᓯᐋᐧᑎᐦᐟ. ᒍᐊᐧᐠ ᑭ ᓇᐢᑫᐧᐊᐧᓯᒣᐊᐧᐠ, ᓂᐟ ᐊᔮᓈᐣ ᐅᔭᓯᐁᐧᐃᐧᐣ, ᐁᑯᓯ ᑭᑕ ᓂᐱᐟ ᐃᑕᐢᑌᐤ ᐁᐊᐧᑯ ᐅᔭᓯᐁᐧᐃᐧᐣ, ᒋᑫᒫ ᑭᓴᒪᓂᐣ ᐅᑯᓯᐢ ᐃᓯᔮᑳᑎᓯ. ᐃᐢᐱ ᒫᑲ ᐸᐧᕒᐊᐟ ᐱᓭᑕᕽ ᐅᒪ ᐱᑌᐧᐃᐧᐣ, ᐊᐊᐧᓯᒣ ᑭ ᓴᒋᓯᐤ; ᐁᑯᓯ ᐱᑐᑫᐤ ᒥᓇ ᐅᔭᓯᐁᐧᐃᐧᑲᒥᑯᕽ, ᒥᓇ ᐃᑌᐤ ᒋᓴᐢ, ᑖᓂᑌ ᐁᐧᒋᔭᐣ? ᒫᑲ ᓇᒪᐃᐧᔭ ᓇᐢᑫᐧᐊᐧᓯᒥᐠ ᒋᓴᐢ. ᐸᐧᕒᐊᐟ ᒫᑲ ᐃᑌᐤ, ᓇᒪ ᒋ ᑭ ᓇᐢᑫᐧᐊᐧᓯᐃᐣ? ᓇᒪ ᒋ ᑭ ᑭᐢᑫᔮᑌᐣ ᐁ ᑲᐢᑭᑖᔭᐣ ᑭᑕ ᐸᑭᑎᓂᑖᐣ, ᒥᓇ ᐁ ᑲᐢᑭᑖᔭᐣ ᑭᑕ ᒋᐢᑕᐋᐧᐢᑲᐧᑎᑖᐣ? ᒋᓴᐢ ᑭ ᓇᐢᑫᐧᐊᐧᓯᒣᐤ, ᓇᒪᐃᐧᔭ ᑭ ᑲᐦ ᑲᐢᑭᑖᐣ ᓈᐣᑕᐤ ᑭᑕ ᐃᑐᑕᐃᐧᔭᐣ ᑭᐢᐱᐣ ᐁᑳ ᒥᔮᑲᐃᐧᔭᐣ ᐃᐢᐱᒥᕽ ᐅᐦᒋ: ᐁᐊᐧᑯ ᒫᑲ ᐅᐦᒋ ᐊᓇ ᑳ ᐸᑭᑎᓂᐟ ᑭᔭ ᐃᓯ ᐊᔮᐋᐧᐠ ᐊᔫᐤ ᒪᒋᐦᑎᐃᐧᐣ. ᐁᐊᐧᑫᐧᔮᐤ ᒫᑲ ᐅᐦᒋ ᐸᐧᕒᐊᐟ ᑭ ᓇᐣᓇᑦ ᑭᑕ ᐸᑭᑎᓈᐟ: ᒫᑲ ᒍᐊᐧᐠ ᑭ ᑌᐯᐧᐊᐧᐠ, ᐁ ᐃᑌᐧᒋᐠ, ᑭᐢᐱᐣ ᐸᑭᑎᓇᒋ ᐊᐊᐧ ᓈᐯᐤ, ᓇᒪᐃᐧᔭ ᑭ ᑎᐱᐣᑕᐋᐧᐤ ᓯᓵᕒ: ᑲᑭᔭᐤ ᐊᐃᐧᔭᐠ ᑳ ᑭᐦᒋᐅᑭᒫᑲᑎᓯᐟ ᒫᔮ ᑭᐢᑳᐧᑌᐤ ᓯᓵᕒᐊ. ᐃᐢᐱ ᒫᑲ ᐹᐧᕒᐊᐟ ᐱᓭᑕᕽ ᐅᐃ ᐃᑌᐧᐃᐧᓇ, ᑭ ᐯ ᐊᐧᔭᐃᐧᑕᐁᐤ ᒋᓴᐢ, ᐁᑯᓯ ᑭ ᓇᐊᐱᐤ ᐅᔭᓯᐁᐧᐊᐧᐱᐃᐧᓂᕽ ᐃᑕ ᐊᓯᓂᐃᐧ ᐊᓈᐢᑲᐣ ᑳ ᐃᓯᔮᑲᑌᐠ, ᒫᑲ "ᐃᐸᕒᐅᐃᕽ, ᑳᐸᑕ. ᒣᑳᐧᐨ ᒫᑲ ᐁ ᐊᐧᐁᐧᔮᑲᑕᒥᕽ ᒫᔫᐢᑯᑖᐣᐃᐧᑯᐣᐃᐧᐣ ᓈᐣᑕᐤ ᓂᑯᑖᐧᓯᐠ ᑎᐸᐃᑲᐣ ᐅᑎᐢᐸᔮᐤ. ᐳᒥᓯ ᒫᑲ ᐃᑌᐤ ᒍᐊᐧ, ᒋᐢᐟ, ᑭ ᑭᐦᒋ ᐅᑭᒫᒥᐋᐧᐤ! ᑭ ᑌᐯᐧᐊᐧᐠ ᒫᑲ, ᓯᐯᐧᑖ, ᓯᐯᐧᑖ, ᒋᐢᑕᐋᐧᐢᑲᐧᐢ. ᐹᐧᕒᐊᐟ ᐃᑌᐤ, ᓂ ᑲ ᒋᐢᑕᐋᐧᐢᑲᐧᑖᐤ ᒋ ᑭ ᑭᐦᒋ ᐅᑭᒫᒥᐋᐧᐤ? ᑭᐦᒋ ᐊᔭᒥᐁᐃᐧᔮᓂᐋᐧᐠ ᑭ ᓇᐢᑫᐧᐊᐧᓯᐃᐁᐧᐊᐧᐠ, ᓇᒪᐃᐧᔭ ᐊᐃᐧᔭᐠ ᐅᐦᒋ ᐅᑭᒫᐤ ᓂᐟ ᐅᔫᐋᐧᓈᐣ ᐱᑯ ᓯᓵᕒ. ᐁᑲᐧ ᒫᑲ ᑭ ᐸᑭᑎᓇᒪᐁᐧ ᑭᑕ

ᑭᐢᑕᐋᐧᐢᑲᐧᑎᒥᐦᐟ. ᑭ ᐅᑎᓄᐊᐧᐣ ᒫᑲ ᑭᓴᓴ: ᐁᑯᓯ ᑭ ᐊᐧᔭᐃᐧᐤ, ᐁ ᐅᓂᑲᑕᒪᓱᐟ ᐱᒥᑖᐢᑯᐃᑲᐣ, ᐃᑕ ᐊᓂᒪ ᐁᐧᐢᑎᑲᐧᓂᑲᓂᐊᐧᕽ ᑳ ᐃᓯᔦᑲᑌᐠ, "ᐃᐸᕽᐅᐃᕽ ᑳ ᐃᓯᔦᑲᑌᐠ ᑳᕽᑲᑕ: ᐁᑯᑕ ᑭ ᑭᐢᑕᐋᐧᐢᑲᐧᑌᐸᐧᐠ, ᒥᓇ ᐊᓯᑭ ᓂᓱ ᑯᑕᑲ, ᐸᐋᐧᔦᑕᐤ ᐯᔭᐠ, ᑭᓴᐢ ᒫᑲ ᑕᐢᑕᐃᐧᐣ. ᐹᐧᕽᐊᐟ ᒫᑲ ᑭ ᒪᓯᓇᐊᐦ ᐃᑕᑭᑭᑳᓱᐃᐧᐣ, ᐁᑯᓯ ᑭ ᐊᐢᑖᐤ ᐱᒥᑖᐢᑯᐃᑲᓂᕽ. ᐁᑕ ᒫᑲ ᑭ ᒪᓯᓇᐃᑳᑌᐤ, ᑭᓴᐢ ᓈᓴᕽᐃᑎᕽ ᐁᐧᑭᐟ, ᒧᐊᐧᐠ ᐅ ᑭᐦᑭ ᐅᑭᒫᒥᐋᐧᐊᐧ. ᐅᒪ ᒫᑲ ᐃᑕᑭᑭᑳᓱᐃᐧᐣ ᑭ ᐊᔭᒥᐋᐧᐠ ᒥᐦᑫᐟ ᒧᐊᐧᐠ: ᑭᑫᒫ ᐃᑕ ᑭᓴᐢ ᑳ ᑭᐢᑕᐋᐧᐢᑲᐧᑎᐦᐟ ᑭᓯᐋᐧᐠ ᐅᑌᓈᕽ ᑭ ᐋᔮᐤ: ᐁᑯᓯ ᑭ ᒪᓯᓇᐃᑳᑌᐤ "ᐃᐸᕽᐅᐃᕽ, ᒥᓇ ᕽᐋᐧᑎᓂᕽ, ᒥᓇ ᑲᕽᐃᑭᕽ. ᐅ ᑭᐦᑭ ᐊᔭᒥᐁᐧᐃᔦᓂᒥᐋᐧᐊᐧ ᒫᑲ ᒧᐊᐧᐠ ᑭ ᐃᑌᐊᐧᐠ ᐹᐧᕽᐊᑕ, ᐁᑳᐃᐧᔭ ᐃᑕᓯᓇᐊ ᒧᐊᐧᐠ ᐅ ᑭᐦᑭ ᐅᑭᒫᒥᐋᐧᐊᐧ; ᒫᑲ ᐁ ᑭ ᐃᑌᐧᐟ, ᓂᔭ ᐁᐊᐧᑯ ᒧᐊᐧᐠ ᐅ ᑭᐦᑭ ᐅᑭᒫᒥᐋᐧᐊᐧ. ᐹᐧᕽᐊᐟ ᑭ ᓇᐢᑫᐧᐊᐧᓯᒣᐤ, ᐊᓂᒪ ᑳ ᑭ ᒪᓯᓇᐊᒫᐤ ᓂ ᑭ ᒪᓯᓇᐁᐤ. ᓯᒫᑲᓂᓴᐠ ᒫᑲ ᐃᐢᐱ ᑳ ᑭᐢᑕᐋᐧᐢᑲᐧᑖᑭᐢ ᑭᓴᓴ, ᑭ ᐅᑎᓇᒣᐧᐊᐧᐠ ᐅ ᑭᑭᐢᑲᑭᑲᓇᔦᐊᐧ, ᐁᑯᓯ ᑭ ᓄᐅᑖᐊᐧᐠ, ᐹᐸᑭ ᑭᑕ ᐋᔮᑭᐢ ᐁ ᐃᑕᓯᑭᐢ; ᐊᓯᑭ ᐅᐢᑯᑖᑲᔦᐤ: ᒥᐢᑯᑖᑲᐧ ᒫᑲ ᓇᒪᐃᐧᔭ ᑭ ᐱᒥᑲᐧᑌᐤ, ᐁ ᐊᐱᑳᑎᐢ ᒥᓯᐁᐧ ᒥᓴᑲᒣ. ᑭ ᐃᑎᑐᐊᐧᐠ ᒫᑲ ᐁᑳᐃᐧᔭ ᔮᔦᑭᐱᑕᑖᐢ, ᒫᑲ ᐊᐢᑖᐧᑐᑖᐢ, ᐊᐁᐧᓇ ᑫ ᐋᔮᐟ: ᑭᑕ ᑎᐱᐸᔦᐠ ᑭᐦᑭ ᒪᓯᓇᐃᑫᐃᐧᐣ ᑳ ᐃᑌᐧᒪᑲᕽ, ᑭ ᓇᓈᓂᐢᑭᑖᐧᑐᐊᐧᐠ ᓂ ᑭᓂᐢᑲᑭᑲᓇ, ᒥᓇ ᓂᐢᑯᑖᑲᐧ ᑭ ᐊᐢᑖᐧᑐᐊᐧᐠ. ᐅᐃ ᒫᑲ ᑖᐯᐧ ᓯᒫᑲᓂᓴᐠ ᑭ ᐃᑐᑕᒪᐊᐧᐠ. ᐁᑯᑕ ᒫᑲ ᐅ ᐱᑖᐢᑯᐃᑲᓂᕽ ᑭᓴᐢ ᑭ ᓂᐸᐃᐧᔦᐊᐧ ᐅᑳᐃᐧᔭ, ᒥᓇ ᐅᑳᐃᐧᔭ ᐅᑭᐋᐧᒥᐢᑫᐧᒥᔦᐊᐧ, ᒣᕽᐃ ᑲᕽᐃᐅᐹᐢ ᐃᐧᐊᐧ, ᒥᓇ ᒣᕽᐃ ᒫᐠᑕᕽᐃᐧᐣ. ᐃᐢᐱ ᒫᑲ ᑭᓴᐢ ᐃᐧᔮᐸᒫᐟ ᐅᑳᐃᐧᔭ, ᒥᓇ ᑭᐢᑭᓄᐊᒪᐋᐧᑲᓇ ᑳ ᓵᑭᐋᐧᐟ, ᐁᑯᑕ ᐁ ᓂᐸᐃᐧᔦᐟ, ᐃᑌᐤ ᐅᑳᐅᐧᔭ, ᐃᐢᑫᐧᐤ, ᑭᐢᐟ, ᑭ ᑯᓯᐢ! ᐁᑲᐧ ᐃᑌᐤ ᐊᓂᐃ ᑭᐢᑭᓄᐊᒪᐋᐧᑲᓇ, ᑭᐢᐟ, ᑭᑳᐃᐧ! ᐁᑯᐢᐱ ᒫᑲ ᐅᐦᑭ ᐊᓇ ᑭᐢᑭᓄᐸᒪᐋᐧᑲᐣ ᑭ ᐃᑐᐦᑕᐁᐤ ᐃᐧᔭ ᐃᐧᑭᕽ. ᒣᐧᐢᑕᐢ ᐅᒪ ᑭᓴᐢ, ᐁ ᑭᐢᑫᔦᑕᕽ ᑲᑭᔭᐤ ᑫᑲᐧᔭ ᐁᑲᐧ ᐁ ᑭᓯᑭᑲᑌᔦᑭ, ᑭᐦᑭ ᒪᓯᓇᐃᑫᐃᐧᐣ ᑭᑕ ᑎᐱᐸᔦᐠ, ᐅᒥᓯ ᐃᑌᐧᐤ, ᓂ ᓅᐦᑌᔮᐸᑳᐧᐣ. ᐁᑯᑕ ᒫᑲ ᑭ ᐊᐢᑌᐤ ᐊᓯᐊᐧᑭᓄᐣ ᐁ ᔮᑲᐢᒌᓄᐠ ᓯᐃᐧᑳᐳ: ᐁᑯᓯ ᐹᐦᑯᑫᐧᐅᐣ ᐁ ᒍᐢᑭᓄᔦᐠ ᓯᐃᐧᑳᐳ ᑭ ᐊᐢᑖᐊᐧᐠ ᐋᓂᐢᑲᐊᐧᐢᑯᕽ, ᒥᓇ ᑭ ᐃᑎᓯᓇᒪᐊᐧᐠ ᐅᑐᓂᔦᕽ. ᐃᐢᐱ ᒫᑲ ᑭᓴᐢ ᑳ ᒥᔦᐦᐟ ᐊᓂᒪ ᓯᐃᐧᑳᐳ, ᑭ ᐃᑌᐧᐤ, ᐁᑲᐧ ᑭᓯᑭᑲᑌᐤ: ᑭ ᓈᒥᐢᑫᐧᔦᐤ ᒫᑲ, ᒥᓇ ᑭ ᐸᑭᑎᓄᐤ ᐅᐟ ᐊᒫᑳᐧ. ᒧᐊᐧᐠ ᒫᑲ, ᑭᑫᒫ ᐁᑲᐧ ᐊᐧᐁᐧᔦᐃᐧᐣ, ᐁᑳ ᒥᔭᐊᐧ ᑭᑕ ᑕᑯᑌᔦᑭ ᐱᒥᑖᐢᑯᐃᑲᓂᕽ ᐁ ᐊᔭᒥᐁᑭᓯᑲᐠ (ᑭᑫᒫ ᐁᐊᐧᑯ ᐊᔭᒥᐁᑭᓯᑲᐤ ᑭ ᑭᐦᑭᑭᓯᑲᐤ) ᑭ ᑲᑫᐧᑭᒣᐊᐧᐠ ᐹᐧᕽᐊᑕ ᑭᑕ ᑲᐢᑭᑳᑌᐅᒥᐦᐟ, ᐁᑯᓯ ᒫᑲ ᑭᑕ ᓯᐯᐧᑕᐃᒥᐦᐟ. ᓯᒫᑲᓂᓴᐠ ᒫᑲ ᑭ ᐯ ᐃᑐᑎᐊᐧᐠ, ᐁ ᑭ ᑲᐢᑭᑳᑌᐚᐧᑭᐢ ᒫᑲ ᐊᓂᐃ ᓂᐢᑕᕽ, ᒥᓇ ᐊᓂᐃ ᑯᑕᑲ ᑳ ᑭ ᐊᓯᑭ ᑭᐢᑕᐋᐧᐢᑲᐧᑎᒥᐦᐟ: ᒫᑲ ᐃᐢᐱ ᐁᐧᑎᑖᑭᐢ ᑭᓴᓴ, ᒥᓇ ᐃᐧᔮᐸᑕᑭᐢ ᔮᓴᐧ ᐁ ᓂᐱᔦᐟ, ᓇᒪᐃᐧᔭ ᑲᐢᑭᑳᑌᐁᐧᐊᐧᐠ: ᒫᑲ ᐯᔭᐠ ᐊᓂᑲ

ᓯᒫᑲᓂᓴᐠ ᑭ ᑕᐦᑲᒣᐤ ᐅᐦᐱᒣᔭᐤ ᑕᑲᐦᒋᑲᐣ ᐅᐦᒋ, ᓴᒫᐠ ᒫᑲ ᐁᑯᑕ ᑭ ᐅᐦᒋᒋᐊᐧᐣ ᓂᐱ ᐊᓯᒋ ᒥᐦᑯ. ᐊᓇ ᒫᑲ ᑳ ᑭ ᐋᐧᐸᑕᕽ ᑭ ᐋᑐᑕᒼ, ᒥᓇ ᑖᐯᐧᒪᑲᓂᔨᐤ ᐅᐟ ᐋᒋᒧᐃᐧᐣ, ᑭᐢᑫᔨᑕᒼ ᒫᑲ ᐁ ᑖᐯᐧᐟ, ᑭᔭᐋᐧᐤ ᒥᓇ ᑭᑕ ᑖᐯᐧᑕᒣᐠ. ᒋᑫᒫ ᐅᐃ ᑭ ᐊᔨᑭᓇᐧ, ᑭᐦᒋ ᒪᓯᓇᐃᑫᐃᐧᐣ ᑭᑕ ᑎᐱᐸᔨᐠ, ᓇᒪᐊᐧᐨ ᐯᔭᐠ ᐅᐢᑲᐣ ᑭᑕ ᐱᑯᓇᒫᐧᐣ. ᒥᓇ ᒫᑲ ᑯᑕᐠ ᑭᐦᒋ ᒪᓯᓇᐃᑫᐃᐧᐣ ᐃᑌᐧᒪᑲᐣ, ᑭᑕ ᑲᓇᐋᐧᐸᒣᐊᐧᐠ ᐊᓂᐃ ᑳ ᑭ ᑕᐦᑲᒫᒋᐠ.

ᐊᐧᐸᐦᑭ ᑭᑕ ᐅᑎᐦᒋᐸᔨᐠ ᐃᐢᑕᕑ.

ᐊᔭᒥᐋᐃᐧᐣ.

ᐃᑌᔨᑕ ᑌᐯᔨᒋᑫᔭᐣ ᑖᐱᐢᑯᐨ ᑳ ᑭ ᐃᓯ ᓯᑲᐊᑖᑲᐃᔮᕽ ᐅ ᓂᐳᐃᐧᓂᕽ ᐃᓯ ᑳ ᑭᐦᒋᑖᐧᐁᐧᔨᑖᑯᓯᐟ ᑭᑯᓯᐢ ᓄᐱᒫᒋᐃᐁᐧᒥᓈᐣ ᒋᓴᐢ X, ᐁᑯᓯ ᐃᓯ ᑕᐦᑭ ᐁ ᐃᐧᑲᑫᐧ ᓂᐸᑖᕽ ᑳ ᓂᓯᐊᐧᓈᒋᐃᐁᐧᑭ ᓂᐟ ᐊᑳᐋᐧᑕᒧᐃᐧᓂᓈᓇ ᑭᑕ ᐃᐧᑫᐋᐧᔮᕽ ᐅ ᓇᐦᐃᓂᐤᐃᐧᓂᕽ; ᐁᑯᓯ ᓵᐳ ᔨᑲᐧᐊᐢᑲᓂᕽ ᒥᓇ ᐁ ᐃᐢᑲᐧᑌᒥᐊᐧᕽ ᓂᐳᐃᐧᐣ ᑭᑕ ᐊᑎ ᐅᑎᐦᑕᒫᕽ ᑳ ᒫᒪᐦᑖᑫᐧᔨᑖᑲᐧᕽ ᓂᐟ ᐋᐱᓯᓯᓄᐃᐧᓂᓈᐣ, ᐅ ᑲᐢᑭᑕᒫᑫᐃᐧᓇ ᐅᐦᒋ ᑳ ᑭ ᓂᐱᐟ ᒥᓇ ᑳ ᑭ ᓇᐦᐃᓂᐦᐟ, ᒥᓇ ᑳ ᑭ ᐊᐧᓂᐢᑳᐟ ᓂᔭᓈᐣ ᐅᐦᒋ, ᑭ ᑯᓯᐢ ᒋᓴᐢ X ᑳ ᑎᐯᔨᒥᑯᔮᕽ. ᐋᒣᐣ.

ᑭᐦᒋᒪᓯᓇᐊᒫᑫᐃᐧᐣ. ᓂᐢᑕᒼ ᐱᑕᕑ iii. 17.

ᒋᑫᒫ ᓇᐊᐧᐨ ᒥᔮᐧᓯᐣ ᑭᐢᐱᐣ ᐁᑯᓯ ᐃᑌᔨᑕᑭ ᑭᓭᒪᓂᑐ ᑭᑕ ᑯᑕᑭᑖᔪᐠ ᒥᔪᑐᑕᒧᐃᐧᐣ ᐅᐦᒋ ᐃᔨᑯᕽ ᐃᐧᔭ ᒪᒋᑐᑕᒧᐃᐧᐣ. ᐊᔨᐢ X ᒥᓇ ᑭ ᑯᑕᑭᑖᐤ ᒪᒋᐦᑎᐃᐧᓇ ᐅᐦᒋ ᐯᔭᑳᐧᐤ, ᐅᑲᐧᔭᐢᑭᑕᑎᓯᐤ ᐁᑳ ᑲᐧᔭᐢᐠ ᑳ ᐃᑖᑎᓯᔨᐟ ᐅᐦᒋ, ᑭᓭᒪᓂᑐᕽ ᑭᑕ ᐃᑐᐦᑕᐃᑯᔭᕽ; ᐁ ᑭ ᓂᐸᐃᐦᐟ ᐃᐧᔮᓯᕽ ᒫᑲ ᐁ ᑭ ᐱᒫᑎᓯᐟ ᐊᒑᐦᓂᕽ; ᐃᑕ ᑳ ᑭ ᓇᑕᐃᐧ ᑲᑫᐢᑭᒫᐟ ᐊᒑᑲᐧ ᑭᐸᐅᑐᐃᐧᓂᕽ ᑳ ᐊᔮᔨᐟ, ᐊᓂᑭ ᑳ ᑭ ᓴᓯᐱᑕᑭᐠ ᑲᔮᐢ, ᐅ ᓴᓯᐯᔨᑕᒧᐃᐧᓂᕽ ᑭᓭᒪᓂᑐ ᐁ ᐯᐦᐅᐟ ᒣᑳᐧᐨ ᓄᐊ ᐁ ᐅ ᑭᓯᑳᒥᐟ, ᐁ ᐃᐢᐱᐦᒋ ᐅᓯᑖᕽ ᓈᐱᑳᐧᐣ, ᐃᑕ ᒐᑲᐋᐧᓯᐢ, ᐊᔨᓈᓀᐤ ᐅᑎ ᐊᒑᐦᑲᐧᐠ ᑳ ᑭ ᐱᒫᒋᐃᐦᒋᐠ ᓂᐱ ᐅᐦᒋ; ᐁᐊᐧᑯ ᒥᓇ ᑭᐢᑭᓇᐋᐧᐨ ᐁᑳᐧ ᑭ ᐱᒫᒋᐃᑯᓈᐋᐧᐤ, ᐹᑕᐧᓯᐃᐧᐃᐧᐣ ᐅᑎ, ᓇᒪᐃᐧᔭ ᐁ ᐁᐧᐱᓇᒥᕽ ᐁ ᐃᐧᔨᐱᓯᕽ ᐃᐧᔮᓯᕽ ᒫᑲ ᐁ ᑲᑫᐧᒋᑫᒧᒪᑲᕽ ᒥᔪ ᑭᐢᑫᔨᒥᓯᐃᐧᐣ ᑭᓭᒪᓂᑐᕽ ᐃᓯ, ᐅᐟ ᐋᐱᓯᓯᓄᐃᐧᐣ ᐅᐦᒋ ᒋᓴᐢ X; ᑳ ᐊᔮᐟ ᐅ ᑭᐦᒋᓂᐢᑭᔨᕽ ᑭᓭᒪᓂᑐᐊᐧ, ᐁ ᑭ ᐃᑐᑕᑌᐟ ᑭᐦᒋ ᑭᓯᑯᕽ; ᐅᑭᓯᑯᐊᐧ ᒥᓇ ᑎᐯᔨᒋᑫᐃᐧᓇ ᒥᓇ ᒪᐢᑲᐃᐧᓯᐃᐧᓇ ᐃᐧᔭ ᐁ ᑎᐯᔨᑕᒧᐃᐦᐟ.

ᒥᐋᐧᒋᒧᐃᐧᐣ. ᓭᐣᐟ ᒫᐟᔪ xxvii. 57.

ᐃᐢᐱ ᒫᑲ ᐁᑎ ᐅᑖᑯᓯᐠ, ᐁᑯᑕ ᑭ ᑕᑯᓯᐣ ᐁᐧᔪᑎᓯᐃᐧᔨᓂᐤ ᐊᕑᐊᒣᑎᐊ ᑲ

ᐅᐦᒋᐟ, ᒍᓯᐟ ᐁ ᐃᓯᔨᐦᑲᓱᐟ, ᐃᐧᐢᑕ ᑳ ᑭ ᐅᑭᐢᑭᓄᐊᒪᐊᐧᑲᓂᒥᑯᐟ ᒋᓴᓴ; ᐊᐊᐧ ᑭ ᓈᑌᐤ ᐸᐧᔅᐊᑕ, ᐁ ᑭᐦ ᓇᑐᑕᒫᐧᐟ ᒫᑲ ᒋᓴᓴ ᐃᐧᔭᐃᐧᔨᐤ. ᐸᐧᔅᐊᐟ ᒫᑲ ᑭ ᐃᑌᐧᐤ ᑭᑕ ᐸᑭᑎᓇᒪᒥᐟ ᒥᔭᐃᐧᔨᐤ. ᐃᐢᐱ ᒫᑲ ᒍᓯᐟ ᑳ ᐅᑎᓇᕽ ᒥᔭᐃᐧᔨᐤ, ᑭ ᐁᐧᐁᐧᑭᓇᐨ ᐁ ᑲᒐᑕᓂᔨᐠ ᐊᐧᐱᐢᑭ ᐸᐸᑭᐊᐧᔫᐅᑭᓗᕽ. ᐁ ᑭ ᐊᐢᑕᐟ ᒪᑲ ᐊᓂᑕ ᑎᐱᔭᐁᐧ ᐅ ᐅᐢᑭ ᓇᐦᐃᓂᑐᐃᐧᑲᒥᑯᕽ ᐊᓂᒪ ᐊᔨᓂᕽ ᑳ ᑭ ᒧᓇᐊᕽ; ᐁ ᑭ ᐃᓯ ᑎᐦᑎᐱᓈᐟ ᒫᑲ ᒥᐢᑕᓯᓂᔭ ᐊᓂᑕ ᐁ ᐃᐢᑲᐧᑌᒥᐊᐧᕽ ᓇᐦᐃᓂᑐᐃᐧᑲᒥᐠ, ᐁ ᑭ ᐊᑎ ᓯᐯᐧᑌᐟ ᒫᑲ. ᐁᑯᑕ ᒫᑲ ᑭ ᐊᐧᔫᐤ ᒉᔅᐃ ᒪᐠᑌᔅᐃᐣ, ᒥᓇ ᑯᑕᐠ ᒉᔅᐃ, ᐁ ᐅᐦᑕᐱᐢᑕᑭᐠ ᓇᐦᐃᓂᑐᐃᐧᑲᒥᑯᔨᐤ. ᑯᑕᐠ ᒫᑲ ᐁ ᑭᓯᑳᐠ ᐊᓂᒪ ᐁ ᐚᐸᕽ ᑲ ᐊᐧᐁᐧᔨᐃᐧᑭᓯᑲᐠ, ᑭᐦᒋ ᐊᔭᒥᐁᐃᐧᔨᓂᐊᐧᐠ ᒥᓇ ᐸᔅᐊᓯᔭᐠ ᑭ ᐯ ᒫᒪᐃᐧ ᓇᑌ ᐸᐧᔅᐊᑕ, ᐅᒥᓯ ᐁ ᐃᑌᐧᒋᐠ, ᐅᑭᒪᐤ, ᓂ ᑲᓄᑭᐢᑭᓯᓈᐣ ᐊᓇ ᐅᐊᐧᔦᓯᐃᐁᐤ ᑲ ᑭ ᐃᑌᐧᐟ, ᐁ ᒉᑲᐧ ᐱᒫᑎᓯᐟ; ᑭ ᓂᐢᑐ ᑭᓯᑲᑭ ᒥᓇ ᓂ ᑲ ᐊᐧᓂᐢᑳᐣ. ᐃᑕᓯᐁ ᒫᑲ, ᐊᓂᒪ ᔨᑲᐧᐊᐢᑳᐣ ᒥᑐᓂ ᑭᑕ ᑲᓇᐁᐧᔨᒋᑲᑌᐠ ᐱᔨᐢ ᑭᑕ ᓂᐢᑐ ᑭᓯᑳᐠ, ᐁᑳ ᐅ ᑭᐢᑭᓄᐊᒪᐋᐧᑲᓇ ᑭᑕ ᐯ ᓂᑳ ᐃᑐᐦᑌᔨᐟ ᑭᑕ ᑭᒧᑎᔨᐟ ᐃᐧᔫᐤ ᐅᒥᓯ ᒫᑲ ᑭᑕ ᐃᑖᒋᐠ ᐊᔨᓯᔨᓂᐊᐧ, ᐋᐱᓯᓯᐣ; ᐁᑯᓯ ᒫᑲ ᐊᓂᒪ ᐃᐢᑲᐧᔭᐨ ᐊᐧᓂᑐᑕᒧᐃᐧᐣ ᓇᐊᐨ ᑭᑕ ᒫᔨᐸᔨᐤ ᐃᐢᐱᐨ ᓂᐢᑕᐟ. ᐸᐧᔅᐊᐟ ᒫᑲ ᐅᒥᓯ ᑭ ᐃᑌᐤ, ᑭᐟ ᐊᐧᔫᐊᐧᐋᐧᐊᐧᐠ ᐅᑲᓇᐁᐧᔨᒋᑫᐊᐧᐠ; ᓯᐯᐧᐦᑌᐠ, ᒥᑐᓂ ᑲᓇᐁᐧᔨᐦᑕᒧᐠ ᐃᔨᑯᕽ ᐁ ᐃᓯ ᑲᐢᑭᐦᑕᔦᐠ. ᐁᑯᓯ ᒫᑲ ᑭ ᓯᐯᐧᑌᐊᐧᐠ, ᒥᓇ ᒥᑐᓂ ᐁ ᑭ ᑲᓇᐁᐧᔨᑕᑭᐠ ᓇᐦᐃᓂᑐᐃᐧᑲᒥᐠ, ᐁ ᑭ ᐊᑯᐢᑭᐊᐧᓭᐧᒋᐠ ᐊᓯᓃᔭ, ᒥᓇ ᐁ ᐅᔭᐱᐋᐧᒋᐠ ᐅᑲᓇᐁᐧᔨᒋᑫᐊᐧ.

ᐃᐢᑕᔅ ᐁᐊᐧᑯ ᐊᐱᓯᓯᓄᐡᐧ ᑭᓯᑳᐤ.

X ᑭᐟ ᐃᓯᒌᐧᐃᐧᓂᓇᐤ ᑭ ᓂᐸᐋᐧᐤ ᑭᔫᓇᐤ ᐅᐦᒋ, ᐁᐊᐧᑯ ᐅᐦᒋ ᒪᐦᑎ ᒥᒋᒥ-ᓇᐦᒌᐣ ᐃᐧᑯᐦᑐᐃᐧᐣ;

ᓇᒪᐃᐧᔭ ᑲᔭᑌ ᐅᐦᐱᒋᒋᑲᐣ ᑭᑭ, ᒥᓇ ᓇᒪᐃᐧᔭ ᐅᐦᐱᒋᒋᑲᐣ ᑭᓯᐢᒌᐃᐧᓄᕽ ᒥᓇ ᒪᒌᑎᓯᐃᐧᓂᕽ ᑭᑭ, ᒫᑲ ᐁᑳ ᑳ ᐅᐦᐱᓯᒥᐦᐟ ᐸᐦᑫᐧᓯᑲᐣ ᒪᒥᑐᓂᐃᐧᐣ ᒥᓇ ᑖᐯᐧᐃᐧᐣ. ᓂᐢᑕᐨ ᑲᔅᐃᐣᑎᔭᓇ v. 7.

X ᐁ ᑭ ᒌᐧᓂᐢᑳᓂᐦᐟ ᓂᐳᐃᐧᓂᕽ ᐅᐦᒋ ᓇᒪᐃᐧᔭ ᒥᓇ ᑭᑕ ᓂᐱᐤ; ᓇᒪᐃᐧᔭ ᐊᐊᐧᓯᒉ ᑎᐯᔨᒥᐠ ᓂᐳᐃᐧᐣ.

ᒋᑫᒫ ᐊᓂᒪ ᑲ ᑭ ᓂᐱᐟ ᑭ ᓂᐱᐤ ᐯᔭᑯᐧᐤ ᒪᒋᐦᑎᐃᐧᓂᕽ ᐃᓯ, ᒫᑲ ᐊᓂᒪ ᑳ ᐱᒫᑎᓯᐟ ᑭᓭᒪᓂᑐᕽ ᐃᓯ ᐱᒫᑎᓯᐤ.

ᐁᑯᓯ ᐃᓯ ᑭᐢᑕᐋᐧᐤ ᐃᑕᑭᒥᓱᐠ ᐁ ᓂᐱᔦᐠ ᒪᒋᐃᐦᑎᐃᐧᓂᕽ ᐃᓯ, ᒫᑲ ᐁ ᐱᒫᑎᓯᐢᑲᑯᔦᐠ ᑭᓭᒪᓂᑐ ᐃᐧᔭ ᐅᐦᒋ ᒋᓴᐢ X ᑳ ᑎᐯᔨᒥᑯᔭᕽ. ᔅᐳᒪᓇ vi. 9.

X ᑭ ᐊᐧᓂᐢᑳᐤ ᓂᐳᐃᐧᓂᕽ ᐅᐦᒋ ᒥᓇ ᑭ ᓂᑲᓄᑕᐯᐧᐤ ᐊᓂᐦᐃ ᑳ ᑭ ᓂᐹᔨᐟ.

ᑭᑫᒪ ᑳ ᑭ ᐃᓯ ᑕᑯᓯᓄᒪᑲᕽ ᓂᐳᐏᐣ ᐊᐳᓯᐳᓂᐤ ᐅᐦᒋ ; ᐊᐳᓯᐳᓂᐤ ᒥᓇ ᐅᐦᒋ ᑭ ᑕᑯᓯᓄᒪᑲᐣ ᐋᐱᓯᓯᓄᐏᐣ ᓂᐳᐏᓂᕽ ᐅᐦᒋ.

ᑭᑫᒪ ᑳ ᐃᓯ ᑲᑭᔭᐤ ᓂᐱᕽ ᐚᐟᐟ ᐅᐦᒋ, ᐁᑯᓯ ᒥᓇ X ᐅᐦᒋ ᑲᑭᔭᐤ ᑫ ᐱᒫᒋᐃᑯᐏᓯᕽ. ᓂᐢᑕᐟ ᑲᐤᐃᐣᑎᔭᓇ xv. 20.

ᑭᑦ ᒪᒥᐦᒋᒫᐤ ᐍᔦᑖᐏᕽ ᒥᓇ ᐅᑯᓯᓯᒫᐤ, ᒥᓇ ᑳ ᑲᓈᑎᓯᐟ ᐋᒥᕽ.

ᑳ ᑭ ᐃᑭᕽ ᒥᒋᒫᐨ ᐅᐦᒋ ᐊᓄᐦᐨ ᒥᓇ ᒣᑳᐧᐨ ᒥᓇ ᑳᑭᑫ ᑫ ᐃᑭᕽ, ᐃᐳᑯᕽ ᑫ ᓈᐢᐱᒋ ᐊᐢᑭᐊᐧᕽ. ᐋᒣᐣ.

ᐊᔭᒥᐋᐏᐣ.

ᒫᒪᐍᔭᐢ ᓯᔦᑳᑎᓯᔭᐣ ᑭᔕᒪᓂᑐ, ᑭ ᐯᔭᑯᑯᓯᔮᐣ ᑭᓴᐢ X ᐅᐦᒋ ᑳ ᑭ ᓵᑯᒋᑖᔭᐣ ᓂᐳᐏᐣ ᒥᓇ ᑳ ᑭ ᔦᐦᑌᓇᒪᐏᔮᕽ ᑭᐦᒋ ᐃᐢᑳᐧᑌᐟ ᑳᑭᑫ ᐱᒫᑎᓯᐏᓂᕽ ᐃᓯ, ᐁ ᑕᐸᐦᑌᔨᒨᔮᕽ ᑭ ᐸᑯᓭᔨᒥᑎᓈᐣ ᑳ ᐃᓯ ᑖᑲᒥ ᐊᐢᑖᔭᐣ ᓂ ᒥᑐᓃᔨᒋᑲᓂᓈᕽ ᒥᔦ ᒧᐢᑌᐏᔨᑕᒧᐏᓇ ᐁᑯᓯ ᑖᐦᑭ ᐁ ᐏᒋᐃᐧᔮᕽ ᐁᐘᑯᓂ ᑭᑦ ᑭ ᒥᔦᐸᔨᑖᔮᕽ, ᐏᔭ ᐅᐦᒋ ᑭᓴᐢ X ᑳ ᑎᐯᔨᒥᑯᔮᕽ, ᑳ ᐱᒫᑎᓯᐟ ᒥᓇ ᑳ ᑎᐯᔨᒋᑫᐟ ᐊᓯᒋ ᑭᔭ ᒥᓇ ᑳ ᑲᓈᑎᓯᐟ ᐋᒥᕽ, ᑳᑭᑫ ᐯᔭᐠ ᒪᓂᑐ, ᐃᐳᑯᕽ ᑫ ᓚᐢᐱᒋ ᐊᐢᑭᐊᐧᕽ. ᐋᒣᐣ.

ᑭᐦᒋᒪᓯᓇᐊᐧᓫᑫᐏᐣ. ᑲᐤ ᓯᔭᓇ iii. 1.

ᑭᐢᐱᐣ ᒫᑲ ᑳ ᐋᐧᓂᐢᑲᓂᑲᐏᐍᑫᐧ ᐊᓯᒋ X, ᓇᑐᓇᒧᐠ ᐊᓂᐃ ᐃᐢᐱᒥᕽ ᑳ ᐊᔮᑭ ᐃᑕ X ᑳ ᐊᔮᐟ, ᐁ ᐊᐱᐟ ᐅ ᑭᐦᒋᓂᐢᑭᐳᕽ ᑭᓴᒪᓂᑐᐊᐧ. ᐋᔮᒋ ᒥᑐᓀᔨᑕᒧᐠ ᐊᓂᐃ ᐃᐢᐱᒥᕽ ᑳ ᐊᔮᑭ, ᓇᒪᐏᔮ ᒫᑲ ᐊᓂᐃ ᐊᐢᑭᕽ ᑳ ᐊᔮᑭ. ᑭᑫᒪ ᑭ ᑭ ᓂᐱᓈᐋᐧᐤ, ᐁᑯᓯ ᑭ ᐱᒫᑎᓯᐏᓂᐋᐧᐤ ᑳᑕᓄᕽ ᐊᔮᐤ ᑭᑭ X ᑭᓴᒪᓂᑐᕽ. ᐃᐢᐱ X, ᐁᐘᑯ ᑭ ᐱᒫᑎᓯᐏᓇᐤ, ᓄᑯᓯᒋ, ᐁᑳᐧ ᑭᔭᐋᐧᐤ ᒥᓇ ᑫ ᐊᓯᒋ ᓄᑯᓯᔦᐠ ᑭᐢᑌᔦᑖᑯᓯᐏᓂᕽ. ᓵᑯᒋᑖᐠ ᒫᑲ ᐁ ᐃᐦᑕᑖᐧᐸᑕᑭ ᑭᔭᐏᐋᐧᐊᐧᓚᐢᑭᕽ, ᐱᓯᑳᐧᑎᓯᐏᐣ, ᐁᑲ ᑳ ᐯᑲᕽ ᐃᓯᑭᑫᐏᐣ, ᒫᒥᑎᓯᐏᐣ, ᒪᒋ ᓇᑕᐍᔦᑕᒧᐏᐣ, ᒥᓇ ᒧᐢᑕᐏᓇᒫᑫᐏᐣ, ᐁᐘᑯ ᒪᓂᑐᑫᐏᐣ; ᐁᐘᑯᓂ ᐅᐃ ᐅ ᑭᓯᐚᓯᐏᐣ ᑭᓴᒪᓂᑐ ᑳ ᐅᐦᒋ ᐅᑎᐦᑎᑯᒋᐠ ᑳ ᓂᐦᑖᐏᑭᐃᑯᒋᐠ ᓵᓯᐱᐦᑕᒧᐏᐣ; ᐁᑯ ᑐᐏᕽ ᑭᐢᑕᐚᐤ ᑳ ᑭ ᐱᒧᐦᑌᔦᐠ ᑲᔮᐢ, ᐁᐘᑯᓂ ᒣᑳᐧ ᐁ ᑭᑭ ᐱᒫᑎᓯᔦᐠ.

ᒥᐚᐧᒋᒧᐏᐣ. ᔓᐣ ᒀᐣ xx. 1.

ᓂᐢᑕᐟ ᒫᑲ ᐁ ᑭᓯᑳᐠ ᐁᐘᑯ ᐁ ᐊᑎ ᐃᐢᐸᐳᐠ ᐯ ᐃᑐᑌᐤ ᒣᐤᐃ ᒫᐠᑕᓚᐃᐣ ᐏᐸᐨ ᑫᑭᓵᐸ. ᑫᔮᐱᐨ ᐁ ᐚᓂᑎᐱᐢᑳᐠ, ᐁᑯᑦ ᓇᐃᓂᑐᐏᑲᒥᑯᕽ, ᐁᑯᓯ ᐚᐸᒣᐤ ᐊᓯᓂᔭ ᐁ ᑭ ᐅᑎᓂᒥᐦᐟ ᓇᐃᓂᑐᐏᑲᒥᑯᕽ ᐅᐦᒋ. ᑭ ᓯᐯᐚᐸᑖᐤ ᒫᑲ, ᒥᓇ ᑭ ᐅᑎᑌᐤ ᓵᐢᒪᐣ ᐱᑕᐤᐊ, ᒥᓇ ᐊᓂᐃ ᑯᑖᑲ ᑭᐢᑭᓄᐊᒪᐋᐧᑲᓂ, ᐊᓂᐃ ᑭᓴᐢ ᑳ

ᓵᑭᐚᐟ, ᐁᑯᓯ ᐃᑌᐤ, ᑭ ᐅᑎᓄᐘᐠ ᑳ ᑎᐯᔨᒋᑫᔨᐟ ᓇᐃᓂᑐᐎᑲᒥᑯᕽ ᐅᐦᒋ, ᓇᒪ-ᐎᔭ ᒫᑲ ᓂ ᑭᐢᑫᔨᑌᓈᐣ ᑖᓂᑕ ᑳ ᐱᒥᓯᒫᒋᐠ. ᐱᑕᕐ ᒫᑲ ᑭ ᓯᐍᑌᐤ, ᐊᓯᒋ ᐊᓗ ᑯᑕᐠ ᑭᐢᑭᓄᐊᒪᐚᑲᐣ, ᐁ ᑭ ᐊᑎ ᐃᑐᑌᒋᐠ ᓇᐃᓂᑐᐎᑲᒥᑯᕽ. ᑖᐱᐢᑯᐨ ᒫᑲ ᑭ ᐊᑎ ᐱᒥᐸᑖᐘᐠ: ᐁᑯᓯ ᐊᓇ ᑯᑕᐠ ᑭᐢᑭᓄᐊᒪᐚᑲᐣ ᑭ ᐊᑎ ᓇᑲᒋᐸᐁᐤ ᐱᑕᕐᐊ, ᒥᓇ ᓂᑳᐣ ᑭ ᐅᑎᑕᑦ ᓇᐃᓂᑐᐎᑲᒥᐠ; ᐁᑯᓯ ᐁ ᓇᐘᑭᐟ ᐱᑐᑲᒥᐠ ᐁ ᐃᑖᐱᐟ, ᐚᐸᑕᑦ ᐚᐱᐢᑫᑭᓇᐧ ᐁ ᐊᐢᑌᔨᑭ; ᒫᑲ ᓇᒪᐎᔭ ᐱᑐᑫᐤ. ᓵᐧᒪᐣ ᐱᑕᕐ ᒫᑲ ᐎᐢᑕ ᑭ ᑕᑯᓯᐣ, ᓈᐚ:, ᐁᑯᓯ ᑭ ᐱᑐᑫᐣ ᓇᐃᓂᑐᐎᑲᒥᑯᕽ; ᐚᐸᑕᑦ ᒫᑲ ᐚᐱᐢᑫᑭᓇᐧ ᐁ ᐊᐢᑌᔨᑭ, ᒥᓇ ᐊᓂᒪ ᐚᐱᐢᑫᑭᓄᐢ ᑳ ᑭ ᐍᐍᑭᐢᑎ-ᑿᓄᐱᓯᔨᐟ, ᓇᒪᐎᔭ ᐁ ᐊᓯᑕᐢᑌᔨᐠ ᐊᓂᐃ ᐚᐱᐢᑫᑭᓇᐧ, ᒫᑲ ᐱᐢᑭᐢ ᐁ ᓇᐦᐋᐍ-ᑭᓂᑳᑌᐢ. ᐁᑿ ᑭ ᐱᑐᑫᐤ ᐊᓇ ᑯᑕᐠ ᑭᐢᑭᓄᐊᒪᐚᑲᐣ ᒥᓇ, ᐊᓗ ᓂᐢᑕᑦ ᑳ ᑭ ᑕᑯᓯᕽ ᓇᐃᓂᑐᐎᑲᒥᑯᕽ, ᐁᑯᓯ ᑭ ᐚᐸᑕᑦ ᒥᓇ ᑭ ᑖᐍᑕᑦ. ᒋᑫᒪ ᓇᒉᐢᑿ-ᑭᐢᑫᔨᑕᒪᐘᐠ ᑭᐦᒋ ᒪᓯᓇᐃᑫᐎᐣ ᐅᐦᒋᑕ ᐱᑯ ᑭᑕ ᐘᓂᐢᑲᔨᐟ ᒥᓇ ᓂᐳᐎᓂᕽ ᐅᐦᒋ. ᐁᑯᓯ ᑭᐢᑭᓄᐊᒪᐚᑲᓇᐠ ᑭ ᓯᐍᑌᐘᐠ ᒥᓇ ᐎᔭᐚᐤ ᐎᑭᐚᕽ ᐃᓯ.

ᓂᐢᑕᑦ ᐊᔭᒥᐁᑭᓯᑳᐤ ᐁ ᑭ ᐃᐢᑕᕐ ᑭᓯᑳᐠ.

ᐊᔭᒥᐋᐎᐣ.

ᒫᒪᐍᔭᐢ ᓯᐋᑳᑎᓯᔭᐣ ᐅᐦᑖᐎᒫᐤ, ᑳ ᑭ ᒉᑭᔭᐣ ᑭ ᐯᔭᑯᑯᓯᓵᐣ ᑭᑕ ᓂᐱᐟ ᓂ ᒪᒋᐃᐦᑎᐎᓂᓈᓇ ᐅᐦᒋ, ᒥᓇ ᑭᑕ ᐘᓂᐢᑳᐟ ᑭᑕ ᑿᔭᐢᑭᑖᑎᓯᐘᑭᒥᑲᐎᔮᕽ; ᒥᔨᓈᐣ ᑭᑕ ᑭ ᐃᓯ ᐍᐱᓇᒫᕽ ᑳ ᐅᐦᐯᐃᐍᐠ ᑭᓯᐢᑖᑐᐎᐣ ᒥᓇ ᒪᒋᐱᒫᑎᓯᐎᐣ ᑭᑕ ᑭ ᑕᐦᑭ ᐊᑐᐢᑫᐢᑖᑕᕽ ᐯᐦᑭᐅᐎᓂᕽ ᒥᓇ ᑖᐍᐎᓂᕽ; ᐎᔭ ᐅᐦᒋ ᐁ ᐃᓯ ᑲᐢᑭᑕᒪᑯᔮᕽ ᐁᐘᑯ ᑭᑯᓯᐢ ᒋᓵᐢ X ᑳ ᑎᐯᔨᒥᑯᔮᕽ. ᐋᒣᐣ.

ᑭᐦᒋᒪᓯᓇᐊᒫᑫᐎᐣ. ᓂᐢᑕᑦ ᒫᐣ v. 4.

ᐱᑯ ᑫᑲ: ᑳ ᓂᑖᐎᑭᑖᐟ ᑭᓴᒪᓂᐣ ᓵᑯᒋᑖᒪᑲᐣ ᐊᐢᑭ; ᐁᐘᑯ ᒫᑲ ᐅᒪ ᓵᑯᑢᐎᐣ ᑳ ᑭ ᓵᑯᒋᑖᒪᑲᕽ ᐊᐢᑭ ᑭ ᑖᐍᔦᔨᑕᒍᐎᓂᓇᐤ ᐅᑎ. ᐊᐍᓈᓇ ᑳ ᓵᑯᒋᑖᐟ ᐊᐢᑭ, ᐱᑯ ᐊᓇ ᑳ ᑖᐍᑕᕽ ᒋᓵᐢ ᐁᐘᑯ ᑭᓴᒪᓂᐣ ᐅᑯᓯᓴ? ᐁᐘᑯ ᐊᓇ ᑳ ᑭ ᐯ ᐃᑐᐦᑌᐟ ᓂᐱ ᒥᓇ ᒥᐦᑯ ᐅᐦᒋ ᒋᓵᐢ X ᐅᑎ; ᓇᒪᐎᔭ ᐱᑯ ᓂᐱ ᐅᐦᒋ ᒫᑲ ᓂᐱ ᒥᓇ ᒥᐦᑯ ᐅᐦᒋ. ᐁᑯᓯ ᐊᒦᕽ ᐁᐘᑯ ᑳ ᐋᒋᒍᐟ, ᒋᑫᒪ ᐊᒦᕽ ᐁᐘᑯ ᑖᐍᐎᐣ. ᐊᔨᐢ ᓂᐢᑎᐘᐠ ᑳ ᐋᒋᒍᒋᐠ, ᐊᒦᕽ ᒥᓇ ᓂᐱ ᒥᓇ ᒥᐦᑯ; ᐁᑯᓯ ᐅᑭ ᓂᐢᑐ ᐯᔭᑿᓂᔨᐤ ᐅᐟ ᐋᒋᒍᐎᓂᐚᐤ. ᑭᐢᐱᐣ ᑯᑎᓇᒹᓇᐤ ᐅᐟ ᐋᒋᒍᐎᓂᐚᐤ ᐊᔨᓯᔨᓂᐘᐠ, ᐅᐟ ᐋ ᒍᐎᐣ ᑭᓴᒪᓂᐣ ᐊᔨᐚᐠ ᑭᐢᑌᔨᑖᑿᓂᔨᐤ; ᒋᑫᒪ ᐁᐘᑵᔨᐤ ᐅᒪ ᐅᐟ ᐋᒋᒍᐎᐣ ᑭᓴᒪ ᐣ ᑳ ᑭ ᐃᓯ ᐋᒋᒫᐟ ᐅᑯᓯᓴ.

ᐊᓇ ᑳ ᑖᐯᐧᑕᐋᐧᐟ ᑭᓭᒪᓂᑐ ᐅᑯᓯᓴ ᑭᑭᐢᑲᐠ ᐋᒋᒧᐃᐧᐣ; ᐊᓇ ᐁᑳ ᑳ ᑖᐯᐧᑕᐋᐧᐟ ᑭᓭᒪᓂᑐᐊᐧ ᐅᑭᔮᐢᑭᐢᑭᐊᐧ ᐃᑕᔦᐤ; ᒋᑫᒫ ᐁᑳ ᐁ ᑭ ᐅᐦᒋ ᑖᐯᐧᑕᒫᐧᐟ ᑭᓭᒪᓂᑐᐊᐧ ᑳ ᑭ ᐃᓯ ᐋᒋᒫᐳᐟ ᐅᑯᓯᓯᐳᐊᐧ. ᐁᐊᐧᑯ ᒫᑲ ᐅᒪ ᐋᒋᒧᐃᐧᐣ ᑭᓭᒪᓂᑐ ᐁ ᑭ ᒥᐳᑯᔭᕽ ᑳᑭᑫ ᐱᒫᑎᓯᐃᐧᐣ, ᐅᒪ ᒫᑲ ᐱᒫᑎᓯᐃᐧᐣ ᑭᑭᐢᑲᑯᐳᐊᐧ ᐅᑯᓯᓴ. ᐊᓇ ᑳ ᐊᔮᐋᐧᐟ ᐅᑯᓯᓯᒫᐊᐧ ᐊᔮᐤ ᐱᒫᑎᓯᐃᐧᐣ; ᐊᓇ ᐁᑳ ᑳ ᐊᔮᐋᐧᐳᐟ ᑭᓭᒪᓂᑐ ᐅᑯᓯᓴ ᓇᒪᐃᐧᔭ ᐊᔮᐤ ᐱᒫᑎᓯᐃᐧᐣ.

ᒥᐋᐧᒋᒧᐃᐧᐣ. ᓴᐣᐟ ᒑᐣ xx. 19.

ᐃᐢᐱ ᒫᑲ ᐁᐧᑖᑯᓯᐠ, ᐁᐊᐧᑯ ᐁ ᑭᓯᑳᐠ, ᓂᐢᑕᐟ ᐁ ᑭᓯᑳᐠ ᐁᐊᐧᑯ ᐁ ᐃᐢᐸᐳᐠ ᓴᓴᐧ ᒫᑲ ᐁ ᑭ ᑭᐸᐃᑲᑌᑭ ᐃᐢᑲᐧᑌᒪ ᐃᑕ ᑭᐢᑭᓄᐊᒪᐋᐧᑲᓇᐠ ᐁ ᐊᔮᒋᐠ, ᐃᐧᔭ ᐁ ᑯᐢᑖᒋᐠ ᒍᐊᐧ, ᒋᓴᐢ ᑭ ᐯ ᓇᑕᐃᐧ ᓂᐸᐃᐧᐤ ᑖᐋᐧᐳᕽ, ᐁᑯᓯ ᐃᑌᐤ, ᐯᔭᑕᑫᐳᒧᐃᐧᐣ ᑭ ᑲ ᐃᐧ ᐊᔮᓈᐋᐧᐤ. ᐃᐢᐱ ᒫᑲ ᐅᒪ ᑳ ᐃᑌᐧᐟ, ᑭ ᐋᐧᐸᑕᐁᐤ ᐅᒋᐦᒋᔭ ᒥᓇ ᐃᐧᔭᐤ. ᑭ ᒪᒪᑖᑯᓯᐊᐧᐠ ᒫᑲ ᑭᐢᑭᓄᐊᒪᐋᐧᑲᓇᐠ, ᐃᐢᐱ ᐃᐧᔮᐸᒫᒋᐠ ᑳ ᑎᐯᐳᒋᑫᐳᐟ. ᒋᓴᐢ ᒫᑲ ᑭ ᐃᑌᐤ ᒥᓇ, ᐯᔭᑕᑫᐳᒧᐃᐧᐣ ᑭ ᑲ ᐃᐧ ᐊᔮᓈᐋᐧ: ᑳ ᑭ ᐃᓯ ᓯᐯᐧᑎᓴᐅᐟ ᐁᐧᔦᑖᐃᐧᕽ ᐁᑯᓯ ᓂᐢᑕ ᑭᐟ ᐃᓯ ᓯᐯᐧᑎᓴᐅᑎᓈᐋᐧᐤ. ᐃᐢᐱ ᒫᑲ ᐅᒪ ᑳ ᐃᑌᐧᐟ ᑭ ᐸᑭᑖᒍᑐᑕᐁᐧᐤ ᒥᓇ ᐃᑌᐤ, ᐅᑎᓂᕽ ᑳ ᑲᓈᑎᓯᐟ ᐊᒌᕽ: ᐱᑯ ᐊᐃᐧᔭᐠ ᐅ ᒪᒋᐃᐦᑎᐃᐧᓇ ᑫ ᐳᓂᐳᑕᒫᐧᔦᐠ ᐳᓂᐳᑕᒫᐧᐤ, ᒥᓇ ᐱᑯ ᐊᐃᐧᔭᐠ ᑫ ᒥᒋᒥᓇᒪᐋᐧᔦᐠ, ᒥᒋᒥᓇᒪᐋᐧᐤ

ᓂᓱ ᐊᔭᒥᐁᑭᓯᑳᐤ ᐁ ᑭ ᐃᐢᑕᐤ ᑭᓯᑳᐠ.

ᐊᔭᒥᐋᐃᐧᐣ.

ᒫᒪᐁᐧᔭᐢ ᓯᔦᑳᑎᓯᔭᐣ ᑭᓭᒪᓂᑐ, ᑳ ᑭ ᒣᑭᔭᐣ ᑭ ᐯᔭᑯᑯᓯᔩᐣ ᑭᑕ ᐸᑭᑎᓈᓱᐃᐧᓂᑳᑎᐦᐟ ᒪᒋᐃᐦᑎᐃᐧᐣ ᐅᐦᒋ, ᐊᓯᒋ ᒥᓇ ᑭᑕ ᑭᐢᑭᓇᐚᐧᐸᑕᒫᐧᔮᕽ ᐅ ᒪᓂᑐᐋᐧᑎᓯᐃᐧᐣ, ᒥᐳᓈᐣ ᓂᓱᑲᒫᑯᐃᐧᐣ ᑭᑕ ᑭ ᑕᐦᑭ ᓇᓈᐢᑯᒧᐃᐧ ᐅᑎᓇᒫᕽ ᐅ ᑭᐦᒋ ᐋᐸᒋᐃᐁᐧᐃᐧᐣ, ᒥᓇ ᒫᑲ ᑭᑕ ᑲᑫᐧ ᑫᒋᐋᐧᐠ ᓂᔭᓈᐣ ᒥᑎᒣᔮᕽ ᐅ ᒥᔦ ᑕᐦᑯᐢᑫᐃᐧᓇ ᒫᒪᐁᐧᔭᐢ ᑳ ᑲᓈᑕᓂᐳᐠ ᐅ ᐱᒫᑎᓯᐃᐧᐣ; ᐃᐧᔭ ᐅᐦᒋ ᐁᐊᐧᑯ ᒋᓴᐢ X ᑳ ᑎᐯᐳᒥᑯᔮᕽ. ᐋᒣᐣ.

ᑭᐦᒋᒪᓯᓇᐊᒫᑫᐃᐧᐣ. ᓂᐢᑕᐟ ᐱᑕᐤ ii. 19.

ᐁᐊᐧᑯ ᐅᒪ ᒥᔦ ᐅᑎᓂᑲᑌᐤ ᑭᐢᐱᐣ ᐊᐳᓯᐳᓂᐤ ᐅ ᑭᐢᑫᐳᒥᓱᐃᐧᓂᕽ ᐁ ᒥᑐᓃᐳᒫᐟ ᑭᓭᒪᓂᑐᐊᐧ ᓴᓯᐯᐳᑕᑭ ᒥᑯᐢᑳᑌᐳᑕᒧᐃᐧᐣ ᐁᑳ ᑲᐧᔭᐢ ᐁ ᑯᑕᑭᐃᐦᐟ. ᒋᑫᒫ ᑖᓂᑕ ᐃᐧᔭ ᑫ ᑭ ᑭᐢᑕᑭᑌᐠ ᑭᐢᐱᐣ ᐋᐧᓂᑐᑕᒣᑯ ᐁᑯᓯ ᒫᑲ ᐸᑲᒪᐅᑲᐃᐧᔦᑯ

ᐁᐘᑯ ᐅᐦᒋ, ᓯᐯᔨᑕᒧᐃᐧᓂᕽ ᐅᑎᓀᓈᐚᐤ? ᒫᑲ ᑭᐢᐱᐣ ᐁ ᒥᔪ ᐃᐦᑐᑕᒣᐠ ᑭ ᑯᑕᑭᐃᑲᐃᐧᓈᐚᐤ ᐁᑯᓯ ᐁᐘᑯ ᓯᐯᔨᑕᒧᐃᐧᓂᕽ ᑯᑎᓀᓈᐚᐤ, ᐁᐘᑯ ᒥᔪ ᐅᑎᓇᐨ ᐤᓭᒪᓂᑐ. ᒋᑫᒫ ᐁᑯᑕ ᐅᒪ ᑭ ᑭ ᐃᓯ ᓇᑐᒥᑲᐃᐧᓈᐚᐤ; ᐱᐧᔭ X ᒥᓇ ᐁ ᑭ ᑯᑕᑭᑖᐟ ᑭᔭᐚᐤ ᐅᐦᒋ, ᐁ ᓇᑲᑕᒫᑯᓴᐠ ᐚᐸᑕᐃᐍᐃᐧᐣ ᑭᑕ ᐱᒥᑎᓴᐚᓴᐠ ᒍᑕ ᑳ ᑭ ᐊᑎ ᑕᐦᑯᐢᑫᐟ; ᐁᑳ ᑳ ᑭ ᐅᐦᒋ ᐘᓂᑐᑕᕽ ᒥᓇ ᐯᑳ ᑲᑲᓭᔭᓯᐃᐧᐣ ᐅᑐᓂᕽ ᑳ ᑭ ᒥᐢᑭᑳᑌᔮᐠ; ᐁᐘᑯ, ᐃᐢᐱ ᐁ ᑭᐦᑳᒥᐦᐟ ᐁᑳ ᑳᐃᐧ ᑳ ᑭ ᑭᐦᑳᐃᐧᑕᕽ; ᐃᐢᐱ ᐁ ᑯᑕᑭᐃᐦᐟ ᐁᑳ ᑳ ᑭ ᐊᓯᒥᐍᐟ; ᒫᑲ ᑳ ᑭ ᐸᑭᑌᔮᑕᒫᐚᐟ ᐊᓂᐃ ᑲᐧᔭᐢᐠ ᑳ ᐅᔭᓯᐍᔮᐟ; ᐃᐧᔭ ᑫᒋᐚᐠ ᑳ ᑭ ᓇᔭᑕᕽ ᑭ ᒪᒋᐦᑎᐃᐧᓂᓇᐘ ᒥᐢᑎᑯᕽ, ᑭᔮᓇᐤ ᐁ ᓂᐱᔭᕽ ᒪᒋᐦᑎᐃᐧᓂᕽ ᐃᓯ ᑭᑕ ᐱᒫᑎᓯᔭᕽ ᑲᐧᔭᐢᑭᑖᑎᓯᐃᐧᓂᕽ ᐃᓯ; ᐅ ᐸᐸᓴᐢᑌᐅᑯᐃᐧᓇ ᑳ ᐅᐦᒋ ᐃᔮᓂᑲᐃᑲᐃᐧᓴᐠ. ᒋᑫᒫ ᑖ ᐢᑯᐨ ᒫᔭᑎᑯᓴᐠ ᑭ ᑭ ᐘᓂᓯᓂᓈᐚᐤ; ᒫᑲ ᐁᑲᐧ ᑳᐃᐧ ᑭ ᓈᑖᐚᐤ ᐊᓇ ᑳ ᐅᑲᓇᐃᐧᒫᔭᑎᑫᐧᒥᒋᐠ ᒥᓇ ᑳ ᐅ ᑭᐦᒋ ᐊᔭᒥᐁᐃᐧᔮᓂᒥᒋᐠ ᑭᐟ ᐊᒫᐦᑯᐚᐘᐠ.

ᒥᐚᒋᒧᐃᐧᐣ. ᓴᐣᐟ ᒑᐣ x. 11.

ᒋᓴᐢ ᑭ ᐃᑌᐤ, ᓂᔭ ᐅᒥᔪ ᑲᓇᐃᐧᒫᔭᑎᑫᐧᐤ: ᐅᒥᔪ ᑲᓇᐃᐧᒫᔭᑎᑫᐧᐤ ᒣᑭᐤ ᐅ ᐱᒫᑎᓯᐃᐧᐣ ᒪᔭᑎᑲᐧ ᐅᐦᒋ. ᒫᑲ ᑳ ᒧᐦᒋ ᐊᑐᐢᑫᐢᑳᑫᐟ, ᐁᑳ ᑳ ᐅᑲᓇᐃᐧ-ᒫᔭᑎᑫᐧᐃᐧᐟ, ᐁᑳ ᑳ ᑎᐱᔭᐍᐃᐧᓯᐟ ᒫᔭᑎᑲᐧ, ᐁ ᐚᐸᒫᐟ ᒪᐃᐦᑲᓇ ᐁ ᐹᐸᑖᔮᐟ, ᐁᑯᓯ ᐃᓯ ᓇᑲᑌᐤ ᒫᔭᑎᑲᐧ ᐁ ᑕᐸᓯᐟ: ᐁᑯᓯ ᒪᑲ ᒪᐃᐦᑲᐣ ᐅᑎᑎᓀᐤ, ᒥᓇ ᓯᓴᐧᑎᓴᐍᐤ ᒫᔭᑎᑲᐧ. ᑕᐸᓯᐤ, ᒋᑫᒪ ᒧᐦᒋ ᐊᑐᐢᑫᐢᑳᑫᐤ ᐁᑯᓯ ᓇᒪᐃᐧᔭ ᑖᐯᐧ ᒥᑐᓀᔮᒣᐤ ᒫᔭᑎᑲᐧ. ᓂᔭ ᐅᒥᔪ ᑲᓇᐃᐧᒫᔭᑎᑫᐧᐤ, ᓂ ᑭᐢᑫᔮᒫᐘᐠ ᓂ ᒫᔭ-ᑎᑰᒪᐠ, ᒥᓇ ᓂ ᑭᐢᑫᔮᒥᑲᐧᐠ ᑳ ᐊᔮᐘᒋᐠ, ᑖᐱᐢᑯᐨ ᑳ ᐃᓯ ᑭᐢᑫᔮᒥᐟ ᐍᔪᑕᐃᐧᕽ, ᐁᑯᓯ ᓂᐢᑕ ᑳ ᐃᓯ ᑭᐢᑫᔮᒪᐠ ᐍᔪᑕᐃᐧᕽ: ᒥᓇ ᓂ ᐸᑭᑎᓀᐣ ᓂ ᐱᒪᑎᓯᐃᐧᐣ ᒪᔭᑎᑲᐧᐠ ᐅᐦᒋ. ᑯᑕᑲᐠ ᒫᑲ ᒥᓇ ᒫᔭᑎᑲᐧᐠ ᓂᐟ ᐊᔮᐚᐘᐠ, ᐁᑳ ᐁ ᐃᐧᒋ-ᐃᐍᒋᐠ ᐅᒪ ᒫᔭᑎᑯᑲᒥᐠ; ᐁᐘᑯᓂᐠ ᒥᓇ ᓂ ᑲ ᐯᓯᐚᐘᐠ, ᐁᑯᓯ ᒫᑲ ᑭᑕ ᓇᑐᐦᑕᒪᐘᐠ ᓂᐟ ᐃᑌᐃᐧᐣ; ᑭᑕ ᐯᔭᑲᐧᐣ ᒫᑲ ᒫᔭᑎᑯᑲᒥᐠ, ᒥᓇ ᑭᑕ ᐯᔭᑯ ᐅᑲᓇᐃᐧᒫᔭᑎᑫᐧᐤ.

ᓂᐢᑐ ᐊᔭᒥᐁᑭᓯᑳᐤ ᐁ ᑭ ᐃᐢᑕᕒ ᑭᓯᑳᐠ.

ᐊᔭᒥᐋᐃᐧᐣ.

ᓯᔪᑳᑎᓯᔭᐣ ᑭᓴᒪᓂᑐ, ᑳ ᐚᐸᑎᔭᒋᐠ ᐊᓂᑭ ᑳ ᐘᓂᓯᐦᑭᐠ ᐚᐢᑌᐤ ᑭ ᑖᐯᐃᐧᓂᕽ ᐅᐦᒋ ᑭᑕ ᑭᐍᑐᑕᐦᑭᐠ ᑲᐧᔭᐢᑭᑖᑎᓯᐃᐧᐣ; ᒥᔮᐠ ᑲᑭᔭᐤ ᑳ ᐱᑐᑲᐃᐦᒋᐠ ᑭᑕ ᐃᐧᒋ-ᐃᐍᒋᐠ X ᐅᐟ ᐃᓯᑖᐃᐧᓂᕽ, ᑭᑕ ᓇᑲᑕᐦᑭᐠ ᐊᓂᐃ ᐁᑳ ᐅᐟ ᐊᔭᒥᐋᐃᐧᓂᐚᕽ

ᑳ ᐊᐢᑌᔨᑭ, ᒥᓇ ᑭᑕ ᐱᒥᑎᓭᐦᑭᐠ ᑲᑭᔭᐤ ᑕᐦᑐ ᑫᑳᐧᔦ ᑳ ᓇᐃᐸᔨᑭ ᐁᑯᑌ ᐃᓯ; ᐃᐧᔦ ᐅᐦᒋ ᑳ ᑎᐯᔨᒥᑯᔮᕽ ᒋᓵᐢ X. ᐋᒣᐣ᙮

ᑮᐦᒋᒫᓯᓇᐊᒫᑫᐃᐧᐣ᙮ ᓂᐢᑕᐟ ᐱᑕᐢ ii. 11.

ᑳ ᓵᑭᐃᑕᑯᐠ, ᑭ ᑳᑭᓯᒧᑐᑖᑎᓈᐹᐤ ᑖᐱᐢᑯᐦ ᐅᑲᐯᓯᐊᐧᐠ ᒥᓇ ᐅᐱᒧᑌᐅᐊᐧᐠ ᑭᒋ ᓇᑭᐢᑕᒣᐠ ᐃᐧᔮᓯᓈᐧ ᒧᐢᑕᐁᐧᔨᑕᒧᐃᐧᓇ ᑳ ᓄᑎᓂᑯᐟ ᐊᒑᕽ; ᐁ ᐊᔨᓯᒋᑫᔭᐠ ᑭᑕ ᒥᔪ ᐋᐧᐸᑕᐋᔭᑯᐠ ᑫᑐᑕᐦᐊᐠ; ᐁᑯᓯ ᐃᑕ ᐁ ᒫᔮᒋᒥᑯᔭᑯᐠ ᑖᐱᐢᑯᐦ ᐅᐊᐧᓂᐦᑐᑕᒧᐊᐧᐠ, ᑭ ᒥᔪ ᐊᐦᑐᐢᑫᐃᐧᓂᐋᐧᐊᐧ ᐅᐦᒋ ᐁ ᐋᐧᐸᑕᑭᐠ ᑭᑕ ᑭᐢᑕᑭᒫᒋᐠ ᑭᓵᒪᓂᑐᐊᐧ ᐊᓂᒪ ᑭᓯᑳᐤ ᐅᑎᑎᑯᐃᐧᓯᑖᐧᐃᐧ᙮ ᐸᐢᐱᐢᑕᒧᐠ ᑲᑭᔭᐤ ᑳ ᐃᓯ ᐅᔮᑭᒥᐁᐧᐟ ᐊᔨᓯᔨᓂᐤ ᑳ ᑎᐯᔨᒋᑫᐟ ᐅᐦᒋ; ᑭᐢᐱᐣ ᑮᐦᒋ ᐅᑭᒫᐤ ᑳ ᒫᐊᐧᒋ ᓂᑲᓅᔨᑖᑯᓯᐟ; ᐊᐦᐳ ᐳᔦᓯᐁᐧᐃᐧᑮᒫᐊᐧᐠ ᑳ ᐃᓯᑎᓵᐳᑯᒋᐠ ᑭᑕ ᑲᑫᐢᑭᒧᐋᐧᒋᐠ ᑳ ᒫᒋᐅᑕᒥᔨᐟ ᒥᓇ ᑭᑕ ᒪᒥᒋᒫᒋᐠ ᐊᓂᐃ ᑳ ᒥᔪ ᐅᑕᒥᔨᐟ᙮ ᒋᑫᒫ ᐁᐊᐧᑫᐧᔨᐤ ᑳ ᐃᓯ ᓇᑕᐁᐧᔨᑕᕽ ᑭᓵᒪᓂᑐ, ᒥᔪ ᐅᑕᒧᐃᐧᐣ ᑭᑕ ᐅᐦᒋ ᐸᓅᐁᐧᒥᑯᔭᑯᐠ ᐁᑳ ᑳ ᐅ ᑭᐢᑫᔨᑕᒧᐃᐧᓂᒋᐠ ᑲᑫᐸᒋ ᐊᔨᓯᔨᓂᐊᐧᐠ; ᐁ ᑎᐯᔨᒥᓱᔭᐠ, ᒫᑲ ᐁᑳ ᐁ ᐋᐸᒋᑖᔭᐠ ᑭ ᑎᐯᔨᒥᓱᐃᐧᓂᐋᐧᐤ ᑭᑕ ᐅᐦᒋ ᐊᑲᐧᓇᐦᐊᒣᐠ ᒪᒋᐃᐦᑎᐧᐣ, ᒫᑲ ᑖᐱᐢᑯᐦ ᑭᓵᒪᓂᑐ ᐅᐟ ᐊᑐᐢᑫᔮᑲᓇ᙮ ᑯᓯᑫᐧᔨᒥᑯᐠ ᑲᑭᔭᐤ ᐊᔨᓯᔨᓂᐊᐧᐠ᙮ ᓵᑭᐃᑯᐠ ᐅᒋᐋᐧᒥᒫᐊᐧᐠ᙮ ᑯᐢᑎᕽ ᑭᓵᒪᓂᑐ᙮ ᑯᓯᑫᐧᔨᒥᕽ ᑮᐦᒋ ᐅᑭᒫᐤ᙮

ᒥᐋᐧᒋᒧᐃᐧᐣ᙮ ᓴᐣᐟ ᒍᐣ xvi. 16.

ᒋᓵᐢ ᑭ ᐃᑌᐤ ᐅ ᑭᐢᑭᓄᐊᒪᐋᐧᑲᓇ, ᐋᒋᔭᐤ ᐱᑯ, ᐁᑳ ᓇᒪᐃᐧᔦ ᑭ ᑳ ᐚᐸᒥᓈᐚᐤ: ᐊᒋᔭᐤ ᒫᑲ ᒥᓇ, ᐁᑳᐧ ᑭ ᑳ ᐚᐸᒥᓈᐋᐤ᙮ ᐋᑎᐟ ᒫᑲ ᐅ ᑭᐢᑭᓄᐊᒪᐚᐧᑲᓇ ᑭ ᐊᔨᑎᑐᔨᐊᐧ, ᑫᑳ: ᐅᒪ ᑳ ᐊᔨᑎᑯᔮᕽ, ᐋᒋᔭᐤ ᐱᑯ, ᐁᑯᓯ ᓇᒪᐃᐧᔦ ᑭ ᑳ ᐚᐸᒥᓈᐚᐤ; ᒥᓇ ᒫᑲ ᐊᒋᔭᐤ ᐱᑯ ᐁᑯᓯ ᑭ ᑳ ᐚᐸᒥᓈᐚᐤ: ᒥᓇ, ᒋᑫᒫ ᐁ ᓈᑕᐣ ᐁᐧᔪᑖᐃᐧᕽ? ᑭ ᐃᑌᐧᐊᐠ ᒫᑲ, ᑫᑳ: ᐅᒪ ᑳ ᐃᑌᐧᐟ, ᐋᒋᔭᐤ ᐱᑯ? ᓇᒪᐃᐧᔦ ᑭ ᑭᐢᑫᔨᑌᓇᓇᐤ ᑫᑳ: ᑳ ᐃᑌᐧᐟ? ᒋᓵᐢ ᐚᐸᑕᐦ ᐁ ᓄᐦᑌ ᑲᑫᐧᒋᒥᑯᐟ, ᐁᑯᓯ ᑭ ᐃᑌᐤ, ᑭ ᑲᑫᐧᒋᒧᓈᐚᐤ ᒋ ᐅᒪ ᐅᐦᒋ ᑳ ᐃᑌᐧᔮᐣ, ᐋᒋᔭᐤ ᐱᑯ, ᐁᑯᓯ ᓇᒪᐃᐧᔦ ᑭ ᑳ ᐚᐸᒥᓈᐚᐤ, ᒥᓇ ᒫᑲ ᐊᒋᔭᐤ ᐱᑯ, ᐁᑯᓯ ᑭ ᑳ ᐚᐸᒥᓈᐚᐤ? ᑖᐯᐧ, ᑕᐯᐧ, ᑭᐟ ᐃᑎᓈᐚᐤ, ᑭ ᑳ ᒫᑐᓈᐚᐤ ᒥᓇ ᑭ ᑳ ᒧᐢᑫᐧᔨᑌᓈᐚᐤ, ᒫᑲ ᐊᐢᑭ ᑭᑕ ᒥᔭᐋᐧᑕᒧᒪᑲᐣ: ᑭ ᑳ ᑲᑳᐧᑕᑫᔨᒧᓈᐚᐤ, ᒫᑲ ᑭ ᑲᑳᐧᑕᑫᔨᒧᐃᐧᓂᐋᐧᐤ ᑭᑕ ᑫᐧᐢᑭᓂᑳᑌᐤ ᒥᔭᐋᐧᑕᒧᐃᐧᓂᕽ ᐃᓯ᙮ ᐃᐢᑫᐧᐤ ᐋᐧ ᐋᐧᐸᒫᐊᐧᓯᒋ ᐊᔮᐤ ᑲᑳᐧᑕᑫᔨᒧᐃᐧᐣ ᒋᑫᒫ ᐁ ᐅᑎᒋᐸᔨᔨᐠ ᐃᔨᑯᕽ: ᒫᑲ ᐃᐢᐱ ᑳ ᓂᑖᐃᐧᑭᐋᐧᐊᐧᓯᒋ ᓇᒪᐃᐧᔦ ᑭᐢᑭᓯᑐᑕᐟ ᐃᐧᓴᑲᐱᓀᐃᐧᐣ ᐁᐢᐱᒋ ᒥᔦᐧᔨᑕᕽ ᐁ ᓂᑖᐃᐧᑭᐋᐧᐟ ᐊᔨᓯᔨᓂᐊᐧ ᐅᑕ ᐊᐢᑭᕽ᙮ ᑭᔭᐋᐧᐤ ᒫᑲ ᐊᓄᐦᐨ ᓀᐦᑳᐧᐨ ᑭᐟ ᐊᔮᓈᐚᐤ ᑲᑳᐧᑕ

ᐳᒍᐃᐧᐣ: ᒫᑲ ᒥᓇ ᑭ ᑲ ᐚᐧᐸᒥᑎᓈᐊᐧᐤ, ᐁᑯᓯ ᑭ ᑌᐦᐃᐊᐧᐤ ᑭᑕ ᒥᔭᐚᐧᑕᒧᒪᑲᐣ ᒥᓇ ᑭ ᒥᔭᐚᐧᑕᒧᐃᐧᓂᐚᐧᐤ ᓇᒪᐃᐧᔭ ᐊᐃᐧᔭᐠ ᐊᐳᓯᐳᓂᐤ ᑭ ᑲ ᒪᐢᑲᒥᑯᐚᐧᐤ.

ᓀᐤ ᐊᔭᒥᐁᑭᓯᑳᐤ ᐁ ᑭ ᐃᐢᑕᐤ ᑭᓯᑳᐠ.

ᐊᔭᒥᐋᐃᐧᐣ.

ᒫᒪᐁᐧᔭᐢ ᓯᐘᑳᑎᓯᔭᐣ ᑭᓴᒪᓂᑐ, ᑭᔭ ᐱᑯ ᑫ ᑭ ᒥᓇᐧᐢᑖᐊᐧᐟ ᐅ ᒪᑭ ᐃᑌ ᓯᐢᑕᒍᐃᐧᓂᐚᐧᐊᐧ ᒥᓇ ᐅ ᒍᐢᑕᐁᐧᐳᑕᒍᐃᐧᓂᐚᐧᐸᐧ ᒪᑭ ᐊᐳᓯᐳᓂᐊᐧᐠ; ᒥᐳᐠ ᑭᐟ ᐃᐳᓂᒪᐠ ᑭᑕ ᓵᑭᑖᑭᐢ ᐊᓂᒪ ᑳ ᐃᑕᓱᐁᐧᔭᐣ ᒥᓇ ᑭᑕ ᒍᐢᑕᐁᐧᐳᑕᐦᑭᐢ ᐊᓂᒪ ᑳ ᐊᓱᑕᒪᑫᔭᐣ; ᐁᑯᓯ ᒫᑲ ᐱᑯ ᐁ ᐃᓯ ᐊᔮᔭᕽ ᐅᑕ ᐊᐢᑭᕽ, ᓂᑌᐦᐃᓈᓇ ᑭᑕ ᐃᐧᑫᐦᑭᓈᒪᐨ ᐚᔭᑕᐢᑌᐊᐧ ᐃᑕ ᐱᑯ ᑳᐯᐧ ᒪᒪᐦᑯᓯᐃᐧᓇ ᑫ ᑭ ᒥᐢᑭᑳᑌᑭ; ᐃᐧᔭ ᐅᐦᒋ ᒋᓴᐢ X ᑳ ᑎᐯᐳᒥᑯᔮᕽ. ᐋᒣᐣ.

ᑭᐦᒋᒪᓯᓇᐊᒫᑫᐃᐧᐣ. ᑫᒥᐢ i. 17.

ᑲᑭᔭᐤ ᒥᓓ ᒣᑭᐃᐧᐣ ᒥᓇ ᐁ ᒪᒥᑐᓂᒋᑳᑌᐠ ᒣᑭ ᐃᐧᐣ ᐃᐢᐟᒥᕽ ᐅᐦᒋᐸᐳᐤ ᐁ ᐯ ᔮᓯᑎᓴᐊᕽ ᐊᓇ ᑲ ᐅᐦᒑᐃᐧᐢᑲᕽ ᐚᐧᐢᑌᐊᐧ, ᐊᓇ ᐁᑳ ᑲ ᑭᑭᐢᑲᑯᐟ ᐱᑐᐢ ᐃᓯ ᐊᔮᐃᐧᐣ ᐊᐦᐳ ᐁ ᒋᑳᐢᑌᑎᕽ ᑫᐧᐢᑭᐃᐧᐣ. ᐃᐧᔭ ᐅᐟ ᐃᑌᐳᑕᒍᐃᐧᐣ ᐅᐦᒋ ᑭ ᑭ ᓂᑖᐃᐧᑭᐃᑯᓇᐤ ᑖᐯᐧᐃᐧᓂ ᐃᑌᐃᐧᐣ ᐅᐦᒋ ᑭᔮᓇᐤ ᑭᑕ ᐃᓯ ᐊᔮᔭᕽ ᑖᐱᐢᑯᐨ ᓂᐢᑕᑦ ᐁ ᒥᓂᓯᐃᐧᐳᐟ ᐅᓯᒋᑲᓇ. ᐅᒪ ᑭ ᑭᐢᑫᐳᑌᓈᐚᐧᐤ ᑳ ᓵᑭᐃᑕᑯᐠ ᔑᒋᐚᐧᒥᑎᐠ. ᒫᑲ ᑭᔮᑦ ᑲᑭᔭᐤ ᐊᐳᓯᐳᓂᐤ ᑭᑕ ᑭᓯᐢᑲᓭᐳᑕᑦ ᑭᑕ ᓇᑐᐦᑕᕽ, ᑭᑕ ᐯᑭᑳᑎᓯᐤ ᑭᑕ ᐱᑭᐢᑫᐧᐟ, ᑭᑕ ᐯᑭᑳᑎᓯᐤ ᑭᑕ ᑭᓯᐚᐧᓯᐟ; ᒋᑫᒫ ᐅ ᑭᓯᐚᐧᓯᐃᐧᐣ ᐊᐳᓯᐳᓂᐤ ᓇᒪᐃᐧᔭ ᐊᑐᐢᑳᑕᒧᒪᑲᓂᐳᐤ ᐅ ᑲᐧᔭᐢᑭᑖᑎᓯᐃᐧᐣ ᑭᓴᒪᓂᑐ. ᐁᑯᐟ ᒫᑲ ᐅᐦᐱᒣ ᐁ ᐊᐢᑖᓭᐠ ᑲᑭᔭᐤ ᑳ ᐃᐧᓀᐳᑳᑲᐧᕽ ᒥᓇ ᑳ ᐊᐳᐚᐧᑫᐳᑲᐧᕽ ᒪᒋᐦᑎᐃᐧᐣ, ᐅᑎᓇᒍᐠ ᔦᐢᑳᑎᓯᐃᐧᓂᕽ ᐊᓂᒪ ᑳ ᓂᑖᐃᐧᑭᕽ ᐃᑌᐃᐧᐣ ᐸᓂᒪ ᑫ ᑭ ᐱᒫᒋᐃᑯᓭᐠ ᑭᐟ ᐊᒐᐦᑯᐚᐧᕽ.

ᒥᐚᐧᒋᒍᐃᐧᐣ. ᓴᐣᐟ ᒑᐣ xvi. 5.

ᒋᓴᐢ ᑭ ᐃᑌᐤ ᐅ ᑭᐢᑭᓄᐊᒪᐚᐧᑲᓇ, ᐁᑲᐧ ᓂ ᓈᑖᐤ ᐊᓇ ᑳ ᑭ ᐯ ᐃᓯᑎᓴᐅᐟ; ᓇᒪᐃᐧᔭ ᒫᑲ ᑭᔭᐚᐧᐤ ᑭ ᑲᑫᐧᒋᒥᓈᐚᐧᐤ ᑖᓂᑌ ᐁᑐᑌᔭᐣ? ᒫᑲ ᐅᐃ ᐁ ᑭ ᐊᐳᑎᑕᑯᐠ, ᒥᐦᒋᔭᐁᐧᓯᐃᐧᐣ ᑭ ᒍᐢᑭᓀᐤ ᑭᑌᐦᐃᐚᐧᕽ. ᐁᐳᐁᐧᕽ ᒫᑲ ᓂ ᑖᐚᐧᐣ ᑳ ᐃᓯ ᐃᐧᑕᒪᑕᑯᐠ; ᓇᐃᐸᐳᐤ ᑭᔭᐚᐧᐤ ᐅᐦᒋ ᑭᑕ ᓯᐯᐧᑌᔮᐣ: ᒋᑫᒪ ᑭᐢᐱᐣ ᐁᑳ ᓯᐯᐧᑌᔮᓂ, ᐅᒥᔦᑌᐦᐁᐃᐁᐧᐤ ᓇᒪᐃᐧᔭ ᑭ ᑲ ᐅᑎᐦᑎᑯᐚᐧᐤ; ᒫᑲ ᑭᐢᐱᐣ ᓯᐯᐧᑌᔮᓂ, ᑭ ᑲ ᐯ ᐃᓯᑎᓴᐊᒫᑎᓈᐚᐧᐤ. ᐃᐧᔭ ᒫᑲ, ᐃᐢᐱ ᑕᑯᓯᐠ, ᑭᑕ ᒍᓯᓴᐊᒪᐯᐧᐤ ᐊᐢᑭᕽ ᑳ ᐊᔮᐳᐟ ᒪᒋᐦᑎᐃᐧᐣ, ᒥᓇ ᑲᐧᔭᐢᑭᑖᐢᓯᐃᐧᐣ, ᒥᓇ ᐅᔭᓯ ᐃᐧᐣ: ᒪᒋ-

ᐦᑎᐃᐧᐣ, ᒋᑫᒫ ᐁᑳ ᐁ ᑖᐯᐧᑕᐃᐧᒋᐢ; ᑲᐧᔭᐢᑭᑖᑎᓯᐃᐧᐣ, ᒋᑫᒫ ᐁ ᓈᒋᐢ ᓄᐦᑖᐃᐧ, ᐁᑯᓯ ᐁᑳ ᑭᑕ ᐋᐧᐸᒥᔦᐠ; ᐅᔭᓯᐁᐧᐃᐧᐣ, ᒋᑫᒫ ᑳ ᐅᑭᒫᑲᑕᕽ ᐅᒪ ᐊᐢᑭ ᑭ ᐅᔭᓯᐋᐧᒌᐤ. ᑫᔮᐱᐨ ᒥᐦᑫᐟ ᑫᑲ: ᓂᐟ ᐋᔮᐣ ᑭᑕ ᐃᑎᐤᑯᐠ, ᒫᑲ ᓇᒪᐃᐧᔭ ᐊᓄᐦᐨ ᑭ ᑲ ᑭ ᓇᔭᐦᑌᓈᐋᐧᐤ. ᒫᑲ ᐃᐧᔭ ᐃᐢᐱ ᐊᓄ, ᑖᐯᐧᐃᐧᓂ ᐋᒫᕽ ᑕᑯᓯᑭ, ᑭ ᑲ ᑭᐢᑭᓄᑕᐃᑯᐊᐧᐤ ᒥᓯᐁᐧ ᑖᐯᐧᐃᐧᓂᕽ ᐃᓯ: ᒋᑫᒫ ᓇᒪᐃᐧᔭ ᑫᒋᐊᐧᐢ ᐃᐧᔭ ᑭᑕ ᐅᐦᒋ ᐱᑭᐢᑫᐧᐤ; ᒫᑲ ᐱᑯ ᑫᑲ: ᑫ ᐃᓯ ᐯᑕᕽ, ᐁᐊᐧᑲᐧᓂ ᑫ ᐃᐧᑕᕽ: ᒥᓇ ᑭ ᑲ ᐋᐧᐸᑎᐡᑯᐋᐧᐤ ᓂᔮᐠ ᑫ ᐊᐡᑭᕽ. ᓂ ᑲ ᑭᐢᑌᐡᑖᑯᐃᐠ: ᒋᑫᒫ ᑭᑕ ᐅᑎᓈᐟ ᑳ ᐋᔮᔮᐣ ᐅᐦᒋ, ᐁᑯᓯ ᑭ ᑲ ᐋᐧᐸᑎᐡᑯᐋᐧᐤ. ᑲᑭᔭᐤ ᑫᑲ: ᐍᔦᑖᐃᐧᕽ ᑳ ᐋᔮᐟ ᓂᔭ ᓂᐟ ᐋᔮᐣ: ᐁᐊᐧᑯ ᐅᐦᒋ ᑳ ᐃᑌᐧᔮᐣ, ᑭᑕ ᐅᑎᓈᐟ ᑳ ᐋᔮᔮᐣ ᐅᐦᒋ, ᒥᓇ ᑭ ᑲ ᐋᐧᐸᐦᑎᐡᑯᐋᐧᐤ.

ᓃᔮᓇᐣ ᐊᔭᒥᐁᑭᓯᑳᐤ ᐁ ᑭ ᐃᐢᑕᕽ ᑭᓯᑳᐠ.

ᐊᔭᒥᐋᐃᐧᐣ.

ᑌᐯᐡᒋᑫᔮᐣ, ᑭᔭ ᑳ ᐅᐦᒋᐢᑖᒫᑫᔮᐣ ᑲᑭᔭᐤ ᒥᔦ ᑫᑲᐧᔭ; ᐸᑭᑌᐡᑕᒪᐃᐧᓈᐣ ᓂᔮᓈᐣ ᐁ ᑕᐸᐦᑌᐡᒧᔮᕽ ᑭᐟ ᐊᐤᐢᑫᔮᑲᓇᐠ, ᑳ ᑲᓈᑕᕽ ᑭᐟ ᐃᑌᐡᑕᒧᐃᐁᐧᐃᐧᐣ ᐅᐦᒋ ᑭᑕ ᐃᑌᐡᑖᒪᕽ ᐊᓂᐦᐃ ᑰ ᒥᔮᐧᓯᑭ, ᐁᑯᓯ ᐁ ᑭᓴᐋᐧᑎᓯᐃᐧ ᑭᐢᑭᓄᑕᐦᐃᔮᕽ ᑭᑕ ᐃᐦᐤᑕᒫᕽ ᐁᐊᐧᑯᓂᐦ; ᐃᐧᔭ ᐅᐦᒋ ᑳ ᑎᐯᐡᒥᑯᔮᕽ ᒋᓴᐢ X. ᐋᒣᐣ.

ᑭᐦᒋᒪᓯᓇᐊᒫᑫᐃᐧᐣ. ᑫᒥᐢ i. 22.

ᐃᐦᐤᑕᒧᐠ ᐃᑌᐧᐃᐧᐣ ᐁᑳᐃᐧᔭ ᐱᑯ ᓇᐤᐦᑕᒧᐠ ᐁ ᐊᐧᔦᓯᐃᓯᔦᐠ. ᒋᑭᒫ ᑭᐢᐱᐣ ᐊᐃᐧᔭᐠ ᓇᐤᐦᑕᑭ ᐃᑌᐧᐃᐧᐣ ᐁᑳ ᒫᑲ ᐃᐦᐤᑕᑭ ᐃᓯᓈᑯᒋᑫᐤ ᑖᐱᐢᑯᐨ ᐊᐡᓯᐡᓂᐤ ᐁ ᑲᓇᐋᐧᐸᒥᓯᐟ ᐅᑳᐧᑲᓂᕽ ᐋᐧᐸᒧᓄᕽ; ᒋᑮᒫ ᑲᓚᐋ ᐧ:ᒥᓯ ᐁᑯᓯ ᓯᐯᐧᑌᐤ ᓴᒫ ᐊᐧᓂᑭᐢᑭᓯᐤ ᑖᓂᓯ ᑳ ᐃᓯᓈᑯᓯᐟ. ᒫᑲ ᐊᓇ ᑳ ᑲᓇᐋᐧᐸᑕᕽ ᑳ ᒪᒥᐤᓂᒪᑲᕽ ᐅᔭ-ᓯᐁᐧᐃᐧᐣ, ᐊᓂᒪ ᑎᐯᐡᒥᓯᐃᐧ ᐅᔭᓯᐁᐧᐃᐧᐣ, ᐁᑯᓯ ᒫᑲ ᐃᓯ ᐱᒥᑎᓴᐊᑭ ᐁᐊ ᑯ ᑲ ᓇᐤᐦᑕᑭ ᐁᑳ ᑳ ᐊᐧᓂᑭᐢᑭᓯᐟ ᒫᑲ ᐁ ᐃᐦᐤᑕᕽ ᐊᐤᐢᑫᐃᐧᓂᕽ. ᐁᐊᐧᑯ ᐊᐊ ᐊᐡ-ᓯᐡᓂᐤ ᑭᑕ ᒥᔭᐧᑭᒫᐤ ᐅᐟ ᐃᐦᐤᑕᒧᐃᐧᓂᕽ. ᑭᐢᐱᐣ ᐊᐃᐧᔭᐠ ᐊᐡᓯᐡᓂᐤ ᓂᐟ ᐊᔭ ᒥᐋᐋᐧᑎᓯᐣ ᐃᑌᐡᑕᑭ ᐁᑯᓯ ᐁᑳ ᐁ ᑭᑌᐡᑕᕽ ᐅᑌᔭᓂ ᒫᑲ ᐁ ᑲᔦᓯᑖᐟ ᐅᑌᐦ-ᐊᐊᐧ ᐊᐡᓯᐡᓂᐤ ᐅᐟ ᐊᔭᒥᐋᐃᐧᐣ ᐱᑯᓇᑕ ᐃᑌᐡᑖᑲᐧᓂᐡᐤ. ᐁ ᐯᑲᕽ ᐊᔭᒥᐋᐃ ᒥᓇ ᐁᑳ ᐁ ᐃᐧᐡᐱᑖᕽ ᐁ ᐃᓯ ᑭᑖᐸᑕᕽ ᑭ ᑭᓴᒪᓂᐤᒥᓇᐤ ᒥᓇ ᑯᐦᑕᐃᐧᓇᐤ ᐁᐊᐧᑯᒪ, ᑭᑕ ᑭᐅᑳᐦᒋᐢ ᑳ ᑭᐋᐧᑎᓯᒋᐢ ᒥᓇ ᓯᑲᐃᐧᐢᑫᐧᐊᐧᐤ ᐅᐟ ᐋᐧᐡᒥᓯᐃᐧᓂᐊᐧ· ᒥᓇ ᑭᑕ ᑲᓇᐁᐧᐡᒥᓯᕽ ᐁᑳ ᑭᑕ ᐃᐧᐡᐱᐃᐁᐧᐠ ᐊᐢᑭ.

ᒥᐋᐧᒋᒧᐃᐧᐣ. ᓭᐣᐟ ᒎᐣ xvi. 23.

ᑖᐯᐧ, ᑖᐯᐧ, ᑭᐟ ᐃᑎᓈᐚᐤ, ᐱᑯ ᑫᑲ: ᑫ ᑲᑫᐧᒋᒫᐁᐧᑫᐧ ᐁᐧᔭᑖᐃᐧᕽ ᑭ ᑲ ᒥᔪᑯᐚᐤ ᓂ ᐃᐧᔭᐃᐧᓂᕽ. ᐊᓄᐦᒼ ᐃᐢᑯ ᓇᒪ ᑫᑲᐧ ᑭᐟ ᐅᐦᒋ ᓇᐣᑌᓈᐚᐤ ᓂ ᐃᐧᔭᐃᐧᓂᕽ: ᓇᐣᑕᒫᐠ ᐯᑯᐟ ᑭ ᑲ ᐊᔫᓈᐚᐤ, ᑭ ᒥᔪᐊᐧᑕᒧᐃᐧᓂᐚᐤ ᑭᑕ ᑎᐱᐸᔪᐠ. ᐅᐃ ᑭ ᑭ ᐊᐧᐃᐧᑕ ᑎᓈᐚᐤ ᐊᐢᐸᐋᐧᑫᒧᐃᐧᓂᕽ: ᒫᑲ ᐹᐸᔪᐤ ᐃᔪᑯᕽ, ᐃᐢᐱ ᐁᑳ ᐊᐢᐸᐋᐧᑫᒧᐃᐧᓂᕽ ᑫ ᐃᐧᑕᒫᑕᑯᐠ, ᒫᑲ ᑭ ᑲ ᐸᔪᑌ ᐋᒋᒧᐢᑖᑎᓈᐚᐤ ᐁᐧᔭᑖᐃᐧᕽ. ᐁᑯᐢᐱ ᑭᓯᑳᑭ ᑭ ᑲ ᓇᐣᑌᐢᑕᒫᓯᓈᐚᐤ ᓂ ᐃᐧᔭᐃᐧᓂᕽ: ᓇᒪᐃᐧᔭ ᒫᑲ ᑭᐟ ᐃᑎᓈᐚᐤ, ᑭᑕ ᐊᔪᒥᐁᐢᑕᐚᐠ ᐁᐧᔭᑖᐃᐧᕽ ᑭᔪᐚᐤ ᐅᐦᒋ; ᒋᑫᒫ ᐁᐧᔭᑖᐃᐧᕽ ᐃᐧᔭ ᑭ ᓵᑭᐃᑯᐚᐤ, ᐁ ᑭ ᓵᑭᐃᔮᐠ ᑭᔪᐚᐤ, ᒥᓇ ᐁ ᑭ ᑖᐯᐧᑕᒣᐠ ᐁᐧᔭᑖᐃᐧᕽ ᐁ ᑭ ᐯ ᐅᐦᒋᔮᐣ. ᐁᐧᔭᑖᐃᐧᕽ ᓂ ᑭ ᐯ ᐅᐦᒋᐣ, ᐁᑯᓯ ᐅᑕ ᐅᐢᑭᕽ ᓂ ᑭ ᐯ ᐃᐣᑖᐣ: ᒥᓇ ᓂ ᓇᑲᑌᐣ ᐅ ᐊᐢᑭ, ᐁ ᓈᑕᐠ ᐁᐧᔭᑖᐃᐧᕽ. ᐅ ᑭᐢᑭᓄᐊᒪᐋᐧᓇ ᑭ ᐃᑎᐠ, ᑭᐢᐟ, ᑲᐧ, ᒍᓯᐢ ᑭ ᐃᐧᑌᐣ, ᒥᓇ ᓇᒪ ᑫᑲ: ᑭᐟ ᐊᐢᐸᐋᐧᑫᒧᐣ. ᐁᑳᐧ ᓂ ᑭᐢᑫᔪᑌᓈᑦ ᑲᐢᔪᐤ ᑫᑲ: ᐁ ᑭᐢᑫᔪᑕᒪᐣ, ᒥᓇ ᐁᑳ ᐁ ᓇᑕᐁᐧᑕᒪᐣ ᐊᐃᐧᔭᐠ ᐊᔪᓯᔪᓂᐤ ᑭᑕ ᑲᑫᐧᒋᒥᐢ: ᐅᒪ ᐅᐦᒋ ᓂ ᑖᐯᐧᑌᓈᐣ ᑭᓴᒪᓂᕽ ᐁ ᑭ ᐯ ᐅᐦᒋᔮᐣ. ᑭᓴᐢ ᑭ ᓇᐢᑫᐧᐊᐧᓯᑌᐤ, ᐁᑳᐧ ᒋ ᑭ ᑖᐯᐧᑌᓈᐚᐤ? ᑭᐢᐟ, ᐹᐸᔪᐨ ᑎᐸᐃᑲᐣ, ᐁᐦᐁ, ᓵᓴᐧ ᐃᓴ ᐱᑯ, ᐃᑕ ᑫ ᓯᓴᐧᐢᑳᔭᐠ ᑲᑭᔪᐤ ᐊᔪᓯᔪᓂᐤ ᐃᑌ ᐁ ᐃᓯ ᐃᐧᒋᐃᐁᐧᐟ, ᐁᑯᓯ ᑭᑕ ᐯᔪᑯ ᓇᑲᓯᔭᐠ: ᒫᑲ ᐹᑕᐃᐧᔭ ᓇᒪᐃᐧᔭ ᓂ ᐯᔪᐤᐣ, ᒋᑫᒫ ᐁᐧᔭᑖᐃᐧᕽ ᓂ ᐃᐧᒉᐃᐧᐠ. ᐁᐊᐧᑯᓂ ᐅᐃ ᑭ ᑭ ᐊᔪᑎᑎᓈᐚᐤ, ᓂᔪ ᐅᐦᒋ ᑭᑕ ᐋᔫᓴᐠ ᐯᔪᑕᑫᔪᒧᐃᐧᐣ. ᐅᑕ ᐊᐢᑭᕽ ᐃᐧᔪ ᑭ ᑲ ᐊᔪᓈᐚᐤ ᐋᔪᒥᓯᐃᐧᐣ: ᒫᑲ ᒥᓵᐧᔪᑕᒧᐠ; ᓂ ᑭ ᓵᑯᒋᑖᐣ ᐊᐢᑭ.

ᐅᐦᐱᐢᑳᓯᐤ ᑭᓯᑳᐤ.

ᐅᐦᐱᐢᑫᐧᔪᐠ ᑭᔪᐋᐧᐤ ᒥᐢᑕᐦᐃ ᐃᐢᑳᐧᑌᒪ; ᐁᐦᐁ ᐅᐦᐱᐢᑫᐧᔪᐠ ᑭᔪᐋᐧᐤ ᑳᐤ ᐃᐢᑳᐧᑌᒪ; ᐁᑯᓯ ᑳ ᑭᐦᒋᐅᑭᒪᑲᐨᕽ ᑭᐦᒌᔪᐃᐧᐃᐧᐣ ᑭᑕ ᐱᐣᑫᐤ. ᓂᑲᒧᓇ xxiv. 9.

ᐊᐁᐧᓈᐊᐧ ᑳ ᑭᐦᒋᐅᑭᒫᑲᐨᕽ ᑭᐦᒌᔪᐃᐧᐃᐧᐣ? ᑳ ᑎᐯᔪᒋᑫᐟ ᒫᒪᐁᐧᔭᐢ ᓯᔭᑳᑎᓯᐟ ᐁᐊᐧᑯ ᑳ ᑭᐦᒋᐅᑭᒫᑲᐨᕽ ᑭᐦᒋᔪᐃᐧᐃᐧᐣ. ᓂᑲᒧᓇ xxiv. 10.

ᑭ ᑭ ᐅᐦᐱᐢᑳᐣ ᐃᐢᐱᒥᕽ, ᑭ ᑭ ᓯᐯᐧᑖᐊᐧᐠ ᒍᐢᑎᓈᑲᓇᐠ, ᑭ ᑭ ᐅᑎᓄᐣ ᒥᔪᑯᐃᐧᓇ ᒉᑳᐧ ᐊᔪᓯᔪᓈᕽ. ᓂᑲᒧᓇ lxviii. 18.

ᐁᐊᐧᑯ ᐅᐦᒋ ᒫᑲ ᑲᐢᑭᑖᐤ ᒥᓇ ᑭᑕ ᐱᒫᒋᐋᐧᐟ ᑭᓯᐸᓄᕽ ᐃᐢᑯ ᐊᓂᐃ ᑳ ᐯ ᓈᑕᔪᐟ ᑭᓴᒪᓂᐣᐊᐧ ᐃᐧᔪ ᐁ ᐊᐢᐯᔪᒧᐣᑖᑯᐟ, ᒋᑫᒫ ᑳᑭᑫ ᐱᒫᑎᓯᐤ ᑭᑕ ᓇᐣᑌᐢᑕᒪᐚᐟ. ᐃᐸᕒᐅᐊᐧ vii. 25.

ᑭᑕ ᒪᒥᐦᑭᒫᐤ ᐁᐗᑕᐘᕽ, ᒥᓇ ᐅᑯᓯᓯᒫᐤ; ᒥᓇ ᑳ ᑲᓇᑎᓯᐟ ᐋᒌᕽ. ᑳ ᑭ ᐃᑭᕽ ᒥᑭᒫᐣ ᐅᐦᒋ ᐊᔪᐦᐣ ᒥᓇ ᒉᑳᐧᐣ ᒥᓇ ᑲᑭᑫ ᑫ ᐃᑭᕽ ᐃᔾᑯᕽ ᑫ ᓈᐢᐱᒋ ᐊᐢᑭᐘᕽ. ᐋᒣᐣ. •

ᐊᔭᒥᐋᐃᐧᐣ.

ᐃᑌᔾᑕ ᑭ ᐸᑯᓭᔾᒥᑎᓈᐣ, ᒫᒪᐁᐧᔭᐢ ᓯᐘᑳᑎᓯᔮᐣ ᑭᓭᒪᓂᐣ, ᑳ ᐃᓯ ᑕᐯᐧᑕᕽ ᑭ ᐯᔭᑯᑯᓯᓵᐣ ᑳ ᑎᐯᔾᒥᑯᔮᕽ ᒋᓭᐢ X ᐁ ᑭ ᐅᐦᐱᐢᑳᐟ ᑭᐦᒋᑭᓯᑯᕽ ᐃᓯ; ᓂᔮᓈᐣ ᒥᓇ ᓂᑌᐦᐃᓈᕽ ᒥᓇ ᓂ ᒥᑐᓂᔾᒋᑲᓂᓈᕽ ᐁᑯᑌ ᓂ ᑲ ᐃᐧ ᐃᓯ ᐅᐦᐱᐢᑳᓈᐣ, ᒥᓇ ᑕᐦᑭ ᓂ ᑲ ᐃᐧ ᐃᐧᑫᐋᐧᓈᐣ ᑳ ᐱᒫᑎᓯᐟ ᒥᓇ ᑳ ᑎᐯᔾᒋᑫᐟ ᐊᓯᒋ ᑭᔭ ᒥᓇ ᑳ ᑲᓈᑎᓯᐟ ᐋᒌᕽ, ᐯᔭᐠ ᒪᓂᐣ, ᐃᔾᑯᕽ ᑫ ᓈᐢᐱᒋ ᐊᐢᑭᐊᐧᕽ. ᐋᒣᐣ.

ᑭᐦᒋᒪᓯᓇᐸᒫᑫᐃᐧᐣ ᐁ ᑭᐦᑌᐢ. ᐃᓯᒋᑫᐃᐧᓇ i. 1.

ᓂᐢᑕᑕ ᒪᓯᓇᐃᑲᐣ ᓂ ᑭ ᐅᓯᑖᐣ ᑎᐋᐱᐦᐊᐢ, ᐁ ᐋ:ᑕᒫᐣ ᑲᑭᔭᐤ ᐊᓂᒪ ᒋᓭᐢ ᑲ ᑭ ᒫᒋ ᐃᐦᑐᑕᕽ ᒥᓇ ᑳ ᑭ ᑭᐢᑭᓄᐊᒫᑫᐟ, ᐱᔾᐢ ᐊᓂᒪ ᐁ ᑭᓯᑳᐢ ᑳ ᑭ ᐅᐢᑲᓂᐦᐟ ᐃᐢᐱ ᑲ ᐊᐧᐁᐧᔭᓯᐋᐧᑖᐟ ᑲ ᑲᓈᑎᓯᔾᐟ ᐆᒣᐦᑲᐧ ᐅᐦᒋ, ᐊᓂᐃ ᐊᐹᐢᑎᐦᐊ ᑳ ᑭ ᓇᐊᐧᓵᐟ: ᐁᐊᐧᑲᐧᓂ ᒥᓇ ᑳ ᐳᓂᐸᔾᔾᐠ ᐅ ᑯᑕᑭᑖᐃᐧᐣ ᑳ ᑭ ᐋᐧᐸᑎᔾᓱᐢᑕᐋᐧᐟ ᐁ ᐱᒫᑎᓯᐟ ᒥᑫᑕᐧᔭᐠ ᐁ ᐃᓯ ᑫᒋᓈᐸᔾᑕᒥᐋᐧᐟ, ᐅᒥᑕᓇᐤ ᑭᓯᑳᐊᐧ ᐁ ᑭ ᐋᐧᐸᒥᑯᐟ, ᒥᓇ ᐁ ᑕᓯᑕᕽ ᐊᓂᐃ ᑳ ᐊᑭᑌᑭ ᑭᓭᒪᓂᐣ ᐅᐟ ᐅᑌᓇᐃᐧᐃᐧᓂᕽ: ᐁᑯᓯ ᒫᑲ ᐁ ᒫᒪᐃᐧ ᒫᐊᐧᒋᐃᐧᐢᑕᒋᐠ, ᑭ ᐋᔮᑲᐧᒥᒉᐤ ᐁᑳ ᑭᑕ ᓯᐯᐧᑌᔾᐟ ᒉᕈᓴᓚᒥᕽ ᐅᐦᒋ, ᒫᑲ ᑭᑕ ᐯᐦᑖᐧᒋᐠ ᐅᐟ ᐊᓯᑕᒫᑫᐃᐧᓂᔾ ᐁᐗᑖᐃᐧᕽ, ᐁᐊᐧᑯ, ᑭ ᐃᑌᐤ, ᑭ ᑭ ᐯᐦᑕᐃᐧᓈᐧᐤ: ᒋᑫᒫ ᒎᐣ ᒉᐯᐧ ᑭ ᐋᐧᑕᐧᓯᐃᐧᐃᐁᐧᐤ ᓂᐱ ᐅᐦᒋ; ᒫᑲ ᑭᔭᐋᐧ ᑭ ᑳ ᐹᐧᑕᐧᓯᐃᐧᐃᑲᐃᐧᓈᐋᐧᐤ ᑳ ᑲᓈᑎᓯᐟ ᐋᒌᕽ ᐅᐦᒋ ᓇᒪᐃᐧᔭ ᒥᑫᑐ ᑭᓯᑳᐤ ᓂᑳᐣ ᐅᑌ. ᐃᐧᔭᐋᐧᐤ ᒫᑲ, ᐃᐢᐱ ᐁ ᒫᒪᐃᐧ ᐋᔮᒋᐢ, ᑭ ᑲᑫᐧᒋᒣᐊᐧᐠ, ᐁ ᐃᑌᐧᒋᐟ, ᑌᐯᔾᒋᑫᔭᐣ, ᐊᔪᐦᐣ ᐅᐣ ᑳ ᐃᑭᕽ ᑭ ᑲ ᒥᔮᐊᐧᐠ ᒋ ᐃᐢᑫᐁᐢ ᑭᐦᒋ ᐅᑭᒫᐃᐧᐃᐧᐣ? ᑭ ᐃᑌᐤ ᒫᑲ, ᓇᒪᐃᐧᔭ ᑭᔭᐋᐧᐤ ᑭᑕ ᑭᐢᑫᔾᑕᒣᐢ ᑭᓯᑳᐊᐧ ᒥᓇ ᐁ ᐋᐃᐢᐱᒌᔭᐧᕽ, ᐁᐗᑖᐃᐧᕽ ᐃᐧᔭ ᑳ ᑎᐯᔾᑕᕽ. ᒫᑲ ᑭ ᑲ ᒥᔾᑲᐃᐧᓈᐋᐧᐤ ᑲᐢᑭᐁᐃᐧᓯᐃᐧᐣ, ᐃᐢᐱ ᑳ ᑲᓈᑎᓯᐟ ᐋᒌᕽ ᐅᑎᑎᑯᔦᑯ: ᐁᑯᓯ ᑭ ᑲ ᐋᐧᒋᒥᓈᐋᐧᐤ ᒉᕈᓴᐃᐊᒥᕽ, ᒥᓇ ᒥᓯᐁᐧ ᒍᑎᔭᐃᕽ ᒥᓇ ᓴᒣᕒᐃᔭᐃᕽ, ᒥᓇ ᐁ ᑳᑭᓯᐸᐢᑲᒥᑳᐠ ᐊᐢᑭ. ᐃᐢᐱ ᒫᑲ ᐅᐃ ᑳ ᐊᔾᑌᐧᐟ, ᐁ ᒉᑳᐧ ᑭᑖᐸᒫᒋᐠ, ᐃᐢᐱᒥᕽ ᑭ ᐃᓯ ᐅᑎᓈᐤ; ᐁᑯᓯ ᐊᐧᐢᑯᕽ ᐁ ᐊᑎ ᐋᑯᐸᔾᔾᐟ ᓇᒪᐃᐧᔭ ᐋᐧᐸᒣᐊᐧᐠ. ᒉᑳᐧᐣ ᒫᑲ ᑭᓯᑯᕽ ᓯᑭ ᐁ ᐃᑖᐱᒋᐠ ᐁ ᐊᑎ ᐅᐱᐢᑳᔾᐟ, ᒫᑎᑲ, ᓂᓯ ᓈᐯᐊᐧ ᑭ ᐃᐧᒋᑲᐸᐃᐧᐢᑲᐊᐧᐠ ᐁ ᐋᐧᐱᐢᑭᐳᔾᐟ; ᐁᐊᐧᑲᐧᓂ ᒥᓇ ᑳ ᐃᑎᑯᒋᐠ ᑭᔭᐋᐧᐤ ᑳᐃᐃᐃᐧᔾᓂᑎᐠ, ᒌᓄᑭ ᑳ ᓂᐸᐃᐧᔦᐟ ᑭᑯᕽ ᐁ ᐃᑖᐱᔦᐠ? ᐊᐊᐧ ᒋᓭᐢ, ᑳ ᓇᑲᑎᑯᔦᐠ ᑭᐦᒋ ᑭᓯᑯᕽ

ᐁ ᐃᓯ ᐅᑎᓂᐦᐟ, ᐁᑯᓯ ᒥᓇ ᑫ ᐃᓯ ᑕᑯᓯᕽ ᑳ ᑭ ᐃᓯ ᐋᐧᐸᒫᔦᐟ ᑭᓯᑯᕽ ᐁ ᐃᑐᑌᐟ.

ᒥᐋᐧᒋᒧᐃᐧᐣ. ᓭᐣᐟ ᒫᕒᐠ xvi. 14.

ᒣᐧᐢᑕᐢ ᐃᔅᑯᕽ ᒫᑲ ᑭ ᓅᑯᐃᓯᐢᑕᐌᐧᐤ ᐊᓂᐃ ᒥᑖᑕᐟ ᐯᔭᑯᓵᑊ ᐁ ᐊᐱᔅᐟ ᐁ ᒥᒋᓱᔅᐟ; ᐁᑯᓯ ᑭ ᐋᓄᐧᔅᒣᐤ ᐅᐟ ᐊᓄᐧᑕᒧᐃᐧᓂᔅᐤ ᒥᓇ ᐅ ᒪᐢᑲᐃᐧᑌᐦᐁᐃᐧᓂᔅᐤ ᐅᐦᒋ, ᒋᑫᒪ ᐁᑳ ᐁ ᑖᐯᐧᑕᐋᐧᔅᐟ ᐊᓂᐊ ᑳ ᑭ ᐋᐧᐸᒥᑯᐟ ᓵᓴᐧ ᐁ ᑭ ᐊᐧᓂᐢᑳᐟ. ᑭ ᐃᑌᐤ ᒫᑲ, ᐃᑐᑌᐠ ᒥᓯᐁᐧᐢᑲᒥᐠ, ᒥᓇ ᐃᐧᑖᒪᕽ ᒥᓭ ᐋᒋᒧᐃᐧᐣ ᑲᑭᔭᐤ ᑳ ᑭ ᐅᓯᐦᐟ. ᐊᓇ ᑳ ᑖᐯᐧᑕᕽ ᒥᓇ ᑳ ᐸᑊᑕᐧᓯᐃᐧᐦᐟ ᑭᑕ ᐱᒫᒋᐋᐤ; ᒫᑲ ᐊᓇ ᐁᑳ ᑳ ᑖᐯᐧᑕᕽ ᑭᑕ ᓇᓂᐳᒫᐤ. ᐅᐃ ᒫᑲ ᑭᑕ ᐊᑎ ᐅᐦᒋ ᑭᐢᑭᓇᐚᐧᑌᔨᑖᑯᓯᐊᐧ ᐊᓂᑭ ᑳ ᑖᐯᐧᑕᑭᐠ: ᓂ ᐃᐧᓭᐃᐧᓂᕽ ᑭᑕ ᐊᔭᐃᐧ ᐁᐧᐱᓄᐊᐧᐠ ᒪᒋ ᐊᐧᒫᐦᑲᐧ; ᑭᑕ ᐱᑭᐢᑫᐧᐊᐧᐠ ᐅᐢᑭ ᑭᓭᐧᐃᐧᓇ; ᑭᑕ ᐅᑎᓄᐊᐧᐠ ᑭᓄᐱᑲᐧ, ᑭᐢᐱᐣ ᒫᑲ ᒥᓂᑫᐧᑖᐧᐃᐧ ᐁ ᓂᐸᐃᐯᐧᐠ ᑫᑲ:, ᓇᒪᐃᐧᔭ ᓈᐣᑕᐤ ᑭᑕ ᐃᑎᐢᑳᑲᐧᐠ; ᑭᑕ ᓵᒥᓄᐊᐧᐠ ᐅᑖᑯᓯᐊᐧ ᐁᑯᓯ ᑭᑕ ᒥᓭ ᐊᔮᔅᐊᐧ. ᐁᑲᐧ ᒫᑲ ᑳ ᑎᐯᔅᒋᑫᐟ ᑭᓭᐢ ᐃᐢᐱ ᐅᒪ ᑳ ᐊᔅᑖᐟ, ᑭ ᐅᑎᓈᐤ ᑭᐦᒋ ᑭᓯᑯᕽ, ᐁᑯᓯ ᑭ ᓇᐊᐱᐤ ᐅ ᑭᐦᒋᓂᐢᑭᔅᕽ ᑭᓭᒪᓂᑐᐊᐧ. ᐃᐧᔮᐤ ᒫᑲ ᑭ ᓯᐯᐧᑌᐊᐧᐠ ᒥᓇ ᑭ ᑲᑫᐢᑭᒥᐁᐧᐊᐧᐠ ᒥᓯᐁᐧᐃᑌ, ᑳ ᑎᐯᔅᒋᑫᔅᐟ ᐁ ᐃᐧᒋ ᐊᐣᑐᐢᑫᒥᑯᒋᐠ, ᐁᑯᓯ ᐁ ᐋᔭᑕᐢᑖᔅᐟ ᐃᑌᐧᐃᐧᐣ ᑭᐢᑭᓇᐋᐧᒋ ᐃᓯᒋᑫᐃᐧᓇ ᐁ ᐊᒋ ᓅᑲᐧᑭ. ᐋᒣᐣ.

ᐊᔭᒥᐁᑭᓯᑳᐤ ᐁ ᑭ ᐅᐦᐱᐢᑳᐃᐧ ᑭᓯᑳᐠ.

ᐊᔭᒥᐋᐃᐧᐣ.

ᑭᓭᒪᓂᑐᐣ ᑳ ᑭᐦᒋ ᑎᐯᔅᑕᒪᐣ ᑭᐢᑌᔅᑖᑯᓯᐃᐧᐣ, ᑳ ᑭ ᑭᐢᑕᑭᒪᐟ ᑭ ᐯᔭᑯᓄᓯᓵᐣ ᑭᓭᐢ X ᑭᑭ ᑭᐦᒋ ᓵᑯᒋᐱᐃᐧᐣ ᑭᐦᒋᑭᓯᑯᕽ; ᑭ ᐸᑯᓭᔅᒥᑎᓈᐣ ᒍᐦᐃᐧᔭ ᓇᐢᔨᓈᐣ ᐱᑫᐧᔅᑕᒧᐃᐧᕽ ᒫᑲ ᐃᓯᑎᓴᐊᒪᐃᐧᓈᐣ ᑳ ᑲᓈᑎᓯᐟ ᑭᐟ ᐋᒫᕽ ᑭᑕ ᓯᑌᐧᔅᒧᐃᑯᔮᕽ ᒥᓇ ᑭᑕ ᐃᐣᐦᑕᐃᑯᔮᕽ ᐃᑌ ᓄᐱᒪᒋᐃᐁᐧᒥᓈᐣ X ᑳ ᓂᑲᓄᑖᑯ ᕽ, ᑳ ᐱᒫᑎᓯᐟ ᒥᓇ ᑳ ᑎᐯᔅᒋᑫᐟ ᐊᓯᒋ ᑭᔭ ᒥᓇ ᑳ ᑲᓈᑎᓯᐟ ᐸᒫᕽ, ᐯᔭᐠ ᒪᓂᐣ, ᐃᔅᓄᕽ ᑫ ᓈᐢᐱᒋ ᐊᐢᑭᐊᐧᕽ. ᐋᒣᐣ.

ᑭᐦᒋᒪᓯᓇᐊᒫᑫᐃᐧᐣ. ᓂᐢᑕᐠ ᐱᑕᕒ iv. 7.

ᐁ ᑭᓯᐱ ᐊᔮᐠ ᑲᑭᔭᐤ ᑫᑲ: ᐯᓯᓈᑲᐧᐣ; ᑲᐧᔭᐢ ᒫᑲ ᐃᓯ ᐅ ᒥᑐᓄᐦᑭᑲᓄᐠ ᒥᓇ ᐊᔮᑲᐧᒥᓯᐠ ᐊᔭᒥᐋᐃᐧᓂᕽ ᐃᓯ; ᐊᔭᐋᐧᐠ ᒫᑲ ᐊᔮᐠ ᒥᑐᓂ ᓵᑭᐃᑐᐃᐧᐣ ᑭᔭᐋᐧ• ᑫᒋᐋᐧᐠ; ᒋᑫᒫ ᓵᑭᐃᐁᐧᐃᐧᐣ ᐊᑲᐧᓇᐊᒧᒪᑲᐣ ᐁ ᐅᓵᒣᔭ ᑭ ᒪᒋᐦᑎᐃᐧᓇ; ᒥᓭ ᐸᒥᐃᑐᐠ ᐁᑳ ᐁ ᐋᒋᐢᑕᐁᐧᔅᑕᒣᐠ; ᐱᑯ ᐃᔅᑯᕽ ᑲᒉᑊ ᐁ ᑭ ᐃᓯ ᒥᔅᑯ-

ᐃᐧᓯᔦᐠ, ᐸᒥᐢᑖᑫᐃᐧᓂᕽ ᐁ ᐋᐸᒋᑖᔦᐠ ᑭᔭᐚᐤ ᑫᒋᐚᐠ. ᐁ ᒥᔦ ᐸᒋᑖᔦᐠ ᑳ ᐋᔮᑭᐧᑕᐃᐧ ᑭᓭᐚᐧᑐᑖᑯᔦᐠ ᑭᓭᒪᓂᑐ; ᑭᐢᐱᑐ ᐊᐃᐧᔭᐠ ᐱᑭᐢᑫᐧᒋ ᑮᔮᐟ ᑭᑕ ᐃᓯ ᐱᑭᐢᑫᐧᐤ ᑖᐱᐢᑯ‾ ᐅᐟ ᐃᑌᐃᐧᓇ ᑭᓭᒪᓂᑐ; ᑭᐢᐱᑐ ᐊᐃᐧᔭᐠ ᐸᒥᐢᑖᑫᒋ ᑮᔮᐟ ᑭᑕ ᐸᒥᐢᑖᑫᐤ ᐃᔑᑯᕽ ᒪᐢᑲᐃᐧᓯᐃᐧᐣ ᑭᓭᒪᓂᑐ ᑳ ᐅᐦᒋᐢᑕᒫᑫᐟ; ᑲᑭᔭᐤ ᑫᑲ: ᑭᑕ ᐅᐦᒋ ᑭᐢᑌᔑᑖᑯᐃᐦᐟ ᑭᓭᒪᓂᑐ ᐃᐧᔭ ᐅᐦᒋ ᑭᓭᐢ X, ᑳ ᐋᔮᐟ ᑭᐢᑌᔑᑖᑯᓯᐃᐧᐣ ᒥᓇ ᑎᐯᔑᒋᑫᐃᐧᐣ ᑳᑭᑫ ᒥᓇ ᑳᑭᑫ. ᐋᒣᐣ.

ᒥᐋᐧᒋᒍᐃᐧᐣ. ᓭᐣᐟ ᒑᐣ xv. 26.

ᐃᐢᐱ ᑭ ᑕᑯᓯᑭ ᐅᒥᔦᑌᐁᐃᐁᐤ, ᐁᐧᔦᑖᐃᐧᕽ ᐅᐦᒋ ᑫ ᐯ ᐃᓯᑎᓴᐚᐣ, ᐊᓇ ᐅᑎ ᑖᐯᐃᐧᐃᐧᓂ ᐋᓖᕽ. ᐁᐧᔦᑖᐃᐧᕽ ᑳ ᐅᐦᒋᐟ, ᐃᐧᔭ ᓂ ᑲ ᐋᒋᒥᐠ: ᐁᑯᓯ ᑭᔭᐚᐤ ᒥᓇ ᑭ ᑲ ᐋ ᒥᓈᐚᐤ, ᒋᑫᓛ ᒥᒋᒫ‾ ᐅᐦᒋ ᑭ ᑭ ᐯ ᐃᐧᑲᐃᐧᓈᐚᐤ. ᐁᐊᐧᑯᔾ ᐅᐃ ᑭ ᑭ ᐊᐳᑎᑎᓈᐚᐤ ᐁᑳ ᑭᑕ ᐱᒍᑫᓯᓄᐃᑲᐃᐧᓴᐠ. ᑭ ᑲ ᐊᐧᔭᐃᐧᐁᐧᐱᓂᑰ-ᐋᐧᐊᐧᐠ ᐊᔭᒥᐁᐃᐧᑲᒥᑯᕽ ᐅᐦᒋ: ᐁᐦᐁ, ᑭᑕ ᐅᑎᒋᐸᐳᐤ ᐃᐳᑯᕽ, ᐊᐃᐧᔭᐠ ᓂᐸᐃᑯᓴᑯ ᑭᓭᒪᓂᑐ ᓂᐟ ᐊᑐᐢᑲᐚᐤ ᑭᑕ ᐃᑌᐳᑕᐟ. ᐅᐃ ᒫᑲ ᑭᑕ ᐃᐦᑐᑕᒪᐚᐠ, ᒋᑫᓛ ᐁᑳ ᐁ ᑭᐢᑫᐳᒫᒋᐠ ᐁᐧᔦᑖᐃᐧᕽ ᒥᓇ ᓂᔭ. ᒫᑲ ᐅᐃ ᑭ ᑭ ᐃᐧᑕᒫᑎᓈᐚᐤ, ᐃᐢᐱ ᐅᑎᒋᐸᐳᑭ, ᑭᑕ ᑭᐢᑭᓯᐸᐳᓴᐠ ᐁ ᑭ ᐃᐧᑕᒫᑕᑯᐠ.

ᐦᐃᐧᐟ ᐊᔭᒥᐁᑭᓯᑳᐤ

ᓂᑲᒧᐢᑖᕽ ᑳ ᑎᐯᔑᒋᑫᐟ ᐅᐢᑭ ᓂᑲᒧᐣ; ᒋᑫᓛ ᑭ ᐃᐦᑐᑕᐟ ᑳ ᒫᒪᐢᑳᑌᔑᑳᑲᐧᐠ. ᓂᑲᒧᓇ xcviii 1.

X ᐁ ᑭ ᐃᐢᐹᑫᓂᑯᐟ ᑭᓭᒪᓂᑐᐊᐧ ᐅ ᑭᐦᒋᓂᐢᑭᔑᕽ, ᒥᓇ ᐁ ᑭ ᒥᔑᑯᐟ ᐁᐧᔦᑕᐃᐧᕽ ᐊᓂᒪ ᐊᓯᑖᒪᑯᐃᐧᐣ ᑳ ᑲᓈᑎᓯᐟ ᐋᓖᕽ, ᑭ ᓯᑭᓇᒫᑫᐤ ᐅᒪ ᑳ ᐋᐧᐸᐦᑕᒣᐠ ᒥᓇ ᑳ ᐯᐦᑕᒣᐠ. ᐃᓯᒋᑫᐃᐧᓇ ii. 33.

ᐁᑯᓯ ᒫᑲ ᐁ ᐅᑯᓯᓯᒫᐃᐧᔦᐠ, ᑭᓭᒪᓂᑐ ᑭ ᐃᓯᑎᓭᐁᐤ ᐅᐟ ᐋᓖᐦᑯᔑᐊᐧ ᐅᑯᓯᓴ ᑭᑌᐦᐃᐋᐧᕽ, ᐁ ᐃᑕᑌᐧᒍᔑᐟ ᐋᐹ, ᓄᐦᑖ. ᑲᐁᐧᓯᔭᓇ iv. 6.

ᒫᑲ ᑮᔭᓇᐤ ᑲᑭᔭᐤ, ᐁᑳ ᐁ ᐋᓅᔭᐱᑫᐧᐅᐧᔭᕽ ᑖᐱᐢᑯ‾ ᐋᐧᐸᒍᓂᕽ ᐁ ᒋᓅᐢ-ᑌᐢᑳᑯᐋᐧᔭᕽ ᐅ ᑭᐢᑌᔑᑖᑯᓯᐃᐧᐣ ᑳ ᑎᐯᔑᒋᑫᐟ, ᑭ ᑫᐧᐢᑭᓈᑯᐃᑲᐃᐧᓈᓇᐤ ᐁᐊᐧᑯ ᐃᓯᓈᑯᓯᐃᐧᓂᕽ ᑳᐦᑕ' ᐸᑎ ᑭᐢᑌᔑᑖᑯᓯᐃᐧᓄᕽ, ᑳ ᑎᐯᔑᒋᑫᐟ ᐅᐟ ᐋᓖᐦᑲᐧ ᐅᐦᒋ. ᓂᒑᐧᐤ ᑲᐁᐃᐟᑎᔭᓇ iii. 18.

ᑭᑕ ᒪᒥᐦᒋᒫᐟ ᐁᐧᔦᑖᐃᐧᕽ, ᒥᓇ ᐅᑯᓯᓯᒫᐤ, ᒥᓇ ᑳ ᑲᓈᑎᓯᐟ ᐋᓖᕽ.

ᑳ ᑭ ᐃᑭᕽ ᒥᒋᒫ‾ ᐅᐦᒋ, ᐊᓄᐦ‾ ᒥᓇ ᒉᑲᐧ‾ ᒥᓇ ᑳᑭᑫ ᑫ ᐃᑭᕽ; ᐃᔑᑯᕽ ᑫ ᓈᐢᐱᒋ ᐊᐢᑭᐊᐧᕽ. ᐋᒣᐣ.

ᐊᔭᒥᐋᐃᐧᐣ.

ᑭᓭᒪᓂᐣ ᐅᒪ ᐁ ᐃᑭᕽ ᑳ ᑭ ᑭᐢᑭᓄᐊᒪᐘᒋᐠ ᐅᑌᐦᐃᐋᐧᕽ ᑳ ᑖᐻᑕᐦᑭᐠ ᑭ ᐃᐢᓂᒪᐠ ᐁ ᐃᓯᑎᐡᐊᒪᐘᒋᐠ ᐋᐧᐢᑌᐤ ᑳ ᑳᓈᑎᓯᐟ ᑭᐟ ᐊᒑᕽ ᐅᐦᒋ; ᓂᔭᓈᐣ ᒥᓇ ᒥᔦᓈᐣ ᐁᐊᐧᑯ ᐊᒑᕽ ᑲᐧᔭᐢᐠ ᑭᑕ ᑭ ᓂᓯᑕᐃᐧᓇᒫᕽ ᑲᑭᔭᑦ ᑫᑲᐧᔭ, ᒥᓇ ᑳᑭᑫ ᑭᑕ ᒪᒪᐦᑖᑯᓯᔮᕽ ᐅ ᑲᓈᑭ ᒥᔦᑌᐦᐁᐃᐁᐧᐃᐧᓂᕽ, ᐅ ᑲᐢᑭᒫᑫᐃᐧᐣ ᐅᐦᒋ X ᓄᐱᒫᒋᐃᐁᐧᒥᓈᐣ, ᑲ ᐱᒫᑎᓯᐟ ᒥᓇ ᑳ ᑎᐯᔦᑕᕽ ᐊᓯᒋ ᑭᔭ ᒥᓇ ᐁᐋᐧᑯ ᐊᒑᕽ, ᐯᔭᐠ ᒪᓂᐣ, ᐃᔦᑯᕽ ᑫ ᓈᐢᐱᑦ ᐊᐢᑭᐊᐧᕽ. ᐋᒣᐣ.

ᑭᐦᒋᒪᓯᓇᐊᒫᑫᐃᐧᐣ. ᐃᓯᒋᑫᐃᐧᓇ ii. 1.

ᐃᐢᐱ ᒫᑲ ᐊᓂᒪ ᐯᐣᑎᑲᐢᐟ ᑭᓯᑳᐤ ᐍᑎᑭᐸᔦᐠ, ᑲᑭᔭᐤ ᐯᔭᑲᐧᓄᕽ ᑭ ᒫᒪᐃᐧᐊᔮᐊᐧᐠ. ᓯᓯᑯᐨ ᒫᑲ ᑭᓯᑯᕽ ᑭ ᐅᐦᒋ ᐯᑖᑲᐧᐣ ᑖᐱᐢᑯᐨ ᐁ ᒥᐢᑕ ᐱᒣᐧᐁᐧᐢᑎᕽ, ᐁᑯᓯ ᒥᓯᐍ ᑭ ᑌᐱᑖᑲᐧᐣ ᐋᐧᐢᑲᐃᑲᓂᕽ ᐃᑕ ᐁ ᐸᐱᒋᐠ. ᐁᑯᓯ ᑭ ᓄᑯᐃᓯᐢᑖᑲᐧᐠ ᒥᑌᔭᓂᔭ ᐁ ᐸᐯᐢᑭᒋ ᐊᔭᑭ, ᑖᐱᐢᑯᐨ ᐃᐢᑯᑌᐣ. ᐁᑯᓯ ᑲᑭᔭᐤ ᑭ ᐅᑎᑎᑲᐧᐠ. ᑲᑭᔭᐤ ᒫᑲ ᑭ ᒧᐢᑭᓂᐢᑲᑲᐧᐠ ᑳ ᑲᓈᑎᓯᔦᐟ ᐸᒑᐦᑲᐧ, ᒥᓇ ᑭ ᒫᒋ ᐱᑭᐢᑫᐊᐧᐠ ᑯᑕᑲ ᐱᑭᐢᑫᐃᐧᓇ, ᐊᒑᐦᑲᐧ ᐁ ᐃᓯ ᒥᔦᑯᒋᐠ ᐃᑌᐃᐧᐣ. ᐁᑯᑕ ᒫᑲ ᑭ ᐊᔮᐊᐧᐠ ᑫᕒᐅᓴᓪᐸᒥᕽ, ᒧᐊᐧᐠ, ᐊᔭᒥᐋᐋᐧᑎᓯᐃᐧ ᐊᔨᓯᔨᓂᐊᐧᐠ, ᑲᑭᔭᐤ ᐁ ᐃᑕᐢᑳᓄᓯᒋᐠ ᐊᔨᓯᔨᓂᐊᐧᐠ ᓯᐹ ᑭᓯᑯᕽ ᐅᐦᒋ. ᐃᐢᐱ ᒫᑲ ᐅᒪ ᐁ ᐯᐦᑕᑲᐧᕽ, ᐁ ᐅᓴᒣᔭᑎᒋᐠ ᐊᔨᓯᔨᓂᐊᐧᐠ ᑭ ᐯ ᒫᒪᐃᐧ ᐃᐣᑌᐊᐧᐠ, ᐁᑯᓯ ᑭ ᐊᐧᐋᐧᓂᔦᑕᒪᐊᐧᐠ, ᒋᑫᒫ ᑲᑭᔭᐤ ᐸᐃᐧᔭᐠ ᐯᑕᐁᐧᐤ ᐁ ᐱᑭᐢᑫᐧᔦᐟ ᐃᐧᔭ ᐅᐟ ᐃᓯ ᐱᑭᐢᑫᐃᐧᓂᕽ. ᐁᑯᓯ ᑲᑭᔭᐤ ᑭ ᒫᒪᐢᑳᑕᒪᐊᐧᐠ ᒥᓇ ᑖᓂᓯ ᐃᐧᔭ ᐅᒪ ᑭ ᐃᑌᔦᑕᒪᐊᐧᐠ, ᐁ ᐃᑌᐧᒋᐠ, ᒋᐢᐟ, ᓇᒪ ᒋ ᑲᑭᔭᐤ ᐅᑭ ᑳ ᐱᑭᐢᑫᐧᒋᐠ ᑳᓪᐊᓪᐃᐃᐧᔦᓂᐊᐧᐠ? ᑖᓂᓯ ᒫᑲ ᐁᓯ ᐯᑕᐋᐧᔭᑯᐠ, ᑲᑭᔭᐤ ᐊᔨᓯᔨᓂᐤ ᑭᐟ ᐃᓯ ᐱᑭᐢᑫᐃᐧᓂᓈᕽ, ᐃᑕ ᑳ ᑭ ᓂᐦᑖᐃᐧᑭᔭᕽ? ᐹᕒᑎᔮᓇᐠ ᒥᓇ ᒥᑕᐠ ᒥᓇ ᐁᓪᐊᒪᐟᑕᐠ, ᒥᓇ ᑳ ᐅᐟ ᐊᐢᑭᒋᐠ ᒣᓯᐳᑌᒥᔭ, ᒧᑎᔭ ᒥᓇ ᑲᐸᑖᓯᔭ, ᐴᐣᑕᐢ ᒥᓇ ᐁᓯᔭ. ᐹᕒᐃᒋᔭ ᒥᓇ ᐸᐟᐱᓪᐃᔭ, ᐃᒋᐟ ᒥᓇ ᐸᑭ ᓪᐃᐱᔭ ᑭᑭ ᓵᕒᐃᓂ ᑳ ᐊᔮᐠ, ᐅᑲᐯᓯᐊᐧᐠ ᕒᐊᐟ ᐅᐦᒋ, ᑰᐊᐧᐠ ᐋᑎᐦᐟ ᒥᓇ ᑫᐧᐢᑭᓈᑲᓇᐠ. ᑲᕒᐃᑕᐠ ᒥᓇ ᐊᕒᐁᐱᔭᓇᐠ, ᒥᑐᓂ ᑭ ᐯᑕᐋᐧᓇᐊᐧᐠ ᑭᔭᓇᐤ ᑭᐟ ᐃᓯ ᐱᑭᐢᑫᐃᐧᓂᓈᕽ, ᐁ ᑕᓯᑕᑭᐠ ᑭᓭᒪᓂᐣ ᐅ ᑭᐦᒋ ᐃᓯᒋᑫᐃᐧᓇ.

ᒥᐋᐧᒋᒧᐃᐧᐣ. ᓴᐣᐟ ᒑᐣ xiv. 15.

ᒋᓴᐢ ᐃᑌᐤ ᐅ ᑭᐢᑭᓄᐊᒪᐋᐧᑲᓇ, ᑭᐢᐱᐣ ᑭ ᓴᑭᐃᓇᐊᐧᐤ, ᑲᓇᐍᔨᑕᒧᐠ ᓄᔭᓯᐍᐃᐧᓇ. ᓂ ᑲ ᐊᔭᒥᐁᐢᑕᐊᐧᐤ ᒫᑲ ᐍᔦᑕᐃᐧᕽ, ᐁᑯᓯ ᑭ ᑲ ᒥᔨᑯᐊᐧᐤ ᑯᑕᑲ ᐅᒥᔦᑌᐦᐁᐃᐁᐧᐊᐧ, ᑲᑭᑫ ᑭᑕ ᐃᐧᑫᐃᐧᑯᓴᐠ; ᐊᓇ ᐅᑎ ᑕᐯᐧᐃᐧᓂ ᐊᒑᕽ: ᐁᑳ ᑫ ᑭ ᒥᔦᐦᒋᐠ ᐊᐢᑭᕽ ᐁᔭᒋᐠ, ᒋᑫᒫ ᓇᒪᐃᐧᔭ ᐋᐧᐸᒣᐊᐧᐠ. ᐊᐦᐳ ᓇᒪᐃᐧᔭ ᑭᐢᑫ-

ᒣᐘᐠ: ᒪᑲ ᑭᔭᐚᐤ ᑭ ᑭᐢᑫᔨᒫᐚᐤ; ᒋᑫᒫ ᑭ ᐏᒉᐏᑯᐚᐤ, ᒥᓇ ᑭ ᑲ ᑭᑭᐢᑲ ᐚᐤ. ᓇᒪᐏᔭ ᑭᐚᑌᔨᒧᐏᓂᕽ ᑭ ᑲ ᓇᑲᑎᑎᓇᐘᐤ: ᒥᓇ ᑭ ᑲ ᐯ ᓈᑎᑎᓇᐘᐤ. ᑫᔭᐱᐨ ᐊᒋᔭᐤ, ᐁᑯᓯ ᓇᒪᐏᑳᐨ ᒥᓇ ᐋᐢᑭᕽ ᐁᔮᒋᐠ ᓂ ᑲ ᐘᐸᒥᑿᐠ; ᒪᑲ ᑭ ᐘᐸᒥᓇᐘᐤ ᑭᔭᐚᐤ: ᒋᑫᒫ ᐁ ᐱᒫᑎᓯᔮᐣ, ᑭᔭᐘᐤ ᒥᓇ ᑭ ᑲ ᐱᒪᑎᓯᓇᐘᐤ. ᐁᐘᑯ ᒫᑲ ᑭᓯᑳᑭ ᑭ ᑲ ᑭᐢᑫᔨᑌᓈᐘᐤ ᐁ ᑭᑭᐢᑲᐘᐠ ᓄᐦᑖᐏ, ᒥᓇ ᑭᔭᐘᐤ ᐁ ᑭᑭᐢᑲᐏᔦᐠ,. ᒥᓇ ᓂᔭ ᐁ ᑭᑭᐢᑳᑕᑯᐠ. ᐊᓇ ᑲ ᐊᔮᐟ ᓄᔭᓯᐍᐏᓇ, ᒥᓇ ᑳ ᑲᓇᐍᔨᑕᕽ, ᐁᐘᑯ ᓯᔮᑭᐃᐟ: ᐊᓇ ᒫᑲ ᓯᔮᑭᐃᐟ ᑭᑦ ᓵᑭᐃᐠ ᓄᐦᑖᐏᔭ, ᒥᓇ ᓂᔭ ᓂ ᑲ ᓵᑭᐊᐤ, ᒥᓇ ᓂ ᑲ ᓄᑯᐃᓯᐢᑕᐘᐤ. ᒧᑦᐢ ᒪᑲ ᐅᒥᓯ ᐃᑌᐤ, ᓇᒪᐏᔭ ᐃᐢᑲᕒᐃᔭᐟ, ᑌᐯᔨ ᑫᔭᐣ, ᑖᓂᓯ ᑫ ᐃᓯ ᓄᑯᐃᓯᐢᑕᐏᔮᕽ ᐁᑯᓯ ᐁᑳ ᑭᑦ ᓄᑯᓯᔭᐣ ᐊᐢᑭᕽ? ᒋᓭᐢ ᒫᑲ ᑭ ᓇᐢᑵᐘᓯᒣᐤ ᐳᒥᓯ ᐁ ᑭ ᐃᑖᐟ, ᑭᐢᐱᐣ ᐊᔨᓯᔨᓂᐤ ᓵᑭᐃᒋ, ᑭᑦ ᑲᓇᐍᔨᑕᑦ ᓂᐟ ᐃᑌᐏᓇ: ᓄᑖᐏ ᒫᑲ ᑭᑦ ᓵᑭᐁᐤ, ᐁᑯᓯ ᓂ ᑲ ᐯ ᓇᑖᓈᐣ, ᑭᑦ ᐏᒋᐊᔮᒪᔭᕽ. ᐸᓇ ᒫᑲ ᐁᑳ ᑳ ᓵᑭᐃᐟ ᓇᒪᐏᔭ ᑲᓇᐍᔨᑕᑦ ᓂᐟ ᐃᑌᐏᓇ: ᐁᑯᓯ ᐃᑌᐏᐣ ᑳ ᐯᐦᑕᒣᐠ ᓇᒪᔦᐤ ᓂᔭ ᓂᐟ ᐃᑌᐏᐣ, ᒫᑲ ᐍᔦᑕᐏᕽ ᑳ ᑭ ᐯ ᐃᓯᑎᓭᐅᐟ. ᐁᒧᐧᑯᓂ ᐅᐃ ᑳ ᐘᐏᑕᒪᑕᑯᐠ, ᐁ ᒣᑿ ᐏᒉᐏᑕᑯᐠ. ᐅᒥᔦᑌᐦᐁᐃᐍᐤ ᒫᑲ, ᑲ ᑲᓇᑎᓯᐟ ᐊᑲᕽ ᐅᑎ ᑫ ᐯ ᐃᓯᑎᓭᐚᐟ ᐍᔦᑖᐏᕽ ᑲᑭᔭᐤ ᑫᑲ: ᑭ ᑲ ᑭᐢᑭ-ᓄᐊᒫᑯᐚᐤ, ᒥᓇ ᑲᑭᔭᐤ ᑫᑲ: ᑭ ᑲ ᒥᐢᑲᐚᓯᐃᑯᐚᐤ, ᑳ ᑭ ᐊᔨᑎᑕᑯ. ᐯᔭᑕᑫᔨᒧᐏᐣ ᑭ ᓇᑲᑕᒫᑎᓈᐚᐤ, ᓂ ᐯᔭᑕᑫᔨᒧᐏᐣ ᑭ ᒥᔨᑎᓈᐚᐤ; ᓇᒪᐏᔭ ᑲ ᐃᓯ ᒣᑭᒪᑲᕽ ᐊᐢᑭ ᑭᐟ ᐃᓯ ᒥᔨᑎᓈᐘᐤ. ᐁᑳᐏᔭ ᑭᑦ ᒥᑯᐢᑲᑌᔨᑕᒧᒪᑲᐠ, ᑭᑌᐦᐃᐚᐤ, ᐁᑳᐏᔭ ᒥᓇ ᑭᑦ ᐊᐢᑖᓯᒪᑲᐣ. ᑭ ᑭ ᐯᐦᑌᓈᐘᐤ ᑳ ᑭ ᐃᑎᑕᑯᐠ, ᐤ ᓯᐺᑕᐣ, ᒥᓇ ᒫᑲ ᑭ ᑲ ᐯ ᓈᑎᑎᓇᐚᐤ. ᑭᐢᐱᐣ ᓵᑭᐃᔦᐠ, ᑭ ᑲ ᒥᔭᐚᑌ-ᑖᐚᐤ, ᒋᑫᒪ ᓂ ᑭ ᐃᑘᐣ, ᓂ ᓈᑕᐤ ᐍᔦᑕᐏᕽ: ᐏᔭ ᓄᐦᑕᐏ ᐊᐘᓯ ᐃᑌᔨᑕᑯᓯᐤ ᐃᔨᑯᕽ ᓂᔭ. ᓵᓵ ᒫᑲ ᑭ ᑭ ᐏᑕᒫᑎᓈᐚᐤ ᒷᔦᐢ ᐁ ᐅᑎᐦᒋᐸᔨᐠ, ᐃᐢᐱ ᐅᑎᐦᒋᐸᔨᑭ, ᑭᑦ ᒌᐺᑕᒣᐠ. ᓇᒪᐏᔭ ᐁᑿ ᒥᐢᐃ ᑭ ᑲ ᐊᔭᒥᐃᑎᓇᐘᐤ ᒋᑫᒪ ᑳ ᐅᑭᒫᑲᑕᕽ ᐅᒪ ᐊᐢᑭ ᐯ ᑕᑯᓯᐣ, ᓇᒪᐏᔭ ᒫᑲ ᑫᑲ: ᐸᔭᐤ ᓂᔭ ᐁ ᑭᑭᐢᑳᑯᐘᐠ. ᒫᑲ ᐊᐢᑭᕽ ᑭᑦ ᑭᐢᑫᔨᑖᑿᕽ ᐁ ᓵᐢᐊᐠ ᐍᔦᑕᐏᕽ; ᒥᓇ ᑳ ᑭ ᐃᓯ ᒥᔨᐟ ᐅᔮᓯᐍᐏᐣ ᐍᔦᑕᐏᕽ, ᐁᑯᓯ ᒵᒋ ᐁᐦᑐᑕᒫᐣ.

ᑕᕒᐃᓂᑎ ᐊᔭᒥᐁᑭᓯᑳᐤ.

ᐊᔭᒥᐋᐏᐣ.

ᓯᐚᑳᑎᓯᔭᐣ ᒥᓇ ᑲᑭᑫ ᒣᓂᐣᐏᔭᐣ, ᑳ ᑭ ᒥᔨᔮᕽ ᓂᔭᓈᐣ ᑭᐟ ᐊᐣᐢᑫᔮᑲᓇ ᑿᔭᐢ ᒫᒥᑐᓀᔨᒋᑲᐣ ᐁ ᐏᑕᒫᕽ ᑖᐻ ᑖᐻᑕᒧᐏᐣ ᑭᑦ ᑿᔭᐢᑯᐍᔮᕽ ᐁ ᓂᐢᑐ

ᐋᔾᐃᐧᔭᐣ, ᑳᑭᑫ ᐁᑯᓯ ᑭ ᒪᓂᑐᐃᐧ ᑎᐯᔾᒥᐁᐧᐃᐧᓂᕽ ᑭᑕ ᐊᔭᒥᐁᐢᑖᑖᕽ ᐁ ᐯᔭᑯ ᒪᓂᑐᐃᐧᔭᐣ; ᑭ ᓇᑐᑕᒫᑎᓈᐣ ᑭᑕ ᐸᔾᑭᐃᔮᕽ ᐁᑯᑕ ᐅᒪ ᑕᐯᐧᑕᒧᐃᐧᓂᕽ, ᒥᓇ ᑳᑭᑫ ᑭᑕ ᓈᑕᒪᐃᐧᔮᕽ ᑲᑭᔭᐤ ᑫᑲ: ᐁ ᓇᑭᐢᑲᒪᓱᔮᕽ, ᑳ ᐱᒫᑎᓯᔭᐣ ᒥᓇ ᑳ ᑎᐯ-ᔾᒋᑫᔭᐣ ᑳᑭᑫ ᐯᔭᐠ ᒫᓂᑐ, ᐃᔾᑯᕽ ᑫ ᓈᐢᐱᒋ ᐸᐢᑭᐋᐧᕽ. ᐋᒣᐣ.

ᑭᐦᒋᒪᓯᓇᐊᒫᑫᐃᐧᐣ ᐁᑕᑭᐦᑌᐢ. ᑭᐢᑫᔾᑖᑯᕋᐃᐧᐣ iv. 1.

ᑳ ᐳᓂᐸᔾᐠ ᐅ ᓂ ᐋᐧᐸᑌᐣ, ᐁᑯᓯ ᐳᑎ ᐃᐢᑲᐧᑌᐨ ᐘᑌᓂᑳᑌᐤ ᑭᐦᒋ ᑭᓯᑯᕽ ᐊᓂᒪ ᒫᑲ ᓂᐢᑕᐨ ᐃᑌᐃᐧᐃᐧᐣ ᐁ ᐯᑕᒫᐣ ᑖᐱᐢᑯᐨ ᐱᐱᑲᐧᐣ ᐊᐃᐧᔭᐠ ᐁ ᑭᑐᓯᐟ ᐁ ᐃᑌᐧᐟ, ᐯ ᐃᑐᐦᑌ ᐅᑕ ᐁᑯᓯ ᑭ ᑲ ᐋᐧᐸᑕᐃᑎᐣ ᐊᓂᐊ ᑫᒋᓈ ᑫ ᐊᑎ ᐊᔾᑭᑭ ᒣᐧᐢᑕᐢ ᐃᔾᑯᕽ. ᓴᒫᐠ ᐋᒫᐦᑯᕽ ᓂ ᑭ ᐊᔮᐣ; ᐁᑯᓯ ᐳᑎ ᑭᐦᒋ ᐊᐱᐃᐧᐣ ᑭ ᐅᔭᐢᑌᐤ ᑭᐦᒋ ᑭᓯᑯᕽ, ᐁᑯᑕ ᒫᑲ ᐊᐃᐧᔭᐠ ᑭ ᐊᐱᐤ ᑭᐦᒋ ᐊᐱᐃᐧᓂᕽ; ᐊᓇ ᐁᑯᑕ ᑲ ᐊᐱᐟ ᑭ ᐃᑖᐸᒥᓈᑯᓯᐤ ᑖᐱᐢᑯᐨ ᒫᐢᐸᕀ ᐊᓯᓂ ᒥᓇ ᓵᕀᑎᔭᐢ; ᐋᐧᐢᑲ ᒫᑲ ᑭᐦᒋ ᐊᐱᐃᐧᓂᕽ ᐱᔾᒣᐧᔮᐱ ᑭ ᐊᔮᐤ ᐁ ᐃᑖᐸᒥᓈᑲᐧᕽ ᑖᐱᐢᑯᐨ ᐁᒫᕀᐊᕀᐟ. ᐋᐧᓵᑫ ᒫᑲ ᑭᐦᒋ ᐊᐱᐃᐧᓂᕽ ᑭ ᐊᔮᐊᐧ ᓂᓯᑕᓇᐤ ᑐᐤ ᐸᔾᐋᐧᐠ ᑭᐦᒋ ᐊᐱᐃᐧᓇ; ᐁᑯᓯ ᑭᐦᒋ ᐊᐱᐃᐧᓂᕽ ᓂ ᐋᐧᐸᒫᐊᐧᐠ ᓂᓯᑕᓇᐤ ᑐᐤ ᐊᔾᐋᐧᐠ ᑲ ᓂᑲᑐᔾᑖᑯᓯᒋᐠ ᐁ ᐊᐱᒋᐠ, ᐋᐧᐱᐢᑲᓵᑲᔭ ᐁ ᑭᑭᐢᑲᑭᐠ; ᐁᑯᓯ ᐅᐢᑎᑳᐧᓂᐋᐧᕽ ᐅᓵᐃᐧᓱᓂᔮᐃᐧ ᑭᐦᒋᐅᑭᓗ-ᐋᐧᐢᑐᑎᓇ. ᑭᐦᒋ ᐊᐱᐃᐧᓂᕽ ᒫᑲ ᑭ ᐅᐦᒋᐸᔾᐊᐧ ᐁ ᐋᐧᐋᐧᐢᑌᐸᔾᐠ ᒥᓇ ᐯᑖᑯ ᓯᐃᐧᓇ ᒥᓇ ᐁ ᑭᑐᒋᐠ. ᐁᑯᓯ ᑌᐸᑯᐟ ᐋᐧᓴᐢᑯᑌᓂᑲᓇ ᐁ ᓴᐢᑭᑌᑭ ᐅᐢᑲᐋᐧᔾᕽ ᑭᐦᒋ ᐊᐱᐃᐧᓂᕽ ᑭ ᐊᔮᐊᐧ, ᐁᐊᐧᑯᓂ ᑌᐸᑯᐟ ᐅᐟ ᐋᒫᐦᑲᐧ ᑭᓴᒪᓂᑐ; ᐅᑎᐢᑯ ᐋᐧᔾᕽ ᒫᑲ ᑭᐦᒋ ᐊᐱᐃᐧᓂᕽ ᑖᐱᐢᑯᐨ ᐋᐧᐸᒍᓈᐱᐢᑯᐃᐧ ᑭᐦᒋᑲᒥ ᐁ ᓵᐳᐯᓈᑲᐧᕽ ᐁᑯᓯ ᒣ ᐧ ᑭᐦᒋ ᐊᐱᐃᐧᓇᕽ ᒥᓇ ᐸᐧᓵᑫ ᑭᐦᒋ ᐊᐱᐃᐧᓂᕽ, ᑭ ᐊᔮᐊᐧᐠ ᑐᐤ ᐱ ᑎᓯᒋᐠ ᐅᓯᒋᑲᓇᐠ ᒥᓯᐁᐧ ᐁ ᐅᐢᑭᓯᑯᒋᐠ ᓂᑲᐣ ᒥᓇ ᐅᑖᕽ. ᐋᓇ ᒫᑲ ᓂᐢᑕᐟ ᐅᓯᒋᑲᐣ ᑖᐱᐢᑯᐨ ᒥᐢᑕᑫᓯᐤ, ᐁᑯᓯ ᐸᓇ ᑯᑕᐠ ᐅᓯᒋᑲᐣ ᑖᐱᐢᑯᐨ ᒧᐢᑐᔭᓯᐢ, ᐁᑲ ᐊᓇ ᑯᑕᐠ ᑳᐧᑲᓂᕽ ᑖᐱᐢᑯᐨ ᐊᔾᓯᔾᓂᐤ, ᐊᓇ ᒫᑲ ᑯᑕᐠ ᑖᐱᐢᑯᐨ ᑲ ᐸᐹᒥᔮ ᒥᑭᓯᐤ. ᐋᓂᑭ ᒫᑲ ᐁ ᓀᐃᐧᒋᐠ ᐅᓯᒋᑲᓇᐠ ᓈᓂᑯᑖᐧᓯᐠ ᐁ ᐸᑕᑎᓂᔾᑭ ᐅᑕᑕᑲᐧᓂ-ᐋᐧᐋᐧ ᒥᓇ ᒥᓯᐁᐧ ᑭ ᐅᐢᑭᓯᑯᐊᐧᐠ ᓂᑳᐣ ᒥᓇ ᐅᑖᕽ; ᐁᑯᓯ ᓇᒪᐃᐧᔭ ᑭᐱᐦᑐᐁᐧᐊᐧᐠ ᐁ ᑭᓯᑳᐠ ᒥᓇ ᐁ ᑎᐱᐢᑳᐠ ᐁ ᐃᑎᐧᒋᐠ, ᑳᓈᑎᓯᐤ, ᑳᓈᑎᓯᐤ, ᑲᓇᑎᓯᐤ, ᑲ ᑎᐯᔾᒋᑫᑦ ᑭᓴᒪᓂᑐ, ᒫᒪᐁᐧᔭᐢ ᓯᑳᐧᑎᓯᐟ, ᑳ ᑭ ᐊᔮᐟ ᑲ ᐊᔮᐟ ᒥᓇ ᑫ ᑫᔮᐟ. ᐃᐢᐱ ᒫᑲ ᑳ ᐱᒫᑎᓯᒋᐠ ᐅᓯᒋᑲᓇᐠ ᐁ ᒥᔮᒋᐠ ᑭᐢᑕ ᒥᐁᐧᐃᐧᐣ ᒥᓇ ᑭᐦᒋᔾᐃᐧᐃᐧᐣ ᒥᓇ ᓇᓈᐢᑯᒧᐃᐧᐣ ᐊᓂᐊ ᑳ ᐊᐱᔾᐟ ᑭᐦᒋ ᐊᐱᐃᐧᓂᕽ, ᐊᓂᐊ ᑳ ᐱᒫᑎᓯᔾᐟ ᑳᑭᑫ ᒥᓇ ᑳᑭᑫ, ᐊᓂᑭ ᓂᓯᑕᓇᐤ ᑐᐤ ᐊᔾᐋᐧᐠ ᑲ ᓂᑲᑐᔾᑖᑯᓯᒋᐠ ᑭ ᐦᑭᓯᓇᐋᐧᐠ ᐅᑎᐢᑲᐋᐧᔾᕽ ᐊᓂᐊ ᑳ ᐊᐱᔾᐟ ᑭᐦᒋ ᐊᐱ ᐃᐧᓂᕽ ᒥᓇ ᑭ ᐅᒥᐦᒋᑲᐧᓂᐢᑭᐧᐋᐧᐠ ᐊᓂᐊ ᑳ ᐱᒫᑎᓯᔾᐟ ᑳᑭᑫ ᒥᓇ ᑳᑭᑫ, ᒥᓇ ᑭ ᐃᓯᐁᐧᐱᓇᒪᐋᐧᐠ ᐅ ᑭᐦᒋ

ᐆᑭᒫᐊᐧᐢᑐᑎᓂᐋᐧᐊᐧ ᐅᑎᐢᑲᐋᐧᔨᕽ ᑭᐦᒋ ᐊᐱᐃᐧᓂᕽ ᐁ ᐃᑌᐧᑭᐟ, ᑭ ᑌᐸᑫᔨᑖᑯᓯᐣ ᑭᔭ ᑌᐯᔨᒋᑫᔭᐣ ᓂ ᑭᓭᒪᓂᑐᒥᓈᐣ ᑭᑕ ᐊᑭᑖᒫᑲᐃᐧᔭᐣ ᑭᐢᑌᔨᑖᑯᓯᐃᐧᐣ ᒥᓇ ᑭᐦᒌ-ᔨᐃᐧᐃᐧᐣ ᒥᓇ ᒪᐢᓄᐃᐧᓯᐃᐧᐣ; ᒋᑫᒫ ᑭ ᑭ ᐅᓯᑖᐣ ᑲᑭᔭᐤ ᑫᑲᐧᔭ ᒥᓇ ᑭᔭ ᑭᐟ ᐃᑌᔨᑕᒧᐃᐧᐣ ᐅᐦᒋ ᑭ ᐊᔮᐊᐧ ᒥᓇ ᑭ ᐅᓯᒋᑳᑌᐊᐧ.

ᒥᔦᐧᒋᒧᐃᐧᐣ. ᓴᐣᐟ ᒑᐣ iii. 1.

ᑭ ᐊᔮᐤ ᒫᑲ ᐹᕒᐊᓯ ᓂᑯᑎᒪᐢ ᐁ ᐃᓯᔨᑲᓱᐟ, ᐅᔭᓯᐁᐧᐃᐧᔨᓂᒥᐋᐧᐊᐧ ᒍᐊᐧᐠ: ᐁᐊᐧᑯ ᐊᐊᐧ ᑭ ᐯ ᓈᑌᐤ ᒋᓴᓴ ᐹᑎᐱᐢᐠ, ᐅᒥᓯ ᐁ ᐃᑖᐟ, ᕒᐊᐸᐧ, ᑭ ᑭᐢᑫᔨᒥᑎᓈᐣ ᐁ ᐅᑭᐢᑭᓄ ᒫᑫᐃᐧᔭᐣ ᑭᓭᒪᓂᑐᕽ ᐁ ᐯ ᐅᐦᒋᔭᐣ; ᒋᑫᒪ ᓇᒪ ᐊᐃᐧᔭᐠ ᐊᔨᓯᔨᓂᐤ ᑭᑕ ᑭ ᑐᑕᒼ ᐅᐃ ᒪᒫᑖᐃᐧ ᐃᓯᒋᑫᐃᐧᓇ ᑭᔭ ᑳ ᑐᑕᒪᐣ, ᐱᑯ ᑭᓭᒪᓂᑐᐊᐧ ᐃᐧᒣᐃᐧᑯᒋ. ᒋᓴᓴ ᑭ ᓇᐢᑫᐧᐊᐧᓯᒣᐤ ᒥᓯ ᐁ ᑭ ᐃᑖᐟ, ᑕᐯᐧ, ᑕᐯᐧ, ᑭᐟ ᐃᑎᐣ, ᑭᐢᐱᐣ ᐁᑳ ᐊᔨᓯᔨᓂᐤ ᑭᐦᑕᐧᒼ ᓂᑖᐃᐧᑭᒋ, ᓇᒪᐃᐧᔭ ᑭᑕ ᐋᐧᐸᑕᒼ ᑭᓭᒪᓂᑐ ᐅᐟ ᐅᑌᓇᐃᐧᐃᐧᐣ. ᓂᑯᑎᒪᐢ ᐃᑌᐤ, ᑖᓂᓯ ᑫ ᑭ ᐃᓯ ᓂᑕᐃᐧᑭᐟ ᐊᔨᓯᔨᓂᐤ ᐁ ᐊᑎ ᑭᓭᔨᓂᐃᐧᐟ? ᑭᑖᐧᒼ ᒋ ᑭᑕ ᑭ ᑭᑭᐢᑲᒼ ᐅᑳᐃᐧᔭ, ᒥᓇ ᑭᑕ ᓂᑕᐃᐧᑭᐟ? ᒋᓴᓴ ᑭ ᓇᐢᑫᐧᐊᐧᓯᒣᐤ, ᑕᐯᐧ, ᑕᐯᐧ, ᑭᐟ ᐃᑎᐣ, ᑭᐢᐱᐣ ᐁᑲ ᐊᔨᓯᔨᓂᐤ ᓂᐱ ᒥᓇ ᐊᒌᐦᑲᐧ ᐅᐦᒋ ᓂᑖᐃᐧᑭᒋ, ᓇᒪᐃᐧᔭ ᑭᑕ ᐱᑐᑫ ᑭᓭᒪᓂᑐᐊᐧ ᐅᐟ ᐅᑌᓇᐃᐧᐃᐧᓂᔨᕽ. ᐊᓂᒪ ᐃᐧᔮᓯᕽ ᑲ ᐅᐦᒋ ᓂᑕᐃᐧᑭᕽ ᐃ ᔮᓯᐊᐧᐣ ᐁᐊᐧᑯ; ᒥᓇ ᐊᓂᒪ ᐊᒌᐦᑯᕽ ᑳ ᐅᐦ ᓂᑕᐃᐧᑭᕽ ᐸᒌᐦᑯᐊᐣ ᐁᐊᐧᑯ. ᐯᑲᐃ ᔭ ᒫᒪᐢᑲᑌᔨᑕ ᐁ ᑭ ᐃᑎᑖᐣ, ᐱᑯ ᑭᑕ ᑭᐦᑕᐧᒼ ᓂᑕᐃᐧᑭᔦᐠ. ᐊᐧ ᐊᔨᓯᔦᐁᐧᑭ ᐸᑎᐣ ᐊᔨᓯᔦᐁᐧᐤ, ᑭ ᐯᐦᑌᐣ ᒫᑲ ᐁ ᒪᑌᐧᔦᐁᐧᐠ, ᒫᑲ ᓇᒪᐃᐧᔭ ᑭ ᑳ ᑭ ᐃᐧᑌᐣ ᑖᓂᑌ ᐁᐧᒋᐸᔨᐠ, ᒥᓇ ᑖᓂᑌ ᐁᐢᐸᔨᐠ; ᐁᑯᓯ ᐃᓯ ᐊᔮᐤ ᑲᑭᔭᐤ ᐸᐃᐧᔭᐠ ᐊᒌᐦᑯᕽ ᑳ ᐅᐦᒋ ᓂᑖᐃᐧᑭᐟ. ᓂᑯᑎᒪᐢ ᒫᑲ ᑭ ᓇᐢᑫᐧᐊᐧᓯᒣᐤ ᐅᒥᓯ ᐁ ᑭ ᐃᑖᐟ, ᑖᓂᓯ ᐃᐧᔭ ᐅᐃ ᑫ ᑭ ᐃᓯ ᐃᐦᑭᑭ? ᒋᓴᓴ ᒫᑲ ᑭ ᓇᐢᑫᐧᐊᐧᓯᒣᐤ ᐅ ᓯ ᐁ ᑭ ᐃᑖᐟ, ᑭ ᑭᐢᑭᓄᐊᒪᐋᐧᐊᐧᐠ ᒋ ᐃᐢᕒᐁᐃᓪ, ᐁᑲ ᒫᑲ ᐁ ᑭᐢᑫᔨᑕᒪᐣ ᐅᐃ? ᑖᐯᐧ, ᑖᐯᐧ, ᑭᐟ ᐃᑎᐣ, ᓂ ᑕᓯᑌᓈᐣ ᐊᓂᒪ ᑳ ᑭᐢᑫᔨᑕᒫᕽ, ᒥᓇ ᓂᐟ ᐋᑐᑌᓈᐣ ᐊᓂᒪ ᑳ ᑭ ᐋᐧᐸᑕᒫᕽ; ᒫᑲ ᓇᒪᐃᐧᔭ ᑯᑎᓇ-ᒪᐃᐧᓈᐣ ᓂᐟ ᐋᒋᒧᐃᐧᓂᓈᐣ. ᑭᐢᐱᐣ ᐃᐧᑕᒫᑕᑯᐠ ᐊᐢᑭᐃᐧ ᑫᑲᐧᔭ, ᐁᑯᓯ ᓇᒪᐃᐧᔭ ᑭ ᑖᐯᐧᒪᓈᐊᐧᐤ, ᑖᓂᓯ ᑫ ᑭ ᐃᓯ ᑖᐯᐧᑕᒣᐠ, ᑭᐢᐱᐣ ᐃᐧᑖᒫᑕᑲᐧᐃ ᑮᐦᒋ ᑭᓯᑯᐃᐧ ᑫᑲᐧᔭ? ᓇᒪ ᐊᐃᐧᔭᐠ ᐊᔨᓯᔨᓂᐤ ᑭᐦᒋ ᑭᓯᑯᕽ ᑭ ᐃᓯ ᐅᐦᐱᐢᑳᐤ, ᐱᑯ ᐊᓇ ᑭᐦᒋ ᑭᓯᑯᕽ ᑳ ᑭ ᐯ ᐅᐦᒋ ᔮᓯᐟ, ᐁᐊᐧᑯ ᐊᓇ ᐃᔨᓂᐃᐧᑯᓯᓴᐣ ᑭᐦᒋ ᑭᓯᑯᕽ ᑳ ᐊᔭᐟ. ᑳ ᑭ ᐃᓯ ᐅᐦᐹᐢᑲᐧᐋᐧᐟ ᒧᓯᐢ ᑭᓀᐱᑲᐧ ᐱᑲᑕᐢᑭᕽ, ᐁᑯᓯ ᒣᐧᒋ ᑫ ᐃᓯ ᐅᐦᐹᐢᑲᐧᐅᐦᐟ ᐃᔨᓂᐃ ᑯᓯᓴᐣ: ᐱᑯ ᐊᐃᐧᔭᐠ ᐁ ᑕᐯᐧᔦᔨᒫᐟ ᐁᑳ ᑭᑕ ᓂᓯᐊᐧᓈᑎᓯᐟ, ᒫᑲ ᑭᑕ ᐊᔮᐟ ᑳᑭᑫ ᐱᒫᑎᓯᐃᐧᐣ.

ᓂᐢᑕᑦ ᐊᔪᒥᐁᑭᓯᑳᐤ ᐊᐢᑯᐦ ᑕᔥᐃᓂᑎ.

ᐊᔪᒥᐋᐃᐧᐣ.

ᑭᓭᒪᓂᑐ ᐅ ᒪᐢᑲᐃᐧᓯᐃᐧᓂᐚᐤ ᐊᓂᑭ ᑳ ᐊᐢᐯᔨᒧᑑᐢᑭᐠ, ᑭᓴᐧᑎᓯᐃᐧ ᓇᑐᐦᑕ ᓂᐟ ᐊᔪᒥᐋᐃᐧᓂᓈᓇ; ᒥᓇ ᐁ ᐃᓯ ᒍᓯᐊᐧᕽ ᐅᒪ ᑳ ᓂᐸᐃᐧᓂᐊᐧᕽ ᓂᐟ ᐃᓯ ᐋᔫᐃᐧᓂᓈᐣ ᐁᑳ ᑫᑲ: ᐁ ᒦᔫᐃᐧᓯᐠ ᐁ ᑭ ᑐᑕᒫᕽ ᑭᐢᐱᐣ ᐁᑳ ᑭᔪ ᐁ ᐃᐧᑭᐃᔫᕽ, ᒥᔦᓈᐣ ᑭ ᓂᓯᑳᒣᑫᐃᐧᐣ, ᐁ ᐱᒥᑎᓴᐋᒫᕽ ᑯᔪᓯᐁᐃᐧᐃᐧᓇ ᑭᑕ ᑭ ᓇᐃᔪᐁᐃᐧᐃᐧᑖᕽ ᐁ ᐃᑌᔦᑕᒫᕽ ᒥᓇ ᐁ ᐃᐦᑐᑕᒫᕽ; ᐃᐧᔪ ᐅᐦᒋ ᒋᓴᐢ X ᑳ ᑎᐯᔦᒥᑯᔫᕽ. ᐋᒣᐣ.

ᑭᐦᒋᒪᓯᓇᐊᐧᒫᑫᐃᐧᐣ. ᓂᐢᑕᑦ ᒫᐣ iv. 7.

ᓯᔫᑭᐃᑕᑯᐠ, ᓵᑭᐃᑐᑖᐠ; ᒋᑫᒫ ᓵᑭᐃᐁᐃᐧᐃᐧᐣ ᑭᓭᒪᓂᑐᕽ ᐅᐦᒋᒪᑲᐣ; ᑲᑭᔫᐤ ᒫᑲ ᐊᐃᐧᔭᐠ ᑳ ᓵᑭᐁᐃᐧᐟ ᓂᑖᐃᐧᑭᐃᐠ ᑭᓭᒪᓂᑐᐊᐧ ᒥᓇ ᑭᐢᑫᔦᒣᐤ ᑭᓭᒪᓂᑐᐊᐧ. ᐊᓇ ᐁᑳ ᑳ ᓵᑭᐁᐃᐧᐟ ᓇᒪᐃᐧᔪ ᑭᐢᑫᔦᒣᐤ ᑭᓭᒪᓂᑐᐊᐧ; ᒋᑫᒫ ᑭᓭᒪᓂᑐ ᓵᑭᐃᐁᐃᐧᐃᐧ-ᓂᐃᐧᐤ. ᐁᑯᑕ ᐅᒪ ᑭᓭᒪᓂᑐ ᑳ ᑭ ᒍᑯᑖᐟ ᐁ ᓵᑭᐊᑯᔫᕽ, ᐁ ᑭ ᐃᓯᑎᓴᐋᐃᐧᐟ ᑭᓭᒪᓂᑐ ᐅ ᐯᔪᑯᑯᓯᓵᓇ ᐊᐢᑭᕽ ᐁᐊᐧᑯ ᑭᑕ ᐅᐦᒋ ᐱᒫᑎᓯᔫᕽ. ᐁᐊᐧᑯ ᐅᒪ ᓵᑭᐃᐁᐃᐧᐃᐧᐣ, ᓇᒪᐃᐧᔪ ᐁ ᑭ ᓵᑭᐋᐧᔫᕽ ᑭᓭᒪᓂᐟ, ᒫᑲ ᐁ ᑭ ᓵᑭᐃᑯᔫᕽ ᐁᑯᓯ ᐁ ᑭ ᐃᓯᑎᓴᐋᐃᐧᐟ ᐅᑯᓯᓴ ᑭᑕ ᑎᐸᐃᑫᐢᑕᒪᑯᔫᕽ ᑭ ᒪᒋᐦᑎᐃᐧᓂᓇᐊᐧ. ᓯᔫᑦᐃᑕᑯᐠ, ᑭᐢᐱᐣ ᑭᓭᒪᓂᑐ ᐁᑯᓯ ᑭ ᑭ ᐃᓯ ᓵᑭᐃᑯᓇᐤ, ᑮᔭᓇᐤ ᒥᓇ ᑭ ᑲ ᓵᑭᐃᑐᑖᓇᑦ. ᓇᒪᐃᐧᔪ ᐃᐧᑳ ᐊᐱᓯᐱᓂᐤ ᑭ ᐅᐦᒋ ᐚᐸᒣᐤ ᑭᓭᒪᓂᑐᐊᐧ; ᑭᐢᐱᐣ ᑭ ᓵᑭᐃᑐᔮᓇᐤ ᑭᓭᒪᓂᑐ ᑭ ᑭᐢᑲᑯᑐᐤ ᒥᓇ ᐅ ᓵᑭᐃᐁᐃᐧᐃᐧᐣ ᑭ ᒥᑐᓂᐦᑳᑲᐃ ᓈᓇᐤ; ᐅᑕ ᑯᐦᒋ ᑭᐢᑫᔦᑌᓈᓇᐤ ᐁ ᑭᑭᐢᑳᑯᔫᕽ ᒥᓇ ᐁ ᑭᑭᐢᑲᐚᐧᔫᕽ ᒋᑫᒫ ᐁ ᑭ ᒥᔦᑕᔫᕽ ᐅᐟ ᐊᒫᐦᑲᐧ. ᐁᑯᓯ ᑭ ᑭ ᐋᐧᐸᑌᓈᓇᐤ ᒥᓇ ᑭᐟ ᐋᐧᑐᑌᓈᓇᐤ ᐁᐧᔮᑕᐃᐧᕽ ᐁ ᑭ ᐃᓯᑎᓴᐋᐃᐧᐟ ᐅᑯᓯᓴ ᑭᑕ ᐱᒫᑭᑖᐦᐟ ᐸᐢᑭ. ᐱᑯ ᐊᐃᐧᔭᐠ ᒫᑲ ᑫ ᐋᐧᑐᑕᒧᑫᐧ ᒋᓴᐢ ᐁᐊᐧᑯ ᑭᓭᒪᓂᑐ ᐅᑯᓯᓴ, ᑭᓭᒪᓂᑐᐊᐧ ᑭᑭᐢᑳᐧᐤ ᒥᓇ ᑭᑭᐢᑲᐚᐧ ᑭᓭᒪᓂᑐᐊᐧ. ᐁᑯᓯ ᑭ ᑭᐢᑫᔦᑌᓈᓇᐤ ᒥᓇ ᑭ ᑭ ᑖᐯᐧᑌᓈᓇᐤ ᐊᓂᒪ ᑳ ᑭ ᐃᓯ ᓵᑭᐃᑯᔫᕽ ᑭᓭᒪᓂᑐ. ᑭᓭᒪᓂᑐ ᓵᑭᐃᐁᐃᐧᐃᐧᓂᐃᐧᐤ; ᒥᓇ ᐊᓇ ᓵᑭᐃᐁᐃᐧᐃᐧᓂᕽ ᑳ ᐋᔮᐟ ᑭᑭᐢᑲᐧ ᑭᓭᒪᓂᑐᐊᐧ ᒥᓇ ᑭᑭᐢᑲᐁᐧᐤ ᑭᓭᒪᓂᑐᐊᐧ. ᐁᑕ ᐅᒪ ᓵᑭᐃᐁᐃᐧᐃᐧᐣ ᑭ ᒪᒥᑐᓂᑳᐧᑲᐃᐧᓈᓇᐤ, ᑭᑕ ᐋᔭᔭᕽ ᓯᑫᔨᒧᐃᐧᐣ ᐅᔭᓯᐧᐃᐧ ᑭᓯᑳᑭ; ᒋᑫᒫ ᑳ ᐃᓯ ᐋᔮᐟ ᐁᐧᔭ ᒥᓇ ᑭᐟ ᐃᓯ ᐋᔭᓈᓇᐤ ᐅᑕ ᐊᐢᑭᕽ. ᓇᒪᐃᐧᔪ ᐃᑕᑲᐧᐣ ᐊᐢᑖᓯᐃᐧᐣ ᓵᑭᐁᐃᐧᐃᐧᓂᕽ ᐃᐧᔪ; ᒫᑲ ᐁ ᒥᑐᓂ ᐋᔮᐠ ᓵᑭᐃᐁᐃᐧᐃᐧᐣ ᐊᐧᔭᐃᐧᐁᐧᐱᓇᒧᒪᑲᐣ ᐊᐢᑖᓯᐃᐧᐣ ᒋᑫᒫ ᐊᐢᑖᓯᐃᐧᐣ

ᐃᐧᔭ ᑯᑕᑭᐃᐁᐧᐤ; ᐁᑯᓯ ᐊᓇ ᑳ ᐊᐢᑖᓯᐟ ᓇᒪᐃᐧᔭ ᒪᒥᑐᓂᐋᐤ ᓵᑭᐃᐁᐧᐃᐧᓂᕽ. ᑭ ᓵᑭᐋᓇᐤ ᒋᑫᒫ ᐃᐧᔭ ᓂᑳᐣ ᐁ ᑭ ᓵᑭᐃᑯᔭᕽ. ᑭᐢᐱᐣ ᐊᐃᐧᔭᐠ ᐊᔨᓯᔨᓄᐤ ᐃᑌᐧᒋ, ᓂ ᓵᑭᐋᐤ ᑭᓭᒪᓂᑐ, ᐸᑳᐧᑖᒋ ᒫᑲ ᐅᒋᐋᐧᒪ, ᑭᔮᐢᑭᐤ; ᒋᑫᒫ ᐊᓇ ᐁᑳ ᑳ ᓵᑭᐋᐟ ᐅᒋᐊᐧᒪ ᑲ ᑭ ᐋᐧᐸᒫᐟ, ᓇᒪᐃᐧᔭ ᑭ: ᑭ ᓵᑭᐋᐟ ᑭᓭᒪᓂᑐᐊᐧ ᐁᑲ ᑲ ᑭ ᐅᐦᒋ ᐋᐧᐸᒫᐟ. ᐁᑯᓯ ᐅᒪ ᐅᔭᓯᐁᐧᐃᐧᐣ ᑭ ᑭ ᒥᔨᑯᓇᐤ, ᐊᓇ ᑳ ᓵᑭᐋᐟ ᑭᓭᒪᓂᑐᐊᐧ ᑭᑕ ᓵᑭᐋᐟ ᐅᒋᐋᐧᒪ ᒥᓇ.

ᒥᐋᐧᒋᒧᐃᐧᐣ. ᓭᐣᐟ ᓬᐅᐠ xvi. 19.

ᑭ ᐃᐦᑖᐤ ᐯᔭᐠ ᐁ ᐁᐧᔪᑎᓯᐟ ᓈᐯᐤ, ᐁ ᐃᐧᔮᑕᕽ ᒥᐦᑫᐧᑭᐣ ᒥᓇ ᐁ ᒥᔮᐧᓯᓂᔨᐠ ᐋᐧᐱᐢᑫᑭᐣ, ᑕᐦᑐ ᑭᓯᑳᐤ ᒥᓇ ᐁ ᒥᔭᐧᒋᑫᐟ: ᐁᑯᓯ ᑭ ᐃᐦᑖᐤ ᐯᔭᐠ ᐅᐸᑯᓯᑖᐧᐤ, ᓬᐋᓴᕑᐸᐢ ᐁ ᐃᓯᔨᑳᓱᐟ, ᐁ ᑭ ᐱᒥᐢᓯᒥᐦᐟ ᐅᐟ ᐃᐢᑳᐧᑌᒥᔨᕽ ᒥᓯᐁᐧ ᐁ ᐊᐧᔪᒥᑭᐟ, ᐁ ᐊᑳᐋᐧᑕᕽ ᒫᑲ ᑭᑕ ᐊᓴᒥᐦᐟ ᐱᐊᐧᒋᑲᓇ ᑳ ᐸᑭᐦᑎᓂᔨᑭ ᐅᒥᒋᓯᐃᐧᓈᑎᑯᔨᕽ ᐅᐦᒋ ᑳ ᐁᐧᔪᑎᓯᔨᐟ ᓈᐯᐊᐧ; ᐊᑎᒪᐧ ᒫᑲ ᑭ ᐯ ᓄᑳᐧᑕᒥᔨᐊᐧ ᐅᒥᑭᐃᐧᓇ. ᐁᑯᓯ ᑭ ᐅᑎᒋᐸᔨᐤ, ᑳ ᑭᑎᒫᑭᓯᐟ ᓈᐯᐤ ᐁ ᑭ ᓂᐱᐟ, ᐁ ᑭ ᐃᑐᑕᐃᑯᐟ ᒫᑲ ᐅᑭᓯᑯᐊᐧ ᐅ ᑕᐦᑯᓂᐁᐧᐃᐧᓂᔨᕽ ᐁᑊᕑᐁᐋᒪ: ᑳ ᐁᐧᔪᑎᓯᐟ ᓈᐯᐤ ᐃᐧᐢᑕ ᑭ ᓂᐱᐤ, ᒥᓇ ᑭ ᓇᐃᓈᐤ. "ᐁᑎᓯᕽ ᒫᑲ ᑭ ᐊᔨᑖᐱᐤ, ᐁ ᑲᑳᐧᑕᑭᑖᐟ, ᒥᓇ ᐁ ᐋᐧᐸᒫᐟ ᐁᑊᕑᐁᐋᒪ ᐋᐧᔭᐤ, ᐅᐦᒋ, ᒥᓇ ᓬᐋᓴᕑᐊᐢ ᐅ ᑕᐦᑯᓂᐁᐧᐃᐧᓂᔨᕽ ᐁ ᐅᔮᔨᐟ. ᐁᑯᓯ ᑭ ᑌᐯᐧᐤ ᐁ ᐃᑌᐧᐟ, ᓄᐦᑕ ᐁᑊᕑᐁᐋᒼ, ᑭᑎᒫᑭᓇᐃᐧᐣ, ᒥᓇ ᐯ ᐃᓯᑎᓴᐤ ᓬᐋᓴᕑᐊᐢ, ᑭᑕ ᑭᐦᑖᓇᕽ ᐅ ᐊᐧᓇᐢᑯᒋᒑᐣ ᓂᐱᕽ, ᑭ ᑕᐦᑲᐹᐊᐧᑖᐟ ᓂᑌᔭᓂ; ᐃᐧᔭ ᐁ ᐃᐧᓴᑲᐱᓅᔮᐣ ᐅᑕ ᑳᐧᑯᑌᕽ. ᒫᑲ ᐁᑊᕑᐁᐋᒼ ᑭ ᐃᑌᐧᐤ, ᓂᑯᓯᐢ, ᑲᓄᑭᐢᑭᓯ ᒉᑲᐧᐨ ᐁ ᐱᒪᑎᓯᔭᐣ ᑭ ᑭ ᐊᔮᐣ ᐁ ᒥᔭᐧᓯᑭ ᑫᑲᔭ, ᐁᑯᓯ ᐃᐧᔭ ᓬᐋᓴᕑᐊᐢ ᒫᔨ ᑫᑲᐧᔭ; ᒫᑲ ᐁᑲᐧ ᐃᐧᔭ ᑳᑭᒋᐋᐤ, ᐁᑯᓯ ᑭᔭ ᑭ ᑲᑳᐧᑕᑭᑕᐣ. ᒥᓇ ᒫᑲ ᒥᓴᐋᐧᐨ, ᑕᐢᑕᐋᐧᔨᕽ ᐃᑕ ᑳ ᐃᔮᔭᕽ ᑭᐢᑕᒋᑳᑌᐤ ᑭᐦᒋ ᐸᐢᑎᓈᐤ, ᐃᑕ ᐅᐦᒋ ᐊᓂᑭ ᑳ ᐃᐧ ᓈᑎᐢᑭᐠ ᐁᑳ ᑭᑕ ᑲᐢᑭᑖᒋᐠ, ᒥᓇ ᐊᓂᑭ ᐁᑯᑌ ᑳ ᐃ ᐯ ᐅᐦᒋ ᐅᑎᑎᑯᔮᑯᐠ. ᐁᑯᓯ ᒫᑲ ᑭ ᐃᑌᐧᐤ, ᑭ ᒪᐃᐧᒧᐢᑕᑎᐣ ᒫᑲ ᓄᐦᑕ, ᑭᑕ ᐃᓯᑎᓴᐊᐧᐟ ᓄᐦᑕᐃᐧᔭ ᐃᐧᑭᔨᕽ; ᒋᑫᒪ ᓂᔮᓇᓂᐊᐧᐠ ᓂᒋᐊᐧᒪᐠ; ᑭᑕ ᐋᒋᒧᐢᑕᐋᐧᐟ, ᐁᑳ ᐃᐧᐢᑕᐊᐧᐤ ᑭᑕ ᐯ ᐃᑐᐦᑌᒋᐠ ᐅᑕ ᑲᑲᐧᑕᑭᑕᐃᐧᓂᕽ. ᐁᑊᕑᐁᐊᒼ ᑭ ᐃᑎᐤ, ᐊᔮᐁᐧᐊᐧᐠ ᓯᐢ ᒧᒥᓇ ᐅᑭᐢᑭᐁᐧᐃᑫᐊᐧ: ᐁᐊᐧᑲᐧᓂ ᑭᑕ ᓇᑐᐦᑕᐁᐧᐊᐧᐠ. ᒫᑲ ᑭ ᐃᑌᐧᐤ, ᓇᒪᐃᐧᔭ ᓄᐦᑕ ᐁᑊᕑᐁᐊᒼ; ᒫᑲ ᑭᐢᐱᐣ ᐊᐃᐧᔭ ᓂᐳᐃᐧᓂᕽ ᐅᐦᒋ, ᓈᑎᑯᒋᐠ ᐅ ᑲ ᑫᐧᐢᑲᑎᓯᑖᐋᐧᐤ. ᑭ ᐃᑎᐠ ᒫᑲ, ᑭᐢᐱᐣ ᐁᑳ ᓇᑐᐦᑕᐋᐧᑖᐧᐃᐧ ᒧᓯᐢ ᒥᓇ ᐅᑭᐢᑭᐁᐧᐃᑫᐊᐧ, ᓇᒪᐃᐧᔭ ᒥᓇ ᑭᑕ ᑭ ᑯᒋᒫᐊᐧᐠ, ᑭᐢᐱᐣ ᐋᑕ ᐊᐃᐧᔭ ᐊᐧᓂᐢᑳᔨᐟ ᓂᐳᐃᐧᓂᐠ ᐅᐦᒋ.

ᓂᔑ ᐊᔭᒥᐁᑭᓯᑳᐤ ᐊᐢᑯᐦ ᑕᕒᐃᓂᑎ.

ᐊᔭᒥᐋᐎᐣ.

ᑌᐯᔨᒋᑫᔭᐣ ᐁᑳ ᐃᐧᑳᐨ ᑳ ᓅᐦᑌᐸᔨᔭᐣ ᑭᑕ ᐃᐧᒋᐊᒋᐢ ᒥᓇ ᑭᑕ ᒫᒥᓅᐦᑕᑕᐸᒋᐢ ᐊᓂᑭ ᑳ ᐅᐦᐱᑭᐊᒋᐢ ᑭ ᑖᐯ ᑯᓯᑫᐧᔨᒥᑯᐃᐧᓂᕽ ᒥᓇ ᑭ ᓵᑭᐃᐁᐧᐃᐧᓂᕽ; ᑲᓇᐁᐧᔨᒥᓈᐣ, ᑭ ᐸᑯᓭᔨᒥᑎᓈᐣ ᑭᑕ ᓈᑖᒪᑯᔮᕽ ᑭ ᐸᒥᐃᐁᐧᐃᐧᐣ, ᒥᓇ ᒥᔻᓈᐣ ᑭᑕ ᑭ ᑌᐦᑭ ᑯᓯᑫᐧᔨᑖᒪᕽ ᒥᓇ ᑭᑕ ᓵᑭᑖᔮᕽ ᑳ ᑲᓈᑕᕽ ᑭ ᐃᐧᔦᐧᐃᐧᐣ, ᐃᐧᔭ ᐅᐦᒋ ᒋᓭᐢ X ᑳ ᑎᐯᔨᒥᑯᔮᕽ. ᐋᒣᐣ.

ᑮᐦᒋᒪᓯᓇᐊᒫᑫᐎᐣ. ᓂᐢᑕᐟ ᒑᐟ iii. 13.

ᐁᑳᐃᐧᔭ ᒫᒪᐢᑳᑕᒧᐠ ᓂᒋᐋᐧᒥᑎᐠ ᑭᐢᐱᐣ ᐸᑳᐧᐢᑯᔦᑯ ᐊᐢᑭ. ᑭ ᑭᐢᑫᔨᑌᓈᓇᐤ ᐁ ᑭ ᐸᐢᐱᔭᕽ ᓂᐳᐃᐧᓂᕽ ᐅᐦᒋ ᐱᒫᑎᓯᐃᐧᓂᕽ ᐃᓯ ᒋᑫᒫ ᐁ ᓵᑭᐋᔮᑯᐠ ᐅᒋᐋᐧᒥᒫᐊᐧᐠ. ᐊᓇ ᐁᑳ ᑳ ᓵᑭᐃᐁᐧᐟ ᓂᐳᐃᐧᓂᕽ ᐊᔮᐤ. ᐊᐃᐧᔭᐠ ᐸᑳᐧᑖᒋ ᐅᒋᐋᐧᒪ ᐅᓂᐸᑖᑫᐤ ᐁᐊᐧᑯ; ᐁᑯᓯ ᑭ ᑭᐢᑫᔨᑌᓈᐋᐧᐤ ᓇᒪᐃᐧᔦ ᐊᐃᐧᔭᐠ ᐅᓂᐸᑖᑫᐤ ᐊᔮᐤ ᑳᑭᑫ ᐱᒫᑎᓯᐃᐧᐣ ᐁ ᑭᑭᐢᑲᑯᐟ. ᐁᑯᑕ ᐅᒪ ᐅᐦᒋ ᑲ ᑭᐢᑫᔨᑕᒪᕽ ᓵᑭᐃᐁᐧᐃᐧᐣ, ᒋᑫᒫ ᐁ ᑭ ᐸᑭᑎᓇᕽ ᐅ ᐱᒫᑎᓯᐃᐧᐣ ᑭᔮᓇᐤ ᐅᐦᒋ; ᐁᑯᓯ ᑭᔮᓇᐤ ᑭ ᑲ ᐸᑭᑎᓄᑖᓇᐤ ᑭ ᐱᒫᑎᓯᐃᐧᓂᓇᐤ ᐅᒋᐋᐧᒥᒫᐊᐧᐠ ᐅᐦᒋ. ᒫᑲ ᐊᐃᐧᔭᐠ ᐁ ᐊᔮᐟ ᐊᐢᑭᐃᐧ ᒥᔦ ᐊᔮᐃᐧᓇ ᐁᑯᓯ ᐋᐧᐸᒫᒋ ᐅᒋᐋᐧᒪ ᐁ ᑫᐧᑖᒪᔨᐟ ᑭᐸᐊᒪᐋᐧᒋ ᒫᑲ ᐅ ᑭᓭᐋᐧᑎᓯᐃᐧᐣ, ᑖᓂᓯ ᐃᓯ ᐃᐧᔭ ᐁᐊᐧᑯ ᐁᔨ ᑭᑭᐢᑲᑯᐟ ᐅ ᓵᑭᐃᐁᐧᐃᐧᓂᔦᐤ ᑭᓭᒪᓂᑐᐊᐧ? ᐊᐱᐢᑕᐋᐧᔨᔨᑎᐠ ᐁᑳᐃᐧᔭ ᓵᑭᐁᐧᑖᐠ ᐃᑌᐃᐧᓇᕽ ᐊᐦᐳ ᒥᑌᔭᓂ ᐅᐦᒋ; ᒫᑲ ᐃᔨᒋᑫᐃᐧᓂᕽ ᒥᓇ ᑖᐯᐃᐧᓂᕽ. ᐁᑯᑕ ᐅᐦᒋ ᑭ ᑲ ᑭᐢᑫᔨᑌᓈᓇᐤ ᑖᐯᐃᐧᓂᕽ ᐁ ᐃᐧᒋᐁᐧᔭᕽ ᒥᓇ ᑭ ᑲ ᑫᐦᒋᓈ ᓈᓇᐤ ᑭᑌᐦᐃᓇᐋᐧ ᐁ ᐃᔨ ᐋᐧᐸᒥᑯᔭᕽ; ᐃᑕ ᐊᓂᒪ ᑭ ᑌᐦᐃᓇᐤ ᐁ ᓇᓂᐳᒥᑐᔭᐠ ᑭᓭᒪᓂᑐ ᐊᔨᐋᐧᐠ ᑮᐦᒉᔨᐃᐧᐤ ᐃᔨᑯᕽ ᐃᐧᔭ ᑭᑌᐦᐃᓇᐤ ᒥᓇ ᑭᐢᑫᔨᑕᑕ ᑲᑭᔮᐤ ᑫᑳ:. ᒥᔮᑭᐃᑕᑕᐠ ᑭᐢᐱᐣ ᑭᑌᐦᐃᓇᐤ ᓇᒪᐃᐧᔭ ᑭ ᓇᓂᐳᒥᑯᓇᓇᐤ, ᑭ ᓯᑫᔨᒧᐣ ᑖᐧᓇᐤ ᑭᓭᒪᓂᑐ; ᒥᓇ ᐱᑯ ᑫᑳ: ᐁ ᓇᑐᑕᒫᐧᔭᕽ ᑭ ᒥᔨᑯᓇᐤ, ᒋᑫᒫ ᐁ ᑲᓇᐁᐧᔨᑕᒫᐧᔭᕽ ᐅᔭᓯᐁᐧᐃᐧᓀ ᒥᓇ ᐁ ᐃᐦᑐᑕᒪᕽ ᐊᓂᐃ ᑳ ᒥᔭᐧᐱᓯᒥᑯᐟ. ᐁᐋᐧᑫᐧᔨᐤ ᒫᑲ ᐅᒪ ᐅᔭᓯᐁᐧᐃᐧᐣ ᑭᑕ ᑖᐯᐧᑕᒫᐧᔭᕽ ᐅ ᐃᐧᔦᐃᐧᓂᔨᐤ ᐅᑯᓯᓴ ᒋᓭ X ᒥᓇ ᑭᑕ ᓵᑭᐃᑐᔭᕽ ᑳ ᑭ ᐃᔨ ᒥᔨᑐᔭᕽ ᐅᔭᓯᐁᐧᐃᐧᐣ. ᐊᓂᐃ ᒫᑲ ᑳ ᑲᓇᐁᐧᔨᑕᒥᔨᐟ ᐅᔭᓯᐁᐧᐃᐧᓇ ᑭᑭᐢᑳᐠ ᒥᓇ ᐃᐧᔭ ᑭᑭᐢᑯᐁᐧᐤ. ᐁᑯᑕ ᒫᑲ ᐅᐦᒋ ᑭ ᑭᐢᑫᔨᑌᓈᓇᐤ ᐁ ᑭᑭᐢᑳᑯᔭᕽ ᐋᒫᐦᑲᐧ ᐅᐦᒋ ᑳ ᑭ ᒥᔨᑐᔭᕽ.

ᒥᐋᐧᒋᒧᐃᐧᐣ. ᓭᐣᐟ ᓬᐅᐠ xiv. 16.

ᐯᔭᐠ ᓈᐯᐤ ᑭ ᑭᐦᒋ ᐃᐧᑯᐦᑫᐤ; ᐁᑯᓯ ᒥᐦᒉᐟ ᐁ ᑭ ᐃᐧᐦᑯᒫᐟ; ᐁ ᑭ ᐃᓯᑎᓴᐋᐧᐟ ᒫᑲ ᐅᐟ ᐊᑐᐢᑫᔮᑲᓇ ᐁ ᐅᑎᒋᐸᔨᐠ ᑎᐱᐢᑭᓄᑫᐃᐧᐣ ᑭᑕ ᐃᑕᔨᐟ ᑳ ᐃᐧᐦᑯᒥᒥᐦᐟ, ᐯ ᐃᑐᐦᑌᐠ; ᒋᑫᒪ ᑲᑭᔭᐤ ᑫᑲ: ᑲᐧᔮᑕᐢᑌᐤ. ᐁᑯᓯ ᑲᑭᔭᐤ ᑭ ᒫᒪᐁᐧᔨᑕᒪᐧᐠ ᐁ ᐃᐧ ᑭᐧᑕᐃᐧᐃᑌᐧᒋᐠ. ᐊᓀ ᓂᐢᑕᑦ ᑭ ᐃᑌᐧᐤ, ᓂ ᑭ ᐊᑖᐋᐧᐣ ᑭᐢᑎᑳᐣ ᓇ ᐁᐧᔨᑖᑲᐧᐣ ᑭᑕ ᓇᑕᐃᐧ ᐋᐧᐸᑕᒫᐣ; ᑭ ᐸᑯᓭᔨᒥᑎᐣ ᑭᑕ ᐸᑭᑌᔨᒥ-ᑲᐃᐧᔮᐣ. ᑯᑕᐠ ᒫᑲ ᑭ ᐃᑌᐧᐤ, ᓂ ᑭ ᐊᑖᐋᐧᐣ ᓂᔮᓇᓄᐋᐧᐣ ᐃᔮᐯᐊᐧᐠ, ᐁᐧᓯ ᓂᐟ ᐃᑐᑖᐣ, ᑭᑕ ᓇᑐᐃᐧ ᑯᒋᐊᑭᐠ: ᑭ ᐸᑯᓭᔨᒥᑎᐣ ᑭᑕ ᐸᑭᑌᔨᒥᑲᐃᐧᔮᐣ. ᐁᑯᓯ ᑯᑕᐠ ᒥᓇ ᑭ ᐃᑌᐧᐤ, ᓂ ᑭ ᑭᐦᒋ ᐃᐧᑭᒫᐤ ᐃᐢᑫᐧᐤ, ᐁᐊ ᑯ ᐅᐦᒋ ᒪᑲ ᓇᒪᐃᐧᔭ ᓂ ᑲ ᑭ ᐯ ᐃᑐᐦᑖᐣ. ᐁᑯᓯ ᐊᓇ ᐊᑐᐢᑫᔮᑲᐣ ᑭ ᐯ ᐃᐧᑕᒪᐁᐧᐤ ᐅᐟ ᐅᑭᒫᒪ ᐅᐃ ᑫᑲᐧᔭ, ᑳ ᐅᑭᒫᑲᑕᕽ ᒫᑲ ᐋᐧᐢᑳᐃᑲᐣ ᐁ ᑭᓯᐊᐧᓯᐟ ᑭ ᐃᑌᐤ ᐅᐟ ᐊᑐᐢ-ᑫᔮᑲᓇ, ᑲᑫᐧᔮᐅ ᐃᑐᐦᑌ ᒉᐢᑳᓈᕽ ᒥᓇ ᐃᑕ ᐁ ᑖᑕᐋᐧᐠ ᐅᑌᓈᕽ, ᐁᑯᓯ ᐯ ᐱᐦᑐᑲᐃᐠ ᑳ ᑭᑎᒫᑭᓯᒋᐠ ᑳ ᒫᐢᑭᐸᔨᒋᐠ ᑳ ᒪᐢᑭᓯᒋᐠ ᒥᓇ ᐁᑳ ᑳ ᐋᐧᐱᒋᐠ. ᐁᑯᓯ ᐊᑐᐢᑫᔮᑲᐣ ᑭ ᐃᑌᐧᐤ, ᐅᑭᒫᐤ, ᑭ ᐃᐦᑐᒋᑳᑌᐤ ᐊᓂᒪ ᑳ ᑭ ᐃᓯ ᓯᑭᐦᑫᒧᔭᐣ, ᑫᔭᐱᐨ ᒫᑲ ᑕᐋᐧᐤ. ᐅᐟ ᐅᑭᒫᒪ ᒫᑲ ᐊᓇ ᐊᑐᐢᑫᔮᑲᐣ, ᑭ ᐃᑎᐠ, ᐃᑐᐦᑌ ᑭᐦᒋ ᒉᐢᑳᓈᕽ ᒥᓇ ᓯᓯᓄ ᒉᓂᑲᓂᕽ, ᒥᓇ ᓯᑭᐦᑫᒧ ᐊᔨᓭᐨ ᑭᑕ ᐯ ᐱᑐᑫᒋᐠ, ᑭᑕ ᓵᑲᐢᑭᓄᐠ ᓂ ᐋᐧᐢᑳᐃᑲᐣ. ᒋᑫᒫ ᑭ ᐃᐧᑕᒫᑎᓈᐋᐧᐤ, ᓇᒪ ᐊᐃᐧᔭᐠ ᐊᓂᑭ ᑳ ᑭ ᐃᐧᐦᑯᒥᐦᒋᐠ, ᑭᑕ ᑯᒋᐢᑕᒪᐧᐠ ᓂ ᑎᐱᐢᑭᓄᑫᐃᐧᐣ.

ᓂᐢᑐ ᐊᔭᒥᐁᑭᓯᑳᐤ ᐊᐢᑯᐦᐨ ᑕᕒᐃᓂᑎ.

ᐊᔭᒥᐋᐃᐧᐣ.

ᑌᐯᔨᒋᑫᔮᐣ ᑭ ᐸᑯᓭᔨᒥᑎᓈᐣ ᑭᑕ ᑭᑎᒫᑭᑕᐃᐧᔮᕽ; ᒥᓇ ᐸᑭᑌᔨᑕᒪᐃᐧᓈᐣ ᓂᔮᓈᐣ ᑳ ᑭ ᒥᔨᔮᕽ ᑭᑕ ᓅᐦᑌ ᒪᐃᐧᒧᐢᑖᑖᕽ, ᑭᑕ ᑭ ᓈᑕᒪᑯᔮᕽ ᑳ ᓯᑫᔨᑖᑲᐧᕽ ᑭ ᑲᓇᐁᐧᔨᒥᐁᐧᐃᐧᐣ ᒌᐦᒌᐤ ᐋᔨᒥᓯᐃᐧᐣ ᒥᓇ ᒫᑫᐧᔨᒧᐃᐧᐣ ᐁ ᒉᑳᐧᐢᑲᑯᔮᕽ; ᐃᐧᔭ ᐅᐦᒋ ᒋᓭᐢ X ᑳ ᑎᐯᔨᒥᑯᔮᕽ. ᐋᒣᐣ.

ᑭᐦᒋᒪᓯᓇᐊᒫᑫᐃᐧᐣ. ᓂᐢᑕᑦ ᐱᑕᕒ v. 5.

ᑲᑭᔮᐤ ᐸᑲᐧᑌᐅᑐᑕᒧᐠ ᑕᐸᐦᑌᔨᒧᐃᐧᐣ ᑭᑕ ᐊᑐᐢᑫᐢᑑᑐᔦᐠ; ᒋᑫᒪ ᑭᓭᒪᓂᑐ ᓇᑳᐢᑲᐁᐧᐤ ᑳ ᑭᐢᑌᔨᒥᓯᔨᐟ ᒫᑲ ᒥᔦᐤ ᐅ ᓂᓯᑲᒫᑫᐃᐧᐣ ᐅᑕᐸᑌᔨᒧᐊᐧ. ᑕᐸᑌᔨᒧᐠ ᒫᑲ ᐁ ᑳᑕᑯᐢᑲᑯᐋᐧᔦᐠ ᑳ ᓯᑲᔨᐋᐧᓂᔨᐠ ᐅᒋᐦᒋ ᑭᓭᒪᓂᑐ, ᑭᑕ ᐅᐦᐱᓂᑯᔦᐠ ᐃᔨᑯᕽ ᐅᑎᒋᐸᔨᑭ; ᐃᐧᔭ ᐁ ᐸᑭᑎᓇᒫᐋᐧᔦᐠ ᑲᑭᔭᐤ ᑭ ᒥᑯᐢᑲ-

ᑌᐳᑕᒧᐃᐧᓂᐋᐧᐊᐧ ᒋᑫᒫ ᑭ ᒥᑐᓀᔨᒥᑯᐋᐧᐤ. ᐊᔭᑳᐧᒥᓯᐢ, ᐊᓭᐋᐧᐱᐠ; ᑳ ᐃᐧᓂᓯᐊᐧᓈᒋᐃᑯᔦᐠ ᒪᒋᒪᓂᑐ, ᑖᐱᐢᑯᐨ ᐁ ᐸᐹ ᓰᐢᑲᑌᐧᒧᐟ ᒥᐢᑕᑫᓯᐤ ᐸᐹᒧᑌᐤ ᐁ ᓇᑐᓇᐋᐧᐟ ᐊᓂᐃ ᑭᑕ ᑭᑕᒫᐧᐟ; ᐁᐊᐧᑯ ᓇᑲᐢᑲᕽ ᐁ ᒪᐢᑲᐃ ᑲᐸᐃᐧᔦᐠ ᑭ ᑖᐯᐧᔦᔨᑕᒧᐃᐧᓂᐋᐧᕽ, ᐃᐧᔭ ᐁ ᑭᐢᑫᔨᑕᒣᐠ ᐁᐊᐧᑯᓂ ᑯᑕᐤᑕᐃᐧᓇ ᐁ ᑎᐱᑐᑕᒨ-ᐃᐦᒋᐠ ᑭᒋᐋᐧᒥᐋᐧᐊᐧᐠ ᐊᐢᑭᕽ ᑳ ᐊᔮᒋᐠ. ᐁᑯᓯ ᑮᓭᒪᓂᑐ ᑳ ᐊᔮᐟ ᑲᑭᔭᐤ ᑭᓭᐋᐧᑎᓯᐃᐧᐣ ᑳ ᑭ ᓇᑐᒥᑯᔦᐠ ᐅ ᑳᑭᑫ ᑭᐢᑌᔨᑖᑯᓯᐃᐧᓂᕽ X ᐃᓯ, ᐃᐢᐱ ᐊᒋᔭᐤ ᑭ ᑯᑕᑭᑖᔦᑯ ᐃᐧᔭ ᑫᒋᐋᐧᐠ ᑭ ᑲ ᒪᒥᑐᓂᐃᒧᐋᐧᐤ, ᑭ ᑲ ᐋᔮᒋᐃᑯᐋᐧᐤ, ᑭ ᑲ ᒪᐢᑲᐃᐧᓯᐃᑯᐋᐧᐤ. ᐃᐧᔭ ᑭᑕ ᐊᔮᐤ ᑎᐯᔨᒋᑫᐃᐧᐣ ᑳᑭᑫ ᒥᓇ ᑳᑭᑫ. ᐊᒣᐣ.

ᒥᐋᐧᒋᒧᐃᐧᐣ. ᓭᐣᐟ ᓪᐅᐠ xv. 1.

ᐁᑯᐢᐱ ᒫᑲ ᑲᑭᔭᐤ ᐸᐦᕐᐃᑲᓇ ᒥᓇ ᐅᒪᒐᑎᓴ ᑭ ᐯ ᓈᑎᐟ ᑭᑕ ᓇᑐᐦᑖᑯᐟ. ᐁᑯᓯ ᐸᕐᐊᓯᐊᐧᐠ ᐊᓯᒋ ᒪᓯᓇᐃᑫᐃᐧᔨᓂᐊᐧᐠ ᑭ ᐅᑌᐧᐁᐧᑖᐊᐠ, ᐁ ᐃᑌᐧᒋᐠ, ᐊᐊᐧ ᐊᔨᓯᔨᓂᐤ ᒥᔦ ᑲᓇᐋᐧᐸᒣᐤ ᐅᒪᒑᑎᓴ ᒥᓇ ᐃᐧᒋᒥᒋᓱᒣᐤ. ᑭ ᐃᐧᑕᒪᐁᐧᐤ ᒫᓴ ᐅᒪ ᐊᒋᐁᐧᒋᑲᐣ, ᐁ ᐃᑖᐟ, ᑖ ᓇ ᐊᔨᓯᔨᓂᐤ ᑭᔭᐋᐧᐤ, ᐊᔮᐋᐧᐟ ᒥᑕᑕᐦᑐᒥᑕᓇᐤ ᒫᔭᑎᑲᐧ, ᐁᑯᓯ ᐊᐧᐣᐋᐟ ᐯᔭᐠ, ᓇᒪ ᒋ ᑭᑕ ᓇᑲᑌᐤ ᐊᓂᐃ ᑫᑲᐟ ᒥᑖᑕᐦᑐ-ᒥᑕᓇᐤ ᐱᑲᐧᑕᐢᑭᕽ, ᐁᑯᓯ ᑭᑕ ᓇᑕᐃᐧ ᓇᑐᓇᐋᐧ ᐊᓂᐃ ᑳ ᐊᐧᓂᓯᓂᔨᐟ, ᐃᔨᑯᕽ ᑭᑕ ᒥᐢᑲᐋᐧᐟ. ᐃᐢᐱ ᒫᑲ ᒥᐢᑲᐋᐧᒋ, ᑭᑕ ᓇᔦᐤ, ᐁ ᒥᔦᐧᔨᑕᕽ. ᐁᑯᓯ ᐃᐢᐱ ᑕᑯᓯᐦᑭ, ᑭᑕ ᓇᑐᒣᐤ ᐅᑐᑌᒪ, ᒥᓇ ᐅ ᐃᐧᑕᐱᒫᑲᓇ, ᐁ ᐃᑕᐟ, ᐃᐧᒋ ᒥᔭᐋᐧ-ᑕᒧᒥᐠ ᐃᐧᔭ ᐁ ᑭ ᒥᐢᑲᐊᐧᐠ ᓂ ᒫᔭᑎᑯᒼ ᑳ ᑭ ᐊᐧᓂᓯᕽ. ᑭᐟ ᐃᑎᓈᐋᐧᐤ, ᐁᑯᓯ ᒣᐧᒋ ᒥᔭᐋᐧᑕᒧᐃᐧᐣ ᑫ ᐃᓯ ᐊᔮᐠ ᑭᐦᒋ ᑭᓯᑯᕽ ᐯᔭᐠ ᐅᒪᒐᑎᐢ ᐅᐦᒋ ᑳ ᑫᐧᐢᑲᑎᓯᐟ, ᐃᐢᐱᐨ ᑫᑲᐟ ᒥᑖᑕᐦᑐᒥᑕᓇᐤ ᒥᓇ ᑫᑲᐟ ᒥᑖᑕᐟ, ᐅᑲᐧᔭᐢᑭᑖᑎᓯᐊᐧᐠ ᐁᑳ ᑳ ᓇᑕᐁᐧᔨᑖᑲᐧᓂᔨᐠ ᑭᑕ ᑫᐧᐢᑲᑎᓯᒋᐠ. ᐊᐦᐳ ᑖᓈᓇ ᐃᐢᑫᐧᐤ ᐊᔮᐋᐧᐟ ᒥᑖᑕᐟ ᐊᐧᐱᐢᑭ ᓱᓂᔮᐊᐧ, ᑭᐢᐱᐣ ᐊᐧᓂᐋᐟ ᐯᔭᐠ, ᐁᑳ ᑫ ᓴᐢᑲᐋᐧᕽ ᐋᐧᓴᐢᑯᑌᓂᑲᐣ, ᒥᓇ ᐁᑳ ᑫ ᐁᐧᐸᐃᑫᐟ, ᐁᑯᓯ ᑭᑕ ᐊᐦᑲᒣᔨᒧᐟ ᑭᑕ ᓇᑐᓂᑫᐟ ᐃᔨᑯᕽ ᑭᑕ ᒥᐢᑲᐋᐧᐟ. ᐃᐢᐱ ᒫᑲ ᑭ ᒥᐢᑲᐋᐧᒋ ᑭᑕ ᒫᒪᐃᐧ ᓇᑐᒣᐤ ᐅᑐᑌᒪ ᒥᓇ ᐅ ᐃᐧᑕᐱᒫᑲᓇ, ᐁ ᐃᑌᐧᐟ, ᐃᐧᒋ ᒥᔭᐋᐧᑕᒧᒥᐠ, ᒋᑫᒫ ᓂ ᑭ ᒥᐢᑲᐋᐧᐤ ᓱᓂᔭᐤ ᑳ ᑭ ᐊᐧᓂᐊᐠ. ᐁᑯᓯ ᒣᐧᒋ ᑭᐟ ᐃᑎᓈᐋᐧᐤ, ᐁᔭᐠ ᒥᔭᐋᐧᑕᒧᐃᐧᐣ ᐃᑕ ᐁ ᐊᔮᔨᐟ ᐅᑭᓯᑯ-ᑭᓭᒪᓂᑐ, ᐯᔭᐠ ᐅᒪᒐᑎᐢ ᐁ ᑫᐧᐢᑭᐱᒫᑎᓯᐟ.

ᓀᐤ ᐊᔭᒥᐁᑭᓯᑳᐤ ᐊᐢᑯᐦᐨ ᑕᕐᐃᓂᑎ.

ᐊᔭᒥᐋᐃᐧᐣ.

ᑭᓭᒪᓂᑐ ᑳ ᓈᑕᒪᐊᐧᒋᐠ ᑲᑭᔭᐤ ᑳ ᐊᐢᐯᔨᒧᑐᑖᐢᑭᐠ, ᑭᐢᐱᐣ ᐁᑳ ᑭᔭ ᓇᒪ

ᑫᑲ: ᒪᐢᑲᐃᐧᓯᒪᑲᐤ ᓇᒪ ᑫᑲ: ᑲᓈᑕᐤ; ᐱᓵᑯᓇᒪᐃᐧᓈᐤ ᒥᓇ ᔭᑭᐦᑐᐃᐧᓈᐤ ᑭ ᑭᓴᐊᐧᑎᓯᐃᐧᐤ; ᑭᔭ ᐁ ᑎᐯᔨᒥᔮˣ ᒥᓇ ᐁ ᑭᐢᑭᓄᑕᐃᔮˣ ᓂ ᑲ ᐃᐧ ᐸᐢᐱᐢᑌᓈᐤ ᐊᓂᐃ ᐊᒋᔭᐤ ᑳ ᐊᔮᑭ ᑭᑕ ᐃᓯ ᐍᑲ ᐊᐧᓂᑖᔮˣ ᐸᓂᐃ ᑳᑭᑫ ᑫ ᐊᔮᑭ; ᒥᔨᓈᐤ ᐅᒪ ᑭᐦᒋᑭᓯᑯᐃᐧ ᐅᐦᑖᐃᐧᒫᐤ, ᐃᐧᔭ ᐅᐦᒋ ᑭᓴᐢ X ᑳ ᑎᐯᔨᒥᑯᔮˣ. ᐊᒣᐣ.

ᑭᐦᒋᒪᓯᓇᐊᒫᑫᐃᐧᐣ. ᕒᐅᒪᓇ viii. 18.

ᒋᑫᒫ ᓂᐟ ᐃᑕᑭᒋᑲᐤ ᐊᓂᐃ ᑯᑕᑭᑖᐃᐧᓇ ᐊᓄᐦᐨ ᒣᑳᐧᐨ ᑳ ᐊᔮᑭ ᓇᒪᐃᐧᔭ ᐯᑯᔨᑯˣ ᑭᑕ ᑭ ᐃᑕᑭᑌᐠ ᐁᐢᐱᑌᔨᑖᑲᐧˣ ᐊᓂᒪ ᑭᐢᑌᔨᑖᑯᓯᐃᐧᐤ ᑫ ᓄᑯᑖᐧᑲᐃᐧᔭˣ. ᒋᑫᒫ ᐁ ᒥᐦᑕᒥ ᐸᑯᓴᔨᒧᐟ ᐊᓇ ᑳ ᑭ ᐅᓯᐃᐦᐟ ᐯᐦᑖᐤ ᑭᑕ ᓄᑯᐃᒥᐦᐟ ᐅᑯᓯᓴ ᑭᓴᒪᓂᑐ. ᒋᑫᒫ ᐊᓇ ᑳ ᑭ ᐅᓯᐃᐦᐟ ᑭ ᑎᐯᔨᒥᐢ ᐱᑯᓇᑕ ᑫᑲ; ᓇᒪᐃᐧᔭ ᒫᑲ ᐃᐧᔭ ᐁ ᐃᑐᔨᑕˣ, ᒫᑲ ᐊᓂᐃ ᐅᐦᒋ ᑳ ᑭ ᐃᓯ ᑎᐯᔨᑕᑯᐃᑯᐟ, ᐁ ᐃᓯ ᐸᑯᓴᔨᒧᐟ ᐊᓇ ᑳ ᑭ ᐅᓯᐃᐦᐟ ᑭᑕ ᐸᐢᐱᐟ ᐁ ᑎᐯᔨᒥᑯᐟ ᓂᓯᐊᐧᓈᑎᓯᐃᐧᐤ ᐅᐦᒋ ᑭᑕ ᐱᑐᑫᐟ ᐁ ᐃᓯ ᑎᐯᔨᒥᔨᔨᐟ ᑭᐢᑌᔨᑖᑯᓯᐃᐧᓂˣ ᐅᐟ ᐊᐋᐧᓯᒥᓴ ᑭᓴᒪᓂᑐ. ᒋᑫᒫ ᑭ ᑭᐢᑫᔨᑌᓈᓇᐤ ᑲᑭᔭᐤ ᐊᐃᐧᔭᐠ ᑳ ᑭ ᐅᓯᐃᐦᐟ ᐁ ᒪᐃᐧᒍᑫᐟ ᒥᓇ ᐁ ᑯᑕᑭᑖᐟ ᐃᐧᓴᑫᔨᑕᒍᐃᐧᓂˣ ᒫᒪᐃᐧ ᐱᔨᐢ ᐊᓄᐦᐨ. ᓇᒪᐃᐧᔭ ᒫᑲ ᐱᑯ ᐁᑯᓯ, ᒫᑲ ᑭᔮᓇᐤ ᒥᓇ, ᑳ ᑭᑭᐢᑲᔭˣ ᐅ ᓂᐢᑕᒥ ᒥᓂᔨᐃᐧᐃᐧᐤ ᐊᒦˣ, ᐊᐦᐸ ᑭᔮᓇᐤ ᑭ ᒪᐃᐧᒍᑳᓈᓇᐤ ᐱᒦᔨˣ, ᐁ ᐯᐅᔭˣ ᑭᑕ ᑖᐸᑯᒥᑲᐃᐧᔭˣ, ᐁᐊᐧᑲᐧᓂᒫ, ᑭᑕ ᑭᑖᐧᒥ ᐱᒦᒋᑖˣ ᑭᔭᐃᐧᓇᐤ.

ᐚᒋᒧᐃᐧᐤ. ᓗᐣᐟ ᕒᐅᐠ vi. 36.

ᑭᑎᒪᑫᔨᒥᑫᐠ, ᑳᐱᐢᑯᐨ ᑯᐦᑖᐃᐧᐚᐤ ᑳ ᐃᓯ ᑭᑎᒪᑫᔨᒥᑫᐟ. ᒥᓇ ᐁᑳᐃᐧᔭ ᐅᔭᓯᐚᓯᐁᐤ, ᐁᑯᓯ ᓇᒪᐃᐧᔭ ᑭ ᑲ ᐅᔭᓯᐋᒋᑲᐃᐧᐚᐤ: ᒥᓇ ᐁᑳᐃᐧᔭ ᓇᓂᐸᒥᐁᐤ, ᐁᑯᓯ ᓇᒪᐃᐧᔭ ᑭ ᑲ ᓇᓂᐸᒥᑲᐃᐧᓈᐘᐤ: ᐸᓅᔭᑕᒪᑫᐠ, ᐁᑯᓯ ᑭ ᑲ ᐸᓅᔭᑖᒪᑲᐃᐧᓈᐚᐤ: ᒣᑭᐠ, ᐁᑯᓯ ᑭ ᑲ ᒥᔭᑲᐃᐧᓈᐚᐤ; ᐁ ᒍᐢᑭᓅᐠ ᒥᑐᓂ ᑎᐸᐃᑲᐤ, ᐁ ᒫᒪᒍᓇᒥˣ, ᐁ ᐊᓴᓂᐸᔨᑖˣ, ᐁ ᐸᓯᑭᐸᔨᐠ, ᑭ ᑲ ᒥᔭᑯᐚᐧᐊᐤ ᐊᔨᓯᔨᓂᐊᐤ. ᒋᑫᒪ ᐊᓂᒪ ᑎᐸᐃᑲᐤ ᑫ ᐚᐸᒋᑕᐦᐠ ᐁᐊᐧᑲᐧᓂᒪ ᑫ ᐚᐸᒋᑕˣ ᑭᔭᐊᐤ ᐅᐦᒋ. ᐁᑯᓯ ᒥᓇ ᑭ ᐃᐧᑕᒪᐁᐤ ᐚᐁᐧᒋᓄᐤ, ᐁᑳ ᑳ ᐚ ᐱᐟ ᒋ ᑭᑕ ᑭ ᑭᐢᑭᓄᑕᒣᐤ ᐁᑳ ᑳ ᐚᐱᔨᐟ? ᓇᒪ ᒋ ᐁᓯ ᓂᓯᒋᐢ ᑭᑕ ᐱᒋᐸᔨᐊᐤ ᐊᐧᑎᐢ? ᑭᐢᑭᓄᐊᒪᐊᐧᑲᐤ ᓇᒪᐃᐧᔭ ᐊᔨᐊᐤ ᐃᑌᔨᑕᑯᓯᐤ ᐃᐢᐱᐨ ᐅᑭᐢᑭᓄᐊᒫᑫᒪ: ᒫᑲ ᑲᑭᔭᐤ ᐊᐃᐧᔭᐠ ᑭᓯᐃᑯᐃᐧᓯᒋ ᑭᑕ ᐃᓯ ᐊᔮᐤ ᑳᐱᐢᑯᐨ ᐅᑭᐢᑭᓄᐊᒫᑫᒪ. ᒥᓇ ᑖᓅᑭ ᑳ ᐱᓯᐢᑲᐸᑕᒪᐧᐟ ᐱᓯᓂᐃᐧᐤ ᑳ ᐃᔮᔨᐢ ᑭᒋᐊᐧᐨ ᐅᐢᑭᓯᓂˣ ᐁᑯᓯ ᐁᑳ ᐁ ᓈᓇᑲᑕ ᔨᑕᒪᐤ ᒥᓯ ᒥᐢᑎᐢ ᑳ ᐊᔮᐢ ᑭᔭ ᑭᐢᑭᓯᑯˣ? ᐊᐦᐸ ᑖᓂᓯ ᑫ ᐃᓯ ᑲᐢᑭᑖᔭᐤ ᑭᑕ ᐃᑕᐟ ᑭᒋᐊᐧᐢ, ᓂᒋᐊᐧ, ᒪᐦᑎ ᓂ ᑲ ᐊᐧᔭᐃᐧᐁᐧᐱᓄᐤ ᑲ ᐱᓯᓂ-

ᐃᑯᔮᐣ, ᐁᑳᐧ ᑭᔭ ᐁᑲ ᐁ ᐚᐸᑕᒪᐣ ᒥᓯ ᒥᐢᑎᐠ ᑭᐢᑭᓯᑯᕽ ᑳ ᐊᔭᐠ? ᑭᔭ ᑳ ᐊᐧᓴᓯᐃᓱᔭᐣ, ᐱᑕ ᐊᐧᔦᐃᐧᐁᐧᐱᓇ ᒥᓯ ᒥᐢᑎᐠ ᑳ ᐊᔮᐠ ᑭᔭ ᑭᐢᑭᓯᑯᕽ, ᐁᑯᓯ ᑭ ᑳ ᐸᑲᐦᑭᓈᐣ ᑭᑕ ᐊᐧᔭᐃᐧᐁᐧᐱᓇᒪᐣ ᑳ ᐱᓯᓂᐃᑯᐟ ᑭᒋᐊᐧᑦ.

ᓂᔮᓇᐣ ᐊᔭᒥᐁᑭᓯᑳᐤ ᐊᐢᑯᐦᐨ ᑕᕑᐃᓂᑎ.

ᐊᔭᒥᐋᐃᐧᐣ.

ᐃᑌᔨᑕ ᑌᐯᔨᒋᑫᔮᐣ, ᑭ ᐸᐤᓴᔨᒥᑎᓈᐣ ᐁ ᐃᓯ ᐱᒥᐸᔨᐠ ᐅᒪ ᐊᐢᑭ ᑭᑕ ᐃᓯ ᐯᔭᕙᑭᐸᔨᐠ ᑭᔭ ᐁ ᐅᔨᓇᒪᐣ ᐅᑕᔭᒥᐋᐊᐧᐠ ᑭᑕ ᑭ ᒪᒪᐦᑖᑯᒋᐃᐧ ᐊᔪᐢᑳᐢᑭᐠ ᒪᓂᑐᐚᐧᑎᓯᐃᐧ ᐯᔭᑕᑫᔨᒧᐃᐧᓂᕽ; ᐃᐧᔭ ᐅᐦᒋ ᒋᓴᐢ X ᑳ ᑎᐯᔨᒥᑯᔮᕽ. ᐋᒥᐣ.

ᑭᐦᒋᒪᓯᓇᐊᒫᑫᐃᐧᐣ. ᓂᐢᑕᑦ ᐱᑕᕑ iii. 8.

ᑲᑭᔭᐤ ᐯᔭᑯᑖᐠ ᐁ ᐃᓯ ᐅ ᒥᑐᓀᔨᒋᑲᓀᓴᐠ, ᐁ ᑭᑎᒫᑭᓈᑫᓴᐠ, ᐁ ᓵᑭᐃᑐᓴᐠ ᑖᐱᐢᑯᐨ ᐁ ᐅᒋᐚᒥᑐᓴᐠ, ᐁ ᓴᐃᐧᑌᐦᐁᓴᐠ, ᐁ ᑕᐸᑌᔨᒧᐃᐧ ᒥᑐᓀᔨᒋᑲᓀᓴᐠ; ᐁᑳ ᒫᒥᐢᑯᐨ ᐁ ᒪᒋᑐᑖᑐᓴᐠ, ᐊᐦᐳ ᐁ ᑭᑳᐦᑐᓴᐠ; ᒫᑲ ᓇᐋᐧᐨ ᐁ ᒥᔭᐧᑭᒥᑐᓴᐠ; ᐃᐧᔭ ᐁᑯᓯ ᑳ ᐃᓯ ᓇᑐᒥᑲᐃᐧᓴᐠ ᑭᑕ ᐊᔮᓴᐠ ᒥᔭᐧᑭᒥᑯᐃᐧᐣ. ᒋᑫᒫ, ᐊᓇ ᑳ ᐃᐧ ᓵᑭᑖᐟ ᐱᒫᑎᓯᐃᐧᐣ, ᒥᓇ ᑳ ᓅᐦᑌ ᐚᐸᑕᕽ ᒥᔪ ᑭᓯᑳᐤ, ᑭᔮᑦ ᑭᑕ ᑲᓇᐁᐧᔨᑕᑦ ᐳ ᑌᔭᓇ ᐁᑳ ᑭᑕ ᒪᒋ ᐱᑭᐢᑫᐧᐟ, ᒥᓇ ᐅᑐᐣ ᐁᑲ ᐦᑲᐧᔨᓯᐃᐧᐣ ᑭᑕ ᑕᓯᑕᕽ; ᑮᔮᐣ ᒥᓇ ᑭᑕ ᐃᐧᒫᐢᑲᑦ ᑳ ᒫᔮᑕᓇᔨᐠ ᐁᑯᓯ ᑭᑕ ᐃᐦᑐᑕᑦ ᑳ ᒥᔮᐧᓯ ᔨᐠ; ᑮᔭ ᑭᑕ ᓇᑐᓈᑦ ᐯᔭᑕᑫᔨᒧᐃᐧᐣ ᒥᓇ ᑭᑕ ᐱᒥᓈᓴᐊᑦ. ᐃᐧᔭ ᐅᐢᑭᓯᑲᐧ ᑳ ᑎᐯᔨᒋᑫᐟ ᐁ ᑭᑖᐸᒥᑯᔨᐟ ᐅᑲᐧᔭᐢᑲᐧᑎᓯᐊᐧ, ᒥᓇ ᐅᐦᑕᐊᐧᑲᔭ ᐁ ᓇᑐᐦᑖᑯᔨᐟ ᐅ ᐃᐧᒍᐢᒋᑫᐃᐧᓂᔨᕽ; ᒫᑲ ᒫᔨ ᑲᓈᐧᐸᒣᐤ ᑳ ᑎᐯᔨᒋᑫᐠ ᐊᓂᐃ ᑳ ᒪᒋᑐᑕᒥᔨᐟ. ᐸᐁᐧᓇ ᒫᑲ ᑫ ᑭ ᓈᐣᑕᐤ ᐃᐦᑐᑖᑯᓴᐠ ᑭᐢᐱᐣ ᐋᐦᑲᒣᔨᒧᑕᒣᑯ ᐊᓂᒪ ᑳ ᒥᔫᐧᓯᐠ? ᒫᐤ ᑭᐢᐱᐣ ᑯᑕᑮᓴᑯ ᑲᐧᔭᐢᑲᐧᑎᓯᐃᐧᐣ ᐅᐦᒋ ᑭ ᓴᐁᐧᔨ ᑯᓯᓈᐊᐧᐤ; ᒥᓇ ᐁᑲᐃᐧᔭ ᑯᐢᑕᒪᐧᕽ ᑳ ᑯᐢᑕᐦᑭᐠ, ᒥᓇ ᐁᑲᐃᐧᔭ ᒥᑯᐢᑲᑌᔨᑕᒧᐠ; ᒫᑲ ᑲᓇᒋᐃᕽ ᑌᐦᐃᐚᐧᕽ X ᐁ ᑎᐯᔨᒋᑫᐟ.

ᒥᐚᒋᒧᐃᐧᐣ. ᓭᐣᐟ ᓫᐅᐠ v. 1.

ᐁᑳᐧ ᒪᑲ ᑭ ᐊᑎ ᐃᐢᐸᔨᐤ, ᒣᑳᐧᐨ ᑳ ᐅᓴᒣᔭᑎᔨᐟ ᐊᔨᓯᔨᓂᐊᐧ ᐁ ᓯᐦᑎᐢᑲᑯᐟ ᔨᑕ ᐯᐦᑕᒥᔨᐟ ᐅᐟ ᐃᑌᐃᐧᓂᔨᐤ ᑭᓴᒪᓂᑐᐊᐧ, ᒋᑭᐯᐠ ᓵᑲᐃᑲᓂᕽ ᑭᓀᓭᐃᐟ ᑭ ᓂᐸᐊᐧᐤ; ᐁᑯᓯ ᑭ ᐊᐧᐸᑕᑦ ᓂᓱ ᒋᒪᓇ ᓵᑲᐃᑲᓂᕽ ᐁ ᐊᔮᔨᑭ; ᒫᑲ ᐃᐧᔭ ᐅᐸᑭᑕᐚᐊᐧ ᐁ ᑭ ᑲᐸᔨᐟ, ᐁᑯᓯ ᐁ ᑭᓯᐯᑭᓈᔨᐟᐨ ᐅᐟ ᐊᔭᐱᔨᐊᐧ. ᐁᑯᓯ ᑭ ᐳᓯᐤ ᐯᔭᐠ ᒋᒪᓂᕽ. ᓵᐃᒪᐣ ᐁ ᐅ ᒋᒫᓂᐟ, ᒥᓇ ᐁ ᑭ ᑲᑫᐧᒋᒫᐟ ᓇᐋᐧᐨ ᒑᐃᐧ-

ᑭᑕ ᐊᑯᑎᑕᔨᐟ. ᐁᑯᓯ ᑭ ᓇᐊᐱᐤ ᐁ ᑭ ᑭᐢᑭᓄᐊᒪᐚᐧᐟ ᑳ ᐅᓴᒉᔭᑎᔨᐟ ᐊᔨᓯᔨᓂᐊᐧ ᒋᒫᓂᕽ ᐅᐦᒋ. ᐁᑯᓯ ᐃᐢᐱ ᐁ ᑮ ᐳᓂ ᐱᑭᐢᑫᐧᐟ, ᑭ ᐃᑌᐤ ᓴᐧᒪᓇ, ᑎᒥᕽ ᐃᓯ ᓂᒥᑖᐸᐧᐊ, ᒥᓇ ᐸᑲᐢᑕᐁᐧᐅᑯᐠ ᑭᐟ ᐊᔭᐱᐚᐧᐊᐧᐠ ᑭᑕ ᓄᒋ ᑭᓄᓴᐁᐧᔦᐠ. ᓴᐧᒪᐣ ᐁ ᓇᐢᑫᐧᐊᐧᓯᒥᑯᐟ ᑭ ᐃᑎᐠ, ᑫᐢᑭᓄᐊᒫᑫᔭᐣ, ᑲᐯ ᑎᐱᐢᐠ ᓂ ᑭ ᐊᑐᐢᑳᓈᐣ, ᐁᑯᓯ ᓇᒪ ᑫᑲ: ᓂ ᑭ ᐅᑎᓅᓈᐣ; ᐁᔨᐁᐧᕽ ᒫᑲ ᒋᑫᒫ ᐁ ᐃᑌᐧᔭᐣ ᓂ ᑲ ᐸᑲᐢᑕᐁᐧᐚᐧᐊᐧᐠ ᐊᔭᐱᔭᐠ. ᐃᐢᐱ ᒫᑲ ᐅᒪ ᑳ ᐃᑐᑕᐠ, ᒥᓴᐦᑲᒥᐠ ᑭᓄᓴᐊᐧ ᑭ ᐅᑕᐚᐧᔨᐊᐧ; ᐅᐟ ᐊᔭᐢᐚᐧᐊᐧ ᒫᑲ ᑭ ᐃᐧ ᐱᑯᐸᔨᔨᐊᐧ. ᐁᑯᓯ ᑭ ᐙᐧᐢᑎᓇᒪᐁᐧᐊᐧᐠ ᐅ ᐃᐧᑫᐚᐧᑲᓂ ᐊᐧ ᑯᑕᑲ ᒋᒫᓂᕽ ᑳ ᐸᔮᔨᐟ, ᑭᑕ ᐯ ᐃᐧᒋᐃᐧᐅᒋᐠ. ᐁᑯᓯ ᑭ ᐯ ᐃᑐᐦᑌᔨᐊᐧ ᒥᓇ ᐁ ᑭ ᒍᐢᑭᓇᑖᒋᐠ ᐁᓯ ᓂᓯᓂᔨᑭ ᒋᒪᓇ, ᐱᔨᐢ ᐁ ᐃᐧ ᐊᑎ ᑯᓴᐯᑭ ᓴᐧᒪᐣ ᐱᑕᕒ ᒪᑋ, ᐃᐢᐱ ᐃᐧᔮᐸᑕᕽ, ᑭ ᐅᒋᒋᐦᐊᐧᓇᐱᐢᑕᐁᐧᐤ ᑭᓴᓴ, ᐁ ᐃᑌᐧᐟ, ᓇᑲᔨᐣ; ᒋᑫᒫ ᓂ ᒫᒋᑎᔨᐣ, ᑳ ᑎᐯᔨᒋᑫᔭᐣ. ᐃᐧᔭ ᓈᐢᐱᐨ ᐁ ᑭ ᒫᒪᐢᑲᑕᕽ, ᐊᔨᒋ ᑲᐤᔭᐤ ᑳ ᐃᐧᑫᐃᐧᑯᐟ, ᐃᔨᑯᕽ ᒥᓴᐦᑲᒥᐠ ᐁ ᑭ ᐅᑕᐚᐧᔨᐟ ᑭᓄᓴᐊᐧ; ᐁᑯᓯ ᐃᐧᐢᑖᐧᐤ ᑫᒥᐢ ᒥᓇ ᒎᐣ, ᐅᑯᓯᓴ ᓴᐱᑎ ᑳ ᑭ ᐅᐃᐧᑫᐚᐧᑲᓂᒋᐠ ᓵᒪᓇ. ᑭᓴᐢ ᒫᑲ ᐅᒥᓯ ᑭ ᐃᑌᐤ ᓵᒪᓇ, ᐁᑳᐃᐧᔭ ᓴᑭᓯ; ᐊᓄᐦᐨ ᐅᐦᒋ ᑭ ᑲ ᑳᒋᑎᓈᐚᐧᐊᐧᐠ ᐊᔨᓯᔨᓂᐊᐧᐠ. ᐃᐢᐱ ᒫᑲ ᑳ ᓈᑕᑲᒉᐅᑕᒋᐠ ᐅ ᒋᒫᓂᐚᐧᐊᐧ, ᑲᑭᔭᐤ ᑫᑲ: ᑭ ᓇᑲᑕᒪᐧᐠ; ᐁᑯᓯ ᐁ ᑭ ᐱᒥᑎᓴᐚᐧᒋᐠ.

ᓂᑯᑖᐧᓯᐠ ᐊᔭᒥᐁᐧᑭᓯᑳᐤ ᐊᐢᑯᐦᐨ ᑕᕒᐃᓂᑎ.

ᐊᔭᒥᐋᐃᐧᐣ.

ᑭᓴᒪᓂᑐ ᑳ ᑭ ᑲᐧᔮᒋᑕᒪᐊᐧᒋᐠ ᐊᓂᑭ ᑳ ᓵᑭᐃᐢᑭᐠ ᒥᔦ ᑫᑲᐧᔭ ᑳ ᐊᔨᐚᐧ-ᑭᐢᑲᒧᒪᑲᐦᑭ ᐊᔨᓯᔨᓂ ᐅ ᓂᓯᑐᑕᒧᐃᐧᐣ; ᓯᑭᓇ ᐱᐦᒋ ᓂᑌᐦᐃᓈᕽ ᑭ ᓵᑭᐃᐁᐧᐃᐧᐣ, ᐁᑯᓯ ᐁ ᓵᑭᐃᑖᕽ ᐊᐊᐧᓯᒉ ᐃᔨᑯᕽ ᑲᑭᔭᐤ ᑫᑲ: ᑭᑕ ᐅᐦᑎᓈᒫᕽ ᑭᐟ ᐸᓯᑖᒫᑫᐃᐧᓇ ᐊᐊᐧᓯᒉ ᑳ ᐃᑌᔨᑖᑲᐧᑭ ᐃᔨᑯᕽ ᑲᑭᔭᐤ ᑳ ᐃᓯ ᒧᐢᑕᐁᐧᔨᑖᒫᕽ; ᐃᐧᔭ ᐅᐦᒋ ᑭᓴᐢ X ᑳ ᑎᐯᔨᒥᑯᔮᕽ. ᐋᒣᐣ.

ᑭᐦᒋᒪᓯᓇᐃᒫᑫᐃᐧᐣ. ᕒᐅᒪᓇ vi. 3.

ᓇᒪ ᒋ ᑭ ᑭᐢᑫᔨᑌᓈᐚᐧᐤ (ᐦ) ᑲ ᑭ ᐸᐟᑕ ᓯᐃᐧᐃᑲᐃᐧᔭᕽ X ᑭᓴᐢ ᐃᓯ, ᐅ ᓂᐳᐃᐧᓂᕽ ᑭ ᑭ ᐃᓯ ᐹᐟᑕᐧᓯᐃᐧᐃᑲᐃᐧᓈᓇᐤ? ᐁᑯᓯ ᒫᑲ ᑭ ᑭ ᐊᔨᒋ ᓇᐃᓂᑲ-ᐃᐧᓈᓇᐤ ᐁᐹᐧᑯ ᐹᐟᑕᐧᓯᐃᐧᐃᐧᐣ ᐅᐦᒋ ᓂᐳᐃᐧᓂᕽ: ᑖᐱᐢᑐᐨ X ᑳ ᑭ ᐚᐧᓂᐢᑲᓂᐦᐟ ᓂᐳᐃᐧᓂᕽ ᐅᐦᒋ ᐅ ᑭᐢᑌᔨᑖᑯᓯᐃᐧᓂᔨᕽ ᐁᐧᐋᑖᐃᐧᕽ, ᐁᓂᓯ ᑭᔮᓇᐤ ᒥᓇ ᑭ ᐱᒧᑌᔭᕽ ᐅᐢᑭ ᐱᒫᑎᓯᐃᐧᓂᕽ. ᒋᑫᐨ ᑭᐢᐱᐣ ᑭ ᑭ ᑕᓂ ᐃᐧᑫᐚᐧᓇᐤ ᐁ ᐃᓯᓈ ᑳᐧᓂᔨᐠ ᐅ ᓂᐳᐃᐧᐣ, ᐁᑯᓯ ᒥᓇ ᑫ ᐃᓯ ᐊᔮᔭᕽ ᐁ ᐃᓯᓈᑲᐧᓂᔨᐠ ᐅᐟ ᐋᐱᓯ

ᓯᓄᐃᐧᐣ: ᐁ ᑭᐢᑫᔨᑕᒪᕽ ᐅᒪ, ᑳᔭᐢ ᑭᐟ ᐃᓯ ᐊᔨᓯᔨᓂᐃᐧᐃᐧᓂᐘᐤ ᐁ ᑭ ᒋᐢᑕᐚᐢᑲᐧᒋᑲᓱᐟ ᑭᑭ ᐃᐧᔭ, ᐁ ᒥᔭᐃᐧᒪᑲᕽ ᒪᒋᐃᐦᑎᐃᐧᐣ ᑭᑕ ᓇᒪ ᑕᑲᐧᕽ, ᐁᑕᓯ ᐁᑳ ᐊᔨᐚᐠ ᑭᑕ ᑎᐯᔨᒥᑯᔭᕽ ᒪᒋᐃᐦᑎᐃᐧᐣ; ᒋᑫᒫ ᐊᓇ ᑳ ᑭ ᓂᐱᐟ ᐸᐢᐱᐋᐤ ᒪᒋᐃᐦᑎᐃᐧᓂᕽ ᐅᐦᒋ. ᒫᑲ ᑭᐢᐱᐣ ᐃᐧᒋ ᓂᐳᒫᔭᕽ X, ᑭ ᑖᐯᐧᑌᓈᓇᐤ ᒥᓇ ᑭᑕ ᐃᐧᒋ ᐱᒫᑎᓯᒫᔭᕽ; ᐁ ᑭᐢᑫᔨᑕᒪᕽ X ᐁ ᑭ ᐊᐧᓂᐢᑲᓂᐦᐟ ᓂᐳᐃᐧᓂᕽ ᐅᐦᒋ ᓇᒪᐃᐧᔭ ᒥᓇ ᑭᑕ ᓂᐱᐤ; ᓇᒪᐃᐧᔭ ᐊᐊᐧᓯᒣ ᑎᐯᔨᒥᐠ ᓂᐳᐃᐧᐣ. ᒋᑫᒫ ᐊᓂᑊ ᓂᐳᐃᐧᐣ ᑳ ᑭ ᓂᐱᐟ, ᑭ ᓂᐱᐤ ᒪᒋᐃᐦᑎᐃᐧᓂᕽ ᐃᓯ ᐯᔭᑳᐧᐤ: ᒫᑲ ᐱᒫᑎᓯᐃᐧᐣ ᑳ ᐱᒫᑎᓯᐟ, ᑭᓭᒪᓂᑐᕽ ᐃᓯ ᐱᒫᑎᓯᐤ. ᐁᑯᓯ ᐃᓯ ᑭᐢᑕᐚᐤ ᐃᑕᑭᒥᓱᐠ ᐁ ᓂᐱᔦᐠ ᒪᒋᐃᐦᑎᐃᐧᓂᕽ ᐃᓯ, ᒫᑲ ᐁ ᐱᒫᑎᓯᔦᐠ ᑭᓭᒪᓂᑐᕽ ᐃᓯ ᑭᑭ X ᒋᓭᐢ.

ᒥᐚᒋᒧᐃᐧᐣ. ᓭᐣᐟ ᒫᐟᔪ v. 20.

ᒋᓭᐢ ᑭ ᐃᑌᐤ ᐅ ᑭᐢᑭᓄᐊᒪᐚᑲᓇ, ᑭᐢᐱᐣ ᐁᑳ ᑭ ᑲᐧᔭᐢᐠ ᐃᓯᐁᐧᐱᓯᐃᐧᓂᐚᐤ ᐊᐊᐧᓯᒣ ᐃᐢᐸᔨᑭ ᐃᐢᐱᐨ ᐅ ᑲᐧᔭᐢᐠ ᐃᓯᐁᐧᐱᓯᐃᐧᓂᐚᐤ ᐊᓂᑭ ᒪᓯᓇᐃᑫᐃᐧᔨᓂᐊᐧᐠ ᒥᓇ ᐸᕐᐊᓯᐃᐧᔨᓂᐊᐧᐠ, ᓇᒪᐃᐧᔭ ᑭᑕ ᑭ ᐃᐢᐸᔨᐤ ᑭᑕ ᑭ ᐱᑐᑫᔦᐠ ᒋᐦᒋ ᑭᓯᑯᐃᐧ ᐅᑌᓇᐃᐧᐃᐧᓂᕽ. ᑭ ᑭ ᐯᑌᓈᐚᐤ ᑳ ᑭ ᐃᑌᐧᒋᐠ ᐊᓂᑭ ᑳᔭᐢ, ᐁᑳᐃᐧᔭ ᓂᐸᑖᑫ; ᒫᑲ ᐊᐃᐧᔭᐠ ᑫ ᓂᐸᑖᑫᐟ ᑭᑕ ᐊᐢᑖᐃᐠ ᐅᔭᓯᐊᐧᓯᐁᐧᐃᐧᐣ: ᒫᑲ ᓂᔭ ᑭᐟ ᐃᑎᓈᐚᐤ, ᐊᐃᐧᔭᐠ ᐱᑲᐧᓇᑕ ᐁ ᑭᓯᐢᑕᐚᐟ ᐅᒋᐚᒪ, ᑭᑕ ᐊᐢᑖᐃᐠ ᐅᔭᓯᐊᐧᓯᐁᐧᐃᐧᐣ; ᒥᓇ ᐊᐃᐧᔭᐠ ᑫ ᐃᑖᑫᐧ ᐅᒋᐚᒪ, ᕐᐁᑲ, ᑭᑕ ᐊᐢᑖᐃᐠ ᐅᔭᓯᐁᐧᐃᐧᐣ; ᒫᑲ ᐊᐃᐧᔭᐠ ᑫ ᐃᑌᐧᑫᐧ, ᑭᔭ ᑭᐢᑫᐧᑲᐣ, ᑭᑕ ᐊᐢᑖᐃᐠ ᐃᐢᑯᑌᐤ. ᐁᐅᑯ ᒫᑲ ᐅᐦᒋ, ᑭᐢᐱᐣ ᑭ ᐯᑖᐣ ᑭ ᒉᑭᐃᐧᐣ ᐊᓂᑕ ᐸᑭᑎᓈᓯᐃᐧᓇᐱᐢᑯᕽ, ᐁᑯᑕ ᒫᑲ ᑭᐢᑭᓯᐸᔨᔭᐣ ᓈᓂᑕᐤ ᐁ ᐃᑌᔨᒥᐢᐠ ᑭᒋᐚᑦ; ᓇᑲᑕ ᐁᑯᑕ ᑭ ᒉᑭᐃᐧᐣ ᒋᑭ ᐸᑭᑎᓈᓯᐃᐧᓈᐱᐢᑯᕽ, ᐊᑎ ᓯᐯᐧᑌ ᒫᑲ; ᓂᑳᐣ ᓇᑕᐃᐧ ᐅᑐᑌᒥ ᑭᒋᐚᑦ, ᐁᑲᐧ ᒫᑲ ᑫ ᐯ ᐃᑐᑌᔭᐣ ᒥᓇ ᑫ ᐯ ᐸᑭᑎᓇᒪᐣ ᑭ ᒉᑭᐃᐧᐣ. ᑭᔨᐸ ᐃᓭ ᐃᐧᒋ ᐃᑌᔨᑕᒧᑦ ᐊᓇ ᒋᒋ ᓇᓭᑖᐁᐧᔨᐦᐣ, ᒉᑳᐧᐨ ᐁ ᐱᒥ ᐃᐧᒉᐊᐧᐟ ᒫᐢᑯᐨ ᓈᓂᑕᐤ ᐃᔨᑯᕽ ᑭᒋ ᓇᓭᑕᐁᐧᔨᐦᐣ ᑭ ᑲ ᐃᓯ ᐸᑭᑎᓂᐠ ᐊᓂᐃ ᐅᔭᓯᐁᐧᐃᐧᑭᒫᐊᐧ, ᐁᑯᓯ ᒥᓇ ᐅᔭᓯᐁᐧᐃᐧᑭᒫᐤ ᑭ ᑲ ᐃᓯ ᐸᑭᑎᓂᐠ ᐊᓂᐃ ᐅᑭᐸᐅᐁᐧᐤ, ᐁᑯᓯ ᒫᑲ ᑭᐸᐅᑐᐃᐧᑲᒥᑯᕽ ᑭᑕ ᐃᓯᐁᐧᐱᓂᑲᐃᐧᔭᐣ. ᑖᐯᐧ ᑭᐟ ᐃᑎᐣ, ᓇᒪᐚᐨ ᑭ ᑲ ᐯ ᐊᐧᔭᐃᐧᐣ, ᐸᑎᒪ ᐃᔨᑯᕽ ᐊᓂᒪ ᐃᐢᑫᐧᔮᓂᕽ ᒨᓂᔮᓯᐢ ᑭ ᑎᐸᐃᑫᔭᓂ.

ᑌᐸᑯᐦᑊ ᐊᔭᒥᐁᑭᓯᑳᐤ ᐊᐢᑯᐦᐨ ᑕᕐᐃᓂᑎ.

ᐊᔭᒥᐋᐃᐧᐣ.

ᑳ ᑎᐯᔨᑕᒪᐣ ᑲᑭᔭᐤ ᓲᑲᑎᓯᐃᐧᐣ ᒥᓇ ᒪᐢᑲᐃᐧᓯᐃᐧᐣ, ᑳ ᐅᓯᑖᔭᐣ ᒥᓇ ᑳ ᒉᑭᔭᐣ ᑲᑭᔭᐤ ᒥᔪ ᑫᑲᐧᔭ; ᐊᐢᑖ ᓂᑌᐦᐃᓈᕽ ᑭᑕ ᓵᑭᑖᔭᕽ ᑭ ᐃᐧᔪᐃᐧᐣ, ᑕᑯᓇ-

ᒪᐃᐧᓈᐤ ᒉᐯ ᐊᔭᒥᐋᐧᐢᐧᐤ, ᐅᐦᐱᑭᐦᐃᓈᐤ ᒥᓯᐁᐧ ᒦᔭᐧᑎᓯᐃᐧᓂᕽ ᒥᓇ ᐁ ᐃᓯ ᑭᓭᐋᐧᓂᑎᓯᔭᐤ ᐁᑯᑌ ᐃᓯ ᑲᓇᐁᐧᐸᒥᓈᐤ; ᐃᐧᔭ ᐅᐦᑎ ᑮᓭᐢ X ᑳ ᑎᐯᐸᒥᑯᔮᕽ. ᐋᒣᐤ.

ᑭᐦᑭᒪᓯᓇᐊᒫᑫᐃᐧᐣ. ᕒᐅᒪᓇ vi. 19.

ᐊᐱᓯᐱᓂᐊᐧᐠ ᑳ ᐃᓯ ᐱᑭᐢᑫᐧᑭᐠ ᓂᐟ ᐃᓯ ᐱᑭᐢᑳᐧᐤ ᑭᑭᒫ ᐁ ᓃᓯᐊᐧᕽ ᑭ ᐚᐧᔮᓯᐋᐧᐤ: ᑭᑫᒫ ᑳ ᑭ ᐃᓯ ᐸᑭᑎᓀᐧᑯᐸᐤ ᑳ ᑕᐦᑐ ᐸᐯᐢᑭᐢ ᐃᑖᐸᑕᑭ ᑭᔭ ᐃᐧᐋᐧᕽ ᐁ ᐅᐟ ᐊᑐᐢᑫᔮᑲᓂᒥᑯᔦᐠ ᐃᐧᓂᐅᐃᐧᐤ ᒥᓇ ᒪᑭᐃᐦᑎᐃᐧᐤ ᒪᑭᐃᐦᑎᐃᐧᓂᕽ ᐊᑎ, ᐁᑯᓯ ᐁᑳᐧ ᐸᑭᑎᓇᒧᐠ ᑳ ᑕᐦᑐ ᐸᐯᐢᑭᐢ ᐃᑕᐸᑕᑭ ᑭᔭᐃᐧᐋᐧᕽ ᑭᑕ ᐅᐟ ᐊᑐᐢᑫᔮᑲᓂᒥᑯᔦᐠ ᑳᐧᔭᐢᑭᑖᑎᓯᐃᐧᐤ ᑲᓈᑎᓯᐃ ᓂᕽ ᐊᑎ. ᑭᑫᒫ ᒣᑳᐧᐨ ᐁ ᐅᐟ ᐊᑐᐢᑫᔮᑲᓂᒥᑯᔦᐠ ᒪᑭᐃᐦᑎᐃᐧᐤ, ᑭ ᑭ ᑎᐯᐸᒥᓱᓈᐋᐧᐤ ᐃᐧᔭ ᑳᐧᔭᐢᑭᑖᑎᓯᐃᐧᓂᕽ ᐃᓯ. ᑫᑯ ᒥᓂᓯᐃᐧᐃᐧᐤ ᒫᑲ ᑳ ᐅᐦᑎᓇᒣᐠ ᐁᑯᐢᐱ ᐊᓂᐃ ᐁᑳᐧ ᑳ ᓇᓄᐯᐃᐧᐃᑯᔦᐠ? ᑭᑫᒫ ᐁ ᐃᓯ ᑭᓯᐱ ᐋᔮᑭ ᐁᐊᐧᑯᓂ ᐁᐊᐧᑯ ᓂᐸᐃᐧᐤ. ᒫᑲ ᐁᑳᐧ ᐁ ᑎᐯᐸᒥᓱᐃᑲᐃᐧᔦᐠ ᒪᑭᐃᑎᐃᐧᓂᕽ ᐃᓯ, ᒥᓇ ᐁ ᐅᐟ ᐊᑐᐢᑫᔮᑲᓂᒥᑯᔦᐠ ᑭᓭᒪᓂᑐ, ᑭᐟ ᐋᔮᓈᐋᐧᐤ ᑭ ᒥᓂᓯᐃᐧᐃᐧᓂᐋᐧᐤ ᑳᓈᑭᐅᐃᐧᓂᕽ, ᒥᓇ ᐁ ᑭᓯᐱ ᐋᔮᐠ ᐁᐊᐧᑯ ᑳᑭᑫ ᐱᒫᑎᓯᐃᐧᐤ. ᑭᑫᒫ ᐁ ᐃᓯ ᑭᐢᐱᓇᑭᑫᒪᑳᕽ ᒪᑭᐃᐦᑎᐃᐧᐤ ᐁᐊᐧᑯ ᓂᐸᐃᐧᐤ; ᒫᑲ ᐅ ᒍᐦᑭ ᒣᑭᐃᐧᐤ ᑭᓭᒪᓂᑐ ᐁᐊᐧᑯ ᑳᑭᑫ ᐱᒫᑎᓯᐃᐧᐤ X ᑮᓭᐢ ᑳ ᑎᐯᐸᒥᑯᔭᕽ ᐅᐦᑎ.

ᒥᐋᐧᑭᒍᐃᐧᐣ. ᓭᐤᐟ ᒫᕒᐠ viii. 1.

ᐁᑯᐢᐱ ᐁ ᑲᑭᓯᑳᐠ ᒥᓇ ᒥᐦᒉᐟ ᐁ ᒫᒪᐁᐧᔭᑎᒋᐠ ᐊᐱᓯᐱᓂᐊᐧᐠ ᐁᑳ ᒫᑲ ᑫᑳ: ᐁ ᐋᔮᒋᐠ ᑭᑕ ᒥᑭᒋᐠ, ᑭ ᓇᑐᒣᐤ ᐅ ᑭᐢᑭᓄᐊᒪᐋᐧᑲᓇ, ᐁᑯᓯ ᑭ ᐃᑌᐤ, ᓂ ᑭᑎᒫᑭᓇᐋᐧᐊᐧᐠ, ᑳ ᒫᒪᐁᐧᔭᑎᒋᐠ ᐊᐱᓯᐱᓂᐊᐧᐠ, ᑭᑫᒫ ᐁᑳᐧ ᓂᐢᑐ ᑮᓯᑳᐤ ᐁ ᐃᐧᑫᐃᐧᒋᐠ, ᐁᑯᓯ ᓇᒪ ᑫᑾ: ᐋᔮᐊᐧᐠ ᑭᑕ ᒥᑭᒋᐠ: ᑭᐢᐱᐤ ᒫᑲ ᓯᐯᐧᑎᐢᑲᐧᑳᐧᐁᐧ ᐃᐧᑭᐋᐧᕽ ᐁᑳ ᑫᑳ: ᐁ ᒥᑭᒋᐠ ᑭᑕ ᐊᑎ ᓈᓄᑌᓯᓇᐧᐠ; ᐊᑎᐦᐟ ᒫᑲ ᐋᐧᔮᐤ ᐅᐦᑐᑌᐊᐧᐠ. ᐅ ᑭᐢᑭᓄᐊᒪᐋᐧᑲᓇ ᒫᑲ ᑭ ᓇᐢᑫᐧᐊᐧᓯᒥᐠ, ᑖᓂᑌ ᐃᐧᔭ ᐊᐃᐧᔭᐠ ᑫ ᑭ ᑌᐱ ᐅᐦᑎᓇᒫᐋᐧᐟ ᐸᑫᐧᓯᑲᓇ ᐅᐃ ᐊᐱᓯᐱᓂᐊᐧ ᐅᑕ ᐱᑲᐧᒦᐸᕽ? ᐁᑯᓯ ᑭ ᑲᑫᐧᑭᒣᐤ, ᒑᓂ ᑕᐦᑐ ᐸᑫᐧᓯᑲᓇᐠ ᐁᔮᐋᐧᔦᑯᐠ? ᑭ ᐃᑌᐧᐊᐧᐠ ᒫᑲ, ᑌ ᑯᐟ. ᑭ ᐃᑕᓱᐁᐧᐤ ᒫᑲ ᐊᐱᓯᐱᓂᐊᐧ ᑭᑕ ᓇᐊᐱᐸᐟ ᒍᑭᕽ: ᐁᑯᓯ ᑭ ᐅᑎᓅᐤ ᐊᓂᒪ ᑌᐸᑯᐟ ᐸᑫᐧᓯᑲᓇ ᑳ ᓇᓈᐢᑯᒧᐟ ᒫᑲ, ᑭ ᓇᓇᐢᐧᓄᐤ, ᒥᓇ ᑭ ᒥᓭᐤ ᐅ ᑭᐢᑭᓄᐊᒪᐋᐧᑲᓇ, ᑭᑕ ᐅᔭᐢᑐᐋᐧᐸᐟ; ᐁᑯᓯ ᑭ ᐅᔭᐢᑐᓃᐧᐊᐧᐠ ᑳ ᒫᒪᐁᐧᔭᑎᐸᐟ ᐊᐱᓯᐱᓂᐊᐧ. ᑭ ᐋᔮᐁᐧᐊᐧᐠ ᒫᑲ ᒐᑲᐋᐧᓯᐢ ᐯ ᐊᐱᓯᓯᐸᐟ ᑭᓄᓭᐊᐧ. ᐃᐢᐱ ᒫᑲ ᑳ ᒥᔦᐧᑭᒫᐟ ᐁᐊᐧᑳᐧᓂ, ᑭ ᐃᑕᓱᐁᐧᐤ ᑭᑕ ᐅᔭᐢᑐᐋᐧᐸᐟ ᐁᐊᐧᑳᐧᓂ ᒥᓇ. ᐁᑯᓯ ᑭ ᒥᑭᓱᐊᐧᐠ ᒥᓇ ᑭ ᑭᐢᐸᐊᐧᐠ; ᑭ ᐅᑎᓇᒪᐧᐠ ᒫᑲ ᐃᐢᑳᐧᑭᑲᓇ ᑳ ᑭ ᐊᐸᐋᐧᑭᐸᐸᑭ ᑌᐸᑯᐟ

ᐃᐧᑯᐱᐊᐧᑕ ᓲᑲᐢᑭᐣ. ᓈᐣᑕᐤ ᒫᑲ ᓀᐋᐧᐤ ᑭᐦᒋ ᒥᑖᑕᐦᑐᒥᑕᓇᐤ ᑭ ᐃᐦᑕᓯᐊᐧᐠ: ᐁᑯᓯ ᑭ ᓯᐯᐧᑎᓴᐁᐧᐤ.

ᐊᔨᓈᓀᐤ ᐊᔭᒥᐁᑭᓯᑳᐤ ᐊᐢᑯᐦᐨ ᑕᕒᐃᓂᑎ.

ᐊᔭᒥᐋᐃᐧᐣ.

ᑭᓭᒪᓂᑐ, ᐁᑳ ᐃᐧᑳᐨ ᓂᐋᐧᑌᐸᔨᐠ ᑭ ᓈᑲᑕᐁᐧᔨᒋᑫᐃᐧᐣ ᐁ ᐅᔭᑭᑕ ᒧᒪᑲᕽ ᑲᑭᔭᐤ ᑫᑲᐧᔭ ᑭᓯᑯᕽ ᒥᓇ ᐊᐢᑭᕽ; ᐁ ᑕᐸᐦᑌᔨᒧᔮᕽ ᑭ ᐸᑯᓭᔨᒥᑎᓈᐣ ᑭᑕ ᔨᑲᑌᓇᒪᐃᐧᔮᕽ ᑲᑭᔭᐤ ᒪᒋ ᑫᑲᐧᔭ, ᒥᓇ ᑭᑕ ᒥᔨᔮᕽ ᐊᓂᐃ ᑫ ᐋᐸᒋᐃᑯᔮᕽ; ᐃᐧᔭ ᐅᐦᒋ ᒋᓭᐢ X ᑳ ᑎᐯᔨᒥᑯᔮᕽ. ᐋᒣᐣ.

ᑭᐦᒋᒪᓯᓇᐊᒫᑫᐃᐧᐣ. ᕒᐅᒪᓇ viii. 12.

ᓂᒋᐋᐧᒥᑎᐠ, ᑭ ᒪᓯᓇᐃᑳᓲᓇᐤ, ᓇᒪᐃᐧᔭ ᐃᐧᔮᓯᐃᐧᐃᐧᓂᕽ ᐃᓯ, ᑭᑕ ᐱᒫᑎᓯᔭᕽ ᐁ ᐃᓯ ᓇᑕᐁᔨᑕᒧᒪᑲᕽ ᐃᐧᔮᓯᐃᐧᐃᐧᐣ: ᒋᑫᒫ ᑭᐢᐱᐣ ᑭ ᐱᒫᑎᓯᓈᐋᐧᐤ ᐁ ᐃᓯ ᓇᑕᐁᐧᔨᑕᒧᒪ ᕽ ᐃᐧᔮᓯᐃᐧᐃᐧᐣ, ᑭ ᑲ ᓂᐱᓈᐋᐧᐤ; ᒫᑲ ᑭᐢᐱᐣ ᐊᒫᕽ ᐅᐦᒋ ᑭ ᓂᐸᑖᓈᐋᐧᐤ ᒥᔭᐃᐧ ᐃᓯᒋᑫᐃᐧᓇ, ᑭ ᑲ ᐱᒫᑎᓯᓈᐋᐧᐤ. ᒋᑫᒫ ᑕᐦᑐ ᑳ ᑭᐢᑭᓄᑕᐃᑯᒋᐠ ᑭᓭᒪᓂᑐ ᐅᐟ ᐊᒫᐦᑲᐧ, ᐁᐊᐧᑯᓂᐠ ᑭᓭᒪᓂᑐ ᐅᑯᓯᓴ. ᒋᑫᒪ ᓇᒪᐃᐧᔭ ᑯᐦᒋ ᒥᔨᑲᐃᐧᓈᐋᐧᐤ ᑎᐯᔨᒥᑯᐃᐧ ᐊᒫᕽ ᒥᓇ ᑭᑕ ᐊᐢᑖᓯᔦᐠ; ᒫᑲ ᑭ ᑭ ᒥᔨᑲᐃᐧᓈᐋᐧᐤ ᑖᐹᑯᒥᐁᐧᐃᐧ ᐊᒫᕽ, ᑳ ᐅᐦᒋ ᐃᑕᑌᐧᒧᔭᕽ, ᐋᐹ, ᓄᐦᑖ. ᐊᒫᕽ ᐃᐧᔭ ᑫᒋᐋᐧᐠ ᐋᒋᒧ ᑭᑭ ᑭᐟ ᐊᒫᐦᑯᓇᐊᐧ, ᐁ ᐅᐟ ᐊᐋᐧᓯᒥᓯᒥᑯᔭᕽ ᑭᓭᒪᓂᑐ: ᑭᐢᐱᐣ ᒫᑲ ᐅᐟ ᐊᐋᐧᓯᒥᓴ, ᐁᑯᓯ ᐁᑲᐧ ᐅᑖᓂᐢᑫᐢᑲᒫᑫᐊᐧᐠ, ᐁ ᐋᓂᐢᑫᐢᑲᒪᐋᐧᔭᕽ ᑭᓭᒪᓂᑐ, ᒥᓇ ᐁ ᐃᐧᒋ ᐋᓂᐢᑫᐢᑲᒪᐋᐧᔭᕽ X; ᑭᐢᐱᐣ ᐅᑎ ᑭ ᐃᐧᒣᐋᐧᓇᐤ ᐅ ᑯᑕᑭᑖᐃᐧᓂᕽ, ᑭᑕ ᐃᐧᒣᐋᐧᔭᕽ ᒥᓇ ᐅ ᑭᐢᑌᔨᑖᑯᓯᐃᐧᓂᕽ.

ᒥᐋᐧᒋᒧᐃᐧᐣ. ᓭᐣᐟ ᒫᐟᐧ vii. 15.

ᐊᔮᑲᐧᒥᓯᐢᑖᑯᐠ ᑭᔮᐢᑭᐃᐧ ᐅᑭᐢᑭᓀᐧᐃᑫᐊᐧᐠ, ᑳ ᐯ ᓈᑎᑯᓭᑯᐠ ᐁ ᒫᔭᑎᑯᐃᐧᔮᑕᑭᐠ, ᒫᑲ ᐱᐦᒋᔭᐤ ᐁ ᐅᑳᓯᑭᒥ ᒪᐃᐦᑲᓂᐃᐧᒋᐠ. ᐅᑎᑖᑎᓯᐃᐧᓂᐋᐧᐊᐧ ᑭ ᑲ ᐅᐦᒋ ᑭᐢᑫᔨᒫᐋᐧᐊᐧᐠ. ᐊᔨᓯᔨ ᐊᐧᐠ ᒋ ᒪᐃᐧᓵᐧᑌᐊᐧᐠ ᓲᒥᓇ ᒋᑲᐃᐧᒥᓇᑲᓯᔮᑎᑯᕽ ᐅᐦᒋ, ᐊᐳ ᒥᓂᓴ ᒪᓵᓇᐢᑭᕽ ᐅᐦᒋ? ᐁᑯᓯ ᒣᐧᒋ ᑳ ᑕᐦᑐ ᒥᔦᐋᐧᑎᑯᐃᐧᐟ ᒥᐢᑎᐠ ᒥᔦ ᒥᓂᓯᐃᐧᐤ; ᒫᑲ ᐃᐧᔭ ᒫᐦᑎᐠ ᒪᒋ ᒥᓂᓯᐃᐧᐤ. ᓇᒪᐃᐧᔭ ᒥᐋᐧᑎᐠ ᑭᑕ ᑭ ᒪᒋ ᒥᓂᓯᐃᐧᐤ, ᒥᓇ ᓇᒪᐃᐧᔭ ᒫᑎᐠ ᑭᑕ ᑭ ᒥᔦ ᒥᓂᓯᐃᐧᐤ. ᑕᐦᑐ ᒥᐢᑎᐠ ᐁᑳ ᑳ ᒥᔦ ᒥᓂᓯᐃᐧᐟ ᑭᐢᑲᑕᐋᐧᐤ, ᐁ ᒪᒍᐢᑌᐅᐦᐟ ᒫᑲ. ᑫ ᐃᓯ ᒥᓂᓯᐃᐧᒋᐠ ᑭ ᑲ ᐅᐦᒋ ᑭᐢᑫᔨᒫᐋᐧᐊᐧᐠ. ᓇᒪᐃᐧᔭ ᑲᑭᔭᐤ ᐊᓄᑭ ᑳ ᐃᓯᒋᐠ, ᑌᐯᔨᐦᒋᑫᔭᐣ,

ᑌᐯᔨᐦᒋᑫᔭᐣ, ᑭᑕ ᐱᑐᑫᐊᐧᐠ ᑭᐦᒋ ᑭᓯᑯᐃᐧ ᐅᑌᓇᐃᐧᐃᐧᓂᕽ; ᒫᑲ ᐊᓇ ᑳ ᑐᑕᕽ ᐁᑌᔨᑕᒥᔨᐟ ᐅᐦᑖᐃᐧᔭ ᑭᐦᒋ ᑭᓯᑯᕽ ᑳ ᐊᔮᔨᐟ.

ᑫᑳᐟ ᒥᑖᑕᐦᐟ ᐊᔭᒥᐁᑭᓯᑳᐤ ᐊᐢᑯᐦᐨ ᑕᕒᐃᓂᑎ.

ᐊᔭᒥᐋᐃᐧᐣ.

ᒥᔨᓈᐣ ᑌᐯᔨᒋᑫᔭᐣ ᑭ ᐸᑯᓭᔨᒥᑎᓈᐣ ᐊᒫᕽ ᑭᑕ ᒥᑐᓀᔨᑕᒫᕽ ᒥᓇ ᑖᐦᑭ ᑭᑕ ᐃᐦᑐᑕᒫᕽ ᑖᐦᑐ ᑫᑲᐧᔭ ᑳ ᒥᔼᓯᑭ; ᓂᔭᓈᐣ ᐁᑳ ᑫᑲ: ᐁ ᒥᔼᓯᐢ ᑳ ᑲᐢᑭᑖᔮᕽ ᑭᑕ ᐃᐦᑐᑖᒫᕽ ᑭᐢᐱᐣ ᐁᑳ ᑭᔭ ᐁ ᐃᐧᒋᐃᔮᕽ, ᑭᔭ ᐅᐦᒋ ᓂ ᑲ ᐃᐧ ᑲᐢᑭᑖᓈᐣ ᑭᑕ ᐱᒫᑎᓯᔮᕽ ᐁ ᐃᓯ ᓇᑕᐁᐧᔨᑕᒪᐣ; ᐃᐧᔭ ᐅᐦᒋ ᑭᓴᐢ X ᑳ ᑎᐯᔨᒥᑯᔮᕽ. ᐋᒣᐣ.

ᑭᐦᒋᒪᓯᓇᐊᒫᑫᐃᐧᐣ. ᓂᐢᑕᒼ ᑲᕒᐃᐣᑎᔭᓇ x. 1.

ᒋᑫᒫ ᓇᒪᐃᐧᔭ ᓂ ᓇᑕᐁᐧᔨᑌᐣ, ᓂᒋᐋᐧᒥᑎᐠ, ᑭᑕ ᐁᑳ ᑭᐢᑫᔨᑕᒣᐠ, ᑖᓂᓯ ᑯᑖᐃᐧᓇᐊᐧᐠ ᑲᑭᔭᐤ ᓯᐸ ᐊᐧᐢᑯᕽ ᐁ ᑭ ᐊᔮᒋᐠ, ᒥᓇ ᑲᑭᔭᐤ ᐁ ᑭ ᓵᐳᐢᑲᑭᐠ ᑭᐦᒋᑲᒥ; ᐁᑯᓯ ᑲᑭᔭᐤ ᐁ ᑭ ᐸᐦᑕᐧᓯᐃᐧᒋᐠ ᒧᓯᐢ ᐃᓯ ᐊᐧᐢᑯᕽ ᒥᓇ ᑭᐦᒋᑲᒥᕽ; ᒥᓇ ᑲᑭᔭᐤ ᐁ ᑭ ᒥᒋᒋᐠ ᐁ ᐯᔭᑲᐧᕽ ᐊᒐᐦᑯᐃᐧ ᒥᒋᐃᐧᐣ; ᒥᓇ ᑲᑭᔭᐤ ᐁ ᑭ ᒥᓂᑫᐧᒋᐠ ᐁ ᐯᔭᑲᐧᕽ ᐊᒐᐦᑯᐃᐧ ᒥᓂᑫᐧᐃᐧᐣ: ᒋᑫᒫ ᑭ ᒥᓂᑲᐧᑐᑕᒪᐊᐧᐠ ᐊᓂᒪ ᐊᒐᐦᑯᐃᐧ ᑭᐢᒑᐱᐢᑯᕽ ᐁ ᐅᐦᒋᐠ ᑳ ᐱᒥᑎᓴᐦᐅᑯᒋᐠ: ᐊᓇ ᒫᑲ ᑭᐢᒑᐱᐢᐠ ᐁᐊᐧᑯ X. ᐁᔭᐁᐧᕽ ᒫᑲ ᐅᓵᐨ ᐱᑯ ᓇᒪᐃᐧᔭ ᑭ ᒥᔦᔭᐁᐧᐁᐊᐧᐠ ᑭᓴᒪᓂᑐᐊᐧ: ᐁᑯᓯ ᑭ ᓂᓯᐊᐧᓈᒋᐃᑲᐧᐠ ᐱᑲᐧᑕᐢᑭᕽ. ᐅᐃ ᒫᑲ ᑭᔮᓇᐤ ᑭ ᑲᑫᐢᑭᒥᑯᓈᓇᐤ, ᐁᑳ ᑭᔮᓇᐤ ᑭᑕ ᒧᐢᑕᐁᐧᔨᑕᒪᕽ ᒪᒋ ᑫᑲᐧᔭ, ᑖᐱᐢᑯ ᐃᐧᔭᐋᐧᐤ ᑳ ᑭ ᐃᓯ ᒧᐢᑕᐁᐧᔨᑕᑭᐠ. ᒥᓇ ᐁᑲᐃᐧᔭ ᑭᔭᒎᐤ ᒪᓂᑐᑫᐢᑭᐠ, ᑖᐱᐢᑯ ᐋᐧᑎᐦᐟ ᐁᐸ ᑯᔅ; ᑳ ᐃᑕᓯᓇᐦᐃᑲᐧᑎᐠ, ᐊᔨᓯᔪ ᐊᐧᐠ ᑭ ᓇᐊᐱᐊᐧᐠ ᑭᑕ ᒥᒋᓯᒋᐠ ᒥᓇ ᑭᑕ ᒥᓂᑫᐧᒋᐠ, ᐁᑯᓯ ᑭ ᐸᓯᑯᐊᐧᐠ ᑭᑕ ᒣᑕᐁᐧᒋᐠ. ᒥᓇ ᐁᑲᐃᐧᔭ ᐃᑐᑖᑕᐠ ᐱᓯᑳᐧᑎᓯᐃᐧᐣ, ᑖᐱᐢᑯ ᐋᐧᑎᐦᐟ ᑳ ᑭ ᐃᑐᑕᑭᐠ, ᐁᑯᓯ ᑳ ᑭ ᐸᑭᓯᑭᐠ ᐯᔭᐠ ᑭᓯᑳᐤ ᓂᓯᑕᓇᐤ ᓂᐢᑐ ᐊᔨᐋᐧᐠ ᑖᐦᑐ ᑭᐦᒋ ᒥᑖᑕᐦᑐᒥᑕᓇᐤ. ᒥᓇ ᐁᑲᐃᐧᔭ ᑲᑫᐧᒋᐊᑖᐠ ᑳ ᑎᐯᔨᒋᑫᐟ, ᑖᐱᐢᑯ ᐋᐧᑎᐦᐟ ᑳ ᑭ ᐃᓯ ᑲᑫᐧᒋᐋᒋᐠ, ᐁᑯᓯ ᑳ ᑭ ᓂᓯᐋᐧᓈᒋᐃᑯᒋᐠ ᑭᓄᐱᑲᐧ. ᒥᓇ ᐁᑲᐃᐧᔭ ᒥᐦᑕᐁᐧᐠ, ᑖᐱᐢᑯ ᐋᐧᑎᐦᐟ ᑳ ᑭ ᐃᓯ ᒥᐦᑕᐁᐧᒋᐠ, ᐁᑯᓯ ᑲ ᑭ ᓂᓯᐋᐧᓈᒋᐃᑯᒋᐠ ᐅᓂᓯᐋᐧᓈᒋᐃᐁᐧᐊᐧ. ᑲᑭᔭᐤ ᒫᑲ ᐅᐃ ᑭ ᐊᔨᐢᐸᔨᐃᑲᐧᐠ ᑭᑕ ᑲᑫᐢᑭᒧᐃᑯᒋᐠ; ᒥᓇ ᑭ ᒪᓯᓇᐃᑳᑌᐊᐧ ᑭᔮᓇᐤ ᑭᑕ ᐊᔮᑲᐧᒥᒥᑯᔭᕽ, ᑳ ᐅᑎᑎᑯᔭᕽ ᐁᑲᐧ ᐅᒪ ᐁ ᐊᑎ ᑲᑭᓯᑭᑫᐸᔨᐠ. ᐁᑯᓯ ᒫᑲ ᐊᓇ ᓂ ᓂᐸᐃᐧᐣ ᑳ ᐃᑌᔨᑕᕽ ᑭᑕ ᐊᔮᑲᐧᒥᓯᐤ ᐁᑳ ᑭᑕ ᐸᐦᑭᓯᕽ. ᓇᒪᐃᐧᔭ ᑫᑲ: ᑲᑫᐧᒋᐃᑯᐃᐧᐣ ᑯᐦᒋ ᐅᑎᐦᑎᓂᑯᓈᐊᐧᐤ ᐱᑯ ᑐᐊᐧ ᐊᔨᓯᔨᓂᐤ ᐁ ᑲᐢᑭᑖᔨᐟ

ᑭᑕ ᓂᐸᐃᐧᐢᑕᕽ: ᒫᑲ ᑭᓭᒪᓂᑐ ᑫᑭᓈ ᑭᑕ ᑭ ᐊᐢᐯᔨᒧᕽ, ᐁᐊᐧᑯ ᓇᒪᐃᐧᔭ ᑭ ᑲ ᐸᑭᑎᓂᑯᐋᐧᐤ ᑭᑕ ᑯᑌᔨᒥᑲᐃᐧᓴᐠ ᐊᐊᐧᓯᒣ ᐃᔨᑯᕽ ᐁ ᑲᐢᑭᑖᓴᐠ; ᒫᑲ ᑭᑭ ᐊᓂᒪ ᑯᑌᔨᒥᑯᐃᐧᐣ ᑭᑕ ᑕᐃᐧᓇᑦ ᑭᑕ ᑭ ᐃᓯ ᐸᐢᐱᓴᐠ, ᑭᑕ ᑭ ᒪᑲ ᐁᑳ ᓵᑯᒋᐃᑯᓴᐠ.

ᒥᐋᐧᒋᒧᐃᐧᐣ. ᓭᐣᐟ ᓫᐅᐠ xvi. 1.

ᒋᓭᐢ ᑭ ᐃᑌᐤ ᐅ ᑭᐢᑭᓄᐊᒪᐋᐧᑲᓇ, **ᑭ** ᐃᑖᐤ ᐯᔭᐠ ᐁ ᐁᐧᔪᑎᓯᐟ **ᓈᐯᐤ**, ᑭ ᐊᔮᐁᐧᐤ ᒫᑲ ᐅᐸᒥᑖᓱᐊᐧ; ᐁᑯᓯ ᐁᐊᐧᑲᐋᐧ ᑭ ᒪᒥᓯᒫᐤ ᐁ ᓂᓯᐊᐧᓇᒋᑖᔨᐟ ᑳ ᐸᒥᓇᒧᐋᐟ. **ᐁ**ᑯᓯ ᑭ ᓇᑐᒣᐤ ᒥᓇ ᑭ ᐃᑌᐤ, ᑫᑐ: ᐅᒪ ᑳ ᐃᓯ ᐯᐦᑕᒫᐣ ᐁ ᐃᑎᑲᐃᐧᔭᐣ? **ᐋ**ᑐᑕ ᐊᓂᒪ ᑭ ᐸᒥᑖᓱᐃᐧᐣ; ᒋᑫᒫ ᓇᒪᐃᐧᔭ ᐊᐊᐧᓯᒣ ᑭ ᑲ ᐸᒥᑖᓱᐣ. **ᐁ**ᑯᓯ ᐅᐸᒥᑖᓱ ᑭ ᐃᑌᐧᐤ ᐅ ᒥᑐᓄᔨᒋᑲᐣᕽ, ᑖᓂᓯ ᑫ ᑐᑕᒫᐣ? ᐃᐧᔭ ᓂᐟ ᐅᑭᒫᑦ ᐁ ᐃᐧ **ᒪ**ᐢᑲᒥᐟ ᓂ ᐸᒥᓂᑫᐃᐧᐣ? ᓇᒪᐃᐧᔭ ᐁᑯᔨᑯᕽ ᓂ ᒪᐢᑲᐃᐧᓯᐣ ᑭᑕ ᑭ ᒧᓇᐃᑫᔮᐣ: ᐁᑯᓯ ᑭᑕ ᐸᑯᓯᑖᐧᔮᐣ ᓂ ᓄᐯᐃᐧᓯᐣ? **ᓂ** ᑭᓭᔨᑌᐣ ᑕᓂᓯ ᑫ ᑐᑕᒫᐣ, ᐃᐢᐱ, ᐊᐧᔭᐃᐧᐁᐧᐱᓂᑲᐃᐧᔮᓂ ᓂ ᐸᒥᓂᑫᐃᐧᓂᕽ ᐅᐦᒋ, ᑭᑕ ᐱᑐᑲᐃᒋᐠ ᐃᐧᑭᐋᐧᕽ. **ᐁ**ᑯᓯ ᑭ ᓇᑐᒣᐤ ᑳ ᐃᑕᓯᔨᐟ ᐊᓂᐃ ᑳ ᒪᓯᓇᐊᒪᐋᐧᔨᐟ ᐅᐟ ᐅᑭᒫᒪ, ᐁ ᑭ ᐃᑕᐟ ᐃᓂᐃ ᓂᐢᑕᑦ, ᑖᓂᔨᑯᕽ ᒣᓯᓇᐊᒪᐊᐧᐟ ᓂᐟ ᐅᑭᒫᑦ? **ᑭ** ᐃᑎᐠ ᒫᑲ, ᒥᑖᑕᐦᑐᒥᑕᓇᐤ ᑎᐸᐃᑲᐣ ᐱᒥ, **ᐁ**ᑯᓯ ᑭ ᐃᑌᐤ, **ᐅ**ᑎᓇ ᑭ ᒪᓯᓇᐃᑲᐣ ᐁᑯᓯ ᓇᐊᐱ, ᑫᓯᐢᑲᐤ ᒪᑲ ᒪᓯᓇᐊ ᓂᔮᓇᓄᒥᑕᓇᐤ. **ᐁ**ᑯᓯ ᒥᓇ ᑯᑕᑲ ᑭ ᐃᑌᐤ, ᑖᓂᔨᑯᕽ ᑭᔭ ᒣᓯᓇ-ᐃᑫᔭᐣ? **ᑭ** ᐃᑌᐧᔨᐊᐧ ᒫᑲ, ᒥᑕᑕᐦᑐᒥᑕᓇᐤ ᒪᑲᕽ ᐸᑫᐧᓯᑲᓂᑳᐣ: **ᑭ** ᐃᑌᐤ ᒫᑲ, **ᐅ**ᑎᓇ ᑭ ᒪᓯᓇᐃᑲᐣ ᐁᑯᓯ ᐊᔨᓈᓄᒥᑕᓇᐤ ᒪᓯᓇᐊ. **ᐅ**ᐟ ᐅᑭᒫᒪ ᒫᑲ ᑭ **ᒪ**ᒥᒋᒣᐤ ᐁᑳ ᑲᐧᔭᐢᐠ ᑳ ᐃᑖᑎᓯᔨᐟ ᐅᐸᒥᓂᑫᐊ ᒋᑫᒪ ᐁ ᑭ ᐃᔨᓂᓯᐃᐧ ᐃᓯᒋᑫᔨᐟ; ᒋᑫᒪ ᐊᓂᑭ ᑳ ᐅᐟ ᐊᐋᐧᓯᒥᓯᒥᑯᒋᐠ ᐅᒪ ᐊᐢᑭ ᐃᐧᔭᐋᐧᐤ ᐅ ᒣᑲᐧ ᐱᒫᑎᓯᐃᐧᓂᐋᐧᐤ ᓇᐊᐧᐨ ᐃᔨᓂᓯᑲᑕᒪᐧᐠ ᐃᐢᐱᐨ ᐊᓂᑭ ᑳ ᐅᐟ ᐊᐋᐧᓯᒥᓯᒥᑯᒋᐠ ᐋᐧᐢᑌᐤ. **ᒥᓇ** ᒫᑲ ᑭᐟ ᐃᑎᓈᐋᐧᐤ, **ᐅ**ᑐᑌᒥᑕᒫᓱᐠ ᐊᓂᒪ ᐁᐧᔪᑎᓯᐃᐧᐣ ᐅᐦᒋ ᐁᑳ ᑳ **ᑲᐧᔭᐢᑲᐧᕽ** ᐃᐢᐱ ᒪᑲ ᓄᑌᐸᔨᓴᑯ, ᑭᑕ ᐱᑕᑲᐃᑯᓴᑳᐧᐤ **ᑳᑭᑫ** ᐃᑖᐃᐧᓂᕽ.

ᒥᑖᑕᐦᐟ ᐊᔭᒥᐁᑭᓯᑳᐤ ᐊᐢᑯᐦᐨ ᑕᕒᐃᓂᑎ.

ᐊᔭᒥᐋᐃᐧᐣ.

ᑮᔮᑦ ᑭᓭᐋᐧᑎᓯᐃᐧ ᓇᑐᐦᑕᐃᐧᐠ **ᑌ**ᐯᔨᒋᑫᔭᐣ, **ᑭᐟ** ᐊᑐᐢᑫᔮᑲᓇᐠ ᑕᐸᐦᑌᔨᒧᐃᐧᓂᕽ ᒍ **ᒪᐃᐧᒧ**ᐢᑖᐢᑭᐠ ᒥᓇ ᑭᑕ ᑭ ᐅᐦᑎᓇᐦᑭᐠ ᑳ ᐃᓯ ᓇᑕᐁᐧᔨᑕᐦᑭᐠ ᒥᔨᐠ ᒫᒥᑐᓀ-ᔨᒋᑲᐣ ᑭᑕ ᑭ ᓇᑐᑕᐦᑭᐠ ᑕᐦᑐ ᑫᑲ: ᑭᔭ ᑳ ᒥᓴᐧᔨᑕᒪᐣ; ᐃᐧᔭ ᐅᐦᒋ **ᒋᓭᐢ X** ᑳ **ᑎ**ᐯᔨᒥᑯᔮᕽ. **ᐋ**ᒣᐣ.

ᑮᐦᑭᒪᓯᓇᐊᒫᑫᐃᐧᐣ. ᓂᐢᑕᑦ ᑳᔦᐃᐣᑎᔭᓇ xii. 1.

ᐍᑳ ᒫᑲ ᐋᐦᑯᐃᐧ ᒥᔫᑯᐃᐧᓂ, ᓂᑭᐚᒥᑎᐢ, ᓇᒪᐃᐧᔭ ᑭ ᓇᑕᐁᐧᔫᒥᑎᓈᐚᐤ ᑭᑦ ᐁᑳ ᑭᐢᑫᔫᑕᒪᐠ. ᑭ ᑭᐢᑫᔫᑌᓈᐚᐤ ᒣᑳᐧ ᐁ ᑫᐣᑕᐧᐃᐃᐧᔮᐠ ᐁ ᑭ ᓰᐯᐧ-ᑕᐃᑲᐃᐧᔮᐟ ᑭᑦ ᐸᐣᐢ ᐚᔮᑯ ᐅᑭ ᐁᑳ ᑳ ᓂᑖᐁᐧᑭᐢ ᒪᓂᐣᑳᓇᐠ, ᐱᑯ ᐃᓯ ᑭᑦ ᑭ ᐊᔫᐣᐦᑕᐃᑲᐃᐧᔮᐠ. ᐁᐧᓂᓯ ᒫᑲ ᑭ ᐃᐧ ᓂᓲᐣᐦᑕᒧᐃᐧᓃᐚᐤ, ᓇᒪᐃᐧᔭ ᐊᐃᐧᔭᐠ ᐅᐟ ᐋᑯᔫᐊᐧ ᑭᔅᒪᓂᑐᐊᐧ ᐅᐦᑭ ᐁ ᐱᑭᐢᑫᐧᐟ ᐃᑌᐤ, ᑭᔅᐢ ᒪᑯᑭᑮᓱ; ᒥᓇ ᓇᒪᐃᐧᔭ ᐊᐃᐧᔭᐠ ᐊᔫᓯᔫᓂᐤ ᑭᑦ ᑭ ᐃᑌᐤ, ᑭᔅᐢ ᐁᐊᐧᑯ ᑳ ᑎᐯᔫᑭᑫᐟ, ᐱᑯ ᑳ ᑲᓇᑎᓯᔫᐟ ᐋᐦᑳᐧ ᐅᐦᑭ. ᓇᓈᐣᑫᐧᔫᑖᐧᓇᐧ ᒫᑲ ᒥᔫᑯᐃᐧᓇ, ᒫᑲ ᐯᔪᑯ ᐋᐨ. ᒥᓇ ᐹᐱᐣᑕᓇᐧ ᐸᒥᐃᐁᐧᐃᐧᓇ, ᒫᑲ ᐯᔪᑯ ᑳ ᑎᐯᔫᑭᑫᐟ. ᒥᓇ ᓇᓈᐣᑫᐧᔫᑖᐧᓇᐧ ᐊᐣᐢᑫᐃᐧᓇ, ᒫᑲ ᐯᔪᑯ ᑭᔅᒪᓂᐣ, ᑲ ᐊᐣᐢ ᑖᐟ ᑲᑭᔫᐤ ᑫᑲ: ᒥᓯᐁᐧ ᐃᑕ. ᒫᑲ ᑲᑭᔫᐤ ᐊᐃᐧᔭᐠ ᒦᔫᐤ ᑳ ᐃᓯ ᓗᑯᐃᓯᐟ ᐹᐨ ᑭᑦ ᐚᐸᒥᐃᑯᐟ. ᑭᑫᒫ ᐯᔭᐠ ᒦᔫᐤ ᐋᐦᑳᐧ ᐅᐦᑭ ᐃᔫᓂᓯᐃᐧ ᐃᑌᐃᐧᐣ; ᒥᓇ ᒫᑲ ᑯᑕᐠ ᑭᐢᑫᔫᑕᒧᐃᐧᓂ ᐃᑌᐃᐧᐣ, ᐁᐊᐧᑯ ᑫᔫᐱᐦ ᐹᐨ ᐅᐦᑭ: ᒥᓇ ᑯᑕᐠ ᑌᐯᐧᔮᔫᑕᒧᐃᐧᐣ, ᑫᔫᐱᐦ ᐁᐊᐧᑯ ᐋᐨ; ᒥᓇ ᑯᑕᐠ ᐃᔫᓂᑲᐃᐁᐧᐃᐧ ᒣᑭᐃᐧᓇ, ᐁ ᐯᔪᑯᐟ ᑫᔫᐱᐦ ᐋᐨ; ᐁᑯᓯ ᑯᑕᐠ ᐁ ᐃᐦᑐᑕᒥᐨ ᒪᒫᑖᐃᐧ ᐃᓯᑭᑫᐃ ᓇ; ᒥᓇ ᑯᑕᐠ ᑭᐢᑭᐁᐧᐃᑫᐃᐧᐣ; ᒥᓇ ᑯᑕᐠ ᐁ ᓂᓯᑕᐃᐧᓈᐠ ᐋᐦᑳᐧᐠ: ᑯᑕᐠ ᓇᓈᑐᐨ ᐱᑭᐢᑫᐧᐃᐧᓇ; ᑯᑕᐠ ᐁ ᐃᑌᐧᐢᑕᒪ-ᐚᐧᑕᒥᐨ ᐱᑭᐢᑫᐧᐃᐧᓇ. ᒫᑲ ᑲᑭᔫᐤ ᐅᐃ ᐊᔫᐢᑲᑦ ᐊᓇ ᐯᔭᐠ ᒥᓇ ᐁᐊᐧᑯ ᑫᔫᐱᐦ ᐋᐨ, ᐸᐯᐢᑭᐢ ᐁ ᒫᒥᔫᐟ ᐯᐯᔭᐠ ᐊᔫᓯᔫᓂᐊᐧ ᐱᐧᔭ ᐁ ᐃᑌᔫᑕᐨ.

ᒥᐚᐧᑭᔫᐃᐧᐣ. ᔓᐣᐟ ᐅᐠ xix. 41.

ᐁᑯᓯ ᐃᐢᐱ ᑭᑭ ᐁ ᐯ ᐊᔫᐟ, ᑭ ᐚᐸᑕᑦ ᐅᑌᓇᐤ, ᐁ ᑭ ᐅᐦᑭᑳᐚᐱᐟ ᓚᑲ, ᐁ ᐃᑌᐧᐟ, ᑭᐢᐱᐣ ᑭ ᑭᐢᑫᔫᑕᒧᐊᐧᐸᓐ ᐊᓄᐦ ᑳ ᑭᓯᑳᐠ, ᑭᔭ ᐅᑎ, ᒍᓂᐃ ᐯᔭᑕᑫᔫᓫᐃᐧᓂᐨ ᐁ ᐃᓯ ᐊᐣᐢᑫᒪᑲᑭ? ᒫᑲ ᐁᑳ ᑭᑲᑌᐊᐧ ᑭᐢᑭᓯᑯᐨ ᐳᐦᑭ. ᑭᑫᒪ ᐸᓂᐃ ᑭᓯᑳᐧ ᑭ ᑲ ᐅᑎᐦᑎᑯᐣ, ᐃᐢᐱ ᑳ ᐹᑳᐧᑎᐢᑭᐠ ᑫ ᐚᐧᐢᑲ ᒉᓂᑫᑳᑕᐢᑭᐠ, ᒥᓇ ᑫ ᐚᐧᐢᑲᐢᑲᐢᑭᐠ, ᑭᑦ ᑭᐳᑌᐧᐢᑲᐢᑭᐠ, ᒥᓯᐁᐧ ᐃᑐ ᐅᐦᑭ, ᐁᑯᓯ ᑭ ᑲ ᓂᑭᐁᐧᐱᓂᑳᐧᐠ ᐸᐢᑭᐨ ᐱᓯ; ᑭᐟ ᐸᑖᐧᓯ ᓴ ᒥᓇ ᐱᒦᔫᐨ: ᓇᒪᐃᐧᔭ ᒫᑲ ᐯᔭᐠ ᐊᓯᓂᔭ ᑭ ᑲ ᓇᑲᑕᒫᑳᐧᐠ ᑭᑦ ᑌᑖᐱᐢᑭᓯᓂᔫᐟ ᑯᑕᑲ; ᑭᑫᒫ ᐁᑳ ᐁ ᑭᐢᑫᔫᑖᒪᐠ ᐃᑕ ᐸᓂᒪ ᐁ ᐯ ᓇᑖᐧᐯᓈᑲᐃᐧᔭᐣ. ᐁᑯᓯ ᑭ ᐱᑐᑫᐤ ᑮᐦᑭ ᐊᔭᒥᐁᐃᐧᑲ ᑯᐨ, ᐁ ᑭ ᒫᒥ ᐚᐧᔭᐃᐧᐁᐧᐱᓈᐟ ᐃᓂᐃ ᑳ ᑖᔫᐟ, ᐁ ᐃᑏᐟ, ᐃᑕᓯᓇᐃᑲᑌᐤ, ᓂ ᐚᐧᐢᑲᐃᑲᐣ ᐁᐊᐧᑯ ᐊᔭᒥᐁᐃᐧ ᐚᐧᐢᑲᐃᑲᐣ: ᐁᑯᓯ ᑭᓗᑎᐢᑳᐠ ᐅᑦ [illegible] ᑭ ᑭ ᐃᓯᑖᓈᐚᐤ. ᑳᐦᑐ ᑭᓯᑳᐤ ᒫᑲ [illegible] ᑮᐦᑭ [illegible]

ᒥᑖᑕᐦᐟ ᐯᔭᑯᓵᑊ ᐊᔭᒥᐁᑭᓯᑳᐤ ᐊᐢᑯᐦᐨ ᑕᕒᐃᓂᑎ.

ᐊᔭᒥᐋᐃᐧᐣ.

ᑭᓭᒪᓂᑐᐣ ᑳ ᑭᐢᑫᔨᑕᒧᐃᐁᐧᔭᐣ ᑭ ᓲᑲᑎᓯᐃᐧᐣ ᐅᓵᐠ ᒫᑲ ᐁ ᐋᐧᐸᑕᐦᐃᐁᐧᔭᐣ
ᑭᓭᐋᐧᑎᓯᐃᐧᐣ ᒥᓇ ᑭᑎᒫᑭᓈᑫᐃᐧᐣ; ᑭᓭᐋᐧᑎᓯᐃᐧ ᒥᔪᓈᐣ ᑭ ᓂᓯᑲᒫᑫᐃᐧᐣ, ᓂᔪᓈᐣ
ᐁ ᒥᑎᒣᔮᕽ ᑳ ᐃᑕᐢᑌᑭ ᑯᔭᓯᐁᐧᐃᐧᓇ, ᑭᑕ ᑭ ᐅᐦᑎᓇᒫᕽ ᑭᐟ ᐊᓯᑕᒫᑫᐃᐧᓇ, ᒥᓇ
ᑭᑕ ᑭ ᐊᔮᔮᕽ ᑭ ᑭᐦᒋᑭᓯᑯᐃᐧ ᒣᑭᐃᐧᓇᐧ; ᐃᐧᔭ ᐅᐦᒋ **ᑭᓭᐢ X** ᑳ **ᑎ**ᐯᔨ-
ᒥᑯᔮᕽ. **ᐋ**ᒣᐣ.

ᑭᐦᒋᒪᓯᓇᐊᒫᑫᐃᐧᐣ. ᓂᐢᑕᐠ ᑲᕒᐃᐣᑎᔭᓇ xv. 1.

ᐁᑲᐧ ᒫᑲ ᑭ ᑭᐢᑫᔨᑕᒧᐃᑎᓈᐋᐧᐤ, ᓂᒋᐋᐧᒥᑎᐠ, ᐊᓂᒪ ᒥᔫᐧᒋᒧᐃᐧᐣ ᑳ ᑭ
ᑲᑫᐢᑭᒥᑕᑯᐠ, ᐁᐊᐧᑯ ᒥᓇ ᑳ ᑭ ᐅᑎᓇᒣᐠ, ᐃᑕ ᒥᓇ ᑳ ᓂᐸᐃᐧᓴᐠ, ᐁᐊᐧᑯ
ᒥᓇ ᑳ ᐱᒫᒋᐃᑯᓴᐠ; ᑭ ᑭᐢᑫᔨᑕᒧᐃᑎᓈᐋᐧᐤ, ᓂᐟ ᐃᑖᐧᐣ, ᐊᓂᐃ ᐃᑌᐧᐃᐧᓇ ᑳ
ᑭ ᑲᑫᐢᑭᒥᑕᑯᐠ, ᑭᐢᐱᐣ ᒥᒋᒥᓇᒣᑯ, ᐱᑯ ᑭᐢᐱᐣ ᐱᑯᓇᑕ ᑲ ᑖᐯᐧᑕᒧᐁᐧᑫᐧ. **ᒋ**ᑫᒫ
ᑭ ᑭ ᐸᑭᑎᓇᒫᑎᓈᐋᐧᐤ ᓂᑳᐣ ᐊᓂᒪ ᓂᐢᑕ ᑳ ᑭ ᐅᑎᓇᒫᐣ, **X** ᑳ ᑭ ᐃᓯ
ᓂᐱᐟ ᑭ ᒪᒋᐃᐦᑎᐃᐧᓂᓇᐊᐧ ᐅᐦᒋ ᐁ ᐃᑕᐢᑌᑭ ᑭᐦᒋ ᒪᓯᓇᐃᑫᐃᐧᓇ; **ᐁ**ᑯᓯ ᐁ
ᑭ ᓇᐃᓂᐦᐟ; ᐁ ᑭ ᐊᐧᓂᐢᑳᓂᐦᐟ ᒫᑲ ᐁ ᓂᐢᑐ ᑭᓯᑳᔭᐠ ᐯ ᐃᑕᐢᑌᑫ ᑭᐦᒋ
ᒪᓯᓇᐃᑫᐃᐧᓇ; ᐁᑯᓯ ᐁ ᑭ ᐅᑯᐃᓯᐢᑕᐋᐧᐟ ᓯᐹᐢ; ᐁᑲᐧ ᐊᓂᐃ ᒥᑕᑕᐟ ᓂᓯᓵᑊ:
ᐁᑲᐧ ᐁ ᑭ ᐅᑯᐃᓯᐢᑕᐋᐧᐟ ᐯᔭᑲᐧᐤ ᐊᐊᐧᓯᒣ ᓂᔮᓇᓈᐧᐤ ᒦᑕᑐᒥᑕᓇᐤ ᐅᒋᐋᐧ-
ᒥᒫᐊᐧ, ᐁᐊᐧᑯᓂᐠ ᐊᐊᐧᓯᒣ ᐋᐱᑕᐤ ᑫᔮᐱᐨ ᐊᔓᐦᐨ ᐊᔮᐊᐧᐠ, ᒫᑲ ᐋᑎᐦᐟ ᓵᓭᐧ
ᓂᐹᐊᐧᐠ; ᐁᑲᐧ ᒫᑲ ᑭ ᐅᑯᐃᓯᐢᑕᐁᐧᐤ ᒉᒥᓭ; ᐁᑲᐧ ᑲᑭᔭᐤ ᐊᐹᐢᑎᕒᐊ; ᒥᑐᓂ
ᒫᑲ ᐃᐢᑳᐧᔮᐨ ᑖᐱᐢᑯᐨ ᐊᐃᐧᔭᐠ ᒥᑐᓂ ᓈᐊ: ᐁ ᓂᑖᐃᐧᑭᐟ, ᓂᔭ ᒥᓇ ᓂ ᑭ
ᐅᑯᐃᓯᐢᑖᐠ. ᒋᑫᒫ ᓂᔭ ᒫᐊᐧᐨ ᐅᐦᑕᐤ ᓂᐟ ᐃᑕᑭᒋᑲᓱᐣ ᐊᐹᐢᑎᕒᐊᐠ, ᓇᒪᐋᐧᐨ
ᐊᐦᐳ ᓂ ᑌᐸᑫ ᑖᑯᓯᐣ ᐊᐹᐢᑎᕒ ᑭᑕ ᐃᑎᑲᐃᐧᔮᐣ, ᒋᑫᒫ ᐅ ᑭ ᑯᑕᑭᐋᐹᐧ
ᐅᑕᔭᒥᐋᐊᐧᐠ **ᑭᓭᒪᓂᑐᐢ** ᑳ ᐊᑐᐢᑲᐋᐧᒋᐠ. **ᒫ**ᑲ ᐅ ᑭᓭᐋᐧᑎᓯᐃᐧᓂᕽ ᐅᐦᒋ
ᑭᓭᒪᓂᑐᐣ ᓂᐟ ᐃᓯ ᐸᔮᐣ ᐅᒪ ᑳ ᐃᓯ ᐸᔮᔮᐣ: ᐁᑯᓯ ᐅ ᑭᓭᐋᐧᑎᓯᐃᐧᐣ ᑳ ᑭ
ᒥᔪᑲᐃᐧᔮᐣ ᓇᒪᐃᐧᔭ ᐱᑯᓇᑕ ᑳ ᑭ ᐅᑎᐦᑎᑯᔮᐣ; ᒫᑲ ᐊᔪᐋᐧᐠ ᒥᐢᑕᐃ ᓂ ᑭ
ᐊᑐᐢᑲᐣ ᐃᔪᑯᕽ ᐃᐧᔭᐋᐧᐤ: ᓇᒪᐃᐧᔭ ᒫᑲ ᓂᔭ, ᒫᑲ ᐅ ᓂᓯᑲᒫᑫᐃᐧᐣ **ᑭᓭᒪᓂᑐᐣ**
ᑳ ᑭ ᐃᐧᒣᐃᐧᑯᔮᐣ. **ᐁ**ᑯᓯ ᒫᑲ ᑭᐢᐱᐣ ᓂᔭ ᐋᐦᐳ ᐃᐧᔭᐋᐧᐤ, ᐁᑯᓯ ᓂᐟ ᐃᓯ
ᑲᑫᐢᑭᒥᐋᐧᓈᐣ, **ᐁ**ᑯᓯ ᒥᓇ **ᑭ** ᑭ ᐃᓯ ᑖᐯᐧᑌᓈᐋᐧᐤ.

ᒥᐋᐧᒋᒧᐃᐧᐣ ᓴᐣᐟ ᕒᐅᐠ xviii. 9.

ᐁᑯᓯ ᒥᓇ ᑭ ᑕᓯᑕᒪᐁᐧᐤ ᐅᒪ ᐋᐁᐧᒋᑲᐣ ᐊᐧᐃ ᑳ ᑲᐧᔭᐢᑲᐧᑎᓯᐊᐧᑫᔨᒥᓱᔨᐟ,
ᑯᑕᑲ ᒫᑲ ᐁ ᐋᑕᐁᐧᔨᒫᔨᐟ: **ᓂ**ᓱ ᐊᔨᓯᔨᓂᐊᐧᐠ ᑭᐦᒋ ᐊᔭᒥᐁᐃᐧᑲᒥᑯᕽ ᑭ

ᐃᑐᑌᐊᐧᐠ ᑭᑕ ᐊᔭᒥᐋᑭᐠ; ᐯᔭᐠ ᐹᕒᐊᓯ ᐁᑯᓯ ᑯᑕᐠ ᐸᑊᕒᐃᑲᐣ. ᐊᓇ ᐹᕒᐊᓯ ᑭ ᓂᐸᐃᐧᐤ ᒥᓇ ᐅᒥᓯ ᐁ ᑭ ᐃᓯ ᐊᔭᒥᐋᐟ, ᑭᐢᒪᓂᑐ, ᑭ ᓇᓈᐢᑯᒥᑎᐣ, ᐁᑳ ᐁ ᐃᓯ ᐊᔮᔭᐣ ᑯᑕᑲᐠ ᐊᐱᓯᐱᓂᐊᐧᐠ ᑲ ᐃᓯ ᐊᔮᒋᐠ, ᐅᒪᐢᑲᑌᐧᐢᑲᐠ, ᓇᐢᑕᐊᐧ-ᑎᐢᐠ, ᐱᓯᑲᐧᑎᐢᐠ, ᐊᐦᐳ ᑳᐱᐢᑯᐨ ᐊᐊᐧ ᐸᑊᕒᐃᑲᐣ. ᓂᓵᐧᐤ ᓂ ᐱᐳᐊᐧᓂᓯᐃᐧᐣ ᑕᐦᑖᐧᐤ ᐁ ᐃᐢᐸᐳᐠ; ᐯᔭᐠ ᒥᑖᑕᐟ ᐅᐦᒋ ᓂ ᒣᑭᐣ ᑲᑭᔭᐤ ᐊᓂᒪ ᑳ ᐃᓯ ᑎᐯᐳᑕᒫᐣ. ᒫᑲ ᐃᐧᔭ ᐊᓇ ᐸᑊᕒᐃᑲᐣ ᐊᐧᔭᐤ ᐁ ᓂᐸᐃᐧᐟ, ᓇᒪᐃᐧᔭ ᐊᐦᐳ ᑭᓯᑯᕽ ᑭ ᐃᐧ ᐃᓯ ᑕᐢᑖᐱᐤ, ᒫᑲ ᐸᑳᒪᐢᑭᑲᐧᐅᓯ, ᐁ ᐃᑌᐧᐟ, ᑭᐢᒪᓂᑐ, ᑭᑎᒫᑭᓇᐃᐧᐣ ᓂᔭ ᑳ ᒫᒋᐳᐃᐧᔮᐣ. ᑭ ᐃᐧᑖᒪᑎᓇᐊᐧᐤ, ᐊᐊᐧ ᓈᐯᐤ ᐃᐧᑭᕽ ᑭ ᐃᓯ ᑭᐁᐧᐤ ᓇᐊᐧᐨ ᐁ ᑲᐧᔭᐢᑭᑖᑎᓯᐊᐧᑭᒥᐦᐟ ᐃᐢᐱᐨ ᐊᓇ ᑯᑕᐠ; ᒋᑫᒫ ᑲᑭᔭᐤ ᐊᐃᐧᔭᐠ ᑳ ᑭᐢᑌᔨᒥᓱᐟ ᑭᑕ ᑕᐸᑎᓈᐤ; ᒫᑲ ᐊᓇ ᑳ ᑕᐸᑌᔨᒥᓱᐟ ᑭᑕ ᐃᐢᐯᔨᑖᑯᐊᐤ.

ᒥᑖᑕᐦᐟ ᓂᓱᓵᑊ ᐊᔭᒥᐁᑭᓯᑳᐤ ᐊᐢᑯᐦᐨ ᑕᕒᐃᓂᑎ.

ᐊᔭᒥᐋᐃᐧᐣ.

ᓯᐹᑳᑎᓯᔭᐣ ᒥᓇ ᑳᑭᑫ ᒣᓂᑐᐃᐧᔭᐣ, ᑕᐦᑭ ᐸᐊᐧᓯᒣ ᑳ ᐃᑌᔨᑕᒪᐣ ᑭᑕ ᓇᑐᐦᑕ-ᐃᐧᔮᕽ ᐃᔨᑯᕽ ᐃᐧᔭ ᓂᔭᓈᐣ ᑳ ᐃᑌᔨᑕᒫᕽ ᑭᑕ ᒪᐃᐧᒧᐢᑕᑖᕽ, ᒥᓇ ᑳ ᓅᑲᒥ ᒣᑭᔭᐣ ᐊᐊᐧᓯᒣ ᐃᔨᑯᕽ ᑳ ᓇᑐᑕᒫᕽ. ᔮᓯ ᓯᑭᒣᐣᐟᐧᓈᐣ ᑭ ᑭᐦᒋ ᑭᓵᐧᑎᓯᐃᐧᐣ ᐁ ᐊᐢᓇᒪᐃᐧᔮᕽ ᐊᓂᐃ ᓂ ᑭᐢᑫᔨᒥᓯᐃᐧᓈᕽ ᑳ ᔑᑭᐃᑯᔮᕽ, ᒥᓇ ᐁ ᒥᔨᔮᕽ ᐊᓂᐃ ᒥᔦ ᑫᑲᐧᔭ ᐁᑳ ᑳ ᑌᐸᑫᔨᑖᑯᓯᔮᕽ ᑭᑕ ᓇᐣᑕᒫᕽ, ᐃᐧᔭ ᐱᑯ ᐅ ᑲᐢᑭ-ᑕᒫᑫᐃᐧᓇ ᒥᓇ ᐅ ᓇᑐᑌᐢᑕᒫᑫᐃᐧᐣ ᐅᐦᒋ ᒋᓯᐢ X ᑳ ᑎᐯᔨᒥᑯᔮᕽ. ᐋᒣᐣ.

ᑭᐦᒋᒪᓯᓇᐊᒫᑫᐃᐧᐣ. ᓂᓵᐧᐤ ᑲᕒᐃᐣᑎᔭᓇ iii. 4.

ᐁᑯᓯ ᐁᓯ ᐊᐢᐯᔨᒧᐦᑕᐋᐧᔮᕽ ᑭᐢᒪᓂᑐ X ᐅᐦᒋ: ᓇᒪᐃᐧᔭ ᐁ ᑌᐸᑫᔨᒥᓱᔮᕽ ᓂᔭᓈᐣ, ᓈᐣᑕᐤ ᑫᑲ: ᓂᔭᓈᐣ ᐦᒋ ᑭ ᐃᑕᑭᒋᑫᔮᕽ; ᒫᑲ ᓂ ᑌᐸᑫᔨᑖᓂᓯᐃᐧᓈᐣ ᑭᐢᒪᓂᑐᕽ ᐅᐦᒋᒪᑲᐣ; ᓇ ᒥᓇ ᑳ ᑭ ᑌᐸᑫᔨᑖᑯᐃᑯᔮᕽ ᑭᑕ ᐸᒥᑖᔮᕽ ᐅᐢᑭ ᐃᓯᑖᐧᐃᐧᐣ; ᓇᒪᐃᐧᔭ ᐁ ᐅᔭᓯᐁᐧᐃᐧᓂᐃᐧᐠ, ᒫᑲ ᐁ ᐃᓯ ᐊᒦᐦᑯᐊᐧᕽ: ᒋᑫᒫ ᐁ ᐅᔭᓭᐧᐃᐧᓂᐃᐧᐠ ᓂᐸᒋᑫᒪᑲᐣ, ᒫᑲ ᐁ ᒦᑯᐋᐧᕽ ᐱᒫᑎᓯᐢᑲᑫᒪᑲᐣ. ᑭᐢᐱᐣ ᒫᑲ ᐁ ᐸᒥᐢᑕᒥᕽ ᐊᓂᒪ ᑳ ᓂᐸᐢᑫᒪᑲᕽ, ᐁ ᒪᓯᓇᐃᐦᑌᐠ, ᒥᓇ ᐁ ᒪᓯᓈᐱᐢᐦᐃᑳᑌᐠ ᐊᓯᓂᕽ, ᑭ ᑕᑯᓯᓄᒪᑲᐣ ᑭᑭ ᑭᐢᑌᔨᑕᑯᓯᐃᐧᐣ, ᐁᑯᓯ ᐊᓂᑭ ᐃᐢᕒᐁᐃᐧᕒ ᐅᐟ ᐊᐋᐧᓯᒥᐢ ᐁᑳ ᐁ ᑭ ᑲᓇᐋᐧᐸᒫᒋᐠ ᒧᓯᐢ ᐅᑳᐧᑲᐧᐱᕽ ᐁ ᐃᓯ ᑭᐦᒋᓈᑯᓯᐟ ᐅᑳᐧᑲᓂᕽ; ᐁᐊᐧᑯ ᒫᑲ ᐃᐧᔭ ᐃᐧᐸᐨ ᑭᑕ ᐳᓂ ᐊᔭᐠ: ᑖᓂᐱᑯᕽ ᐋᐧᐃᐧᐢ ᐁ ᐸᒥᐢᑖᐦᐟ ᐊᒦᕽ ᑫ ᑭᑭ ᑭᐢᑌᔨᑖᑲᐧᕽ? ᒋᑫᒫ ᑭᐢᐱᐣ ᐁ ᐸᒥᐢᑕᒥᕽ ᑳ ᓈᓂᐳᒥᐁᐧᐠ ᑭᐢᑌᔨᑖᑲᐧᐣ, ᑖᓂᐱᑯᕽ ᐋᐧᐃᐧᐢ ᐁ ᐸᒥᐢᑕᒥᕽ ᑲᐧᔭᐢᑭᑖᒍᓯᐃᐧᐣ ᑫ ᐊᐱᐋᐧᑭ ᑭᐢᑌᔨᑖᑲᐧᕽ.

ᒥᐋᐧᑭᐦᐃᐧᐣ. ᓴᐣᐟ ᒫᕒᐠ vii. 31.

ᐁᑯᓯ ᒥᓇ ᑭ ᓯᐯᐧᑌᐤ ᒋᑳᐢ ᑖᔭᕒ ᐅᐦᒋ, ᒥᓇ ᑭ ᓵᐳ ᐱᒍᑌᐤ ᓵᐧᑕᓂᕽ ᐱᔨᐢ ᑳᕒᐊᕒᐃ ᓵᑲᐃᑲᓂᕽ, ᒉᑳᐧᐨ ᐁ ᒋᑳᐢᑯᐊᐧᕽ ᑎᑳᐳᕒᐃᐢ. ᑭ ᐯᑐᐁᐧᐊᐧᐠ ᒫᑲ ᐯᔭᐠ ᐁᑳ ᐁ ᐊᐧᐃᐧᔭᐃᐧᑕᒥᔨᐟ ᒥᓇ ᐁ ᓈᓇᑯᐁᐧᔨᐟ; ᐁᑯᓯ ᑳᑭᓯᒧᑐᑕᐁᐧᐊᐧᐠ ᑭᑕ ᓵᒥᓈᔨᐟ. ᐁᑯᓯ ᓂᓯᕽ ᐅᐱᒉ ᑭ ᐃᑐᐦᑕᐁᐤ ᐃᑕ ᐁᑳ ᐁ ᐊᔫᔨᐟ ᑳ ᒫᒪᐁᐧᔭᑎᔨᐟ ᐊᔨᓯᔨᓂᐊᐧ, ᑭ ᐊᐢᑖᐤ ᒫᑲ ᐅ ᒋᐦᒋᔭ ᐅᐦᑕᐊᐧᑳᔨᕽ, ᐁᑯᓯ ᑭ ᓯᐦᑯ, ᒥᓇ ᑭ ᓵᒥᓇᒉᐤ ᐅᑌᔭᓂᔨᐤ; ᑭᓯᑯᕽ ᒪᑲ ᐁ ᐃᑖᐱᐟ, ᑭ ᓇᐊᑖᒧ, ᒥᓇ ᑭ ᐃᑌᐤ, ᐁᐦᐸᐦᑕ, ᐁᐊᐧᑳᐧᓂᒪ ᐁ ᐃᑌᐧᕽ, ᔦᐦᑌᐸᔨ. ᐅᐦᑕᐊᐧᑲᔭ ᒫᑲ ᑭ ᔦᑌᓈᒪᐧᐣ, ᒥᓇ ᑳ ᑕᒋᑌᔭᓂᐁᐧᐱᔨᐟ ᑭ ᐋᐱᑯᓇᒫᐧᐣ, ᐁᑯᓯ ᑭ ᐸᐢᑭᑖᑯᓯᐤ. ᑭ ᐊᔮᑲᐧᒥᒉᐤ ᒫᑲ ᐁᑳ ᐊᐃᐧᔭ ᑭᑕ ᐃᐧᑕᒪᐋᐧᔨᐟ; ᒫᑲ ᐋᑕ ᐊᐊᐧᓯᒉ ᐁ ᑭ ᐊᔮᑲᐧᒥᒫᐟ, ᐋᐦᒋ ᐱᑯ ᐊᐊᐧᓯᒉ ᒥᐢᑕᐃ ᑭ ᐋᐣᑕᒥᔨᐊᐧ. ᐊᔨᐋᐧᐠ ᒫᑲ ᑭ ᒫᒪᐢᑳᑕᒪᐊᐧᐠ ᐁ ᐃᑌᐧᒋᐠ, ᑳᐤᔭᐤ ᑫᑳ: ᒥᑐᓂ ᑭ ᑐᑕᐠ; ᐃᓯᐁᐤ ᐋᐧᐋᐧᐨ ᐸᓂᐃ ᐁᑳ ᑳ ᐊᐧᐃᐧᔭᐃᐧᑕᒥᔨᐟ ᑭᑕ ᐸᐦᑕᒥᔨᐟ, ᒥᓇ ᐁᑳ ᑳ ᓂᐦᑖᐁᐧᔨᐟ ᑭᑕ ᐱᑭᐢᑫᐧᔨᐟ.

ᒥᑖᑕᐦᐟ ᓂᐢᑐᔮᐠ ᐊᔭᒥᐁᑭᓯᑳᐤ ᐊᐢᑯᐦᐨ ᑕᕒ ᓂᑎ.

ᐊᔭᒥᐋᐃᐧᐣ.

ᒫᒪᐁᐧᔭᐢ ᓯᔦᑳᑎᓯᔭᐣ ᒥᓇ ᑫᓭᐋᐧᑎᓯᔭᐣ ᑭᓭᒪᓂᑐ ᑭᔭ ᐱᑯ ᐁ ᒉᑭᔭᐣ ᑳ ᐅᐦᒋᐸᔨᐠ ᐊᓂᑭ ᒌᐯᐧ ᑳ ᐅᐟ ᐃᔨᓂᒥᔭᐣ ᑳ ᑐᑖᒪᐢᑭᐠ ᑲᐧᔭᐢᐠ ᒥᓇ ᐁ ᑌᐸᑫᔨᒌᑲᐧᕽ ᐊᑐᐢᑫᐃᐧᐣ; ᒥᔨᓈᐣ ᑭ ᐸᑯᓭᔨᒥᑎᓈᐣ ᑭᑕ ᑭ ᐃᓯ ᒪᒥᑐᓀᔫᕽ ᐁ ᐊᑐᐢᑫᐢᒌᒌᕽ ᐅᒪ ᐱᒫᑎᓯᐃᐧᓂᕽ, ᐁᑳ ᓅᐦᑕᐤ ᑭᑕ ᐃᑌᔨᒌᑯᓯᔫᕽ ᑭᑕ ᑭ ᐅᐦᑎᓇᒫᕽ ᑭᐟ ᐊᓯᑖᒪᑫᐃᐧᓇ ᑭᐦᒋᑭᓯᑯᕽ; ᑳ ᑭ ᑲᐢᑭᑖᒪᑯᔫᕽ ᒋᓭᐢ X ᑳ ᑎᐯᔨᒥᑯᔫᕽ. ᐋᒣᐣ.

ᑭᐦᒋᒪᓯᓇᐊᒫᑫᐃᐧᐣ. ᑲᕒᐁᓯᔭᓇ iii. 16.

ᐁᐠᕒᐁᐊᒼ ᒫᑲ ᐊᓯᑖᒪᑫᐃᐧᓇ ᑭ ᐃᐧᑕᒫᐋᐧᐤ, ᒥᓇ ᐅᐟ ᐊᐋᐧᓯᒥᓴ. ᓇᒪᐃᐧᔭ ᐃᑌᐤ, ᑭᐟ ᐊᐋᐧᓯᒥᓴᐠ, ᑖᐱᐢᑯᐨ ᒥᐦᒉᐟ ᐁ ᐃᑖᐟ; ᒫᑲ ᑖᐱᐢᑯᐨ ᐯᔭᐠ, ᑭᐟ ᐊᐋᐧᓯᒥᐢ ᒫᑲ, ᐁᐊᐧᑯ X. ᐁᑯᓯ ᐅᒪ ᓂᐟ ᐃᑖᐣ; ᐊᓯᑖᒪᑫᐃᐧᐣ ᑳ ᑭ ᐋᔭᑕᐢᑖᐟ ᓂᔮᐠ ᑭᓭᒪᓂᑐ, ᐊᓂᒪ ᐅᔭᓯᐁᐧᐃᐧᐣ ᓄᐋᐧᐤ ᒥᑖᑕᐦᐣᒥᑕᓇᐤ ᓂᐢᑐᒥᑕᓇᐤ ᐊᔮᐋᐧᐠ ᑕᐦᐣ ᐊᐢᑭ ᒉᐧᐢᑕᐢ ᐃᔨᑯᕽ, ᓇᒪᐃᐧᔭ ᑭᑕ ᑭ ᐱᑯᓇᒧᒪᑲᕽ, ᐁᑯᓯ ᐊᓯᑕᒫᑫᐃᐧᐣ ᐁᑳ ᓈᐣᑕᐤ ᑭᑕ ᐃᑖᐸᑕᕽ. ᑭᑫᒫ ᑭᐢᐱᐣ ᐊᓂᒪ ᐊᔮᐃᐧᐣ ᐅᔭᓯᐁᐧᐃᐧᓂᕽ ᑭ ᐅᐦᒋᐠ, ᓇᒪᐃᐧᔭ ᐊᓯᑖᒪᑫᐃᐧᓂᕽ ᑭ ᐅᐦᒋ ᐊᔮᐤ: ᒫᑲ ᑭᓭᒪᓂᑐ ᑭ ᐸᑭᑌᔨᑕᒪᐁᐤ ᐁᐠᕒᐁᐊᒼ [illegible] ᐅᐦᒋ. ᑖᓂᓯ ᒫᑲ ᐁᑖᐸᑕᕽ ᐊᓂᒪ ᐅᔭᓯᐁᐧᐃᐧᐣ?

ᑭ ᑕᑯ ᐸᑭᑎᓂᑲᑌᐤ ᒪᒋᐃᐦᑎᐃᐧᓇ ᐅᐦᒋ, ᐃᐢᑯ ᑭᑕ ᑕᑯᓯᕽ ᐊᓇ ᑳ ᑭ ᐊᓯᑖᒪᐦᐟ ᐊᓂᒪ ᐊᓯᑖᒣᐃᐧᐣ; ᐁᑯᓯ ᑭ ᐅᔭᑭᒋᑳᑌᐤ ᐅᑭᓯᑯᐊᐧᐠ ᐅᐦᒋ ᐅᒋᐦᒋᕽ ᐅᓇᐣᑌᐢᑖᒣᐤ. ᐅᓇᐣᑌᐢᑖᒣᐤ ᒫᑲ ᓇᒪᐃᐧᔭ ᐁ ᐯᔭᑯᐟ ᐊᐃᐧᔮᐠ ᑭ ᓇᐣᑌᐢᑖᒣᐃᐧᐤ; ᒫᑲ ᑭᓴᒪᓂᐣ ᐁᐊᐧᑯ ᐯᔮᐠ. ᓇᐢᐚᐦ ᒋ ᒫᑲ ᐃᑕᐢᑌᐤ ᐅᔭᓱᐁᐃᐧᐃᐧᐣ ᐁ ᐃᑕᐢᑌᔨᑭ ᐅᐟ ᐊᓯᑖᒣᐃᐧᓇ ᑭᓴᒪᓂᐣ? ᓇᒪᐃᐧᔭ ᑭᑕ ᑭ ᐃᐦᑭᐣ: ᒋᑫᒫ ᑭᐢᐱᐣ ᑭ ᐃᑕᑳᐧᕽ ᐅᔭᓱᐁᐃᐧᐃᐧᐣ ᑭᑕ ᑭ ᐱᒫᒋᐃᐁᐧᐠ, ᑖᐯᐧ ᑳᐧᔭᐢᑭᑖᐢᓯᐃᐧᐣ ᐅᔭᓱᐁᐃᐧᐃᐧᓂᕽ ᑭᑕ ᐅᐦ-ᐸᔨᐤ. ᒫᑲ ᑭᐦᒋ ᒪᓯᓇᐃᑫᐃᐧᐣ ᑭ ᒋᐸᐅᐠ ᑲᑭᔭᐤ ᒪᒋᐃᑎᐃᐧᓂᕽ, ᐊᓂᒪ ᐊᓯᑖᒣᐃᐧᐣ ᐁ ᑖᐯᐧᔨᐸᔨᒥᐦᐟ ᒋᓭᐢ X ᑭᑕ ᒥᔨᐦᒋᐠ ᐊᓂᑭ ᑳ ᑖᐯᐧᑕᑭᐠ.

ᒦᐧᒋᒍᐃᐧᐣ. ᓭᐣᐟ ᓘᐠ x. 23.

ᓵᐁᐧᐸᐦᑳᐧᓇ ᒥᐢᑭᓯᑳᐧ ᑳ ᐚᐸᐦᑐᒪᑲᐤ ᐊᓂᐃ ᑭᔮᐤ ᑳ ᐋᐸᐦᑕᒣᐠ. ᒋᑫᒪ ᑭ ᐧᓴᐦᑖᒥᑎᓇᐊᐧᐤ, ᒥᐦᑫᐟ ᐅᑭᐢᑭᐯᐧᐃᑫᐊᐧᐠ ᒥᓇ ᑭᐦᒋ ᐅᑭᒫᐊᐧᐠ ᑭ ᐊᑳᐧᐦᑖᒪᐧᐠ ᑭᑕ ᐚᐸᐦᑭᐟ ᐊᓂᐃ ᑳ ᐚᐸᐦᑕᒣᐠ, ᐁᑯᓯ ᐁᑳ ᐁ ᑭ ᐚᐸᐦᑭᐠ; ᒥᓇ ᑭᑕ ᐯᑕᐦᑭᐠ ᐊᓂᐃ ᑳ ᐯᐦᑕᒣᐠ, ᐁᑯᓯ ᐁᑳ ᐁ ᑭ ᐯᑕᐦᑭᐠ. ᒫᑎᑲ ᒫᑲ, ᐯᔮᐠ ᐅᔭᓱᐁᐃᐧᐃᐧᐦᐃᐧᓂᐤ ᑭ ᐸᓯᑯ, ᐁ ᑯᑌᐦᐃᒫᐟ, ᐁ ᐃᑌᐧᐟ, ᐅᑭᐢᑭᓄᐊᒪᑫᐤ ᑫᑳ: ᑫ ᑐᑖᒣᐣ ᑕ ᐊᔮᔮᐣ ᑲᑭᑫ ᐱᒫᑎᓯᐃᐧᐣ? ᐁᑯᓯ ᑭ ᐃᑌᐤ, ᑫᑳ: ᒣᓯᓇᐃᑲᑌᐟ ᐅᔭᓱᐁᐃᐧᐃᐧᓂᕽ: ᑖᓂᓯ ᐁᓯ ᐊᔭᒥᐦᑖᔮᐣ? ᐁᑯᓯ ᐁ ᓇᐢᑫᐧᐊᐧᓯᒫᐟ, ᑭ ᐃᑌᐧᐤ, ᑭ ᑳ ᓵᑭᐊᐤ ᑳ ᑎᐯᐦᐃᑫᐟ ᑭ ᑭᓴᒪᓂᐣ ᒥᓯᐁᐧ ᑭᑌᐃᕽ ᐅᐦᒋ, ᒥᓯᐁᐧ ᑭᐟ ᐊᐦᒑᕽ ᐅᐦᒋ, ᒥᓯᐁᐧ ᑭ ᒪᐢᑲᐃᐧᓯᐃᐧᓂᕽ ᐅᐦᒋ, ᒥᓇ ᒥᓯᐁᐧ ᑭ ᒥᑐᓀᐦᐃᒋᑲᐣ ᐅᐦᒋ, ᐁᑯᓯ ᒥᓇ ᑭᑶᐦᔨᐦᐃᓂᐤ ᑖᐱᐢᑳᐨ ᑳ ᐃᓯ ᓵᑭᐃᓯᔮᐣ. ᐁᑯᓯ ᑭ ᐃᑌᐤ, ᑲᐧᔭᐢᐠ ᑭ ᑭ ᐃᓯ ᓇᐢᑫᐧᐊᐧᓯᑕᐣ: ᐁᐅᐧᑯᒪ ᑐᑕ, ᐁᑯᓯ ᑭ ᑳ ᐱᒫᑎᓯᐣ. ᒫᑲ ᐃᐧᔭ ᐁ ᐃ ᑳᑫᐧ ᑲᐧᔭᐢᑯᐢᑖᒪᓯᐟ, ᑭ ᐃᑌᐤ ᒋᓭᓭ, ᐊᐁᐧᓇ ᒫᑲ ᓂᑳᐦᔨᐦᔨᐦᐃᓂᐤ? ᒋᓭᐢ ᒪᑲ ᐁ ᓇᐢᑫᐧᐊᐧᓯᒫᐟ ᑭ ᐃᑌᐤ, ᐯᔮᐠ ᓈᐯᐤ ᑫᕒᐅᓴᓫᒥᕽ ᑭ ᐅᐦᒋ ᓯᐯᐧᑌᐤ ᑫᕒᐃᑯᐃᕽ ᐁ ᐃᑐᑌᐟ: ᒫᑲ ᑭ ᒐᐹᐧᐢᐸᐁᐧᐤ ᐅᑭᒍᑎᐢᐸ, ᐁᑯᓯ ᑭ ᒪᓭᐢᑯᐠ, ᒥᓇ ᑭ ᐸᑲᒪᐠ, ᐁᑯᓯ ᐁ ᑭ ᓯᐯᐧᑌᐦᐟ, ᐁ ᓇᐸᑎᑯᐟ ᐚᐱᐢᐤ ᐁ ᓂᐱᐟ. ᑫᐢᐚᐣ ᒫᑲ ᐯᔮᐠ ᐊᔭᒥᐁᐃᐧᐦᐃᓂᐚᐧ ᐁᐊᐧᑯ ᒐᐢᑲᓇᐤ ᑭ ᐯ ᒥᑎᒐᐦᐊᐧ: ᒫᑲ ᐃᐢᐱ ᐃᐧᔮᐸᒥᑯᐟ, ᑭ ᒫᔦᐢᑳᐠ ᐅᐦᐱᒐ ᐃᓯ. ᐁᑯᓯ ᒥᓇ ᐯᔮᐠ ᓖᐹᐟ ᐃᐢᐱ ᐁ ᐯ ᑕᑯᑌᐦᐟ ᐁᑯᑕ, ᑭ ᐯ ᑲᓇᐚᐸᒥᐠ, ᐁᑯᓯ ᑲᐧᐢᑭᑌ ᐁ ᑭ ᐃᓯ ᒫᔦᐢᑲᑯᐟ. ᒫᑲ ᐯᔮᐠ ᓵᒫᕒᐃᑕᓇ, ᒐᑳᐧ ᐁ ᐱᒥᐱᒋᐦᐟ, ᑭ ᐯ ᐃᐠᑌᐦᐊᐧ ᐃᑯ ᐁ ᐊᔮᐟ; ᐃᐢᐱ ᒫᑲ ᐃᐧᔮᐸᒥᑯᐟ, ᑭ ᑭᑎᒪᑫᓈᐠ, ᐁ ᑭ ᓈᑎᑯᐟ ᒫᑲ, ᐁ ᑭ ᑕᐦᑯᐱᑕᒥᐦᐟ ᐅ ᒥᐢᐚᐧᑲᓂᑳᑎᑯᐃᐧᓇ, ᐁ ᓱᒥᓇᒥᐦᐟ, ᒥᓇ ᐁ ᓯᑭᓇᒫᑯᐟ ᓯᒥᓈᐣ; ᒥᓇ ᐁ ᑭ ᑌᑕᐱᐃᑯᐟ ᑫᒋᐚᐠ ᐅ ᐱᓯᐢᑭᒥᐦᐊᐧ, ᐁ ᑭ ᐯᓯᑯᐟ ᑲᐯᓯᐃᐧᑲᒥᑯᕽ, ᒥᓇ ᐁ ᑭ ᑲᓇᐁᐧᔨᒥᑯᐟ. ᐁᑯᓯ ᐃᐧᔮᐸᓂᔨᐠ, ᓂᓯ ᓱᓂᔮᐢ ᑭ ᐅᑎᓀᐦᐊᐧ, ᐁ ᒥᔦᐦᐟ ᑳ ᑳᓇᐁᐧᔨᐦᑕᒥᐦᐟ ᑲᐯᓯᐃᐧᑲᒥᐠ, ᐁ ᑭ ᐃᑕᐦᐟ,

ᑲᓇᐍᔦᑦ; ᐁᑯᓯ ᐱᑯ ᐃᔨᑯᕽ ᐊᐘᓯᒣ ᑫ ᒣᐢᑎᓇᒧᐘᐣ, ᐃᐢᐱ ᒥᓇ ᐯ ᐃᑐᑌᔮᓂ, ᑭ ᑲ ᑎᐸᐸᒫᑎᐣ. ᐊᐍᓂᐃ ᐅᐃ ᓂᐢᑐᐣ, ᐁᑌᔦᑕᒪᐣ, ᑳ ᐚᐸᑎᔦᐍᔦᐤ ᐁ ᐅ ᐏᑭᔨᓂᐟ ᐊᓇ ᑳ ᑭ ᒣᑲᐧᐢᑲᐚᐟ ᐅᒪᐢᑲᑘᐢᑲ? ᑭ ᐃᑘᐤ ᒫᑲ, ᐊᓂᐃ ᑳ ᑭ ᑭᑎᒪᑭᓈᑯᐟ. ᐁᑯᓯ ᒋᓴᐢ ᑭ ᐃᑌᐤ, ᓂᔮ, ᑭᐢᑕ ᐁᑯᓯ ᓇᑕᐏ ᐃᐦᑐᑕ.

ᒥᑖᑕᐦᐟ ᓀᐅᓵᑊ ᐊᔭᒥᐁᑭᓯᑳᐤ ᐊᐢᑯᐦᐟ ᑕᕒᐃᓂᑎ.

ᐊᔭᒥᐋᐏᐣ.

ᓯᐋᑳᑎᓯᔭᐣ ᒥᓇ ᑳᑭᑫ ᒣᓂᑐᐏᔭᐣ, ᑕᑯᓇᒪᐏᔮᐣ ᑖᐺᑕᒧᐏᐣ, ᐊᐢᐯᔨᒧᐏᐣ, ᒥᓇ ᑭᓴᐚᑎᓯᐏᐣ; ᒥᓇ ᑭᑕ ᑭ ᐅᐦᑎᓇᒫᕽ ᐊᓂᒪ ᑳ ᐊᓯᑕᒫᑫᔭᐣ, ᐃᓯᐦᐃᓈᐣ ᑭᑕ ᓵᑭᑖᔮᕽ ᐊᓂᒪ ᑳ ᐃᑕᓯᐍᔭᐣ; ᐏᔭ ᐅᐦᒋ ᒋᓴᐢ X ᑳ ᑎᐯᔨᒥᑯᔮᕽ. ᐋᒣᐣ.

ᑭᐦᒋᒪᓯᓇᐊᒫᑫᐏᐣ. ᑲᓬᐁᓯᔭᓇ v. 16.

ᒫᑲ ᓂᐟ ᐃᑗᐣ, ᐱᒧᑌᐠ ᐁ ᐃᓯ ᑭᐢᑭᓄᐃᑯᔦᐠ ᐊᒑᕽ, ᐁᑯᓯ ᓇᒪᐏᔭ ᑭ ᑲ ᑎᐱᑐᑌᓈᐚᐤ ᐁ ᐃᓯ ᒪᒋ ᒧᐢᑕᐍᔦᑕᒧᒪᑲᕽ ᐏᔫᓯᐏᐏᐣ. ᒋᑫᒫ ᐏᔫᓯᐏᐏᐣ ᒧᐢᑕᐍᔦᑕᒧᒪᑲᐣ ᓇᐢᐹᐨ ᐁ ᐃᓯ ᒧᐢᑕᐍᔦᑕᕽ ᐊᒑᕽ, ᐁᑯᓯ ᐊᒑᕽ ᓇᐢᐹᐨ ᐁ ᐃᓯ ᒧᐢᑕᐍᔦᑕᒧᒪᑲᕽ ᐏᔫᓯᐏᐏᐣ; ᒋᑫᒫ ᐅᐃ ᐍᐚᑕᐢᑌᐘ; ᐁᑳ ᑭᑕ ᐃᐦᑐᑕᒣᐠ ᐊᓂᐃ ᑳ ᐏ ᐃᐦᑐᑕᒣᐠ. ᒫᑲ ᑭᐢᐱᐣ ᐊᒑᕽ ᑭ ᑭᐢᑭᓄᑕᐃᑯᐚᐤ, ᓇᒪᐏᔭ ᑭ ᑎᐯᔨᒥᑯᓈᐚᐤ ᐅᔭᓯᐍᐏᐣ. ᐁ ᐃᑕᑐᐢᑫᒪᑲᕽ ᒫᑲ ᐏᔫᓯᐏᐏᐣ ᑭᐢᑫᔦᑖᑲᐣ, ᐁᐘᑯᓂ ᐅᐃ, ᐱᓯᑾᑎᓯᐏᐣ, ᐏᓂᐳᐏᐣ, ᒫᒪᐏᐃᑐᐏᐣ, ᒪᓂᑐᑫᐏᐣ, ᒥᑌᐏᐏᐣ, ᒪᒋ ᐃᑌᔨᒥᑐᐏᓇ, ᓄᑎᓂ ᐏᐣ, ᑳᑵᔦᑐᐏᓇ, ᑭᓯᐚᓯᐏᓇ, ᑲᑵ ᐸᐢᑭᔫᑐᐏᓇ, ᐸᐯᐢᑭᒋᐠᑐᐏᓇ, ᓇᐢᐹᐨ ᐊᔭᒥᐋᐏᓇ, ᐃᓴᐚᓇᑫᔨᒧᐏᓇ, ᑭᐢᑵᐯᐏᓇ, ᑭᐢᑵᑲᐦᑭᓯᐠᐏᓇ, ᒥᓇ ᐁᑯ ᑐᐘ: ᐁᐘᑯᓂ ᓂᔮ ᑳ ᐊᔮᑿᒥᒥᑕᑯᐠ, ᑖᐱᐢᑯᐨ ᓵᓴᐠ ᑳ ᑭ ᐃᓯ ᐊᔮᑿᒥᒥᑕᑯᐠ, ᐊᓂᑭ ᑳ ᐃᑐᑕᑭᐠ ᐁᑯ ᑐᐘ ᓇᒪᐏᔭ ᑭᑕ ᐊᔮᐘᐠ ᑭᓭᒪᓂᑐ ᐅᐟ ᐅᑌᓇᐏᐏᐣ. ᒫᑲ ᓚᐧᔭ ᐅ ᒥᓂᓯᐏᐏᐣ ᐊᒑᕽ ᐁᐘᑯ ᓵᑭᐃᐍᐏᐣ, ᒫᒪᑖᑯᓯᐏᐣ, ᐯ ᑕᑫᔨᒧᐏᐣ, ᓯᐯᔦᑕᒧᐏᐣ, ᑭᓴᐚᑎᓯᐏᐣ, ᒥᔫᐧᑎᓯᐏᐣ, ᑖᐺᐏᐣ, ᓭᐢᑲᑎᓯᐏᐣ, ᓇᐃᔨᑯᑲᐧᑎᓯᐱᐧᐣ: ᓇᒪᐏᔭ ᐃᑕᑲᐧᐣ ᐅᔭᓯᐍᐏᐣ ᐁᐘᑯᓂ ᐁ ᓇᐢᐹᑕᐢᑌᑭ. ᐊᓂᑭ ᒫᑲ X ᒋᓴᓴ ᑳ ᑎᐯᔨᒥᑯᒋᐠ ᑭ ᒋᐢᑕᐋᐢᑲᐧᑕᒪᐧᐠ ᐏᔫᓯ ᐏᐏᐣ ᑭᑭ ᐁ ᐃᓯ ᓇᑕᐍᔦᑕᒧᒪᑲᕽ ᒥᓇ ᐁ ᐃᓯ ᒪᒋ ᒧᐢᑕᐍᔦᑕᒧᒪᑲᕽ.

ᒥᐚᒋᒧᐏᐣ. ᓕᐣ ᓬ ᐠ xvii. 11.

ᑭ ᐊᔦᑭᐣ ᒫᑲ, ᒋᓴᐢ ᑫᓬᐅᓴᓬᐊᒥᕽ ᐁ ᐊᑎ ᐃᑐᑌᐟ, ᑭ ᐱᒥ ᓵᐳᑎᐤ ᓴᒣᓬᐃᐸᐃᕽ ᒥᓇ ᑳᓬᐊᓬᐃᕽ. ᐁᑯᓯ ᐯᔭᐠ ᑭᐢᑕᐱᐏᓂᕽ ᐁ ᐊᑎ ᐱᑐᑫᐟ, ᑭ ᓇᑭᐢᑲᐠ ᒥᑖᑕᐟ

ᐆᐯᐋ ᐁ ᒫᐢᐱᓂᔨᐟ ᐘᔫᐤ ᐁ ᓂᐸᐏᔨᐟ, ᑭ ᑌᐯᐚᐠ ᒪᑲ, ᐁ ᐃᑘᒋᐠ, ᒋᓭᐢ, ᐅᑭᐢᑭᓄᐊᒪᑫᐤ, ᑭᑎᒫᑭᓇᐎᓈᐣ. ᐃᐢᐱ ᒫᑲ ᐎᔮᐸᒫᐟ, ᑭ ᐃᑌᐤ, ᓂᔭᐠ ᑭ ᑲ ᐘᐸᒥᑯᐘᐘᐠ ᐊᔭᒥᐁᐎᔨᓂᐘᐠ. ᐁᑯᓯ ᑭ ᐃᐢᐸᔨᐤ, ᐁ ᐊᑎ ᐃᑐᑌᒋᐠ, ᑭ ᐯᐦᑭᐚᐘᐠ. ᐯᔭᐠ ᒫᑲ, ᐃᐢᐱ ᐎᔮᐸᑕᕽ ᐁ ᑭ ᐃᔨᓂᑲᐃᐦᐟ, ᑭ ᐯ ᑭᐍᐤ, ᐯ ᑭᓯᐍᐤ ᐁ ᒪᒥᐦᒋᒫᐟ ᑭᓭᒪᓂᑐᐘ; ᐅᓯᑎᔨᕽ ᒫᑲ ᐁ ᐸᐦᑭᓯᕽ, ᑭ ᓇᓈᐢᑯᒣᐤ: ᑭ ᓴᒫᕒᐃᑕᓂᐎᐤ ᒫᑲ. ᐁᑯᓯ ᒋᓭᐢ ᐁ ᓇᐢᑫᐘᓯᒫᐟ ᑭ ᐃᑌᐤ, ᓇᒪ ᒋ ᒥᑖᑕᐟ ᑭ ᐯᐦᑭᐚᐘᐠ? ᑖᓂᐍᑲ ᒫᑲ ᐊᓂᑭ ᑫᑳᐟ ᒥᑖᑕᐟ? ᓇᒪᐎᔭ ᒋ ᑭ ᒥᐢᑲᐚᐘᐠ ᑭᑕ ᐯ ᑭᐍᒋᐠ ᑭᑕ ᒪᒥᒋᒫᒋᐠ ᑭᓭᒪᓂᑐᐘ, ᐱᑯ ᐊᐘ ᒫᓂᑌᐤ? ᐁᑯᓯ ᒫᑲ ᑭ ᐃᑌᐤ, ᐸᓯᑯ, ᒥᓇ ᓯᐻᑌ, ᑭ ᑖᐻᐘᑫᔨᑕᒧᐎᐣ ᑭ ᑭ ᐃᔨᓂᑲᐃᑯᐣ.

ᒥᑖᑕᐦᐟ ᓂᔮᓇᓄᓵᐟ ᐊᔭᒥᐁᑭᓯᑳᐤ ᐊᐢᑯᐦᐨ ᑕᕒᐃᓂᑎ.

ᐊᔭᒥᐋᐎᐣ.

ᑲᓇᐍᔨᒥᐠ ᑭᐟ ᐃᔨᓂᒪᐠ ᑭ ᐸᑯᓭᔨᒥᑎᓈᐣ ᑌᐯᔨᒋᑫᔮᐣ ᑭ ᑳᑭᑫ ᑭᓭᐚᑎᓯᐎᐣ ᐅᐦᒋ, ᐎᔭ ᐁ ᐃᓯ ᐅᓯᐎᓯᐟ ᐊᔨᓯᔨᓂᐤ ᓇᒪᐎᔭ ᐁᑳ ᑭᑕ ᐸᐦᑭᓯᕽ ᑭᐢᐱᐣ ᐁᑳ ᐎᒋᐊᒋ, ᒥᑖᑴᓇᒪᐃ ᓈᐣ ᑲᑭᔮᐤ ᑫᑳ: ᑫ ᒫᔨᑐᑖᑯᔮᕽ, ᒥᓇ ᐃᑐᐦᑕᐃᓈᐣ ᑫ ᐃᓯ ᐋᐸᒋᐃᑯᔮᕽ ᓂ ᐱᒫᒋᐅᐎᓂᓈᕽ ᐃᓯ; ᐎᔭ ᐅᐦᒋ ᒋᓭᐢ X ᑳ ᑎᐯᔨᒥᑯᔮᕽ ᐆᒣᐣ.

ᑭᐦᒋᒪᓯᓇᐊᒫᑫᐎᐣ. ᑲᓫᐁᓯᔮᓇ vi. 11.

ᐚᐸᑕᒧᐠ ᐃᔨᑯᕽ ᐁ ᒪᒪᐤᐯᑎᑭ ᑳ ᐃᓯ ᒪᓯᓇᐋᒫᑕᑯᐠ ᓂᔭ ᓂᒋᐦᒋ ᐅᐦᒋ. ᑕᐦᐣ ᑳ ᓇᑕᐍᔨᑕᑭᐠ ᑭᑕ ᒥᔮᐘᐸᒥᓈᑯᒋᑫᒋᐠ ᐎᔮᓯᕽ, ᐊᔨᓵᐨ ᑭ ᐎ ᓴᕒᑲᑕᓴᐦᓯᐎ-ᐃᑯᐚᐘᐠ; ᒫᑲ ᐱᑯ ᐁᑳ ᑭᑖ ᑯᑕᑭᐃᐦᒋᐠ ᐅ ᐱᒥᑖᐢᑯᐃᑲᐣ X ᐅᐦᒋ. ᒋᑫᒫ ᓇᒪᐚ ᐊᐦᐳ ᐊᓂᑭ ᑳ ᓴᕒᑲᑕᓴᐦᓯᐎᒋᐠ ᐎᔮᐙᐤ ᑲᓇᐍᔨᑕᒪᐠ ᐅᔭᓯᐍᐏᐣ; ᒫᑲ ᓇᑕᐍᔨᑕᒪᐠ ᑭᔭᐚᐤ ᑭᑕ ᓴᕒᑲᑕᓴᐦᓯᐎᔦᐠ, ᑭᑕ ᐅᐦᒋ ᒪᒥᒋᒧᒋᐠ ᑭ ᐎᔭᓯᐚᕽ. ᒫᑲ ᓇᒪᐎᔭ ᐃᑕᑌᔨᑖᑲᐣ ᓂᔭ ᐎᔭ ᑭᑕ ᒪᒥᒋᒧᔮᐣ, ᐱᑯ ᐅ ᐱᒥᑖᐢᑯᐃᑲᐣ ᑳ ᑎᐯᔨᒥᑯᔮᕽ ᒋᓭᐢ X, ᐯᐘᑯ ᐅᐦᒋ ᐊᐢᑭ ᑳ ᒋᐢᑕᐚᐢᑲᐧᑕᒥᕽ ᓂᔭ ᐎᔭ ᐁ ᐃᓯ ᓇᐚᐸᑖᒪᐣ, ᐁᑯᓯ ᒥᓇ ᓂᔭ ᐊᐢᑭᕽ ᐃᓯ. ᒋᑫᒫ ᓇᒪ ᑫᑳ: ᐁ ᓴᕒᑲᑕᓴᐦᓯᐎᕽ, ᐸᐦᐳ ᐁᑳ ᐁ ᓴᕒᑲᑕᓴᐦᓯᐎᕽ, ᒫᑲ ᐁ ᐅᐢᑭ ᐅᓯᒋᑲᓂᐎᕽ. ᑕᐦᐣ ᒫᑲ ᑳ ᐃᓯ ᐱᒧᑌᒋᐠ ᐅᒪ ᐁ ᑎᐸᐋᑫᒋᐠ, ᐯᔭᑕᑫᔨᒧᐎᐣ ᑭᑕ ᐎ ᐊᔮᐘᐠ, ᒥᓇ ᑭᓭᐚᑐᑖᑎᐎᐣ, ᒥᓇ ᐎᔮᐋᐤ ᐅᐟ ᐃᐢᕒᐁᐃᓫᐃᒪ ᑭᓭᒪᓂᑐ. ᐁᑲᐧ ᐊᓄᐦᐨ ᐅᐦᒋ ᐁᑳᐎᔭ ᐸᐎᔭᐠ ᓂ ᑲ ᒥᑯᐢᑲᒋᒥᐠ: ᒋᑫᒫ ᓂ ᑭᑭᐢᑫᐣ ᐁ ᒪᓯᓈᐢᑭᓯᑳᑌᑭ ᓂᔭᐏᕽ ᐅᐟ ᐁᑕᐅᑯᐊᐧᓇ ᒋᓭᐢ. ᐅ ᑭᓭᐚᑎᓯᐎᐣ ᑳ ᑎᐯᔨᒥᑯᔮᕽ ᒋᓭᐢ X ᑭ ᑲ ᐎ ᐎᒋᐎᑯᓈᐚᐤ ᑭᐟ ᐊᒋᐦᑲᐚᕽ, ᓂᒋᐚᒥᑎᐠ. ᐆᒣᐣ.

ᒥᐚᒋᒧᐎᐣ. ᓵᓐᐟ ᒫᐟᔪ vi. 24.

ᓇᒪᐃᐧᔭ ᐊᐃᐧᔭᐠ ᐊᐳᓯᐳᓂᐤ ᓂᓱ ᐅᑭᒫᐊᐧ ᑭᑕ ᑭ ᐊᑐᐢᑫᐢᑕᐁᐧᐤ; ᒋᑫᒫ ᐯᔭᐠ ᑭᑕ ᐃᐧ ᐸᑳᐧᑌᐤ, ᐁᑯᓯ ᑯᑕᑲ ᑭᑕ ᓵᑭᐁᐤ; ᐊᐦᐳ ᐯᔭᐠ ᑭᑕ ᒥᒋᒥᓄᐤ, ᐁᑯᓯ ᑯᑕᑲ ᑭᑕ ᒫᓭᐳᒣᐤ. ᓇᒪᐃᐧᔭ ᑭ ᑲ ᑭ ᐊᑐᐢᑲᐚᐧᐚᐤ ᑭᓴᒪᓂᑐ ᒥᓇ ᐁᐧᔦᑎᓯᐎᐣ. ᐁᐅᑯ ᐅᐦᒋ ᑳ ᐃᑎᑕᑯᐠ, ᐁᑳᐃᐧᔭ ᐆᓴᒣᐳᑕᒎᐠ ᑭ ᐱᒫᑎᓯᓚᐧᓂᐚᐤ, ᑫᑲ: ᑫ ᒥᒋᓭᐠ, ᐊᐦᐳ ᑫᑲ: ᑫ ᒥᓂᑫᐧᓭᐠ; ᐊᐦᐳ ᑭᔭᐃᐧᐚᐤ, ᑫᑲ: ᑫ ᑲᓯᐢᑲᒣᐠ. ᓇᒪ ᒋ ᐱᒫᑎᓯᐎᐣ ᐊᐳᐚᐧᐠ ᐃᑌᐳᑖᑲᐧᐣ ᐃᐢᐱᐨ ᒥᒋᐎᐣ, ᒥᓇ ᒥᔭᐤ ᐃᐢᐱᐨ ᐊᔦᐃᐧᓂᐢ? ᐚᐧᐸᒥᑯᐠ ᐱᓭᓯᓭᐠ ᑳ ᐸᐹᒥᔮᒋᐢ; ᓇᒪᐃᐧᔭ ᑭᐢᑎᑫᐊᐧᐠ, ᒥᓇ ᓇᒪᐃᐧᔭ ᒪᓂᓯᔦᐊᐧᐠ, ᓇᒪᐃᐧᔭ ᒫᐊᐧᒋᒋᑫᐊᐧᐠ ᒪᐢᑯᓯᐃᐧᑲᒥᑯᕽ: ᐁᐳᐁᐧᕽ ᒫᑲ ᑯᐦᑖᓚᐧᐚᐤ ᑭᐦᒋ ᑭᓯᑯᕽ ᑳ ᐊᔮᐤ ᐊᓴᒣᐤ ᐁᐅᑯᓂ. ᓇᒪ ᒋ ᑭᔭᐚᐤ ᐊᐳᐚᐧᐠ ᑭᐟ ᐃᐢᐱᑌᐳᑖᑯᓯᓈᐚᐤ ᐃᐢᐱᐨ ᐁᐊᐧᑯᓂᐠ? ᐋᐁᐧᓇ ᑭᔭᐚᐤ ᐁ ᒍᐦᒋ ᐃᑌᐳᑕᕽ ᐯᔭᐠ ᑯᐱᐟ ᑫ ᑭ ᑕᑯᑖᐟ ᐊᓂᒪ ᑳ ᐃᐢᑯᓯᐟ? ᑖᓄᑭ ᒫᑲ ᑳ ᐆᓴᒣᐳᑕᒣᐠ ᐊᔦᐃᐧᓂᐢ? ᒫᒥᑐᓄᐳᑕᒎᐠ ᐊᐧᐱᑲᐧᓂᐊ ᐱᑲᐧᔂᕽ ᑳ ᐊᔮᑭ, ᐁ ᐃᓯ ᓂᑖᐃᐧᑭᑭ; ᓇᒪᐃᐧᔭ ᐊᑐᐢᑫᒪᑲᓇᐧ, ᒥᓇ ᓇᒪᐃᐧᔭ ᐱᒪᐢᑌᐃᑫᒪᑲᓇᐧ: ᒫᑲ ᐁᐳᐁᐧᕽ ᑭᐟ ᐃᑎᓈᐚᐤ, ᓵᔅᐅᒪᐤ ᐁ ᐚᑕ ᒥᓯᐁᐧ ᑭ ᐃᓯ ᑭᐢᑌᐳᑖᑯᓯᐟ, ᓇᒪᐚᐧ ᐁᑯᓯ ᑭ ᐃᓯᐅ ᑖᐱᐢᑯᐦ ᐆᐃ ᐯᔭᐠ. ᒫᑲ, ᑭᐢᐱᐣ ᑭᓴᒪᓂᑐ ᐁᑯᓯ ᐃᓯ ᐃᐧᔮᑕᑖᒋ ᒪᐢᑯᓯ ᐱᑲᐧᔂᕽ ᑳ ᐊᔮᐠ, ᐊᓅ ᑳ ᑭᓯᑳᐠ ᑳ ᐊᔮᐠ, ᐁᑯᓯ ᐊᐧᐸᑭ ᐃᐢᑯᑌᐃᐧᑲᒥᑯᕽ ᑲ ᐃᓯ ᐁᐧᐱᓂᑳᑌᐠ, ᓇᒪ ᒋ ᐊᐊᐧᓯᒉ ᑭᔭᐚᐤ ᑭ ᑲ ᐃᐧᔭᑕᐃᑯᐚᐤ, ᑭᔭᐚᐤ ᑳ ᐊᐱᐢᒋ ᐅᑖᐯᐧᓭᐳᑕᒖᐃᐧᓂᓭᐠ? ᐁᐅᑯ ᐅᐦᒋ ᐁᑳᐃᐧᔭ ᐆᓴᒣᐳᑕᒎᐠ, ᑭᑖ ᐃᑌᐧᓭᐠ, ᑫᑲ: ᑫ ᒥᒋᔭᕽ? ᐊᐦᐳ, ᑫᑲ: ᑫ ᒥᓂᑫᐧᔭᕽ? ᐊᐦᐳ, ᑖᓂᑌ ᐃᐧᔭ ᐅᒪ ᑫ ᐅᐦᒋ ᐃᐧᔮᑭᑫᔭᕽ? (ᐁᐅᑯᓂ ᐅᐃ ᑲᑭᔭᐤ ᑳ ᓇᓈᑐᓇᑳᐧᐤ ᐊᓂᑭ ᕒᐅᑦᐧᔅᐊᐧ:) ᑯᐦᑖᐃᐧᐚᐤ ᑭᐦᒋ ᑭᓯᑯᕽ ᑳ ᐊᔮᐤ ᑭᐢᑫᐳᑕᑕ ᐁ ᓇᑕᐁᐧᐳᑕᒣᐠ ᑲᑭᔭᐤ ᐅᐃ. ᒫᑲ ᑭᔭᐚᐤ ᓇᓈᑐᓇᒍᐠ ᓂᑳᐣ ᑭᓴᒪᓂᑐ ᐅᐟ ᐅᑌᓇᐃᐧᐃᐧᐣ, ᒥᓇ ᐅ ᑲᐧᔭᐢ ᐃᓯᐁᐧᐱᓯᐎᐣ; ᐁᑯᓯ ᒫᑲ ᑲᑭᔭᐤ ᐆᐃ ᑭ ᑲ ᐊᓯᒋ ᒥᐳᑲᐅᐧᓈᐚᐤ. ᐁᐧᑳᐃᐧᔭ ᒫᑲ ᐆᓴᒣᐳᑕᒎᐠ ᑭᑕ ᒪᒥᑐᓄᐳᑕᒣᐠ ᐚᐧᐸᑭ; ᒋᑫᒫ ᐊᐧᐸᑭ ᑭᑕ ᒫᒥᑕᓄᐳᑕᒧᒪᑲᐣ ᐁ ᐃᓯ ᑎᐯᐳᑕᒧᒪᑲᕽ. ᑌᐱᐳᑯᕽ ᑭᑕ ᐋᐳᒪᐣ ᑖᐦᑐ ᑭᓯᑲᐤ.

ᒥᑖᑦᐦᐤ ᓂᑯᑖᐧᓱᕁ ᐊᔭᒥᐁᑭᓯᑳᐤ ᐊᐢᑯᐦᐨ ᑕᔅᐃᓂᑎ.

ᐊᔭᒥᐋᐎᐣ.

ᑌᐯᐳᒋᑫᔭᐣ ᑭ ᐸᑯᓭᐳᒥᑎᓈᐣ ᑭ ᑭᑎᒫᑭᓇᑫᐃᐧᓂᕽ ᑕᐦᑭ ᑭᑕ ᐯᐦᑭᐊᒋᐢ ᒥᓇ ᑭᑕ ᓈᑕᒪᐊᐧᒋᐢ ᑭᐟ ᐃᐳᓂᒪᐠ, ᒋᑫᒫ ᑭᐢᐱᐣ ᐁᑳ ᑭᔭ ᐃᐧᒋᐊᑖᐧᐃᐧ ᓇᒪᐃᐧᔭ ᒥᔦ

ᐊᔮᐧᓂᕽ ᑭᑕ ᑭ ᐊᔮᒋᐠ ᑲᓇᐌᔨᒥᐠ ᑳᑭᑫ ᑭ ᐃᐧᒋᐁᐧᐃᐧᐣ ᒥᓇ ᑭ ᒥᔦᐅᑳᑫᐃᐧᐣ ᐅᐦᒋ; ᐅᒪ ᑭ ᓇᐅᑖᒪᑎᓈᐣ ᐁ ᐊᐢᐯᔨᒧᔮᕽ ᓄᐱᒫᒋᐃᐁᐧᒥᓈᐣ ᒋᓭᐢ X. ᐋᒣᐣ.

ᑭᐦᒋᒪᓯᓇᐊᒫᑫᐃᐧᐣ. ᐃᐱᓯᔭᓇ iii. 13.

ᓂ ᓇᑕᐁᐧᔨᑌᐣ ᐁᑳ ᑭᑕ ᓅᓯᐃᐧᐃᑯᔦᐠ ᑭᔭᐋᐧᐤ ᐁ ᐋᔨᒥᓯᔮᐣ, ᐃᐧᔭ ᐁᐊᐧᑯ ᑭᑕ ᐅ ᒪᒪᑳᑯᓯᐃᐧᓂᔦᐠ. ᐁᐊ ᑯ ᒫᑲ ᐅᒪ ᐅᐦᒋ ᓄᒋᐦᒋᑲᐧᓂᐢᑕᐋᐧᐤ ᐁᐧᔮᑖᐧᕽ, ᑳ ᐅᐦᒋ ᐃᐧᒋᑳᓱᐟ ᑲᑭᔭᐤ ᐁ ᐸᐯᐢᑭᑐᑌᐃᐧᓯᐟ ᑭᐦᒋ ᑭᓯᑯᕽ ᒥᓇ ᐊᐢᑭᕽ, ᑭᑕ ᐸᑭᑌᔨᑖᒪᑯᔦᐠ, ᐁ ᐃᓯ ᐁᐧᔦᑕᓂᔨᐠ ᐅ ᑭᐢᑌᔨᑳᑯᓯᐃᐧᐣ, ᑭᑕ ᑭ ᒪᐢᑲᐃᐧᓯᐃᑯᔦᐠ ᑲᐢᑭᐁᐃᐧᓯᐃᐧᐣ ᐅᐟ ᐊᐧᐦᑲ ᐅᐦᒋ ᐱᓛᔨᕽ ᑭᐟ ᐊᔨᓯᔨᓂᐃᐧᐃᐧᓂᐋᐧᕽ; X ᑭᑕ ᐊᔮᐟ ᑌᐦᐃᐋᐧᕽ ᑖᐯᐧᔦᔨᑕᒧᐃᐧᐣ ᐅᐦᒋ; ᑭᔭᐋᐧᐤ, ᐁ ᐹᔮᒋ ᐊᔮᔦᐠ ᒥᓇ ᐁ ᒪᐢᑲᐃᐧ ᐊᔮᔦᐠ ᓵᑭᐃᐁᐧᐃᐧᓂᕽ, ᑭᑕ ᒪᐢᑲᐃᐧᓯᔦᐠ ᑭᑕ ᓂᓯᑕᐁᐧᔨᑕᒣᐠ ᑭᑭ ᑲᑭᔭᐤ ᐅᑲᓈᑎᓯᐋᐧᐠ ᐃᔨᑯᕽ ᐁ ᐊᔭᑲᐢᑳᐠ ᒥᓇ ᐁ ᑭᓈᐧᐠ ᒥᓇ ᐁ ᐃᐢᐹᐠ ᒥᓇ ᐁ ᐃᐢᐱᐦᒋ ᑎᒥᐠ, ᐁᑯᓯ ᑭᑕ ᑭᐢᑫᔨᑕᒣᐠ ᐅ ᓵᑭᐃᐁᐧᐃᐧᐣ X ᑳ ᐊᔨᐋᐧᐢᑲᒧᒪᑲᕽ ᑭᐢᑫᔨᑕᒧᐃᐧᐣ, ᑭ ᑭ ᒧᐢᑭᓇᐃᑲᐃᐧᔦᐠ ᒥᑐᓂ ᐃᐢᑯ ᐅ ᒧᐢᑭᓄᐃᐧᓂᕽ ᑭᔓᒪᓂᑐ. ᐁᑲᐧ ᒫᑲ ᐊᓇ ᑳ ᑲᐢᑮᐟ ᑭᑕ ᐋᔨᐋᐧᑭ ᐁᐧᔦᒋ ᐃᐧᑐᑕᕽ ᐊᐊᐧᓯᒣ ᐃᔨᑯᕽ ᑲᑭᔭᐤ ᑳ ᓇᑐᑕᒪᕽ ᐊᐦᐳ ᑳ ᐃᑌᔨᑕᒪᕽ, ᐅ ᐃᑕᐢᑌᐠ ᐊᓂᒪ ᒪᐢᑲᐃᐧᓯᐃᐧᐣ ᑳ ᐊᑐᐢᑫᒪᑲᕽ ᐱᓛᔨᕽ ᑮᔭᓇᐤ, ᐁᐊᐧᑯ ᑭᑕ ᐃᐧ ᐊᔮᐤ ᑭᐢᑌᔨᑳᑯᓯᐃᐧᐣ ᐊᔭᒥᐋᐃᐧᓂᕽ X ᒋᓭᐢ ᐅᐦᒋ ᐁ ᐊᑎ ᐋᔮᓂᐢᑫ ᓂᑖᐃᐧᑭᕽ ᑳᑭᑫ ᒥᓇ ᑳᑭᑫ. ᐋᒣᐣ.

ᒥᐋᐧᒋᒧᐃᐧᐣ. ᓵᐣᐟ ᓘᐠ vii. 11.

ᑭ ᐊᔨᑭᐣ ᒫᑲ ᐁ ᐊᑎ ᐋᐧᐸᕽ, ᑭ ᐃᑐᑌᐤ ᒋᓭᐢ ᐅᑌᓇᕽ ᓅᐣ ᐁ ᐃᓯᔨᑲᑌᔨᐠ; ᐁᑯᓯ ᐅ ᑭᐢᑭᓄᐊᒪᐊ ᑲᓇ ᑭ ᐃᐧᒑᐃᐧᐠ, ᐊᓯᒋ ᒥᓴᒋ ᐸᔨᓯᔨᓂᐊᐧ. ᐁᑲᐧ ᒫᑲ ᐃᐢᐱ ᒋᑭ ᐁ ᐊᑎ ᐅᑎᑕᕽ ᐁ ᐃᓯ ᐃᐢᑲᐧᑌᒥᐊᐧᕽ ᐅᑌᓈᐤ, ᒋᐢᐟ, ᐁᑯᑕ ᑭ ᐅᐦᒋ ᐊᐧᓴᐃᐧᑖᐤ ᐯᔮᐠ ᐁ ᓂᐱᐟ, ᐁ ᐯᔮᐠ ᐅᑯᓯᓯᒥᑯᐟ ᐅᑲᐃᐧᔭ, ᐠ ᓯᑲᐃᐧ ᐃᐢᑫᐃᐧᔨᐊᐧ ᒫᑲ. ᐁᑯᓯ ᒥᒉᐟ ᐊᔨᓯᔨᓂᐊᐧ ᐅᑌᓇᕽ ᐅᐦᒋ ᑭ ᐃᐧᒑᐃᐧᐠ. ᐃᐢᐱ ᒫᑲ ᑳ ᑎᐯᔨᒋᑫᐟ ᐃᐧᔮᐸᒪᐟ, ᑭ ᑭᑎᒪᑭᓇᐁᐧᐤ, ᐁ ᑭ ᐃᑖᐟ ᒫᑲ, ᐁᑲᐃ ᔭ ᒫᐅ. ᐁᑯᓯ ᑭᓯᐊᐧᐠ ᑭ ᐯ ᐃᑐᑌᐤ ᐁ ᑭ ᓵᒥᓇᕽ ᑌᐦᑎᓂᑲᐣ: ᑳ ᐱᒥᐋᐧᑖᒋᐠ ᒪᑲ ᑭ ᑭᐱᒋᑲᐸᐃᐧᐊᐧᐠ. ᐁᑯᓯ ᑭ ᐃᑌᐤ, ᐅᐢᑮᓂᑭᐤ. ᐊᐧᓂᐢᑲ, ᑭᐟ ᐃᑎᐣ. ᐊᓇ ᒪᑲ ᑳ ᓂᐱᐟ ᑭ ᓴᒪᑕᐱᐤ, ᐁᑯᓯ ᐁ ᑭ ᒫᒋ ᐱᑭᐢᑫᐧᐟ. ᑭ ᐸᑭᑎᓇᒪᐁᐧᐤ ᒫᑲ ᐅᑲᐃᐧᔨᐊᐧ. ᐁᑯᓯ ᓴᑭᓯᐃᐧᐣ ᑲᑭᔭᐤ ᑭ ᐅᑎᐦᑎᓂᑲᐧᐠ: ᐁ ᑭᐢᑕᑮᒫᒋᐠ ᑭᔓᒪᓂᑐᐊᐧ, ᐁ ᐃᑌᐧᒋᐠ, ᑭᐦᒋ ᐅᑭᐢᑭᐁᐧᐃᑫᐤ ᓄᑯᓯᐤ ᐃᑕ ᐁ ᐊᔮᔭᕽ: ᒥᓇ, ᑭᔓᒪᓂᑐ ᑭ ᑭᐅᑳᐁᐧᐤ ᐅᐟ ᐃᔨᓂᒪ. ᐁᑯᓯ ᐅᒪ ᐋᒋᒧᐃᐧᐣ ᐃᐧᔭ ᐅᐦᒋ ᑭ ᒥᓯᑌᐸᔨᐤ ᒥᓯᐁᐧ ᒍᑎᔭᐃᕽ, ᒥᓇ ᒥᓯᐁᐧ ᐋᐧᐢᑳ ᐊᐢᑭᕽ.

ᒥᑖᑕᐦᐟ ᑌᐸᑯᐦᐳᔮᐠ ᐊᔭᒥᐁᑭᓯᑳᐤ ᐊᐢᑯᐦᐨ ᑕᕒᐃᓂᑎ.

ᐊᔭᒥᐋᐎᓐ.

ᑌᐯᔨᒋᑫᔭᓐ ᑭ ᐸᑯᓭᔨᒥᑎᓈᓐ ᑭ ᓂᓯᑲᒫᑫᐎᓐ ᑕᐦᑭ ᑭᑕ ᓂᑳᓄᑖᑯᔮᕽ ᒥᓇ ᑭᑕ ᐱᒥᑎᓴᐅᑯᔮᕽ ᒥᓇ ᑭᑕ ᓱᐦᑭᐢᑳᑯᔮᕽ ᑳᑭᑫ ᑭᑕ ᐃᐦᑐᑖᒫᕽ ᑲᑭᔭᐤ ᒥᓯ ᐊᑐᐢᑫᐎᓇ; ᐎᔭ ᐅᐦᒋ ᒋᓴᐢ X ᑳ ᑎᐯᔨᒥᑯᔮᕽ. ᐋᒣᓐ.

ᑭᐦᒋᒪᓯᓇᐊᒫᑫᐎᓐ. ᐃᐱᓯᔪᓇ iv. 1.

ᓂᔭ ᒫᑲ, ᑭᐸᐚᑲᐣ ᑳ ᑎᐯᔨᒋᑫᐟ ᐅᐦᒋ, ᑭ ᐸᑯᓭᔨᒥᑎᓈᐚᐤ ᑌᐸᑫᔨᑖᑯᓯᐎᓂᕽ ᑭᑕ ᐱᒧᑖᑐᑕᒣᐠ ᐊᓂᒪ ᓇᑐᒥᑯᐎᓐ ᑳ ᑭ ᐃᓯ ᓇᑐᒥᑲᐎᔦᐠ, ᒥᓯᐌᑕᐸᑌᔨᒧᐎᓂᕽ ᒥᓇ ᔦᐢᑳᑎᓯᐎᓂᕽ ᑭᑭ ᓯᐯᔨᑕᒧᐎᓐ, ᐁ ᓴᓯᐯᔨᑖᒧᔦᐠ ᓵᑭᐃᐍᐏᓂᕽ; ᐁ ᐋᑲᒣᔨᒧᔦᐠ ᑭᑕ ᑲᓇᐍᔨᑕᒣᐠ ᐅ ᒫᒪᐏᐃᐍᐏᐣ ᐋᒫᕽ ᐁ ᒫᒪᐘᐱᑎᑯᔦᐠ ᐯᔭᑕᑫᔨᒧᐎᐣ. ᐯᔭᑾᐣ ᒥᔭᐤ, ᒥᓇ ᐯᔭᑯ ᐋᒫᕽ, ᑳ ᐃᓯ ᓇᑐᒥᑲᐎᔦᐠ ᐁ ᐯᔭᑿᕽ ᑳ ᐃᓯ ᐊᐢᐯᔨᒧᕽ ᑭ ᓇᑐᒥᑯᐎᓂᐚᕽ; ᐯᔭᑯ ᑳ ᑎᐯᔨᒋᑫᐟ, ᐯᔭᑾᐣ ᑖᐻᔦᔨᑕᒧᐎᐣ, ᐯᔭᑾᐣ ᐹᐦᑗᓯᐎᐎᐣ, ᐯᔭᑯ ᑭᓭᒪᓂᑐ ᒫᒪᐏ ᓃᐦᑖᐎᓇᐤ, ᑳ ᒫᐘᒋ ᑭᐦᒌᔨᐏᐟ, ᑲᑭᔭᐤ ᑳ ᐅᐦᒋ ᐊᔮᕽ, ᒥᓇ ᑳ ᑭᑭᐢᑳᑯᔦᐠ ᑲᑭᔭᐤ.

ᒥᐚᒋᒧᐎᐣ. ᓴᐣᐟ ᕒᐅᐠ xiv. 1.

ᑭ ᐊᔨᑭᐣ ᒫᑲ, ᐁ ᐱᑐᑲᐚᐟ ᒋᓴᐢ ᐯᔭᐠ ᐁ ᓂᑲᓄᔨᑖᑯᓯᔨᐟ ᐹᕒᐊᓯᐘ ᑭᑕ ᒧᐚᐟ ᐸᑵᓯᑲᓇ ᐁ ᐊᔭᒥᐁᑭᓯᑲᔨᐠ, ᑭ ᓈᓇᑲᒋᐁᐘᐠ. ᒪᑎᑲ ᒫᑲ ᐯᑯᑕ ᑭ ᐊᔮᔨᐘ ᐁ ᐚᐸᒫᐟ ᐯᔭᐠ ᓈᐯᐊ; ᐁ ᓂᐱᐚᐢᐱᓄᔨᐟ. ᒋᓴᐢ ᒫᑲ ᐁ ᓇᐢᑵᐘᓯᒪᐟ, ᑭ ᑭᑐᑌᐤ ᐅᔭᓱᐍᐏᔨᓂᐘ ᐊᓯᒋ ᐹᕒᐸᓯᐘ, ᐁ ᐃᑖᐟ, ᐃᑕᐢᑌᐤ ᒋ ᑭᑕ ᐃᔨᓂᑲᐁᐍᕽ ᐁ ᐊᔭᒥᐁᑭᓯᑲᐠ? ᒫᑲ ᓇᒪᐎᔭ ᑭ ᑭᑐᐘᐠ, ᐁᑯᓯ ᑭ ᐅᑎᓄᐤ, ᒥᓇ ᑭ ᐃᔨᓂᑲᐁᐤ, ᐁ ᑭ ᐸᑭᑎᓈᐟ ᒫᑲ. ᐁᑯᓯ ᑭ ᐃᑌᐤ, ᐊᐁᐧᓇ ᑭᔮᐘᐤ ᑳ ᐃᑕᓯᔦᐠ ᐊᔮᐚᐟ ᒥᐢᑕᑎᒷ ᐊᐦᐳ ᐃᔮᐯᐘ ᐚᑎᑲᓂᕽ ᒫᑲ ᐱᐸᔨᔨᐟ, ᓇᒪ ᒋ ᓵᒪᐠ ᑭᑕ ᐘᔭᐲᐱᑌᐤ ᐊᑕ ᐁ ᐊᔭᒥᐁᑭᓯᑲᔨᐠ? ᐁᑯᓯ ᓇᒪᐎᔭ ᑭ ᑲᐢᑭᑖᐘᐠ ᒥᓇ ᑭᑕ ᓇᐢᑵᐘᓯᒫᒋᐢ ᐅᐃ ᑳ ᐃᑎᑯᒋᐠ. ᒥᓇ ᒫᑲ ᑭ ᐎᑕᒪᐍᐤ ᐋᐍᒋᑲᐣ ᐊᓂᐃ ᑳ ᑭ ᓇᑐᒥᒥᐦᐟ, ᐁ ᐱᓯᐢᑲᐸᐦᐠ ᑖᓂᓯ ᑳ ᐃᓯ ᑲᑫᑭᓇᒥᔨᐟ ᐊᐱᓷᓇ ᐁ ᓂᑲᓄᔨᑳᐧᓂᔨᑭ; ᐁ ᐃᑖᐟ, ᑭᐢᐱᐣ ᐊᐎᔭᐠ ᐏᔨᐦᑯᒥᐢᑭ ᑭᐦᒋ ᐑᑭᑐᐎᓂᕽ, ᐁᑲᐎᔭ ᓇᐊᐱ ᐃᑕ ᐁ ᓂᑳᓄᔨᑳᐧᕽ ᐊᐢᐱᐣ: ᓈᐣᑕᐤ ᐃᓯ ᓇᐚᐦ ᐁ ᑭᐢᑌᔨᑖᑯᓯᐟ ᐊᔨᓯᔨᓂᐤ ᐃᐢᐱᐦ ᑭᔭ ᓇᑐᒥᐦᐟ, ᐁᑯᓯ ᐊᓇ ᑳ ᑭ ᓇᑐᒥᑯᔦᐠ ᐯ ᐃᑎᐢᑭ, ᑕᐎᐢᑕᐤ ᐊᐘ ᓈᐯᐤ: ᐁᑯᓯ ᑭ ᑲ ᓄᐯᐎᓯᐣ ᑭᑕ ᐊᑎ

ᐅᑎᓇᒪᐣ ᐊᓂᒪ ᒫᒪᐃᐧ ᓄᐦᑐᐤ ᐁ ᐃᑌᔨᑖᑲᐧᕽ ᐊᐱᐃᐧᐣ. ᒫᑲ ᐃᐢᐱ ᓀᑐᒥᑲᐃᐧᔭᓂ, ᓇᑕᐃᐧ ᓇᐊᐱ ᓄᐦᑐᐤ ᐁ ᐃᑌᔨᑖᑲᐧᕽ ᐊᐱᐃᐧᐣ; ᐁᑯᓯ ᒪᑲ ᐊᓇ ᑳ ᑭ ᓇᐣᒥᐦᐟ ᐃᐢᐱ ᐯ ᐃᐣᑌᐱ, ᑭᑦ ᐃᑎᐢᐠ, ᓂᐣᑌᑦ, ᓇᐊᐧᐨ ᓂᑲᐣ ᐊᐱ; ᐁᑯᓯ ᒪᑲ ᑭ ᑲ ᐋᔫᐣ ᑭᐢᑌᔨᑖᐧᔨᐃᐧᐣ ᐁ ᑲᓇᐋᐧᐸᒥᐢᑭᐠ ᐊᓂᑭ ᑳ ᐃᐧᑭᒥᑭᓯᒥᐢᑭᐠ. ᒋᑫᒪ ᑲᑭᔭᐤ ᐊᐃᐧᔭᐠ ᑳ ᐃᐢᐯᔨᒥᓯᐟ, ᑭᑦ ᑕᐸᑎᓈᐤ; ᒫᑲ ᐊᓇ ᑳ ᑕᐸᑌᔨᒥᓯᐟ, ᑭᑦ ᐃᐢᐯᔨᑖᑯᐋᐤ.

ᒥᑖᑕᐦᐟ ᐊᔨᓈᓀᐅᓵᑊ ᐊᔭᒥᐁᑭᓯᑳᐤ ᐊᐢᑯᐦᐨ ᑕᕒᐃᓂᒋ.

ᐊᔭᒥᐋᐃᐧᐣ.

ᑌᐯᔨᒋᑫᔭᐣ ᑭ ᐸᑯᓭᔨᒥᑎᓈᐣ ᑭᑦ ᒥᔭᒋᐠ ᑭᐟ ᐃᔨᓂᒪᐠ ᑭ ᓂᓯᑳᑫᐃᐧᐣ ᑭᑦ ᑭ ᓭᑯᒋᑖᒋᐠ ᑯᐧᑌᔨᒥᑯᐃᐧᓇ ᐊᐧᒍᐢᒋᕽ ᑳ ᐅᐦᒋᒪᑲᐦᑭ. ᐃᐧᔭᐋᐧᐤ ᐅᐟ ᐃᑖᒋᔨᐃᐧᓂᐋᐧᕽ ᐅᐦᒋ, ᒥᓇ ᒪᒋᒪᓂᐣᕽ ᐅᐦᒋ, ᐁᑯᓯ ᑭᑭ ᐁ ᓴᑲᐦᑭ ᒥᑌᐦᐊᒥᓇ ᒥᑐᓀᔨᒋᑲᓇ ᑭᑦ ᑯᐣᐢᑫᐢᑖᐢᑭᐠ ᑭᔭ ᑳ ᐯᔭᑯ ᒪᓂᑐᐃᐧᔭᐣ; ᐃᐧᔭ ᐅᐦᒋ ᒋᓴᐢ X ᑳ ᑎᐯᔨᒥᑯᔮᕽ. ᐊᒣᐣ.

ᑭᐦᒋᒪᓯᓇᐋᒫᑫᐃᐧᐣ. ᓂᐢᑕᑦ ᑲᕒᐱᐣᑎᔭᓇ i. 4.

ᓂ ᓇᓈᐢᑯᒫᐤ ᓂ ᑭᓴᒪᓂᑐᑦ ᑳᑭᑫ ᑭᔭᐋᐧᐤ ᐅᐦᒋ, ᐅ ᓂᓯᑳᒫᑫᐃᐧᐣ ᐅᐦᒋ ᑭᓴᒪᓂᑐ ᑳ ᑭ ᒥᔨᑲᐃᐧᔦᐠ X ᒋᓴᐢ ᐁ ᐃᐧᒉᒫᐧᔦᐠ; ᑲᑭᔭᐤ ᑫᑲ: ᐁ ᑭ ᐃᓯ ᐁᐧᔦᒋ ᐅᐦᑎᓇᒫᑯᔦᐠ, ᑲᑭᔭᐤ ᐱᑯᐢᑫᐧᐃᐧᓂᕽ ᒥᓇ ᑲᑭᔭᐤ ᑭᐢᑫᔨᑕᒧᐃᐧᓂᕽ; ᐁᑯᓯ ᐅᐟ ᐋᒋᒧᐃᐧᐣ X ᑲ ᑭ ᐃᓯ ᓯᑲᐢᑕᒫᑲᐃᐧᔦᐠ: ᐁᑯᓯ ᓇᒪ ᓈᐣᑕᐤ ᒣᑭᐃᐧᐣ ᑭ ᓄᑌᐸᔨᓈᐋᐧᐤ; ᐁ ᐯᐦᑖᐋᐧᔦᐠ ᐅ ᑭᐢᒉᔨᑖᑯᑫᐃᐧᐣ ᑳ ᑎᐯᔨᒥᑯᔮᕽ ᒋᓴᐢ X; ᐁᐊᐧᑯ ᒥᓇ ᑫ ᐋᔭᒋᐃᑯᔦᐠ ᐱᔨᐢ ᑭᓯᐸᓄᕽ, ᐁᑳ ᑭᑦ ᐋᓀᐧᔨᑖᑯᓯᔦᐠ ᐃᐢᐱ ᐅ ᐱᓯᑳᒥᒋ ᑳ ᑎᐯᔨᒥᑯᔮᕽ ᒋᓴᐢ X.

ᒥᐋᐧᒋᒧᐃᐧᐣ. ᓴᐣᐟ ᒫᐟᐤ xxii. 34.

ᒫᑲ ᐃᐢᐱ ᐸᕒᐊᓯᔭᐠ ᑳ ᐯᑕᐦᑭᐠ ᐊᓂᒪ ᒋᓴᓴ ᐁ ᑭ ᑭᐳᐣ ᐋᐧᔨᐟ ᓵᑐᓯᔭ, ᑭ ᒫᒪᐃᐧ ᒫᐋᐧᒋᐃᐧᐣᐊᐧᐠ. ᐁᑯᐢᐱ ᒫᑲ ᐯᔭᐠ, ᐊᓇ ᐅᔭᓯᐁᐧᐃᐧᔨᓄᐤ, ᑭ ᑲᑫᐧᒋᒣᐤ ᑲᑫᐧᒋᑫᒧᐃᐧᐣ, ᐁ ᑲᑫᐧᒋᒣᐟ, ᐅᒥᓯ ᐁ ᐃᑌᐧᐟ, ᑫᐢᑭᓄᐊᒫᑫᔭᐣ, ᑖᓂᒪ ᒫᐊᐧᐨ ᑫᐦᒑᔨᐊᐧᕽ ᑲᑫᐢᑭᒥᐁᐧᐃᐧᐣ ᐅᔭᓯᐁᐧᐃᐧᓂᕽ? ᒋᓴᐢ ᒫᑲ ᐅᒥᓯ ᑭ ᐃᑌᐤ, ᑭ ᑲ ᓵᑭᐊᐤ ᑳ ᑎᐯᔨᒋᑫᐟ ᑭ ᑭᓴᒪᓂᑐᑦ ᒥᓯᐁᐧ ᑭᑌᐦᐃᕽ, ᒥᓇ ᒥᓯᐁᐧ ᑭᐟ ᐊᒑᐦᑯᕽ, ᒥᓇ ᒥᓯᐁᐧ ᑭ ᒫᒥᑐᓀᔨᒋᑲᓂᕽ. ᐁᐅᑯ ᐅᒪ ᓂᔨᑳᓀᔨᒋᑲᐧᕽ ᒥᓇ ᑫᐦᒑᔨᐊᐧᕽ ᑲᑫᐢᑭᒥᐁᐧᐃᐧᐣ. ᐊᓂᒪ ᒫᑲ ᐊᐢᑯᐨ ᐁᑌᔨᑕᑲᐧᕽ ᐁᑯᓯ ᑕᐱᐢᑰᐨ ᑯᑕᐠ, ᑭ ᑲ ᓵᑭᐋᐤ ᑭᓯ ᐊᔨᓯᔨᓂᐤ ᑕᐱᐢᑰᐨ ᑲ ᐃᓯ ᓵᑭᐃᓯᔭᐣ. ᐁᑯᓯ ᐅᐃ ᓂᓯ ᑲᑫᐢᑭᒥᐁᐧᐁᐧᓂᕽ ᐊᐢᑌᐤ

ᑲᑭᔭᐤ ᐅᔭᐟᐁᐧᐃᐧᐣ ᒥᓇ ᑭᐢᑭᐁᐧᐃᑫᐃᐧᓇ. ᒣᑲᐧ⁻ ᒪᑲ ᐸᐡᐊᐟᔭᐠ ᐁ ᒫᒪᐃᐧ ᒫᐊᐧᒋᐃᐣᒋᐠ, ᒋᓴᐢ ᑭ ᑲᑫᐧᒋᒣᐤ, ᐅᒥᐟ ᐁ ᐃᑌᐧᐟ, ᑖᓂᐟ ᑭᔭᐋᐧᐤ ᐁᑌᐳᒫᓯᐠ X? ᐊᐁᐧᓇ ᐅ ᑯᐟᓴ? ᐅᒥᐟ ᒫᑲ ᐃᑌᐊᐧᐠ, ᐅᑯᐟᓴ ᑌᐱᐟ. ᐅᒥᐟ ᒫᑲ ᐃᑌᐤ, ᑖᓄᑭ ᒫᑲ ᑌᐱᐟ ᐸᒫᐦᑯᕽ ᑌᐱᐳᒋᑫᐟ ᑳ ᐅᐦᒋ ᐃᐟᐳᑳᑖᐟ, ᐅᒥᐟ ᐁ ᐃᑌᐧᐟ, ᑳ ᑎᐱᐳᒋᑫᐟ ᐅᒥᐟ ᑭ ᐃᑌᐤ ᓂ ᑎᐯᐳᒋᑫᒪ, ᐊᐱ ᓂ ᑭᐦᒋ ᓂᐢᑭᕽ, ᐸᑎᒫ ᐃᐳᑯᕽ ᑭ ᐅᐟ ᐊᐢᐱᐟᑌᐟᒧᓂᑲᑕᓂ ᐊᓂᑭ ᑭ ᓄᑎᓈᑲᓇᐠ? ᑭᐢᐱᐣ ᒫᑲ ᑌᐱᐟ ᑌᐯᐳᒋᑫᔭᐣ ᐁᐟᐳᐦᑳᑖᐟ, ᑖᓂᐟ ᐁᐟ ᐅᑯᐟᐟᐟ? ᓇᒪ ᒫᑲ ᐊᐃᐧᔭᐠ ᐊᐳᐟᐳᓂᐤ ᑲᓇᑫ ᐯᔭᐠ ᐊᔭᒥᐃᐧᐣ ᑭ ᓇᐢᑫᐧᐊᐧᐟᒣᐤ; ᐊᐦᐳ ᓇᒪᐃᐧᔭ ᐊᐃᐧᔭᐠ ᐊᐳᐟᐳᓂᐤ, ᐁᑲᐧ ᐁᐅᑯ ᐁ ᑭᐟᑲᐠ ᐅᐦᒋ, ᑭ ᑲᑫᐧᒋᒣᐤ ᓈᐣᑕᐤ ᑫᑳ:.

ᑫᑳᐟ ᓂᐟᑕᓇᐤ ᐊᔭᒥᐁᑭᐟᑳᐤ ᐊᐢᑯᐦ⁻ ᑕᐡᐃᓂᑎ.

ᐊᔭᒥᐋᐃᐧᐣ.

ᑭᓴᒪᓂᑐ ᑭᐢᐱᐣ ᐁᑳ ᑭᔭ ᐃᐧᒋᐃᔮᐦᑭ ᓇᒪᐃᐧᔭ ᑭ ᑲ ᑭ ᓇᐦᐃᔭᐁᐧᐃᑎᓈᐣ, ᐁ ᐃᐟ ᑭᓴᐋᐧᑎᐟᔭᐣ ᐸᑭᑌᐳᑕᒪᐃᐧᓈᐣ ᑳ ᑲᓈᑎᐟᐟ ᑭᐟ ᐋᒫᕽ ᒥᐟᐁᐧ ᐃᐟ ᑭᑕ ᒥᓄᐢᑖᐧᑯᔮᕽ ᒥᓇ ᑭᑕ ᑎᐯᐳᑕᕽ ᓂᑌᐦᐃᓈᓇ; ᐃᐧᔭ ᐅᐦᒋ ᒋᓴᐢ X ᑳ ᑎᐯ-ᐳᒥᑯᔮᕽ. ᐋᒣᐣ.

ᑭᐦᒋᒪᐟᓇᐊᒫᑫᐃᐧᐣ. ᐃᐱᐟᔭᓇ iv. 17.

ᐅᒪ ᒫᑲ ᓂᐟ ᐃᑖᐧᐣ, ᒥᓇ ᓂᐟ ᐋᑐᑌᐣ ᑳ ᑎᐯᐳᒋᑫᐟ ᐃᐟ, ᐁᑳ ᐁᑲᐧ ᑭᑕ ᐱᒧᑌᓯᐠ ᑫᐣᑕᐧᐡᐊᐠ ᑳ ᐃᐟ ᐱᒧᑌᒋᐠ, ᐁ ᐃᐟ ᐱᑯᓇᑕ ᐅ ᒥᑐᓅᐳᒋᑲᓅᒋᐠ, ᐁ ᐊᐧᐅᑎᐱᐢᑭ ᐊᔮᐳᐠ ᐅ ᓂᐟᑐᑕᒧᐃᐧᓂᐋᐧᐤ, ᐁ ᐊᔭᑎᐟᐢᑕᑭᐠ ᐅ ᐱᒫᑎᐟᐃᐧᐣ ᑭᓴᒪᓂᑐ ᐃᐧᔭ ᐁᑳ ᑭᐢᑫᐳᑕᒧᐃᐧᐣ ᐁ ᑭᑭᐢᑳᑯᒋᐠ, ᒋᑫᒫ ᐁ ᒪᐢᑲᐃᐧᑌᐦᐁᒋᐠ; ᐁᐊᐧᑯᓂᐠ ᐁ ᐳᓂ ᐅ ᒧᐟᐅᐃᐧᓂᒋᐠ ᑳ ᐸᑭᑎᓂᐟᒋᐠ ᐱᐟᑳᐧᑎᐟᐃᐧᓂᕽ, ᑭᑕ ᐊᑐᐢᑳᑕᑭᐠ ᑲᑭᔭᐤ ᑫᑲ ᐁᑳ ᑳ ᐯᑲᕽ ᑳᓴᑲᑎᐟᐃᐧᓂᕽ. ᒫᑲ ᑭᔭᐋᐧᐤ ᓇᒪᐃᐧᔭ ᐁᑯᐟ ᑳ ᑭ ᐃᐟ ᑭᐢᑫᐧᐳᒫᓯᐠ X; ᑭᐢᐱᐣ ᑳ ᐯᑕᐊᐧᐁᐧᑫᐧ, ᒥᓇ ᑳ ᑭᐢᑭᓄᐊᒫᑲᐃᐧᐁᐧᑫᐧ, ᑖᐯᐧᐃᐧᐣ ᑳ ᐃᐟ ᐊᔮᐟ ᒋᓴᐢ: ᐅᐦᐱᒣ ᑭᑕ ᐊᐢᑖᓯᐠ, ᑲᔮᐢ ᑳ ᑭ ᐯ ᐃᐟ ᐱᒫᑎᐟᓯᐠ, ᑲᔭᑌ ᐊᐳᐟᐳᓂᐤ, ᑳ ᐊᑎ ᓂᐟᐋᐧᓈᒋ ᐊᔮᐟ ᑳ ᑲᓯᐟᐃᐁᐧᑭ ᒪᒋ ᒧᐢᑕᐁᐧᐳᑕᒧᐃᐧᓇ ᐅᐦᒋ; ᐁᑯᐟ ᑭᑕ ᐅᐢᑭ ᐅᐟᐃᑲᐃᐧᓯᐠ ᐁ ᐊᒫᐦᑯᐊᐧᕽ ᑭ ᒫᒥᑐᓅᐳᒋᑲᓂᐋᐧᐤ, ᐁᑯᐟ ᑭᑕ ᐳᓯᐢᑲᐋᐧᓯᐠ ᐅᐢᑭ ᐊᐳᐟᐳᓂᐤ, ᑭᓴᒪᓂᑐ ᐅᐟ ᐃᐟᓈᑯᐟᑕᐧᓂᕽ ᑳ ᑭ ᐃᐟ ᐅᐟᐃᐦᐟ ᑲᐧᔭᐢᑭᑖᑎᐟᐃᐧᓂᕽ ᒥᓇ ᑖᐯᐧ ᑲᓈᑎᐟᐃᐧᓂᕽ. ᐁᑯᐟ ᒫᑲ, ᐅᐦᐱᒣ ᐁ ᐊᐢᑖᓯᐠ ᑭᔮᐢᑭᐃᐧᐣ, ᑖᐯᐧᐃᐧᐣ ᐃᐧᑕᒪᑐᐠ ᑳ ᐃᐧᒋ ᐊᐳᐟᐳᓂᑐᓯᐠ: ᒋᑫᒫ ᑲᑭᔭᐤ ᑯ ᐃᐧᒣ-ᐋᐧᑲᓂᑐᓈᓇᐤ. ᑭᐟᐋᐧᐟᒋᐠ, ᐁᑲᐃᐧᔭ ᒫᑲ ᒪᒋᑐᑕᒧᐠ: ᐁᑲᐃᐧᔭ ᑭᑕ ᐸᐦᑭᐟᒧ ᐱᐟᐨ ᐁ ᑭᐟᐋᐧᐟᓯᐠ: ᐁᑲᐃᐧᔭ ᒥᓇ ᑕᐃᐧᐢᑕᒪᕽ ᒫᒋᔭ. ᑭᔮᐨ ᐊᓇ ᑳ ᑭ ᑭᒧᑎᐟ

ᐁᑲᐃᐧᔭ ᒥᓇ ᑭᑕ ᑭᒍᓂᐤ: ᒫᑲ ᑭᔮᑦ ᑭᑕ ᐊᑐᐢᑫᐤ, ᐁ ᐊᑐᐢ ᑕᕽ ᐅ ᒋᐦᒋᔭ ᐳᐦᒋ ᐊᓂᒪ ᑳ ᒥᔮᐧᓯᓂᔨᐠ, ᑭᑕ ᐊᔮᐟ ᑫᑲ: ᑭᑕ ᒥᔮᐟ ᐊᓂᐃ ᑳ ᑭᐧᑕᒫᔨᐟ. ᑐᔮᑦ ᐁᑳᐃᐧᔭ ᒪᒋ ᐱᑭᐢᑫᐧᐃᐧᐣ ᑭᑐᓂᐚᐧᕽ ᑭᑕ ᐅᐦᒋᐸᔨᐤ, ᒫᑲ ᐊᓂᒪ ᑳ ᒥᔮᐧᓯᐠ ᑐᑦ ᐅᐦᒋ ᑭᐢᑭᓄᐊᒫᑯᐃᐧᓯᕽ, ᑭᑕ ᓂᓱᒫᑯᒋᐠ ᐊᓂᑭ ᑳ ᐯᐦᑕᑭᐠ. ᐁᑲᐃᐧᔭ ᒥᓇ ᒌᑯᐢᑲᑌᔨᑕᒥᐃᒫᕽ ᑭᓴᒪᓂᑐ ᐅ ᑲᓈᒋ ᐊᒌᐦᑲᐧ, ᐃᑕ ᐅᐦᒋ ᑳ ᑭ ᑭᐢᑭᓇᐚᐧᒋᐃᑲ-ᐃᐧᓭᐠ ᐱᔨᐢ ᑭᑕ ᐱᒫᒋᐃᐁᐧᐃᐧ ᑭᓯᑳᐠ. ᑭᔮᑦ ᑲᑭᔮᐤ ᐸᑳᐧᑎᑐᐃᐧᐣ, ᒥᓇ ᑭᓯᐚᐧᓯᐃᐧᐣ, ᒥᓇ ᑭᓯᐁᐧᔨᑕᒧᐃᐧᐣ, ᒥᓇ ᐹᓯᑲᐧᑎᓯᐃᐧᐣ, ᒥᓇ ᑭᐦᑳᐃᐧᑕᒧᐃᐧᐣ, ᐅᐦᐱᒣ ᑭ ᑲ ᐊᐢᑖᓈᐚᐧᐤ, ᑭᑭ ᑭᒍᒋ ᓇᓭᑖᐁᐧᔨᒦᑐᐃᐧᐣ: ᐁᑯᓯ ᒥᔦ ᑐᑖᑐᐠ, ᑭᓴᐚᐧᑐᑖᑐᐠ, ᐁ ᐸᐳᓀᔨᑕᒫᑐᓭᐠ, ᑖᐱᐢᑯᐨ ᑭᓴᒪᓂᑐ ᒥᓇ X ᐅᐦᒋ ᑳ ᑭ ᐳᓀᔨᑕᒫᑯᓭᐠ.

ᒥᐚᐧᒋᒧᐃᐧᐣ. ᓴᐣᐟ ᒪᐟᔦ ix. 1.

ᐁᑯᓯ ᒫᑲ ᑭ ᐳᓯᐤ ᐅᓯᕽ, ᒥᓇ ᐁ ᑭ ᐊᑎ ᐚᓯᐊᐧᐊᕽ, ᐁ ᑭ ᐅᑎᑕᕽ ᒫᑲ ᒣᐱᔭᐁᐧ ᐅᐟ ᐅᑌᓇᐤ. ᒋᐢᐟ ᒫᑲ, ᑭ ᐯᑕᒪᐁᐧᐊᐧᐠ ᐯᔭᐠ ᐊᔨᓯᔨᓂᐊᐧ ᐁ ᐋᐦᑯᓯᔨᐟ ᓂᐸᐚᐧᐢᐱᓀᐃᐧᐣ ᓂᐯᐸᐃᐧᓂᕽ ᐁ ᐱᒥᓯᓂᔨᐟ; ᒋᓴᐢ ᒫᑲ ᐁ ᐚᐧᐸᑕᒫᐧᐟ ᐅ ᑕᐯᐧᓭᔨᑕᒧᐃᐧᓂᔨᐤ, ᐅᒥᓯ ᑭ ᐃᑌᐤ ᑳ ᐋᐦᑯᓯᔨᐟ ᓂᐸᐚᐧᐢᐱᓀᐃᐧᐣ, ᓂᑯᐢ, ᒥᐯᐧᔨᑕ; ᑭ ᐳᓀᔨᑕᒫᑲᐃᐧᐣ ᑭ ᒪᒋᐃᐦᑎᐃᐧᓇ. ᒋᐢᐟ ᒫᑲ, ᐋᑎᐟ ᒪᓯᓇᐃᑫᐃᐧᔨᓂᐊᐧᐠ ᑭ ᐃᑎᓯᐊᐧᐠ, ᐊᐊᐧ ᐊᔨᓯᔨᓂᐤ ᐸᐹᐢᑖᒧ. ᒋᓴᐢ ᒫᑲ ᐁ ᑭᐢᑫᔨᑕᒫᐧᐟ ᐅ ᒪᒥᑐᓀᔨᒋᑲᓂᔨᐊᐧ, ᐅᒥᓯ ᑭ ᐃᑌᐤ, ᑖᓀᑭ ᑳ ᒪᒋ ᐃᑌᔨᑕᒣᐠ ᑭ ᑌᐦᐃᐚᐧᕽ? ᒋᑫᒪ ᑖᓈᓂᒪ ᓇᐊᐧᐨ ᐃᐧᓭᑕᕽ ᑭᑕ ᐃᑌᐧᕽ, ᑭ ᐳᓀᔨᑕᒫᑲᐃᐧᐣ ᑭ ᒪᒋᐃᐦᑎᐃᐧᓇ: ᐊᐦᐸ ᑭᑕ ᐃᑌᐧᕽ, ᐊᐧᓂᐢᑲ, ᐱᒧᑌ ᒪᑲ? ᒪᑲ ᑭᑕ ᑭᐢᑫᔨᑕᒣᐠ ᐃᔨᓂᐃᐧᑯᓯᓵᐣ ᐁ ᐊᔮᐟ ᑲᐢᑭᐁᐃᐧᓯᐃᐧᐣ ᐅᑕ ᐊᐢᑭᕽ ᑭᑕ ᐳᓀᔨᑕᒫᑫᐟ ᒪᒋᐃᐦᑎᐃᐧᓇ, (ᑭ ᐃᑌᐤ ᑳ ᓂᐸᐚᐧᐢ-ᐱᓀᔨᐟ) ᐊᐧᓂᐢᑲ, ᐅᑎᓇ ᑭ ᓂᐯᐃᐧᐣ, ᐃᑐᐦᑌ ᒫᑲ ᑭ ᐚᐧᐢᑲᐃᑲᓂᕽ. ᐁᑯᓯ ᒫᑲ ᑭ ᐊᐧᓂᐢᑳᐤ, ᐁ ᑭ ᐃᑐᐦᑌᐟ ᐅ ᐚᐧᐢᑲᐃᑲᓂᕽ. ᒫᑲ ᐃᐢᐱ ᑳ ᒪᒪᐁᐧᔭᑎᒋᐠ ᐊᔨᓯᔨᓂᐊᐧᐠ ᐃᐧᔮᐸᑕᑭᐠ, ᑭ ᒫᒪᐢᑲᑌᔨᑕᒪᐧᐠ, ᒥᓇ ᐁ ᑭ ᑭᐢᑕᑭᒫᒋᐠ ᑭᓴᒪᓇᑐᐊᐧ. ᐁ ᑭ ᐃᓯ ᒥᔭᔨᐟ ᐊᔨᓯᔨᓂᐊᐧ ᐁᑯᑐᐃᐧ ᑲᐢᑭᐁᐃᐧᓯᐃᐧᐣ.

ᓂᓯᑕᓇᐤ ᐊᔭᒥᐁᑭᓯᑳᐤ ᐊᐢᑯᐦᐨ ᑕᕒᐃᓂᑎ.

ᐊᔭᒥᐋᐃᐧᐣ.

ᓯᔦᑲᑎᓯᔭᐣ ᒥᓇ ᒫᐊᐧᒋ ᑫᓴᐚᐧᑎᓯᔭᐣ ᑭᓴᒪᓂᑐ ᐁ ᐃᓯ ᐁᐧᔦᒋ ᒥᔮᐧᑎᓯᔭ ᒥᑖᑫᐧᓇᒪᐃᐧᓈᐣ ᑲᑭᔮᐤ ᑫᑲ: ᑭᑕ ᑭ ᒪᔨᑐᑖᑯᔮᕽ; ᐁᑯᓯ ᓂᔭᓈᐣ ᐁ ᐊᐧᐁᐧᔨᔭᐣ ᓂᔭᐃᐧᓈᕽ ᒥᓇ ᓂᐟ ᐊᒌᐦᑯᓈᕽ ᑭᑕ ᑭ ᒥᔦ ᑎᐱᑐᑕᒫᕽ ᐊᓂᐦᐃ ᑳ ᓇᑕᐁᐧᔨᑕᒪ ᑭᑕ ᐃᐦᑐᑕᒫᕽ; ᐃᐧᔭ ᐅᐦᒋ ᒋᓴᐢ X ᑳ ᑎᐯᔨᒥᑯᔮᕽ ᐋᒣᐣ

ᑭᐦᒋᒪᓯᓇᐊᒫᑫᐎᐣ. ᐃᐱᓯᔭᓇ v. 15.

ᐋᔮᑳᐧᒥᓯᐢ ᒫᑲ ᐁ ᐃᓯ ᐱᒧᑌᔦᐠ, ᓇᒪᐎᔭ ᑳᐱᐢᑯᐨ ᐁᑳ ᑳ ᐃᔑᓂᓯᑭᐠ, ᒫᑲ ᑳᐱᐢᑯᐨ ᑳ ᐃᔑᓂᓯᑭᐠ; ᐁ ᒪᓈ ᐸᐧᓂᑭᑫᔦᐠ ᐅᒪ ᐱᒫᑎᓯᐎᐣ, ᒋᑫᒫ ᒫᒋᔑᐊᐧᓇᐧ ᑭᓯᑳᐊᐧ. ᐁᑯᓯ ᒫᑲ ᐁᑳᐎᔭ ᑲᑫᐸᑎᓯᐠ, ᒫᑲ ᓂᓯᑐᑕᒧᐠ ᐅᐟ ᐃᑌᔑᑕᒧᐎᐣ ᑳ ᑎᐯᔑᐢᑫᐟ. ᒥᓇ ᐁᑳᐎᔭ ᑭᐢᑫᐧᐯᐠ ᓯᒥᓈᐳ ᐅᐦᒋ, ᐃᑕ ᑳ ᐋᔮᐠ ᑭᐢᑫᐧᑲᒥᑭᓯᐎᐣ, ᒫᑲ ᑭ ᑲ ᐃᐧ ᒧᐢᑐᓂᐢᑲᑯᐋᐧᐤ ᐋᒦˣ; ᑭᑕ ᐊᔭᒥᐃᐧᑐᔦᐠ ᐊᔭᒥᐋᐃᐧ ᓂᑲᒧᓂˣ, ᒥᓇ ᓇᓈᐢᑯᒧᐃᐧ ᓂᑲᒧᓂˣ, ᒥᓇ ᐋᒦᐦᑯᐃᐧ ᓂᑲᒧᓂˣ, ᐁ ᓂᑲᒧᔦᐠ ᒥᓇ ᐁ ᒥᔭᐚᐧᑎᐣ ᐊᒪᐚᐧᔦᐠ ᑳ ᑎᐯᔑᑭᑫᐟ ᑭ ᑌᐦᐃᐚᐧˣ; ᐁ ᓇᓈᐢᑯᒫᔦᐠ ᒧᓯᐠ ᑭᓯᒪᓂᑐ, ᐅᐦᒑᐃᐧᒫᐤ ᐅᑎ, ᑲᑭᔭᐤ ᑫᑲ: ᐅᐦᒋ, ᐅ ᐃᐧᔪᐃᐧᓂˣ ᑳ ᑎᐯᔑᒥᑯᔭˣ ᑭᓯᐢ X, ᐁ ᑕᐸᑌᔑᒧᑐᒑᑐᔦᐠ ᐅ ᑯᓯᑫᐧᔑᒥᓅᐃᐧᐎˣ ᑭᓯᒪᓂᑐ.

ᒥᐋᐧᒋᒧᐎᐣ. ᓴᐣᐟ ᒫᑎᐤ xxii. 1.

ᑭᓯᐢ ᒫᑲ ᑭ ᓇᐢᑫᐧᐊᐧᔦᐤ, ᒥᓇ ᐊᐁᐧᒋᑲᓂˣ ᐁ ᑭ ᐅᐦᒋ ᐊᔭᒥᐊᐟ, ᐅᒥᓯ ᐁ ᑭ ᐃᑖᐟ. ᑭᐦᒋ ᑭᓯᑯᐃᐧ ᐅᑌᓇᐃᐧᐃᐧᐣ ᐃᑌᔑᑕᑲᐧᐣ ᑕᐱᐢᑯᐨ ᐯᔭᐠ ᑭᐦᒋ ᐅᑭᒪᐤ, ᑳ ᐃᐧᑭᑐᐋᐧᐟ ᐅᑯᓯᓴ, ᐁ ᑭ ᐃᓯᑎᓴᐚᐧᐟ ᒫᑲ ᐅᐟ ᐊᑐᐢᑫ ᑲᓇ ᑭᑕ ᓇᑐᒫᔑᐟ ᐊᓂᐃ ᑳ ᑭ ᓇᑐᒥᒥᐦᐟ ᐃᐧᑭᑐᐃᐧᓂˣ; ᐁᑯᓯ ᒫᑲ ᓇᒪᐎᔭ ᐃᐧ ᐯ ᐃᑐᑌᔑᐊᐧ. ᒥᓇ ᒫᑲ, ᑯ ᑲ ᐊᑐᐢᑫᔭᑲᓇ ᑭ ᐃᓯᑎᓴᐁᐧᐤ, ᑕᒥᓯ ᐁ ᐃᑌᐧᐟ, ᐃᐧᑕᒫᑯᐠ ᐊᓂᑭ ᐃᐧᐦᑯᒪᑲᓇᐠ ᑭᐢᐟ, ᓂ ᑭ ᑲᐧᔭᑕᐢᑑ ᓂᐟ ᐋᐱᒑᑭᓯᑲᓂᓅᑫᐧᐃᐧᐣ; ᓂ ᔮᐯᒧᐢᑐᓯᒪᐠ, ᒥᓇ ᐊᓂᑭ ᑳ ᑭ ᒑᑭᐳᐊᑭᐠ ᑭ ᓂᐸᐋᐧᐊᐧᐠ, ᒥᓇ ᑲᑭᔭᐤ ᑫᑲ: ᑲᐧᔭᑕᐢᑌᐤ; ᐯ ᐃᑐᑌᐠ ᐃᐧᑭᑐᐃᐧᓂˣ. ᒫᑲ ᑭ ᐋᑕᐁᐧᔑᑕᒪᐧᐠ, ᐁᑯᓯ ᒫᑲ ᐁ ᑭ ᓴᓯᐁᐧᑌᑭᐠ, ᐯᔭᐠ ᐅ ᑭᐢᑎᑲᓂˣ, ᒥᓇ ᑯᑕᐠ ᐅᐟ ᐊᑕᐁᐧᐃᐧᓂˣ; ᒫᑲ ᐃᐧᔭ ᑯᑕᑲᐠ ᑭ ᑎᓂᐦᐊᐧᐤ ᐅᐟ ᐊᑐᐢᑫᔭᑲᓂᔑᐊᐧ, ᓈᐢᐱᐨ ᓇᓅᐯᐃᐧ ᑐᑕᐁᐧᐊᐧᐠ, ᒥᓇ ᐁ ᑭ ᓂᐸᐦᐋᐧᑭᐠ. ᒫᑲ ᐃᐢᐱ ᑭᐦᒋ ᐅᑭᒪᐤ ᑳ ᐯᑕᕽ, ᑭ ᑭᐦᒋ ᑭᓯᐋᐧᓯᐤ: ᐁᑯᓯ ᒫᑲ ᑭ ᐃᓯᑎᓴᐁᐧᐤ ᐅ ᓯᒪᑲᓂᓯᒪ, ᑭᑕ ᓂᓯᐊᐧᓇᐢᐊᐧᔑᐟ ᐸᓂᐃ ᐅᓂᐸᒑ ᐊᐧ, ᒥᓇ ᐁ ᑭ ᓴᐢᑲᐊᐧᒫᐧᒋᐠ ᐅᐟ ᐅᑌᓈᔑᐤ. ᐁᑯᓯ ᒫᑲ ᐅᒥᓯ ᐃᑌᐤ ᐅᐟ ᐊᑐᐢᑫᔭᑲᓇ ᐃᐧᑭᑐᐃᐧᐣ ᑲᐧᔭᑕᐢᑌᐤ, ᒫᑲ ᐊᓂᑭ ᑳ ᑭ ᓇᑐᒥᒋᐠ ᓇᒪᐎᔭ ᑌᐱᐃᐢᐱᑌᔑᑖᑯᓯᐊᐧᐠ. ᐃᑐᐦᑌᐠ ᒫᑲ ᑭᐦᒋ ᒣᐢᑲᓇˣ, ᐱᑯ ᒫᑲ (ᐦ) ᑫ ᒥᐢᑲᐋᐧᔦᐧᑲᐧᐤ, ᓇᑐᒥᑯᐠ ᐃᐧᑭᑐᐃᐧᓂˣ. ᐁᑯᓯ ᒫᑲ ᐊᓂᑭ ᐊᑐᐢᑫᔮᑲᓇᐠ ᑭ ᐊᐧᔭᐃᐧᐊᐧᐠ ᐁ ᑭ ᐃᑐᐦᑌᒋᐠ ᑭᐦᒋ ᒣᐢᑲᓇˣ, ᐁ ᑭ ᒫᒪᐃᐧᒫᐊᐧᒋᐋᐧᒋᐠ ᒫᑲ ᐊ ᐃ (ᐦ) ᑳ ᑭ ᒥᐢᑲᐋᐧᒋᐠ, ᐁ ᒪᒪᑎᓯᔑᐟ ᒥᓇ ᐁ ᒥᔮᐧᑎᓯᔑᐟ; ᐃᐧᑭᑐᐃᐧᐣ ᒫᑲ ᑭ ᔑᑲᐢᑭᓅᐤ ᐃᐧᑯᒪᑲᓇᐠ ᐅᐦᒋ. ᐃᐢᐱ ᒫᑲ ᑭᐦᒋ ᐅᑭᒪᐤ ᑳ ᐱᑐᑫᐟ ᑭᑕ ᐚᐸᒫᐟ ᐊᓂᐃ ᑳ ᐃᐧᑯᒥᒥᐦᐟ, ᐁᑯᑕ ᑭ ᐚᐸᒣᐤ ᐯᔭᐠ ᐊᔑᓯᔑᓂᐊᐧ ᐁᑳ ᐁ ᑭᑲᔑᑫᔑᐟ ᑭᐦᒋ ᐃᐧᑐᐊᐧᔑᑳᐠ; ᐅᒥᓯ ᒫᑲ ᑭ ᐃᑌᐤ, ᓂ

ᔪᑌᐟ, ᑖᓀᑭ ᑳ ᐯ ᐱᑐᑫᔭᐣ ᐅᑕ, ᐁᑳ ᐁ ᑭᑳᓵᑫᔭᐣ ᑭᐦᒋ ᐃᐧᑭᑐᐊᐧᓵᑲᐧ? ᓇᒪᐃᐧᔭ ᒫᑲ ᑭ ᐱᑭᐢᑫᐧᔭᐊᐧ. ᐁᑯᓯ ᒫᑲ ᑭ ᐃᑌᐤ ᑭᐦᒋ ᐅᑭᒪᐤ ᐊᑐᐢᑫᔭᑲᓇ, ᒪᒫᒋᑲᐧᐱᑎᕽ ᐅ ᒋᐦᒋᕽ ᒥᓇ ᐅᓯᑎᕽ, ᒥᓇ ᓯᐯᐧᑕᐃᕽ ᐃᓯ ᐁᐧᐱᓂᕽ ᒫᑲ ᐊᓂ ᐊᐧᔭᐃᐧᑎᒥᕽ ᐊᐧᓂᑎᐱᐢᑲᕽ; ᐁᑯᑌ ᑫ ᑕᓯ ᒪᒫᑐᕽ ᒥᓇ ᑫ ᑕᓯ ᑲᑭᒋᐢᑳᐱᑌᕽ ᒋᑫᒪ ᒥᐦᒉᐟ ᓇᑐᒫᐊᐧᐠ, ᒫᑲ ᒐᑲᐋᐧᓯᐣ ᐅᑎᓈᐊᐧᐠ.

ᓂᓯᑕᓇᐤ ᐯᔮᑯᓵᐠ ᐊᔭᒥᐁᑭᓯᑳᐤ ᐊᐢᑯᐦᐨ ᑦᕒᐃᓂᑎ.

ᐊᔭᒥᐋᐃᐧᐣ.

ᑫᓵᐋᐧᑎᓯᔭᐣ ᑌᐯᓕᒋᑫᔭᐣ, ᑭ ᐸᑯᓴᓕᒥᑎᓈᐣ ᑭᑕ ᐸᑭᑌᓕᑕᒪᐊᐧᒋᐠ ᑳ ᑖᐯᐧ ᐦᑭᐠ ᑭᐟ ᐃᔑᓂᒪᐠ ᐊᓴᓇᒫᑯᐃᐧᐣ ᒥᓇ ᐯᔭᑕᑫᔑᒧᐃᐧᐣ, ᑭᑕ ᑭ ᑭᒋᐢᑎᓂᑯᐃᐧᓯᒋᐠ ᑲᑭᔭᐤ ᐅ ᒪᒋᐃᐦᑎᐃᐧᓂᑳᐧᐊᐧ ᐅᐦᒋ, ᒥᓇ ᑭᑕ ᐊᑐᐢᑫᐢᑖᐢᑭᐠ ᐁ ᐯᔭᑕᑭ ᒫᒥᑐᓀᔑᒋᑲᓄᒋᐠ; ᐃᐧᔭ ᐅᐦᒋ ᒋᓵᐢ X ᑳ ᑎᐯᔑᒥᑯᔭᕽ. ᐋᒣᐣ.

ᑭᐦᒋᒪᓯᓇᐊᒫᑫᐃᐧᐣ. ᐃᐱᓯᔭᓇ vi. 10.

ᓂᒋᐋᐧᒥᑎᐠ ᐃᐧ ᒪᐢᑲᐃᐧᓯᐠ ᑳ ᑎᐯᔨᒋᑫᐟ ᐁ ᐃᐧᒋᐃᑯᔦᐠ, ᒥᓇ ᐁ ᐃᓯ ᒪᐢᑲᐃᐧᓯᒪᑲᓂᔨᐠ ᐅ ᓰᑳᔭᐃᐧᓯᐃᐧᐣ. ᐳᓯᐢᑲᒧᐠ ᒫᑲ ᑲᑭᔭᐤ ᐊᓂᒪ ᑭᓵᒪᓂᑐ ᐁ ᐃᓯ ᑭᑭᐢᑲᒧᐃᐁᐧᐟ, ᑭᑕ ᑭ ᓂᐸᐃᐧᐢᑕᒫᐧᔦᐠ ᐅ ᓂᓯᐊᐧᓈᒋᐃᐁᐧᐃᐧᓇ ᒪᒋᒪᓂᑐ. ᒋᑫᒫ ᓇᒪᐃᐧᔭ ᐃᐧᔮᐢ ᒥᓇ ᒥᐦᑯ ᑳ ᒫᓯᑖᔭᕽ, ᒫᑲ ᑭᐦᒡᔨᐃᐧᓇ ᒥᓇ ᑳᐢᑭᐁᐧᐃᐧᓯᐃᐧᓇ, ᐊᐢᑭᕽ ᑳ ᐅᔭᓱᐋᐧᑕᑭᐠ ᐅᒪ ᐊᐧᓂᑎᐱᐢᑳᐤ, ᑳ ᐊᒡᐦᑯᐃᐧ ᒪᒡᔨᐃᐧᒋᐠ ᑭᓯᑯᐃᐧ ᐊᔨᕽ. ᐁᑯᓯ ᒫᑲ ᐅᑎᓇᒫᐧᕽ ᑲᑭᔭᐤ ᐊᓂᒪ ᐁ ᐃᓯ ᑭᑭᐢᑲᒧᐃᐁᐧᐟ ᑭᓵᒪᓂᑐ, ᑭᑕ ᑭ ᓇᑳᐢᑲᒉᐠ ᒪᒡᔨᐃᐧ ᑭᓯᑳᑭ, ᐁᑯᓯ ᑲᑭᔭᐤ ᐁ ᑭ ᐃᐦᑐᑕᒉᐠ ᑭᑕ ᓂᐸᐃᐧᔦᐠ. ᓂᐸᐃᐧᐠ ᒫᑲ ᐁ ᐸᑲᐧᑌᐅᑕᒉᐠ ᑖᐯᐧᐃᐧᐣ, ᒥᓇ ᐁ ᑭ ᐳᓯᐢᑲᒉᐠ ᑲᐧᔭᐢᑭᑖᑎᓯᐃᐧᓂ ᒫᐢᑭᑲᓈᐱᐢ, ᒥᓇ ᑭᓯᑎᐋᐧᕽ ᐁ ᑭ ᐳᐢᑕᐢᑭᓯᓄᔦᐠ ᐁ ᐃᓯ ᑲᐧᔮᑕᕽ ᐯᔭᑕᑫᔑᒧᐃᐧᓂ ᒥᔫᐧᒋᒧᐃᐧᐣ; ᑕᑯᐦᐨ ᒫᑲ ᐁ ᐅᑎᓈᔦᐠ ᑖᐯᐧᔦᔑᑕᒧᐃᐧ ᐸᐸᐊᐦᑳᐧᐣ, ᐁᑯᑕ ᑭᑕ ᑭ ᐅᐦᒋ ᐋᐢᑕᐁᐧᐊᒉᐠ ᑳ ᐃᐢᑯᑌᐊᐧᓂᔑᑭ ᐅ ᐸᐱᒧᐁᐧᐃᐧᓇ ᐊᓇ ᒪᒋᔭ. ᐅᑎᓇᒧᐠ ᒫᑲ ᐱᒫᒋᐃᐁᐧᐃᐧᓂ ᐊᐢᑐᑎᐣ, ᒥᓇ ᐅᐟ ᐃᓴᐁᐧᐢ ᐋᒫᕽ, ᐁᐊᐧᑯ ᑭᓵᒪᓂᑐ ᐅᐟ ᐃᑌᐧᐃᐧᐣ: ᒥᓯᐁᐧ ᐊᔭᒥᐋᐃᐧᐣ ᒥᓇ ᒪᐃ ᒧᐢᒋᑫᐃᐧᐣ ᐁ ᐋᐸᒋᑖᔦᐠ ᑕᐦᑭ ᐁ ᐊᔭᒥᐋᔦᐠ ᐊᒫᐦᑯᕽ, ᒥᓇ ᐁ ᐊᓵᐧᐱᔦᐠ ᐁᑯᑕ ᐃᓯ ᑖᐱᑕᐁᐧᔑᑕᒧᐃᐧᓂᕽ ᒥᓇ ᐁ ᒪᐃᐧᒧᐢᒋᑫᐢᑕᒫᐧᔦᑯᐠ ᑲᑭᔭᐤ ᐅᑳᓇᑎᓯᐊᐧᐠ, ᒥᓇ ᓂᔭ, ᐱᑭᐢᑫᐧ ᐃᐧᐣ ᑭᑕ ᒥᔑᑲᐃᐧᔮᐣ ᐁ ᐸᐢᐱᑐᓄᔑᔮᐣ, ᓯᑫᔑᒧᐃᐧᓂᕽ ᑭᑕ ᑭᐢᑫᔑᑕᒧᐃᐁᐧᔮᐣ ᑳ ᐊᐧᓂᒧᑌᔑᑳᐧᕽ ᒥᔫᐧᒋᒧᐃᐧᐣ, ᑳ ᐃᑌᐧᐊᐧᐃᑲᐃᐧᔮᐣ ᒪᒫᒋᑲᐧᐱᐢᑲᐅᓯᐱᐧᓂᕽ; ᒉᐊᐧᑯ ᓯᑫᔑᒧᐃᐧᓂᕽ ᑭᑕ ᐱᑭᐢᑳᐧᑕᒫᐣ, ᐃᐧᔭ ᐁᑯᓯ ᑭᑕ ᑭ ᐃᐦᑐᑕᒫᐣ.

ᒥᐋᐧᒋᒧᐃᐧᐣ. ᓵᐣᐟ ᒎᐣ iv. 46.

ᑭ ᐃᐦᑖᐤ ᐯᔭᐠ ᐅᑭᒫᐤ, ᐅᑯᓯᓴ ᐁ ᐋᐦᑯᓯᔨᑦ ᑫᐸᕐᓀᐊᒥᕽ. ᐃᐢᐱ ᒫᑲ ᑳ ᐯᑕᕽ ᐁ ᑭ ᐯ ᑕᑯᓯᓂᔨᑦ ᒋᓴᓴ ᑲᕐᐊᕐᐃᕽ ᒍᑎᔮᐃᕽ ᐁ ᑭ ᐯ ᐅᐦᑐᑌᔨᑦ, ᑭ ᓈᑌᐤ, ᑭ ᓇᑕᐧᐃ ᑲᑭᓱᒧᑕᐁᐧᐤ ᑭᑕ ᐯ ᐃᑐᑌᔨᑦ, ᑭᑕ ᐃᔨᓂᑲᐋᔨᑦ ᐅᑯᓯᓴ; ᒋᑫᒪ ᓴᓴᐧ ᑫᑳᑦ ᐁ ᓂᐱᔨᑦ. ᐁᑯᓯ ᒫᑲ ᒋᓴᐢ ᑭ ᐃᑌᐤ, ᑭᐢᐱᐣ ᐁᑳ ᐊᐧᐸᑕᒉᑯ ᑭᐢᑭᓇᐊᐧᑭ ᐃᓯᒋᑫᐃᐧᓇ ᒥᓇ ᑳ ᒫᒪᐢᑳᑌᔨᑖᑲᐧᑭ, ᓇᒪᐃᐧᔭ ᑭ ᑳ ᑖᐯᐧᑌᓈᐋᐧᐤ. ᐊᓇ ᒫᑲ ᐅᑭᒫᐤ ᐅᒥᓯ ᐃᑌᐤ, ᐅᑭᒫᐤ, ᐯ ᐃᑐᐦᑌ ᒫᐧᔦᐢ ᓂᐱᐟ ᓂᐟ ᐊᐊᐧᓯᒥᐢ. ᒋᓴᐢ ᒫᑲ ᐅᒥᓯ ᐃᑌᐤ, ᓂᑖᔮ ᑭᐁᐧ; ᐱᒫᑎᓯᐤ ᑭᑯᓯᐢ. ᐊᓇ ᒫᑲ ᐊᔨᓯᔨᓂᐤ ᑭ ᑖᐯᐧᑕᐦ ᐃᑌᐃᐧᐣ ᑳ ᑭ ᐃᑎᔪᐟ ᒋᓴᓴ, ᑭ ᓯᐯᐧᑌᐤ ᒫᑲ. ᒉᑳᐧ ᒫᑲ ᐁ ᐊᑎ ᑭᐁᐧᐟ, ᑭ ᓇᑭᐢᑳᐠ ᐅᐟ ᐊᑐᐢᑫᔮᑲᓇ, ᒥᓇ ᑭ ᐃᐧᑕᒫᐠ, ᐅᒥᓯ ᐁ ᐃᑎᑯᐟ, ᐱᒫᑎᓯᐤ ᑭᑯᓯᐢ. ᑭ ᑲᑫᐧᒋᒣᐤ ᒫᑲ ᐁ ᐃᐢᐸᔨᑦ ᒉᐧᒋ ᑎᐸᐃᐱᓯᒪᐧᐣ ᐃᐢᐱ ᓇᐋᐧᐨ ᑳ ᐊᑎ ᒥᔪ ᐊᔮᔨᑦ. ᐅᒥᓯ ᒫᑲ ᑭ ᐃᑌᐊᐧᐠ, ᐅᑖᑯᓯᕽ ᑌᐸᑯᑊ ᐁ ᐃᐢᐸᔨᑦ ᑎᐸᐃᐱᓰᒪᐧᐣ ᐁᑯᐢᐱ ᑳ ᓇᑲᑎᑯᐟ ᑭᓯᓯᐃᐧᐣ. ᐁᑯᓯ ᒫᑲ ᑭ ᑭᐢᑫᔨᑕᐠ ᐊᓇ ᐅᐦᑖᐃᐧᒫᐤ ᒉᐧᒋ ᐁᐊᐧᑯ ᑎᐸᐃᑲᐣ ᒋᓴᓴ ᑳ ᑭ ᐃᑎᑯᐟ, ᐱᒫᑎᓯᐤ ᑭ ᑯᓯᐢ; ᐃᐧᔭ ᒫᑲ, ᒥᓇ ᑲᑭᔭᐤ ᐃᐧᑭᕽ ᑳ ᐊᔮᔨᑦ ᑭ ᑖᐯᐧᑕᒪᐊᐧᐠ. ᐁᐊᐧᑯ ᐅᒪ ᓂᓵᐧᐤ ᐁ ᑭ ᒪᒫᑕᐃᐧ ᐃᓯᒋᑫᐟ ᒋᓴᐢ, ᐁ ᐯ ᐅᑐᑌᐟ ᒍᑎᔭᐃᕽ ᐁ ᑕᑯᓯᕽ ᒫᑲ ᑲᕐᐊᕐᐃᕽ.

ᓂᓯᑕᓇᐤ ᓂᓱᓵᑊ ᐊᔭᒥᐁᑭᓯᑳᐤ ᐊᐢᑯᐦᐨ ᑕᕑᐃᓂᑎ.

ᐊᔭᒥᐋᐃᐧᐣ.

ᑌᐯᔨᒋᑫᔭᐣ, ᑭ ᐸᑯᓭᔨᒥᑎᓈᐣ ᑭᑕ ᑲᓇᐍᔨᒪᒋᕽ ᑭᐟ ᐃᔨᓂᒪᐠ ᑳᑭᑫ ᒪᓂᑐ-ᐋᐧᑎᓯᐃᐧᓂᕽ, ᑭᔭ ᒫᑲ ᐁ ᓈᑕᒪᐊᐧᒋᕽ ᐁᑳ ᑫᑲ: ᑭᑕ ᐊᐧᓈᐃᑯᒋᕽ, ᐁᑯᓯ ᑭᑕ ᑭ ᐸᑭᑎᓂᓱᒋᕽ ᑳᐯᐧ ᑭᑕ ᐊᑐᐢᑳᐢᑭᕽ ᒥᔪ ᐊᑐᐢᑫᐃᐧᓂᕽ, ᑭᑕ ᑭᐢᑌᔨᒌᑲᐧᕽ ᑭ ᐄᐧᔪᐃᐧᐣ; ᐃᐧᔭ ᐅᐦᒋ ᒋᓴᐢ X ᑳ ᑎᐯᔨᒥᑯᔮᕽ. ᐋᒣᐣ.

ᑭᐦᒋᒪᓯᓇᐊᒫᑫᐃᐧᐣ. ᐱᕐᐃᐱᔭᓇ i. 3.

ᓂ ᓇᓈᐢᑯᒫᐤ ᓂ ᑭᓴᒪᓂᑐᒼ ᑕᐦᑖᐤ ᑫᐢᑭᓯᑑᑖᑳᐧᐃᐧ, ᑳᑭᑫ ᑕᐦᑖᐤ ᐁ ᒪᐃᐧ-ᒧᐢᒋᑫᐢᑕᒫᑕᑯᐠ ᑲᑭᔭᐤ ᒪᒪᑖᑯᓯᐃᐧᓂᕽ ᐁ ᒪᐃᐧᒧᐢᒋᑫᔮᐣ, ᑭ ᐃᐧᒋᐃᐁᐧᐃᐧᓂᐋᐧᐤ ᐅᐦᒋ ᐁ ᔭᐦᑯᑎᑖᕽ ᒥᔮᐧ ᒧᐃᐧᐣ ᓂᐢᑕᐟ ᐁ ᑭᓯᑳᐠ ᐅᐦᒋ ᐱᔨᐢ ᐊᐧᓄᐦᐨ; ᐅᒪ ᒥᑐᓂ ᐁ ᐃᐦᑕᑌᔨᑕᒫᐣ, ᐊᓇ ᑳ ᑭ ᒫᒋ ᐊᑐᐢᑳᑎᑯᔦᐠ ᒥᔪ ᐊᑐᐢᑫᐃᐧᐣ ᑭᑕ ᒥᑐᓂᑖᐤ ᐃᐢᑯ ᑭᑕ ᐅ ᑭᓯᑳᒥᐟ ᒋᓴᐢ X: ᑳ ᐃᓯ ᑲᐧᔭᐢᑲᐧᕽ ᓂᔭ ᐅᒪ ᑭᑕ ᐃᓯ ᒥᑐᓀᔨᒥᑕᑯᐠ ᑲᑭᔭᐤ, ᐃᐧᔭ ᓂᑌᐃᕽ ᐁ ᐊᔮᐃᐧᑕᑯᐠ, ᒋᑫᒫ ᑖᐱᐢᑯᐨ ᓂ

ᒪᒫᒋᑳᐱᑎᑯᐃᐧᓂᕽ ᒥᓇ ᐁ ᓈᑕᒪᐚᑕᒥᕽ ᒥᓇ ᐁ ᐚᔭᑕᐢᑖᕽ ᒦᔻᒋᒍᐃᐧᐣ, ᑳᑭᔭᐨ ᑭ ᑭ ᐃᐧᒋᐃᐧᐚᐚᐤ ᐊᓯᒋ ᓂᔭ ᓂᓯᑳᒪᑯᐃᐧᐣ. ᒋᑫᒫ ᑭᔅᒪᓂᑐ ᓂ ᐚᐸᒥᐠ, ᐃᔑᑯᕽ ᑳᑭᔭᐤ ᐁ ᐱᑭᐢᑳᑎᑕᑯᐠ ᐅ ᑭᔅᐚᑎᓯᐃᐧᓂᕽ X ᒋᓴᐢ. ᐅᒪ ᒫᑲ ᓂᐟ ᐃᓯ ᐊᔭᒥᐙᐣ, ᑭ ᔮᑭᐃᐁᐃᐧᐃᐧᓂᐚᐤ ᑭᑕ ᐁᐧᔦᒋ ᐊᔮᐠ ᐊᐊᐧᓯᐨ ᒥᓇ ᐊᐊᐧᓯᐨ ᑭᐢᑫᔑᑕᒧᐃᐧᓂᕽ ᒥᓇ ᑳᑭᔭᐤ ᓂᓯᑕᐃᐧᓇᒧᐃᐧᓂᕽ; ᐁᑯᓯ ᑭᑕ ᑯᑌᔑᑕᒣᐠ ᐊᓂᐃ ᑳ ᒦᔻᓯᑭ; ᑭᑕ ᑖᐯᐧᔦᐠ ᒥᓇ ᐁᑳ ᑭᑕ ᓇᔦᑖᐁᐧᔑᑖᑯᓯᔦᐠ ᐱᔑᐢ ᐅ ᑭᓯᑳᒥᕽ X; ᐁ ᒍᐢᑭᓂᐢᑳᑯᔦᐠ ᐁ ᐃᓯ ᒥᓂᓯᐊᐧᕽ ᑲᐧᔭᐢᑭᑖᑎᓯᐃᐧᐣ, ᒋᓴᐢ X ᐅᐦᒋ ᑳ ᐊᔮᑭ, ᑭᑕ ᑭᐢᑕᑭᒥᐦᐟ ᒥᓇ ᑭᑕ ᒪᒥᒋᒥᐦᐟ ᑭᔅᒪᓂᑐ.

ᒥᐚᒋᒍᐃᐧᐣ. ᓵᐣᐟ ᒫᐟᔫ xviii. 21.

ᐁᑯᓯ ᒪᑲ ᐱᑕᕒ ᑭ ᐃᑌᐤ ᒋᓵᐢ, ᑌᐯᔑᒋᑫᔮᐣ, ᑕᓂᑕᐦᑕᐤ ᐁ ᒪᒋᑐᑕᐃᐧᐟ ᓂᒋᐊᐧᐨ, ᐁᑯᓯ ᒫᑲ ᑭᑕ ᐸᓂᔑᑕᒪᐊᐧᐢ? ᑌᐸᑯᐸᐧᐤ ᒋ ᐃᔑᑯᕽ? ᒋᓴᐢ ᒫᑲ ᐅᒥᓯ ᐃᑌᐤ, ᓇᒪᐃᐧᔭ ᐁᑯᓯ ᑭᐟ ᐃᑎᐣ, ᐃᔑᑯᕽ ᐱᑯ ᑌᐸᑯᑊ ᑕᑖᐧᐤ; ᒪᑲ, ᑌᐸᑯᐹᒥᑕᓇᐤ ᑕᐦᑕᐧᐤ ᑌᐸᑯᑊ ᐃᔑᑯᕽ. ᐁᐅᑯ ᒪᑲ ᐅᐦᒋ, ᑭᐦᒋ ᑭᓯᑯᐃᐧ ᐅᑌᓇ-ᐃᐧᐃᐧᐣ ᐃᑌᔑᑕᑲᐧᐣ ᑖᐱᐢᑯᐦ ᐯᔭᐠ ᑭᐦᒋ ᐅᑭᒪᐤ, ᑳ ᐃᐧ ᓂᐱᑌ ᐊᑭᑕᒫᐃᐧᐟ ᐅᐟ ᐊᐳᐢᑫᔭᑲᓇ. ᐃᐢᐱ ᒫᑲ ᑳ ᓯᐯᐧᐊᑭᑕᒫᐃᐧᐟ, ᐯᔭᐠ ᑭ ᐯᓯᒫᐊᐧ ᒥᑕᑕᐧᐤ ᑭᐦᒋ ᒥᑕᐦᑐᒥᑕᓇᐤ ᓴᓂᔮᐊᐧ ᐁ ᒪᓯᓇᐊᒪᑯᐟ: ᒫᑲ ᐁᑳ ᐁᑯᔑᑯᕽ ᐁ ᐊᔮᐟ ᑭᑕ ᑎᐸᐊᕽ, ᐅᐟ ᐅᑭᒪᒪ ᑭ ᐃᑕᓯᐚᐃᐧᑎᐢ ᑭᑕ ᐊᑖᐊᐧᑳᑎᐟ ᒥᓇ ᐃᐧᐊᐧ, ᒥᓇ ᐅᐟ ᐊᐊᐧ-ᓯᒥᓴ, ᒥᓇ ᑳᑭᔭᐤ ᑳ ᐃᓯ ᐊᔮᐟ, ᐁᑯᑕ ᒫᑲ ᑭᑕ ᐅᐦᒋ ᑎᐸᐃᑫᐟ. ᐁᑯᓯ ᒫᑲ ᐊᐳᐢᑫᔮᑲᐣ ᑭ ᐸᐦᑭᓯᐣ, ᐁ ᑭ ᒪᐃᐧᒍᐢᑕᐚᐃᐧᐟ, ᐅᒥᓯ ᐁ ᐃᑌᐃᐧᐟ, ᑌᐯᔑᒋᑫᔮᐣ, ᓴᓯᐯᔑᑕᒪᐃᐧᐣ ᐁᑯᓯ ᒫᑲ ᑳᑭᔭᐤ ᑭ ᑲ ᑎᐸᐊᒫᑎᐣ. ᐁᑯᓯ ᒫᑲ ᐅᑭᒪᐤ ᑭ ᑭᑎᒫᑭᓇᐁᐧᐤ, ᐅᐟ ᐊᐳᐢᑫᔭᑲᓇ ᒥᓇ ᐁ ᑭ ᐚᐸᐚᐃᐧᐟ, ᒥᓇ ᐁ ᑭ ᑲᓯᐊᒫᐃᐧᐟ ᐅ ᒪᓯᓇᐃᑫᐃᐧᐣ. ᒫᑲ ᐁᐅᑯ ᐊᐳᐢᑫᔮᑲᐣ ᑭ ᐊᑎ ᐊᐧᔭᐃᐧᐤ, ᐁ ᑭ ᒥᐢᑳᐊᐧᐟ ᒫᑲ ᐯᔭᐠ ᐃᐧᒋ ᐊᐳᐢᑫᔮᑲᓇ, ᑳ ᒪᓯᓇᐊᒫᑯᐟ ᒥᑕᐦᑐᒥᑕᓇᐤ ᐅᔮᐊᐧᐱᐢᑯᓴ; ᐁ ᑭ ᐅᑎᐦᑎᓈᐟ ᒫᑲ, ᒥᓇ ᐁ ᑭ ᑭᐱᐦᑭᑐᓈᐟ, ᐅᒥᓯ ᐁ ᐃᑖᐟ, ᑎᐸᐊᒪᐃᐧᐣ ᐊᓂᒪ ᑳ ᒪᓯᓇᐊᒪᐃᐧᔭᐣ. ᐃᐧᒋ ᐊᐳᐢᑫᔮᑲᐣ ᒫᑲ ᑭ ᐃᐢᐸᔑᐅᔑᐊᐧ ᐅ ᓯᑎᕽ, ᐁ ᑭ ᐸᑯᓭᔑᒥᑯᐟ ᒫᑲ, ᐅᒥᓯ ᐁ ᐃᑎᑯᐟ, ᓴᓯᐯᔑᑕᒪᐃᐧᐣ ᐁᑯᓯ ᒫᑲ ᑭ ᑲ ᑎᐸᐊᒪᑎᐣ. ᒫᑲ ᓇᒪᐃᐧᔭ ᑭ ᐃᐧ ᓇᑐᐦᑕᐁᐧᐤ; ᒫᑲ ᐋᐦᒋᐱᑯ ᑭ ᓯᐯᐧᑌᐤ ᐁ ᑭ ᑭᐸᐚᐃᐧᐟ ᒫᑲ ᑭᐸᐅᑐᐃᐧᑲᒥᑯᕽ, ᐃᔑᑯᕽ ᑭᑕ ᑎᐸᐊᒥᔑᐟ ᐅ ᒪᓯᓇᐃᑫᐃᐧᓂᔑᐤ. ᐃᐢᐱ ᒫᑲ ᑯᑕᐦ ᐅ ᐃᐧᒋ ᐊᐳᐢᑫᔮᑲᓇ ᑳ ᐚᐸᑕᒥᔑᐟ ᐅᒥᓯ ᐁ ᑭ ᐊᔑᑭᓂᔑᐢ, ᓈᐢᐱᐨ ᑭ ᒥᐦᒋᔦᐁᐧ-ᓯᔑᐊᐧ, ᐁ ᑭ ᐯ ᓇᑕᐃᐧ ᐃᐧᑕᒫᐃᐧᔑᐟ ᐅᐟ ᐅᑭᒪᒥᐊᐧᐊᐧ ᑳᑭᔭᐤ ᑳ ᑭ ᐊᔑᑭᓂᔑᐢ. ᐁᑯᓯ ᒫᑲ ᐅᐟ ᐅᑭᒪᒪ, ᐃᐢᐱ ᐁ ᑭ ᓇᑐᒥᑯᐟ, ᐅᒥᓯ ᑭ ᐃᑎᐠ, ᐚ ᑭᔭ ᑳ ᒪᔭᑎᓯᔭᐣ ᐊᐳᐢᑫᔭᑲᐣ, ᑳᑭᔭᐤ ᓂᔭ ᑭ ᑭ ᑲᓯᐋᒪᑎᐣ ᐊᓂᒪ ᑭ ᒪᓯᓇᐃᑫᐃᐧᐣ, ᒋᑫᒪ

ᐁ ᐃᓯ ᐸᑯᓭᔨᒥᔭᐣ: ᓇᒪ ᒋ ᒫᑲ ᑭ ᑲ ᑭ ᑭᑎᒫᑫᔨᒫᑕᐧ ᑭᒋ ᐊᑐᐢᑫᔮᑲᐣ, ᑖᐸᐢᑯᐨ ᓂᔭ ᑳ ᑭ ᐃᓯ ᑭᑎᒫᑫᔨᒥᑖᐣ? ᐅᐟ ᐅᑭᒪᒪ ᒫᑲ ᑭ ᑭᓯᐘᓯᔨᐘ, ᐁ ᑭ ᐸᑭᑎᓂᑯᐟ ᒫᑲ ᑭᑕ ᑲᑿᑕᑭᐃᐦᐟ ᐃᐢᑯ ᐃᔨᑯᕽ ᑲᑭᔭᐤ ᑎᐸᐦᐊᐦᑭ ᐊᓂᒪ ᑳ ᐃᓯ ᒪᓯᓇᐦᐃᑫᐟ. ᐁᑯᓯ ᒫᑲ ᒵᐦᒋ ᑭᐢᑕᐘᐤ ᑫ ᑐᑖᑯᓴᐠ ᓅᐦᑕᐏ ᑭᐦᒋ ᑭᓯᑯᕽ ᑳ ᐊᔭᐟ, ᑭᐢᐱᐣ ᓇᒪᐏᔭ ᑳ ᐃᐦᑕᓯᓴᐠ ᑭᑌᐃᐘᕽ ᑯᐦᒋ ᐳᓄᔨᑕᒪᐘᐚᐘᐠ ᑭᒋᐘ-ᒥᐘᐘᐠ ᐅ ᐘᓂᑐᑕᒧᐏᓂᐚᐘ.

ᓂᓯᑕᓇᐤ ᓂᐢᑐᓵᑊ ᐊᔭᒥᐁᑭᓯᑳᐤ ᐊᐢᑯᐦᐨ ᑕᕒᐃᓂᑎ.

ᐊᔭᒥᐋᐏᐣ.

ᑭᓭᒪᓂᑐ ᓂ ᓈᑕᒫᑯᐏᓈᐣ ᒥᓇ ᓂ ᒪᐢᑲᐏᓯᐏᓈᐣ, ᑭᔭ ᑳ ᓂᐦᑖᐏᑭᑖᔭᐣ ᑲᑭᔭᐤ ᒪᓂᑐᐚᑎᓯᐏᓇ; ᐃᑌᔨᑕ ᑭ ᐸᑯᓭᔨᒥᑎᓈᐣ ᑭᑕ ᓇᑐᐦᑕᒷᐟ ᐅᐟ ᐊᔭᒥ-ᐋᐏᓂᐚᐘ ᑭᐟ ᐃᔨᓂᒪᐠ; ᐁᑯᓯ ᐸᓂᐃ ᑳ ᓇᑐᑕᒫᔮᕽ ᑭᑭ ᑖᐻᑕᒧᐏᐣ ᑫᐦᒋᓈ ᑭᑕ ᑭ ᐅᐦᑎᓇᒫᕽ; ᐏᔭ ᐅᐦᒋ ᒋᓭᐢ X. ᐋᒣᐣ.

ᑭᐦᒋᒪᓯᓇᐊᒫᑫᐏᐣ. ᐱᕒᐃᐱᔭᓇ iii. 17.

ᓂᒋᐚᒥᑎᐠ, ᓇᓈᐢᐱᑕᐏᐠ ᓂᔭ, ᒥᓇ ᑭᐢᑭᓇᐚᐸᒥᑯᐠ ᐊᓂᑭ ᑳ ᐃᓯ ᐱᒧᑌᒋᐠ ᑖᐸᐢᑯᐨ ᓂᔭᓈᐣ ᑳ ᐃᓯ ᑭᐢᑭᓇᐚᐸᑕᐃᑖᕽ. ᒋᑫᒫ ᒥᐦᒉᐟ ᐱᒧᑌᐘᐠ, ᐁᐘᑯᓂᐠ ᒥᐦᒉᑖᐤ ᑳ ᐏᑕᒫᑕᑯᐠ, ᐁᑯᓯ ᐁᑿ ᑳ ᐏᑕᒫᑕᑯᐠ ᐊᐦᐳ ᐁ ᒫᑐᔮᐣ, ᐁ ᓅᑎᓇᐦᑭᐠ X ᐅ ᐱᒥᑖᐢᑯᐃᑲᐣ: ᐊᓂᑭ ᑭᓯᐸᓄᕽ ᑳ ᐋᔮᒋᐠ ᓂᓯᐘᓈᑎᓯᐏᐣ, ᐘᑖᐚᐤ ᑳ ᐅ ᒪᓂᑐᒥᒋᐠ, ᑳ ᑲᑭᒋᒧᑐᑕᑭᐠ ᐅ ᓇᓄᐯᐏᐅᐏᓂᐚᐤ, ᑳ ᓈᑲᑕᐍᔨᑕᑭᐠ ᐊᐢᑭᐏ-ᑫᑿᔭ. ᒋᑫᒫ ᑭ ᐏᑕᐢᑭᑐᐏᓂᓇᐤ ᑭᐦᒋ ᑭᓯᑯᕽ ᐋᔮᐤ; ᐃᑕ ᐅᐦᒋ ᑳ ᐯᐚᔮᕽ ᐅᐱᒫᒋᐃᐍᐤ, ᑳ ᑎᐯᔨᒋᑫᐟ ᒋᓭᐢ X: ᑫ ᐅᐢᑭ ᐅᓯᑖᐟ ᐅᒪ ᑳ ᑕᐸᑌᔨᑖᑿᕽ ᒥᔭᒼ, ᑭᑕ ᐃᓯᑖᕽ ᐁᓯᓈᑿᓂᔨᐠ ᑳ ᑭᐢᑌᔨᑖᑿᓂᔨᐠ ᐏᔭᐤ, ᐁ ᐃᓯ ᐊᑐᐢᑫᐟ ᑳ ᐅᐦᒋ ᑲᐢᑭᑖᐟ ᑭᑕ ᓵᑯᒋᑕᒫᐟ ᑲᑭᔭᐤ ᑫᑿ.

ᒥᐚᒋᒧᐏᐣ. ᓭᐣᐟ ᒫᐟᐤ xxii. 15.

ᐁᑯᐢᐱ ᒫᑲ ᑭ ᐃᑐᐦᑌᐘᐠ ᐹᕒᐊᓯᔭᐠ, ᐁ ᑭ ᐅᔭᓯᐍᒋᐠ ᒫᑲ ᑕᓂᓯ ᑭᑕ ᐃᓯ ᑲᒋᑎᓈᒋᐠ ᐅᐟ ᐊᔭᒥᐏᓂᔨᕽ. ᑭ ᐃᓯᑎᓴᐊᒪᐍᐘᐠ ᒫᑲ ᐅ ᑭᐢᑭᓄᐊᒪᐚᑲᓂᐚᐘ ᐁ ᐯ ᐏᒉᐚᔨᐟ ᐁᕒᐅᑎᔮᓇ, ᐅᒥᓯ ᐁ ᐃᑘᒋᐠ, ᑫᐢᑭᓄᐊᒪᑫᔭᐣ, ᓂ ᑭᐢᑫᔨᑌᓇᐣ ᐁ ᑕᐻᔭᐣ, ᒥᓇ ᑕᐻᐏᓂᕽ ᐁ ᑭᐢᑭᓄᐊᒪᑫᔭᐣ, ᑭᓭᒪᓂᑐ ᐅᐟ ᐃᓯᑖᐏᐣ, ᒥᓇ ᓇᐦ ᐁ ᐸᐱᓯᐢᑫᔨᒪᐟ ᐊᔨᓯᔨᓂᐤ; ᒋᑫᒪ ᓇᒪᐏᔭ ᐊᔨᓯᔨᓂᐘᐠ ᑭ ᑎᐸᐋᑲᑖᐘᐠ. ᐃᐧᐱᓇᐣ ᒫᐦ. ᑖᓂᓯ ᑭᔭ ᐁᑌᔨᑕᒪᐣ? ᑳᐧᔭᐢᐠ ᒋ ᑭᑕ ᒥᔨᐦᐟ ᑎᐸᐊᒫᑐᐏ-

ᓱᓂᔮᐊ ᓯᓴᕑ, ᐊᐦᐳ ᐁᑳ? ᒫᑲ ᒋᓴᐢ ᐁ ᑭᐢᑫᔨᑕᒫᐧᐟ ᐅ ᒪᒌᑎᓯᐃᐧᓂᔨᐊᐧ ᐅᒥᓯ ᐃᑌᐤ, ᑖᓀᐦᑭ ᑳ ᑲᑫᐧᒋᐃᔦᐠ, ᑭᔭᐊᐧᐤ ᐅᑕᔭᒥᐁᑳᓯᐢᑲᐠ? ᐚᐸᑕᐃᐠ ᐊᓇ ᑎᐸᐊᒪᑐᐃᐧᓱᓂᔮᐤ. ᐁᑯᓯ ᒫᑲ ᑭ ᐯᑕᒪᐁᐧᐊᐧᐠ ᐯᔭᐠ ᐅᓴᐚᐱᐢᑯᓴ. ᐅᒥᓯ ᒫᑲ ᐃᑌᐤ, ᐊᐁᐧᓇ ᐅᒪ ᐅᐟ ᐃᓯᓇᑯᓯᐃᐧᐣ ᒥᓇ ᑳ ᒪᓯᓇᐃᑳᓱᐟ ᐅᑕ? ᐅᒥᓯ ᒫᑲ ᐃᑌᒍᐧᐠ, ᓯᓴᕑ. ᐁᑯᓯ ᒫᑲ ᐅᒥᓯ ᐃᑌᐤ, ᒥᔨᕽ ᓯᓴᕑ ᐅ ᑎᐱᔭᐁᐧᐃᐧᓯᐃᐧᐣ ᓯᓴᕑ: ᒥᓇ ᒫᑲ ᑭᓭᒪᓂᑐ ᐅ ᑎᐱᔭᐁᐧᐃᐧᓯᐃᐧᐣ ᑭᓭᒪᓂᑐ. ᐃᐢᐱ ᒫᑲ ᑳ ᐯᑕᐦᑭᐠ ᐅᐃ ᐃᑌᐧᐃᐧᓇ, ᑭ ᒫᒪᐢᑳᑕᒪᐧᐠ, ᒥᓇ ᐁ ᑭ ᓇᑲᑖᒋᐠ, ᐁ ᑭ ᐊᑎ ᓯᐯᐧᑌᒋᐠ.

ᓂᓯᑕᓇᐤ ᓀᐅᓵᑊ ᐊᔭᒥᐁᑭᓯᑳᐤ ᐊᐢᑯᐦᐨ ᑕᕑᐃᓂᑎ.

ᐊᔭᒥᐋᐃᐧᐣ.

ᑌᐯᔨᒋᑫᔭᐣ ᑭ ᐸᑯᓭᔨᒥᑎᓈᐣ ᑭᑕ ᐋᐱᐦᑯᓇᒋᐠ ᑭᐟ ᐃᔨᓂᒪᐠ ᑳ ᑕᐦᑯᐱᑎᑯᒋᐠ ᐅ ᒪᒋᐦᑎᐃᐧᓂᐋᐧᐊᐧ, ᐁᑯᓯ ᐁ ᐃᓯ ᐁᐧᐋᒋ ᒥᔮᐧᑎᓯᔭᐣ ᐃᑌᔨᑕ ᑭᑕ ᑭ ᐱᐦᑯᐃᑲᐃᐧᔮᕽ ᑳ ᒪᒫᐦᒋᑲᐧᐱᑎᑯᔮᕽ ᐊᓂᐃ ᒪᒋᐃᐦᑎᐃᐧᓇ ᓂ ᓀᓯᐃᐧᔨᐃᐧᓂᓈᕽ ᑳ ᑭ ᑐᑕᒫᕽ; ᒥᔨᓈᐣ ᐅᒪ ᑭᐦᒋᑭᓯᑯᐃᐧ ᐅᐦᑖᐃᐧᒫᐤ, ᐃᐧᔭ ᐅᐦᒋ ᒋᓴᐢ X ᑳ ᑎᐯᔨᒥᑯᔮᕽ ᒥᓇ ᑳ ᐱᒫᒋᐃᑯᔮᕽ. ᐋᒣᐣ.

ᑭᐦᒋᒪᓯᓇᐊᒧᒫᑫᐃᐧᐣ. ᑲᓫᐋᓯᔭᓇ i. 3.

ᓂ ᓇᓈᐢᑯᒫᓈᐣ ᑭᓭᒪᓂᑐ ᐅᐦᑖᐃᐧᔭ ᑳ ᑎᐯᔨᒥᑯᔮᕽ ᒋᓴᐢ X, ᒧᓴᐠ ᐁ ᐊᔭᒥᐁᐢᑕᒫᑖᕽ, ᐁ ᑭ ᐯᑕᒫᕽ ᐁ ᐃᓯ ᑖᐯᐧᔦᔨᒫᔦᐠ X ᒋᓴᐢ, ᒥᓇ ᐁ ᐃᓯ ᓵᑭᐋᔦᑳᐧᐤ ᑲᑭᔭᐤ ᐅᑲᓈᑎᓯᑫᐧᐠ, ᐊᓂᒪ ᐁ ᐃᑕᑌᔨᑕᒣᐠ ᑳ ᑲᐧᔮᑕᐢᑕᒫᑲᐃᐧᔦᐠ ᑭᐦᒋ ᑭᓯᑯᕽ, ᑳ ᑭ ᐯᐦᑕᒣᐠ ᑲᔭᑌ ᐁ ᑖᐯᐧᒪᑲᕽ ᐃᑌᐧᐃᐧᐣ ᒥᔫᐧᒋᒧᐃᐧᓂᕽ, ᑭᔭᐋᐧᐤ ᑳ ᐅᑎᐦᑎᑯᔦᐠ; ᑳ ᐃᓯ ᐅᑎᐦᑎᑯᒋᐠ ᒥᓯᐁᐧᐢᑲᒥᐠ ᐁ ᒥᓂᓯᐋᐧᕽ ᒥᓇ ᐁ ᓴᐦᑭᐅᒪᑲᕽ, ᑖᐱᐢᑯᐨ ᑲ ᐃᑭᕽ ᑭᔭᐋᐧᐤ ᒥᓇ, ᐊᐢᐱᐣ ᐊᓂᒪ ᐁ ᑭᓯᑳᐠ ᑳ ᑭ ᐯᑕᒣᐠ ᒥᓇ ᑳ ᑭᐢᑫᔨᑕᒣᐠ ᑖᐯᐧ ᐅ ᑭᓭᐋᐧᑎᓯᐃᐧᐣ ᑭᓭᒪᓂᑐ; ᑖᐱᐢᑯᐨ ᑳ ᑭ ᐃᓯ ᑭᐢᑫᔨᑕᒧᐃᑯᔦᐠ ᐁᐸᓫᐋᐢ ᑳ ᓵᑭᐋᔮᕽ ᓂ ᐃᐧᒋ ᐊᑐᐢᑫᒫᑲᓂᓈᐣ, ᑭᔮᓇᐤ ᒫᑲ ᐃᐧᔭ ᐅᐦᒋ ᐁ ᐊᔮᑲᐧᒥᓯᔨᐟ X ᐅᐸᒥᐢᑖᑫᒪ, ᑳ ᑭ ᒥᓇ ᐃᐧᑕᒫᐅᔮᕽ ᑭ ᓵᑭᐃᐁᐧᐃᐧᓂᐋᐧᐤ ᐊᒌᐦᑯᕽ. ᐁᐊᐧᑯ ᐅᒪ ᒫᑲ ᐅᐦ ᓂᔭᓈᐣ ᒥᓇ, ᐊᐢᐱᐣ ᐊᓂᒪ ᐁ ᑭᓯᑳᐠ ᑳ ᑭ ᐯᑕᒫᕽ, ᓇᒪᐃᐧᔭ ᓂ ᐳᓂᑖᓈᐣ ᐁ ᐊᔭᒥᐁᐢᑕᒫᑖᕽ ᒥᓇ ᓇᑐᑌᐢᑕᒫᑖᕽ, ᑭᑕ ᒧᐢᑭ ᐢᑲᑯᔦᐠ ᐁ ᑭᐢᑫᔨᑕᒫᐧᔦᐠ ᐅᐟ ᐃᑌᔨᑕᒧᐃᐧᐣ ᒥᓯᐁᐧ ᐊᒌᐦᑯᐃᐧ ᐃᔨᓂᓯᐃᐧᓂᕽ ᒥᓇ ᓂᓯᑐᑕᒧᐧᓂᕽ, ᐁ ᐃᓯ ᐱᒧᑌᔦᐠ ᑭᑕ ᑌᐸᑫᔨᑖᑯᓯᐢᑕᐋᐧᔦᐠ ᑳ ᑎᐯᔨᒋᑫᐟ ᒥᓯᐁᐧ ᐃᓯ ᐁ ᓇᐃᔭᐁᐧᐋᐧᔦᐠ, ᑭᑕ ᒥᓂᓯᐃᐧᔦᐠ ᑲᑭᔭᐤ ᒥᔦ ᐸᑐᐢᑫᐃᐧᓂᕽ, ᒥᓇ ᐁ ᓴᐦᑭ ᑭᐢᑫᔨᒫᔦᐠ ᑭᓭᒪᓂᑐ; ᑭᑕ ᒪᐢᑲᐃᐧᓯᐢᑲᑯᔦᐠ ᑲᑭᔭᐤ ᑲᐢᑭᐁᐃᐧᓯᐃᐧᐣ, ᐁ ᐃᓯ ᓱᑳᔭᐊᐧᓂᔨᐠ ᐅ ᑭᐢᑌᔨᑖᑯᓯᐃᐧᐣ, ᒥᓯᐁᐧ

ᓯᐱᔭᐁᐧᓯᐃᐧᓂˣ ᒥᓇ ᓯᐯᐹᑕᒧᐃᐧᓂˣ ᑭᑭ ᒪᒪᑖᑯᓯᐃᐧᓂˣ; ᐁ ᓇᓈᐢᑯᒫᔦᐠ ᐁᐧᔦᐧᑖᐃᐧˣ, ᑳ ᑭ ᐃᓯᐃᑯᔭˣ ᑭᑕ ᐃᐧᒋ ᑎᐯᐹᑕᒧᒫᔭᑯᐠ ᐅᑲᓈᑎᓯᐊᐧᐠ ᐋᐧᐢᑌˣ.

ᒥᐋᐧᒋᒧᐃᐧᐣ. ᓴᐣ ᒫᐟᔦ ix. 18.

ᒣᑳᐧ ᒫᑲ ᒋᓭᐢ ᐅᐃ ᐁ ᐊᐧᐃᐧᑕᒪᐋᐧᐟ, ᒋᐢᐟ, ᐁᑯᑕ ᑭ ᐯ ᑕᑯᓯᐣ ᐯᔭᐠ ᐅᔭᓱᐁᐧᐃᐧᔨᓂᐤ ᐁ ᐯ ᐅᒋᒋᑲᐧᓇᐱᐢᑳᑯᐟ, ᐁ ᐃᑎᑯᐟ, ᓂ ᑖᓂᐢ ᓴᓴᐧ ᓂᐱᐤ; ᒫᑲ ᐯ ᓇᑕᐃᐧ ᓵᒥᐣ, ᐁᑯᓯ ᒫᑲ ᑭᑕ ᐱᒪᑎᓯᐤ. ᒋᓭᐢ ᒫᑲ ᑭ ᐸᓯᑯ, ᐁ ᑭ ᐊᑎ ᐱᒥᑎᓭᐋᐧᐟ, ᒥᓇ ᐅ ᑭᐢᑭᓄᐊᒪᐋᐧᑲᓇ ᑭᑭ. ᒋᐢᐟ ᒫᑲ, ᐯᔭᐠ ᐃᐢᑫᐧᐤ ᑳ ᑭ ᐋᐦᑯᓯᐟ ᒥᑖᑕᐦᐟ ᓂᐲᓭᐠ ᑕᐦᑐ ᐱᐳᓇᐧ ᐁ ᐅᐦᒋᑲᐧᐊᐧᓂᔨᐣ ᐅ ᒥᐦᑯ, ᐅᑖˣ ᑭ ᐯ ᐅᐦᒋ ᓇᑌᐤ, ᐁ ᑭ ᓵᒥᓇᒫᐧᐟ ᒫᑲ ᐁ ᑐᓴᓂᔨᐣ ᐅᐢᑯᑖᑲᔨᐤ; ᒋᑫᒫ ᐃᐧᔭ ᑭ ᐃᑎᓱ, ᑭᐢᐱᐣ ᐱᑯ ᓵᒥᓇᒪᐧᑭ ᐅᐢᑯᑕᑲᐧ, ᐁᑯᓯ ᑫ ᒥᔦ ᐹᔮᔮᐣ. ᒫᑲ ᒋᓭᐢ ᑭ ᑫᐧᐢᑭᑳᐸᐃᐧᐤ, ᐃᐢᐱ ᒫᑲ ᐃᐧᔮᐸᒫᐟ, ᐅᒥᓯ ᑭ ᐃᑌᐤ, ᓂ ᑖᓂᐢ, ᒥᐁᐧᔨᑕ; ᑭ ᑖᐯᐧᓭᔨᑕᒧᐃᐧᐣ ᑭ ᑭ ᐱᒫᒋᐃᑯᐣ. ᐊᓇ ᐃᐢᑫᐧᐤ ᒫᑲ ᑭ ᒥᔦ ᐊᔮᐤ ᐁᐅᑯ ᐁ ᐃᐢᐸᔨᐠ ᑎᐸᐃᐱᓯᒫᐣ. ᐃᐢᐱ ᒫᑲ ᒋᓭᐢ ᑳ ᐱᑐᑫᐟ ᐅᔭᓱᐁᐧᐃᐧᑭᒪᐊᐧ ᐅ ᐋᐢᑳᐃᑲᓂᔨˣ, ᐁ ᑭ ᐋᐧᐸᒫᐟ ᒫᑲ ᐊᐅᐃ ᐅᐦ ᑖᒋᑫᐊᐧ ᒥᓇ ᐊᔨᓯᔨᓂᐊᐧ ᐁ ᐁᐧᐢᑖᓯᑖᑯᓯᔨᐟ. ᐅᒥᓯ ᑭ ᐃᑌᐤ, ᑕᐃᐧᐠ; ᒋᑫᒫ ᐊᐊᐧ ᐅᐢᑭᓂᑭᐢᑫᐧᐤ ᓇᒪᐃᐧᔭ ᓂᐱᐤ, ᒫᑲ ᓂᐹᐤ. ᐁᑯᓯ ᒫᑲ ᑭ ᐸᐦᐱᐁᐊᐧᐠ ᐁ ᒣᑕᐋᐧᑲᑖᒋᐠ. ᒫᑲ ᐃᐢᐱ ᐊᓂᑭ ᐊᔨᓯᔨᓂᐊᐧᐠ ᑳ ᐊᐧᔭᐃᐧᑎᓴᐅᐦᒋᐠ, ᑭ ᐱᑐᑫᐤ, ᑭ ᐅᑎᓇᒣᐧᐤ ᐅ ᒋᐦᒋᔨᐤ; ᐁᑯᓯ ᐊᓇ ᐅᐢᑭᓂᑭᐢᑫᐧᐤ ᑭ ᐊᐧᓂᐢᑳᐤ. ᐊᓂᒪ ᒫᑲ ᐁ ᐋᐧᐳᑖᑲˣ ᐁᑯᑕ ᑭ ᐅᐦᒋ ᓯᐯᐧᐸᔨᐤ ᒥᓯᐁᐧ ᐁ ᑭ ᐃᐢᐸᔨᐠ ᐁᐅᑯ ᐊᐢᑭˣ.

ᓂᓯᑕᓇᐤ ᓃᐹᓇᓈᓵᐠ ᐊᔭᒥᐁᑭᓯᑳᐤ ᐊᐢᑯᐦᐨ ᑕᕁᐃᓂᑎ.

ᐊᔭᒥᐋᐃᐧᐣ.

ᐅᐢᐹᐁᐧᑖᐤ ᐅ ᒥᑐᓭᐱᑲᓂᐋᐧᐊᐧ ᑳ ᑖᐯᐧᑕᐦᑭᐠ ᑭᐟ ᐃᐹᓂᒪᐠ ᑭ ᐸᑯᓭᐱᒥᑎᓈ ᑌᐯᐱᒋᑫᔭᐣ; ᑭᑕ ᑭ ᐁᐧᔦᒋ ᓂᑖᐃᐧᑭᑖᒋᐠ ᐁ ᐃᓯ ᒥᓂᓯᐊᐧᐦᑭ ᒥᔦ ᐃᓯᒋᑫᐃᐧᓇ, ᐁᑯᓯ ᒫᑲ ᑭᑕ ᐁᐧᔦᒋ ᑎᐸᐊᒪᐊᐧᒋᐠ; ᐃᐧᔭ ᐅᐦᒋ ᒋᓭᐢ X ᑳ ᑎᐯᐱᒥᑯᔮˣ. ᐋᒣᐣ.

ᑭᐦᒋᒪᓯᓇᐊᒫᑫᐃᐧᐣ ᐁᑕᑭᐦᑌᐠ. ᑫᕁᐃᒫᔭ xxiii. 5.

ᐄᓄᑎᑲ ᑭᓯᑳᐸᐧ ᐹᐸᐱᐊᐧ ᐃᑌᐧᐤ ᑳ ᑎᐯᐱᒋᑫᐟ, ᐃᑕ ᑫ ᐅᐦᐱᑭᑕᒪᐊᐧᐠ ᑌᐱᐟ ᑲᐧᔭᐢᑭᑖᑎᓯᐃᐧ ᐸᐢᑫᓂᑖᐃᐧᑭᐃᐧᐣ, ᑭᑕ ᑎᐯᐱᑕᐦ ᒫᑲ ᐁ ᑭᐦᒋᐅᑭᒫᐃᐧᐟ ᒥᓇ ᑭᑕ ᐃᐱ ᓯᐃᐧᓂᑫᐤ, ᐁᑯᓯ ᑭᑕ ᑎᐱᐳᑕᐦ ᐅᔭᓯᐋᐧᓯᐁᐧᐃᐧᐣ ᒥᓇ ᑲᐧᔭᐢᐠ ᐅᔭᓯᐁᐧᐃᐧᐣ ᐊᐢᑭˣ. ᒣᑳᐧ ᐁ ᐊᔮᐟ ᒍᑕ ᑭᑕ ᐱᒫᒋᐋᐤ ᒥᓇ ᐃᐢᕁᐁᐃᐧ ᐋᐧᓇᑕᐠ ᑭᑕ ᐊᔮᐤ;

ᐁᐊᐧᐦᑫᐧᔮᐤ ᒫᑲ ᐅᒪ ᐅ ᐃ ᐋᐃᐧᐣ ᑫ ᐃᓯᔮᑳᑎᐦᐟ, ᑳ ᑎᐯᔨᒋᑫᐟ ᑭ ᑳᐧᔭᐢᑭᑖ-ᑎᓯᐃᐧᓂᓇᐤ. ᐁᐘᑯ ᐅᐦᒋ ᒫᑎᑲ, ᑭᓯᑳᐘ ᐹᐸᔨᐘ, ᐃᑘᐤ ᑳ ᑎᐯᔨᒋᑫᐟ, ᐁᑳ ᒥᓇ ᑭᑕ ᐃᑘᕽ, ᐁ ᐃᓯ ᐱᒫᑎᓯᐟ ᑳ ᑎᐯᔨᒋᑫᐟ ᑳ ᑭ ᐯᓯᐚᐟ ᐃᐢᕒᐁᐃᕑ ᐅᐟ ᐊᐚᓯᒥᓴ ᐃᑭᐦᐟ ᐊᐢᑭᕽ ᐅᐦᒋ; ᒫᑲ, ᐁ ᐃᓯ ᐱᒫᑎᓯᐟ ᑳ ᑎᐯᔨᒋᑫᐟ, ᑳ ᑭ ᐯᓯᐚᐟ ᒥᓇ ᑳ ᑭ ᑭᐢᑭᓄᑕᐦᐚᐟ ᐅ ᓂᑖᐏᑭᐊᐦᑲᓂᔨᐘ ᐅ ᐚᐢᑳᐃᑲᐣ ᐃᐢᕒᐁᐃᕑ ᑭᐍᑎᓄ ᐊᐢᑭᕽ ᐅᐦᒋ, ᒥᓇ ᒥᓯᐍ ᐊᐢᑭᕽ ᐃᑌ ᑳ ᑭ ᐃᓯᑎᓴᐘᑭᐠ; ᐁᑯᓯ ᑭᑕ ᐊᔮᐘᐠ ᐐᔮᐚᐤ ᐅᐟ ᐊᐢᑭᐚᕽ.

ᒥᐚᓯᓗᐏᐣ. ᓴᐣᐟ ᓘᐣ vi. 5.

ᑭᓴᐢ ᒫᑲ ᐁ ᐊᔮᐸᐟ, ᐁᑯᓯ ᐁ ᐚᐚᒫᐟ ᐁ ᐯ ᑭᐦᒋ ᒥᑫᑎᔨᐟ ᐁ ᓈᑎᑯᐟ, ᒥᓯ ᐃᑌᐤ ᐱᔦᐃᐸ, ᑖᓂᑌ ᑫ ᐅᐦᒋ ᐊᑖᐍᔭᕽ ᐸᑫᐧᓯᑲᐣ, ᑭᑕ ᒥᒋᓱᒋᐠ ᐅᑭ? ᐅᒪ ᒫᑲ ᑭ ᐃᑘᐤ ᐁ ᐃᐧ ᑯᒋᐋᐟ; ᒋᑫᒪ ᐐᔭ ᑭ ᑭᐢᑫᔨᐦᑕᐦ ᐚ ᐃᓯᒋᑫᐟ. ᓭᐃᐧᐟ ᑭ ᓇᐢᑫᐘᔨᒣᐤ, ᓃᓵᐤ ᒥᑕᐦᑐᒥᑕᓇᐤ ᓱᓂᔮᓴᐠ ᐃᔨᑯᕽ ᐸᑫᐧᓯᑲᐣ ᓇᒪᐐᔭ ᑭᑕ ᑌᐱ ᔨᐃᑲᐧᐠ, ᐋᑕ ᒥᓴᐚᐨ ᐋᐦᐊᐱᓯᐢ ᐱᑯ ᐅᑎᓈᒋᐠ. ᐯᔭᐠ ᐅ ᑭᐢᑭᓄᐊᒪ-ᐚᑲᓇ, ᐋᐣᑕᐅᐊᐧ, ᓵᒪᐣ ᐱᑕ ᐅᒋᐋᐧᒪ, ᐅᒥᓯ ᐃᑎᐠ, ᐋᔮᐤ ᐅᑕ ᐅᐢᑭᓂᑭᐤ, ᐁ ᐊᔮᐐᐟ ᓃᔮᓐ ᐃᐢᑫᐧᓯᓯᑲᐧ ᐸᑫᐧᓯᑲᓇ ᒥᓇ ᓂᓯ ᑭᓄᓴᐘ; ᑫᑲ: ᒫᑲ ᐐᔭ ᐁᐘᑯ ᐅᑭ ᑳ ᐃᓯ ᒥᐦᒉᑎᓂᔨᐠ? ᑭᓴᐢ ᒫᑲ ᐅᒥᓯ ᑭ ᐃᑌᐤ, ᓇᐊᐱᐃᑯᐠ ᐊᔨ-ᓯᔨᓂᐘᐠ. ᑭ ᒪᐢᑯᓯᐢᑳᐤ ᒫᑲ ᐁᑯᑕ. ᑭ ᓇᐊᐱᐊᐧᐠ ᒫᑲ ᐊᔨᓯᔨᓂᐘᐠ, ᓈᐣᑕᐤ ᓃᔮᓈᐏᐤ ᑭᐦᒋ ᒥᑖᑐᒥᑕᓇᐤ ᐁ ᑭ ᐃᐦᑕᓯᒋᐠ. ᑭᓴᐢ ᒫᑲ ᑭ ᐅᑎᓅᐤ ᐸᑫᐧᓯᑲᓇ; ᐃᐢᐱ ᒫᑲ ᑳ ᓇᓈᐢᑯᒧᐟ, ᑭ ᒫᑎᓇᒪᐍᐤ ᐊᓂᐦᐃ ᑳ ᑭ ᓇᐊᐱᔨᐟ; ᒥᓇ ᑭᓄᓴ ᐃᔨᑯᕽ ᐁ ᓇᑕᐍᔨᒥᒋᐠ. ᐃᐢᐱ ᒫᑲ ᑳ ᑭᐢᐳᒋᐠ, ᐅᒥᓯ ᑭ ᐃᑌᐤ ᐅ ᑭᐢᑭᓄᐊᒪ-ᐚᑲᓇ, ᒫᐘᓱᑯᓇᒧᐠ ᐃᐢᑳᐧᒋᑲᓇ ᑳ ᐊᐢᑌᑭ, ᐁᑳ ᑫᑲ: ᑭᑕ ᐚᓂᑖᕽ. ᑭ ᒫᐘᓱ-ᑯᓇᒧᐘᐠ ᒫᑲ, ᐁᑯᓯ ᒥᑖᑕᐟ ᓂᓱᓵᐠ ᐃᐧᑯᐱᐘᑕ ᑭ ᓵᑲᐢᑭᓇᑖᐘᐠ ᐃᔨᑯᕽ ᐁ ᑭ ᐃᐢᑳᐧᒪᒋᐠ ᓃᔮᓐ ᐃᐢᑫᐧᓯᓯᑲᓂ ᐸᑫᐧᓯᑲᓇ ᑳ ᑭ ᐃᐢᑯᒫᐠ ᐊᓂᑭ ᑳ ᑭ ᒥᒋᓱᒋᐠ. ᐳᑭ ᒫᑲ ᐊᔨᓯᔨᓂᐘᐠ, ᐃᐢᐱ ᑳ ᐚᐸᐦᑕᐦᑭᐠ ᒪᒫᐦᑖᐏ ᐃᓯᒋᑫᐏᐣ ᑭᓴᐢ ᑳ ᑭ ᑐᑕᒥᔨᐟ, ᑭ ᐃᑌᐘᐠ, ᐁᐘᑯ ᐊᐘ ᑕᐯᐘ ᐅᑭᐢᑭᐍᐦᐃᐧᑫᐤ ᑳ ᑭ ᐃᐧ ᐯ ᐃᑐᑌᐟ ᑐᑕ ᐊᐢᑭᕽ.

ᑫ ᐃᓯ ᒣᑭᓈᓂᐚᕽ

ᑳ ᑎᐯᔨᐦᒋᑫᐟ ᐅ ᑎᐱᐢᑭᓅᐦᑫᐏᐣ

ᐁᐘᑯ ᒥᓇ ᑳ ᐃᓯᔨᐦᑲᑌᐠ

ᑲᓈᒋ ᑭᐦᒋᐃᓯᐦᒑᐏᐣ.

¶ ᐊᔭᒥᐦᐁᐏᔨᓂᐤ ᑭᑕ ᐃᑌᐤ,

ᓅᐦᒑᐏᓈᐣ ᑭᐦᒋᑭᓯᑯᕽ ᐁᔮᔮᐣ, ᑭᑕ ᐃᐦ ᑲᓈᑌᔨᐦᒑᑲᐏᐣ ᐏᐦᔦᐏᐣ, ᑭ ᑎᐯᔨᐦᒋᑫᐏᐣ ᑭᑕ ᐃᐦ ᐅᑎᐦᒋᐸᔨᐤ, ᐁ ᐃ ᔨᐦᑕᒪᐣ ᑭᑕ ᐃᐦ ᑐᒋᑳᑌᐤ ᐅᑕ ᐊᐢᑭᕽ, ᑳ ᐃᓯ ᐋᔮᐠ ᒋᑭᓯᑯᐠ. ᒥᔨᓈᐣ ᐊᓄᐦᐨ ᑲ ᑭᓯᑳᐠ ᑫ ᐅᐦᒋ ᐱᒫᑎᓯᔮᕽ, ᒥᓇ ᐊᓴᓇᒪᐏᓈᐣ ᓂ ᒪᒋᐦᑎᐏᓂᓈᓇ, ᑳ ᐃᓯ ᐊᓴᓇᒪᐘᑭᐦᒋᐠ ᐊᓂᑭ ᑳ ᐘᓂᑐᑖᑯᔮᐦᑭᐠ; ᒥᓇ ᐁᑳᐏᔭ ᐃᑐᐦᑕᐦᐃᓈᐣ ᑯᑌᔨᒥᑯᐏᓂᕽ, ᒫᑲ ᒥᒑᑵᓇᒪᐏᓈᐣ ᒪᒋ ᑫᑳ. ᐋᒣᐣ.

¶ ᐊᔭᒥᐦᐋᐏᐣ.

ᑲᐦᑭᔭᐤ ᑫᑳ: ᑫᐢᑭᐦᒑᔮᐣ ᑭᓴᒪᓂᑐ, ᑭᔭ ᑲᐦᑭᔭᐤ ᒥᑌᐦᐊ ᒍᓯᐢ ᑲ ᐚᐸᐦᑕᒪᐣ, ᑲᐦᑭᔭᐤ ᓇᑕᐍᔨᐦᑕᒧᐏᓇ ᑳ ᑭᐢᑫᔨᐦᑕᒪᐣ, ᒥᓇ ᐁᑳ ᑫᑳ: ᐁ ᑭᒨᑕᕽ ᑳ ᑭᐦᑲᒛᑲᐏᔭᐣ; ᐯᐦᑭᐦᒑ ᒥᑐᓅᔨᐦᒋᑲᓇ ᓂᑌᐦᐃᓈᕽ ᐅ ᓭᐦᓭᑐᑖᑫᐏᐣ ᑳ ᑲᓈᑎᓯᐟ ᐊᐦᓛᕽ ᐅᐦᒋ, ᑭᑕ ᑭᐦ ᒥᑐᓂ ᓵᑭᐦᐃᑖᕽ, ᒥᓇ ᑭᑕ ᑭᐦ ᑖᐺ ᑭᐢᑌᔨᐦᑖᑯᐦᑖᔮᕽ ᑳ ᑲᓈᑕᕽ ᑭ ᐏᐦᔦᐏᐣ; ᐏᔭ ᐅᐦᒋ X ᑳ ᑎᐯᔨᒥᑯᔮᕽ. ᐋᒣᐣ.

Kā Isse Mākinaniwŭk

KA TIPĀYI'CHIKĀT O TIPISKINĀ'KWĀWIN

Āwuko Menu Ka Isseyikatāk

KUNACHE KI'CHEISE'TWAWIN.

¶ Uyumihāweyinew kittu itwāo,

Nŏtawenan kiche kesikŏk ayayun, Kittu wė kunatāyitakwun ke Wėyoowin, Ke tipāyichikāwin kittu wė otichipuyew, A itāyitumun kittu wė tochikatāo otu uskėk, Ka isse uyak kichekesikŏk. Meyinan unŏch ka kesikak kā ŏche pimatiseyăk, Menu usānumowinan ne muchėtiwininanu, Ka isse usānumowukichik unike ka wunitotakoyăkik; Menu ākaweyu itŏtuhinan kotāyimikoowinik, Maku metakwānumowinan muche kākwi. Amen.

¶ **Uyumihawin.**

Kŭkeyow kākwi kāskitayun Kisāmunito, keyu kŭkeyow metāhu mosis ka wapŭtumun, kŭkeyow nutuwāyitmoowinu ka kiskāyitumun, menu āka kākwī ā kemotŭk ka kė katwakoweyun; păkita mitonāyichikunu netāhinăk o yāyātotakāwin ka Kunatiset Uchăk ŏche, kittu kė mitone sakihităk, menu kittu kė tapwā kistāyitakŏtayăk ka kunatŭk ke Wėyoowin; weyu ŏche Christ ka Tipāyimikoyăk. Amen.

ᐊᔭᒥᐦᐁᐏᔨᓂᐤ.

ᑭᓭᒪᓂᑐ ᑭᐦ ᐃᑘᐤ ᐅᐦᐃ ᐊᔭᒥᐏᓇ, ᐒᒥᓯ ᑭᐦ ᐃᑘᐤ; ᓂᔭ ᑳ ᑎᐯᔨᐦᒋᑫᔮᐣ ᑭ ᒪᓂᑐᐟ; ᓇᒪᐏᔭ ᑭ ᑲ ᐊᔮᐚᐘᐠ ᑯᑕᑲᐠ ᒪᓂᑐᐘᐠ ᓂᔭ ᐱᑯ.

ᐃᔨᓂᐘᐠ. ᑌᐯᔨᐦᒋᑫᔭᐣ, ᑭᑎᒫᑭᓇᐏᓈᐣ, ᒥᓇ ᐃᑕᐢᑖ ᓂᑌᐦᐃᓈᓇ ᑭᑕ ᓇᓇᐃᐦᑕᒫᕽ ᐅᒪ ᐅᔭᓱᐌᐏᐣ.

ᐊᔭᒥᐦᐁᐏᔨᓂᐤ. ᓇ' ᐏᔭ ᑭ ᑲ ᐅᓯᐦᑤᓱᐣ ᓈᐣᑕᐤ ᒪᓂᑐᐦᑳᐣ, ᐊᐦᐯ ᐁ ᐃᓯᓈᑯᓯᐟ ᐊᐏᔭᐠ ᐃᐢᐱᒥᕽ ᐁ ᐋᔭᐟ, ᐊᐦᐯ ᐊᐢᑭᕽ ᒧᐦᒋᕽ ᐁ ᐋᔭᐟ, ᐊᐦᐯ ᓂᐱᕽ ᐊᑖᒥᕽ ᐊᐢᑭ. ᓇᒪᐏᔭ ᑭ ᑲ ᐅᒋᐦᒋᑲᓂᐢᑕᐚᐘᐠ, ᐊᐦᐯ ᓇᒪᐏᔭ ᑭ ᑲ ᐊᑐᐢᑲᐚᐘᐠ; ᒋᑫᒫ ᓂᔭ ᑳ ᑎᐯᔨᐦᒋᑫᔮᐣ ᑭ ᑭᓭᒪᓂᑐᐟ ᐁ ᐅᐦᑌᐱᐦᑕᒧᐏ ᒪᓂᑐᐏᔮᐣ, ᒥᓇ ᐁ ᐚᐸᒥᐦᐊᑭᐠ ᐅᐦᑤ ᐏᐚᐘ ᐅ ᒪᒋᑎᐏᓂᔨᐘ ᐅᐦᒋ ᐱᔨᐢ ᓂᐢᑤᐤ ᐊᐦᐯ ᓀᐚᐤ ᐁ ᐋᔭᓂᐢᑫ ᐱᒫᑎᓯᔨᐟ ᐅᑕᐚᓯᒥᓯᐚᐘ ᐊᓂᑭ ᑳ ᐸᑷᓯᒋᐠ, ᐁᑯᓯ ᐁ ᐚᐸᐦᑕᐦᐊᑭᐠ ᑭᓭᐚᑎᓯᐏᐣ ᐊᓂᑭ ᑭᐦᒋ-ᒥᑖᑕᐦᑐᒥᑕᓇᐤ ᑳ ᑮᓭᐦᐃᒋᐠ ᒥᓇ ᑳ ᓇᓇᐃᐦᑕᐦᑭᐠ ᓄᔭᓱᐌᐏᓇ.

ᐃᔨᓂᐘᐠ. ᑌᐯᔨᐦᒋᑫᔭᐣ, ᑭᑎᒫᑭᓇᐏᓈᐣ, ᒥᓇ ᐃᑕᐢᑖ ᓂᑌᐦᐃᓈᓇ ᑭᑕ ᓇᓇᐃᐦᑕᒫᕽ ᐅᒪ ᐅᔭᓱᐌᐏᐣ.

ᐊᔭᒥᐦᐁᐏᔨᓂᐤ. ᓇ! ᐏᔭ ᐱᑯᓇᑕ ᑭ ᑲ ᐘᐏᐦᔭᐤ ᑳ ᑎᐯᔨᐦᒋᑫᐟ ᑭ ᑭᓭᒪᓂᑐᐟ; ᒋᑫᒫ ᑳ ᑎᐯᔨᐦᒋᑫᐟ ᓇᒪᐏᔭ ᑭᑕ ᑿᔭᐢᑭᑖᑎᓯᐘᑭᐤ ᐊᓂᐦᐃ ᐱᑯᓇᑕ ᑳ ᐘᐏᔨᑯᐟ.

ᐃᔨᓂᐘᐠ. ᑌᐯᔨᐦᒋᑫᔭᐣ, ᑭᑎᒫᑭᓇᐏᓈᐣ, ᒥᓇ ᐃᑕᐢᑖ ᓂᑌᐦᐃᓈᓇ ᑭᑕ ᓇᓇᐃᐦᑕᒫᕽ ᐅᒪ ᐅᔭᓱᐌᐏᐣ.

Uyumihāweyinew.

Kisāmunito kê itwāo ohe uyumiwinu, omisse kê itwāo; Neyu ka Tipāyichikāyan ke Munitom; Numuweyu ke ku uyawawuk kotukuk munitowuk neyu piko.

Eyinewuk. Tāpāyichikāyun, kitimakinowiman, menu itusta netāhinanu kittu nunuhitumåk omu oyusoowāwin.

Uyumihāweyinew. Numuweyu ke ku ositwason nantow munitôkan, upo ā issenakosit uweyuk ispimik ā uyat, upo uskêk môchik ā uyat, upo nipêk utamik uskêk. Numuweyu ke ku ochichekwunestuwawuk, upo numuweyu ke ku utoskuwawuk; chikāma neyu ka Tipāyichikāyan ke Kisāmunitom ā ôtāyitumoowe Munitoweyan, menu ā ayimihukik ôtawewawu o muchêtiwineyiwu ôche peyis nistwaw upo nāwaw ā ayaniskā pimatiseyit ot uwasimisiwawu unike ka pukwasichik, ākose ā waputuhukik kisāwatisewin unike kichemitatutomitunow ka sakihichik menu ka nunuhitukik noyusoowāwinu.

Eyinewuk. Tāpāyichikāyun, kitimakinowinan, menu itusta netāhinanu kittu nunuhitumåk omu oyusoowāwin.

Uyumihāweyinew. Numuweyu pikonutu ke ku wuwêyaw ka Tipāyichikāt ke Kisāmunitom; chikāma ka Tipāyichikāt numuweyu kittu kwuyuskitatisewukimāo unihe pikonutu ka wuwê yikot.

Eyinewuk. Tāpayichikāyun, kitimakinowinan, menu itusta netahinanu kittu nunuhitumåk omu oyusoowāwin.

ᐊᔭᒥᐦᐁᐃᐧᔨᓂᐤ. ᑲᓄᑭᐢᑭᓯ ᑭᑕ ᑳᓇᒋ ᑎᐱᑐᑕᒪᐣ ᐁ ᐊᔭ-
ᒥᐦᐁᑭᓯᑲᐠ. ᓂᑯᑖᐧᔑ ᑮᓯᑳᐤ ᑭ ᑲ ᐊᑐᐢᑳᐣ, ᒥᓇ ᑭ ᑲ
ᐃᐦᑐᑌᐣ ᑲᐦᑭᔮᐤ ᑭᐟ ᐊᑐᐢᑫᐃᐧᐣ: ᒫᑲ ᑌᐸᑯᐦᐦᐦ ᐁ ᐃᑕᐦᑐ
ᑭᓯᑳᐠ ᐁᐊᐧᑫᐧᔨᐤ ᐅᐟ ᐸᔭᒥᐦᐁᐃᐧᑭᓯᑳᐟ ᑳ ᑎᐯᔨᐦᒋᑫᐟ ᑭ
ᒪᓂᑐᐟ. ᐁᑯᑕ ᓇᒪᐃᐧᔭ ᑭ ᑲ ᐃᐦᑐᑌᐣ ᓈᑐᑕᐤ ᐊᑐᐢᑫᐃᐧᐣ,
ᑭᔭ. ᒥᓇ ᑭᑯᒋᐢ, ᒥᓇ ᑭᑖᓂᐢ, ᑭ ᓈᐯᐤ ᐊᑐᐢᑫᔮᑲᐣ, ᒥᓇ
ᑭᐟ ᐃᐢᑫᐧᐤ ᐊᑐᐢᑫᔮᑲᐣ, ᑭ ᐱᓯᐢᑭᒪᐠ, ᒥᓇ ᐊᓇ ᒫᓂᑌᐤ
ᐱᐦᒋ ᑭᐟ ᐃᐢᑳᐧᐦᑌᒥᕽ ᑳ ᐊᔮᐟ. ᒋᑫᒫ ᓂᑯᑖᐧᔑᑭᓯᑳᐤ ᑳ
ᑎᐯᔨᐦᒋᑫᐟ ᑭᐦ ᐅᓯᐦᑖᐤ ᑭᓯᐠ ᒥᓇ ᐊᐢᑭ, ᑭᐦᒋᑲᒥ ᒥᓇ
ᑲᐦᑭᔮᐤ ᑫᑲ: ᐁᑯᑕ ᑳ ᐊᔮᐠ, ᐁᑯᓯ ᐁ ᑭᐦ ᐊᔭᐧᐱᐟ
ᑌᐸᑯᐦᐦᐦ ᐁ ᐃᑕᐦᑐᑭᓯᑳᔨᐠ; ᐁᐊᐧᑯ ᐅᐦᒋ ᑳ ᑎᐯᔨᐦᒋᑫᐟ
ᑭ ᒥᔭᐧᑭᑕᐟ ᑌᐸᑯᐦᐦᐦ ᐁ ᐃᑕᐦᑐᑭᓯᑳᔨᐠ ᒥᓇ ᑭᐦ ᑳᓇᒋᐦᑖᐤ.

ᐃᔨᓂᐊᐧᐠ. ᑌᐯᔨᐦᒋᑫᔮᐣ, ᑭᑎᒫᑭᓇᐃᐧᓈᐣ, ᒥᓇ ᐃᑕᐢᑖ
ᓂᑌᐦᐃᓈᓇ ᑭᑕ ᓇᓇᐃᐦᑕᒫᕽ ᐅᒪ ᐅᔭᔑᐁᐧᐃᐧᐣ.

ᐊᔭ ᐦᐁᐃᐧᔨᓂᐤ. ᑭᐢᑌᔨᒥᐠ ᑯᐦᑖᐃᐧ ᒥᓇ ᑭᑲᐃᐧ; ᑭ ᑭᓯᑲᒪ-
ᐟᓂᐧᐢ ᑭᑕ ᐊᔮᑭ ᐁᑯᑕ ᐊᐢᑭᕽ ᑳ ᑎᐯᔨᐦᒋᑫᐟ ᑭ ᒪᓂᑐᐟ
ᑳ ᒥᔨᐢᐠ.

ᐃᔨᓂᐊᐧᐠ. ᑌᐯᔨᐦᒋᑫᔮᐣ, ᑭᑎᒫᑭᓇᐃᐧᓈᐣ, ᒥᓇ ᐃᑕᐢᑖ
ᓂᑌᐦᐃᓈᓇ ᑭᑕ ᓇᓇᐃᐦᑕᒫᕽ ᐅᒪ ᐅᔭᔑᐁᐧᐃᐧᐣ.

ᐊᔭᒥᐦᐁᐃᐧᔨᓂᐤ. ᓇᒪᐃᐧᔭ ᑭ ᑲ ᓂᐸᐦᑖᑳᐣ.

ᐃᔨᓂᐊᐧᐠ. ᑌᐯᔨᐦᒋᑫᔮᐣ, ᑭᑎᒫᑭᓇᐃᐧᓈᐣ, ᒥᓇ ᐃᑕᐢᑖ
ᓂᑌᐦᐃᓈᓇ ᑭᑕ ᓇᓇᐃᐦᑕᒫᕽ ᐅᒪ ᐅᔭᔑᐁᐧᐃᐧᐣ.

ᐊᔭᒥᐦᐁᐃᐧᔨᓂᐤ. ᓇᒪᐃᐧᔭ ᑭ ᑲ ᐱᓯᑳᐧᑎᓯᐣ.

ᐃᔨᓂᐊᐧᐠ. ᑌᐯᔨᐦᒋᑫᔮᐣ, ᑭᑎᒫᑭᓇᐃᐧᓈᐣ, ᒥᓇ ᐃᑕᐢᑖ
ᓂᑌᐦᐃᓈᓇ ᑭᑕ ᓇᓇᐃᐦᑕᒫᕽ ᐅᒪ ᐅᔭᔑᐁᐧᐃᐧᐣ.

Uyumihāweyinew. Kunokiskise kittu kunache tipitotumun ā uyumihākesikak. Nikotwasokesikaw ke ku utoskan, menu ke ku itotān kukeyow ket utoskāwin; maku tāpukop ā ituto kesikak āwukwāyew ot uyumihāwikesikam ka Tipāyichikāt ke Munitom. Ākotu numuweyu ke ku itotān nantow utoskāwin; keyu, menu kekosis, menu ketanis, ke napāo utoskāyakun, menu ket iskwāo utoskāyakun, ke pisiskemuk, menu unu manitāo peche ket iskwātāmik ka uyat. Chikāma nikotwasokesikaw ka Tipāyichikāt kē ositaw kesik menu uske, kichekume menu kukeyow kākwī ākotu ka uyak, ākose ā kē uywāpit tāpukop ā itutokesikayik; āwuko oche ka Tipāyichikāt kē meywukitum tāpukop a itutokesikayik menu kē kunachitaw.

Eyinewuk. Tāpāyichikāyun, kitimakinowinan, menu itusta netāhinanu kittu nunuhitumāk omu oyusoowāwin.

Uyumihāweyinew Kistāyimik kotawe menu kekawe; ke kesikamu kinwās kittu uyake ākotu uskēk ka Tipāyichikāt ke Munitom ka meyisk.

Eyinewuk. Tāpāyichikāyun, kitimakinowinan, menu itusta netāhinanu kittu nunuhitumāk omu oyusoowāwin.

Uyumihāweyinew. Numuweyu ke ku niputakan.

Eyinewuk. Tapāyichikāyun, kitimakinowinan, menu itusta netāhinanu kittu nunuhitumāk omu oyusoowāwin.

Uyumihāweyinew. Numuweyu ke ku pisikwatisen.

Eyinewuk. Tāpāyichikāyun, kitimakinowinan,

ᐊᔭᒥᐦᐁᐃᐧᔨᓂᐤ. ᓇᒪᐃᐧᔭ ᑭ ᑲ ᑭᒍᑎᐣ.

ᐃᔨᓂᐊᐧᐠ. ᑌᐯᔨᐦᒋᑫᔭᐣ, ᑭᑎᒫᑭᓇᐃᐧᓈᐣ, ᒥᓇ ᐃᑕᐢᑖ ᓂᑌᐦᐃᓈᓇ ᑭᑕ ᓇᓇᐃᐦᑕᒫᕽ ᐅᒪ ᐅᔭᓱᐁᐃᐧᐣ.

ᐊᔭᒥᐦᐁᐃᐧᔨᓂᐤ. ᓇᒪᐃᐧᔭ ᑭ ᑲ ᑭᔮᐢᑭᐚᒋᒫᐤ ᑭᒋᐊᔨᓯᔨᓂᐤ.

ᐃᔨᓂᐊᐧᐠ. ᑌᐯᔨᐦᒋᑫᔭᐣ, ᑭᑎᒫᑭᓇᐃᐧᓈᐣ, ᒥᓇ ᐃᑕᐢᑖ ᓂᑌᐦᐃᓈᓇ ᑭᑕ ᓇᓇᐃᐦᑕᒫᕽ ᐅᒪ ᐅᔭᓱᐁᐃᐧᐣ.

ᐊᔭᒥᐦᐁᐃᐧᔨᓂᐤ. ᓇ ᐃᐧᔭ ᑭ ᑲ ᒍᐢᑕᐃᐧᓇᒪᐚᐤ ᑭᒋᐊᔨᓯᔨᓂᐤ ᐃᐧᑭ, ᓇᒪᐃᐧᔭ ᑭ ᑲ ᒍᐢᑕᐃᐧᓇᒪᐚᐤ ᑭᒋᐊᔨᓯᔨᓂᐤ ᐃᐧᐊ, ᐊᐦᐳ ᐅᐟ ᐊᒍᐢᑫᔮᑲᓇ. ᐊᐦᐳ ᐅᐟ ᐊᒍᐢᑫᔮᑲᓂᐢᑫᐧᒪ. ᐊᐦᐳ ᐅ ᒍᐢᑐᓱᒪ, ᐊᐦᐳ ᐅᑌᒪ, ᐊᐦᐳ ᓈᐣᑕᐤ ᑫᑲ: ᑳ ᐊᔮᐟ.

ᐃᔨᓂᐊᐧᐠ. ᑌᐯᔨᐦᒋᑫᔭᐣ, ᑭᑎᒫᑭᓇᐃᐧᓈᐣ, ᒥᓇ ᒪᓯᓇᐦᐸ ᑲᐦᑭᔭᐤ ᐅᐦᐃ ᑯᔭᓱᐁᐃᐧᓇ ᐱᐦᒋ ᓂᑌᐦᐃᓈᕽ ᑭ ᐸᑯᓭᔨᒥᑎᓈᐣ.

¶ ᐁᑲᐧ ᐊᔭᒥᐦᐁᐃ ᔨᓂᐤ ᑭᑕ ᐃᑌᐤ,

ᐁᑲᐧ ᐊᔭᒥᐦᐋᑖᐣ.

ᒫᒪᐁᐧᔭᐢ ᓯᐋᐦᑳᑎᓯᔭᐣ ᑭᓭᒪᓂᑐ, ᑭ ᑎᐯᔨᐦᒋᑫᐃᐧᐣ ᑳᑭᑫ ᑳ ᐊᔮᐠ, ᒥᓇ ᑭ ᓲᐦᑳᑎᓯᐃᐧᐣ ᑳ ᐊᔨᐚᑫᔨᐦᑖᑲᐧᕽ; ᑭᑎᒫᑭᓇᐃᐧᐠ ᑲᐦᑭᔭᐤ ᐅᑕᔭᒥᐦᐋᐊᐧᐠ; ᒥᓇ ᐃᓯ ᑎᐯᔨᐦᑕᐠ ᐅᑌᐦ ᑳ ᑭ ᓇᐊᐧᓱᓇᐟ ᑭᐟ ᐊᒍᐢᑫᔮᑲᐣ ᒑᓴᐢ, ᓂ ᑭᐦᒋᐅᑭᒫᒥᓈᐣ ᑌᐯᔨᒥᑯᔮᕽ, ᐁ ᑭᐢᑫᔨᐦᑕᕽ ᐊᐁᐧᔨᐊ ᐁᒍᐢᑲᐚᐟ ᔮᔨᑌ ᑭ ᑭᐢᑌᔨᒥᑯᐃᐧᐣ ᒥᓇ ᑭ ᒪᒥᐦᒋᒥᑯᐃᐧᐣ ᑭᑕ ᓇᑐᓇᕽ; ᐁᑯᓯ ᓂᔭᓈᐣ ᒥᓇ ᑕᐦᑐ ᐊᐃᐧᔭ ᑌᐯᔨᒫᐟ, ᐁ ᑲᑭᐢ-

menu itusta netāhinanu kittu nunuhitumåk omu oyusoowāwin.

Uyumihāweyinew. Numoweyu ke ku kimotin.

Eyinewuk. Tāpāyichikāyun, kitimakinowinan, menu itusta netāhinanu kittu nunuhitumåk omu oyusoowāwin.

Uyumihāweyinew. Numuweyu ke ku keyaskewachimaw kecheuyiseyinew.

Eyinewuk. Tāpāyichikāyun, kitimakinowinan, menu itusta netāhinanu kittu nunuhitumåk omu oyusoowāwin.

Uyumihāweyinew. Numuweyu ke ku mostowinumuwaw kecheuyiseyinew weke, numuweyu ke ku mostowinumuwaw kecheuyiseyinew wewu, ůpo ot utoskāyakunu, ůpo ot utoskāyakuniskwāmu, ůpo o mostosomu, ůpo otāmu, ůpo nantow kākwī ka uyat.

Eyinewuk. Tāpāyichikāyun, kitimakinowinan, menu musinuhu kůkeyow ohe koyusoowāwinu pěche netāhinåk ke pukosāyimitinan.

¶ Ākwu Uyumihāweyinew kittu itwāo,

Ākwu uyumihatan.

Mamuwāyus seyǒkatiseyun Kisāmunito, ke tipāyichikāwin kakikā ka uyak, menu ke sǒkatisewin ka uyiwakāyitakwůk; kitimakinowik kůkeyow otuyumihawuk; menu isse tipāyitum otāh ka kě nowusonut ket utoskāyakun George, ne Kicheokimaminan Tāpāyimikoyåk, ā kiskāyitůk uwāyiwu ātoskowat yayitā ke kistāyimikoowin menu ke mumichimikoowin kittu nutonůk; ākose neyunan menu tůto uweyu tāpāyi-

ᐧᓯᔮᕽ ᐊᐌᔨᐘ ᐅ ᑎᐯᔨᐦᒋᑫᐏᓂᔨᐤ ᑳ ᐊᔮᐟ, ᑖᐻ ᑭᑕ ᐊᑐᐢᑲᐊᔮᕽ, ᒥᓇ ᑭᑕ ᑭᐢᑌᔨᒫᔮᕽ, ᒥᓇ ᑕᐸᐦᑌᔨ-ᒧᐏᓂᕽ ᑭᑕ ᓇᓇᐃ'ᑕᐚᔮᕽ, ᑭᔭ ᐅᐦᒋ, ᑳ ᐃᑕᐢᑌᐠ ᑮᐟ ᐃᒧᐧᐏᐣ ᒥᓇ ᑭᐟ ᐃᓯᐦᑘᐏᐣ; ᐏᔭ ᐅᐦᒋ ᒋᓴᐢ X ᑳ ᑎᐯᔨᒥᑯᔮᕽ, ᐏᔭ ᐊᓯᒥ ᑭᔭ ᒥᓇ ᑳ ᑲᓈᑎᓯᐟ ᐊᐦᒑᕽ, ᑳ ᐱᒫᑎᓯᐟ ᒥᓇ ᑳ ᑎᐯᔨᐦᒋᑫᐟ, ᑳᑭᑫ ᐯᔭᐠ ᒪᓂᑐ, ᐃᔨᑯᕽ ᑫ ᓈᐢᐱᒋ ᐊᐢᑭᐘᕽ. ᐋᒣᐣ.

¶ ᐁᑲᐧ ᑫ ᐅᑎᓂᑲᑌᐠ ᐊᔭᒥᐦᐋᐏᐣ ᑫ ᐋᐸᒋᐦᑖᕽ ᐁᐘᒁᓂᒪ ᐁ ᑭᓯᑳᐠ, ᐁᒁ ᐊᔨᓯᔨᓂᐘᐠ ᐁ ᐊᐱᒋᐠ, ᑭᐦᒋᒪᓯᓇᐦᐊᒫᑫᐏᐣ ᑭᑕ ᐊᔭᒥᐦᑖᓂᐘᐣ, ᐁᑲᐧ ᒥᔮᐧᒋᒧᐏᐣ ᑲᐦᑭᔨᐤ ᐁ ᓂᐸᐏᒋᐠ, ᐁᑲᐧ ᐅᒪ ᑖᐻᐦᑕᒧᐏᐣ,

ᓂ ᑖᐻᐦᑌᐣ ᐁ ᐃᐦᑖᐟ ᐁ ᐯᔭᑯᐟ ᑭᓭᒪᓂᑐ ᐅᐦᑖᐏᒫᐤ ᓲᐦᑳᑎᓯᐟ, ᑳ ᑭᐦ ᐅᓯᐦᑖᐟ ᑭᐦᒋᑮᓯᐠ ᒥᓇ ᐊᐢᑭ, ᒥᓇ ᑲᐦᑭᔭᐤ ᑫᑲ: ᑳ ᓄᑲᐧᕽ ᒥᓇ ᐁᑳ ᑳ ᓄᑲᐧᕽ.

ᒥᓇ ᐁ ᐯᔭᑯᐟ ᑳ ᑎᐯᔨᐦᒋᑫᐟ ᒋᓴᐢ X, ᐅ ᐯᔭᑯᑯ-ᓵᓇ ᑭᓭᒪᓂᑐ, ᑳ ᑭ ᐅᐦᑎᓂᑯᐟ ᐅᐦᑖᐏᔭ ᐁ ᒧᓭ ᐊᐢᑭᐘᕽ, ᒪᓂᑐ ᒪᓂᑐᕽ ᐅᐦᒋ, ᐚᐢᑌᐤ ᐚᐢᑌᕽ ᐅᐦᒋ, ᑖᐻ ᒪᓂᑐ ᑖᐻ ᒪᓂᑐᕽ ᐅᐦᒋ, ᑭᐦ ᐅᐦᑎᓈᐤ, ᓇᒪᐏᔭ ᐅᐦᒋ ᐅᓯᐦᐋᐤ, ᐯᔭᑲᐧᐣ ᐁᓯ ᐸᔮᐟ ᑖᐱᐢᑯᐨ ᐅᐦᑖᐏᒫᐤ, ᐏᔭ ᑳ ᑮᐦ ᒋᓯᐦᑖᐟ ᑲᐦᑭᔭᐤ ᑫᑲ:, ᐏᔭ ᑭᔮᓇᐤ ᐊᔨᓯᔨᓂᐘᐠ ᒥᓇ ᑭ ᐱᒫᒋᐦᐏᓂᓇᐤ ᐅᐦᒋ ᑭᐦ ᐯ ᐃᑐᐦᑌᐤ ᑮᐦᒋᑭᓯᑯᕽ ᐅᐦᒋ, ᐁᑯᓯ ᐸᔨ ᔨᓂᕽ ᑭ ᐃᓯ ᐊᔮᐤ ᑳ ᑲᓈᑎᓯᔨᐟ ᐊᐦᒑᐦᑲᐧ ᐅᐦᒋ ᐅᐢᑭᓂᑮᐢᑫᐧ · ᒣᕒᐃᐘ ᐁ ᑭᐦ ᓂᐦᑖᐏᑭᐃᑯᐟ, ᐁᑯᓯ ᐊᔨᓯᔨᓂᕽ ᐁ ᑭᐦ ᐃᓯᐦᒋᑳᓱᐟ, ᒥᓇ ᐁ ᑭᐦ ᒋᐢᑕᐦᐋᐢᑳᐧᑎᐦᐟ ᑭᔮᓇᐤ ᐅᐦᒋ ᒣᒁᐨ ᐹᐣᑎᔭᐢ ᐹᐧᕒᐊᐟ ᐁ ᑎᐯᔨᐦᑕᕽ. ᑭ ᑲᒁᑕᑭᐦᑖᐤ ᒥᓇ ᑭ ᓇᐦᐃᓈᐤ, ᐁᑯᓯ ᐁ

mat, ā kunokiskiseyâk uwāyiwu o tipāyichikāwineyew ka uyat, tapwā kittu utoskuwayâk, menu kittu kistāyimayâk, menu tupûtāyimoowinik kittu nunuhitowayâk, keyu ôche, ka itustāk ket itwāwin menu ket isêtwawin; weyu ôche Jesus Christ ka Tipāyimikoyâk, weyu usiche keyu menu ka Kunatiset Uchâk, ka pimatiset menu ka Tipāyichikāt, kakikā pāyuk Munito, eyikôk kā naspiche uskewûk. Amen.

¶ Ākwu kā otinikatāk uyumihawin kā apuchitâk āwukwanimu ā kesikak, ākwu uyiseyinewuk ā upichik, Kichemusinuhumakāwin kittu uyumitaniwun, ākwu Meywachimoowin, kûkeyow ā nepowichik, ākwu omu Tapwâtumoowin,

Ne tapwâtān ā itat ā pāyukot Kisāmunito Ôtawemaw Seyôkatiset, Ka kê ositat kichekesik menu uske, Menu kûkeyow kākwī ka nokwûk menu āka ka nokwûk.

Menu ā pāyukot ka Tipāyichikāt Jesus Christ, O Pāyukokosisanu Kisāmunito, Ka kê ôtinikot Ôtaweyu ā moyā uskewûk, Munito Munitôk ôche, Wastāo Wastâk ôche, Tapwā Munito tapwā Munitôk ôche, Kê ôtinaw, numuweyu ôche osehaw, Pāyukwun āsse uyat tapiskoch Ôtawemaw, Weyu ka kê osêtat kûkeyow kākwī, Weyu keyanow uyiseyinewuk menu ke pimachihoowininow ôche kê pā itôtāo kichekesikôk ôche, Ākose uyiseyinêk kê isse uyaw ka Kunatiseyit Uchâkwu ôche Oskinekiskwāwu Marywu ā kê nitawikihikot, Ākose uyiseyinêk ā kê isêchikasot, Menu ā kê chestuhaskwatit keyanow ôche mākwach Pontius Pilate ā tipāyitûk. Kê kukwatukitaw

ᓂᐢᑐ ᑭᓯᑳᔭᐣ ᑭᐦ ᐊᐧᓂᐢᑳᐤ ᑳ ᐃᑕᐢᑌᐣ ᑮᐦᒋᒫᓯᓇᐦᐃᑲᐣ, ᐁᑲᐧ ᑳ ᐊᑎ ᐅᐦᐱᐢᑳᐤ ᑮᐦᒋᑭᓯᑯᕽ ᐃᓯ, ᐁ ᐊᐱᐚᐤ ᐅ ᑮᐦᒋᓂᐢᑭᔭᕽ ᐅᐦᑖᐃᐧᒫᐊᐧ. ᒥᓇ ᑭᑕ ᑕᑯᓯᕽ ᑭᐢᑌᔭᐦᑖᑯᓯᐃᐧᐣ ᑭᑭ ᑭᑕ ᐯ ᓇᑕᐃᐧ ᐅᔭᓯᐚᑖᐤ ᐊᓂᐦᐃ ᑫ ᐱᒫᑎᓯᔭ ᒉᑳᐧᐣ ᒥᓇ ᐊᓂᐦᐃ ᑳ ᑭ ᓂᐱᔭᐤ; ᐅ ᑎᐯᔭᐦᒋᑫᐃᐧᐣ ᐁᑳ ᐃᐧᐦᑳᐣ ᑭᑕ ᐳᓂᐸᔭᔭᐣ.

ᒥᓇ ᓂ ᑖᐯᐧᐦᑌᐣ ᐁ ᐃᐦᑖᐟ ᑳ ᑳᓇᑎᓯᐟ ᐊᐦᒐᕽ, ᑳ ᑎᐯᔭᐦᒋᑫᐟ, ᒥᓇ ᑳ ᒉᑭᐟ ᐱᒫᑎᓯᐃᐧᐣ, ᑳ ᐅᐦᒌᐟ ᐅᐦᑖ-ᒫᐃᐧᕽ ᒥᓇ ᐅᑯᓯᓯᒫᐃᐧᕽ, ᒥᓇ ᐊᓯᒋ ᐅᐦᑖᐃᐧᒫᐊᐧ ᒥᓇ ᐅᑯᓯᓯᒫᐊᐧ ᑳ ᐊᔭᒥᐦᐁᐢᑖᐦᐟ ᒥᓇ ᑳ ᑭᐢᑌᔭᐦᑖᑯᓯᐟ, ᑳ ᑭ ᐃᑌᐧᐦᐋᐟ ᐅᑭᐢᑭᐯᐧᐦᐃᑫᐊᐧ. ᒥᓇ ᓂ ᑖᐯᐧᐦᑌᐣ ᐯᔭᐠ ᒥᓯᐁᐧᐢᑲᒥᕽ ᐊᔭᒥᐦᐋᐃᐧᐣ ᑳ ᑭᐦ ᐅᔭᐢᑖᒋᕽ ᐊᐹᐢᑎᓵᐊᐧᕽ. ᓂ ᐃᐧᐦᑌᐣ ᐯᔭᐠ ᓯᑲᐦᐋᐦᑖᑫᐃᐧᐣ ᑭᑕ ᑭᐦ ᐅᐦᒋ ᐊᔕᓂᑳᑌᑭ ᒪᒋᐦᑎᐃᐧᓇ, ᒥᓇ ᓂᐟ ᐊᔕᐚᐸᐦᑌᐣ ᑭᑕ ᐊᐧᓂᐢᑳᒋᕽ ᑳ ᑭᐦ ᓂᐱᒋᕽ, ᒥᓇ ᐱᒫᑎᓯᐃᐧᐣ ᐊᐢᑭᕽ ᐊᓂᒪ ᑫ ᐅᑎᐦᒋᐸᔭᐣ. ᐋᒥᐣ.

¶ ᐁᑲᐧ ᑲᑫᐢᑭᐦᑫᒧᐃᐧᐣ, ᐳᓂ ᑲᑫᐢᑭᐦᑫᒧᒋ ᒫᑲ, ᒥᒋᓯᐃᐧᓈᐦᑎᑯᕽ ᑳᐃᐧ ᒥᓇ ᑭᑕ ᐃᑐᐦᑌᐤ ᐊᔭᒥᐦᐁᐃᐧᔨᓂᕽ, ᐁᑯᓯ ᑭᑕ ᐊᑎ ᐊᔭᒥᐦᑖᐟ ᐸᑭᑎᓈᓯᐃᐧ ᐱᐢᑭᐦᑕ-ᓯᓇᐦᐃᑲᓂᔅ.

ᑮᔭᐟ ᑭ ᐚᐢᑌᐃᐧᓂᐚᐤ ᑭᑕ ᐚᓯᑌᐤ ᐁ ᐚᐸᒥᑯᔭᑯᐤ ᐊᔨᓯᔨᓂᐊᐧᐠ, ᑭᑕ ᐚᐸᐦᑕᑭᐠ ᑭ ᒥᔪ ᐊᑐᐢᑫᐃᐧ ᐚᐊᐧ ᒥᓇ ᑭᑕ ᑭᐢᑕᑭᒫᒋᐠ ᑯᐦᑖᐃᐧᐚᐊᐧ ᑮᐦᒋᑭᓯᑯᕽ ᑳ ᐊᔮᔭᐟ ᓴᐳ ᒫᔪ v.

ᐁᑳᐃᐧᔭ ᒫᐊᐧᒋᐦᒑᐧᐢ ᐁᐧᔪᑎᓯᐃᐧᓇ ᐅᑕ ᐊᐢᑭᕽ; ᐃ ᒥᓯᐚᐱᐢᐠ ᒥᓇ ᒪᓂᑐᐢ ᑳ ᓂᓯᐊᓈᒋᐦᑖᐟ, ᒥᓇ ᐃ

menu kė nuhinaw, Ākose ā nisto kesikayik kė wuniskaw ka itustāk kichemusinuhikun, Ākwu ka utte ȯpiskat kichekesikȯk isse, Ā upiwat o kicheniskeyėk Ōtawemawu. Menu kittu tukosik kistāyitakosewin kike kittu pā nutowe oyusoowatat unihe kā pimatiseyit mākwach menu unihe ka kė nipeyit; O tipāyichikāwin āka wėkach kittu ponipuyiyik.

Menu ne tapwātan ā ėtat ka Kunatiset Ūchȧk, Ka Tipāyichikāt, menu Ka Mākit pimatisewin, Ka ȯchet Ōtawemawik menu Okosisimawik, Menu usiche Ōtawemawu menu Okosisimawu ka uyumihāstȧt menu ka kistāyitakohit, Ka kė itwāhat Okiskiwāhikāwu. Menu ne tapwātān pāyuk misewāskumik uyumihawin ka kė oyustachik Apostleuk. Ne wėtān pāyuk sekuhȗtakāwin kittu kė ȯche usānikatāke muchėtiwinu, Menu net usuwapȗtān kittu wuniskachik ka kė nipichik, Menu pimatisewin uskėk unimu kā otichipuyik. Amen.

¶ Ākwu kukāskikāmoowin, Pone kukāskikāmoche maku, Mechisoowinȧtikȯk kawe menu kittu itȯtāo Uyumihāweyinew, ākose kittu utte uyumitat Pukitinasoowe Piskitusinuhikunisu.

Keyam ke wastāwinewaw kittu wasetāo ā wapumikoyākok uyiseyinewuk, kittu wapȗtȗkik ke meyo utoskāwinewawu, menu kittu kistukimachik Kȯtawewawu kichekesikȯk ka uyayit.— St. Matth. v.

Ākaweyu mawuchitwasok wāyotisewinu otu uskėk; ittu misewapisk menu munichoos ka nisiwunachitat, menu ittu kimotiskuk ka puspipe-

ᑭᒍᑎᐢᑲᐠ ᑳ ᐸᐢᐱᐱᑯᓇᐦᑭᐠ ᒥᓇ ᑳ ᑭᒍᑎᒥᐠ; ᒫᑲ ᒫᐘᒥᐦᑛᓯᐠ ᐍᔦᑎᐟᐏᓇ ᑭᐦᒋᑭᓯᑯᕽ; ᐃᑕ ᐁᑳ ᒥᓯᐚᐱᐢ ᐊᐦᐳ ᒪᓂᒍᐢ ᑳ ᓂᓯᐚᓈᒥᐦᑗ, ᒥᓇ ᐃᑕ ᑭᒍᑎᐢᑲᐠ ᐁᑳ ᑳ ᐸᐢᐱᐱᑯᓇᐦᑭᐠ ᑭᑕ ᑭᒍᑎᒥᐠ. ᓭᐣ ᒫᐟᔦ vi.

ᑳ ᐃᓯ ᓇᑕᐍᔨᒫᓴᑯᐠ ᐊᔨᓯᔨᓂᐘᐠ ᑭᑕ ᑑᑯᓴᑯᐠ, ᐁᑯᓯ ᑭᐢᑕᐚᐤ ᐃᐦ ᑖᐦᑯᐠ; ᐁᐘᑯᒪ ᐁᑕᐢᑌᐠ ᐅᔭᓯᐍᐏᐣ ᒥᓇ ᑳ ᐃᑕᐢᑖᒥᐠ ᐅᑭᐢᑭᐍᐦᐃᑫᐘᐠ. ᓭᐣ ᒫᐟᔦ vii.

ᓇᒪᐏᔭ ᑲᐦᑭᔭᐤ ᐊᓂᑭ ᑳ ᐃᓯᒥᐠ, ᑌᐯᔨᐦᒋᑫᔭᐣ, ᑌᐯᔨᐦᒋᑫᔭᐣ, ᑭᑕ ᐱᐦᑐᑫᐘᐠ ᑭᐦᒋᑭᓯᑯᐏ ᐅᑌᓇᐏᐏᓂᕽ; ᑳ ᐊᓇ ᑳ ᑐᑕᕽ ᐁ ᐃᑌᔨᐦᑕᒥᔨᐟ ᓅᐦᑖᐏᔭ ᑭᐦᒋᑭᓯᑯᕽ ᑳ ᐋᔮᔨᐟ. ᓭᐣ ᒫᐟᔦ vii.

ᔮᑭᔭᐢ ᓂᐸᐏᐤ, ᒥᓇ ᐅᒥᓯ ᐃᑌᐤ ᑳ ᑎᐯᔨᒋᑫᔨᐟ, ᒫᑎᑲ, ᑌᐯᔨᒋᑫᔭᐣ, ᐋᐱᐦᑕᐤ ᑳ ᐋᔮᔮᐣ ᓂ ᒦᔭᐘᐠ ᐅᑭ-ᑎᒫᑭᓯᐘᐠ; ᒥᓇ ᑭᐢᐱᐣ ᐊᐏᔭᐠ ᑳᐦ ᐘᓂᑐᑕᐚᑭ, ᑲᐏ ᓂ ᒦᔭᐤ ᓃᐚᐤ ᐃᔨᑯᕽ. ᓭᐣ ᓬᐅᐠ xix.

ᓇᒪ ᒋ ᑭ ᑮᐢᑫᔨᐦᑌᓈᐚᐤ ᐊᓂᑭ ᑳ ᐸᒥᐦᑖᒥᐠ ᑳᓈᒋ ᑫᒁᔭ ᐅᐦᑕᐦᒋᑫᐘᐠ ᐊᓂᐃ ᒪᒍᐢᑌᐦᐊ ᑫᐏᓇ, ᒥᓇ ᐊᓂᑭ ᑳ ᐊᑐᐢᑳᑕᐦᑭᐠ ᐸᑭᑎᓈᓱᐏᓈᐱᐢ ᐅᐦᑎᓂᑫᐘᐠ ᐸᑭᑎᓈᓱ-ᐏᓈᐱᐢᑯᕽ? ᐁᑯᓯ ᒫᑲ ᑳ ᑎᐯᔨᒋᑫᐟ ᒥᓇ ᑭᐦ ᐃᓯ ᐅᔭᑭᐦᑕᐣ ᐊᓂᑭ ᑳ ᑲᑫᐢᑭᒪᐍᒥᐠ ᒦᔮᒋᒍᐏᐣ ᑭᑕ ᐅᐦᒋ ᐱᒫᑎᓯᒥᐠ ᒦᔮᒋᒍᐏᐣ. ᓂᐢᑕᐣ ᑲᓬᐃᐣᑎᔭᓇ ix.

ᐊᓇ ᐊᐱᓯᐢ ᑳ ᑭᐢᑎᑫᐟ ᐊᐱᓯᐢ ᑭᑕ ᒪᓂᓯᑫᐤ; ᒥᓇ ᐊᓇ ᒥᐢᑕᐦᐃ ᑳ ᑭᐢᑎᑫᐟ ᒥᐢᑕᐦᐃ ᑭᑕ ᒪᓂᓯᑫᐤ. ᑮᔮᐟ ᑲᐦᑭᔭᐤ ᐊᐏᔭᐠ ᑭᑕ ᐃᐦᑐᑕᐟ ᐁ ᑭ ᐃᓯ ᐅᓴᐦᑕᕽ ᐅᑌᐦᐃᕽ; ᓇᒪᐏᔭ ᐋᒋᐢᑕᐍᐦᑕᒧᐏᓂᕽ, ᐊᐦᐳ ᐊᔨᔫ;

konŭkik menu ka kimotichik; maku mawuchitwasok wāyotisewinu kichekesikŏk; ittu āka misewapisk ŭpo munichoos ka nisiwunachitat, menu ittu kimotiskuk āka ka puspipekonŭkik kittu kimotichik.—St. Matth. vi.

Ka isse nutuwāyimayākok uyiseyinewuk kittu totakoyākok, ākose kestuwaw itotåkok; āwukomu ātustāk oyusoowāwin menu ka itustachik Okiskiwāhikāwuk.—St. Matth. vii.

Numuweyu kŭkeyow unike ka isichik, Tāpāyichikāyun, Tāpāyichikāyun, kittu pĕtokāwuk kichekesikoowe otānowiwinik; maku unu ka totŭk ā itāyitumiyit Nŏtaweyu kichekesikŏk ka uyayit.—St. Matth. vii.

Zaccheus nepowiw, menu omise itāo ka Tipāyichikāyit, Matiku, Tāpāyichikāyun, apitow ka uyayan ne meyawuk okitimakisewuk; menu kespin uweyuk kå wunitotowuke, kawe 'ne meyaw nāwaw eyikŏk.—St. Luke xix.

Numu che ke kiskāyitānawaw unike ka pumitachik kunache kākwuyu ŏtŭchikāwuk unihe muchostāhumakāwinu, menu unike ka utoskatŭkik pukitinasoowinapisk ŏtinikāwuk pukitinasoowinapiskŏk? Ākose maku ka Tipāyichikāt menu kĕ isse oyukitum unike ka kukāskimiwāchik meywachimoowin kittu ŏche pimatisechik meywachimoowin.—1 Cor. ix.

Unu upises ka kistikāt upises kittu munisikāo; menu unu mistuhe ka kistikāt mistuhe kittu munisikāo. Keyam kŭkeyow uweyuk kittu itotum ā ke isse oyāyitŭk otāhik; numuweyu achistowāyitumoowinik, ŭpo uyisach; chi-

ᒋᑫᒫ ᑭᓭᒪᓂᑐ ᓁᑭᐦᐁᐤ ᐊᓂᐦᐃ ᑳ ᒋᐦᑫᔨᐦᑕᒧᐃᐧ ᒣᑭᔨᐟ. ᓂᓵᐧᐤ ᑲᔕᐃᐢᑎᔭᓇ ix.

ᑭᔮᐨ ᐊᓇ ᑳ ᑭ ᑭᐢᑭᓄᐊᒫᐦᐟ ᐃᑌᐎᐣ ᑭᑕ ᐅᐦᒋᐢ-ᑕᒪᐁᐧᐤ ᐊᓂᐃ ᑳ ᑭᐢᑭᓄᐊᒫᑫᔨᐟ ᑲᐦᑭᔭᐤ ᒥᔪ ᑫᑲᐧᔭ. ᐁᑳᐃᐧᔭ ᑭ ᑲ ᐊᐧᓭᓯᒥᐣᐃᐧᓈᐋᐤ; ᑭᓭᒪᓂᑐ ᓇᒪᐃᐧᔭ ᑭᑕ ᑭᐦ ᐹᐦᐱᐁᐧᔨᒫᐤ; ᒋᑫ ᐊᓂᒪ ᐊᔨᓯᔨᓂᐤ ᑳ ᑭᐢᑎᑳᑕᕽ, ᐁᐊᐧᑫᐧᔨᐤ ᒥᓇ ᑫ ᒪᓂᓭᕽ. ᑲᔕᐁᓯᔭᓇ vi.

ᐊᔭᒥᐦᐋᐋᐧᑎᓯᐎᐣ ᐁᐊᐧᑯ ᑭᐦᒋ ᐁᐧᐗᑎᓯᐎᐣ, ᑭᐢᐱᐣ ᐊᔨ ᔨᔫ ᑌᐱᔭᐁᐧᓯᒋ ᐃᔨᑯᕽ ᐊᓂᒪ ᑳ ᐋᔭᐟ; ᒋᑫᒫ ᓇᒪᐃᐧᔭ ᑫᑲ: ᑯᐦᒋ ᐯᑖᓇᐤ ᐅᑕ ᐊᐢᑭᕽ, ᐁᑯᓯ ᒥᓇ ᓇᒪᐃᐧᔭ ᑫᑲ: ᑭ ᑲ ᑭᐦ ᓯᐯᐧᐦᑕᑖᓇᐤ. ᓂᐢᑕᐨ ᑎᒪᑎ vi.

ᐋᔮᑳᐧᒥᒥᐠ ᐊᓂᑭ ᑳ ᐁᐧᐗᑎᓯᒋᐠ ᐅᑕ ᐊᐢᑭᕽ, ᑭᑕ ᒋᐦᑫ-ᔨᐦᑕᐦᑭᐠ ᑭᑕ ᒣᑭᒋᐠ, ᒥᓇ ᑭᑕ ᒥᓴᐧᔨᐦᑕᐦᑭᐠ ᑭᑕ ᒫᑎᓇᒫᑫᒋᐠ; ᐁ ᒫᐊᐧᒋᐦᒌᐧᓱᒋᐠ ᒥᔪ ᐅᔭᐢᒋᑫᐎᐣ ᓂᑳᐣ, ᑭᒌ ᑭ ᐅᑎᐦᑕᐦᑭᐠ ᑳᐢᑫ ᐱᒫᑎᓯᐎᐣ. ᓂᐢᑕᐨ ᑎᒪᑎ vi.

ᑲᓄᑭᐢᑭᓯᐠ ᐅᐟ ᐃᑌᐃᐧᓇ ᑳ ᒋᐯᔨᐦᒋᑫᐟ ᒋᓭᐢ, ᐃᐧᔭ ᓴᐦᒋᐋᐧᐠ ᑳ ᑭᐦ ᐃᑌᐧᐟ, ᓇᐸᐧ- ᑭᓭᐋᐧᑐᑖᑯᐃᐧᓯᐤ ᑳ ᒣᑭᐟ ᐃᐢᐱᐦ ᐊᓇ ᑳ ᒥᔨᐦᐟ. ᐃᓯᐦᒋᑫᐃᐧᓇ xx.

¶ ᐸᑭᑎᓈᓱᐃᐧᓇ ᐁ ᑭᐦ ᐅᐢᓂᑳᑌᑭ ᐁᑲᐧ ᑭᑕ ᒥᔫᐤ ᐊᔭᒥᐦᐁᐃᐧᔨᓂᐤ, ᐁᑯᓯ ᑭᑕ ᐊᐢᑖᐤ ᑳᓈᒋ ᒥᒋᓱᐃᐧᓈᐦᑎᑯᕽ.

¶ ᑭᐢᐱᐣ ᐁ ᐃᐧ ᒣᑭᓈᓂᐊᐧᕽ ᑭᐦ ᐃᓯᐦᒌᐎᐣ ᐁᑲᐧ ᐊᔭᒥᐦᐁᐃᐧᔨᓂᐤ ᑭᑕ ᐅᔭᐢᒌᐤ ᒥᒋᓱᐃᐧᓈᐦᑎᑯᕽ ᐃᔨᑯᕽ ᑭᑕ ᑌᐱᐸᔨᐤ ᐁ ᐃᑌᔨᐦᑕᕽ ᐸᐦᑫᐧᓯᑲᓇ ᒥᓇ ᔪᒥᓈᐳ. ᐁᑲᐧ ᒫᑲ ᑭᑕ ᐃᑌᐤ,

ᐁᑲᐧ ᐊᔭᒥᐦᐁᐢᑕᒪᐋᐧᑖᓂᐠ ᑳᐦᑭᔭᐤ ᐁ ᐃᐦᑕᓯᔨᐟ ✕ ᐅᐟ ᐃᔨᓂᒪ ᐅᑕ ᐊᐢᑮᕽ,

kāma Kisāmunito sakihāo unihe ka chēkāyitumoowe mākeyit.—2 Cor. ix.

Keyam unu ka kē kiskinohumåt itwāwin kittu ōchestumuwāo unihe ka kiskinohumakāyit kůkeyow meyo kākwuyu. Ākaweyu ke ku wuyāsimikowinawaw; Kisāmunito numuweyu kittu kē påpewāyimaw; chikāma unimu uyiseyinew ka kistikatůk, āwukwāyew menu kā munisůk.—Gal. vi.

Uyumihawatisewin āwuko kiche wāyotisewin, kespin uyiseyinew tāpeyowāsiche eyikōk unimu ka uyat; chikāma numuweyu kākwi kōche pā tanow otu uskēk, ākose menu numuweyu kākwi ke ku kē sipwåtutanow.—1 Tim. vi.

Uyakwanimik unike ka wāyotisechik otu uskēk, kittu chēkāyitůkik kittu mākichik, menu kittu meywāyitůkik kittu matinumakāchik; ā mawuchitwasoochik meyo oyuschikāwin nekan, kittu kē otitůkik kakikā pimatisewin.—1 Tim. vi.

Kunokiskisik ot itwāwinu ka Tipāyichikāt Jesus, weyu kåchiwak ka kē itwāt, Nowuch kisāwatotakoowisew ka mākit ispēch una ka meyit.—Acts xx.

¶ Pukitinasoowinu ā kē otinikatāke ākwu kittu meyaw Uyumihāweyinew, ākose kittu ustaw kunache Mechisoowinåtikōk.

¶ Kespin ā wē mākinaniwůk Kicheisētwawin ākwu Uyumihāweyinew kittu oyustaw Mechisoowinåtikōk eyikōk kittu tāpipuyew a itāyitůk Půkwasikunu menu Sominapo. Ākwu maku kittu itwāo,

Ākwu uyumihāstumowatanik kůkeyow ā ituseyit
Christ ot Eyinemu otu uskēk,

ᒫᒪᐍᔭᐢ ᓯᔦᐦᑳᑎᓯᔭᐣ ᒥᓇ ᑳᑭᑫ ᐯᒫᑎᓯᔭᐣ ᑭᓭᒪᓂᑐ, ᑭ ᑲᓈᒋ ᐊᐹᐢᑎᐢᐃᑦ ᑳ ᑭ ᐅᐦᒋ ᑭᐢᑭᓄᐊᒪᐏᔮᕽ ᑭᑕ ᐊᔭᒥᐦᐁᐠᑕᒪᐘᑭᐦᒋᐠ, ᒥᓇ ᓇᑐᑕᒧᐢᑕᒪᐘᑭᐦᒋᐠ, ᒥᓇ ᓈᐢᑯᒧᐢᑕᒪᐘᑭᐦᒋᐠ, ᑲᐦᑭᔭᐤ ᐊᔨᓯᔨᓂᐘᐠ; ᐁ ᑕᐸᐦᑌᔨᒨᔮᕽ ᑭ ᐸᑯᓭᔨᒥᑎᓈᐣ ᓈᐢᐱᐨ ᑭᓭᐚᑎᓯᐏ [*ᑭᑕ ᐅᑎᓇᒪᐏᔮᕽ ᓂ ᒉᑭᐏᓂᓈᓇ ᒥᓇ ᓂ ᐸᑭᑎᓈᓱᐏᓂᓈᓇ, ᒥᓇ] ᑭᑕ ᐅᑎᓇᒪᐏᔮᕽ ᐅᐦᐃ ᓂᐟ ᐊᔭᒥᐦᐋᐏᓂᓈᓇ, ᑳ ᐃᓯ ᒪᐏᒧᐢᑕᒫᕽ ᑭ ᒪᓂᑐᐏ ᑭᐢᑌᔨᐦᑖᑯᓯᐏᐣ; ᐁ ᐸᑯᓭᔨᒥᑖᕽ ᑕᐦᑭ ᑭᑕ ᑭᑭᐢᑲᒧᐊᒋᐠ ᒥᓯᐍᐢᑲᒥᐠ ᐅᑕᔭᒥᐦᐋᐘᐠ, ᑖᐺᐏᓂ ᐊᐦᒑᐦᑲᐧ, ᐏᑫᐦᑐᐏᐣ, ᒥᓇ ᒥᔦ ᐅᑐᑌᒥᐦᑐᐏᐣ; ᒥᓇ ᐃᑌᔨᐦᑕ, ᑲᐦᑭᔭᐤ ᐊᓂᑭ ᑳ ᐏᐦᑕᐦᑭᐠ ᑳ ᑲᓈᑕᕽ ᑭ ᐏᐦᔦᐏᐣ ᑖᐱᐢᑯᐨ ᑭᑕ ᐅᑎᓇᐦᑭᐠ ᐁ ᐃᓯ ᑖᐺᒪᑲᕽ ᑳ ᑲᓈᑕᕽ ᑭ ᐃᑌᐏᐣ, ᒥᓇ ᑭᑕ ᐱᒫᑎᓯᒋᐠ ᐏᑫᐦᑐᐏᓂᕽ, ᒥᓇ ᒪᓂᑐᐏᓵᑭᐃᐍᐏᓂᕽ. ᑭ ᐸᑯᓭᔨᒥᑎᓈᐣ ᒥᓇ ᑭᑕ ᐱᒫᒋᐊᒋᐠ ᒥᓇ ᑭᑕ ᓈᑕᒪᐘᒋᐠ ᑲᐦᑭᔭᐤ ᐅᑕᔭᒥᐋᐏ ᑭᐦᒋᐅᑭᒫᐘᐠ, ᒥᓇ ᑭᐦᒋᐅᑭᒫᐦᑲᓇᐠ; ᐅᓵᑦ ᒫᑲ ᑭᐟ ᐊᑐᐢᑫᔮᐣ ᒑᐢᐨ ᓂ ᑭᐦᒋᐅᑭᒫᒥᓈᐣ; ᒉᑳᐧᐨ ᐏᔭ ᐁ ᑎᐯᔨᒥᑯᔮᕽ ᒪᓂᑐᐚᑎᓯᐏᓂᕽ ᒥᓇ ᐯᔭᐦᑕᑭ ᐊᔮᐏᓂᕽ ᓂ ᑲ ᐏ ᑎᐯᔨᒥᑲᐏᓈᐣ; ᒥᓇ ᑲᐦᑭᔭᐤ ᑳ ᐅᔭᓯᐍᐢᑕᒫᑯ, ᒥᓇ ᑳ ᑭᐦ ᐊᐦᔭᐟ ᑎᐯᔨᐦᒋᑫᐏᓂᕽ, ᐸᑭᑌᔨᐦᑕᒪᐏᐠ ᑖᐺ ᑲᐧᔭᐢᐠ ᑭᑕ ᐃᑕᓱᐚᓯᐍᒋᐠ, ᒥᓇ ᑭᑕ ᑭᐱᐦᒋᐦᒑᒋᐠ ᒪᒋᐦᑎᐏᐣ ᒥᓇ ᒪᒋ ᑫᑳ; ᒥᓇ ᑭᑕ ᐏᒋᐦᒑᒋᐠ ᑳ ᑖᐺᒪᑲᕽ ᑭᐟ ᐊᔭᒥᐋᐏᐣ ᒥᓇ ᒥᔻᑎᓯᐏᐣ. ᒥᔨᐠ ᑭ ᓂᓱᐦᑲᒧᑫᐏᐣ, ᑭᐦᒋᑭᓯᑯᐏ ᐅᐦᑖ-

* ᑭᐢᐱᐣ ᐁᑳ ᐁ ᐸᑭᑎᓈᓱᕽ ᓇᒪᐏᔭ ᐅᒪ ᑭᑕ ᐃᑗᓂᐤ.

Mamuwāyus seyŏkatiseyun menu kakikā pāmatiseyun Kisāmunito, ke kunache Apostleim ka kĕ ŏche kiskinohumowiyăk kĭttu uyumihāstumowukĭchik, menu nutotāstumowukĭchik, menu nunaskomostumowukĭchik, kŭkeyow uyiseyinewuk; Ā tupŭtāyimoyăk ke pukosāyimitinan naspich kisāwatisewe [* kittu otinumowiyăk ne mākiwininanu menu ne pukitinasoowininanu, menu] kittu otinumoweyăk ohe net uyumihawininanu, ka isse mowimostumăk ke Munitowe Kistāyĭtakosewin; ā pukosāyimităk tŭke kittu kikiskumohuchik misiwāskumik Otuyumihawuk, tapwāwine ŭchăkwu, wechătoowin, menu meyo ototāmĭtoowin; menu itāyĭtu, kŭkeyow unike ka wĕtŭkik ka kunatŭk ke Wĕyoowin tapiskoch kittu otinŭkik ā isse tapwāmukŭk ka kunatŭk ket Itwāwin, menu kittu pimatisechik wechătoowinik, menu Munitowe sakihiwāwinĭk. Ke pukosāyimitinan menu kittu pimachihuchik menu kittu natumowuchik kŭkeyow Otuhumihawe Kĭcheokimawuk menu Kĭcheokimăkanuk; osam maku ket utoskāyakun George ne Kĭcheokimaminan; mākwach weyu ā tipāyimikoyăk munitoatisewinĭk menu pāyŭtuke uyawinĭk ne ku wĕ tipāyimikowinan; Menu kŭkeyow ka Oyusoowāstumakot menu ka kĕ ŭyat tipāyĭchikāwinĭk, pukitāyĭtumowik tapwā kwuyusk kittu itusoowasiwāchik, menu kittu kipĭchĭtachik muchĕtiwin menu muche kākwī, menu kittu wechĭtachik ka tapwāmukŭk ket uyumihawin, menu meywatisewin. Meyik ke nesŏkumakāwin ki-

* kespin āka ā pukitinasŏk numuweyu omu kittu itwanew.

ᐎᒫᐤ, ᑲᐦᑭᔭᐤ ᑭᐦᒋᐊᔭᒥᐦᐁᐎᔨᓂᐘᐠ ᒥᓇ ᐊᔭᒥᐦᐁ-ᐎᔨᓂᐘ, ᑖᐱᐢᑯᐨ ᐅ ᐱᒫᑎᓯᐎᓂᐚᕽ ᒥᓇ ᐅ ᐧᑫᐢᑫᐧᐃ ᓂᐚᕽ ᑭᑕ ᑭ ᐚᐸᐦᑎᔨᐌᒋᐠ ᑳ ᑖᐻᒪᑲᕽ ᒥᓇ ᑳ ᐱᒪᒋᐃᐌᐠ ᑭᐟ ᐃᑘᐎᐣ, ᒥᓇ ᑿᔭᐢᐠ ᒥᓇ ᒥᑐᓂ ᑭᑕ ᒫᑎᓇᒫᑫᒋᐠ ᑭ ᑲᓈᒋ ᐃᓯᐦᒘᐎᓇ; ᒥᓇ ᑲᐦᑭᔭᐤ ᑭᐟ ᐃᔨᓂᒪᐠ ᒥᔨᐠ ᑭ ᑭᐦᒋᑭᓯᑯᐎ ᓂᓱᐦᑲᒫᑫᐎᐣ; ᐅᓵᑦ ᒫᑲ ᐅᑭ ᐅᑕᔭᒥᐋᐘᐠ ᐅᑕ ᑳ ᐊᔮᒋᐠ; ᔪᐢᐱᓯᐎ ᒥᑌᐦᐃᕽ ᒥᓇ ᑯᓯᑵᔨᐦᑕᒧᐎᓂᕽ, ᑭᑕ ᐯᐦᑕᐦᑭᐠ ᒥᓇ ᑭᑕ ᐅᑎᓇᐦᑭᐠ ᑳ ᑲᓈᑕᕽ ᑭᐟ ᐃᑘᐎᐣ; ᑖᐻ ᐁ ᐊᑐᐢᑳᐢᑭᐠ ᑲᓈᑎᓯᐎᓂᕽ ᒥᓇ ᑿᔭᐢᐤᑖᑎᓯᐎᓂᕽ ᐃᔨᑯᕽ ᑫ ᐱᒫᑎᓯᒋᐠ. ᒥᓇ ᒥᑐᓂ ᐁ ᑕᐸᐦᑌᔨᒧᔮᕽ ᑭ ᐸᑯᓭᔨᒥᑎᓈᐣ ᐁ ᐃᓯ ᒥᔼᑎᓯᔭᐣ, ᑌᐯᔨᐦᒋᑫᔭᐣ, ᑭᑕ ᔮᑭᒋᐦᐊᒋᐠ ᒥᓇ ᐎᒋᐊᒋᐠ ᑲᐦᑭᔭᐤ ᐊᓂᑭ ᐅᑕ ᒋᒫᓯᓄᐎ ᐱᒫᑎᓯᐎᓂᕽ ᑳ ᐊᔮᒋᐠ ᐋᔨᒥᓯᐎᓂᕽ, ᐱᑵᔨᐦᑕᒧᐃᓂᕽ, ᑹᑕᒫᐃᓂᕽ, ᐋᐦᑯᓯᐎᓂᕽ, ᐊᐦᐸ ᓈᐣᑕᐤ ᑐᑕᐠ ᒫᔨᐊᔮᐎᓂᕽ. ᐁᑲ ᒥᓇ ᑭ ᓇᓈᐢᑯᒥᑎᓈᐣ ᑭ ᑲᓈᒋ ᐎᐦᔪᐎᓂᕽ ᑲᐦᑭᔭᐤ ᑭᐟ ᐊᑐᐢᑫᔮᑲᓇᐠ ᐅᐦᒋ ᑳ ᑭᐦ ᓇᑲᑕᐦᑭᐠ ᐅᒪ ᐱᒪᑎᓯᐎᐣ ᐁ ᑖᐻᔪᔨᒥᐢᑭᐠ ᒥᓇ ᐁ ᑯᓯᑵᔨᒥᐢᑭᐠ; ᐁ ᐸᑯᓭᔨᒥᑖᕽ ᑭᑕ ᒥᔨᔮᕽ ᑭ ᓂᓱᐦᑲᒫᑫᐎᐣ ᑭᑕ ᑭᐦ ᑭᐢᑭᓇᐚᐸᒫᔮᐦᑭᐠ ᐅ ᒥᔪ ᐃᓯᐍᐱᓯᐎᓂᐚᕽ, ᐁᑯᓯ ᑭᑕ ᑭᐟ ᐎᒉᐚᔮᐦᑭᐠ ᑭ ᑭᐦᒋᑭᓯᑯᐃ ᐅᑌᓇᐎᐎᓂᕽ; ᒥᔨᓈᐣ ᐅᒪ, ᐅᐦᑖᐎᒫᐤ, ᐎᔭ ᒋᓭᐢ X ᐅᐦᒋ, ᐱᓴᔭᑯᐟ ᓂᐋᑕ-ᒫᑐᔮᕽ ᒥᓇ ᓀᑐᑌᐢᑕᒫᑯᔮᕽ. ᐋᒣᐣ.

¶ ᐁᐘᑵᔨᐤ ᐅᒪ, ᐸᐦᑭ ᐊᐦᐸ ᒥᓯᐌ, ᑫ ᐃᑘᐟ ᐊᔭᒥᐦᐁᐎᔨᓂᐤ ᓂᔮᐠ ᐁ ᐃᐦᑚᕽ ᑭᑕ ᒉᑭᓈᓂᐘᕽ ᑭᐦᒋᐃᓯᐦᒘᐎᐣ.

chekesikoowe Ótawemaw, kúkeyow Kicheuyumihāweyinewuk menu Uyumihāweyinewuk, tapiskoch o pimatisewiniwåk menu o kukāskwāwiniwåk kittu kē wapúteyiwāchik ka tapwāmukúk menu ka pimachihiwāk ket Itwāwin, menu kwuyusk menu mitone kittu matinumakāchik ke kunache Isētwawinu; Menu kúkeyow ket eyinemuk meyik ke kíchekesikoowe nesókumakāwin; osam maku oke otuyumihawuk otu ka uyachik; yospisewe mitāhík menu kosikwāyítumoowiník, kittu pắtúkik menu kittu otinúkik ka kunatúk ket Itwāwin; tapwā ā utoskaskik kunatisewiník menu kwuyuskitatisewiník eyikók kā pimatisechik. Menu mitone ā tupútāyimoyåk ke pukosāyimitinan ā isse meywatiseyun, Tāpāyíchikāyun, kittu kakechihuchik menu wechihuchik kúkeyow unike otu chimasinoowe pimatisewiník ka uyachik ayimisewiník, pekwāyítumoowiník, kwetumawiník, åkosewiník, úpo nantow kotuk mayeuyawiník. Ākwu menu ke nunaskomitinan ke kunache Wēyowinik kúkeyow ket utoskāyakunuk óche ka kē nukutúkik omu pimatisewin ā tapwāyāyimiskik menu ā kosikwāyimiskik; ā pukosāyimitåk kittu meyiyåk ke nesókumakāwin kittu kē kiskinowapumayåkik o meyo issewāpisewiniwåk, ākose kittu kē wechāwayåkik ke kichekesikoowe otānowiwiník; Meyinan omu Ótawemaw, weyu Jesus Christ óche, peyāyukot Neyatumakoyåk menu Nātotāstumakoyåk. Amen.

¶ Āwukwāyew omu, púke úpo misiwā, kā itwāt Uyumihāweyinew neyak ā wētúk kittu mākinaniwúk Kícheisētwawin.

ᑳ ᑭᐦᒋ ᓵᑭᐦᐃᑕᑯᐠ, ———— ᑭᓯᑲᑭ ᓂᐟ ᐃᑌᔨᐦᑌᐣ, ᑭᓭᒪᓂᑐ ᐃᐧᒋᐦᐃᒋ, ᑭᑕ ᒫᑎᓇᒪᐊᐧᑭᐠ ᑲᐦᑭᔭᐤ ᐊᓂᑭ ᐊᔭᒥᐋᐃᐧᓂᕽ ᒥᓇ ᑯᓯᑫᐧᔨᐦᑕᒧᐃᐧᓂᕽ ᐁ ᐃᓯ ᒫᒥᑐᓀ-ᔨᐦᑕᐦᑭᐠ ᐅᒪ ᐊᔨᐋᐧᐠ ᑳ ᒥᔪᑌᐦᐁᐃᐁᐧᐠ ᑭᐦᒋᐃᓯᐦᑖᐧᐃᐧᐣ ᐃᐧᔭᐤ ᒥᓇ ᐅ ᒥᐦᑯ X; ᑭᑕ ᐅᑎᓇᐦᑭᐠ ᐁ ᑲᓄᐢᑭ-ᓯᑐᑕᒫᐧᒋᐠ ᐅ ᑲᐢᑭᑕᒫᑫᐃᐧᓂᔨᐤ ᐅ ᒋᐢᑕᐋᐢᑲᐧᑎᑯᐃᐧᓂᔨᐤ ᒥᓇ ᐅ ᑲᑳᐧᑕᑭᐦᑖᐃᐧᓂᔨᐤ ᐅᐦᒋ, ᐁᑯᑕ ᐱᑯ ᑫ ᑭᐦ ᐅᐦᒋ ᐊᓴ-ᓇᒫᑲᐃᐧᔭᕽ ᑭ ᒪᒋᐦᑎᐃᐧᓂᓇᐊᐧ, ᒥᓇ ᑫ ᑭᐦ ᐃᓯᐃᑲᐃᐧᔭᕽ ᑭᑕ ᐃᐧᒋᐦᐃᐁᐧᔭᕽ ᑭᐦᒋ ᓯᑯᐃᐧ ᐅᑌᓇᐃᐧᐃᐧᓂᕽ.

ᐁᑯᓯ ᒫᑲ ᐃᑕᐢᑌᐤ ᑕᐸᐦᑌᔨᒧᐃᐧᓂᕽ ᒥᑐᓂ ᑭᑕ ᓇᓈᐢ-ᑯᒫᔭᕽ ᒫᒪᐁᐧᔭᐢ ᓯᔪᐦᑳᑎᓯᐟ ᑭᓭᒪᓂᑐ ᑭᐦᒋᑭᓯᑯᐃᐧ ᑯᐦᑖ-ᐃᐧᓇᐤ, ᐊᓂᒪ ᐅᐦᒋ ᐁ ᑭᐦ ᒣᑭᐟ ᐅᓂᓯᐢ ᑯᐱ ᒋᐦᐃᐁᐧᒥᓇᐊᐧ ᒋᓴᐢ Xᐊ, ᓇᒪᐃᐧᔭ ᐱᑯ ᑭᑕ ᓂᐳᐢᑕᒫᒍᐊᐧᕽ, ᒫᑲ ᑭᑕ ᒪᐢᑲᐃᐧᓯᐢᑳᑯᔭᕽ ᑭᐟ ᐊᐦᒑᐦᑯᓈᕽ ᐁᑯᑕ ᐅᒪ ᑲᓈᒋ ᑭᐦᒋᐃ-ᓯᐦᑖᐧᐃᐧᓂᕽ. ᐅᒪ ᒫᑲ ᐁ ᐃᓯ ᒪᓂᑐᐊᐧᕽ ᒥᓇ ᐁ ᐃᓯ ᒥᔪᑌᐦᐁᐢᑳᑯᒋᐠ ᐊᓂᑭ ᑲᐧᔭᐢᐠ ᑳ ᐃᓯ ᐅᑎᓇᐦᑭᐠ; ᒫᑲ ᐁ ᐃᓯ ᐊᐢᑖᓯᐦᐸᑲᓂᔨᐠ ᐊᓂᑭ ᐁᑳ ᑲᐧᔭᐢᐠ ᑳ ᐃᓯ ᐅᑎᓇᐦᑭᐠ; ᐃᑕᐢᑌᐤ ᑭᑕ ᓯᐦᑭᒥᑕᑯᐠ ᑭᑕ ᒫᒥᑐᓀᐩᐦᑕᒣᐠ ᐁ ᐃᓯ ᑯᓯ-ᑫᐧᔨᐦᑖᑲᐧᕽ ᐁᐊᐧᑳᐧᓂᒪ ᑲᓈᒋ ᒪᒫᐦᑖᐃᐧ ᑫᑲ:, ᒥᓇ ᐁ ᐃᓯ ᐋᔨᒪᕽ ᐊᐃᐧᔭᐠ ᐁ ᐅᑎᓇᕽ ᐁᑳ ᐁ ᑌᐸᑫᔨᐦᑖᑯᓯᐟ; ᐁᑯᓯ ᑭᑕ ᐃᓯ ᓇᑐᓂᑫᔦᐠ ᑭ ᑭᐢᑫᔨᒥᓱᐃᐧᓂᐋᐧᕽ, ᓇᒪᐃᐧᔭ ᒥᓇ ᒫᒫᓯᐢ, ᐊᐦᐳ ᑖᐱᐢᑯᐨ ᐊᐃᐧᔭᐠ ᐁ ᐃᐧᐦ ᐊᐧᔦᓯᐦᐋᐟ ᑭᓭᒪᓂᑐᐊᐧ; ᒫᑲ ᐯᐦᑭᐅᐃᐧᓂᕽ ᒥᓇ ᑲᓈᑎᓯᐃᐧᓂᕽ ᑭᑕ ᑭᐦ ᐯ ᓈᑕᒣᐠ ᐅᒪ ᑭᐦᒋᑭᓯᑯᐃᐧ ᐃᐧᐦᑯᐦᑐᐃᐧᐣ, ᐁ ᑭᐢᑲᒣᐠ ᐊᓂᒪ ᐃᐧᑭᐦᑐᐊᐧᓵᑲᐧ ᑳ ᓇᑕᐁᐧᔨᐦᑕᕽ ᑭᓭᒪᓂᑐ ᑭᐦᒋᒪᓯᓇᐦᐃᑲᓂᕽ,

Ka kiche sakihitukok, ——— kesikakā net itāyitān, Kisāmunito wechihiche, kittu matinumowukik kukeyow unike uyumihawinik menu kosikwāyitumoowinik ā isse mamitonāyitukik omu uyiwak ka meyotāhāhiwāk Kicheisētwawin Weyow menu o Miko Christ; kittu otinukik ā kunokiskisitotumwachik o kuskitumakāwineyew o Chestuhaskwatikoowineyew menu o Kukwatukitawineyew óche, ākotu piko kā kē óche usānumakowiyuk ke muchētiwininowu, menu kā kē isehikowiyuk kittu wechihiwāyuk kichekesikoowe otānowiwinik.

Ākose maku itustāo tupútāyimoowinik mitone kittu nunaskomayuk Mamowāyus Seyókatiset Kisāmunito kichekesikoowe Kótawenow, unimu óche ā kē mākit Okosisu Kopimachihiwāminowu Jesus Christu, numuweyu piko kittu nipostumakoowuk, maku kittu muskuwiseskakoyuk ket uchākonāk ākotu omu kunache Kicheisētwawinik. Omu maku ā isse munitoowuk menu ā isse meyotāhāskakochik unike kwuyusk ka isse otunukik, maku ā isse ustasēpukuneyik unike āka kwuyusk ka isse otunukik; itustāo kittu sēkimitukok kittu mamitonāyitumāk ā isse kosikwāyitakwuk āwukwanimu kunache mumātawe kākwī, menu ā isse ayimuk uweyuk ā otinuk āka ā tāpukāyitakosit; ākose kittu isse nutonikāyāk ke kiskāyimisoowiniwāk, numuweyu menu mamases, upo tapiskoch uweyuk ā wē wuyāsihat Kisāmunitowu; maku pākihoowinik menu kunatisewinik kittu kē pā natumāk omu kichekesikoowe Wēkótoowin, ā kikiskumāk unimu weki-

ᐁᑯᓯ ᒫᑲ ᑭᑕ ᑭᐦ ᐅᑎᓂᑲᐃᐧᓴᐠ ᑌᐸᑫᔨᐦᑖᑯᓯᐃᐧ ᐅᐃᐧᒋᐦᐃᐁᐧᐊᐧᐠ ᐁ ᐃᑕᑭᒥᑲᐃᐧᓴᐠ ᐁᑯᑕ ᑲᓈᒋ ᒥᒋᓱᐃᐧ-ᓈᐦᑎᑯᕽ.

ᐁᑯᓯ ᒫᑲ ᐅᒪ ᑫ ᐃᐦᑐᑕᒣᐠ; ᓂᑳᐣ ᑭᑕ ᓇᑐᓂᑫᓴᐠ ᑭᐟ ᐃᓯ ᐱᒫᑎᓯᐃᐧᓂᐚᕽ ᒥᓇ ᑭᐟ ᐃᑖᑎᓯᐃᐧᓂᐚᕽ ᑭᓭᒪᓂᑐ ᐅᔭᓱᐁᐧᐃᐧᓇ ᐁ ᑎᐸᐦᐋᑫᓴᐠ; ᐱᑯ ᐃᑕ ᒫᑲ ᑫ ᐊᐧᐸ-ᐦᑕᒧᐁᐧᑫᐧ ᐁ ᑭᐦ ᐊᐧᓂᑐᑕᒣᐠ, ᑭᐟ ᐃᑌᔨᐦᑕᒧᐃᐧᓂᐚᕽ, ᑭ ᐱᑭᐢᑫᐧᐃᐧᓂᐚᕽ, ᐊᐦᐳ ᑭᐟ ᐃᐦᑐᑕᒧᐃᐧᓂᐚᕽ, ᐁᑯᑕ ᑭᑕ ᑭᓯᓈᑌᔨᐦᑕᒥ ᑯᓴᐠ ᑭ ᒪᒋᐦᑎᐃᐧᓂᐊᐧᐤ, ᒥᓇ ᑭᑕ ᐋᒋᒧᐢ-ᑕᐚᓴᐠ ᒫᒪᐁᐧᔭᐢ ᓯᐸᐦᑳᑎᓯᐟ ᑭᓭᒪᓂᑐ, ᑫᐦᒋᓈᒫᐨ ᐁ ᐃᑌᔨᐦᑕᒣᐠ ᐱᑐᐢ ᑭᑕ ᐃᓯ ᐱᒫᑎᓯᓴᐠ. ᑭᐢᐱᐣ ᒫᓴ ᐚᐸᐦᑕᒣᑯ ᑭ ᐊᐧᓂᑐᑕᒧᐃᐧᓂᐚᐊᐧ ᐁᑳ ᐱᑯ ᑭᓭᒪᓂᑐ ᐁ ᐊᐧᓂᑐᑕᐚᓴᐠ ᒫᓴ ᑭᒑᔭᓯᔨᓂᐚᐊᐧᐠ ᒥᓇ; ᐁᑲᐧ ᐱᑯ ᑭᑕ ᑲᐧᔭᐢᑲᐧᐢᑖᓴᐠ ᐁᐊᐧᑯ; ᐁ ᐃᓯ ᑲᐢᑭᐦᑖᓴ ᑭ ᑲᑫᐧ ᓇᐦᐃ-ᔭᐁᐧᐦᐋᓴᑯᐠ ᐃᑕ ᐁ ᑭᐦ ᐊᐧᓂᑐᑕᐚᓴᑯᐠ ᒥᓇ ᑭᔭᐚᐤ ᐁ ᐳᓀᔨᐦᑕᒪᐚᓴᑯᐠ ᑯ ᑲᐠ. ᑭᐢᐱᐣ ᓈᐣᑕᐤ ᑳ ᐃᓯ ᓇᓴᐦᑖ-ᐃᐧᑐᑖᑲᐃᐧᐁᐧᑫᐧ, ᑳ ᐃᓯ ᐸᑯᓭᔨᒧᓴᐠ ᑭᓭᒪᓂᑐ ᑭᑕ ᐳᓀ-ᔨᐦᑕᒫᑯᓴᐠ ᑭ ᐊᐧᓂᐦᑎᐃᐧᓂᐚᐊᐧ; ᒋᑦᒫ ᑭᐢᐱᐣ ᐁᑳ ᐁᑯᓯ ᐃᐦᑐᑕᒣᑯ, ᐁ ᐅᑎᓇᒣᐠ ᑭᐦᒋᐃᓯᑖᐧᐤ ᐱᑯ ᑭ ᔭᐦᑭᐦᑖᓈᐚᐤ ᑯᔭᓯᐚᑎᑯᐃᐧᓂᐚᐤ. ᐁᑯᓯ ᒫᑲ ᑭᐢᐱᐣ ᐊᐃᐧᔭᐠ ᑭᔭᐚᐤ ᒪᒋᐃᑌᐧᐢᑭᐤ, ᐊᐦᐳ ᐱᓯᑳᐧᑎᓯᐤ, ᐊᐦᐳ ᑭᐢᑫᐧᐯᐢᑭᐤ, ᐊᐦᐳ ᑭᒧᑎᐢᑭᐤ, ᐊᐦᐳ ᑭᓯᐢᑖᑫᐤ, ᐊᐦᐳ ᑯᑕᐠ ᒪᒋᐦᑎᐃᐧᐤ, ᐳᓂᐦᑖ ᑭ ᒪᒋᐦᑎᐃᐧᐤ, ᑫᐧᐢᑭᐱᒫᑎᓯᐟ, ᐊᐦᐳ ᐁᑳᐃᐧᔭ ᐯ ᓈᑕ ᐊᓂᒪ ᑲᓈᒋ ᒥᒋᓱᐃᐧᓈᐦᑎᐠ.

ᐁ ᓇᑕᐁᐧᔨᐦᑖᑲᐧᕽ ᒫᑲ ᐁᑳ ᐊᐃᐧᔭᐠ ᑭᑕ ᐯ ᓈᑕᕽ

tousakī ka nutuwāyituk Kisāmunito Kichemusinuhikunik, ākose maku kittu kē otinikowiyāk tāpukāyitakosewe owechihiwāwuk ā itukimikowiyāk ākotu kunache Mechisoowinātikōk.

Ākose maku omu kā itotumāk; Nekan kittu nutonikāyāk ket isse pimatisewiniwåk menu ket itatisewiniwåk Kisāmunito oyusoowāwinu ā tipuhakāyāk; piko ittu maku kā waputumoowākwā ā kē wunitotumāk, ket itāyitumoowiniwåk, ke pekiskwāwiniwåk, upo ket itotumoowiniwåk, ākotu kittu kesinatāyitumihikoyāk ke muchētiwiniwaw, menu kittu achimostuwayāk Mamowāyus Seyōkatiset Kisāmunito, kāchinamach ā itāyitumāk petos kittu isse pimatiseyāk. Kespin maku waputumāko ke wunitotumoowiniwawu āka piko Kisāmunito ā wunitotowayāk, maku kechuyiseyinewawuk menu; ākwu piko kittu kwuyuskwustayāk āwuko; ā isse kuskitayāk kittu kukwā nuheyuwāhayākok ittu ā kē wunitotuwayākok; menu keyuwaw ā ponāyitumuwayākok kotukuk kespin nantow ka isse nuyātawitotakowiwākwā, ka isse pukosāyimoyāk Kisāmunito kittu ponāyitumakoyāk ke wunētiwiniwawu; chikāma kespin āka ākose itotumāko, ā otinumāk Kicheisētwawin piko ke yukitanawaw koyusoowatikoowiniwaw. Ākose maku kespin uweyuk keyuwaw muche itwāskew, upo pisikwatisew, upo keskwāpāskew, upo kimotiskew, upo kisestakāo, upo kotuk muchētiwin, ponita ke muchētiwin kwāskipimatise, upo ākaweyu pā natu unimu kunache Mechisoowinātik.

Ā nutuwāyitakwuk maku āka uweyuk kittu

ᑭᐦᒋᐃᓯᐦᑤᐎᐣ ᑭᔥᐱᐣ ᐁᑳ ᐁ ᑕᑲᐦᑲᔥᑌᔨᐠ ᐅ ᒫᒥᑐᓀᔨᒋᑲᐣ, ᑭᔥᐱᐣ ᐊᐎᔭᐠ ᑭᔭᐚᐤ ᐁᑳ ᑲᔥᑭᐦᑖᒋ ᑭᑕ ᑲᐧᔭᔥᑲᐧᔥᑖᒫᓱᐟ, ᑮᔫᐨ ᓂ ᑲ ᐯ ᓈᑎᐠ ᓂᔮ, ᐊᐦᐳ ᒍᑕ ᐊᔭᒥᐦᐁᐃᐧᔑᓂᐚ ᑭᑕ ᓈᑌᐤ, ᑭᑕ ᐛᐎᐦᑖᒫᐦ ᑭᔐᒪᓂᑐ ᐅᐟ ᐃᑌᐎᐣ. ᒥᓇ ᑭᑕ ᐃᓯ ᐎᒋᐃᐦ ᑭᑕ ᐯᔭᐦᑕᑲᔥᑌᔑᐠ ᐅ ᒫᒥᑐᓀᔨᒋᑲᐣ.

¶ ᐁᑿ ᐁ ᐅᑎᐦᒋᐸᔑᐠ ᑭᑕ ᒉᑭᓈᓂᐘᐤ ᑭᐦᒋᐃᓯᐦᑤᐎᐣ ᐁ ᑯᔩᒋ ᐅᔭᐱᒋᐠ ᐊᔑ-ᓯᔑᓂᐘᐠ, ᐊᔭᒥᐦᐁᐎᔑᓂᐤ ᑭᑕ ᐃᑌᐤ,

ᑭᔭᐚᐤ ᑩᐧ ᒥᑐᓂ ᑳ ᑭᓯᓈᑌᔑᐦᑕᒥᐃᑯᔦᐠ ᑭ ᒪᒋᐦᑎ ᐃᐧᓂᐚᐚ, ᒥᓇ ᑲ ᑳᑭᐦᐚᔦᑯᐠ ᒥᓇ ᒥᑫ ᐃᐧᑫᐚᔦᑯᐠ ᑭ ᐃᐧᑕᐱᒫᑲᓂᐚᐚᐠ, ᒥᓇ ᑳ ᐃᑌᔑᐦᑕᒉᐠ ᐅᔥᑭ ᐱᒫᑎᓯᐎᐣ ᑭᑕ ᒥᑎᒉᔦᐠ, ᐁ ᐱᒥᑎᓴᐃᐧᓯᐤ ᐅᔭᓱᐁᐎᓇ ᑭᔐᒪᓂᑐ, ᒥᓇ ᐁ ᐱᒍᐦᑑᑐᑕᒉᐠ ᐊᓄᐦᐨ ᐅᐦᒋ ᑳ ᑲᓈᑕᓂᔑᑭ ᐅᐟ ᐃᑖᑎᓯᐎᓇ; ᐯ ᐃᑐᐦᑌᐠ ᑭᑭ ᑩᐦᑕᒍᐎᐣ, ᒥᓇ ᐅᑎᓇᒧᐠ ᐅᒪ ᑳᓈᒋ ᑭᐦᒋᐃᓯᐦᑤᐎᐣ ᑭᑕ ᒥᑫᑌᐦᐁᔥᑳᑯᔦᐠ; ᐁᑯᓯ ᐚᒋᒧᔥᑗ ᒫᒪᐁᐧᔭᔥ ᓯᑫᐦᑳᑎᓯᐟ ᑭᔐᒪᓂᑐ ᑭ ᒪᒋᑎᐎᓂᐚᐚ, ᑕᐸᐦᑌᔨᒧᐎᓂᕽ ᐁ ᐅᒋᐦᒋᐦᑲᐧᓇᐱᔦᐠ.

¶ ᒫᒪᐎ ᑭᑕ ᐃᑌᐤ.

ᒫᒪᐁᐧᔭᔥ ᓯᑫᐦᑳᑎᓯᔭᐣ ᑭᔐᒪᓂᑐ, ᐅᐦᑖᐎᔭ ᑳ ᑎᐯ ᔨᒥᑯᔫᐠ ᒋᓵᔥ ᐠᕆᔅᐟ, ᑳ ᐅᓯᐦᑕᔭᐣ ᑲᐦᑭᔭᐤ ᑫᔅᐟ, ᑳ ᐅᔭᓱᐋᑕᒋᐠ ᑲᐦᑭᔭᐤ ᐊᔨᓯᔨᓂᐘᐠ; ᓂ ᐃᐧᑌᓇᐣ ᒥᓇ ᓂᐟ ᐋᑐᑌᓈᐣ ᑳ ᐅᓵᒉᔭᑎᐦᑭ ᓂ ᒪᒋᐦᑎᐎᓂᓈᓇ ᒥᓇ ᓂ ᒫᒋᑎᓯᐎᓂᓈᐣ, ᑳᐦᑭᐦᑖᐨ ᑳ ᑭ ᒥᔥᑎᐦᐃ ᐸᑯᓯᐦᑭᑳᔫᕽ, ᐁ ᐃᑌᔑᐦᑕᒫᕽ, ᐁ ᐃᑌᐧᔫᕽ, ᒥᓇ ᐁ ᐃᑐᐦᑕᒫᐠ, ᐁ ᐚᓂᑐᐦᑕᒫᕽ ᑭ ᒪᓂᑐᐎ ᑭᔥᑌᔨᐦᑖᑯᓯᐎᐣ, ᒥᑐᓂ ᑲᐧᔭᔥᐠ ᐁ

pā natůk Kicheisětwawin kespin āka ā tukůkus tāyik o mamitonāyichikun, kespin uweyuk keyuwaw āka kuskitache kittu kwuyuskwustumasot, keyam ne ku pā natik neyu, ůpo kotuku uyumihāweyinewu kittu natāo, kittu wuwětumåt Kisāmunito ot Itwāwin, menu kittu isse wechehit kittu pāyůtukustāyik o mamitonāyichikun.

¶ Ākwu ā otichipuyik kittu mākinaniwůk Kicheisětwawin ā kwuyache oyupichik uyiseyinewuk, Uyumihāweyinew kittu itwāo,

Keyuwaw tapwā mitone ka kesinatāyitumihikoyāk ke muchětiwiniwawu, menu ka sakihayākok menu meyo wechāwayākok ke wetupimakuniwawuk, menu ka itāyitumāk oske pimatisewin kittu mitimāyāk, ā pimitisuhumwāk oyusowāwinu Kisāmunito, menu ā pimōtatotumāk unōch ōche ka kunatuneyike ot itatisewinu; pā itōtāk kike tapwåtumoowin, menu otinumok omu kunache kicheisětwawin kittu meyotāhāskakoyāk; ākose achimoståk Mamowāyus Seyōkatiset Kisāmunito ke muchětiwinewawu, tupůtāyimoowinik ā ochichěkwunupeyāk.

¶ Mamowe kittu itwåk.

Mamowāyus Seyōkatiseyun Kisāmunito, Ōtaweyu ka Tipāyimikoyåk Jesus Christ, Ka osětayun kůkeyow kākwī, Ka oyusoowatuchik kůkeyow uyiseyinewuk; Ne wětānan menu net atotānan ka o-amāyutike ne muchětiwininanu menu ne muchatisewininan Kåkětwam ka kě mistuhe uyisěchikāyåk, Ā itāyitumåk, ā itwāyåk, menu ā itotumåk, Ā wunitotumåk ke Munitowe Kistāyitakosewin, Mitone kwuyusk ā

ᑲᐢᑭᐦᑕᒫᓲᔭᕽ ᑭ ᑭᓯᐚᓯᐃᐧᐣ ᒥᓇ ᑭ ᑭᓯᐢᑳᑫᐃᐧᐣ. ᒥᐢᑕᐦᐃ ᓂ ᑭᓯᓈᑌᔨᐦᑕᒥᐦᐃᐧᓈᐣ, ᒥᓇ ᓂᑌᐦᐃᓈᕽ ᐅᐦᒋ ᓂ ᒥᐦᑖᑌᓈᐣ ᐅᒪ ᑳ ᑭ ᐃᓯ ᐘᓂᑐᑕᒫᕽ; ᐁ ᑭᐢᑭᓯᑐᑕᒫᕽ ᓂ ᒥᑯᐢᑳᑌᔨᐦᑕᒥᐦᐃᑯᓇᐣ; ᓂ ᒫᑫᐧᔨᒨᐃᑯᓈᐣ ᐁ ᓇᔭᐦᑕᒪᕽ. ᑭᑎᒫᑭᓇᐏᓈᐣ, ᑭᑎᒫᑭᓇᐏᓈᐣ, ᒫᒪᐍᔭᐢ ᑫᓭᐚᑎᓯᔭᐣ ᐅᐦᑖᐃᐧᒫᐤ; ᑭᑯᓯᐢ ᑳ ᑎᐯᔨᒥᑰᔭᕽ ᒋᓴᐢ X ᐅᐦᒋ, ᐊᓴᓇᒪᐏᓈᐣ ᑲᐦᑭᔭᐤ ᑳ ᑭᐦ ᑐᑕᒫᕽ; ᒥᓇ ᐃᑌᔨᐦᑕ ᑕᐦᑭ ᓂ ᓂᑳᓂᒥᓈᕽ ᑭᑕ ᐊᑐᐢᑫᐢᑖᑖᕽ ᒥᓇ ᑭᑕ ᓇᐦᐃᔭᐍᐦᐃᑖᕽ ᐅᐢᑭ ᐱᒫᑎᐟᐃᐧᓂᕽ, ᑭᑕ ᑯᓯᑫᐧᔨᐦᑖᑲᐧᕽ ᒥᓇ ᑭᐢᑌᔨᐦᑖᑲᐧᕽ ᑭ ᐃᐧᐦᐋᐃᐧᐣ; ᐃᐧᔭ ᐅᐦᒋ ᒋᓴᐢ X ᑳ ᑎᐯᔨᒥᑰᔭᕽ. ᐋᒣᐣ.

¶ ᐁᑲᐧ ᐊᔭᒥᐁᐃᐧᔨᓂᐤ ᑫ ᐃᑌᐧᐟ ᐅᒪ ᐊᓭᓇᒫᑫᐃᐧᐣ.

ᒫᒪᐍᔭᐢ ᓯᐋᐦᑳᑎᓯᐟ ᑭᓭᒪᓂᑐ, ᑯᐦᑖᐃᐧᓇᐤ ᑭᐦᒋᑮᓯᑯᕽ, ᐅ ᑭᐦᒋᑭᓭᐚᑎᓯᐃᐧᐣ ᐅᐦᒋ ᑳ ᑭᐦ ᐊᓱᑕᒪᐚᐟ ᑭᑕ ᐊᓭᓇᒫᒥᐦᐟ ᐅ ᒪᒋᐦᑎᐃᐧᓂᔨᐘ ᑲᐦᑭᔭᐤ ᐊᓂᐦᐃ ᐁ ᑭᑭᔨᐟ ᑖᐯᐧ ᑫᐧᐢᑭᐱᒫᑎᓯᐃᐧᐣ ᒥᓇ ᑖᐯᐧᐦᑕᒧᐃᐧᐣ ᑳ ᑫᐧᐢᑭᐢᑖᑯᐟ; ᑭ ᑲ ᐃᐧᐦ ᑭᑎᒫᑭᓈᑯᐚᐤ; ᑭ ᑲ ᐃᐧᐦ ᐊᓭᓇᒫᑯᐚᐤ ᒥᓇ ᑭ ᑲ ᐃᐧᐦ ᐃᑲᑌᓇᒫᑯᐚᐤ ᑲᐦᑭᔭᐤ ᑭ ᒪᒋᐦᑎᐃᐧᓂᐚᐘ; ᑭ ᑲ ᐃᐧᐦ ᐊᔨᒋᐦᐃᑯᐚᐤ ᒥᓇ ᑭ ᑲ ᐃᐧᐦ ᒪᐢᑲᐃᐧᓯᐦᐃᑯᐚᐤ ᒥᓯᐍ ᒥᔫᐧᑎᓯᐃᐧᓂᕽ; ᒥᓇ ᑭ ᑲ ᐃᐧᐦ ᐯᓯᑯᐚᐤ ᑳᑭᑫ ᐱᒫᑎᓯᐃᐧᓂᕽ; ᐃᐧᔭ ᐅᐦᒋ ᒋᓴᐢ X ᑳ ᑎᐯᔨᒥᑯᔭᕽ. ᐋᒣᐣ.

¶ ᐁᑲᐧ ᐊᔭᒥᐦᐁᐃᐧᔨᓂᐤ ᑭᑕ ᐃᑌᐧᐤ,

ᓇᑐᐦᑕᒧᐠ ᒥᔪᑌᐦᐁᐦᐃᐍᐃᐧ ᐃᑌᐧᐃᐧᓇ ᑯᐱᒫᒋᐃᐍᒥᓇᐤ
X ᑳ ᐃᑖᐟ ᑲᐦᑭᔭᐤ ᐊᓂᐦᐃ ᑖᐯᐧ ᑳ ᑫᐧᐢᑭᐢᑖᑯᐟ.

kuskitumasoyåk ke kisiwasiwin menu ke kisestakāwin Mistuhe ne kesinatāyitumihikonan, Menu netāhinåk ŏche ne mitatānan omu ka kė isse wunitotumåk; Ā kiskisetotumåk ne mikoskatāyitumihikonan; Ne makwāyimohikonan ā nuyŭtumåk. Kitimakinowinan, Kitimakinowinan, Mamowāyus Kāsāwatiseyun Ŏtawemaw; Kekosis ka Tipāyimikoyåk Jesus Christ ŏche, Usānumowinan kŭkeyow ka kė totumåk; Menu itāyitu tŭke ne nekanemināk kittu Utoskāstatåk menu kittu nuheyuwāhitåk Oske pimatisewinik, Kittu kosikwāyitakwŭk menu kistāyitakwŭk ke Wėyoowin; Weyu ŏche Jesus Christ ka Tipāyimikoyåk. Amen.

¶ Ākwu Uyumihāweyinew kā itwāt omu Usānumakāwin.

Mamuwāyus Seyŏkatiset Kisāmunito, Kŏtawenow kichekesikŏk, o kiche kisāwatisewin ŏche ka kė usotumuwat kittu usānumamit o muchėtiwineyiwu kŭkeyow unihe ā kikeyit tapwā kwāskipimatisewin menu tapwātumoowin ka kwāskestakot; ke ku wė kitimakinakoowaw; ke ku wė usānumakoowaw menu ke ku wė ekutānumakoowaw kŭkeyow ke muchėtiwiniwawu; ke ku wė uyechihikoowaw menu ke ku wė musku wisehikoowaw misiwā meywatisewinik; menu ke ku wė pāsekoowaw kakikā pimatisewinik; weyu ŏche Jesus Christ ka Tipāyimikoyŭk. Amen.

¶ Ākwu Uyumihāweyinew kittu itwāŏ,

Nutŏtumok meyotāhāhiwāwe itwāwinu Kopimachihiwāminow Christ ka itat kŭkeyow unihe tapwā ka kwāskestakot.

ᐯᒋ ᓈᒋᐢ ᓂᔮ ᑳᐦᑭᔮᐤ ᑭᔮᐚᐤ ᑳ ᐊᑐᐢᑫᔦᐠ, ᒥᓇ
ᒥᐢᑕᐦᐃ ᑳ ᓇᔭᐦᑕᒣᐠ, ᐁᑯᓯ ᑭ ᑲ ᒥᔫᑎᓈᐚᐤ ᐊᔦᐧᐱᐃᐧᐣ.
ᓴᐣ ᒫᑘ xi. 28.

ᑭᓭᒪᓂᑐ ᐁᐢᐱᐦᒋ ᓵᑭᑖᐟ ᐊᐢᑮ, ᑭᐦ ᒉᑭᐤ ᐅ ᐯᔭᑯᓴ-
ᓯᓵᓇ, ᐱᑯ ᐊᐃᐧᔭᐠ ᐁ ᑖᐯᐧᔦᔫᒫᐟ ᐁᑳ ᑭᑕ ᓂᓯᐚᓇ-
ᑎᓯᐟ, ᒫᑲ ᑭᑕ ᐊᔮᐟ ᑳᑭᑫ ᐱᒫᑎᓯᐃᐧᐣ. ᓴᐣ ᒌᐣ iii. 16

ᓇᑐᐦᑕᒧᐠ ᒥᓇ ᑖᓂᓯ ᐁ ᐃᑌᐧᐟ ᓴᐣ ᐹᓫ.

ᑖᐯᐧᒪᑲᐣ ᐅᒪ ᐃᑌᐧᐃᐧᐣ, ᒥᓇ ᑌᐸᑫᔨᐦᑖᑲᐧᐣ ᑳᐦᑭᔮᐤ
ᐊᐃᐧᔭᐠ ᑭᑕ ᐅᑎᓇᕽ, X ᒋᓵᐢ ᐁ ᑭᐦ ᐯ ᐃᑐᐦᑌᐟ ᐊᐢᑭᐠ
ᑭᑕ ᐱᒫᒋᐦᐋᐟ ᐅᒪᒌᑎᓵ. ᓂᐢᑕᐣ ᑎᒧᑎ i. 15.

ᓇᑐᐦᑕᒧᐠ ᒥᓇ ᑖᓂᓯ ᐁ ᐃᑌᐧᐟ ᓴᐣ ᒌᐣ.

ᑭᐢᐱᐣ ᐊᐃᐧᔭᐠ ᐊᔨᓯᔨᓂᐤ ᒪᒋᑐᑕᐦᑭ, ᑭᐟ ᐊᔮᐚᐤ
ᐅᓇᑐᑌᐢᑖᒪᑫᐤ ᐃᑕ ᐁ ᐊᔮᐟ ᐁᐧᔦᐦᒑᐃᐧᕽ, ᒋᓵᐢ X ᐅᒌ-
ᔭᐢᑭᑖᑎᓯᐤ; ᐁᑯᓯ ᐃᐧᔭ ᑳ ᑎᐸᐦᐃᑫᐢᑖᒪᑯᔭᕽ ᑭ ᒪᒋᐦᑎ-
ᐃᐧᓂᓇᐋᐧ. ᓂᐢᑕᐣ ᒌᐣ ii. 1.

¶ ᐁᑲᐧ ᐊᔭᒥᐦᐁᐃᐧᔨᓂᐤ ᑭᑕ ᐃᑌᐧᐤ.

ᐅᐦᐱᓇᒧᐠ ᑭᑌᐦᐃᐚᐊᐧ.

ᓇᐢᐱᒍᐃᐧᐣ. ᑯᐦᐱᓇᒫᐚᓈᐣ ᑳ ᑎᐯᔨᐦᒋᑫᐟ.

ᐊᔭᒥᐦᐁᐃᐧᔨᓂᐤ. ᒫᐦᑎ ᓇᓈᐢᑯᒫᑖᐠ ᑳ ᑎᐯᔨᐦᒋᑫᐟ ᑭᓭᒪᓂᑐ.

ᓇᐢᐱᒍᐃᐧᐣ. ᓇᐦᐃᓈᑲᐧᐣ ᒥᓇ ᑲᐧᔭᐢᐠ ᐁᑯᓯ ᑭᑕ ᑐᑕᒥᕽ.

¶ ᐁᑲᐧ ᐊᔭᒥᐦᐁᐃᐧᔨᓂᐤ ᑭᑕ ᐃᑌᐧᐤ,

ᒥᐢᑕᐦᐃ ᓇᐦᐃᓈᑲᐧᐣ, ᑲᐧᔭᐢᐠ, ᒥᓇ ᐁ ᐃᓯ ᓇᑕᐁᐧᔨ-
ᐦᑖᑯᓯᔮᕽ ᐱᑭᐧᔨᑯᕽ, ᒥᓇ ᐱᑯ ᐃᑕ, ᑭᑕ ᓇᓈᐢᑯᒥᑖᕽ, ᑳ

Pāche nasik neyu kůkeyow keyuwaw ka utoskāyāk, menu mistuhe ka nuyůtumāk, ākose ke ku meyitinawaw uywāpiwin.—St. Matth. xi. 28. Kisāmunito āspěche sakitat uske, kė mākew o Pāyukokosisanu, piko uweyuk ā tapwāyāyimat āka kittu nisiwunatiset, maku kittu uyat kakikā pimatisewin.—St. John iii. 16.

Nutótumok menu tanisse ā itwāt Saint Paul.

Tapwāmukun omu itwāwin, menu tāpukāyitakwun kůkeyow uweyuk kittu otinůk, Christ Jesus ā kė pā itótāt uskěk kittu pimachihat omuchatisu.—1 Tim. i. 15.

Nutótumok menu tanise ā itwāt Saint John.

Kespin uweyuk uyiseyinew muchetotůke, ket uyawanow Onutotāstumakāo ittu ā uyat Wayótawěk, Jesus Christ Okwuyuskitatisew; ākose weyu ka tipuhikāstumakoyůk ke muchětiwininowu.—1 St. John ii. 1.

¶ Ākwu Uyumihāweyinew kittu itwāo,

Ópinumok ketāhiwawu.

Nuspimoowin. Nópinumowanan ka Tipāyichikāt.

Uyumihāweyinew. Mahte nunaskomatak ka Tipāyichikāt Kisāmunito.

Nuspimoowin. Nuhinakwun menu kwuyusk ākose kittu totumik.

¶ Ākwu Uyumihāweyinew kittu itwāo,

Mistuhe nuhinakwun, kwuyusk, menu ā isse nutuwāyitakoseyåk, pikweyikók, menu piko ittu, kittu nunaskomitåk, ka Tipāyichikāyun, Ku-

ᑎᐯᓕᐦᒋᑫᔭᐣ, ᑲᓇᒋ ᐅᐦᒑᐎᒫᐤ, ᒫᒪᐌᔭᐢ ᓯᐚᐦᑳᑎᓯᔭᐣ, ᑳᑭᑫ ᐁᔮᔭᐣ ᑭᓭᒪᓂᐤ.

¶ ᐁᑲ ᐅᑕ ᑳ ᐅᔭᑭᐦᒋᑳᑌᐠ ᓃᑳᐣ ᐊᔭᒥᐦᒋᑫᐎᓐ; ᐁᑲ ᒫᑲ ᒪ ᑳ ᐊᑎ ᐊᐢᑌᐠ,

ᐁᐘᑯ ᐅᐦᒋ ᐸᓯᒋ ᐅᑭᓯᑯᐘᐠ ᒥᓇ ᑭᐦᒋᐅᑭᓯᑯᐊᐠ, ᒥᓇ ᐊᓯᒋ ᑲᐦᑭᔭᐤ ᑭᐦᒋᑭᓯᑯᕽ ᐁᔮᒋᐠ, ᓂ ᑭᐦᒋᒑᐍᔨᐟᒑᑯᐦᒑᓈᐣ ᒥᓇ ᓂ ᑭᐢᑌᔨᐦᒑᑯᐦᒑᓈᐣ ᑳ ᑭᒑᔨᐘᕽ ᑮ ᐐᐦᔦᐎᓐ; ᒑᐦᑭ ᐁ ᓇᓈᐢᑯᒥᒑᕽ, ᒥᓇ ᐁ ᐃᑘᔮᕽ:

ᑫᓈᑎᓯᔭᐣ, ᑫᓈᑎ ᔭᐣ, ᑫᓈᑎᓯᔭᐣ, ᑌᐯᓕᐦᒋᑫᔭᐣ ᑭᓭᒪᓂᐤ. ᓯᐚᐦᑳᑎᓯᔭᐣ, ᑭᐦᒋᑭᓯ ᒥᓇ ᐊᐢᑭ ᓵᑲᐢᑭᑌᐤ ᑭ ᑭᐢᒍᓕᐦᒑᑯᓯᐎᓐ ᐅᐦᒋ; ᑭ ᑲ ᐐᐦ ᑭᐢᑕᑭᒥᑲᐎᓐ, ᑌᐯᓕᐦᒋᑫᔭᐣ ᒫᒪᐌᔭᐢ ᐁᐢᐹᐦᑫᓕᐟᒑᑯᓯᔭᐣ. ᐋᒣᐣ.

ᓃᑳᐣ ᐊᔭᒥᐦᒋᑫᐎᓇ.

¶ ᑲᕑᐃᐢᒪᐢ ᑭᓯᑳᐤ.

ᒋᑫᒫ ᐁ ᑮᐦ ᒣᑭᔭᐣ ᒋᓴᐢ X ᑳ ᐯᔭᑯᐟ ᑭᑯᓯᐢ ᑭᑕ ᓂᐦᒑᐎᑭᐟ ᐅᒪ ᑳ ᐃᐦᑭᕽ ᓂᔭᓈᐣ ᐅᐦᒋ; ᐁᐘᒎ ᑳ ᑲᓈᑎᓯᓭᐟ ᐊᐦᒑᐦᑿ ᑳ ᑭᐦ ᐅᐦᒋ ᐊᓭᓯᓭᓂᐎᐎᐦᐟ ᐁ ᐃᓯ ᐸᔮᓭᐟ ᐅᑳᐎᔭ ᐅᐢᑭᓂᑭᐢᑫᐘ ᒣᕑᐃᐊᐧ; ᒥᑐᓂ ᒫᑲ ᐁᑳ ᔪᒋᐦᑎᐎᓐ ᐁ ᑭᑭᐢᑳᑯᐟ, ᑭᑕ ᐯᐦᑭᐃᑯᔮᕽ ᐁᑳ ᒪᒋᐦᑎᐎᓐ ᑭᑕ ᐋᔮᔮᕽ. ᐁᐘᑯ ᐅᐦᒋ ᐊᓯᒋ ᐅᑭᓯᑯᐘᐠ, &c.

¶ ᐃᐢᑕᕑ ᑭᓯᑳᐤ.

ᒫᑲ ᐅᓵᐨ ᐃᑕᐢᑌᐤ ᑭᑕ ᓇᓈᐢᑯᒥᑖᕽ ᑳ ᒫᒪᐢᑳᑌᔨᐦᒑᑿᓂᔨᐠ ᑳ ᑭᐦ ᐋᐱᓯᓯᕽ ᑭᑯᓯᐢ ᒋᓴᐢ X ᑳ ᑎᐯᔨ ᑯᔮᕽ; ᒋᑫᒫ ᐁᐘᑳᐧᓇ ᒥᔮᐢᑲᑫᐎᓂ ᒫᔭᑎᐟᑯᓯᐢ, ᑳ ᑭᐦ ᐸᑭ-

nache Ōtawemaw, Mamuwāyus Seyōkatiseyun, Kakikā Āyayun Kisāmunito.

¶ Ākwu otu ka oyukichikatāk Nekan Uyumichikāwin; ākwu maku omu ka utte ustāk,

Āwuko ōche usiche Okesikouk menu Kicheokesikouk, menu usiche kūkeyow kichekesikōk āyachik, ne kichitwawāyitakōtanan, menu ne kistāyitakōtanan ka kichayiwūk ke Wēyoowin; tūke ā nunaskomitåk, menu ā itwāyåk:

Kānatiseyun, Kānatiseyun, Kānatiseyun, Tāpāyichikāyun Kisāmunito, Seyōkatiseyun. kichekesik menu uske sakuskināo ke kistāyitakosewin ōche; ke ku wē kistukimikowin, Tāpāyichikāyun mamowāyus Āspåkāyitakoseyun. Amen.

NEKAN UYUMI'CHIKĀWINU.

¶ Christmas Kesikaw.

Chikāma ā kē mākiyun Jesus Christ ka pāyukot Kekosis kittu nitawikit omu ka ikik neyunan ōche; āwuko, ka Kunatiseyit Uchåkwu ka kē ōche uyiseyinewihit ā isse uyayit okaweyu Oskinekiskwāwu Marywu; mitone maku āka muchētiwin ā kikiskakot, kittu påkihikoyåk āka muchētiwin kittu uyayåk. Āwuko ōche usiche Okesikouk, &c.

¶ Easter Kesikaw.

Maku osam itustāo kittu nunaskomitåk ka mamuskatāyitakwuneyik ka kē Apisisik Kekosis Jesus Christ ka Tipāyimikoyåk; chikāma āwukwanu Miyaskakāwine Mayutikosis, ka kē puki-

ᑎᓂᐦᐟ ᓂᔭᓈᐣ ᐅᐦᒋ, ᒥᓇ ᑳ ᑭᐦ ᐅᑎᓇᕽ ᒪᐧᒋᐦᑎᐎᐣ ᐊᐢᑭᕽ ᐅᐦᒋ; ᐅ ᓂᐱᐎᐣ ᑳ ᑭᐦ ᐅᐦᒋ ᓂᓯᐚᓈᒥᐦᑖᐟ ᓂᐱᐎᐣ, ᐁᑯᓯ ᐁ ᐘᓂᐢᑳᐟ ᒥᓇ ᐱᒫᑎ ᐎᓂᕽ ᑳ ᑭᐦ ᑲᐢᑭᐦᑕᒫᑯᔮᕽ ᑳᑭᑫ ᐱᒫᑎᓯᐎᐣ. ᐁᐊᑯ ᐅᐦᒋ ᐊᓯᒋ ᐅᑭᓯᑯᐊᐠ, &c.

¶ ᐁ ᐅᐦᐱᐢᑳᐎ ᑭᓯᑳᐠ.

ᐎᔭ ᐅᐦᒋ ᐊᔨᐚᐠ ᓯᐚᑭᐦᐊᐟ ᑭᑯᓯᐢ ᒋᓴᐢ X ᑳ ᑎᐯᔨᒥᑯᔮᕽ; ᐎᔭ ᐃᐢᐱ ᑳᐦ ᒫᒪᐢᑳᑌᔨᐦᑖᑲᐧᓄᐦᑫᐟ ᐁ ᐋᐱᓯᓯᕽ ᒥᑐᓂ ᑳ ᑭᐦ ᓄᑯᐦᐃᓱᐢᑕᐚᐟ ᐅᐟ ᐊᐹᐢᑎᓫᐃᒪ, ᐁᑯᓯ ᑳ ᑭᐦ ᐚᐸᒥᑯᐟ ᐁ ᐅᐦᐱᐢᑳᐟ ᑭᐦᒋᑭᓯᑯᕽ ᐃᓯ ᑭᑕ ᑲᐧᔮᒋᐦᑖᒪᑯᔮᕽ ᐁᑕ ᑭᑕ ᐊᔮᔮᕽ; ᐃᑕ ᑖ ᐊᔮᐟ, ᐁᑯᑕ ᓂᐢᑕᓈᐣ ᑭᑕ ᑭᐦ ᐃᓯ ᐅᐦᐱᐢᑳᔮᕽ, ᒥᓇ ᑭᑕ ᐏᒉᐚᔮᕽ ᑭᐢᑌᔨᐦᑖᑯᓯᐎᓂᕽ. ᐁᐘᑯ ᐅᐦᒋ ᐊᓯᒋ ᐅᑭᓯᑯᐘᐠ, &c.

¶ ᐦᐏᐟ ᐊᔭᒥᐦᐁᑭᓯᑳᐤ.

ᐎᔭ ᐅᐦᒋ ᒋᓴᐢ X ᑳ ᑎᐯᔨᒥᑯᔭᕽ; ᐁ ᐃᑕᐢᑌᔨᐠ ᐅᐟ ᐊᓱᑕᒫᑫᐎᐣ, ᑳ ᑲᓈᑎᓯᐟ ᐊᐦᒫᕽ ᐅᒪ ᐁ ᐃᐦᑭᓂᔨᐠ ᑭᓯᑯᕽ ᑳ ᑭᐦ ᐯ ᐅᐦᒋ ᔮᓴᐢᑫᐟ ᓯᓯᑯᐨ ᐁ ᑭᐦ ᐯᐦᑖᑲᐧᕽ, ᑖᐱᐢᑯᐨ ᐁ ᒥᓯ ᓴᑎᕽ, ᐁᑲᐧ ᐁ ᓄᑲᐧᐦᑭ ᔨᑭᐦᑕᐎᐢᑯᑌᓴ, ᐁ ᐸᑭᒋᑐᑖᑯᒋᐠ ᐊᐹᐢᑎᓫᐊᐠ, ᑭᑕ ᑭᐢᑭᓄᐦᐊᒫᑯᒋᐠ, ᒥᓇ ᑭᑕ ᔨᐢᑭᓄᐦᑕᐦᐃᑯᒋᐠ ᒥᓯᐍ ᑖᐯᐎᓂᕽ; ᐁ ᒥᔨᑯᒋᐠ ᓇᓈᑐᕽ ᐱᑭᐢᑫᐧᐎᓇ ᐊᓯᒋ ᓱᐦᑫᔨᒧᐎᐣ ᑭᑕ ᐋᐦᑲᐧᔨᒧᒋᐠ ᐁ ᐏᐦᑕᒪᐘᒋᐠ ᒥᔮᐧᒋᒧᐎᐣ ᑲᐦᑭᔭᐤ ᓇᓈᑐᐦᑯᐢᑳᐣ ᐊᔨᓯᔨᓂᐘ; ᐁᑯᑕ ᐅᐦᒋ ᓂᐢᑕᓈᐣ ᑳ ᑭᐦ ᐸᐢᐱᐦᐃᑲ ᐧᔮᕽ ᐘᓂᑎᐱᐢᑳᕽ ᐅᐦᒋ ᐋᓭᔮᕽ ᑳ ᐸᔮᔮᕽ, ᒥᓇ ᐁ ᑭᐢᑫᔨᒥᑖᕽ ᑭᔭ, ᒥᓇ ᑭᑯᓯᐢ ᒋᓴᐢ X. ᐁᐘᑯ ᐅᐦᒋ ᐊᓯᒋ ᐅᑭᓯᑯᐘᐠ, &c.

tinit neyunan ȯche, menu ka kė otinŭk muchėtiwin uskėk ȯche ; o nipiwin ka kė ȯche nisiwunachitat nipiwin, ākose ā wuniskat menu pimatisewinik ka kė kuskitumakoyȧk kakikā pimatisewin. Āwuko ȯche usiche Okesikouk, &c.

¶ Ā Ȯpiskawe Kesikak.

Weyu ȯche uyiwak seyakihut Kekosis Jesus Christ ka Tipāyimikoyȧk ; weyu ispe kȧ mamuskatāyitakwunȯkāt ā Apisisik mitone ka kė nokohisostowat ot Apostleimu, ākose ka kė wapumikot ā ȯpiskat kichekesikȯk isse kittu kwuyachitumakoyȧk ittu kittu uyayȧk ; ittu ka uyat, ākotu nestunan kittu kė isse ȯpiskayȧk, menu kittu wechāwayȧk kistāyitakosewinik. Āwuko ȯche usiche Okesikouk, &c.

¶ Whit Uyumihākesikaw.

Weyu ȯche Jesus Christ ka Tipāyimikoyȧk ; ā itustāyik ot usotumakāwin, Ka Kunatiset Uchȧk omu ā ikineyik kesikȯk ka kė pā ȯche yasuskāt sisikoch ā kiche pȧtakwŭk, tapiskoch ā mise yotik, ākwu ā nokwŭke yekitowiskotāsu, ā pukichetotakochik Apostleuk, kittu kiskinohumakochik, menu kittu kiskinȯtuhikochik misewā tapwāwinik ; ā meyikochik nunatȯk pekiskwāwinu usiche sȯkāyimoowin kittu ȧkumāyimochik ā wėtumuwachik meywachimoowin kŭkeyow nunatȯkoskan uyiseyinewu ; ākotu ȯche nestunan ka kė puspehikowiyȧk wunitipiskȧk ȯche wasāyȧk ka uyayȧk, menu ā kiskāyimitȧk keyu, menu Kekosis Jesus Christ. Āwuko ȯche, usiche Okesikouk, &c.

¶ ᑕ³ᐃᓂᑎ ᐊᔭᒥᐦᐁᑭᓯᑳᐤ.

ᑳ ᐯᔭᑯ ᒪᓂᑐᐃᐧᔭᐣ, ᐁ ᐯᔭᑯ ᑎᐯᐦᐃᒋᑫᔭᐣ; ᓇᒪ-ᐃᐧᔭ ᐱᑯ ᑳ ᐯᔭᑯ ᐊᐦᐃᐧᔭᐣ, ᒫᑲ ᐁ ᐋᐧᑕ ᓂᐢᑐ ᐊᐦᐃᐧᔭᐣ ᑳ ᐯᔭᑯᔭᐣ. ᒋᑫᒫ ᐊᓂᒪ ᑳ ᑖᐯᐧᐦᑕᒫᕽ ᐅ ᑭᐢᑌᔨᐦᒌᑯᓯᐃᐧᐣ ᐅᐦᒑᐃᐧᒫᐤ, ᐁᑯᓯ ᒥᓇ ᐁᓯ ᑖᐯᐧᐦᑕᒫᕽ ᐅ ᑭᐢᑌᔨᐦᒌᑯᓯᐃᐧᐣ ᐅᑯᓯᓯᒫᐤ, ᒥᓇ ᑳ ᑳᓇᑎᓯᐟ ᐊᐦᒫᕽ, ᓇᒪᐃᐧᔭ ᐱᑐᐢ ᒥᓇ ᓇᒪᐃᐧᔭ ᓄᐦᑕᐤ. ᐁᐊᐧᑯ ᐅᐦᒋ ᐊᓯᒋ ᐅᑭᓯᑯᐊᐧᐠ, &c.

¶ ᐁᑲᐧ ᐊᔭᒥᐦᐁᐃᐧᐢᓂᐤ, ᐁ ᐅᒋᐦᒋᑲᐧᓇᐱᐟ ᑳ ᑎᐯᐦᐃᒋᑫᐟ ᐅ ᒥᒋᓲᐃᐧᓈᐦᑎᑯᕽ, ᐁ ᐃᑌᐧᐢᑕᒫᐧᐟ ᑲᐦᑭᔭᐤ ᐊᓂᐦᐃ ᑳ ᐃᐧ ᐃᐧᒋᐦᐃᐁᐧᐢᐟ ᑭᐦᒋᐃᔨᐦᒑᐃᐧᐣ, ᑭᑕ ᐃᑌᐧᐤ ᐅᒪ ᐊᔭᒥᐦᐋᐃᐧᐣ,

ᓇᒪᐃᐧᔭ ᓂᐟ ᐃᑌᐦᑌᓐ ᑭᑕ ᐯ ᓈᑕᒫᕽ ᐅᒪ ᑭ ᒥᒋᓲᐃᐧᓈᐦᑎᐠ, ᑫᓭᐋᐧᑎᓯᔭᐣ ᑌᐯᐦᐃᒋᑫᔭᐣ, ᐁ ᐊᐢᐯᐦᐅᒨᔭᕽ ᑫᐦᒋᐋᐧᐠ ᓂ ᒥᔮᐧᑎᓯᐃᐧᓂᓈᐣ, ᒫᑲ ᑳ ᐅᓵᒥᔭᑎᐦᑭ ᑭ ᑭᐦᒋ ᑭᓭᐋᐧᑎᓯᐃᐧᓇ. ᓇᒪᐃᐧᔭ ᓂ ᑕᐸᑫᐦᐃᐦᑖᑯᓯᓈᐣ ᐊᐦᐳ ᑭᑕ ᒍᓭᐦᑭᓇᒫᕽ ᐱᐋᐧᐦᒋᑲᓇ ᓯᐹ ᑭ ᒥᒋᓲᐃᐧᓈᐦᑎᑯᕽ. ᒫᑲ ᑭᔭ ᑫᔮᐱᐤ ᑳ ᑎᐯᐦᐃᒋᑫᔭᐣ, ᑳ ᐃᑖᑎᓯᔭᐣ ᑕᐦᑭ ᑭᑕ ᑭᑎᒫ-ᑭᓈᑫᔭᐣ; ᐸᑭᑌᐦᐃᐦᑕᒪᐃᐧᓈᐣ ᒫᑲ, ᑫᓭᐋᐧᑎᓯᔭᐣ ᑌᐯᐦᐃᒋᑫᔭᐣ, ᑭᑕ ᐃᓯ ᒥᒋᔫᕽ ᐅ ᐃᐧᔫᐢ ᓯᔫᑭᐦᐊᐧᐟ ᑭᑯᓯᐢ ᒋᓭᐢ X, ᒥᓇ ᑭᑕ ᐃᓯ ᒥᓂᐦᑴᐧᔫᕽ ᐅ ᒥᐦᑯ, ᐅᐦᐃ ᑳ ᒫᓚᐦᐊᐧᐦᑭ ᓂᔭᐃᐧᓈᓇ ᑭᑕ ᑭᐦ ᐯᐦᑭᐦᒑᕽ ᐃᐧᔭᐤ ᐅᐦᒋ, ᒥᓇ ᓂᐟ ᐊᐦᓛᐦᑯᓈᓇᐠ ᑭᑕ ᑭᓯᐯᑭᓂᐦᒋᐠ ᑳ ᐊᐦᐋᐧᑲᐦᑌᐦᐊᐠ ᐅ ᒥᐦᑯ ᐅᐦᒋ, ᐁᑲᐧ ᑳᑭᑫ ᑭᑕ ᐱᐦᒋᐢᑲᐋᐧᑭᐦᐠ, ᒥᓇ ᑭᑕ ᐱᐦᒋᐢᑳ-ᑯᔫᕽ. ᐋᒣᐣ.

¶ ᐁᑲᐧ ᐊᔭᒥᐦᐁᐃᐧᐢᓂᐤ, ᐁ ᓂᐸᐃᐧᐟ ᐅᐦᑎᐢᑳᐤ ᒥᒋᓲᐃᐧᓈᐦᑎᑯᕽ, ᐁ ᑭᐦ ᐁᐧᐯᐧ-ᒪᐦᑮᔫᐟ ᐸᐦᑴᐧᓯᑲᓇ ᒥᓇ ᔑᒥᓈᐳ, ᑭᑕ ᐃᑌᐧᐤ ᐅᒪ ᐊᔭᒥᐦᐋᐃᐧᐣ,

¶ Trinity Uyumihākesikaw.

Ka pāyuko Munitoweyun, ā pāyuko Tipāyichikāyun; numuweyu piko ka pāyuko Uyiweyun, maku ā atu nisto Uyiweyun ka Pāyukoyun. Chikāma unimu ka tapwātumák o kistāyitakosewin Otawemaw, ākose menu āsse tapwātumák o kistāyitakosewin Okosisimaw, menu ka Kunatiset Uchák, numuweyu petos menu numuweyu nótow. Āwuko óche usiche Okesikouk, &c.

¶ Ākwu Uyumihāweyinew, ā ochíchekwunupit ka Tipāyíchekāt o Mechisoowinátikók, ā itwāstumuwat kúkeyow unihe ka wé wechihiwāyit Kícheisítwawin, kittu itwāo omu uyumihawin,

Numuweyu net itāyitānan kittu pā natumák omu ke Mechisowinátik, kāsāwatiseyun Tāpāyichikāyun, ā uspāyimoyák kāchiwak ne meywatisewininan, maku ka osamāyutíke ke kíche kisāwatisewinu. Numuweyu ne tāpukāyitakosinan úpo kittu mosúkinumák pewúchikunu sepa ke Mechisoowinátikók. Maku keyu kāyapich ka Tipāyíchikāyun, ka itatiseyun túke kittu kitimakinakāyun; Pukitāyitumowinan maku, kāsāwatiseyun Tāpāyíchikāyun, kittu isse mechiyák o weyas seyakihut Kekosis Jesus Christ, menu kittu isse miníkwāyák o míko, ohe ka muchayiwúke neyowinanu kittu ke pākíták weyow óche, menu net úchákonanuk kittu kisepākiníchik ka uyiwakukítāyik o míko óche, ākwu kakikā kittu péchiskowukit, menu kittu péchiskakoyák. Amen.

¶ Ākwu Uyumihāweyinew, ā nepowit ótiskow Mechisoowinátikók, ā ké wāpāmúyat Púkwās kunu menu Sominapo kittu itwāo omu uyumihawin,

ᒫᒪᐁᐧᔭᐢ ᓯᐊᐧᐦᑳᑎᓯᔭᐣ ᑭᓭᒪᓂᑐ, ᓄᐦᑖᐃᐦᓈᐣ ᑭᐦᒋᑭᓯᑯᕽ, ᐁ ᐃᓯ ᑭᑎᒫᑭᓇᐊᐧᐟ ᐊᔨᓯᔨᓂᐤ ᑳ ᑭᐦ ᐸᑭᑎᓇᐟ ᑭ ᐯᔭᑯᑯᓯᓵᐣ ᒋᓴᐢ X ᑭᑕ ᓂᐱᐟ ᐱᒥᑖᐢᑯᐦᐃᑲᓂᕽ ᑭᑕ ᐱᒫ-ᒋᐦᐃᑯᔮᕽ; ᐁᑯᑕ ᑳ ᑭ ᑭᓯᐦᑖᐟ ᐅ ᐯᔭᑯ ᑎᐱᑐᑖᒪᑫᐃᐧᐣ ᐅᐦᒋ ᑫᐦᒋᐋᐧᐠ ᐃᐧᔭ ᐯᔭᑲᐧᐤ ᑳ ᑭᐦ ᐸᑭᑎᓂᓱᐟ, ᒥᑐ, ᐁᑯᔦᑯᕽ ᐁ ᑌᐱᐸᔦᐠ ᒥᓇ ᐁ ᑌᐸᑫᔦᐦᑖᑲᐧᕽ ᐸᑭᑎᓂ-ᑫᐃᐧᐣ, ᒪᒍᐢᑌᐦᐊᒫᑫᐃᐧᐣ, ᒥᓇ ᑎᐸᐃᑫᐢᑖᒫᑫᐃᐧᐣ, ᒪᒋᐦᑎᐃᐧᓇ ᐅᐦᒋ ᒥᓯᐁᐧᐢᑲᒥᐠ; ᐁᑯᓯ ᑳ ᑭᐦ ᐅᔭᑭᐦᑕᕽ ᒥᓇ ᐅ ᑲᓈᒋ ᒥᔫᐧᒋᒍᐃᐧᓂᕽ ᑳ ᑭᐦ ᐃᑕᓱᐋᐧᑎᑯᔫᕽ ᑳᑭᑫ ᑭᑕ ᑲᓄᑭᐢᑭᓯᔫᐠ ᐊᓂᒪ ᑳ ᑭᐦᒣᔦᐦᑖᑲᐧᓂᔦᐠ ᐅ ᓂᐱᐃᐧᐣ ᐃᐢᑯ ᒥᓇ ᑫ ᑕᑯᓯᕽ; ᑭᑎᒫᑭᐦᑕᐃᐧᓈᐣ ᑫᓴᐋᐧᑎᓯᔭᐣ ᐅᐦᑖᐃᐧᒫᐤ ᓈᐢᐱᐨ ᑭᐟ ᐃᓯ ᑕᐸᐦᑌᔦᒍᐃᐧ ᐸᑯᓭᔦᒥᑎᓈᐣ; ᒥᓇ ᐃᑌᔦᐦᑕ ᐁ ᐅᑎᓇᒫᕽ ᐅᐦᐃ ᑯᓯᐦᒋᑲᓇ ᐊᐊᐧ ᐸᐦᑫᓯᑲᐣ ᒥᓇ ᐅᒪ ᓱᒥᓈᐳ ᑳ ᑭᐦ ᐃᑕᐢᑖᐟ ᑭᑯᓯᐢ ᓄᐱᒫᒋᐦᐃᐁᐧᒥᓈᐣ ᒋᓴᐢ X ᐅ ᑲᓈᒋ ᐃᓯᐦᑖᐧᐃᐧᐣ, ᐁ ᑲᓄᑭᐢᑭᓯᔫᐠ ᐅ ᓂᐱᐃᐧᐣ ᒥᓇ ᐅ ᑯᑕᑭᐦᑖᐃᐧᐣ, ᑭᑕ ᐃᐧᒋᐦᐅᐁᐧᔫᕽ ᑳ ᑭᐦᒋᑖᐧᐁᐧᔦᐦᑖᑲᐧᓂᔦᐠ ᐃᐧᔭᐤ ᒥᓇ ᐅ ᒥᐦᑯ; ᐊᓂᒪ ᐁ ᑎᐱᐢᑲᔦᐠ ᑳ ᑭᐦ ᐊᐧᓭᓯ ᐸᑭᑎᓂᐦᐟ ᑳ ᑭ [a]ᐅᑎᓈᐟ ᐸᐦᑫᐧ-ᐧᑲᓇ; ᐃᐢᐱ ᒫᑲ ᑳᐦ ᓇᓈᐢᑯᒧᐟ, [b]ᑳ ᑭᐦ ᐸᐦᑫᐧᓈᐟ, ᐁᑯᓯ ᑳ ᑭᐦ ᒥᔫᐟ ᐅ ᑭᐢᑭᓄᐊᒪᐋᐧᑲᓇ, ᐁ ᐃᑌᐧᐟ ᐅᑎᓂᕽ, ᒍᐃᐧᕽ, [c]ᐁᐊᐧᑯᒪ ᓂᔭᐤ ᑳ ᒣᑭᓈᓂᐊᐧᕽ ᑭᔭᐋᐧᐤ ᐅᐦᒋ; ᐃᐦᑐᑕᒧᐠ ᐅᒪ ᐁ ᑭᐢᑭ-ᓯᑐᑕᐃᐧᐊᐧᐠ. ᒥᓇ ᑳᐦ ᑎᐱᐢᑭᓄᐦᑫᒋᐠ ᑳ ᑭᐦ [d]ᐅᑎᓇᕽ ᒥᓂᐦᑳᑲᐣ, ᑳᐦ ᓇᓈᐢᑯᒧᐟ

[a] ᐁᑯᑕ ᐊᔭᒥᐦᐁᐃᐧᔦᓂᐤ ᑭᑕ ᐁᒣᓇᑦ ᐅᔫᑲᐣ.

[b] ᐁᑯᑕ ᑭᑕ ᐸᐦᑫᐧᓄᐤ ᐸᐦᑫᐧᓯᑲᓇ.

[c] ᐁᑯᑕ ᑭᑕ ᓵᒥᓈᐟ ᐸᐦᑫᐧᓯᑲᓇ.

[d] ᐁᑯᑕ ᑭᑕ ᐅᑎᓇᕽ ᒥᓂᐦᑳᐧᑲᐣ.

Manuwāyus Seyŏkatiseyun Kisāmunito, Nŏtawenan Kíchekesikŏk, ā isse kitimakinowut uyiseyinew ka ke pukitinut ke Pāyukokosisan Jesus Christ kittu nipit pimitaskohikuník kittu pimachihikoyák; ākotu ka kĕ kesítat o pāyuko tipitotumakāwin ŏche kăchiwak weyu pāyukwaw ka kĕ pukitinisot, mitone ākoyekŏk ā tāpipuyik, menu ā tāpukāyítakwŭk pukitinikāwin, muchostāhumakāwin, menu tipuhikāstumakāwin, muchĕtiwinu ŏche misiwāskumik; ākose ka kĕ oyukítŭk, menu o kunache Meywachimoowiník ka kĕ itusowatikoyák, kakikā kittu kunokiskiseyák unimu ka kíchāyítakwuneyik o nipiwin, ísko menu kā tukosík; kitimakítowinan, kāsāwatiseyun Ŏtawemaw, naspich ket isse tupŭtāyimoowe pukosāyimitinan; menu itāyítu ā otinumák ohe kosíchikunu owu pŭkwāsikun menu omu sominapo, ka kĕ itustat Kekosis Nopimachihiwāminan Jesus Christ o kunache isĕtwawin, ā kunokiskiseyák o nipiwin menu o kotukítawin, kittu wechihiwāyák ka kíchitwawāyítakwuneyik Weyow menu o Míko; āwuko, ā tipiskayik ka kĕ wuyāse pukitiníl, [a]ka kĕ otinat Pŭkwāsikunu; ispe maku kă nunaskomot, [b]ka kĕ pŭkwānat, ākose ka kĕ meyat o kiskinohumuwakunu, ā itwāt, Otiník, moowík; [c]āwukomu Neyow ka mākinaniwŭk keyuwaw ŏche; Ítotumok omu ā kiskisetotowiyāk. Menu kă tipiskinăkwāchik [d]ka kĕ otinŭk Miníkwa-

[a] Ākotu Uyumihāweyinew kittu otinum Oyakun.

[b] Ākotu kittu pŭkwānāo Pŭkwāsikunu.

[c] Ākotu kittu saminat Pŭkwāsikunu.

[d] Ākotu kittu otinŭk Miníkwakun.

ᒫᑲ, ᑳ ᑭᐦ ᒦᔭᐟ ᐁ ᐃᑘᐟ, ᒥᓂᐦᑵᐠ • ᑲᐦᑭᔭᐤ ᐅᒪ ᐅᐦᒋ; ᒋᑫᒫ ᵉ ᐁᐘᑯᒪ ᓂ ᒥᐦᑯ ᐅᐢᑭ ᐃᓯᐦᑘᐏᓂᕽ, ᑳ ᑭᐦ ᓯᑭᓂᑳᑌᐠ ᑭᔭᐚᐤ ᒥᓇ ᒥᐦᒉᐟ ᐊᐏᔭᐠ ᐅᐦᒋ ᑭᑕ ᐊᓴ-ᓃᑲᑌᑭ ᒪᒋᐦᑎᐏᓇ; ᐃᐦᑐᑕᒧᐠ ᐅᒪ, ᑕᐦᑘᐤ ᑫ ᒥᓂᐦᑵᔦᐠ, ᐁ ᑭᐢᑭᓯᑐᑕᐏᔦᐠ. ᐋᒣᐣ.

• ᐁᑯᑕ ᑭᑕ ᓵᒥᓇᕽ ᑲᐦᑭᔭᐤ ᐊᓯᐘᒋᑲᓇ ᐃᑕ ᐁ ᐊᔮᐠ ᓲᒥᓈᐳ ᑳ ᐏᐦ ᐋᐸᒋᑖᕽ.

¶ ᐁᑾ ᐊᔭᒥᐦᐁᐏᔨᓂᐤ ᐏᔭ ᓂᑳᐣ ᑭᑕ ᓴᐢᑲᒧ, ᐁᑾ ᑯᑕᑲ ᐊᔭᒥᐦᐁᐏᔨᓂᐘ ᑭᑕ ᐊᑎ ᒥᔦᐤ (ᑭᐢᐱᐣ ᐁᑯᑕ ᐁ ᐊᔮᔨᐟ), ᐁᑾ ᒫᑲ ᐊᔨᓯᔨᓂᐘ, ᐊᑭᓄ ᐁ ᐅᒋᐦᒋᑾᓇᐱᔨᐟ. ᐸᐦᑵᓯᑲᓇ ᐁ ᒉᑭᐟ ᐅᒥᓯ ᑭᑕ ᐃᑘᐤ,

ᐏᔭᐤ ᑳ ᑎᐯᔨᒥᑯᔭᕽ ᒋᓴᐢ X, ᑳ ᑭᐦ ᒉᑭᓈᓂᐘᕽ ᑭᔭ ᐅᐦᒋ, ᑭ ᑲ ᐏᐦ ᑲᓇᐍᔨᐦᑕᒫᑯᐣ ᑭᔭᐤ ᒥᓇ ᑭᐟ ᐊᐦᒑᕽ ᑳᑭᑫ ᐱᒫᑎᓯᐏᓂᕽ ᐃᐢᑯ; ᐅᑎᐣ ᐊᐘ, ᓴᐢᑲᒧ ᒫᑲ, ᐁ ᑲᑭᐢᑭᓯᔭᐣ X ᐁ ᑭᐦ ᓂᐳᐢᑖᒪᐢ, ᒥᓇ ᑭ ᑲ ᐏᐦ ᒪᐢᑲᐏᓯᐢᑳᐠ ᑭᑌᐦᐃᕽ ᑖᐺᐦᑕᒧᐏᓂᕽ ᐊᓯᒋ ᓇᓈᐢᑯ-ᒧᐏᓂᕽ.

¶ ᐁᑾ ᒥᓂᐦᑻᑲᐣ ᐁ ᒉᑭᐟ ᑭᑕ ᐃᑘᐤ,

ᐅ ᒥᐦᑯ ᑳ ᑎᐯᔨᒥᑯᔭᕽ ᒋᓴᐢ X, ᑳ ᑭᐦ ᓯᑭᓂᑳᑌᐠ ᑭᔭ ᐅᐦᒋ, ᑭ ᑲ ᐏᐦ ᑲᓇᐍᔨᐦᑕᒫᑯᐣ ᑭᔭᐤ ᒥᓇ ᑭᐟ ᐊᐦᒑᕽ ᑳᑭᑫ ᐱᒫᑎᓯᐏᓂᕽ ᐃᐢᑯ; ᒥᓂᐦᑵ ᐅᒪ ᐁ ᑲᑭᐢᑭᓯᔭᐣ X ᐅ ᒥᐦᑯ ᐁ ᑭᐦ ᓯᑭᓂᑳᑌᐠ ᑭᔭ ᐅᐦᒋ, ᐁᑯᓯ ᓇᓈᐢᑯᒧ.

¶ ᑲᐦᑭᔭᐤ ᐁ ᑭᓯ ᓴᐢᑲᒧᒋᐠ, ᑳᐏ ᑭᑕ ᐃᑐᐦᑌᐤ ᐊᔭᒥᐦᐁᐏᔨᓂᐤ ᒥᒋᓯᐏ-ᓈᐦᑎᑯᕽ ᑭᑕ ᑾᔭᐢᑾᐢᑖᐤ ᑲᐦᑭᔭᐤ ᑳ ᐃᐢᑯᓂᑳᑌᐠ, ᐁ ᐸᑾᓇᐊᕽ ᐚᐱᐢᑫᑭᐣ ᐅᐦᒋ.

¶ ᐁᑾ ᐊᔭᒥᐦᐁᐏᔨᓂᐤ ᒥᓇ ᐊᔨᓯᔨᓂᐘᐠ ᑭᑕ ᐃᑌᐘᐠ ᑳ ᑎᐯᔨᐦᒋᑫᐟ ᐅᐟ ᐊᔭᒥᐋᐏᐣ.

kun, kȧ nunaskomot maku, ka kė meyat ā itwāt, Minikwāk kůkeyow omu ȯche; chikāma [e]āwukomu ne Miko Oske Isėtwawinik ka kė sekinikatāk keyuwaw menu michāt uweyuk ȯche kittu usānikatāke muchėtiwinu; Itotumok omu, tůtwaw ā minikwāyāk, ā kiskisetotowiyāk. Amen.

[e] Ākotu kittu saminůk kůkeyow usiwuchikunuittu a uyak Sominapo ka wė apuchitȧk.

¶ Ākwu Uyumihāweyinew weyu nekan kittu suskumo, ākwu kotuku Uyumihāweyinewu kittu utte meyāo (kespin ākotu ā uyayit), ākwu maku uyiseyinewu, ukinā ā ochichekwunupeyit. Půkwāsikunu ā mākit omise kittu itwāo,

Weyow ka Tipāyimikoyůk Jesus Christ, ka kė mākinaniwůk keyu ȯche, ke ku wė kunuwāyitumakon keyow menu ket ůchȧk kakikā pimatisewinik isko; Otin owu, suskumo maku, ā kunokiskiseyun Christ ā kė nipostumask, menu ke ku wė muskuwiseskak ketāhik tapwȧtumoowinik usiche nunaskomoowinik.

¶ Ākwu Minikwakun ā mākit kittu itwāo,

O Miko ka Tipāyimikoyůk Jesus Christ, ka kė sekinikatāk keyu ȯche, ke ku wė kunuwāyitumakon keyow menu ket ůchȧk kakikā pimatisewinik isko; Minikwā omu ā kunokiskiseyun Christ o Miko ā kė sekinikatāk keyu ȯche, ākose nunaskomo.

¶ Kůkeyow ā kese suskumochik kawe kittu itȯtao Uyumihāweyinew Mechisoowinȧtikȯk, ākose kittu kwuyuskwustaw kůkeyow ka iskwustumik, ā ukwunuhůk wapiskākin ȯche.

¶ Ākwu Uyumihāweyinew menu uyiseyinewuk kittu itwāwuk Ka Tipāyichikāt ot Uyumihawin.

ᓅᐦᒑᐃᐧᓈᐣ ᑭᐦᒋᑭᓯᑯᕽ ᐁᔩᔭᐣ, ᑭᑕ ᐃᐧᐦ ᑲᓈᑌᔦᐦᒑᑲᐧᐣ ᑭ ᐃᐧᐦᔪᐃᐧᐣ, ᑭ ᑎᐯᔦᐦᒋᑫᐃᐧᐣ ᑭᑕ ᐃᐧᐦ ᐅᑎᐦᒋᐸᔦᐤ, ᐁ ᐃᐧᑌᔦᐦᑕᒪᐣ ᑭᑕ ᐃᐧᐦ ᑐᒋᐦᑳᑌᐤ ᐅᑕ ᐊᐢᑭᕽ, ᑳ ᐃᓯ ᐋᔩᐠ ᑭᐦᒋᑭᓯᑯᕽ. ᒥᔦᓈᐣ ᐊᓄᐦᐨ ᑳ ᑭᓯᑳᐠ ᑫ ᐅᐦᒋ ᐱᒫᑎᓯᔩᕽ; ᒥᓇ ᐊᐢᑲᓇᒪᐃᐧᓇᐣ ᓂ ᒪᒋᐦᑎᐃᐧᓃᓇ, ᑳ ᐃᓯ ᐊᐢᑲᓇᒪᐊᐧᑭᐦᒋᐠ ᐊᓂᑭ ᑳ ᐊᐧᓂᑐᑖᑯᔩᐦᑭᐠ; ᒥᓇ ᐁᑳᐃᐧᔭ ᐃᑐᐦᑕᐦᐃᐧᓈᐣ ᑯᑌᔦᒥᑯᐃᐧᓂᕽ, ᒫᑲ ᒥᒌᑫᐧᓇᒪᐃᐧᓈᐣ ᒪᒋ ᑫᑯ:. ᑭᔭ ᑭᐟ ᐊᔩᐣ ᑎᐯᔦᐦᒋᑫᐃᐧᐣ ᒥᓇ ᓱᐦᑳᑎᓯᐃᐧᐣ ᒥᓇ ᑭᐢᑌᔦᐦᑖᑯᓯᐃᐧᐣ, ᑳᑭᑫ ᒥᓇ ᑳᑭᑫ. ᐋᒣᐣ.

¶ ᐁᑲᐧ ᐅᒪ ᐊᔭᒥᐦᐋᐃᐧᐣ.

ᑌᐯᔦᐦᒋᑫᔭᐣ ᑭᐦᒋᑭᓯᑯᐃᐧ ᐅᐦᒑᐃᐧᒫᐤ, ᓂᔭᓈᐣ ᐁ ᑕᐸᐦᑌᔦᒨᔩᕽ ᑭᐟ ᐊᑐᐢᑫᔩᔭᑲᓇᐠ ᒥᑐᓂ ᓂ ᐸᑯᓭᔦᒨᓈᐣ ᐁ ᐃᓯ ᐅᐦᒑᐃᐧᒫᐃᐧ ᑭᓭᐋᐧᑎᓯᔭᐣ ᑭᑕ ᐅᑎᓇᒪᐃᐧᔩᕽ ᐅᒪ ᐁ ᒪᒥᐦᒋᒥᒌᕽ ᒥᓇ ᐁ ᓇᓈᐢᑯᒥᒌᕽ; ᒥᑐᓂ ᐁ ᑕᐸᐦᑌᔦᒨᐃᐧ ᐸᑯᓭᔦᒥᒌᕽ ᑭᑕ ᐃᑌᔦᐦᑕᒪᐣ, ᐅ ᑲᐢᑭᐦᑕᒫᑫᐃᐧᐣ ᒥᓇ ᐅ ᓂᐱᐃᐧᐣ ᑭᑯᓯᐢ ᒋᓴᐢ X ᐅᐦᒋ ᒥᓇ ᐁ ᒌᐯᐧᐢᑲᔦᐦᑕᒥᕽ ᐅ ᒥᐦᑯ, ᓂᔭᓈᐣ ᒥᓇ ᑲᐦᑭᔭᐤ ᐅᑕᔭᒥᐋᐊᐧᐠ ᑭᑕ ᐅᐦᑎᓇᒫᕽ ᐊᐢᑲᓇᒫᑯᐃᐧᐣ ᓂ ᒪᒋᐦᑎᐃᐧᓃᓇ ᒥᓇ ᑲᐦᑭᔭᐤ ᑯᑕᑲ ᑳ ᐃᓯ ᐋᐸᒋᐦᐃᐁᐧᔦᐠ ᐅ ᑯᑕᑭᐦᒑᐃᐧᐣ. ᐅᑕ ᒫᑲ ᑭ ᐸᑭᑎᓇᒫᑎᓈᐣ, ᑌᐯᔦᐦᒋᑫᔭᐣ, ᓂᔭᓈᐣ ᑫᐦᒋᐋᐧᐤ ᓂᐟ ᐊᐧᒫᐦᑯᓈᓇᐠ ᒥᓇ ᓂᔭᐃᐧᓈᓇ, ᑭᑕ ᒥᔩᐧᐸᒥᓈᑲᐧᕽ, ᒥᓇ ᑳᓇᑕᕽ ᒥᓇ ᑭᑕ ᐱᒫᑕᕽ ᓂ ᐸᑭᑎᓂᓱᐃᐧᓂᓈᐣ: ᐁ ᑕᐸᐦᑌᔦᒨᐃᐧ ᐸᑯᓭᔦᒥᒌᕽ ᑲᐦᑭᔭᐤ ᓂᔭᓈᐣ ᑳ ᐃᐧᒋᐦᐃᐁᐧᔩᕽ ᐅᒪ ᑳᓇᒋ ᑭᐦᒋᐃᓯᐦᒑᐃᐧᐣ, ᑭᑕ ᑎᐸᐸᔦᐢᒑᐧᑲᐃᐧᔩᕽ ᑭ ᓂᓱᐦᑲᒫᑫᐃᐧᐣ ᒥᓇ ᑭ ᑭᐦᒋᑭᓯᑯᐃᐧ

Nótawenan kíchekesikók āyayun, Kittu wé kunatāyítakwun ke Wéyoowin, Ke tipāyíchikāwin kittu wé otíchipuyew, Ā itāyítumun kittu wé tochikatāo otu uskék, ka isse uyak kíchekesikók. Meyinan unóch ka kesikak kā óche pimatiseyák; Menu usānumowinan ne muchétiwininanu, Ka isse usānumowukíchik unike ka wunitotakoyákik; Menu ākaweyu itótuhinan kotāyimikoowiník Maku metakwānumowinan muche kākwī. Keyu ket uyan tipāyíchikawin, menu sókatisewin, menu kistāyítakosewin, Kakikā menu kakikā. Amen.

¶ Ākwu omu Uyumihawin,

Tāpāyíchikāyun kíchekesikoowe Ótawemaw, neyunan ā tupútāyimoyák ket utoskāyakunuk mitone ne pukosāyimonan ā isse Ótawemawe kisāwatiseyun kittu otinumoweyák omu ā mumíchimiták menu ā nunaskomiták; mitone ā tupútāyimoowe pukosāyimiták kittu itāyítumun, o kuskítumakāwin menu o nipiwin kekosis Jesus Christ óche, menu ā tapwāyāyítumík o míko, neyunan menu kúkeyow otuyumihawuk kittu ótinumák usānumakoowin ne muchétiwininanu, menu kúkeyow kotuku ka isse apuchihiwāyik o kotukítawin. Otu maku ke pukitinumatinan, Tāpāyichikāyun, neyunan kāchiwak, net úchākonanuk menu neyowinanu, kittu meywapuminakwúk, menu kunatúk, menu kittu pimatúk ne pukitinisoowininan; ā tupútāyimoowe pukosāyimiták, kúkeyow neyunan, ka wechihiwāyák omu kunache Kícheisétwawin, kittu tipipuyítwakowi-

ᑭᓭᐚᑐᑖᑫᐃᐧᐣ. ᒥᓇ ᐋᑕ ᐁᑳ ᐁ ᑌᐸᑫᔨᐦᑖᑯᓯᔫᕽ, ᐁ ᐃᓯ ᐅᓵᒉᔭᑎᐦᑭ ᓂ ᒪᒋᐦᑎᐃᐧᓂᓈᓇ, ᑭᑕ ᑭᑊ ᒥᔨᑖᕽ ᓈᐣᑕᐤ ᑎᐱᑐᑕᒫᑫᐃᐧᐣ, ᐁᔨᐁᐧᕽ ᑭ ᐸᑯᓭᔨᒥᑎᓈᐣ ᑭᑕ ᐅᑎᓇᒪᐣ ᐅᒪ ᐃᐦᑐᑕᒧᐃᐧᐣ ᒥᓇ ᐊᑐᐢᑫᐃᐧᐣ ᑳ ᐃᓯ ᓇᑕᐁᐧᔨᐦᑖᑯᓯᔫᕽ: ᓇᒪᐃᐧᔭ ᑭ ᑯᑌᔨᐦᑕᒪᐣ ᓂ ᑲᐢᑭᐦᑖᒨᐃᐧᓂᓈᐣ, ᒫᑲ ᑭᑕ ᐊᓴᓇ ᐃᐧᔫᕽ ᓂ ᐋᐧᓂᐦᑎᐃᐧᓂᓈᓇ, ᐃᐧᔭ ᐅᐦᒋ ᒋᓴᐢ X ᑳ ᑎᐯᔨᒥᑯᔫᕽ; ᐁᐊᐧᑯ ᐅᐦᒋ, ᐊᓯᒋ ᑳ ᑲᓈᑎᓯᐟ ᐊᐦᒫᕽ, ᑲᐦᑭᔭᐤ ᑭᐢᑌᔨᐦᑖᑯᓯᐃᐧᐣ ᒥᓇ ᒪᒥᐦᒋᒥᑯᐃᐧᐣ ᑭ ᑲ ᐃᐧᐦ ᒥᔨᑲᐃᐧᐣ, ᑭᔭ ᐅᐦᑖᐃᐧᒫᐤ ᒫᒪᐁᐧᔭᐢ ᓯᐋᐧᐦᑳᑎᓯᔭᐣ, ᐃᔨᑯᕽ ᑫ ᓈᐢᐱᒋ ᐊᐢᑭᐊᐧᕽ. ᐋᒣᐣ.

¶ ᐁᑲᐧ ᑭᑕ ᐃᑌᐧᕽ ᐊᐦᐳ ᑭᑕ ᓂᑲᒧᕽ.

ᑭᑕ ᐃᐧ ᒪᒥᐦᒋᒧᐤ ᑭᓭᒪᓂᑐ ᒫᐊᒋ ᐃᐢᐯᔨᒑᑲᐧᓄᕽ, ᒥᓇ ᐅᑕ ᐊᐢᑭᕽ ᑭᑕ ᐃᐧᐦ ᐋᔫᐤ ᐯᔭᐦᑕᑫᔨᒧᐃᐧᐣ, ᑭᑕ ᐃᐧᐦ ᓴᐁᐧ-ᔨᐦᑖᑯᓯᐤ ᐊᔨᓯᔨᓂᐤ. ᑭ ᒪᒥᐦᒋᒥᑎᓈᐣ, ᑭ ᑭᐢᑌᔨᒥᑎᓈᐣ, ᑭᐟ ᐊᔭᒥᐦᐁᐢᑖᑎᓈᐣ, ᑭ ᑭᐢᑕᑭᒥᑎᓈᐣ, ᑭ ᓇᓈᐢᑯᒥᑎᓈᐣ ᑳ ᐃᓯ ᑭᐦᒋ ᑭᐢᑌᔨᐦᑖᑯᓯᔭᐣ, ᑳ ᑎᐯᔨᐦᒋᑫᔭᐣ ᑭᓭᒪᓂᑐ, ᑭᐦᒋᑭᓯᑯᐃᐧ ᑭᐦᒋᐅᑭᒫᐤ, ᑭᓭᒪᓂᑐ ᐅᐦᑖᐃᐧᒫᐤ ᒫᒪᐁᐧᔭᐢ ᓯᐋᐧᐦᑳᑎᓯᔭᐣ.

ᑌᐯᔨᐦᒋᑫᔭᐣ, ᐱᐁᔭᑯᑯᓯᓵᓂᐃᐧᔭᐣ, ᒋᓴᐢ X; ᑳ ᑎᐯ-ᔨᐦᒋᑫᔭᐣ ᑭᓭᒪᓂᑐ, ᐅ ᒫᔭᑎᐦᑯᒥᓴ ᑭᓭᒪᓂᑐ, ᐅᑯᓯᓴ ᐅᐦᑖᐃᐧᒫᐤ, ᑳ ᐅᑎᓇᒪᐣ ᒪᒋᐦᑎᐃᐧᓇ ᐊᐢᑭᕽ ᐅᐦᒋ, ᑭᑎ-ᒫᑭᓇᐃᐧᓈᐣ. ᑭᔭ ᑲ ᐅᑎᓇᒪᐣ ᒪᒋᐦᑎᐃᐧᓇ ᐊᐢᑭᕽ ᐅᐦᒋ, ᑭᑎᒫᑭᓇᐃᐧᓈᐣ. ᑭᔭ ᑳ ᐅᑎᓇᒪᐣ ᒪᒋᐦᑎᐃᐧᓇ ᐊᐢᑭᕽ ᐅᐦᒋ,

yåk ke nesôkumakāwin menu ke kichekesikoowe kisāwatotakāwin. Menu atu āka ā tāpukāyitakoseyåk, ā isse osamāyutike ne muchĕtiwininanu, kittu kė meyitåk nantow tipitotumakāwin, āyiwåk ke pukosāyimitinan kittu otinumun omu itotumoowin menu utoskāwin ka isse nutuwāyitakoseyåk; numuweyu kittu kotāyitumun ne kuskitumasoowininan, maku kittu usānumowiyåk ne wunĕtiwininanu, weyu ôche Jesus Christ ka Tipāyimikoyåk; āwuko ôche, usiche ka Kunatis.t Uchåk, kŭkeyow kistāyitakosewin menu mumichimikoowin ke ku wė meyikowin, keyu Ôtawemaw Mamowāyus Seyôkatiseyun, eyikôk kā naspiche uskewŭk. Amen.

¶ Ākwu kittu itwåk upo k ttu nikumôk,

Kittu wė mumichmaw Kisāmunito mawuche ispāyitakwunôk, menu otu uskĕk kittu wė uyow pāyŭtukāyimoowin kittu wė suwāyitakosew uyiseyinew. Ke mumichimitinan, ke kistāyimitinan, ket uyumihāstatinan, ke kistukimitinan, ke nunaskomitinan ka isse kiche kistāyitakoseyun, ka Tipāyichikāyun Kisāmunito, kichekesikoowe Kicheokimaw, Kisāmunito Ôtawemaw Mamowāyus Seyôkatiseyun.

Tāpāyichikāyun. Peyāyukokosisaniweyun, Jesus Christ; Ka Tipāyichikāyun Kisāmunito, O Mayutikomisa Kisāmunito, Okosisu Ôtawemaw, ka otinumun muchĕtiwinu uskĕk ôche, kitimakinowinan. Keyu ka otinumun muchĕtiwinu uskĕk ôche, kitimakinowinan. Keyu ka otinumun muchĕtiwinu uskĕk ôche, kitimakitu ne mowi-

ᑭᑎᒫᑭᐦᑕ ᓂ ᒪᐃᐧᒍᐢᒋᑫᐃᐧᓂᓈᐣ. ᑭᔭ ᑳ ᐊᐱᐊᐧᐟ ᐅ ᑭᐦᒋᓂᐢᑭˣ ᑭᓴᒪᓂᑐ ᐅᐦᒑᐃᐧᒫᐤ, ᔨᑎ ᑭᓇᐃᐧᓈᐣ.

ᒋᑫᒫ ᑭᔭ ᐱᑯ ᑭ ᑳᓇᑎᓯᐣ; ᑭᔭ ᐱᑯ ᑭ ᑎᐯᔨᐦᒋᑳᐣ; ᑭᔭ ᐱᑯ, X, ᐊᓯᒋ ᑳ ᑳᓇᑎᓯᐟ ᐊᐦᒑˣ, ᑭ ᒫᐚᒋ ᐃᐢᐯ-ᔨᐦᒑᑯᓯᐣ ᐅ ᑭᐢᑌᔨᐦᒑᑯᓯᐃᐧᓂˣ ᑭᓴᒪᓂᑐ ᐅᐦᒑᐃᐧᒫᐤ. ᐋᒣᐣ.

¶ ᐁᑲᐧ ᐊᔭᒥᐦᐁᐃᐧᔨᓂᐤ ᑭᑕ ᐃᑘᐤ ᐅᒪ ᓴᐍᔨᒥᐍᐏᐣ.

ᐅ ᐯᔭᐦᑕᑫᔨᒧᐦᐃᐍᐏᐣ ᑭᓴᒪᓂᑐ, ᑳ ᐊᔨᐚᑭᐢᑲᒧᒪᑲˣ ᑲᐦᑭᔭᐤ ᓂᓯᑐᐦᑕᒧᐏᐣ, ᑭ ᑳ ᐃᐧᐦ ᑲᓇᐍᔨᐦᑖᒪᑯᓈᐚᐤ ᑭᑌᐦᐃᐚᐊᐧ ᒥᓇ ᑭ ᒥᑐᓀᔨᐦᒋᑲᓂᐚᐊᐧ ᐅ ᑭᐢᑫᔨᒥᐍ-ᐃᐧᓂˣ ᒥᓇ ᐅ ᓛᑭᐦᐃᐍᐃᐧᓂˣ ᑭᓴᒪᓂᑐ, ᒥᓇ ᐅᑯᓯᓴ ᒋᓴᐢ X ᑳ ᑎᐯᔨᒥᑯᔭˣ; ᒥᓇ ᐅ ᓴᐍᔨᒥᐍᐏᐣ ᑭᓴᒪᓂᑐ ᒫᒪᐍᔭᐢ ᔦᔦᐦᑳᑎᓯᐟ, ᐅᐦᒑᐃᐧᒫᐤ, ᐅᑯᓯᓯᒫᐤ, ᒥᓇ ᑳ ᑳᓇᑎᓯᐟ ᐊᐦᒑˣ, ᑭ ᑳ ᐃᐧᐦ ᑭᑭᐢᑳᑯᓈᐚᐤ ᒥᓇ ᑕᐦᑭ ᑭ ᑲ ᐃᐧᐦ ᐃᐧᒉᐃ ᑯᓈᐚᐤ. ᐋᒣᐣ.

ᐊᔭᒥᐦᐋᐃᐧᓇ.

¶ ᐊᔭᒥᐦᐋᐃᐧᓇ ᑭᑕ ᐚᐸᑕᐦᑭ ᐃᑕ ᓄᐦᐃᐸᔨᑭ.

ᑭᓴᐚᑎᓯᐃᐧ ᐃᐧᒋᐃᓈᐣ, ᑌᐯᔨᐦᒋᑫᔭᐣ, ᐅᒪ ᑳ ᒪᐃᐧ-ᒍᐢᒋᑳᔭˣ ᒥᓇ ᑳ ᐊᔭᒥᐦᐋᔮˣ, ᒥᓇ ᐁᑕᐢᑖᐤ ᐅᐟ ᐃᑖᑎ-ᓯᐃᐧᓂᐚᐤ ᑭᐟ ᐊᑐᐢᑫᔮᑲᓇᐠ ᑭᑕ ᑭ ᐅᑎᐦᑕᐦᑭ ᑳᑭᑫ ᐱᒫᑎᓯᐃᐧᐣ; ᐁᑯᓯ, ᒥᓴᑳᒣ ᐅᒪ ᑳ ᐹᐦᐱᑐᓯᐸᔨᐠ ᒥᓇ ᐁᑳ ᑳ ᑫᐦᒋᓈᑕˣ ᐊᐢᑭᐃᐧ ᐱᒫᑎᓯᐃᐧᐣ, ᑕᐦᑭ ᑭᑕ ᑭᐦ ᓈᑖᒪᑯᒋᐠ ᑳ ᐍᐦᐯᒥ ᐊᔮᐠ ᑭ ᑭᓴᐚᑎᓯᐃᐧ ᐃᐧᒋᐦᐃᐍᐏᐣ; ᐃᐧᔭ ᐅᐦᒋ ᒋᓴᐢ X ᑳ ᑎᐯᔨᒥᑯᔮˣ. ᐋᒣᐣ.

moschikāwininan. Keyu ka upiwut o kichenis-kĕk Kisāmunito Ōtawemaw, kitimakinowinan.

Chikāma keyu piko ke kunatisin; keyu piko ke Tipāyichikan; keyu piko, Christ, usiche ka Kunatisit Ŭchâk, ke mawuche ispāyitakosin o kistāyitakosewinik Kisāmunito Ōtawemaw. Amen.

¶ Ākwu Uyumihāweyinew kittu itwāo omu suwāyimi-wāwin.

O pāyŭtukāyimohiwāwin Kisāmunito, ka uyi-wakiskumomukŭk kŭkeyow nisitōtumoowin, ke ku wĕ kunuwāyitumakonawaw ketāhiwawu menu ke mitonāyichikuniwawu o kiskāyimiwāwinik menu o sakihiwāwinik Kisāmunito, menu Oko-sisu Jesus Christ ka Tipāyimikoyŭk; Menu o suwāyimiwāwin Kisāmunito Mamuwāyus Seyō-katiset, Ōtawemaw, Okosisimaw, menu ka Kuna-tisit Ŭchâk, ke ku wĕ kikiskakonawaw menu tŭke ke ku wĕ wechāwikonawaw. Amen.

ᒫᒪᐍᔭᐢ ᓯᐚᑳᑎᓯᔭᐣ ᑌᐯᔨᐦᒋᑫᔭᐣ, ᒥᓇ ᑳᑭᑫ ᒨᓂ·ᑐᐃᐧᔭᐣ, ᐃᑌᔨᐦᑕ, ᑭ ᐸᑯᓭᔨᒥᑎᓈᐣ, ᑭᑕ ᐅᔭᑭᐦᑕᒪᐣ, ᑭᑕ ᑳᓈᒥᐦᒑᔭᐣ, ᒥᓇ ᑭᑕ ᑎᐯᔨᐦᑕᒪᐣ; ᓂᑌᐦᐃᓈᓇ ᒥᓇ ᓂᔭ-ᐃᐧᓈᓇ, ᑭᑕ ᑮᐦ ᐱᒥᑎᓴᐦᒫᕽ ᑯᔭᓱᐍᐃᐧᓇ, ᒥᓇ ᑮᑕ ᐃᐦᑐᑖᒫᕽ ᐁ ᐃᑕᓯᐚᓯᔮᕽ; ᐁᑯᓯ ᑳ ᓱᐦᑫᔭᐦᒑᑲᐧᕽ ᑭ ᑲᓇᐍᔨᒥᐍᐃᐧᐣ, ᑭᑕ ᑭᐦ ᐅᐦᒋ ᑲᓇᐍᔨᐦᒑᑯᓯᔮᕽ, ᓂᔭᐃᐧᓈᕽ ᒥᓇ ᓂᐟ ᐋᐦᒫᐦᑯᓈᕽ, ᐊᓄᐦᐨ ᒥᓇ ᑳᑭᑫ; ᐃᐧᔭ ᐅᐦᒋ ᑳ ᑎᐯᔨᒥᑯᔮᕽ ᒥᓇ ᑳ ᐟ ᒫᒋᐦᐃᑯᔮᕽ ᒋᓴᐢ X. ᐋᒣᐣ.

ᐃᑌᔨᐦᑕ, ᑭ ᐸᑯᓭᔨᒥᑎᓈᐣ, ᒪᒪᐍᔭᐢ ᓯᐚᐦᑳᑎᓯᔭᐣ ᑭᓭᒪᓂᑐ, ᐊᓂᐦᐃ ᐃᑗᐃᐧᓇ, ᑳ ᑭᐦ ᐯᐦᑖᒫᕽ ᐊᓄᐦᐨ ᑳ ᑭᓯᑳᐠ ᓂᐦᑕᐸᐧᑳᓈᓇ ᐅᐦᒋ, ᑭᔭ ᐁ ᐃᐧᒋᐦᒑᔭᐣ ᑭᑕ ᑮᐦ ᑭᐢᑎᑳᑌᑭ ᓂᑌᐦᐃᓈᕽ, ᐁᑯᓯ ᑭᑕ ᐅᐦᐱᑮᐦᑖᒫᑯᔮᕽ ᑳ ᒥᔮᐧ-ᐸᒥᓈᑲᐧᕽ ᐁ ᐃᓯ ᐱᒫᑎᓯᔮᕽ, ᑭᑕ ᑭᐢᑌᔨᐦᒑᑲᐧᕽ ᑭ ᐃᐧᐦᔦᐃᐧᐣ; ᐃᐧᔭ ᐆᐦᒋ ᒋᓴᐢ X ᑳ ᑎᐯᔨᒥᑯᔮᕽ. ᐋᒣᐣ.

ᓂᑳᓄᐦᑕᐃᐧᓈᐣ, ᑌᐯᔨᐦᒋᑫᔭᐣ, ᑲᐦᑭᔭᐤ ᓂᐟ ᐃᐦᑐᑕᒧᐃᐧᓂᓈᕽ ᑭ ᑭᐦᒋ ᒫᒣᔭᐍᔨᐦᒋᑫᐃᐧᐣ ᐅᐦᒋ, ᒥᓇ ᔭᐦᑯᐦᑕᐦᐃᓈᐣ ᑭ ᐃᐧᒋᐦᐃᐍᐃᐧᐣ ᐅᐦᒋ; ᑲᐦᑭᔭᐤ ᓂᐟ ᐊᑐᐢᑭᐃᐧᓂᓈᓇ, ᐁ ᒫᒋᐸᔨᑭ, ᐁ ᒣᑳᐧ ᐱᒥᐸᔨᑭ, ᒥᓇ ᐁ ᐳᓂᐸᔨᑭ ᑭᔭ ᐁ ᐃᐧᒋᐦᐃᔮᕽ, ᑭᑕ ᑭᐦ ᑭᐢᑌᔨᐦᒑᑯᐦᒌᔮᕽ ᑳ ᑲᓈᑕᕽ ᑭ ᐃᐧᐦᔦᐃᐧᐣ, ᐁᑯᓯ ᐱᔨᐢ, ᑭ ᑭᓯᐋᑎᓯᐃᐧᓂᕽ ᑭᑕ ᐊᔮᔮᕽ ᑳᑭᑫ ᐱᒫᑎᓯᐃᐧᐣ; ᐃᐧᔭ ᐅᐦᒋ ᒋᓴᐢ X ᑳ ᑎᐯᔨᒥᑯᔮᕽ. ᐋᒣᐣ.

ᒫᒪᐍᔭᐢ ᓯᐚᐦᑳᑎᓯᔭᐣ ᑭᓭᒪᓂᑐ, ᑳ ᐅᐦᒋᐢᑕᒫᑫᔭᐣ ᑲᐦᑭᔭᐤ ᐃᔨᓂᓯᐃᐧᐣ, ᑳ ᑭᐢᑫᔨᐦᑕᒪᐣ ᓂ ᑭᐧᑕᒫᐃᐧᓂᓈᓇ

ᒪᐧᓭᐢ ᓇᑐᑕᒫᑕᕽ, ᒥᓇ ᐁ ᐃᓯ ᐁᑳ ᑭᐢᑫᔦᐦᑕᒫᕽ ᑭᑕ ᐃᓯ ᓇᑐᑕᒫᑖᕽ; ᑭ ᐸᑯᓭᔦᒥᑎᓈᐣ ᑭᑕ ᑭᑎᒫᑭᓇᒪᐣ ᓂ ᓅᓯᐋᐧ-ᑎᓯᐃᐧᓂᓈᓇ; ᒥᓇ ᐊᓂᐦᐃ ᐁ ᐃᓯ ᐁᑳ ᑌᐸᑫᔦᐦᑖᑯᓯᔮᕽ ᐁᑳ ᑳ ᑭᐦ ᓇᐠᑕᒫᕽ, ᒥᓇ ᐁ ᐃᓯ ᐁᑳ ᐚᐱᔮᕽ ᐁᑳ ᑳ ᒥᐢᑫᐧᔦᐦᑕᒫᕽ, ᐃᑌᔦᐦᑕ ᑭᑕ ᒥᔦᔮᕽ, ᐏᔭ ᐅ ᑌᐸᑫᐧ-ᔦᐦᑖᑯᓯᐃᐧᐣ ᐅᐦᒋ ᑭᑯᓯᐢ ᒋᓴᐢ X ᑳ ᑎᐯᔦᒥᑯᔮᕽ. ᐋᒣᐣ.

ᒫᒪᐁᐧᔭᐢ ᓯᔐᐦᑲᑎᓯᔭᐣ ᑭᓭᒪᓂᑐ, ᑳ ᑮᐦ ᐊᓯᑕᒫᑫᔭᐣ ᑭᑕ ᓇᑐᐦᑕᒪᐧᐤ ᐅ ᓇᑐᑕᒫᑫᐃᐧᓂᐋᐧᐊᐧ ᐊᓂᑭ ᑳ ᓇᑐᑕᒫᒋᐠ ᑭᑯᓯᐢ ᐅ ᐃᐧᐦᔦᐃᐧᓂᕽ; ᑭ ᐸᑯᓭᔦᒥᑎᓈᐣ ᑭ ᑭᐢᐋᐧᑎᓯ-ᐃᐧᓂᕽ ᑭᑕ ᓇᑐᐦᑕᒪᐣ ᓂᐟ ᐊᔭᒥᐦᐋᐃᐧᓂᓈᓇ ᒥᓇ ᓂ ᒪᐃᐧᒍᐢᒋᑫᐃᐧᓂᓈᓇ ᐊᓄᐦ ᑳ ᐅᔭᐢᑖᐧᑖᕽ; ᒥᓇ ᐃᑌᔦᐦᑕ ᐊᓂᐦᐃ, ᑖᐯᐧᐦᑕᒧᐃᐧᓂᕽ ᑳ ᑭᐦ ᓇᑐᑕᒫᔮᕽ ᑭᔭ ᒥᓇ ᐁ ᐃᑌᔦᐦᑕᒪᐣ, ᑭᑕ ᑭᐦ ᒥᐠᓂ ᐸᔮᔮᕽ, ᐁᑯᓯ ᐁᑳ ᑭᑕ ᑭᐧᑕᒫᔮᕽ, ᒥᓇ ᑭᑕ ᑭᐦ ᐋᐧᐸᐦᑕᐦᐃᐁᐧᔮᐠ ᑭ ᑭᐢᑌᔦᐦᑖᑯᓯᐃᐧᐣ; ᐃᐧᔭ ᐅᐦᒋ ᒋᓴᐢ X ᑳ ᑎᐯᔦᒥᑯᔮᕽ. ᐋᒣᐣ.

ᑫ ᐃᓯ

ᓯᑲᐊᐦᑖᐦᒋᐠ ᐊᐱᐢᑕᐚᐧᓯᓴᐠ

ᐊᔭᒥᐦᐁᐃᐧᑲᒥᑯᕽ.

¶ ᐁ ᑭ ᐅᔨᑳᐸᐃᐧᒋᐠ ᐊᓂᑭ ᑳ ᐃᐧᐦ ᓇᐢᑫᐧᐊᐧᓯᐃᐁᐧᐢᑕᒪᐚᐧᒋᐠ ᐊᐚᐧᓯᓴ ᐊᔭᒥᐦᐁ-ᐃᐧᔨᓂᐤ ᑭᑕ ᐃᑌᐧᐤ,

ᐚᓴᐧ ᒋ ᑭ ᓯ: ᐋᐦᑕᐋᐧᐤ ᐊᐊᐧ ᐊᐚᐧᓯᐢ, ᐊᐦᐳ ᒋ ᓇᒪᐃᐧᔭ?

¶ ᑭᐢᐱᐣ ᐃᑌᐧᑖᐧᐃᐧ, ᓇᒪᐃᐧᔭ; ᐁᑲᐧ ᐊᔭᒥᐦᐁᐃᐧᔨᓂᐤ ᑭᑕ ᐊᑎ ᐃᑌᐧᐤ,

ᑳ ᑭᐦᒋᓵᑭᐃᐧᑕᑯᐠ, ᑮᓴᐢᐱᓈ ᑲᐦᑭᔭᐤ ᐊᔨᓯᔨᓂᐤ ᐁ ᑮᑭ ᐅᐦᒋᐟ ᒫ ᒋᐦᑎᐋᐧᐣ ᐃᐢᐱ ᐁ ᓂᐦᑖᐃᐧᑭᐟ; ᒥᓇ ᑯᐱᒫᒋᐦᐃᐧ-ᐁᐧᒥᓇᐤ X ᐁ ᐃᑌᐧᐟ, ᓇᒪᐃᐧᔭ ᐊᐃᐧᔭᐠ ᑭᑕ ᑭᐦ ᐱᐦᑐᑫᐤ ᐅᐟ ᐅᑌᓇᐃᐧᐃᐧᓂᕽ ᑭᓭᒪᓂᑐ, ᑭᐢᐱᐣ ᐁᑳ ᓂᐦᑖᐃᐧᑭᐦᐃᑯᒋ ᓂᐱ ᒥᓇ ᑳ ᑲᓈᑎᓯᔨᐟ ᐊᐦᒑᐦᑲᐧ; ᑭ ᐸᑯᓭᔨᒥᑎᓈᐚᐤ ᑭᑕ ᒪᐃᐧᒧᐢᑕᐚᐧᔪᐠ ᑭᓭᒪᓂᑐ ᐅᐦᑖᐃᐧᒫᐤ, ᐃᐧᔭ ᐅᐦᒋ ᑳ ᑎᐯᔨᒥᑯᔭᕽ ᒋᓴᐢ X, ᐁᐢᐱᐦᒋ ᑭᔨᐚᐧᑎᓯᐟ ᑭᑕ ᒥᔮᐟ ᐅᐦᐃ ᐊᐚᐧᓯᓴ ᐊᓂᒪ ᑫᑲ ᑎᐱᔭᐤ ᐅᐟ ᐃᑖᑎᓯᐃᐧᓂᔨᕽ ᐁᑳ ᑫ ᑭᐦ ᐊᔮᔨᐟ; ᑭᑕ ᓯᑲᐊᐦᑖᐦᑎᐤ (ᒋᐠ) ᓂᐱ ᒥᓇ ᑳ ᑲᓈᑎᓯᔨᐟ ᐊᐦᒑᐦᑲ ᐅᐦᒋ, ᒥᓇ ᑭᑕ ᐱᐦᑐᑲᐃᐧᐤ (ᒋᐠ) X ᐅ ᑲᓈᒋ ᐊᔭᒥᐦᐁᐃᐧᑲᒥᑯᕽ, ᒥᓇ ᑭᑕ ᑭᐦ ᐱᒫᑎᓯᐃᐧ-ᐃᐧᒋᐃᐁᐧᐟ (ᒋᐠ) ᐁᑯᑕ

¶ ᐁᑲᐧ ᐊᔭᒥᐦᐁᐃᐧᔨᓂᐤ ᑭᑕ ᐃᑌᐧᐤ,

ᐁᑲᐧ ᐊᔭᒥᐦᐋᐧᑖᐣ.

¶ ᐁᑲᐧ ᑲᐦᑭᔭᐤ ᐅᑕᔭᒥᐦᐋᐧᐊᐧᐠ ᑭᑕ ᐅᒋᐦᒋᑲᐧᓇᐱᐊᐧᐠ.

ᒫᒪᐁᐧᔭᐢ ᓯᐯᐦᑳᑎᓯᔭᐣ ᒥᓇ ᑳᑭᑫ ᒉᓂᑐᐃᐧᔭᐣ, ᑭ ᑭᐦᒋ ᑲᔭᐚᐧᑎᓯᐃᐧᐣ ᐅᐦᒋ ᑳ ᑭᐦ ᐱᒫᒋᐦᐊᒋᐠ ᓄᐊᐦ ᒥᓇ

ᐅᐟ ᐊᐚᓯᒥᓴ ᓈᐱᐦᑳᐧᓂᕽ ᐁᑳ ᑭᑕ ᓂᓯᐘᓈᒋᐃᑯᒋᐠ ᓂᐱ; ᒥᓇ ᒫᑲ ᑳ ᑭᐦ ᐊᓯᐘᑳᒣᐦᑕᐦᐊᒋᐠ ᐅᐟ ᐊᐚᓯᒥᓴ ᐃᐢᓭᐁᐃᐤ ᑭᐟ ᐃᔑᓂᒪᐠ ᒥᐦᑳᐧᑲᒥᐃᐧ ᐃᐧᓂ ᑯᕽ, ᐁᑯᑕ ᐁ ᑭᐢᑭᓇᐚᒋ ᐊᐢᐸᐦᐚᑫᔭᐣ ᑭ ᑲᓈᒋ ᓯᑲᐋᐦᑖᑫᐃᐧᐣ: ᒥᓇ ᐅ ᓯᑲᐋᐦᑖᑯᐃᐧᐣ ᐅᐦᒋ ᓯᐚᑭᐘᐟ ᑭᑯᓯᐢ ᒋᓴᐢ X, ᒫᓭᑕᐣ ᓯᐱᕽ, ᑳ ᑭᐦ ᑲᓈ-ᒋᐦᑖᔭᐣ ᓂᐱ ᑭᑕ ᒪᒫᐦᑖᐃᐧ ᒪᓈᐹᐘᑖᒪᑲᕽ ᒪᒋᐦᑎᐃᐧᐣ; ᑭ ᐸᑯᓭᔨᒥᑎᓈᐣ, ᐁ ᐃᓯ ᑭᓭᐚᑎᓯᔭᐣ, ᑭᑕ ᑭᑎᒫᑭᓇᐘᐟ (ᒋᐠ) ᐊᐘ ᐊᐚᓯᐢ, (ᐅᑭ ᐊᐚᓯᓴᐠ); ᑭᓯᐯᑭᐣ (ᐃᐠ) ᒥᓇ ᑲᓇᒋᐦ (ᐃᐠ) ᑳ ᑳᓇᑎᓯᔨᐟ ᐊᐦᒑᐦᑲᐧ ᐅᐦᒋ; ᐃᐧᔭ ᐁ ᐸᐢᐱᐃᐦᐟ (ᒋᐠ) ᑭ ᑭᓯᐚᓯᐃᐧᓂᕽ ᐅᐦᒋ, ᑭᑕ ᐱᐦᑐᑲᐃᐦᐟ (ᒋᐠ) X ᐅᐟ ᐊᔭᒥᐦᐁᐃᐧᑲᒥᑯᕽ; ᐁᑯᓯ ᐁ ᐋᔨᒋᐸᔮᐟ (ᒋᐠ) ᑖᐯᐦᑕᒧᐃᐧᓂᕽ, ᐁ ᒪᒫᐦᑖᑯᓯᐟ (ᒋᐠ) ᐊᐢᐯᔨᒧᐃᐧᓂᕽ, ᒥᓇ ᐁ ᓱᐦᑭ ᐋᔮᐟ (ᒋᐠ) ᑭᓭᐚᑎᓯᐃᐧᓂᕽ, ᑭᑕ ᑭ ᐃᓯ ᐸᐢᐱᐟ (ᒋᐠ) ᐅᒪ ᑳ ᐋᔨᒪᕽ ᐊᐢᑭ, ᐱᔨᐢ ᑭᑕ ᑭᐦ ᐅᑎᐦᑕᕽ (ᐃᐠ) ᐊᓂᒪ ᐊᐢᑭ ᐃᑕ ᑳᑭᑫ ᐱᒫᑎᓯᐃᐧᐣ ᑳ ᐋᔮᐠ, ᐁᑯᑕ ᑭᑕ ᐃᐧᒋ-ᐊᔮᒥᐢᐠ (ᐃᐠ) ᐃᔨᑯᕽ ᑫ ᓈᐢᐱᒋ ᐊᐢᑭᐘᕽ; ᐃᐧᔭ ᐅᐦᒋ ᒋᓴᐢ X ᑳ ᑎᐯᔨᒥᑯᔮᕽ. ᐋᒣᐣ.

ᒫᒪᐁᐧᔭᐢ ᓯᐸᐦᑳᑎᓯᔭᐣ ᒥᓇ ᑳᑭᑫ ᐁᔮᔭᐣ ᑭᓭᒪᓂᑐ, ᑳ ᐃᐧᒋᐦᐊᒋᐠ (ᐦ) ᑳ ᑭᐧᑕᒫᒋᐠ, ᒥᓇ ᑳ ᓂᓱᐦᑲᒪᐘᒋᐠ ᑲᐦᑭᔭᐤ ᑳ ᓈᑖᒧᑐᑖᐢᑭᐠ, ᑳ ᐱᒫᑎᓯᐢᑲᐘᒋᐠ ᑳ ᑖᐯᐧᐦᑕᐦᑭ, ᒥᓇ ᑳ ᐘᓂᐢᑳᓇᒋᐠ ᐅᓂᐱᐘᐠ; ᑭ ᒪᐃᐧᒧᐢᑖᑎᓈᐣ ᐊᐘ ᐊᐚᓯᐢ (ᐅᑭ ᐊᐚᓯᓴᐠ) ᐅᐦᒋ, ᐁ ᐯ ᓈᑕᕽ (ᐃᐠ) ᑭ ᑲᓈᒋ ᓯᑲᐋᐦᑖᑫᐃᐧᐣ, ᑭᑕ ᑭ ᐅᐦᑎᓇᕽ (ᐃᐠ) ᐊᓭᓇᒫᑯᐃᐧᐣ ᐅ ᒪᒋᐦᑎᐃᐧᓇ (ᒪᒋᐦᑎᐃᐧᓂᐚᐘ) ᐊᐦᒑᐦᑯᐃᐧ ᐅᐢᑭ ᓂᐦᑖ-ᐃᐧᑭᐃᐧᐣ ᐅᐦᒋ. ᐅᑎᐣ (ᐃᐠ), ᑌᐯᔨᐦᒋᑫᔭᐣ, ᑳ ᑭ ᐃᓯ

ᐊᔾᑕᒫᑫᔭᐣ ᓯᐋᑭᐊᐟ ᑭᔾᓯᐢ ᐅᐦᒋ, ᑳ ᑭᐦ ᐃᑌᐧᐟ, ᓇᑐᑖᒫᐠ, ᐁᑯᓯ ᑭ ᑲ ᐊᔫᓈᐚᐤ; ᓇᑐᓇᒨᐠ, ᐁᑯᓯ ᑭ ᑲ ᒥᐢᑫᓈᐚᐤ; ᐹᐦᐹᐚᐦᐃᑫᐠ, ᐁᑯᓯ ᑭ ᑲ ᐧᑌᓇᒫᑲᐃᐧᓈᐚᐤ; ᐁᑯᓯ ᒫᑲ ᐃᓯ ᒥᔦᓈᐣ ᑳ ᓇᑐᑖᒫᕽ; ᓂ ᑲ ᐃᐦ ᒥᐢᑫᓈᐣ ᑳ ᓇᑐᒫᕽ; ᐧᑌᓇᒪᐃᐧᓈᐣ ᐃᐢᑲᐧᑌᐨ ᐁ ᐹᐦᐹᐚᐦᐃᑫᔮᕽ; ᐊᐊᐧ ᐊᐚᓯᐢ (ᐅᑭ ᐊᐚᓯᓴᐠ) ᑭᑕ ᐅᐦᒉᓇᕽ (ᐃᐠ) ᐊᓂᒪ ᑳᑭᑫ ᓴᐍᔨᐦᑖᑯᓯᐃᐧᐣ ᑭ ᑭᐦᒋᑭᓯᑯᐃᐧ ᑭᓯᐯᑭᓂᐁᐧᐃᐧᐣ ᐅᐦᒋ, ᒥᓇ ᑭᑕ ᑭᐦ ᐅᑎᐦᑕᕽ (ᐃᐠ) ᐊᓂᒪ ᑳᑭᑫ ᐅᑌᓇᐃᐧᐃᐧᐣ ᑳ ᑭᐦ ᐊᔾᑕᒫᑫᔭᐣ, ᐃᐧᔭ ᐅᐦᒋ X ᑳ ᑎᐯᔨᒥᑯᔮᕽ. ᐋᒣᐣ.

¶ ᐁᑲᐧ ᑲᐦᑭᔭᐤ ᑭᑕ ᓂᐸᐃᐧᐊᐧᐠ ᒥᓇ ᐊᔭᒥᐦᐁᐃᐧᔨᓂᐤ ᑭᑕ ᐃᑌᐧᐤ,

ᓇᑐᐦᒧᐠ ᐁ ᐃᑌᐧᒪᑲᕽ ᒥᔮᐧᒋᒧᐃᐧᐣ, ᑳ ᑭᐦ ᒪᓯᓇᐦᐊᕽ ᓴᐣᐟ ᒫᕽ, ᒥᑖᑕᐦᐟ ᐱᐢᑭᐦᑕᓯᓇᐦᐃᑲᓂᕽ, ᒥᑖᑕᐦᐟ ᓂᐢᑐᓵᑉ ᐱᐢᑭᐦᑕᓯᓇᐦᐃᑲᓂᓯᕽ.

ᐯᑐᐁᐧᐊᐧᐠ Xᐊ ᐊᐱᐢᑕᐚᓯᓴ, ᑭᑕ ᓵᒥᓈᐟ; ᐁᑯᓯ ᐅ ᑭᐢᑭᓄᐦᐊᒪᐚᑲᓇ ᑭᑐᑌᔨᐊᐧ ᐊᓂᐦᐃ ᑳ ᐯᓯᐚᔨᐟ. ᒫᑲ ᐃᐢᐱ ᒋᓴᐢ ᐃᐧᔮᐸᐦᑕᕽ, ᒥᐢᑕᐦᐃ ᓀᒪ ᓇᐦᐁᔨᐦᑕᐨ, ᒥᓇ ᐅᒥᓯ ᐃᑌᐤ, ᐃᔨᓇᒫᐦᑯᐠ ᐊᐱᐢᑕᐚᓯᓴᐠ ᑭᑕ ᐯ ᓈᓯᒋᐠ, ᒥᓇ ᐁᑳᐃᐧᔭ ᑭᑕᐦᐊᒫᐦᑯᐠ; ᒋᑫᒫ ᐁᑯ ᑐᐊᐧ ᑭᓭᒪᓂᑐ ᐅᐟ ᐅᑌᓇᐃᐧᐃᐧᓂᕽ ᑳ ᐊᔮᒋᐠ. ᑖᐯᐧ ᑭᐟ ᐃᑎᓈᐚᐤ, ᑭᐢᐱᐣ ᐊᐃᐧᔭᐠ ᐁᑳ ᐅᑎᓇᐦᑭ ᑭᓭᒪᓂᑐ ᐅᐟ ᐅᑌᓇᐃᐧᐃᐧᐣ ᑖᐱᐢᑯᐨ ᐊᐱᐢᑕᐚᓯᐢ, ᓇᒪᐃᐧᔭ ᑭᑕ ᐱᐦᑐᑫᐤ ᐁᑯᑕ. ᐁᑯᓯ ᑭᐦ ᐅᑎᓂᐤ ᐅᐢᐱᑐᓂᕽ, ᑭᐦ ᓵᓵᒥᓂᐤ, ᒥᓇ ᑭᐦ ᓴᐁᐧᔨᒣᐤ.

¶ ᐁᑲᐧ ᐊᔭᒥᐦᐁᐃᐧᔨᓂᐤ ᐅᒪ ᑫ ᐃᑌᐧᐟ,

ᓯᐋᑭᐦᐃᑕᑯᐠ, ᑭ ᐯᐦᑌᓈᐚᐤ ᐅᑕ ᒥᔮᐧᒋᒧᐃᐧᓂᕽ ᐅᐟ

ᐃᑌᐧᐃᐧᓇ ᑯᐱᒫᒋᐦᐃᐁᐧᒥᓇᐤ X, ᑳ ᑭᐦ ᐃᑕᓱᐋᐧᑖᐟ ᐊᐋᐧᓯᓴ ᑭᑕ ᐯᑖᐧᐦᐟ; ᑳ ᑭᐦ ᐋᓅᐧᔨᒫᐟ ᐊᓂᐦᐃ ᑳ ᑭᐦ ᑭᑕᐊᒫᑫᔨᐟ ᑭᑕ ᐯᑖᐧᐦᐟ; ᑳ ᑭᐦ ᓯᐦᑭᒫᐟ ᑲᐦᑭᔭᐤ ᐊᔨᓯᔨᓂᐊᐧ ᕕᑕ ᐱᒥᑎᓴᐦᐊᒥᔨᐟ ᐅ ᔦᐢᑳᑎᓯᐃᐧᓂᔨᐤ. ᑭ ᐋᐧᐸᐦᑌᓈᓇᐤ ᑳ ᐃᓯ ᔪᑯᐦᑖᐟ ᐁ ᒥᓭᐧᔨᒫᐟ; ᒋᑫᒫ ᑭᐦ ᒐᐦᑯᓄᐤ, ᑭᐦ ᓴᓵ-ᒥᓄᐤ, ᒥᓇ ᕕᐦ ᓴᐁᐧᔨᒣᐤ. ᐁᑳᐃᐧᔕ ᒫᑲ ᓵᑫᐧᔨᒧᐠ, ᒫᑲ ᒥᑐᓂ ᒌᐯᐧᐦᑕᒧᐠ, ᐁᑯᓯ ᒥᓇ ᑭᑕ ᐃᓯ ᒥᔦ ᐅᑎᓈᐟ ᐅᐦᐃ ᐊᐋᐧᓯᓴ; ᑭᑕ ᒐᐦᑯᓈᐟ ᐅ ᑭᓴᐋᐧᑎᓯᐃᐧ ᒥᐢᐱᑐᓂᕽ; ᕕᑕ ᒥᔮᐟ ᑳᑭᑫ ᐱᒫᑎᓯᐃᐧᐣ, ᒥᓇ ᑭᑕ ᐃᐧᒋᐃᐁᐧᔨᐟ ᑳᑭᑫ ᐅᐟ ᐅᑌᓇᐃᐧᐃᐧᓂᕽ. ᐁᑯᓯ ᒫᑲ ᐁ ᑫᐦᒋᓈᐦᐳᔕᕽ ᐁ ᐃᓯ ᑭᓴᐋᐧᑐᑕᐋᐧᐟ ᑯᐦᒑᓚᐧᓇᐤ ᑭᐦᒋᑭᓯᑯᕽ ᐅᐦᐃ ᐊᐋᐧᓯᓴ, ᑳ ᑭᐦ ᐃᓯ ᐃᐧᐦᑕᒥᔨᐟ ᐅᑯᓯᓴ ᒋᓴᐢ X; ᒥᓇ ᐁᑳ ᐁ ᐊᓯ-ᐁᐧᔨᐦᑕᒪᕽ ᑭᑕ ᒥᔦ ᐅᑎᓇᕽ ᐅᒪ ᑳ ᑐᑕᒪᕽ ᐁ ᐯᓯᒫᔕᕽ ᐅᐦᐃ ᐊᐋᐧᓯᓴ ᐅ ᑲᓈᒋ ᓯᑲᐸᐦᒑᑫᐃᐧᓂᕽ; ᒫᐦᑎ ᒌᐯᐧᐦᑕ-ᒧᐃᐧᓂᕽ ᒥᓇ ᑯᓯᑫᐧᔨᐦᑕᒧᐃᐧᓂᕽ ᓇᓈᐢᑯᒫᒋᐟ, ᐅᒥᓯ ᐁ ᐃᑌᐧᔕᕽ,

ᒫᒪᐁᐧᔕᐢ ᓯᓀᐦᑳᑎᓯᔕᐣ ᒥᓇ ᑳᑭᑫ ᒣᓂᑐᐃᐧᔕᐣ, ᐅᐦᒑ-ᐃᐧᒫᐤ ᑭᐦᒋᑮᓯᑯᕽ, ᐁ ᑕᐸᐦᑌᔨᒨᔕᕽ ᑭ ᓇᓈᐢᑯᒥᑎᓈᐣ ᑳ ᑭᐦ ᐃᑌᔨᐦᑕᒪᐣ ᑭᑕ ᑭᐢᑫᔨᐦᑕᒧᐃᔖᕽ ᑭ ᑭᓴᐋᐧᑎᓯᐃᐧᐣ ᒥᓇ ᑭᑕ ᒌᐯᐧᐦᑖᑖᕽ; ᔕᐦᕕᐦᒑ ᐅᒪ ᑭᐢᑫᔨᐦᑕᒧᐃᐧᐣ, ᒥᓇ ᐋᔨᑕᐢᑐ-ᐃᐧᓈᐣ ᐅᒪ ᒌᐯᐧᐦᑕᒧᐃᐧᐣ ᑳᑭᑫ. ᒥ (ᔨᐠ) ᑭ ᑲᓈᒋ ᐊᐦᒐᐦᑲ ᐊᐊᐧ ᐊᐋᐧᓯᐢ (ᐅᑭ ᐊᐋᐧᓯᓴᐠ), ᑭᑕ ᑭᐦ ᑭᐦᑖᐧᐨ ᓂᐦᑖᐃᐧᐤᐟ (ᒋᐠ), ᒥᓇ ᑭᑕ ᑭᐦ ᐃᐧᒋᐦᐃᐁᐧᐟ (ᒋᐠ) ᑳᑭᑫ ᐱ ᒋᐦᐳᐃᐧᓂᕽ; ᐃᐧᔕ ᐅᐦᒋ ᑳ ᑎᐯᔨᒥᑯᔖᕽ ᒋᓴᐢ X,

ᑳ ᐱᒫᑎᓯᐟ ᒥᓇ ᑳ ᐋᔮᐟ ᐃᑕ ᐁ ᐋᔮᐊᐧᐟ ᒥᓇ ᑳ ᑲᓈᑎᓯᐟ ᐊᐦᒫᕽ, ᐊᓄᐦᐨ ᒥᓇ ᑳᑭᑫ. ᐋᒣᐣ.

¶ ᐁᑲᐧ ᐊᔭᒥᐦᐁᐃᐧᔨᓂᐤ ᐅᒥᓯ ᑭᑕ ᐃᑌᐤ ᑳ ᓂᐸᐃᐧᐢᑕᒪᐋᐧᔨᐟ ᐊᐋᐧᓯᓴ,

ᑳ ᑭᐦᒋ ᓵᑭᐦᐃᑕᑯᐠ, ᑭ ᑭᐦ ᐯᓯᐋᐧᐋᐧᐤ (ᐊᐠ) ᐊᐊᐧ ᐊᐋᐧᓯᐢ (ᐅᑭ ᐊᐋᐧᓯᓴᐠ) ᑭᑕ ᓯᑲᐊᐦᑖᐦᐟ (ᒋᐠ); ᑭ ᑭᐦ ᐊᔭᒥᐦᐋᓈᐋᐧᐤ ᑳ ᑎᐯᔨᒥᑯᔭᕽ ᒋᓴᐢ X ᑭᑕ ᐃᑌᔨᐦᑕᕽ ᑭᑕ ᐅᑎᓈᐟ, ᑭᑕ ᐋᐸᐦᐊᒪᐋᐧᐟ ᐅ ᒪᒋᐦᑎ ᓂᔨᐊᐧ, ᑭᑕ ᑲᓈᒋᐦᐋᐟ ᑳ ᑲᓈᑎᓯᔨᐟ ᐊᐦᒫᐦᑲᐧ ᐅᐦᒋ, ᑭᑕ ᒥᔮᐟ ᑭᐦᒋᑭᓯᑯᐃᐧ ᐅᑌᓇᐃᐧᐃᐧᐣ ᒥᓇ ᑳᑭᑫ ᐱᒫᑎᓯᐃᐧᐣ. ᑭ ᑭᐦ ᐯᐦᑌᓈᐋᐧᐤ ᒥᓇ ᑳ ᑎᐯᔨᒥᑯᔭᕽ ᒋᓴᐢ X ᐁ ᑭ ᐊᓱᑕᒫᑫᐟ ᐅ ᒥᓵᐧᒋ-ᒧᐃᐧᓂᕽ, ᑭᑕ ᒣᑭᐟ ᑲᐦᑭᔭᐤ ᐅᐦᐃ ᑳ ᑭᐦ ᓇᑐᑕᒫᐧᓭᐠ; ᐁᐊᐧᑯ ᐊᓱᑕᒫᑫᐃᐧᐣ ᐃᐧᔭ ᑫᐦᒋᓇ ᑭᑕ ᒥᒋᒥᓇᑦ ᒥᓇ ᑭᑕ ᐃᐦᑐᑕᑦ. ᐁᐊᐧᑯ ᐅᐦᒋ ᒫᑲ, ᐅᒪ ᐁ ᑭᐦ ᐃᓯ ᐊᓱᑕᒫᑫᐟ X, ᐊᐊᐧ ᐊᐋᐧᓯᐢ (ᐅᑭ ᐊᐋᐧᓯᓴᐠ) ᐃᐧᔭ (ᐋᐧᐤ) ᑫᐦᒋᐋᐧᐠ ᑖᐯᐧᐃᐧᓂᕽ ᑭᑕ ᐊᓱᑕᒫᑫᐤ (ᐊᐠ), ᑭᔭᐋᐧᐤ ᐁ ᐃᑌᐧᐢᑕᒫᐧᓭᐠ (ᐅᐠ) ᐃᔨᑯᕽ ᐃᐢᐱᐦᑎᓯᒋ (ᐃᐢᐱᐦᑎᓯᑖᐧᐃᐧ) ᑭᑕ ᐃᑌᐧᐢᑕ-ᒫᒧᐟ (ᒋᐠ), ᑭᑕ ᐸᑭᑎᓈᐟ (ᒋᐠ) ᒪᒋ ᐊᐦᒫᐦᑲᐧ ᒥᓇ ᑲᐦᑭᔭᐤ ᐅᐟ ᐃᓯᐦᒋᑫᐃᐧᓂᔨᐊᐧ, ᒥᓇ ᑕᐦᑭ ᑭᑕ ᑖᐯᐧᐦᑕᕽ (ᐃᐠ) ᑭᓭᒪᓂᑐ ᐅᐟ ᐃᑌᐧᐃᐧᐣ, ᒥᓇ ᓇᓇᐃᐦᑕᒧᐃᐧᓂᕽ ᑭᑕ ᒥᒋᒥᓇᒫᐧᐟ (ᒋᐠ) ᐅᓴᓱᐁᐧᐃᐧᓂᔨᐊᐧ.

ᑭ ᑲᑫᐧᒋᒥᑎᓈᐋᐧᐤ ᒫᑲ,

ᐁ ᐃᑌᐧᐢᑕᒪᐊᐧᐟ ᐊᐊᐧ ᐊᐋᐧᓯᐢ, ᑭ ᐸᑭᑎᓈᐤ ᒋ ᒪᒋ ᐊᐦᒫᕽ ᒥᓇ ᑲᐦᑭᔭᐤ ᐅᐟ ᐃᓯᐦᒋᑫᐃᐧᓇ, ᒪᒋ ᑭᐢᑌᔨᒥᓱᐃᐧᐣ ᐊᐢᑭᕽ ᑳ ᓂᓯᐋᐧᓈᒋᐦᐃᐁᐧᐠ, ᐊᓯᒋ ᑲᐦᑭᔭᐤ ᒪᒋ ᑳᓵᑳᑎᓯᐃᐧᐣ

ᒥᓇ ᒧᐢᑕᐍᐧᔑᐦᑕᒧᐃᐧᐤ, ᐁᑳ ᑭᑕ ᐱᒥᑎᓵᐦᐊᒪᐤ ᐊᐦᐳ ᑮᑕ ᑎᐯᔑᒥᑯᔪᐤ?

ᓇᐢᑫᐧᐋᐧᓯᐦᑖᐱᐦᐃᐧᐣ ᓂ ᐹᑭᑎᓄᐤ ᓵᐦᑭᔪᐤ.

ᐊᔪᒥᐦᐁᐃᐧᔑᓂᐤ.

ᑭ ᑌᐯᐧᐦᑌᐤ ᓇ ᐁ ᐃᐦᑖᐟ ᑭᓵᒣᓂᑐ ᐅᐦᑖᐃᐧᒫᐤ ᓱᐙᐦᑳᑎᓯᐟ, ᑳ ᑭᐦ ᐅᓯᐦᑖᐟ ᑭᐦᒋᑭᓯᐠ ᒥᓇ ᐊᐢᑭ?

ᒥᓇ ᒋᓵᐢ X ᐅ ᐯᔪᑰᑯᓰᓴᓇ ᑳ ᑎᐯᔑᒥᑯᔪᕽ? ᓇ ᑳ ᑲᓈᑎᓯᔑᐟ ᐊᐦᒫᐦᑲᐧ ᑳ ᑭᐦ ᐅᐦᒋᐟ; ᑳ ᑭᐦ ᓂᐦᑕ-ᐃᐧᑭᐦᐃᑯ ᐅᐢᑭᓂᑭᐢᑫᐧᐊᐧ ᒣᔭᐃᐊᐧ; ᑳ ᑭᐦ ᑯᑕᑭᐃᐦᐤ ᒣᑳᐧ ᐹᐅᑎᔪᐢ ᐸᔦᐊᐟ ᐁ ᑎᐯᔑᐦᑕᕽ, ᑳ ᑭᐦ ᒋᐢᑕᐦᐋᐢᑳᐧᑎᐦᐤ, ᑳ ᑭᐦ ᓂᐸᐦᐣᐦᐤ, ᒥᓇ ᑳ ᑭᐦ ᓇᐦᐃᓂᐦᐤ; ᑳ ᑭᐦ ᐃᑐᐦᑌᐟ ᒋᐸᔪᐢᑭᕽ; ᐁ ᐊᑎ ᓂᐢᑐ ᑭᓯᑳᔑᐠ ᑳ ᑭᐦ ᐋᐱᓯᓯᕽ; ᐁᑯᓯ ᑭᐦᒋᑭᓯᑯᕽ ᑳ ᐃᓯ ᐅᐦᐱᐢᑳᐟ, ᐁ ᐊᑎ ᐃᓯ ᐊᐱᐚᐧᐟ ᐅ ᑭᐦᒋᓂᐢᑭᔖᕽ ᑭᓵᒪᓂᑐᐊᐧ ᐅᐦᑖᐃᐧᒫᐊᐧ ᓱᐙᐦᑳᑎᓯᔑᐟ; ᐁᑯᑕ ᐅᐦᒋ ᑫ ᐯ ᐅᔭᐚᐧᑖᐟ ᐊᓂᐦᐃ ᒣᑳᐧ ᑫ ᐱᒫᑎ-ᓯᔑᑫᐧ ᒥᓇ ᐊᓂᐦᐃ ᑳ ᑭᐦ ᓂᐱᔑᐟ?

ᒥᓇ ᑭ ᑌᐯᐧᐦᑌᐤ ᓈ ᐁ ᐃᐦᑖᐟ ᑳ ᑲᓈᐢᓯᐟ ᐊᐦᒫᕽ; ᐁ ᐃᐦᑖᒋᐠ ᐁ ᑲᓈᑎᓯᒋᐠ ᒥᓯᐍᐧᐢᑲᒥᐠ ᑌᐯᐧ ᐅᑌᐯᐧᐦᑕᒧᐊᐧᐠ; ᒥᓇ ᐁ ᐃᐧᑫᐦᑐᒋᐠ ᐅᑲᓈᒋᐦᐅᐊᐧᐠ; ᒥᓇ ᐁ ᐊᓵᓂᑳᑌᑭ ᒪᒋᐦᑎᐃᐧᓇ; ᒥᓇ ᑭᑕ ᐋᐧᓂᐢᑳᓂᑳᑌᐠ ᒥᔪᐤ; ᒥᓇ ᑳᑭᑫ ᐱᒫᑎᓯᐃᐧᐤ ᑭᑕ ᐊᔮᕽ ᑭᐦ ᐋᑕ ᓂᐱᐦᑭ?

ᑲᐦᑭᔪᐤ ᐅᒪ ᒥᑐᓂ ᓂ ᑌᐯᐧᐦᑌᐤ.

ᐊᔪᒥᐦᐁᐃᐧᔑᓂᐤ.

ᐁᑯᑌ ᒋ ᒫᑲ ᐅᒪ ᑫ ᐃᓯ ᓯᑲᐦᑕᑲᐃᐧᔪᐤ?

ᐁᑯᓯ ᐁᓯ ᓇᑕᐍᐧᔑᐦᑖᒪᐤ.

ᐊᔭᒥᐦᐁᐎᔨᓂᐤ.

ᑭ ᑲ ᓈ ᒫᑲ ᓇᓇᐃᐦᑕᒧᐎ ᒥᐧᒋᒥᓇᒫᐧᐣ ᑳ ᑲᓈᑕᓂᔨᐠ ᑭᓭᒪᓂᑐ ᐅᐟ ᐃᑌᔨᐦᑕᒧᐎᐣ ᒥᓇ ᐅᔭᓱᐍᐎᓇ, ᑭᑕ ᒥᑎᒣᐚᐟ ᐃᔨᑯᕽ ᑫ ᐱᒫᑎᓯᔭᐣ?

ᓂ ᑲ ᐃᐦᑐᑌᐣ.

¶ ᐁᑲᐧ ᐅᔭᒥᐦᐁᐎᔨᓂᐤ ᑭᑕ ᐃᑌᐤ,

ᑫᓭᐚᑎᓯᔭᐣ ᑭᓭᒪᓂᑐ, ᐃᑌᔨᐦᑕ ᑲᔭᐦᑌ ᐊᔨᓯᔨᓂᐦᑫᐎᐣ ᑳ ᑭᑭᔥᑳᑯᐟ ᐊᐊᐧ ᐊᐚᓯᔥ (ᐅᑭ ᐊᐚᓯᓴᐠ) ᒥᑐᓂ ᑭᑕ ᓇᐦᐃᓂᑳᑌᔨᐠ, ᐁᑯᓯ ᐅᔥᑭ ᐊᔨᓯᔨᓂᐊᐧ ᒥᔥᑯᐨ ᑭᑕ ᑭᑭᔥᑳᑯᐟ (ᒋᐠ). ᐋᒣᐣ.

ᑭᑕ ᐃᐧᐦ ᓂᐸᒪᑲᓂᔨᐊᐧ ᑲᐦᑭᔭᐤ ᒪᒋ ᐊᑳᐊᐧᑕᒧᐎᓇ ᑳ ᑭᑭᔥᑳᑯᐟ (ᒋᐠ), ᒫᑲ ᑲᐦᑭᔭᐤ ᑳ ᐃᓯ ᐊᔮᐟ ᐊᐦᒑᕽ ᑭᑕ ᑭᑭᔥᑳᑯᐟ (ᒋᐠ) ᒥᓇ ᑭᑕ ᔭᐦᑭᑭᓂᔨᑭ. ᐋᒣᐣ.

ᑭᑕ ᐃᐧ ᐊᒌᔮᐤ (ᐊᐠ) ᓱᐦᑳᑎᓯᐎᐣ ᒥᓇ ᒪᔥᑲᐎᓯᐎᐣ, ᑭᑕ ᒎᑯᒋᐦᐋᐟ (ᒋᐠ) ᒪᒋ ᐊᐦᒑᐦᑲᐧ, ᐅᒪ ᐊᔥᑭ, ᒥᓇ ᐎᔮᓯᐎᐎᐣ. ᐋᒣᐣ.

ᐃᑌᔨᐦᑕ ᑲᐦᑭᔭᐤ ᐊᐎᔭᐠ ᑳ ᐸᑭᑎᓇᒫᑲᐎᔭᐣ ᐅᑕ ᓂᐟ ᐊᑐᔥᑫᐎᓂᓈᐣ ᒥᓇ ᓂ ᐸᒥᔥᑖᑫᐎᓂᓈᐣ ᐅᐦᒋ ᖴᑕ ᐃᐧᐦ ᐅᐦᒋᔥᑕᒫᑯᐎᓯᐤ ᑭᐦᒋᑭᓯᑯᐎ ᐃᑖᑎᓯᐎᓇ, ᒥᓇ ᒑᑭᑫ ᑭᑕ ᑎᐸᐊᒫᑯᐎᓯᐟ, ᑭ ᑫᓭᐚᑎᓯᐎᐣ ᐅᐦᒋ, ᑭᔭ ᑳ ᑭᐦᒋᑖᐍᔨᐦᑖᑯᓯᔭᐣ ᑌᐯᔨᒋᑫᔭᐣ ᑭᓭᒪᓂᑐ, ᑳ ᐱᒫᑎᓯᔭᐣ, ᒥᓇ ᑳ ᑎᐯᔨᐦᑕᒪᐣ ᑲᐦᑭᔭᐤ ᑫᑳᐣ, ᐃᔨᑯᕽ ᑫ ᓈᔥᐱᒋ ᐊᔥᑭᐚᕽ ᐋᒣᐣ.

ᒫᒪᐁᐧᔮᐢ ᓯᐍᐦᑳᑎᓯᔮᐣ, ᑳᑭᑫ ᐯᒫᑎᓯᔮᐣ ᑭᓭᒪᓂᑐ, ᑭᑯᓯᐢ ᐊᔫᐚᐠ ᑳ ᓵᑭᐦᐊᐟ ᒋᓵᐢ X, ᑭᑕ ᑭᐦ ᐊᓭᓇᒫᑲ-ᐐᔫᕽ ᓂ ᒪᒋᐦᑎᐃᐧᓃᓇ, ᑳ ᑭᐦ ᓯᑭᓇᕽ ᐊᔫᐚᐠ ᑳ ᑭᐢᑌᔫᐦᒑᑲᐧᓂᔫᐠ ᐃᐧᔭᐃᐧᕽ ᐅᐦᒋ ᓂᐱ ᐊᓯᒋ ᒥᐦᑯ; ᐁᑯᓯ ᑳ ᑭᐦ ᐃᑕᓱᐚᑖᐟ ᐅ ᑭᐢᑭᓄᐦ ᒪᐚᑲᓇ, ᑭᑕ ᓇᑕᐃᐧ ᑭᐢᑭ-ᓄᐦᐊᒪᐚᔫᐟ ᑲᐦᑭᔭᐤ ᐊᔫᓯᔫᓂᐊᐧ, ᒥᓇ ᑭᑕ ᓯᑲᐦᑕᐚᔫᐟ ᐅ ᐃᐧᐦᔦᐃᐧᓂᕽ ᐅᐦᑖᐃᐧᒫᐤ, ᐅᑯᓯᓯᒫᐤ, ᒥᓇ ᑳ ᑲᓈᑎᓯᐟ ᐊᐦᒑᕽ; ᑭᑎᒫᑭᐦᑕᐢ, ᑭ ᐸᑯᓭᔫᒥᑎᓈᐣ, ᐅᐟ ᐊᔭᒥᐦᐋᐃᐧ-ᓂᐚᐊᐧ ᑭᐟ ᐃᔫᓂᒪᐠ; ᑲᓈᒋᐦᑕ ᐅᒪ ᓂᐱ ᑭᑕ ᒪᒫᐦᑖᐃᐧ ᒪᓈᐹᐚᑖᒪᑲᕽ ᒪᒋᐦᑎᐃᐧᐣ; ᒥᓇ ᐃᑌᔫᐦᑕ ᐊᐊᐧ ᐊᐚᓯᐢ (ᐅᑭ ᐊᐚᓯᓴᐠ), ᐊᓄᐦᐨ ᑳ ᐃᐧᐦ ᓯᑲᐦᒑᐦᐤ (ᒋᐠ) ᐁᑯᑕ, ᑭᑕ ᐃᐧᐦ ᐅᐦᑎᓇᐟ (ᐊᐧᐠ) ᒥᑐᓂ ᑭ ᑭᓭᐚᐧᑐᑖᑫᐃᐧᐣ, ᒥᓇ ᑕᐦᑭ ᑭᑕ ᐃᐧᑫᐚᐤ (ᒋᐠ) ᓇᐊᐧᓱ ᑳ ᑏᐯᐧᐦᑕᒥᔫᐟ ᑭᐟ ᐊᐚᓯᒥᓴ; ᐃᐧᔭ ᐅᐦᒋ ᒋᓵᐢ X ᑳ ᑎᐯᔫᒥᑯᔫᕽ. ᐋᒣᐣ.

¶ ᐁᑲᐧ ᐊᔭᒥᐦᐁᐃᐧᔫᓂᐤ ᑭᑕ ᐅᑎᓄᐤ ᐊᐚᓯᓴ, ᒥᓇ ᑭᑕ ᐃᑌᐧᐤ,

ᐃᐧᐦᔫᕽ ᐊᐊᐧ ᐊᐚᓯᐢ.

¶ ᐁᑲᐧ ᐁ ᐃᐧᐦᔫᐟ ᑳ ᑭᐦ ᐃᓯ ᐃᐧᐦᔫᒥᐦᐤ ᑭᑕ ᓯᑲᐦᑕᐁᐧᐤ ᐁ ᐃᑌᐧᐟ,

ᑭ ᓯᑲᐦᑖᑎᐣ ᐅ ᐃᐧᐦᔦᐃᐧᓂᕽ ᐅᐦᑖᐃᐧᒫᐤ, ᒥᓇ ᐅᑯᓯᓯᒫᐤ, ᒥᓇ ᑳ ᑲᓈᑎᓯᐟ ᐊᐦᒑᕽ. ᐋᒣᐣ.

¶ ᐁᑲᐧ ᒥᓇ ᑭᑕ ᐃᑌᐧᐤ,

ᑯᑎᓈᓇᐤ ᐊᐊᐧ ᐊᐚᓯᐢ ᑭᑕ ᐃᐧᑫᐚᐟ ᐅᑕᔭᒥᐦᐋᐊᐧ X ᐅᐟ ᐃᔫᓂᒪ, ᒥᓇ ᑭ ᑭᐢᑭᓇᐚᒋᐦᐋᓇᐤ ᐅᒪ ᑳ ᐱᒪᑳᒣ-ᓯᓇᐊᐧᕽ, ᐁᑳ ᑭᑕ ᓇᓄᐯᐃᐧᓯᐟ ᑭᑕ ᐃᐧᐦᑕᕽ ᐁ ᑖᐯᐦᑕᐊᐧ X ᐊ ᑳ ᑭᐦ ᒋᐢᑕᐦᐋᐢᑲᐧᑎᒥᐤ, ᒥᓇ ᑖᐯᐧ ᑭᑕ ᓄᑎᓂᑫᐢᑕᒫᐊᐧ

ᒪᒋᐦᑎᐃᐧᐤ, ᐅᒪ ᐊᐢᑭ, ᒥᓇ ᒪᒋ ᐊᐦᒑᐦᑲᐧ ᑭᑕ ᑲᑫᐧ ᓵᑯᒋᐦᐚᐤ; ᒥᓇ ᑕᐦᑭ ᒥᑐᓂ ᑭᑕ ᐊᑐᐢᑳᐚᐤ ᙭ᐊ ᐃᔨᑯᕽ ᑫ ᐱᒫᑎᓯᐤ. **ᐋᒣᐣ.**

¶ ᐁᑲᐧ ᒥᓇ ᐊᔭᒥᐦᐁᐃᐧᔨᓂᐤ ᑭᑕ ᐃᑌᐤ,

ᑮᓵᐢᐱᓈ, ᓯᐚᑭᐦᐃᑕᑯᐠ ᓂᒋᐚᒥᑎᐠ, ᐊᐊ ᐊᐚᓯᐢ (ᐅᑭ ᐊᐚᓯᓴᐠ) ᐁᑲᐧ ᐁ ᑭᑖᐧᐨ ᓂᐦᑕᐃᐧᑭᐤ (ᒋᐠ), ᒥᓇ ᐁ ᐱᐦᑐᑲᐃᐦᐤ (ᒋᐠ) ᙭ ᐅᐤ ᐊᔭᒥᐦᐁᐃᐧᑲᒥᑯᕽ, ᐁᑲᐧ ᓇᓈᐢᑯᒫᑖᐠ ᒫᒪᐁᐧᔭᐢ ᓯᔦᐦᑳᑎᓯᐤ ᑭᓭᒪᓂᑐ ᐅᐦᐃ ᐅ ᒥᔦᑐᑖᑫᐃᐧᓇ ᐅᐦᒋ; ᒥᓇ ᒫᒪᐃᐧ ᒪᐃᐧᒍᐢᑕᐚᑖᐠ, ᐊᐊᐧ ᐊᐚᓯᐢ (ᐅᑭ ᐊᐚᓯᓴᐠ) ᑭᑕ ᑭ ᐃᑖᑎᓯᐤ (ᒋᐠ) ᐅ ᓂᑳᓂᒥᕽ (ᓂᑳᓂᒥᐚᕽ) ᑳ ᐃᓯ ᐊᔫᐤ (ᒋᐠ) ᐊᔪᐦᐨ.

¶ ᐁᑲᐧ ᑭᑕ ᐃᑌᐧᕽ, ᑲᐦᑭᔭᐤ ᐁ ᐅᒋᐦᒋᑲᐧᓇᐱᕽ,

ᓅᐦᑖᐃᐧᓈᐤ, ᑭᐦᒋᑭᓯᑯᕽ ᐁᔮᔭᐤ, **ᑭᑕ** ᐃᐧᐦ ᑳᓇᑌᔨᐦᑖᑲᐧᐤ ᑭ ᐃᐧᐦᔪᐃᐧᐤ, **ᑭ** ᑎᐯᔨᐦᒋᑫᐃᐧᐤ ᑭᑕ ᐃᐧᐦ ᐅᑎᐦᒋᐸᔨᐤ, ᐁ ᐃᑌᔨᐦᑕᒪᐤ ᑭᑕ ᐃᐧᐦ ᑐᒋᑳᑌᐤ ᐅᑕ ᐊᐢᑭᕽ, ᑳ ᐃᓯ ᐊᔮᐠ ᑭᐦᒋᑭᓯᑯᕽ. **ᒥᔨᓈᐤ** ᐊᔪᐦᐨ ᑳ ᑭᓯᑳᐠ ᑫ ᐅᐦᒋ ᐱᒫᑎᓯᔮᕽ; **ᒥᓇ** ᐊᐯᓇᒪᐃᐧᓈᐤ ᓂ ᒪᒋᐦᑎᐃᐧᓂᓈᓇ, ᑳ ᐃᓯ ᐊᐯᓇᒪᐃᐧᑭᐦᒋᐠ ᐊᓂᑭ ᑳ ᐊᐧᓂᑐᑖᑯᔮᐦᑭᐠ; **ᒥᓇ** ᐁᑳᐃᐧᔭ ᐃᑐᐦᑕᐦᐃᓈᐤ ᑯᑌᔨᒥᑯᐃᐧᓂᕽ, **ᒫᑲ** ᒥᑖᑫᐧᓇᒪᐃᐧᓈᐤ ᒪᒋ ᑫᑳᐧ. **ᐋᒣᐣ.**

¶ ᐁᑲᐧ ᐊᔭᒥᐦᐁᐃᐧᔨᓂᐤ ᑭᑕ ᐃᑌᐤ,

ᓂᑌᐦᐃᓈᕽ ᐅᐦᒋ ᑭ ᓇᓈᐢᑯᒥᑎᓈᐤ, ᑫᓴᐚᑎᓯᔭᐤ **ᐅᐦᑖᐃᐧᒫᐤ**, ᑳ ᑭᐦ ᐃᑌᔨᐦᑕᒪᐤ ᑭᑕ ᑭᐦᑖᐧᐨ ᓂᐦᑖᐃᐧᑭᐦᐚᐤ ᐊᐊᐧ **ᐊᐚᓯᐢ** (ᐅᑭ ᐊᐚᓯᓴᐠ) ᑭ **ᑲᓇᒋ** ᐊᐦᒑᐦᑲᐧ ᐅᐦᒋ, ᑳ ᑭᐦ **ᐅᑎᓇᐤ** (ᒋᐠ) ᑭᑕ ᐅᐤ ᐊᐚᓯᒥᓯᔭᐤ ᐁ ᑖᐸᐦᑯᒪᐤ (ᒋᐠ), ᒥᓇ

ᑳ ᐱᐦᑐᑲᐦᐊᐟ (ᒋᐠ) ᑭ ᑲᓈᒋ ᐊᔭᒥᐦᐁᐃᐧᑲᒥᑯᕽ, ᐁᑯᓯ ᐁ ᑕᐸᐦᑌᔨᒨᔮᕽ ᑭ ᐸᑯᓭᔨᒥᑎᓈᐣ ᑭᑕ ᐃᑌᔦᐦᑕᒫᐣ, ᐃᐧᔭ (ᐚᐤ) ᐁ ᓂᐱᐟ (ᒋᐠ) ᒪᒋᐦᑎᐃᐧᓂᕽ ᐃᓯ, ᒫᑲ ᐁ ᐱᒫᑎᓯᐟ (ᒋᐠ) ᑲᐧᔭᐢᑭᑖᑎᐟᐃᐧᓂᕽ ᐃᓯ, ᑭᑕ ᓵᑯᒋᐦᑖᐟ (ᒋᐠ) ᑲᔦᐦᑌ ᐃᑖᑎᓯᐃᐧᐣ, ᒥᓇ ᒥᓯᐁᐧ ᑳ ᐃᐢᐱᐦᒐᐠ ᒪᒋᐦᑎᐃᐧᐣ; ᒥᓇ, ᑳ ᐃᓯ ᐃᐧᒉᐚᐟ (ᒋᐠ) ᑭᑯᓯᓴ ᐁ ᓂᐱᔨᐟ, ᑭᑕ ᐃᓯ ᐃᐧᒉᐚᐟ (ᒋᐠ) ᐁ ᐊᐧᓂᐢᑳᔨᐟ; ᐁᑯᓯ ᓈᐢᐱᒋ, ᐊᓯᒋ ᑯᑕᑲ ᑳ ᑲᓈᑎᓯᔨᐟ ᐅᑕᔭᒥᐦᐋᐊᐧ, ᑭᑕ ᑭᐦ ᐅᑎᐦᑕᕽ (ᐃᐠ) ᑳᑭᑫ ᐱᒫᑎᓯᐃᐧᐣ; ᐃᐧᔭ ᐅᐦᒋ ᒋᓴᐢ X ᑳ ᑎᐯᔨᒧᔮᕽ. ᐋᒣᐣ.

¶ ᐁᑲᐧ ᑲᐦᑭᔭᐤ ᐁ ᓂᐸᐃᐧᕽ, ᐊᔭᒥᐦᐁᐃᐧᔨᓂᐤ ᑭᑕ ᑲᑫᐢᑭᒣᐤ ᑲ ᓂᐸᐃᐧᐢᑕᒫᐊᐧᔨᐟ ᐊᐚᓯᓴ, ᐅᒥᓯ ᐁ ᐃᑌᐧᐟ,

ᑭᓵᐢᐱᓀ ᐊᐊᐧ ᐊᐚᓯᐢ (ᐅᑭ ᐊᐚᓯᓴᐠ) ᑳᐦ ᐊᓱᑖᒪᑫᐟ (ᒋᐠ) ᑭᔭᐚᐤ ᐁ ᐃᑌᐧᐢᑕᒫᐊᐧᓭᐠ (ᐅᐠ) ᑭᑕ ᐸᑭᑎᓈᐟ (ᒋᐠ) ᒪᒋᐊᐦᒐᐦᑲᐧ ᒥᓇ ᑲᐦᑭᔭᐤ ᐅᐟ ᐃᓯᐦᒋᑫᐃᐧᓂᔨᐊᐧ, ᑭᑕ ᑖᐯᐧᐦᑖᐧᐟ (ᒋᐠ) ᑭᔑᒪᓂᑐᐊᐧ ᒥᓇ ᑭᑕ ᐊᑐᐢᑳᐧᐟ (ᒋᐠ); ᑭ ᑲ ᑲᓄᑭᐢᑭᓯᓈᐚᐤ ᑭᔭᐚᐤ ᐁᑳᐧ ᑭᑕ ᓈᑲᑌᔨᐦᑕᒣᐠ ᐊᐊᐧ ᐊᐚᓯᐢ (ᐅᑭ ᐊᐚᓯᓴᐠ) ᑭᑕ ᑭᐢᑭᓄᐊᒫᐦᐤ (ᒋᐠ), ᐃᔨᑯᕽ ᑲᐢᑭᐦᑖᒋ (ᑲᐢᑭᐦᑖᑖᐧᐃᐧ) ᑭᑕ ᑭᐢᑭᓄᐊᒫᐦᐤ (ᒋᐠ), ᐁ ᐃᓯ ᑯᓯᑫᐧᔨᐦᑖᑲᐧᓂᔨᐠ ᑳ ᐃᓯ ᑭᐦᒋᐃᑌᐧᐟ (ᒋᐠ), ᐁ ᐊᓱᑖᒪᑫᐟ (ᒋᐠ), ᑭᔭᐚᐤ ᐁ ᐃᑌᐧᐢᑕᒫᐊᐧᓭᐠ (ᐅᐠ). ᑭᑕ ᑭᐦᐃᓯ ᑭᐢᑫᔨᐦᑕᕽ (ᐃᐠ) ᒫᑲ ᒥᑐᓂ, ᑭ ᑲ ᓯᐦᑭᒫᐚᐤ (ᐊᐠ) ᒫᓇ ᑭᑕ ᐱᓯᒋᐦᑕᕽ (ᐃᐠ) ᑲᑫᐢᑭᒫᐊᐧᓱᐃᐧᓇ; ᐅᓵᐟ ᒫᑲ ᑭ ᑲ ᑲᑫᐧ ᑲᐢᑭᐦᑖᓈᐚᐤ ᑭᑕ ᑭᐢᑭᓄᐦᐊᒫᐦᐤ (ᒋᐠ) ᑖᐯᐧᐦᑕᒧᐃᐧᐣ, ᑳ ᑎᐯᔨᒋᑫᐟ ᐅᐟ ᐊᔭᒥᐦᐋᐃᐧᐣ, ᒥᓇ ᐊᓂᐦᐃ ᒦᑕᑕᐦᐤ ᐅᔭᓱᐁᐧᐃᐧᓇ, ᒥᓇ ᑲᐦᑭᔭ (ᐦ) ᑫᑲ: ᐅᑕᔭᒥᐦᐋᐤ ᑳ ᐃᑕᐢᑌᔨᐠ ᑭᑕ ᑭᐢᑫᔨᐦᑕᕽ ᒥᓇ

ᑭᑕ ᑖᐯᐧᐦᑕᕽ ᐅᐟ ᐋᐦᑳᐦᑲᐧ ᑭᑕ ᐅᐦᒋ ᒥᔪ ᐋᔮᔨᐟ; ᒥᓇ ᐊᐊᐧ ᐊᐋᐧᓯᐢ (ᐅᑭ ᐋᐧᓯᓴᐠ) ᑭᑕ ᑭᐦ ᑲᐧᔭᐢᐠ ᐅᐦᐱᑭᐟ (ᒋᐠ) ᑭᑕ ᒥᑎᒉᐟ (ᒋᐠ) ᒪᓂᑐᐃᐧ ᒥᓇ ᐊᔭᒥᐦᐋᐃᐧ ᐃᑖᑎᓯᐃᐧᐣ; ᐁ ᑲᓀᑭᐢᑭᓯᔦᐠ ᐅᒪ, ᓯᑲᐊᐦᑖᑫᐃᐧᐣ ᑭ ᑭᐢᑭᓇᐚᒋᐦᑕᒫᑯᓈᓇᐤ ᑫ ᐃᑖᑎᓯᔭᕽ; ᐁᐊᐧᑳᐧᓂᒪ ᑭᑕ ᑭᐢᑭᓇᐚᐸᒫᔭᕽ ᑯᐱᒫᒋᐦᐃᐁᐧᒥᓇᐤ X, ᒥᓇ ᑭᑕ ᐃᓯᐦᐃᑲᐃᐧᔭᕽ ᑖᐱᐢᑯᐨ ᐃᐧᔭ; ᑳ ᑭᐦ ᐃᓯ ᓂᐱᐟ ᒥᓇ ᑳ ᑭᐦ ᐃᓯ ᐸᐧᓂᐢᑲᐟ ᑭᔮᓇᐤ ᐅᐦᒋ, ᐁᑯᓯ ᑭ ᑲ ᐃᓯ ᓂᐱᐦᑖᓇᐤ ᒪᒋᐦᑎᐃᐧᓂᕽ ᐃᓯ, ᑭᔮᓇᐤ ᑲ ᓯᑲᐊᐦᑖᑲᐃᐧᔭᕽ, ᒥᓇ ᑭ ᑲ ᐃᓯ ᐊᐧᓂᐢᑳᐦᑖᓇᐤ ᑲᐧᔭᐢᑭᑖᑎᓯᐃᐧᓂᕽ ᐃᓯ; ᑕᐦᑭ ᑭᑕ ᐃᐧᐦ ᑲᑫᐧ ᓵᑯᒋᐦᑖᔭᕽ ᑭ ᒪᒋ ᒍᐢᑕᐁᐧᔨᐦᑕᒍᐃᐧᓂᓇᐊᐧ ᑳ ᓂᓯᐊᐧᓈᒋᐦᐃᐁᐧᑭ, ᒥᓇ ᑕᐦᑐ ᑭᓯᑳᐤ ᑭᑕ ᔭᐦᑯᐦᑌᔭᕽ ᒥᔮᐧᑎᓯᐃᐧᓂᕽ ᒥᓇ ᒪᓂᑐ-ᐋᐧᑎᓯᐃᐧᓂᕽ.

¶ ᐁᑲᐧ ᒥᓇ ᑭᑕ ᐊᑎ ᐃᑌᐧᐤ,

ᑭ ᑲ ᓈᑲᑌᔨᐦᑌᓈᐚᐤ ᐊᐊᐧ ᐊᐋᐧᓯᐢ (ᐅᑭᐊᐊᐧᓯᓴᐠ) ᑭᑕ ᐃᑐᐦᑕᐃᐦᐟ (ᒌᐠ) ᑭᐦᒋᐸᔭᒥᐦᐁᐃᐧᔨᓂᐤ ᑭᑕ ᐊᔩᒋᐦᐋᐟ, ᐃᔨᑯᕽ ᑲᐢᑭᐦᑖᒋ (ᑲᐢᑭᐦᑕᑖᐧᐃᐧ) ᑭᑕ ᐸᑯᓇᐃᐧ ᐃᑌᐧᐟ (ᒋᐠ) ᑖᐯᐧᐦᑕᒍᐃᐧᐣ, ᑳ ᑎᐯᔨᐦᒋᑫᐟ ᐅᐟ ᐊᔭᒥᐦᐋᐃᐧᐣ ᒥᓇ ᐊᓂᐦᐃ ᒥᑖᑕᐦᐟ ᐅᔭ-ᔪᐁᐧᐃᐧᓇ, ᒥᓇ ᑭᑕ ᔭᐦᑭ ᑭᐢᑭᓄᐦᐊᒫᐦᐟ (ᒋᐠ) ᑲᑫᐧᒋᐦᑐᐃᐧ ᒪᓯᓇᐦᐃᑲᐣ ᐁᑯᓯ ᑳ ᐃᑕᑭᐦᑌᐠ.

ᑫ ᐃᓯ ᓯᑲᐊᐦᑖᐦᒋᐠ

ᐊᓂᑭ ᓇᐊᐧᐨ ᑳ ᑲᔭᐦᑌᔮᑎᓯᒋᐠ

ᒥᓇ ᑳ ᑲᐢᑭᐦᑖᒋᐠ ᑭᑕ ᐃᑌᐧᐢᑕᒫᓱᒋᐠ.

¶ ᓂᑳᐣ ᑭᑕ ᑲᐧᔭᐢᑫᐧᔨᒋᑳᑌᐤ ᑭᐢᐱᐣ ᐁᑯᔨᑯᕽ ᓃᓯᑐᐦᑕᒧᐋᐧᑫᐧ ᐊᔭᒥᐦᐋᐃᐧᐣ ᐊᓂᑭ ᑳ ᐃᐧ ᓯᑲᐊᐦᑖᐦᒋᐠ, ᑭᐢᐱᐣ ᒫᑲ ᓇᒪᐃᐧᔭ, ᓂᑳᐣ ᑭᑕ ᑭᐢᑭᓄᐊᒪᐋᐧᐊᐧᐠ.

¶ ᐃᐢᐱ ᑭᓯ ᐊᐧᐁᐧᔨᑖᐧᐁᐧ, ᑭ ᐅᔨᑲᐸᐃᐧᑖᐧᐁᐧ ᑭᑕ ᓯᑲᐊᐦᑖᐦᒋᐠ, ᓂᑳᐣ ᐊᔭᒥᐦᐁᐧ-ᐃᐧᔨᓂᐤ ᑭᑕ ᑲᑫᐧᒋᒣᐤ ᑭᐢᐱᐣ ᓂᑯᑖᐧ ᑳ ᓯᑲᐊᐦᑕᐋᐧᐃᐧᑌᓇᐠ, ᑭᐢᐱᐣ ᒫᑲ ᓇᒪᐃᐧᔭ, ᐃᑌᐧᑖᐧᐁᐧ ᐁᑲᐧ ᐊᔭᒥᐦᐁᐃᐧᔨᓂᐤ ᑭᑕ ᐃᑌᐧᐤ,

ᑳ ᑮᐦᒋᓵᑭᐃᑕᑯᐠ, ᑭᓵᐢᐱᓃ ᑲᐦᑭᔭᐤ ᐊᔨᓯᔨᓂᐤ ᐁ ᑮᑮ ᐅᐦᒋᐟ ᒪᒋᐦᑎᐃᐧᐣ ᐃᐢᐱ ᐁ ᓂᐦᑖᐃᐧᑭᐟ (ᐁᑯᓯ ᐊᓂᒪ ᑳ ᓂᐦᑖᐃᐧᑭᒪᑲᕽ ᐃᐧᔮᓯᕽ ᐅᐦᒋ ᐁ ᐃᐧᔮᓯᐊᐧᕽ); ᒥᓇ ᐊᓄᑭ ᑳ ᐋᔮᒋᐠ ᐃᐧᔮᓯᕽ ᐁᑳ ᑭᑕ ᑭᐦ ᓇᐦᓗᔭᐁᐧᐋᒋᐠ ᑭᓭᒪᓂᑐᐊ, ᒫᑲ ᒪᒋᐦᑎᐃᐧᓂᕽ ᐁ ᐱᒫᑎᓯᒋᐠ, ᒥᐦᒉᐟ ᐊᐧᓂᑐᑕᒧᐃᐧᓇ ᐁ ᐃᐦᑐᑕᐦᑭᐠ; ᐁᑯᓯ ᑯᐱᒫᒋᐦᐃᐁᐧᒥᓇᐤ X ᐁ ᐃᑌᐧᐟ, ᓇᒪᐃᐧᔭ ᐊᐃᐧᔭᐠ ᑭᑕ ᑭᐦ ᐱᐦᑐᑫᐤ ᐅᐟ ᐅᑌᓇᐃᐧᐃᐧᓂᕽ ᑭᓭᒪᓂ, ᑭᐢᐱᐣ ᐁᑳ ᓂᐦᑖᐃᐧᑭᐦᐃᑯᒋ ᓂᐱ ᒥᓇ ᑳ ᑲᓈᑎᓯᔨᐟ ᐊᐦᒑᐦᑲᐧ; ᑭ ᐸᑯᓭᔨᒥᑎᓈᐋᐧᐤ ᑭᑕ ᒪᐃᐧᒧᐢᑕᐋᐧᓭᐠ ᑭᓭᒪᓂᑐ ᐅᐦᑖᐃᐧᒫᐤ, ᐃᐧᔭ ᐅᐦᒋ ᑳ ᑎᐯᔨᒥᑯᔭᕽ ᒋᓵᐢ X, ᐁᐢᐱᐦᒋ ᑭᓭᐋᐧᑎᓯᐟ ᑭᑕ ᒥᔫᐟ ᐅᐦᐃ ᐊᔨᓯᔨᓂᐊᐧ ᐊᓂᒪ ᑫᑲ ᑎᐱᔭᐤ ᐅᐟ ᐃᑎᓯᐃᐧᓂᔨᕽ ᐁᑳ ᑫ ᑭᐦ ᐋᔮᔨᐟ; ᑭᑕ ᓯᑲᐊᐦᑖᐦᐟ (ᒋᐠ) ᓂᐱ ᒥᓇ ᑳ ᑲᓈᑎᓯᔨᐟ ᐊᐦᒑᐦᑲᐧ ᐅᐦᒋ, ᒥᓇ ᑭᑕ ᐱᐦᑐᑲᐃᐦᐟ (ᒋ) X ᐅ ᑲᓈᒋ ᐊᔭᒥᐦᐁᐃᐧᑲᒥᑯᕽ, ᒥᓇ ᑭᑕ ᑭ ᐱᒫᑎᓯᐃᐧ ᐃᐧᑭᐦᐃᐁᐧᐟ (ᒋᐠ) ᐁᑯᑕ.

¶ ᐁᑳᐧ ᐊᔭᒥᐦᐁᐃᐧᔨᓂᐤ ᑭᑕ ᐃᑌᐧᐤ,

ᐁᑳᐧ ᐊᔭᒥᐦᒍᑖᐣ.

¶ ᐁᑲᐧ ᑲᐦᑭᔭᐤ ᐅᑕᔮᒥᐦᐋᐋᐧᐠ ᑭᑕ ᐅᒥᐦᒥᑲᐧᓰᐱᐋᐧᐠ.

ᒫᒪᐁᐧᔭᐢ ᓯᐚᐦᑳᑎᓯᔭᐣ ᒥᓇ ᑳᑭᑫ ᒉᓂᑐᐃᐧᔮᐣ, ᑭ ᑭᐦᒥ ᑭᓴᐚᑎᓯᐃᐧᐣ ᐅᐦᒋ ᑳ ᑭᐦ ᐲᒪᒋᐦᐊᒋᐠ ᓄᐋᐦ ᒥᓇ ᐅᐟ ᐊᐚᐧᓯᒥᓴ ᓈᐱᐦᑳᓂᕽ ᐁᑳ ᑭᑕ ᓂᓯᐚᐧᓈᒥᐦᐃᑯᒋᐠ ᓂᐱ; ᒥᓇ ᒫᑲ ᑳ ᑭᐦ ᐚᓯᐋᐧᑳᒉᐦᑕᐦᐊᒋᐠ ᐅᐟ ᐊᐚᐧᓯᒥᓴ ᐃᐢᔐᐁᐃ- ᑭᐟ ᐃᐳᓂᒪᐠ ᒥᐦᑳ ᑲᒥᐃᐧ ᐃᐧᓂᐯᑯᕽ, ᐁᑯᑕ ᐁ ᑭᐢᑭᓇᐚᐧᒋ ᐊᐢᐸᐦᐋᑫᔮᐣ ᑭ ᑳᓇᒋ ᓯᑲᐦᒑᑫᐃᐧᐣ; ᒥᓇ ᐅ ᓯᑲᐚᐦᒑᑯᐃᐧᐣ ᐅᐦᒋ ᓯᐋᐧᑭᐦᐊᐧᐟ ᑭᑯᓯᐢ ᒋᓴᐢ X, ᓖᐢᑐᐣ ᓯᐱᕽ, ᑳ ᑭᐦ ᑲᓈᒥᐦᒑᔮᐣ ᓂᐱ ᑭᑕ ᒪᒫᐦᑖᐃᐧ ᒪᓈᐹᐚᐧᑖᒪᑲᕽ ᒪᒥᐦᑎᐃᐧᐣ; ᑭ ᐸᑯᓴᐳᒥᑎᓈᐣ, ᐁ ᐃᓯ ᑭᓴᐚᐧᑎᓯᔭᐣ, ᑭᑕ ᑭᑎᒫᑭᓇᐚᐧᐟ (ᒋ) ᐊᐋᐧ (ᐅᑭ) ᑭᐟ ᐊᑐᐢᑫᔫᑲᐣ (ᐊᐧ); ᑭᓯᐯᑭᐣ (ᐃᐧ) ᒥᓇ ᑳᓇᒥᐦ (ᐃᐧ) ᑳ ᑳᓇᑎᓯᐳᐟ ᐊᐦᓛᐦᑲᐧ ᐅᐦᒋ; ᐃᐧᔭ, ᐁ ᐸᐢᐱᐃᐥ (ᒋ) ᑭ ᑭᓯᐚᐧᓯᐃᐧᓂᕽ ᐅᐦᒋ, ᑭᑕ ᐱᐦᑐᑲᐃᐥ (ᒋᐠ) X ᐅᐟ ᐊᔭᒥᐦᐁᐃᐧᑲᒥᑯᕽ; ᐁᑯᓯ ᐁ ᐋᐳᒥᐊᔩᐟ (ᒋᐠ) ᑖᐯᐧᐦᑕᒧᐃᐧᓂᕽ, ᐁ ᒪᒫᐦᒑᑯᓯᐟ (ᒋᐠ) ᐊᐢᐯᐳᒧᐃᐧᓂᕽ, ᒥᓇ ᐁ ᓱᐦᑭ ᐊᔩᐟ (ᒋᐠ) ᑭᓴᐚᐧᑎᓯᐃᐧᓂᕽ, ᑭᑕ ᑭᐦ ᐃᓯ ᐸᐢᐱᐟ (ᒋᐠ) ᐅᒪ ᑳ ᐋᐳᒪᕽ ᐊᐢᑭ, ᐱᐳᐢ ᑭᑕ ᑭᐦ ᐅᑎᐦᑕᕽ (ᐃ) ᐊᓂᒪ ᐊᐢᑭ ᐃᑕ ᑳᑭᑫ ᐲᒪᑎᓯᐃᐧᐣ ᑳ ᐸᔩᐠ, ᐁᑯᑕ ᑭᑕ ᐃᐧᒋᐊᔩᒥᐢᐠ (ᐃᐧ) ᐃᐳᑯᕽ ᑫ ᓈᐢᐱᒋ ᐊᐢᑭᐋᐧᕽ; ᐃᐧᔭ ᐅᐦᒋ ᒋᓴᐢ X ᑳ ᑎᐯᐳᒥᑯᔩᕽ. ᐋᒣᐣ.

ᒫᒪᐁᐧᔭᐢ ᓯᐚᐦᑳᑎᓯᔭᐣ ᒥᓇ ᑳᑭᑫ ᐁᔮᔭᐣ ᑭᓴᒪᓂᐣ, ᑳ ᐃᐧᒥᐦᐊᒋᐠ (ᐦᐣ) ᑳ ᑭᐧᑖᒪᒋᐠ, ᒥᓇ ᑳ ᓂᓱᐦᑲᒪᐚᐧᒋᐠ ᑲᐦᑭᔭᐤ ᑳ ᓈᒌᐧᑐᒌᐢᑭᐠ, ᑳ ᐲᒪᑎᓯᐢᑲᐚᐧᒋᐠ ᑳ ᒐᐯᐧᐦᑕᑭᐠ, ᒥᓇ ᑳ ᐊᐧᓂᐢᑳᓇᒋᐠ ᐅᓂᐱᐊᐧᐠ; ᑭ ᒪᐃᐧᒍᐢᒑᑎᓈᐣ ᐊᐋᐧ ᐊᐳᓯᐳᓂᐤ (ᐅᑭ ᐊᐳᓯᐳᓂᐋᐧᐠ) ᐅᐦᒋ, ᐁ ᐯ ᓈᑕᕽ (ᐃᐧ)

ᑭ ᑲᓈᒋ ᓯᑲᐋᐦᑖᑫᐃᐧᐣ, ᑭᑕ ᑭᐦ ᐅᐦᑎᓇᕽ (ᐃᐠ) ᐊᓴᓇᒫᑯᐃᐧᐣ ᐅ ᒪᒋᐦᑎᐃᐧᓇ (ᒪᒋᐦᑎᐃᐧᓂᐋᐧᐊᐧ) ᐊᐦᒑᐦᑯᐃᐧ ᐅᐢᑭ ᓂᐦᑖ-ᐃᐧᑭᐃᐧᐣ ᐅᐦᒋ. ᐅᑎᐣ (ᐃᐠ), ᑌᐯᔨᐦᒋᑫᔮᐣ, ᑳ ᑭᐦ ᐃᓯ ᐊᓱᑕᒫᑫᔮᐣ ᓯᐋᑭᐦᐊᐟ ᑭᑯᓯᐢ ᐅᐦᒋ, ᑳ ᑭᐦ ᐃᑌᐧᐟ, ᓇᑐᑕᒫᐠ, ᐁᑯᓯ ᑭ ᑲ ᐊᔮᓈᐋᐧᐤ; ᓇᑐᓇᒧᐠ, ᐁᑯᓯ ᑭ ᑲ ᒥᐢᑫᓈᐋᐧᐤ; ᐹᐦᐹᐊᐧᐦᐃᑫᐠ, ᐁᑯᓯ ᑭ ᑲ ᔪᑌᓇᒫᑲᐃᐧᓈᐋᐧᐤ; ᐁᑯᓯ ᒫᑲ ᐃᓯ ᒥᔨᓈᐣ ᑳ ᓇᑐᑕᒫᑖᕽ; ᓂ ᑲ ᐃᐧᐦ ᒥᐢᑫᓈᐣ ᑳ ᓇᑐᓇᒫᕽ; ᔪᑌᓇᒪᐃᐧᓈᐣ ᐃᐢᑳᐧᐦᑌᑦ ᐁ ᐹᐦᐹᐊᐧᐦᐃᑫᔮᕽ; ᐊᐊᐧ ᐊᔨ-ᓯᔨᓂᐤ (ᐅᑭ ᐊᔨᓯᔨᓂᐊᐧᐠ) ᑭᑕ ᐅᐦᑎᓇᕽ (ᐃᐠ) ᐊᓂᒪ ᑳᑭᑫ ᓴᐁᐧᔨᐦᑖᑯᓯᐃᐧᐣ ᑭ ᑭᐦᒋᑭᓯᑯᐃᐧ ᑭᓯᐯᑭᓂᐁᐧᐃᐧᐣ ᐅᐦᒋ, ᒥᓇ ᑭᑕ ᑭᐦ ᐅᑎᐦᑕᕽ (ᐃᐠ) ᐊᓂᒪ ᑳᑭᑫ ᐅᑌᓇᐃᐧᐃᐧᐣ ᑳ ᑭᐦ ᐊᓱᑕᒫᑫᔮᐣ, ᐃᐧᔭ ᐅᐦᒋ X ᑳ ᑎᐯᔨᒥᑯᔮᕽ. ᐋᒣᐣ.

¶ ᐁᑲᐧ ᑲᐦᑭᔭᐤ ᑭᑕ ᓂᐸᐃᐧᐊᐧᐠ ᒥᓇ ᐊᔭᒥᐦᐁᐃᐧᔨᓂᐤ ᑭᑕ ᐃᑌᐧᐤ,

ᓇᑐᐦᑕᒧᐠ ᐁ ᐃᑌᐧᒪᑲᕽ ᒥᔫᐧᒋᒧᐃᐧᐣ ᑳ ᑭᐦ ᒪᓯᓇᐦᐊᕽ ᓴʸ ᒫᐣ, ᓂᐢᑐ ᐱᐢᑭᐦᑕᓯᓇᐦᐃᑲᓂᕽ, ᓂᐢᑕᑦ ᐱᐢᑭᐦᑕᓯᓇᐦᐃᑲᓂᓯᕽ.

ᑭᐦ ᐊᔭᐤ ᒫᑲ ᐹᐡᐊᓯ ᓂᑯᑎᒪᐢ ᐁ ᐃᓯᔨᐦᑲᓱᐟ, ᐅᔭ-ᓱᐁᐧᐃᐧᔨᓂᒥᐋᐧᐊᐧ ᒍᐊᐧᐠ: ᐁᐊᐧᑯ ᐊᐊᐧ ᑭᐦ ᐯ ᓈᑌᐤ ᒋᓴᓴ ᓂᐹᑎᐱᐢᐠ, ᐅᒥᓯ ᐁ ᐃᑖᐟ, ᐡᐋᐸᐧ, ᑭ ᑭᐢᑫᔨᒥᑎᓈᐣ ᐁ ᐅᑭᐢᑭᓅᐦᐊᒫᑫᐃᔭᐣ ᑭᓴᒪᓂᑐᕽ ᐁ ᐯ ᐅᐦᒋᔭᐣ; ᒋᑫᒪ ᓇᒪ ᐊᐃᐧᔭᐠ ᐊᔨᓯᔨᓂᐤ ᑭᑕ ᑭᐦ ᑐᑕᑦ ᐅᐃ ᒪᒫᐦᑖᐃᐧ ᐃᓯᐦᒋᑫᐃᐧᓇ ᑭᔭ ᑳ ᑐᑕᒪᐣ, ᐱᑯ ᑭᓴᒪᓂᑐᐊᐧ ᐃᐧᒉᐃᐧᑯᒋ. ᒋᓴᐢ ᑭᐦ ᓇᐢᑫᐧᐊᐧᓯᐨᐤ ᐅᒥᓯ ᐁ ᑭᐦ ᐃᑖᐟ, ᑖᐯᐧ, ᑖᐯᐧ, ᑭᐟ ᐃᑎᐣ, ᑭᐢᐱᐣ ᐁᑳ ᐊᔨᓯᔨᓂᐤ ᑭᐦᑕᑦ ᓂᐦᑖᐃᐧᑭᒋ, ᓇᒪᐃᐧᔭ ᑭᑕ ᐊᐧᐸᐦᑕᑦ ᑭᓴᒪᓂᑐ ᐅᐟ ᐅᑌᓇᐃᐧᐃᐧᐣ. ᓂᑯᑎᒪᐢ

ᐃᑌᐤ. ᑖᓂᓯ ᑫ ᑭᐦ ᐃᓯ ᓂᐦᑖᐃᐧᑭᐟ ᐊᔨᓯᔨᓂᐤ ᐁ ᐊᑎ ᑭᓴᔨᔪᐃᐧᐟ? ᑭᐦᑖᐧᑦ ᒋ ᑭᑕ ᑭᑊ ᑭᑭᐢᑳᐠ ᐅᑳᐃᐧᔭ, ᒥᓇ ᑭᑕ ᓂ ᑖᐃᐧᑭᐟ? ᒋᓴᐢ ᑭᐦ ᓇᐢᑫᐧᐊᐧᓯᒣᐤ, ᑕᐯᐧ, ᑕᐯᐧ, ᑭᐟ ᐃᑎᐣ, ᑭᐢᐱᐣ ᐁᑲ ᐊᔨᓯᔨᓂᐤ ᓂᐱ ᒥᓇ ᐊᒫᐦᑲᐧ ᐅᐦᒋ ᓂᐦᑖᐃ ᑭᒋ, ᓇᒪᐃᐧᔭ ᑭᑕ ᐱᐦᑐᑫᐤ ᑭᓭᒪᓂᑐᐊᐧ ᐅᐟ ᐅᑌᓇ-ᐃᐧᐃᐧᓂᔨᕽ. ᐊᓂᒪ ᐃᐧᔮᓯᕽ ᑳ ᐅᐦᒋ ᓂᐦᑖᐃᐧᑭᕽ ᐃᐧᔮᓯᐊᐧᐣ ᐁᐊᐧᑯ; ᒥᓇ ᐊᓂᒪ ᐊᒫᐦᑯᕽ ᑳ ᐅᐦᒋ ᓂᐦᑖᐃᐧᑭᕽ ᐊᒫᐦᑯᐊᐧᐣ ᐁᐊᐧᑯ. ᐁᑲᐃᐧᔭ ᒫᒪᐢᑳᑌᔨᐦᑕ ᐁ ᑭᐦ ᐃᐢᑖᐣ, ᐱᑯ ᑭᑕ ᑭᐦᑖᐧᑦ ᓂᐦᑖᐃᐧᑭᔦᐠ. ᐊᐧ ᐊᔨᓯᔪᐁᐧᑭ ᔪᑎᐣ ᐊᔨᓯᔪᐁᐧᐤ, ᑭ ᐯᐦᑌᐣ ᒫᑲ ᐁ ᒪᑌᐧᔪᐁᐧᐠ, ᒫᑲ ᓇᒪᐃᐧᔭ ᑭ ᑲ ᑭᑊ ᐃᐧᐦᑌᐣ ᑖᓂᑌ ᐁᐧᐦᒋᐸᔨᐠ, ᒥᓇ ᑖᓂᑌ ᐁᐢᐸᔨᐠ; ᐁᑯᓯ ᐃᓯ ᐊᔮᐤ ᑲᐦᑭᔭᐤ ᐊᐃᐧᔭᐠ ᐊᒫᐦᑯᕽ ᑳ ᐅᐦᒋ ᓂᐦᑖᐃᐧᑭᐟ.

¶ ᐁᑲᐧ ᐅᒪ ᑫ ᐊᑎ ᐃᑌᐧᐟ,

ᓯᐋᑭᐦᐃᑕᑯᐠ, ᑭ ᐯᐦᑌᓈᐚᐤ ᐅᑕ ᒥᔫᐧᒋᒍᐃᐧᓂᕽ ᐅᐟ ᐃᑌᐧᐃᐧᓇ ᑯᐱᒫᒥᐦᐃᐁᐧᒥᓇᐤ X, ᐁ ᐃᑌᐧᐟ, ᑭᐢᐱᐣ ᐁᑲ ᐊᔨᓯᔨᓂᐤ ᓂᐱ ᒥᓇ ᐊᐦᒫᐦᑲᐧ ᐅᐦᒋ ᓂᐦᑖᐃᐧᑭᒋ, ᓇᒪᐃᐧᔭ ᑭᑕ ᐱᐦᑐᑫᐤ ᑭᓭᒪᓂᑐᐊᐧ ᐅᐟ ᐅᑌᓇᐃᐧᐃᐧᓂᔨᕽ. ᐁᑯᑕ ᐅᐦᒋ ᑭ ᑲ ᑭᐦ ᓂᓯᑕᐃᐧᓀᓈᐚᐤ ᐁ ᐃᓯ ᓇᑕᐁᐧᔨᐦᑖᑲᐧᕽ ᐅᒪ ᑭᐧᒋᐃᓯᐦᑖᐧᐃᐧᐣ, ᐃᑕ ᐁ ᐃᐢᐸᔨᐠ ᑭᑕ ᑭᐦ ᐊᔮᕽ. ᐁᑯᓯ ᑊ ᓇ, ᐁ ᐯᓱᓈᑲᐧᓂᔨᐠ ᑭᑕ ᐊᑎ ᐅᐦᐱᐢᑳᐟ ᒉᐦᒋᑭᓯᑯᕽ ᐃᓯ (ᑳ ᐋᐠᒧᐢᑖᑲᐃᐧᔭᕽ ᐃᐢᑳᐧᔮᐨ ᐱᐢᑭᐦᑕᓯᓇᐦᐃᑲᓂᕽ ᓭᐣ ᒫᕑᐠ ᐅ ᒥᔫᐧᒋᒍᐃᐧᐣ), ᑳ ᑭᐦ ᐃᑕᓱᐋᐧᑖᐟ ᐅ ᑭᐢᑭᓄᐦᐊᒪᐋᐧᑲᓇ, ᐁ ᐃᑌᐧᐟ, ᐃᑐᐦᑌᐠ ᒥᓯᐁᐧᐢᑲᒥᐠ, ᒥᓇ ᐃᐧᐦᑕᒫᕽ ᒥᔪ ᐋᒋᒧᐃᐧᐣ ᑲᐦᑭᔭᐤ ᐊᐃᐧᔭᐠ ᑳ ᑭᐦ ᐅᓯᐃᐦᐟ. ᐊᓇ ᑳ ᑖᐯᐧᐦᑕᕽ ᒥᓇ

ᑳ ᓯᑲᐘᐦᒑᐦᐟ ᑭᑕ ᐱᒫᒋᐚᐤ; ᐧᒫᑲ ᐊᓇ ᐁᑳ ᑳ ᒌᐻᐦᑕᕽ ᑭᑕ ᓈᓂᐹᒫᐤ. ᐁᐘᑯᒪ ᒥᓇ ᑭ ᐚᐸᐦᑎᔨᑯᓈᓇᐤ ᐃᔨᑯᕽ ᐁ ᑭᐦᒋ ᐚᐸᒋᐦᐃᑯᔭᕽ. ᐁᐘᑫᔨᐤ ᐅᐦᒋ ᒥᓇ ᓴᐠ ᐱᑕᐤ ᐊᓇ ᐊᐹᐢᑎᐢ, ᐃᐢᐱ ᓂᐢᑕᐢ ᐁ ᐎᐦᑖᒪᑫᐟ ᒥᔦᐧᒋᒧᐎᐣ ᒥᐦᑫᐟ ᑭᐦ ᒋᐢᑕᐦᐅᑲᐧᐠ ᐅᑌᐦᐃᐚᕽ, ᐁᑯᓯ ᑭᐦ ᐃᑌᐘᐠ ᐱᑕᐤᐊ ᒥᓇ ᑯᑕᑲ ᐊᐹᐢᑎᐢᐊ, ᓈᐯᑎᐠ ᐁᐧᒋᐚᒦᔭᕽ, ᒑᓂᓯ ᐅᒪ ᑫ ᑐᑖᕽ? ᑭ ᓇᐢᑵᐘᓯᒉᐤ ᒥᓇ ᑭᐦ ᐃᑐᐤ, ᑵᐢᑮ-ᐲᒫᑎᐧᐠ, ᒥᓇ ᓯᑲᐘᐦᒑᓱᐠ ᑲᐦᑭᔭᐤ ᐁ ᐃᐦᑕᓯᔦᐠ ᑭᑕ ᐸᓂᔨᐦᑖᒪᑲᐎᔦᐠ ᑭ ᒪᒋᐦᑎᐎᓃᐘ, ᐁᑯᓯ ᑭ ᑲ ᒥᔨ-ᑯᐎᓯᓇᐚᐤ ᐊᓂᒪ ᒣᑭᐎᐣ ᑳ ᑲᓈᑎᓯᐟ ᐊᐦᒐᕽ. ᒋᑫᒫ ᑭᔭᐚᐤ ᑭᐟ ᐊᓯᑖᒪᑲᐎᓈᐚᐤ, ᒥᓇ ᑭᐟ ᐊᐚᓯᒥᓯᐚᐘᐠ, ᒥᓇ ᑲᐦᑭᔭᐤ ᐚᐦᔭᐤ ᑳ ᐊᔮᒋᐠ, ᑕᐦᑐ ᐅᑎ ᑳ ᑎᐯᔨᐦᒋᑫᐟ ᑭ ᑭᔅᑌᓂᒧᒥᓇᐤ ᑫ ᓇᒧᒫᐟ. ᒋᑫᒫ ᑫᔮᐱᐨ ᐁᐘᑯ ᐊᐘ ᐊᐹᐢᑎᐢ ᐱᒧᐢ ᐃᑕ ᑭ ᐃᐦᑖᑯᓇᐤ, ᐊᐦᐸ ᓯᑳᐘᐦᒑᑫᐎᐣ ᑭᐢᑭᓇᐚᐨ ᐁᑳᐧ ᑭ ᐱᒫᒋᐦᐃᑯᓈᓇᐤ (ᓇᒪᐎᔭ ᐁ ᐍᐱ-ᓇᒥᕽ ᐁ ᐎᔨᐱᓯᕽ ᐐᔮᓯᕽ ᒫᑲ ᐁ ᓇᐢᑵᐘᓯᐦᒑᒪᑲᕽ ᒥᔪ ᑭᐢᑫᔨᒥᒋᐎᐣ ᑭᔅᑌᓂᒧᕽ ᐃᓯ), ᐅᐟ ᐊᐱᓯᓯᓄᐎᐣ ᐅᐦᒋ ᒋᔅᐢ X. ᐁᑳᐎᔭ ᒫᑲ ᔮᑵᔨᒧᐠ, ᒫᑲ ᒥᑐᓂ ᒌᐻᐦᑕᒧᐠ, ᐁᑯᓯ ᒥᓇ ᑭᑕ ᐃᓯ ᐅᑎᓈᐟ ᐅᐦᐃ ᐊᔨᓯᔨᓂᐊ, ᒥᑐᓂ ᐁ ᑭᓯᓈᑌᐦᑕᒥᐦᐃᑯᐦᐟ ᐅ ᒪᒋᐦᑎᐃᐦᓂᔨᐘ, ᒥᓇ ᐁ ᐯ ᓇᑎᑯᐟ ᒌᐻᐦᑕᒧᐎᓂᐠ; ᑭᑕ ᐊᐢᓇᒪᐚᐟ ᐅ ᒪᒋᐦᑎ ᐎᓂᔨᐘ, ᒥᓇ ᑭᑕ ᑕᑯᓇᒪᐚᐟ ᑳ ᑲᓈᑎᓯᔨᐟ ᐊᐦᒑᐦᑲᐧ; ᑭᑕ ᒥᔮᐟ ᑳᑭᑫ ᐱᒫᑎᓯᐎᐣ, ᒥᓇ ᑭᑕ ᐎᒋᐦᐃᐍᐦᑕᐦᐚᐟ ᑳᑭᑫ ᐅ ᐅᑌᓇᐎᐎᓂᕽ.

ᐁᑯᓯ ᒫᑲ ᐁ ᑫᐦᒋᓇᐦᐅᔭᕽ ᐁ ᐃ ᑭᑎ ᑭᓇᐚᐟ ᑯᐦᑖ-

ᐃᐧᓇᐤ ᑭᐦᒋᑭᓯᑯᕽ ᐅᐦᐃ ᐊᔑᓯᔑᓂᐊᐧ, ᑳ ᑮᐦ ᐃᓯ ᐃᐧᐦᑕᒥᔑᐟ ᐅᑯᓯᓴ ᒋᓴᐢ X; ᒫᐦᑎ ᑖᐯᐧᐦᑕᒧᐃᐧᓂᕽ ᒥᓇ ᑯᓯᑫᐧᔑᐦᑕᒧ-ᐃᐧᓂᕽ ᓇᓇᐢᑯᒫᑖ, ᐅᒥᓯ ᐁ ᐃᑌᐧᔭᕽ,

ᒫᒼᐁᐧᔭᐢ ᓯᐘᐦᑳᑎᓯᔭᐣ ᒥᓇ ᑳᑭᑫ ᒉᓱᑐᐃᐧᔭᐣ, ᐅᐦᑖ-ᐃᐧᒫᐤ ᑭᐦᒋᑭᓯᑯᕽ, ᐁ ᑕᐸᐦᑌᔑᒨᔭᕽ ᑭ ᓇᓈᐢᑯᒥᑎᓈᐣ, ᑳ ᑮᐦ ᐃᑌᔑᐦᑕᒫᐣ ᑭᑕ ᑭᐢᑫᔑᐦᑕᒧᐃᔮᕽ ᑭ ᑭᓴᐋᐧᑎᓯᐃᐧᐣ ᒥᓇ ᑭᑕ ᑖᐯᐧᐦᑖᑖᕽ; ᔮᐦᑭᐦᑦ ᐅᒪ ᑭᐢᑫᔑᐦᑕᒧᐃᐧᐣ, ᒥᓇ ᐋᔑᑕᐢ-ᑐᐃᐧᓈᐣ ᐅᒪ ᑖᐯᐧᐦᑕᒧᐃᐧᐣ ᑳᑭᑫ. ᒥ (ᔑᐠ) ᑭ ᑳᓈᒋ ᐋᐦᒫᐦᑲᐧ ᐊᐊᐧ ᐊᔑᓯᔑᓂᐤ (ᐆᑮ ᐊᔑᓯᔑᓂᐊᐧᐠ), ᑭᑕ ᑮᐦ ᑮᐦᑖᐧᐨ ᓂᐦᑖᐃᐧᑭᐟ (ᒋᐠ), ᒥᓇ ᑭᑕ ᑮᐦ ᐃᐧᒋᐦᐃᐁᐧᐟ (ᒋᐠ) ᑲᑭᑫ ᐱᒫᒋᐦᐅᐃᐧᓂᕽ; ᐃᐧᔭ ᐅᐦᒋ ᑳ ᑎᐯᔑᒥᑯᔮᕽ ᒋᓴᐢ X, ᑳ ᐱᒫᑎᓯᐟ ᒥᓇ ᑳ ᐋᔮᐟ ᐃᑕ ᐁ ᐋᔮᐊᐧᐟ ᒥᓇ ᑳ ᑲᓈᑎᓯᐟ ᐋᐦᒫᕽ, ᐊᓄᐦᐨ ᒥᓇ ᑳᑭᑫ. ᐋᒣᐣ.

¶ ᐁᑲᐧ ᐊᔭᒥᐦᐁᐃᐧᔑᓂᐤ ᐅᒥᓯ ᑭᑕ ᐃᑌᐤ ᐊᓂᐦᐃ ᑳ ᐃᐧᐦ ᓯᑲᐋᐦᒑᒥᐦᐟ:

ᓯᐋᑭᐃᑏᐣ, (ᓯᐋᑭᐦᐃᑕᑯᐠ), ᑭᔭ ᑳ ᐯ ᐃᑐᐦᑌᔭᐣ (ᑭᔭᐋᐧᐤ ᑳ ᐯ ᐃᑐᐦᑌᔦᐠ) ᐅᑕ ᐁ ᓇᑕᐁᐧᔑᐦᑕᒫᐣ (ᓇᑕᐁᐧᔑᐦᑕᒉᐠ) ᑭᑕ ᓯᑲᐋᐦᒑᑲᐃᐧᔭᐣ (ᓯᑲᐋᐦᒑᑲᐃᐧᔦᐠ), ᑭ ᑮᐦ ᐯᐦᑌᐣ (ᐋᐋᐧᐤ) ᑳ ᐃᓯ ᐊᔭᒥᐦᐋᒋᐠ ᐅᑕᔭᒥᐦᐋᐊᐧᐠ, ᑳ ᑎᐯᔑᒥᑯᔭᕽ ᒋᓴᐢ X ᑭᑕ ᐃᑌᔑᐦᑕᕽ ᑭᑕ ᐅᑎᓄᐢᐠ (ᐅᑎᓂᑯᔦᐠ), ᑭᑕ ᓴᐁᐧ-ᔑᒥᐢᐠ (ᓴᐁᐧᔑᒥᑯᔦᐠ), ᑭᑕ ᐋᐸᐦᐊᒫᐢᐠ (ᐋᐸᐦᐊᒫᑯᔦᐠ) ᑭ ᒪᒋᐦᑎᐃᐧᓇ (ᒪᒋᐦᑎᐃᐧᓂᐋᐧᐊᐧ), ᑭᑕ ᒥᔑᐢᐠ (ᒥᔑᑯᔦᐠ) ᑮᐦᒋᑭᓯᑯᐃᐧ ᐅᑌᓀᐃᐧᐃᐧᐣ ᒥᓇ ᑳᑭᑫ ᐱᒫᑎᓯᐃᐧᐣ. ᑭ ᑮᐦ ᐯᐦᑌᐣ (ᐋᐋᐧᐤ) ᒥᓇ ᑳ ᑎᐯᔑᒥᑯᔭᕽ ᒋᓴᐢ X ᐁ ᑮᐦ ᐊᓱᑕᒫᑫᐟ, ᐅ ᑳᓈᒋ ᐃᑌᐃᐧᐃᐧᓂᕽ. ᑭᑕ ᒉᑭᐟ ᑲᐦᑭᔭᐤ ᐊᓂᐦᐃ

ᑳ ᑭᐦ ᓇᑐᑕ ᐚᐧᔭᕽ; ᐁᐸᐧᑯ ᐊᔑᑕᒫᑫᐃᐧᐣ ᐃᐧᔭ ᑫᐦᒋᓇ ᑭᑕ ᒥᒋᒥᓇᑦ ᒥᓇ ᑭᑕ ᐃᐦᑐᑕᑦ.

ᐁᐊᐦᑯ ᐅᐦᒋ ᒫᑲ, ᐅᒪ ᐁ ᑭᐦ ᐃᓯ ᐊᔑᑕᒫᑫᐟ **X**, ᑭᔭ (ᑭᔭᐚᐤ) ᑫᐦᒋᐚᐠ ᒌᐯᐃᐧᓂᕽ ᑭ ᑲ ᐊᔑᑌᐣ (ᐚᐚᐤ) ᐁ ᐯᐦᒑᐢᑭᐠ (ᐯᐦᒑᑯᔦᑯᐠ) ᐅᑭ ᐅᑕᔭᒥᐦᐚᐊᐧᐠ, ᑭᑕ ᐸᑭᑎᓇᐟ (ᐸᑭᑎᓂᐤᐠ) ᒪᒋ ᐊᐦᒫᕽ ᒥᓇ ᑲᑊᑭᔭᐤ ᐅᐟ ᐃᓯᐦᒋᑫᐃᐧᓇ, ᒥᓇ ᒐᐦᑭ ᑭᑕ ᒉᐯᐧᐦᑕᒪᐣ (ᒉᐯᐧᐦᑕᒣᐠ) ᑭᓭᒪᓂᑐ ᐅᐟ ᐃᑌᐧᐃᐧᐣ, ᒥᓇ ᓇᓇᐃᐦᑕᒧᐃᐧᓂᕽ ᑭᑕ ᒥᒋᒥᓇᒪᐧᐟ (ᒥᒋᒥᓇᒫᐧᔦᐠ) ᐅᔭ-ᔑᐁᐧᐃᐧᓇ.

¶ ᐁᑲᐧ ᐊᔭᒥᐦᐁᐃᐧᐢᓂᐤ ᑭᑕ ᑲᑫᐧᒋᒉᐤ ᐊᓂᐦᐃ ᑳ ᐃᐧ ᓯᑲᐚᐦᑖᒥᐦᐟ,

ᑭ ᐸᑭᑎᓈᐤ ᒋ ᒪᒋ ᐊᐦᒫᕽ ᒥᓇ ᑲᐦᑭᔭᐤ ᐅᐟ ᐃᓯ-ᑊᒋᑫᐃᐧᓇ, ᒪᒋ ᑭᔅᑌᔨᒥᓱᐃᐧᐣ ᐊᐢᑭᕽ ᑳ ᓂᓯᐊᐧᓈᒥᐦᐃᐁᐧᐠ, ᐊᓯᒋ ᑲᐦᑭᔭᐤ ᒪᒋ ᑳᓵᑳᑎᓯᐃᐧᐣ ᒥᓇ ᒍᐢᑕᐁᐧᔦᐦᑕᒧᐃᐧᐣ, ᐁᑳ ᑭᑕ ᐱᒥᑎᓴᐦᐊᒪᐣ ᐊᐦᐳ ᑭᑕ ᑎᐯᔦᒥᑯᔭᐣ?

ᓇᐢᑫᐧᐊᐧᓯᐦᒑᐃᐧᐣ. **ᓂ** ᐸᑭᑎᓂᐣ ᑲᐦᑭᔭᐤ.

ᑲᑫᐧᒋᐦᑫᒧᐃᐧᐣ.

ᑭ ᒉᐯᐧᐦᑌᐣ ᓈ ᐁ ᐃᐦᒑᐟ **ᑭᓭᒪᓂᑐ ᐅᐦᒑᐃᐧᒫᐤ ᓯᐧᐦᑳ-ᑎᓯᐟ**, ᑳ ᑭᐦ ᐅᓯᐦᒑᐟ ᑭᐦᒋᑭᓯᐠ ᒥᓇ ᐊᐢᑭ?

ᒥᓇ ᒋᓴᐢ X ᐅ **ᐯᔭᑯᑯᓰᓴᓇ** ᑳ ᑎᐯᔨᒥᑯᔭᕽ? **ᒥᓇ** ᑲ **ᑲᓈᑎᓯᔨ** ᐊᐦᒫᐦᑲᐧ ᑳ ᑭ ᐅᐦᒋᐟ; ᑳ ᑭᐦ ᓂᐦᒑᐃᐧᑭᐦᐃᑯᐟ ᐅᐢᑭᓂᑭᐢᑫᐧᐊᐧ ᒣᔦᐃᐊᐧ; ᑳ ᑭᐦ ᑯᑕᑭᐃᐦᐟ ᒣᑳᐧᐨ ᐹᐣᑎᔭᐢ ᐸᐧᔦᐊᐟ ᐁ ᑎᐯᔨᐦᑕᕽ, ᑳ ᑭᐦ ᒋᐢᑕᐚᐢᑲᐧᑎᐦᐟ, ᑳ ᑭᐦ ᓂᐸᐦᐃᐦᐟ, ᒥᓇ ᑳ ᑭᐦ ᓇᐦᐃᓂᐦᐟ; ᑳ ᑭᐦ ᐃᑐᐦᑌᐟ ᒋᐸ-ᔭᐢᑭᕽ; ᐁ ᐊᑎ ᓂᐢᑐ ᑭᓯᑳᔨᐠ ᑳ ᑭᐦ ᐚᐱᓯᓯᕽ, ᐁᑯᓯ

ᑭᐦᒋᑭᓯᑯᕽ ᑳ ᐃᓯ ᐅᐦᐱᐢᑳᐟ, ᐁ ᐊᑎ ᐃᐩ ᐊᐱᐚᐟ ᐅ ᑭᐦᒋᓂᐢᑭᔪᕽ ᑭᓭᒪᓂᑐᐘ ᐅᐦᑖᐎᒫᐘ ᓯᐸᐦᐅᑎ ᔪᐟ. ᐁᑯᑕ ᐅᐦᒋ ᑫ ᐯ ᐅᔭᓯᐚᑖᐟ ᐸᓂᐦᐃ ᒣᑳᐧ ᑫ ᐱᒫᑎᓯᔪᑫᐧ ᒥᓇ ᐊᓂᐦᐃ ᑳ ᑭᐟ ᓂᐱᔪᐟ?

ᒥᓇ ᑭ ᑖᐻᐦᑌᐣ ᓇ ᐁ ᐃᐦᑖᐟ ᑳ ᑲᓈᑎᓯᐟ ᐊᐦᒑᕽ; ᐁ ᐃᐦᑖᒋᐠ ᐁ ᑲᓈᑎᓯᒋᐠ ᒥᓯᐍᐢᑲᒥᐠ ᑖᐺ ᐅᑖᐺᐦᑕᒧᐘᐠ; ᒥᓇ ᐁ ᐏᑫᐦᑐᒋᐠ ᐅᑲᓈᒋᐦᐅᐘᐠ; ᒥᓇ ᐁ ᐊᓴᓂᑳᑌᑭ ᒪᒋᐦᑎᐏᓇ; ᒥᓇ ᑭᑕ ᐘᓂᐢᑳᓂᑲᑌᐠ ᒥᔪᐤ; ᒥᓇ ᑳᑭᑫ ᐱᒫᑎᓯᐎᐣ ᑭᑕ ᐊᔮᕽ ᑭᐦ ᐋᑕ ᓂᐱᐟᑭ?

ᓇᐢᑵᐘᓯᐦᑖᐎᐣ. ᑲᐦᑭᔭᐤ ᐅᒪ ᒥᑐᓂ ᓂ ᑖᐯᐦᑌᐣ.

ᑲᑵᒋᐦᑫᒧᐎᐣ.

ᐁᑯᑌ ᒋ ᒫᑲ ᐅᒪ ᑫ ᐃᓯ ᓯᑲᐊᐦᑖᑲᐎᔭᐣ?

ᓇᐢᑵᐘᓯᐦᑖᐎᐣ. ᐁᑯᓯ ᐁᓯ ᓇᑕᐍᔨᐦᑕᒫᐣ.

ᑲᑵᒋᐦᑫᒧᐎᐣ.

ᑭ ᑲ ᓈ ᒫᑲ ᓇᓇᐃᐦᑕᒧᐏ ᒥᒋᒥᓇᒫᐧᐣ ᑳ ᑲᓈᑕᓂᔪᐟ ᑭᓭᒪᓂᑐ ᐅᐟ ᐃᑌᔨᐦᑕᒧᐎᐣ ᒥᓇ ᐅᔭᓯᐍᐏᓇ, ᑭᑕ ᒥᑎᒣᐘᐟ ᐃᔪᑯᕽ ᑫ ᐱᒫᑎᓯᔭᐣ?

ᓇᐢᑵᐘᓯᐦᑖᐎᐣ. ᓂ ᑲ ᐎᐦ ᑲᑵ ᐃᐦᑐᑌᐣ ᒪᓂᑐ ᐎᒋᐦᐃᒋ.

¶ ᐁᑲᐧ ᐊᔭᒥᐦᐁᐎᔪᔫᐤ ᑭᑕ ᐃᑌᐤ,

ᑫᓴᐚᑎᓯᔭᐣ ᑭᓭᒪᓂᑐ, ᐃᑌᔨᐦᑕ ᑲᔭᐦᑌ ᐊᔨᓯᔨᓂᐦᑫᐎᐣ ᑳ ᑭᑭᐢᑳᑯᐟ ᐊᐘ ᐊᔨᓯᔨᓂᐤ (ᐅᑭ ᐊᔨᓯᔨᓂᐘᐠ) ᒥᑐᓂ ᑭᑕ ᓇᐦᐃᓂᑳᑌᔨᐠ, ᐁᑯᓯ ᐅᐢᑭ ᐊᔨᓯᔨᓂᐘ ᒥᐢᑯᐨ ᑭᑕ ᑭᑭᐢᑳᑯᐟ (ᒋᐠ). ᐋᒣᐣ.

ᑭᑕ ᐃᐧᐦ ᓂᐸᒪᑲᓂᔨᐘ ᑲᐦᑭᔭᐤ ᒪᒋ ᐊᑳᐚᑕᒧᐎᓇ ᑳ

ᑭᑭᐢᑳᑯᐟ (ᒋᐠ), ᒫᑲ ᑲᐦᑭᔭᐤ ᑳ ᐃᓯ ᐊᔮᐟ ᐊ ᒑᕽ ᑭᑕ ᑭᑭᐢᑳᑯᐟ (ᒋᐠ) ᒥᓇ ᑭᑕ ᔭᐦᑭᑭᓂᔨᑭ. ᐋᒣᐣ.

ᑭᑕ ᐃᐧᐦ ᐊᔮᐤ (ᐊᐠ) ᒍᑊᑳᑎᓯᐃᐧᐣ ᒥᓇ ᒪᐢᑲᐃᐧᓯᐃᐧᐣ ᑭᑕ ᓵᑯᒋᐦᐋᐧᐟ (ᒋᐠ) ᒪᒋ ᐊᐦᒑᐦᑲᐧ, ᐅᒪ ᐊᐢᑭ, ᒥᓇ ᐃᐧᔮ-ᓯᐃᐧᐃᐧᐣ. ᐋᒣᐣ.

ᐃᑌᔨᐦᑕ ᑲᐦᑭᔭᐤ ᐊᐃᐧᔭᐠ ᑳ ᐸᑭᑎᓇᒫᑲᐃᐧᔭᐣ ᐅᑕ ᓂᐟ ᐊᑐᐢᑫᐃᐧᓂᓈᐣ ᒥᓇ ᓂ ᐸᒥᐢᑖᑫᐃᐧᓂᓈᐣ ᐅᐦᒋ, ᑭᑕ ᐃᐧᐦ ᐅᐦᒋᐢᑕᒫᑯᐃᐧᓯᐤ ᑭᐦᒋᑭᓯᑯᐃᐧ ᐃᑖᑎᓯᐃᐧᓇ, ᒥᓇ ᑳᑭᑫ ᑭᑕ ᑎᐸᐦᐊᒫᑯᐃᐧᓯᐟ ᑭ ᑭᓭᐚᑎᓯᐃᐧᐣ ᐅᐦᒋ, ᑭᔭ ᑳ ᑭᐦᒋᑖ-ᐍᔨᐦᑖᑯᓯᔭᐣ ᑌᐯᔨᐦᒋᑫᔭᐣ ᑭᓭᒪᓂᑐ, ᑳ ᐱᒫᑎᓯᔭᐣ ᒥᓇ ᑳ ᑎᐯᔨᐦᑕᒪᐣ ᑲᐦᑭᔭᐤ ᑫᑲ:, ᐃᔨᑯᕽ ᑫ ᓈᐢᐱᒋ ᐊᐢᑭᐘᕽ. ᐋᒣᐣ.

ᒫᒪᐍᔭᐢ ᓯᐚᐦᑳᑎᓯᔭᐣ ᑳᑭᑫ ᐯᒫᑎᓯᔨᐣ ᑭᓭᒪᓂᑐ, ᑭᑯᓯᐢ ᐊᔨᐚᐠ ᑳ ᓵᑭᐦᐊᐟ ᒋᓭᐢ X, ᑭᑕ ᑭᐦ ᐊᓭᓇᒫᑲᐃᐧᔮᕽ ᓂ ᒪᒋᐦᑎᐃᐧᓂᓈᓇ, ᑳ ᑭᐦ ᓯᑭᓇᕽ ᐊᔨᐚᐠ ᑳ ᑭᐢᑌᔨᐦᑖᑲᐧᓂᔨᐠ ᐃᐧᔭᐃᐧᕽ ᐅᐦᒋ ᓂᐱ ᐊᓯᒋ ᒥᐦᑯ; ᐁᑯᓯ ᑳ ᑭᐦ ᐃᑕᓱ-ᐚᑖᐟ ᐅ ᑭᐢᑭᓄᐦᐊᒪᐚᑲᓇ, ᑭᑕ ᓇᑕᐃᐧ ᑭᐢᑭᓄᐦᐊᒪᐚᔨᐟ ᑲᐦᑭᔭᐤ ᐊᔨᓯᔨᓂᐘ, ᒥᓇ ᑭᑕ ᓯᑲᐚᐦᑕᐚᔨᐟ ᐅ ᐃᐧᐦᔦ-ᐃᐧᓂᕽ ᐅᐦᑖᐃᐧᒫᐤ, ᐅᑯᓯᓯᒫᐤ, ᒥᓇ ᑳ ᑲᓈᑎᓯᐟ ᐊᐦᒑᕽ; ᑭᑎᒫᑭᐦᑕᑦ, ᑭ ᐸᑯᓭᔨᒥᑎᓈᐣ, ᐅᐟ ᐊᔭᒥᐦᐋᐃᐧᓂᐚᐘ ᑭᐟ ᐃᔨᓂᒪᐠ; ᑲᓈᒋᐦᑖ ᐅᒪ ᓂᐱ ᑭᑕ ᒪᒫᐦᑖᐃᐧ ᒪᓈᐹ-ᐘᑖᒪᑲᕽ ᒪᒋᐦᑎᐃᐧᐣ; ᒥᓇ ᐃᑌᔨᐦᑕ ᐊᐘ ᐊᔨᓯᔨᓂᐤ (ᐅᑭ ᐊᔨᓯᔨᓂᐘᐠ) ᑳ ᐃᐧᐦ ᓯᑲᐚᐦᑖᐦᐟ (ᒋᐠ) ᐁᑯᑕ, ᑭᑕ ᐃᐧᐦ ᐅᐦᑎᓇᑦ (ᐊᐧᐠ) ᒥᑐᓂ ᑭ ᑭᓭᐚᑐᑖᑫᐃᐧᐣ, ᒥᓇ ᑖᐦᑭ ᑭᑕ ᐃᐧᒉᐚᐟ (ᒋᐠ) ᓇᐘᓱ ᑳ ᑖᐯᐧᐦᑕᒥᔨᐟ ᑭᐟ ᐊᐚᓯᒥᓴ; ᐃᐧᔭ ᐅᐦᒋ ᒋᓭᐢ X ᑳ ᑎᐯᔨᒥᑯᔮᕽ. ᐋᒣᐣ.

¶ ᐍᑲ ᐊᔅᒥᐦᐁᐏᔨᓂᐤ ᑭᑕ ᓴᑭᐦᑫᓂᐤ ᐊᓄᐦᐃ ᑳ ᐏ ᓯᑲᐦᑕᐚᐟ, ᐁᑯᓯ ᒋ: ᐐᐦᔦᐤ ᒥᓇ ᑭᑕ ᓯᑲᐦᑕᐍᐤ ᐁ ᐃᑘᐟ,

ᑭ ᓯᑲᐦᑖᑎᐣ ᐅ ᐐᐦᔦᐏᓂᕽ ᐆᐦᑖᐏᒫᐤ, ᒥᓇ ᐅᑯᓯ-ᓰᒫᐤ, ᒥᓇ ᑳ ᑲᓈᑎᓯᐟ ᐋᐦᒌᕽ. ᐋᒣᐣ.

¶ ᐍᑲ ᒥᓇ ᑭᑕ ᐃᑘᐤ,

ᑯᑎᓈᓇᐤ ᐊᐘ ᐊᔨᓯᔨᓂᐤ ᑭᑕ ᐃᑫᐚᐟ ᐅᑕᔕᒥᐦᐚᐊ: X ᐅᐟ ᐃᔨᓂᒪ; ᒥᓇ ᑭ ᑭᐢᑭᓇᐚᒥᐦᐋᓇᐤ ᐅᒪ ᑳ ᐱᒪᑳ-ᒉᓯᓇᐦᐘᕽ, ᐁᑳ ᑭᑕ ᓇᓄᐯᐏᓯᐟ ᑭᑕ ᐐᐦᑕᕽ ᐁ ᑞᐦᑕᐚᐟ Xᐊ ᑳ ᑭᐦ ᒋᐢᑕᐊᐢᒁᑎᒥᐦᐤ, ᒥᓇ ᑞ ᑭᑕ ᓄᑎᓂᑫᐢᑕᒪᐚᐟ ᒪᒋᐦᑎᐏᐣ, ᐅᒪ ᐊᐢᑭ, ᒥᓇ ᒪᒋ ᐊᐦᒡᐦᑿ ᑭᑕ ᑲᑵ ᓵᑯᒥᐦᐚᐟ· ᒥᓇ ᒋᐦᑭ ᒥᑐᓂ ᑭᑕ ᐊᑐᐢᑲᐚᐟ Xᐊ ᐃᔨᑯᕽ ᑫ ᐱᒫᑎᓯᐟ ᐋᒣᐣ.

¶ ᐍᑲ ᒥᓇ ᐊᔅᒥᐦᐁᐏᔨᓂᐤ ᑭᑕ ᐃᑘᐤ,

ᑭ ᓂᐢᐱᔥ, ᓯᐋᑭᐦᐃᑕᑯᐠ ᓂᒋᐋᒥᑎᐠ, ᐊ ᑐ· ᐊᔨᓯᔨᓂᐤ (ᐅᑭ ᐊᔨᓯᔨᓂᐘᐠ) ᐍᑲ ᐁ ᑭᐦᑗᐨ ᓂᐦᑖᐏᑭᐟ (ᒋᐠ) ᒥᓇ ᐍ ᐱᐦᑐᑲᐃᐦᐤ (ᒋᐠ) X ᐅᐟ ᐊᔅᒥᐦᐁᐏᑲᒥᑯᕽ, ᐍᑲ ᓇᓈᐢᑯᒫᑗ ᒫᒪᐍᔕᐢ ᓯᔦᐦᑳᑎᓯᐟ ᑭᓭᒪᓂᐣ ᐅᐦᐃ ᐅ ᒥᔦᑐᑖᑫᐏᓇ ᐅᐦᒋ; ᒥᓇ ᒫᒪᐏ ᒪᐏᒍᐢᑕᐚᑗ ᐊᐘ ᐊᔨᓯᔨᓂᐤ (ᐅᑭ ᐊᔨᓯᔨᓂᐘᐠ) ᑭᑕ ᑭᐦ ᐃᑖᑎᓯᐟ (ᒋᐠ) ᐅ ᓂᑲᓂᒥᕽ (ᓂᑳᓂ-ᒥᐚᕽ) ᑳ ᐃᓯ ᐊᔮᐟ (ᒋᐠ) ᐊᓄᐦᐨ.

¶ ᐍᑲ ᑭᑕ ᐃᑘᕽ, ᑲᐦᑭᔮᐤ ᐁ ᐅᒋᐦᒋᑿᓇᐱᕽ,

ᓄᐦᑖᐏᓈᐣ ᑭᐦᒋᑭᓯᑯᕽ ᐁᔮᔮᐣ, ᑭᑕ ᐃᐦ ᑲᓈᑌᔨᐦᑖᑿᐣ ᑭ ᐐᐦᔦᐏᐣ, ᑭ ᑎᐯᔨᐦᒋᑫᐏᐣ ᑭᑕ ᐃᐦ ᐅᑎᐦᒋᐸᔨᐤ, ᐁ ᐃᑌᔨᐦᑕᒪᐣ ᑭᑕ ᐃᐦ ᑐᒋᑳᑌᐤ ᐅᑕ ᐊᐢᑭᕽ, ᑳ ᐃᓯ ᐊᔮᐠ ᑐᐦᒋᑭᓯᑯᕽ. ᒥᔨᓈᐣ ᐊᓄᐦᐨ ᑳ ᑭᓯᑳᐠ ᑫ ᐅᐦᒋ ᐱᒫᑎᓯᔮᐠ,

ᒥᓇ ᐊᓭᓇᒪᐃᐧᓈᐣ ᓂ ᒪᒋᐦᑎᐃᐧᓂᓈᓇ, ᑳ ᐃᓯ ᐊᓭᓇᒪ-ᐘᑭᐦᒋᐠ ᐊᓂᑭ ᑲ ᐘᓂᑐᑖᑯᔮᐦᑭᐠ; ᒥᓇ ᐁᑳᐃᐧᔭ ᐃᑐᐦᑕ-ᐃᓈᐣ ᑯᑌᔨᒥᑯᐃᐧᓂᕽ, ᒫᑲ ᒥᒑᑵᓇᒪᐃᐧᓈᐣ ᒪᒋ ᑫᑳ:. ᐋᒣᐣ.

ᑕᐸᐦᑌᔨᒧᐃᐧᓂᕽ ᑭ ᓇᓈᐢᑯᒥᑎᓈᐣ, ᐅᐦᒑᐃᐧᒫᐤ ᑭᐦᒋᑭᓯᑯᕽ, ᑳ ᑭᐦ ᐃᑌᔨᐦᑕᒪᐣ ᑭᑕ ᑭᐢᑫᔨᐦᑕᒧᐃᔮᕽ ᑭ ᑭᓭᐚᑎᓯᐃᐧᐣ ᒥᓇ ᑭᑕ ᑖᐻᐦᑖᑖᕽ; ᔭᐦᑭᐦᑖ ᐅᒪ ᑭᐢᑫᔨᐦᑕᒧᐃᐧᐣ, ᒥᓇ ᐋᔨ-ᑕᐢᑐᐃᐧᓈᐣ ᐅᒪ ᑖᐻᐦᑕᒧᐃᐧᐣ ᑳᑭᑫ. ᒥ (ᔨᐠ) ᑭ ᑲᓈᒋ ᐋᐦᒑᐦᑲᐧ ᐊᐘ (ᐅᑭ) ᐊᔨᓯᔨᓂᐤ (ᐊᐠ), ᐁᑲᐧ ᐁ ᑭᐦᒑᐧᑦ ᓂᐦᒑᐃᐧᑭᐟ (ᒋᐠ), ᒥᓇ ᐁ ᐃᓯᐃᐦᐟ (ᒋᐠ) ᑭᑕ ᐃᐧᒋᐦᐃᐍᐟ (ᒋᐠ) ᑳᑭᑫ ᐱᒪᒋᐦᐅᐃᐧᓂᕽ, ᐃᐧᔭ ᐅᐦᒋ ᑳ ᑎᐯᔨᒥᑯᔮᕽ **ᒋᓴᐢ X**, ᑖᐦᑭ ᑭᑕ ᑭᐦ ᐊᑐᐢᑳᐢᐠ (ᐃᐠ), ᒥᓇ ᑭᑕ ᑭᐦ ᐊᔮᐟ (ᒋᐠ) ᑭᐟ ᐊᓯᑕᒫᑫᐃᐧᓇ; ᐃᐧᔭ ᐅᐦᒋ ᐁᐘᑯ ᑫᔮᐱᐨ ᑳ ᑎᐯ-ᔨᒥᑯᔮᕽ **ᒋᓴᐢ X** ᑭᑯᓯᐢ, ᑳ ᐱᒫᑎᓯᐟ ᒥᓇ ᑳ ᐊᔮᐟ ᐃᑕ ᐁ ᐊᔮᐘᐟ ᐊᓯᒋ ᑳ ᑲᓈᑎᓯᐟ ᐋᐦᒑᕽ, ᑳᑭᑫ. ᐋᒣᐣ.

¶ ᐁᑲᐧ ᑲᐦᑭᔭᐤ ᐁ ᓂᐸᐃᐧᕽ, ᑭᐢᐱᐣ ᐁ ᐃᐦᑖᒋᐠ ᐁ ᑭᐦ ᓂᐸᐃᐧᐢᑕᒫᐚᒋᐠ ᑳ ᑭᐦ ᓯᑲᐦᐊᐦᑖᒥᐦᐟ, ᐁᐘᑯᓂ ᐊᔭᒥᐦᐁᐃᐧᔨᓂᐤ ᐅᒥᓯ ᑭᑕ ᐃᑌᐤ,

ᑭᓵᐢᐱᓀ ᐊᐘ (ᐅᑭ) ᐊᔨᓯᔨᓂᐤ (ᐊᐠ) ᑳ ᐊᓯᑕᒫᑫᐟ (ᒋᐠ) ᐁ ᓂᐸᐃᐧᐢᑕᒫᐚᓭᐠ ᑭᑕ ᐸᑭᑎᓈᐟ (ᒋᐠ) ᒪᒋᐊᐦᒑᐦᑲᐧ ᒥᓇ ᑲᐦᑭᔭᐤ ᐅᐟ ᐃᐢᐦᒋᑫᐃᐧᓂᔨᐘ, ᑭᑕ ᑖᐻᐦᑕᐚᐟ (ᒋᐠ) ᑭᓭᒪᓂᑐᐘ, ᒥᓇ ᑭᑕ ᐊᑐᐢᑲᐚᐟ (ᒋᐠ); ᑭ ᑲ ᑲᓄᑭᐢᑭ-ᓯᓈᐚᐤ ᑭᔭᐚᐤ ᐁᑲᐧ ᑭ ᑲ ᓈᑲᑕᐌᔨᐦᑌᓈᐚᐤ ᑭᑕ ᐃᐧᐦ-ᑕᒫᐚᓭᐠ (ᐅᐠ), ᐁ ᐃᐢᐱᐦᒋ ᑯᓯᑵᔨᐦᑖᑲᐧᓂᔨᐠ ᑳ ᐃᓯ ᑭᐦᒋᐃᑘᐟ (ᒋᐠ), ᐁ ᐊᓯᑕᒫᑫᐟ (ᒋᐠ), ᐊᓄᐦᐨ ᐅᑕ ᐅᐦᑎᐢᑲᐤ ᐅᐦᐃ ᐅᑕᔭᒥᐦᐋᐘ, ᒥᓇ ᐅᓵᑦ ᑭᔭᐚᐤ ᑳ ᓂᐸᐃᐧᐢᑕᒪ-

ᐋᐧᓴᐠ. ᒥᓇ ᒫᑲ ᑭ ᑲ ᓯᐦᑮᒫᐋᐧᐤ (ᐊᐠ) ᑭᑕ ᐋᐦᑐᐨᐳᒍᐟ (ᒋᐠ) ᑭᑕ ᑭᐦ ᑲᐧᔭᐢᐠ ᑭᐢᑭᓄᐦᐊᒫᐦᐟ (ᒋᐠ) ᑳ ᑖᓇᑕᓂᐳᐠ ᑭᓴ-ᒪᓂᑐ ᐅᐟ ᐃᑌᐃᐧᐤ; ᐁᑯᓯ ᑭᑕ ᑭᐦ ᐅᐦᐱᑭᐟ (ᒋᐠ) ᐊᔭ-ᒥᐦᐋᐋᐧᑎᓯᐃᐧᓂᕽ, ᒥᓇ ᑭᑕ ᑭᐢᑫᐳᒫᐟ (ᒋᐠ) ᑳ ᑎᐯᐳᒥᑯᐧᕽ ᒋᓴᐢ X, ᐁ ᐲᒫᑎᓯᐟ (ᒋᐠ) ᒪᓂᑐᐋᐧᑎᓯᐃᐧᓂᕽ, ᒥᓇ ᑲᐧᔭᐢ-ᑳᐧᑎᓯᐃᐧᓂᕽ, ᒥᓇ ᐋᔮᑳᐧᒥᓯᐃᐧᓂᕽ ᐅᑕ ᐊᐢᑭᕽ ᓀᑳᐧᐨ ᑳ ᐲᒫᑎᓯᔭᕽ.

¶ ᐁᑲᐧ, ᐊᓂᐦᐃ ᑳ ᑭᐦ ᓯᑲᐦᑖᒥᐦᐟ, ᐅᒥᓯ ᑭᑕ ᐃᑌᐤ,

ᑭᔭ (ᐋᐧᐤ) ᒫᑲ, ᐊᓄᐦᐨ ᑳ ᑭ ᐅᑎᓇᐟ (ᐅᑎᓈᓴᐠ) X ᐁ ᓯᑲᐦᑳᑲᐃᐧᔭᐤ (ᓴᐠ), ᑭᔭ (ᐋᐧᐤ) ᐁᑲᐧ ᑭᐟ ᐊᑐᐢᑫᐃᐧᐤ (ᐃᐋᐧᐤ), ᑭᓴᒪᓂᑐ ᐅᐟ ᐊᐋᐧᓯᒥᓴ ᐁ ᑭ ᐃᓯᐦᐃᑲᐃᐧᔭᐤ (ᐃᓯᐦᐃᑲᐃᐧᓴᐠ) ᒥᓇ ᐋᐧᐢᑌᕽ ᐁ ᐸᔮᔭᐤ (ᓴᐠ) ᐁ ᑖᐯᐧᐦᑕᐋᐧᐟ (ᑖᐯᐧᐦᑕᐋᐧᓴᐠ) ᒋᓴᐢ X, ᑭᑕ ᐱᒧᐦᑌᔭᐤ (ᐱᒧᐦᑌᓴᐠ) ᐁ ᐃᑕᐢᑌᐠ ᑳ ᐃᓯ ᓇᑐᒥᑲᐃᐧᔭᐤ (ᓇᑐᒥᑲᐃᐧᓴᐠ) ᐊᔮᒥᐦᐋᐧ-ᐃᐧᓂᕽ, ᒥᓇ ᐁ ᐃᓯ ᒦᔭᐧᐸᒥᓈᑲᐧᕽ ᑭᑕ ᐃᓯᓈᑯᐦᒋᓴᐟ ᐊᐃᐧᔭᐠ ᐋᐧᓵᔮᕽ ᑳ ᐋᔮᐟ, ᐁ ᑲᓄᑭᐢᑭᓯᔭᐤ (ᑲᓄᑭᐢᑭᓴᐠ) ᐅᒪ, ᓯᑲᐦᑫᐃᐧᐤ ᑭ ᑭᐢᑭᓇᐋᐧᒥᐦᑖᒪᑯᓈᓇᐤ ᑫ ᐃᑖᑎᓯᔭᕽ: ᐁᐋᐧᑳᐧᓂᒪ ᑭᑕ ᑭᐢᑭᓇᐋᐧᐸᒫᔭᕽ ᑯᐲᒥᐦᐃᐁᐧᒥᓇᐤ X. ᒥᓇ ᑭᑕ ᐃᓯᐦᐃᑲᐃᐧᔭᕽ ᑖᐱᐢᑯᐨ ᐃᐧᔭ; ᑳ ᑭᐦ ᐃᓯ ᓂᐱᐟ ᒥᓇ ᑳ ᑭᐦ ᐃᓯ ᐊᐧᓂᐢᑳᐟ ᑮᔮᓇᐤ ᐅᐦᒋ, ᐁᑯᓯ ᑭ ᑲ ᐃᓯ ᓂᐱᐦᑖᓇᐤ ᒪᒋᐦᑎᐃᐧᓂᕽ ᐃᓯ, ᑮᔮᓇᐤ ᑳ ᓯᑲᐦᑳᑲᐃᐧᔭᕽ; ᒥᓇ ᑭ ᑲ ᐃᓯ ᐊᐧᓂᐢᑲᐦᑖᓇᐤ ᑳᐧᔭᐢᑭᑖᑎᓯᐃᐧᓂᕽ ᐃᓯ; ᑕᐦᑭ ᑭᑕ ᐃᐧᐦ ᑲᑫᐧ ᓵᑯᒥᐦᑖᔭᕽ ᑭ ᒪᒋ ᒍᐢᑕᐁᐧᐳᐦᑕᒍᐃᐧ-ᓂᓇᐊᐧ ᑳ ᓂᓯᐋᐧᓈᒥᐦᐃᐁᐧᑭ, ᒥᓇ ᑕᐦᑐ ᑭᓯᑳᐤ ᑭᑕ ᔭᐦᑯᐦᑌᔦᕽ ᒦᔮᐧᑎᓯᐃᐧᓂᕽ ᒥᓇ ᒪᓂᑐᐋᐧᑎᓯᐃᐧᓂᕽ.

ᑲᑫᐧᒋᐦᑐᐃᐧ ᒪᓯᓇᐦᐃᑲᐣ.

ᐁᐊᐧᑯ ᑭᐢᑭᓄᐊᒫᑐᐃᐧᐣ ᑳ ᓇᑕᐁᐧᔨᐦᑖᑲᐧᕽ ᑭᑕ ᑭᐢᑫᔨᐦᑕᕽ ᑲᐦᑭᔭᐤ ᐊᐃᐧᔭᐠ ᒪᐧᓭᐢ ᐯᓯᐦᐟ ᑭᑕ ᐊᔨᒥᐦᐃᑯᐟ ᑭᐦᒋᐊᔭ-ᒥᐦᐁᐃᐧᔨᓂᐊᐧ.

ᑲ. ᒫᐦᑎ ᐃᐧᐦᔨᓱ, ᑖᓂᓯ ᐁᓯᔨᑳᓱᔭᐣ?

ᓇ. ᐁᑯᑕ ᖨ ᑲ ᐃᐧᑌᐣ ᑭ ᐃᐧᐦᔪᐃᐧᐣ.

ᑲ. ᐊᐁᐧᓇ ᑳ ᒥᔨᐢ ᐅᒪ ᑭ ᐃᐧᐦᔪᐃᐧᐣ?

ᓇ. ᓄᐦᑖᐃᐧᑳᐃᐧᓇᐠ ᒥᓇ ᓂᑳᐃᐧᑳᐃᐧᓇᐠ ᐃᐢᐱ ᑳ ᓯᑲ-ᐊᑖᑲᐃᐧᔮᐣ; ᐁᑯᐢᐱ ᑳ ᑭᐦ ᐃᓯᐃᑲᐃᐧᔮᐣ ᑭᑕ ᐃᐧᑫᐊᐧᐠ X, ᑭᑕ ᐅᔪᑖᐃᐧᔮᐣ ᑭᓯᒪᓂᑐ, ᒥᓇ ᑭᑕ ᐃᐧᒋᐃᐁᐧᔮᐣ ᑭᐦᒋᑭᓯᑯᐃᐧ ᐅᑌᓇᐃᐧᐃᐧᓂᕽ.

ᑲ. ᑖᓂᓯ ᑯᐦᑖᐃᐧᑳᐃᐧᓇᐠ ᒥᓇ ᑭᑳᐃᐧᑳᐃᐧᓇᐠ ᑳᐦ ᑐᑕᒪᐢᑭᐠ ᐁᑯᐢᐱ?

ᓇ. ᑭᐦ ᐊᓱᑕᒪᐧᐠ ᒥᓇ ᑭᐦ ᑭᐦᒋᐃᑌᐧᐊᐧᐠ ᓂᐢᑐ ᑫᑲᐧᔭ ᓂ ᐃᐧᐦᔪᐃᐧᓂᕽ. ᓂᐢᑕᐨ ᑭᑕ ᐸᑭᑎᓇᐠ ᒪᒋᐊᑮᕽ ᐊᓯᒋ ᑲᐦᑭᔭᐤ ᐅᐟ ᐃᓯᒋᑫᐃᐧᓇ, ᒪᒋ ᑭᐢᑌᔨᒥᓱᐃᐧᐣ ᒥᓇ ᐱᑯᓇᑕ ᑫᑲᐧᔭ ᐅᑕ ᐁᑳ ᑳ ᒥᔮᐧᓯᐠ ᐊᐢᑭᕽ ᑳ ᐊᔮᐠ, ᒥᓇ ᒪᒋ ᐊᑳᐊᐧ-ᑕᒧᐃᐧᓇ ᒥᔭᐃᐧᕽ ᑳ ᐊᔮᑭ. ᐁᑲᐧ, ᑭᑕ ᑖᐯᐧᐦᑖᒪᐣ ᒥᓯᐁᐧ ᐁ ᐃᑕᐢᑌᐠ ᐅᑕᔭᒥᐦᐊᐤ ᐅ ᑖᐯᐧᐦᑐᐃᐧᐣ. ᐁᑲᐧ ᒥᓇ, ᑭᑕ ᑎᐱᑐᑕᒪᐧᐠ ᑳ ᐃᓯ ᒥᔮᐧᓯᓂᔨᐠ ᑭᓯᒪᓂᑐ ᐅ ᓇᑕᐁᐧᔨᐦᑐᐃᐧᐣ ᒥᓇ ᐅᔭᓱᐁ ᐃᐧᓇ, ᒥᓇ ᑭᑕ ᒥᑎᒉᔮᐣ ᐃᔨᑯᕽ ᑫ ᐱᒫ-ᑎᓰᔮᐣ.

ᑲ. ᓇᒪ ᒋ ᑭᐟ ᐃᑌᔨᑌᐣ ᐁ ᐃᑕᐢᑌᐠ ᑭᑕ ᑖᐺᑕᒪᐣ ᒥᓇ ᑭᑕ ᐃᐦᑐᑕᒪᐣ ᑳ ᑭ ᐃᓯ ᐊᓱᑕᒫᑫᐢᑕᒫᐢᑭᐠ?

ᓇ. ᐁᐦᐁ ᑖᐺ; ᐎᔭ ᑭᓭᒪᓂᑐ ᐎᒋᐦᐃᒋ ᓂ ᑲ ᐃᐦᑐᑌᐣ. ᒥᓇ ᓂᑌᐦᐃˣ ᓂ ᓇᓈᐢᑯᒫᐤ ᑯᐦᑖᐏᓇᐤ ᑭᐦᒋ-ᑭᓯᑯˣ, ᑳ ᑭ ᐃᑌᔨᑕˣ ᑭᑕ ᐊᓯᑕᑭᒥᐟ ᐅᒪ ᐱᒫᒋᐅᐏᓐˣ ᐎᔭ ᐅᐦᒋ ᒋᓴᐢ X ᑯᐱᒫᒋᐃᐍᒥᓇᐤ, ᒥᓇ ᓂ ᓇᑐᑕᒪᐚᐤ ᑭᓭᒪᓂᑐ ᑭᑕ ᒥᔦᐟ ᐅᐦᒋᐢᑕᒫᑫᐎᐣ, ᐁᑯᑕ ᑕᐦᑭ ᑭᑕ ᑭ ᐋᔮᔮᐣ ᐃᔨᑯˣ ᑫ ᐃᐢᑯ ᐱᒫᑎᓯᔮᐣ.

ᑲ. ᒫᐦᑎ ᑖᐳᐍ ᒥᓯᐍ ᐁ ᐃᑕᐢᑌᐠ ᑭ ᑖᐺᐦᑕᒧᐎᐣ.

ᓇ. ᓂ ᑖᐺᐦᑌᐣ ᐁ ᐃᐦᑖᐟ ᒪᓂᑐ ᐅᐦᑖᐏᒫᐤ ᓯᐚ-ᑳᑎᓯᐟ, ᑳ ᑭ ᐅᓯᑖᐟ ᑭᐦᒋᑭᓯᐠ ᒥᓇ ᐊᐢᑭ.

ᒥᓇ ᒋᓴᐢ X, ᐅ ᐯᔭᑯᑯᓯᓵᓇ ᑳ ᑎᐯᔦᒥᑯᔭˣ, ᑳ ᑲᓈᑎᓯᔦᐟ ᐋᓘᐦᑲᐧ ᑳ ᑭ ᐅᐦᒋᐟ, ᑳ ᑭ ᓂᐦᑖᐏᑭᐃᑯᐟ ᐅᐢᑭ-ᓂᑭᐢᑵᐘ ᒣᕒᐃᐘ, ᑳ ᑭ ᑯᑕᑭᐃᐦ ᒣᑳ· ᐹᐣᑎᔭᐢ ᐹᕒᐊᐟ ᐁ ᑎᐯᔦᑕˣ, ᑳ ᑭ ᒋᐢᑕᐋᐢᑳᐧᑎᐦ ᑳ ᑭ ᓂᐸᐃᐦ, ᒥᓇ ᑳ ᑭ ᓇᐦᐃᓂᐦ; ᑳ ᑭ ᐃᑐᑌᐟ ᒋᐸᔦᐢᑭˣ; ᐁ ᐊᑎ ᓂᐢᑐᑭᓯᑳᔦᐠ ᑳ ᑭ ᐋᐱᓯᓯˣ, ᐁᑯᓯ ᑭᐦᒋᑭᓯᑯˣ ᑳ ᐃᓯ ᐅᐦᐱᐢᑳᐧᐟ. ᐁ ᐊᑎ ᐃᓯ ᐊᐱᐚᐟ ᐅ ᑭᐦᒋᓂᐢᑭᔦˣ ᑭᓭᒪᓂᑐᐘ ᐅᐦᑖᐏᒪᐘ ᓰᐚᑳᑎᓯᔦᐟ; ᐁᑯᑕ ᐅᐦᒋ ᑫ ᐯ ᐅᔦᓱᐋᐧᑖᐟ ᐊᓂᐃ ᒣᑳ· ᑫ ᐱᒫᑎᓯᔦᒁ ᒥᓇ ᐊᓂᐃ ᑳ ᑭ ᓂᐱᔦᐟ.

ᓂ ᑖᐺᑌᐣ ᐁ ᐃᐦᑖᐟ ᑳ ᑲᓈᑎᓯᐟ ᐸᐦᒌˣ; ᐁ ᐃᐦᑖᒋᐠ ᐁ ·ᓈᑎᓯᒋᐠ ᒥᓯᐍᐢᑲᒥᐠ ᑖᐺ ᐅᑖᐺᑕᒧᐊᐧᐠ; ᒥᓇ ᐁ ᐎᒉᑐᒋᐠ ᐅᑲᓈᒋᐅᐊᐧᐠ; ᒥᓇ ᐁ ᐊᐧᓂᑳᑌᑭ ᒪᒋᐦᑎᐏᓇ ᒥᓇ ᑭᑕ ᐊᐧᓂᐢᑳᓂᑳᑌᐠ ᒥᔦᐤ; ᒥᓇ ᑳᑭᑫ ᐱᒫᑎᓯᐎᐣ. ᐋᒣᐣ

ᑲ. ᑖᓂᓯ ᐅᒫᐢ ᐁᓯ ᑭᐢᑭᓄᐊᒫᑯᔭᐣ ᐅᒪ ᒥᓯᐍ ᐁ ᐃᑕᐢᑌᐤ ᑭ ᑖᐻᑕᒧᐎᐣ?

ᓇ. ᓂᐢᑕᐢ ᓂ ᑭᐢᑭᓄᐊᒫᑯᐣ ᑭᑕ ᑖᐻᑖᒪᐣ ᐁ ᐃᐦᑖᐟ ᑭᓭᒪᓂᑐ ᐅᐦᑖᐏᒫᐤ ᑳ ᑭ ᐅᓯᐦᐃᐟ ᓂᔭ, ᒥᓇ ᒥᓯᐍ ᐊᐢᑭ.

ᐁᑲᐧ ᐁ ᐃᐦᑖᐟ ᒪᓂᑐ ᐅᑯᓯᓯᒫᐤ, ᑳ ᑭ ᑎᐸᐦᐃᑫᐢᑕᒪᐎᐟ ᓂᔭ ᒥᓇ ᑲᐦᑭᔭᐤ ᐊᔨᓯᔨᓂᐘ.

ᐁᑲᐧ ᒥᓇ, ᐁ ᐃᐦᑖᐟ ᒪᓂᑐ ᑳ ᑲᓈᑎᓯᐟ ᐊᐦᒑᕽ, ᑳ ᑲᓈᒋᐦᐃᐟ ᓂᔭ, ᒥᓇ ᑲᐦᑭᔭᐤ ᓇᐘᐟ ᑭᓭᒪᓂᑐ ᐅᐟ ᐃᔨᓂᒪ.

ᑲ. ᑭ ᑭ ᐃᑗᐣ ᑯᐦᑖᐏᑳᐏᓇᐤ ᒥᓇ ᑭᑳᐏᑳᐏᓇᐤ ᐁ ᑭ ᐊᓱᑖᒫᑫᐢᑖᒫᐢᐤ ᑭᑕ ᑎᐱᑐᑕᒪᐎᐟ ᑭᓭᒪᓂᑐ ᐅᔭᓯᐍᐏᓇ. ᐃᐧᑕᒪᐏᐣ ᒫᐦᑎ ᑑᑕᐦᑐ ᐁᑕᐦᑎᓂᔨᑭ?

ᓇ. ᒥᑖᑕᐦᐟ.

ᑲ. ᑖᓈᓂᐦᐃ?

ᓇ. ᐁᐘᑯᓂ ᑭᓭᒪᓂᑐ ᑳ ᑭ ᐃᑌᐟ ᓂᓯᑕᓇᐤ ᐱᐢᑭᑕᓯᓇᐃᑲᓂᕽ ᐁᐢᓴᑕᐢ, ᐁ ᐃᑌᐟ, ᓂᔭ ᑳ ᑎᐯᔨᒋᑫᔮᐣ ᑭ ᑭᓭᒪᓂᑐᐢ, ᑳ ᑭ ᐯ ᐅᐦᒋ ᐘᔭᐏᑕᐏᐡ ᐃᒋᐟ ᐊᐢᑭᕽ, ᐊᐊ ᑳᑎᑯᐏᑲᒥᑯᕽ ᐅᐦᒋ.

1. ᓇᒪᐏᔭ ᑭ ᑲ ᐋᔮᐘᐤ ᑯᑕᑲᐤ ᒪᓂᑐᐘᐤ ᓂᔭ ᐱᑯ.

2. ᓇᒪᐏᔭ ᑭ ᑲ ᐅᓯᑗᓱᐣ ᓈᐣᑕᐤ ᒪᓂᑐᐢᐣ, ᐊᐦᐸ ᐁ ᐃᓯᓈᑯᓯᐟ ᐊᐃᐧᔭᐤ ᐃᐢᐱᒥᕽ ᐁ ᐋᔮᐟ, ᐊᐦᐸ ᐊ[illegible]ᕽ ᒧᒋᕽ ᐁ ᐋᔮᐟ, ᐸᐦᐸ ᓂᐱᕽ ᐊᑖᒥᕽ ᐊᐢᑭᕽ. ᓇᒪᐏᔭ ᑭ ᑲ ᐅᒋᐦᒋᑲᐧᓂᐢᑕᐚᐘᐤ ᐊᐦᐸ ᓇᒪᐏᔭ ᑭ ᑲ ᐊᑐᐢᑲᐚᐘᐤ ᒋᑫᒫ ᓂᔭ ᑳ ᑎᐯᔨᒋᑫᔮᐣ ᑭ ᑭᓭᒪᓂᑐᐢ ᐁ ᐅᐦᒍᔨᑕᒧᐏ ᒪᓂᑐᐚᔮᐣ ᒥᓇ ᐁ ᐊᔨᒥᐊᑭᐤ ᐅᐦᑖᐏᐚᐘ ᐅ ᒪᒋᐦᑎᐏᓂᔨᐘ ᐅᐦᒋ ᐱᔨᐢ ᓂᐢᑗᐤ ᐊᐦᐸ ᓀᐚᐤ ᐁ

ᐋᔮᓂᐢᑫ ᐱᒫᑎᓯᔨᐟ ᐅᑕᐚᓯᒥᓯᐚᐘ ᐊᓂᑭ ᑳ ᐸᑳᐧᓯᒋᐠ, ᐁᑯᓯ ᐁ ᐚᐸᑕᐦᐊᑭᐠ ᑭᓭᐚᑎᓯᐃᐧᐣ ᐊᓂᑭ ᑭᐦᒋᒥᑖᑐᒥᑕᓇ. ᑳ ᓵᑭᐦᐃᒋᐠ ᒥᓇ ᑳ ᓇᓇᐃᐦᑕᐦᑭᐠ ᓄᔭᓱᐁᐧᐃᐧᓇ.

3. ᓇᒪᐃᐧᔭ ᐱᑯᓇᑕ ᑭ ᑲ ᐊᐧᐃᐧᐦᔮᐤ ᑳ ᑎᐯᔨᒋᑫᐟ ᑭ ᑭᓭᒪᓂᑐᐨ ᒋᑫᒫ ᑳ ᑎᐯᔨᒋᑫᐟ ᓇᒪᐃᐧᔭ ᑭᑕ ᑲᐧᔭᐢᑭᑖᑎ-ᓯᐊᐧᑭᒣᐤ ᐊᓂᐦᐃ ᐱᑯᓇᑕ ᑳ ᐊᐧᐃᐧᔨᑯᐟ.

4. ᑲᓅᑭᐢᑭᓯᐟ ᑭᑕ ᑲᓈᒋ ᑎᐱᑐᑕᒪᐣ ᐁ ᐊᔭᒥᐦᐁᑭᓯᑳᐠ. ᓂᑯᑖᐧᓱ ᑭᓯᑳᐤ ᑭ ᑲ ᐊᑐᐢᑳᐣ, ᒥᓇ ᑭ ᑲ ᐃᐦᑐᑌᐣ ᑲᑭᔭᐤ ᑭᐟ ᐊᑐᐢᑫᐃᐧᐣ; ᒫᑲ ᑌᐸᑯᐦ ᐁ ᐃᑕᐦᑐ ᑭᓯᑳᐠ ᐁᐊᐧᑫᐧᔨᐤ ᐅᐟ ᐊᔭᒥᐦᐁᐃᐧᑭᓯᑳᐨ ᑳ ᑎᐯᔨᒋᑫᐟ ᑭ ᒪᓂᑐᐨ. ᐁᑯᑕ ᓇᒪᐃᐧᔭ ᑭ ᑲ ᐃᐦᑐᑌᐣ ᓈᐣᑕᐤ ᐊᑐᐢᑫᐃᐧᐣ, ᑭᔭ, ᒥᓇ ᑭᑯᓯᐢ, ᒥᓇ ᑭᑖᓂᐢ, ᑭ ᓈᐯᐤ ᐊᑐᐢᑫᔮᑲᐣ ᒥᓇ ᑭᐟ ᐃᐢᑫᐧᐤ ᐊᑐᐢᑫᔮᑲᐣ, ᑭ ᐱᓯᐢᑭᒪᐠ, ᒥᓇ ᐊᓇ ᒫᓂᑌᐤ ᐱᐦᒋ ᑭᐟ ᐃᐢᑳᐧᑌᒥᕽ ᑳ ᐊᔮᐟ. ᒋᑫᒫ ᓂᑯᑖᐧᓱᑭᓯᑳᐤ ᑳ ᑎᐯᔨᒋᑫᐟ ᑭ ᐅᓯᑖᐤ ᑭᓯᐠ ᒥᓇ ᐊᐢᑭ, ᑭᐦᒋᑲᒥ ᒥᓇ ᑲᐦᑭᔭᐤ ᑫᑲ: ᐁᑯᑕ ᑳ ᐊᔮᐠ, ᐁᑯᓯ ᐁ ᑭ ᐊᔦᐧᐱᐟ ᑌᐸᑯᐦ ᐁ ᐃᑕᐦᑐ-ᑭᓯᑳᔨᐠ; ᐁᐊᐧᑯ ᐅᐦᒋ ᑳ ᑎᐯᔨᒋᑫᐟ ᑭᐦ ᒥᔭᐧᑭᑕᐨ ᑌᐸᑯᐦ ᐁ ᐃᑕᐦᑐᑭᓯᑳᔨᐠ ᒥᓇ ᑭᐦ ᑲᓈᒋᐦᑖᐤ.

5. ᑭᐢᑌᔨᒥᐠ ᑯᐦᑖᐃᐧ ᒥᓇ ᑭᑳᐃᐧ; ᑭ ᑭᓯᑲ ᑭᓂᐧᐢ ᑭᑕ ᐋᔮᑭ ᐁᑯᑕ ᐊᐢᑭᕽ ᑳ ᑎᐯᔨᒋᑫᐟ ᑭ ᒪᓂᑐᐨ ᑳ ᒥᔨᐢᐠ.

6. ᓇᒪᐃᐧᔭ ᑭ ᑲ ᓂᐸᐦᑖᑲᐣ.

7. ᓇᒪᐃᐧᔭ ᑭ ᑲ ᐱᓯᑳᐧᑎᓯᐣ.

8. ᓇᒪᐃᐧᔭ ᑭ ᑲ ᑭᒧᑎᐣ.

9. ᓇᒪᐃᐧᔭ ᑭ ᑲ ᑮᔮᐢᑭᐚᒋᒫᐤ ᑭᒋᐊᔨᓯᔨᓂᐤ.

10. ᓇᒪᐏᔭ ᑭ ᑲ ᒧᐢᑕᐏᓇᒪᐚᐤ ᑭᒋᐊᔨᓯᔨᓂᐤ ᐏᑭ, ᓇᒪᐏᔭ ᑭ ᑲ ᒧᐢᑕᐏᓇᒪᐚᐤ ᑭᒋᐊᔨᓯᔨᓂᐤ ᐏᐗ, ᐊᐦᐸ ᐅᐟ ᐊᑐᐢᑫᔮᑲᓇ, ᐊᐦᐸ ᐅᐟ ᐊᑐᐢᑫᔮᑲᓂᐢᑵᒪ, ᐊᐦᐸ ᐅ ᒧᐢᑐᓯᒪ, ᐊᐦᐸ ᐅᑌᒪ, ᐊᐦᐸ ᓈᐣᑕᐤ ᑫᑲ: ᑳ ᐊᔮᐟ.

ᑲ. ᑫᑲ: ᐅᓵᐨ ᑫᐢᑭᓄᐊᒫᑯᔭᐣ ᐅᐦᐃ ᐅᔭᓯᐌᐏᓇ?

ᓇ. ᓂ ᑭᐢᑭᓄᐊᒫᑯᐣ ᓂᓯ ᑫᑿᔭ, ᑭᑕ ᐃᓯ ᑎᐱᑐᑕᐗᐠ ᑭᓭᒪᓂᑐ, ᒥᓇ ᑭᑕ ᐃᓯ ᑎᐱᑐᑕᐗᐠ ᓂᒋᐊᔨᓯᔨᓂᐤ.

ᑲ. ᑖᓂᓯ ᑫ ᐃᓯ ᑎᐱᑐᑕᐗᐟ ᑭᓭᒪᓂᑐ?

ᓇ. ᑭᑕ ᐃᓯ ᑎᐱᑐᑕᐗᐠ ᑭᓭᒪᓂᑐ, ᑭᑕ ᑖᐻᑕᐗᐠ, ᑭᑕ ᑯᓯᑵᔨᒪᐠ, ᒥᓇ ᑭᑕ ᓵᑭᐦᐊᐠ ᒥᓯᐌ ᓂᑌᐦ ᐅᐦᒋ, ᒥᓯᐁ ᓂ ᒥᑐᓀᔨᒋᑲᐣ ᐅᐦᒋ, ᒥᓯᐌ ᓂᐟ ᐊᒑᕽ ᐅᐦᒋ, ᒥᓇ ᒥᓯᐌ ᐁ ᐃᓯ ᑲᐢᑭᒌᔮᐣ; ᑭᑕ ᐊᔭᒥᐦᐁᐢᑕᐗᐠ, ᑭᑕ ᓇᓈᐢᑯᒪᐠ, ᒥᑐᓂ ᑭᑕ ᒪᒥᓯᑐᑕᐗᐠ, ᑭᑕ ᒪᐏᒧᐢᑕᐗᐠ, ᑭᑕ ᑭᐢᑌᔨᑕᒷᐠ ᑳ ᑲᓈᑕᓂᔨ ᐅ ᐏᐦᔪᐏᐣ ᒥᓇ ᐅᐟ ᐃᑍᐏᐣ, ᒥᓇ ᑖᐻ ᑭᑕ ᐊᑐᐢᑲᐗᐠ ᐃᔨᑯᕽ ᑫ ᐱᒫᑎᓯᔮᐣ.

ᑲ. ᑖᓂᓯ ᑫ ᐃᓯ ᑎᐱᑐᑕᐊᐟ ᑭᒋᐊᔨᓯᔨᓂᐤ?

ᓇ. ᑭᑕ ᐃᓯ ᑎᐱᑐᑕᐗᐠ ᓂᒋᐊᔨᓯᔨᓂᐤ, ᐁᐗᑯ,

1. ᑭᑕ ᓵᑭᐦᐊᐠ ᑖᐱᐢᑯᐨ ᑳ ᐃᓯ ᓵᑭᐦᐃᓱᔮᐣ, ᒥᓇ ᑭᑕ ᑐᑕᐗᐠ ᑲᑭᔭᐤ ᐊᔨᓯᔨᓂᐤ, ᑳ ᐃᓯ ᓇᑕᐌᔨᒪᑭᐠ ᓂᐢᑕ ᑭᑕ ᑐᑕᐏᒋᐠ;

2. ᑭᑕ ᓵᑭᐊᑭᐠ, ᑭᐢᑌᔨᒪᑭᐠ, ᒥᓇ ᑭᑕ ᐏᒋᐦᐊᑭᐠ ᓄᐦᑖᐏ ᒥᓇ ᓂᑳᐏ;

3. ᑭᑕ ᑭᐢᑌᔨᒪᐠ ᒥᓇ ᓇᓇᐃᐦᑕᐊ ᑭᐦᒋᐅᑭᒫᐤ, ᒥᓇ ᑲᐦᑭᔭᐤ ᑳ ᑎᐯᔨᒋᑫᐢᑕᒫᑯᐟ;

4. ᑭᑕ ᓇᓇᐃᐦᑕᐗᑭᐠ ᑲᐦᑭᔭᐤ ᓄᑭᒫᒪᐠ, ᓄᑭᐢᑭᓄᐊᒫᑫᒪᐠ, ᒥᓇ ᓂᐟ ᐊᔭᒥᐦᐁᐏᔨᓂᒪᐠ;

5. ᑭᑕ ᑕᐸᑌᔨᒧᐢᑕᐘᑭᐠ ᑲᑭᔭᐤ ᐊᔨᐚᐠ ᑲ ᐃᑌᔨᑖ-ᑯᓯᒋᐠ;

6. ᐁᑳ ᐊᐃᐧᔭᐠ ᑭᑕ ᒫᔨᑐᑕᐘᐠ ᓂ ᐱᑭᐢᑫᐧᐃᐧᓂᕽ ᐊᐦᐳ ᓂᐟ ᐃᐦᑐᑕᒧᐃᐧᓂᕽ;

7. ᑭᑕ ᑖᐯᐧᔮᐣ ᒥᓇ ᑲᐧᔭᐢᐠ ᑭᑕ ᐃᐦᑐᑖᒫᐣ ᑲᑭᔭᐤ ᓂᐟ ᐃᓯᒋᑫᐃᐧᓂᕽ;

8. ᐁᑳ ᑭᑕ ᒥᒋᒥᓈᒫᐣ ᓇᓴᑖᐍᐧᔨᑕᒧᐃᐧᐣ ᐊᐦᐳ ᐸᑳᐧ-ᑎᑐᐃᐧᐣ ᓂᑌᐦᐃᕽ;

9. ᑭᑕ ᑲᓇᐍᐧᔨᑖᒫᐣ ᓂᒋᐦᒋᔭ ᐁᑳ ᑭᑕ ᑭᒧᑎᔮᐣ, ᒥᓇ ᓂᑌᔭᓂ ᐁᑳ ᑭᑕ ᒪᒋᐱᑭᐢᑫᐧᔮᐣ, ᒥᓇ ᐁᑳ ᑭᑕ ᑭᔮᐢᑭᔮᐣ, ᒥᓇ ᐁᑳ ᑭᑕ ᐸᑯᓄᒥᐍᐧᔮᐣ;

10. ᑭᑕ ᑲᓇᐍᐧᔨᑖᒫᐣ ᓂᔭᐤ ᓇᐦᐃᔨᑯᕽ ᑭᑕ ᐋᐸᒋᑖᔮᐣ ᑫᑳ:, ᒥᓇ ᐁᑳ ᑭᑕ ᑭᐢᑫᐧᐯᔮᐣ, ᒥᓇ ᐁᑳ ᑭᑕ ᐱᓯᑳᐧ-ᑎᓯᔮᐣ;

11. ᐁᑳ ᑭᑕ ᒧᐢᑕᐃᐧᓈᒫᐣ ᐊᐦᐳ ᑭᑕ ᓄᐦᑌ ᐋᔮᔮᐣ ᓈᐣᑕᐤ ᑫᑳ: ᑯᑕᐠ ᐊᔨᓯᔨᓂᐤ ᑳ ᐋᔭᐟ; ᒫᑲ ᑭᑕ ᑭᐢᑫᔨ-ᑖᒫᐣ ᑭᑕ ᐃᓯ ᐊᑐᐢᑫᔮᐣ ᓂᔭ ᑭᑕ ᐱᒫᒥᐃᓱᔮᐣ, ᒥᓇ ᑭᑕ ᑎᐱᑐᑖᒫᐣ ᓂᐟ ᐊᑐᐢᑫᐃᐧᐣ ᐱᑳᐧᓂᒪ ᐃᓯ ᐱᒫᒋᐅᐃᐣ ᑭᓭᒪᓂᑐ ᑫ ᐃᑌᔨᑕᒧᑫᐧ ᑭᑕ ᐅᔭᑭᑕᒪᐃᐧᐟ.

ᑲ. ᑭ ᑭᐢᑫᔨᑌᐣ ᐁᑐᑫ ᐁᑲ ᐁ ᑲᐢᑭᑖᔭᐣ ᑭᑕ ᑭ ᑐᑕᒪᐣ ᐅᐦᐃ, ᐊᐦᐳ ᑭᑕ ᑭ ᒥᑎᒣᔭᐣ ᐅᔭᓱᐍᐃᐧᓇ ᑭᓭᒪᓂᑐ, ᒥᓇ ᑭᑕ ᑭ ᐊᑐᐢᑲᐘᐟ ᑭᐢᐱᐣ ᐁᑳ ᐋᔮᔭᓂ ᐅ ᓂᓱᑲᒫᑫᐃᐧᐣ; ᐁᐘᑯ ᒫᑲ ᐱᑯ ᑭᑕ ᐋᐦᑲᒼ ᓇᑐᑕᒪᐣ ᐁ ᐊᔭᒥᐦᐋᔮᐣ. ᒫᐦᑎ ᒫᑲ ᑭ ᑲ ᓇᑐᐦᑖᑎᐣ ᑭᐢᐱᐣ ᑫ ᑭ ᐃᑌᐘᓂ ᑳ ᑎᐯᔨᒋᑫᐟ ᐅᐟ ᐅᔭᒥᐦᐋᐃᐧᐣ?

ᓇ. ᓅᐦᑖᐃᐧᓈᐣ ᑮᐦᒋᑭᓯᑯᕽ ᐁᔮᔭᐣ, ᑭᑕ ᐃᐧ ᑲᓈᑌᔨᐦᑖᑲᐧᐣ ᑭ ᐃᐧᔦᐃᐧᐣ.° ᑭ ᑎᐯᔨᒋᑫᐃᐧᐣ ᑭᑕ ᐃᐧ ᐅᑎᐦᒋᐸᔨᐤ. ᐁ ᐃᑌᔨᑕᒫᐣ ᑭᑕ ᐃᐧ ᑐᒋᑳᑌᐤ ᐅᑕ ᐊᐢᑭᕽ ᑳ ᐃᓯ ᐊᔮᐠ ᑮᐦᒋᑭᓯᑯᕽ. ᒥᔨᓈᐣ ᐊᓅᐦᐨ ᑳ ᑭᓯᑳᐠ ᑫ ᐅᐦᒋ ᐱᒫᑎᓯᔮᕽ. ᒥᓇ ᐊᓭᓇᒪᐃᐧᓈᐣ ᓂ ᒪᒋᐦᑎᐃᐧᓂᓈᓇ, ᑳ ᐃᓯ ᐊᓭᓇᒪᐊᐧᑮᐦᒋᐠ ᐊᓂᑭ ᑳ ᐊᐧᓂᑐᑖᑯᔮᑭᐠ. ᒥᓇ ᐁᑲ ᐃᐧᔭ ᐃᑐᐦᑕᐃᓈᐣ ᑯᑌᔨᒥᑯᐃᐧᓂᕽ; ᒫᑲ ᒥᑖᑫᐧᓇᒪᐃᐧᓈᐣ ᒪᒋ ᑫᑳ:. ᐋᒣᐣ.

ᑲ. ᑖᓂᓯ ᐁᓯ ᓇᑕᐌᔨᑕᒪᐊᐧᐟ ᑭᓭᒪᓂᑐ ᐅᒪ ᐊᔭᒥᐦᐋᐃᐧᓂᕽ?

ᓇ. ᓂ ᓇᑕᐌᔨᑕᒪᐋᐧᐤ ᑳ ᑎᐯᔨᒋᑫᐟ ᓂ ᒪᓂᑐᒼ ᑯᐦᑖᐃᐧᓇᐤ ᑮᐦᒋᑭᓯᑯᕽ, ᑳ ᒣᑭᐟ ᑲᐦᑭᔭᐤ ᒥᔦ ᑫᑳ:, ᑭᑕ ᐃᓯᑎᓴᐊᒪᐃᐧᐟ ᐅ ᓂᐢᑲᒫᑫᐁᐧᐣ ᓂᔭ ᒥᓇ ᑲᐦᑭᔭᐤ ᐊᔨᓯᔨᓂᐤ ᑭᑕ ᑭ ᐊᔭᒥᐦᐁᐢᑕᐋᐧᔮᕽ, ᒥᓇ ᑭᑕ ᑭ ᐊᑐᐢᑲᐋᐧᔮᕽ, ᒥᓇ ᑭᑕ ᑭ ᓇᓇᐃᐦᑕᐋᐧᔮᕽ ᐊᓂᒪ ᐁ ᐃᑕᐢᑌᐠ ᑭᑕ ᑐᑖᒫᕽ. ᒥᓇ ᓂ ᒪᐃᐧᒋᐢᑕᐋᐧᐤ ᑭᓭᒪᓂᑐ, ᑭᑕ ᐃᓯᑎᓴᐊᒫᑯᔮᕽ ᑲᐦᑭᔭᐤ ᑫᑳ: ᑫ ᐋᐸᒋᐃᑯᔮᕽ ᑭᐟ ᐊᒫᐦᑯᓈᕽ ᒥᓇ ᑭᔭᐃᐧᓈᕽ; ᒥᓇ ᑭᑕ ᑭᑎᒫᑭᓈᑯᔮᕽ ᒥᓇ ᑭᑕ ᐹᓂᔨᑕᒫᑯᔮᕽ ᑲᐦᑭᔭᐤ ᑭ ᒪᒋᐦᑎᐃᐧᓂᓇᐊᐧ; ᒥᓇ ᑭᑕ ᐃᑌᔨᑕᕽ ᑭᑕ ᐱᒫᒋᐃᑯᔮᕽ ᒥᓇ ᑭᑕ ᒥᑖᑫᐧᓇᒫᑯᔮᕽ ᑲᐦᑭᔭᐤ ᑳ ᐊᐢᑖᐦᐃᐁᐧᐠ ᐊᒫᐦᑯᕽ ᒥᓇ ᒥᔭᐃᐧᕽ; ᐁᑯᓯ ᒥᓇ ᑭᑕ ᑲᓇᐌᔨᒥᑯᔮᕽ ᐁᑳ ᑭᑕ ᓵᑯᒋᐃᑯᔮᕽ ᓈᐣᑕᐤ ᒪᒋᐦᑎᐃᐧᐣ ᒥᓇ ᒪᒫᔨᐃᐧᐣ, ᒥᓇ ᐊᓇ ᑳ ᐃᐧ ᓂᓯᐊᐧᓈᒋᐊᐧᐟ ᑭᐟ ᐊᒫᐦᑯᓇᐊᐧ, ᒥᓇ ᐁᑳ ᑭᑕ ᐃᑐᑌᔮᕽ ᑳᑭᑫ ᓂᐸᐃᐧᓂᕽ. ᐅᒪ ᒫᑲ ᓂ ᐸᑯᓭᔨᒧᐣ ᑭᑕ ᐃᐦᑐᑕᕽ ᐁ ᐃᓯ ᑭᓭᐊᐧᑎᓯᐟ ᒥᓇ

ᐁ ᐃᓯ ᒥᔮᐧᑎᓯᐟ, ᐃᐧᔭ ᐅᐦᒋ ᑳ ᑎᐯᔨᒥᑯᔭᕽ ᒋᓴᐢ X. ᐁᐊᐧᑯ ᒫᑲ ᑳ ᐅᐦᒋ ᐃᑌᐧᔮᐣ, ᐋᒣᐣ, ᐱᑕᓄ ᐁᑯᓯ ᐃᐦᑭᕽ.

ᑲ. ᑖᐣᑕᐦᑐ ᑭᐦᒋᐃᓯᑖᐧᐃᐧᓇ X ᑳ ᐅᔭᑭᑕᕽ ᐅᐟ ᐊᔭ-ᒥᐦᐁᐃᐧᑲᒥᑯᕽ ?

ᓇ. ᓂᓱ ᐱᑯ ᑫᐦᒋᓈ ᐁ ᓇᑕᐁᐧᔨᑖᑲᐧᑭ ᐱᒫᒋᐅᐃᐧᓂᕽ, ᐁᐊᐧᑯᓂ, ᓯᑲᐊᑖᑫᐃᐧᐣ, ᒥᓇ ᑳ ᑎᐯᔨᒋᑫᐟ ᐅ ᑎᐱᐢᑭᓄ-ᑫᐧ ᐧᐣ.

ᑲ. ᑫᑲ: ᐊᓂᒪ ᑭᐦᒋᐃᓯᑖᐧᐃᐧᐣ ᑳ ᐃᑕᒪᐣ ?

ᓇ. ᐊᓂᒪ ᑳ ᐃᑕᒫᐣ, ᐊᐧᔭᐃᐧᑎᒫᔨᕽ ᒥᓇ ᑳ ᓄᑲᐧᕽ ᐁ ᑭᐢᑭᓇᐋᐧᒋ ᐃᓯᒋᑳᑌᐠ ᐊᓂᒪ ᑳ ᐱᐦᒑᔨᐊᐧᕽ ᒥᓇ ᑳ ᐊᒑᐦᑯᐊᐧᕽ ᐅᐦᒋᐢᑕᒫᑫᐃᐧᐣ ᑳ ᒥᔨᑲᐃᐧᔭᕽ, ᐃᐧᔭ ᑫᐦᒋᐋᐧᐠ X ᐁ ᑭ ᐅᔭᑭᑕᕽ, ᐃᑕ ᑭᑕ ᑭ ᐅᐦᑎᓇᒪᕽ ᐁᐊᐧᑯ, ᒥᓇ ᐁ ᑭᐢᑭᓄᐊᕽ ᑫᒋᓈᒫᐨ ᑭᑕ ᐊᔮᔭᕽ.

ᑲ. ᑖᐣᑕᑖᐧᐤ ᐯᐢᑭᐦᑕᑭᑌᐠ ᑭᐦᒋᐃᓯᑖᐧᐃᐧᐣ ?

ᓇ. ᓂᐢᐋᐧᐤ; ᐊᓂᒪ ᐊᐧᔭᐃᐧᑎᒫᔨᕽ ᑳ ᓄᑲᐧᕽ ᑭᐢᑭ-ᓇᐋᐧᒋ ᐃᓯᒋᑫᐃᐧᐣ, ᐁᑲᐧ ᐊᓂᒪ ᑳ ᐱᐦᒑᔨᐊᐧᕽ ᐊᒑᐦᑯᐃᐧ ᐅᐦᒋᐢᑕᒫᑫᐃᐧᐣ.

ᑲ. ᑖᓈᓂᒪ ᑳ ᐊᐧᔭᐃᐧᑎᒫᔨᐊᐧᕽ ᑳ ᓄᑲᐧᕽ ᑭᐢᑭᓇᐋᐧᒋ ᐃᓯᒋᑫᐃᐧᐣ ᓯᑲᐊᑖᑫᐃᐧᓂᕽ ?

ᓇ. ᓂᐱ ; ᐃᑕ ᐊᔨᓯᔨᓂᐤ ᑳ ᓯᑲᐊᑖᐦᐟ ᐅ ᐃᐧᔪᐃᐧᓂᕽ ᐅᐦᑖᐃᐧᒫᐤ, ᒥᓇ ᐅᑯᓯᓯᒫᐤ, ᒥᓇ ᑳ ᑲᓈᐢᓯᐟ ᐊᒑᕽ.

ᑲ. ᑖᓈᓂᒪ ᑳ ᐱᐦᒑᔨᐊᐧᕽ ᒥᓇ ᐊᒑᐦᑯᐃᐧ ᐅᐦᒋᐢᑕ-ᒫᑫᐃᐧᐣ ?

ᓇ. ᐁ ᓂᐱᕽ ᒪᒥᐦᑎᐃᐧᓂᕽ ᐃᓯ, ᒥᓇ ᐁ ᐅᐢᑭ ᓂᐦᑖᐃᐧᑭᕽ ᑲᐧᔭᐢᑭᑖᑎᓯᐃᐧᓂᕽ ᐃᓯ ; ᒋᑫᒫ ᑲᔭᐦᑌ ᑳ ᐃᓯ

ᐋᔮᔭˣ ᐁ ᓂᐦᑖᐃ·ᑭᔭˣ ᒪᒋᐦᑎᓈ·ᓂˣ ᒥᓇ ᑭᓯᐋ·ᑖ·ᐃ·ᓂˣ ᐁ ᓂᐦᑖᐃ·ᑭᔭˣ, ᐁᑯᑕ ᐅᒪ ᑭ ᓂᐦᑖᐃ·ᑭᐃᑲᐃ·ᓈᓇᐤ ᐅᐦᒋᐢᑖᒪᑯᐃ·ᓯᐃ·ᓂˣ.

ᑲ. ᑫᑲ: ᑳ ᓇᑕᐁ·ᐦᑖᑯᓯᒋᐠ ᑭᑕ ᐋᔮᒋᐠ ᐊᓂᑭ ᑳ ᓯᑲᐊᑖᐦᒋᐠ?

ᓇ. ᑫ·ᐢᑭᐱᒫᑎᓯᔨᐤ, ᐃᑕ ᐁ ᐅᐦᒋ ᐸᓂᑖᒋᐠ ᒪᒋᐦᑎᐃ·ᐤ; ᒥᓇ ᑖᐯ·ᔦᐦᑕᒧᐃ·ᐤ, ᐃᑕ ᐁ ᐅᐦᒋ ᐋᐦᒋ ᑖᐯ·ᑕᑭᐠ ᐅᐟ ᐊᔪᑕᒫᑫᐃ·ᓇ ᑭᔅᒪᓂᑐ ᑳ ᐊᔪᑕᒫᐦᒋᐠ ᐁᑯᑕ ᑭᐦᒋᐃᓯᑖ·ᐃ·ᓂˣ.

ᑲ. ᑖᓄᐦᑭ ᒫᑲ ᐅᐢᑲᐋ·ᓯᔅ ᑳ ᓯᑲᐊᑖᐦᒋᐠ ᐁ ᐋᑕ ᐅᔮᐨ ᐊᓅᐦ ᐅᐦᒋᒋᐠ ᑭᑕ ᑭ ᑎᐱᑐᑕᒫᔪᒋᐠ?

ᓇ. ᒋᑫᒫ ᐁ ᐊᔪᑕᒫᑫᐢᑕᒫᑯᒋᐠ ᐊᓂᐃ ᑳ ᐃᑌ·ᐢᑕᒫᑯᒋᐠ; ᐁᑯᓯ ᐁᐋ·ᑯ ᐊᔪᑖᓗᑫᐃ·ᐤ, ᐃᐢᐱ ᐁᑎ ᐅ ᒥᑐᓄᐦᒋᑲᓂᑖ·ᐃ·, ᐃᑕᐢᑌᐤ ᐁᓄ· ᐃ·ᔭᐋ·ᐤ ᑭᑕ ᑎᐱᑐᑕᑭᐠ.

ᑲ. ᑖᓄᑭ ᐊᓂᒪ ᑭᐦᒋᐃᓯᑖ·ᐃ·ᐤ ᑳ ᑎᐯᐦᒋᑫᐤ ᐅ ᑎᐱᐢᑭᓄᑫ·ᐃ·ᐤ ᑳ ᑭ ᐅᐦᒋ ᐅᔭᑭᑌᐠ?

ᓇ. ᑕᐦᑭ ᑭᑕ ᑭᐢᑭᓯᑐᑕᒥˣ ᐁ ᑭ ᐃᓯ ᐸᑭᑎᓂᓱᐤ ᐁ ᓇᐳᐢᑕᒫᑫᐤ X ᒥᓇ ᐁ ᐃᓯ ᐋᐸᒋᐃᑯᔭˣ ᐁᐋ·ᑯ.

ᑲ. ᑖᓈᓂᒪ ᑳ ᐊ·ᔭᐃ·ᑎᒫᐦᐊ·ˣ ᐊᐦᐸ ᑲ ᑭᐢᑭᓇᐚ·ᒋ ᐚᐸᑕˣ ᑳ ᑎᐯᐦᒋᑫᐤ ᐅ ᑎᐱᐢᑭᓄᑫ·ᐃ·ᓂˣ?

ᓇ. ᐸᐦᑫ·ᓯᑲᐣ ᒥᓇ ᔔᒥᓈᐸ ᑳ ᑎᐯᐦᒋᑫᐤ ᑳ ᑭ ᐃᑕᔓᐁ·ᐤ ᑭᑕ ᐅᑎᓂᑳᑌᐤ.

ᑲ. ᑫᑲ: ᐊᓂᒪ ᑳ ᐱᐦᒣᐦᐊ·ˣ ᐊᐦᐸ ᑳ ᐃᑖ·ᑌᐤ?

ᓇ. ᐃ·ᔭᐤ ᒥᓇ ᐅ ᒥᐦᑯ X, ᑖᐯ· ᒥᓇ ᑫᐦᒋᓈ ᑳ ᐅᑎᓇᐦᑭᐤ ᒥᓇ ᑳ ᒥᐦᑯᐃ·ᓯᒋᐤ ᐅᑖᐯ·ᑕᒧᐊ·ᐤ ᑳ ᑎᐯᐦᒋᑫᐤ ᐅ ᑎᐱᐢᑭᓄᑫ·ᐃ·ᓂˣ.

ᑲ. ᑖᓈᓂᐃ ᐋᐸᒋᐅᐃᐧᓇ ᑳ ᐃᐧᒋᐃᐁᐧᔭˣ ᐁᐊᐧᑯ ᐁ ᐅᑎᓇᒪˣ?

ᓇ. ᐁ ᒪᐢᑲᐃᐧᓯᐢᑳᑯᒋᐠ ᒥᓇ ᐁ ᑲᑳᔭᐃᐧᓯᐢᑳᑯᒋᐠ ᑭᐟ ᐋᒌᐦᑯᓇᐊᐧᐠ ᐃᐧᔭᐤ ᒥᓇ ᐅ ᒥᐦᑯ X ᑳ ᐃᑎᐢᑳᑯᔾ ᑭᔭᐃᐧᓈˣ ᐸᐦᑫᐧᓯᑲᐣ ᒥᓇ ᓱᒥᓈᐳ.

ᑲ. ᑖᓂᓯ ᐁᓯ ᓇᑕᐁᐧᔨᑖᑯᓯᒋᐠ ᐊᓂᑭ ᑳ ᓈᑕᐦᑭᐠ ᑳ ᑎᐯᔨᒋᑫᐟ ᐅ ᑎᐱᐢᑭᓄᑫᐧᐃᐧᐣ?

ᓇ. ᑭᑕ ᑲᑫᐧᒋᒥᓱᒋᐠ ᑭᐢᐱᐣ ᑖᐯᐧ ᒥᐦᑖᑕᒪᐧᐠ ᑲᔭᐦᑌ ᐅ ᒪᒋᐦᑎᐃᐧᓂᐋᐧᐊᐧ, ᑭᐢᐱᐣ ᐋᔨᒋ ᐃᑌᔨᑕᒪᐧᐠ ᑭᑕ ᒥᑎᐨᒋᐠ ᐅᐢᑭ ᐱᒫᑎᓯᐃᐧᐣ; ᑭᐢᐱᐣ ᐊᔮᐊᐧᐠ ᐱᒫᑎᓯᐃᐧ ᑖᐯᐧᓭᔨ-ᑕᒧᐃᐧᐣ ᐁ ᑖᐯᐧᑕᑭᐠ ᐅ ᑭᔅᐋᐧᑎᓯᐃᐧᓂᔨᐤ ᑭᔅᒪᓂᑐᐊᐧ X ᐅᐦᒋ, ᐊᓯᒋ ᐁ ᓇᓈᐢᑯᒧᒋᐠ ᐁ ᑭᐢᑭᓯᑐᑕᒫᐧᒋᐠ ᐅ ᓂᐳᐢ-ᑖᒪᑫᐃᐧᓂᔨᐤ; ᒥᓇ ᑭᑕ ᑭᔅᐋᐧᑐᑕᐋᐧᒋᐠ ᑲᐦᑭᔭᐤ ᐊᔨᓯᔨᓂᐊᐧ.

ᑳ ᐃᑕᐢᑌᐠ ᐊᔨᒋᐦᐃᐍᐏᐣ.

ᐁᐊᐧᑯ ᐁ ᐊᐢᑖᕽ ᒥᒋᐦᒋᔭ ᐅᐢᑎᑳᐧᓂᐋᐧᕽ ᐊᓂᑭ ᑳ ᑭ ᓯᑲᐊᑖᐦᒋᐠ ᒥᓇ ᑳ ᐅᑎᐦᑕᐦᑭᐠ ᐃᐢᐱᐦᑎᓯᐃᐧᐣ ᑭᑕ ᑭ ᐃᔨᓂᓯᒋᐠ.

¶ ᐊᓂᒪ ᐁ ᑭᓯᑳᐠ ᑳ ᑭ ᐅᔪᑭᑌᐠ, ᑲᑭᔭᐤ ᑳ ᐃᐧ ᐊᔨᒋᐃᐦᒋᐠ ᑲᐧᔭᐢ ᐁ ᐅᐦᑎᐢ-ᑲᐃᐧᑳᐸᐃᐧᐢᑕᐋᐧᒋᐠ ᑭᐦᒋᐊᔭᒥᐁᐃᐧᔨᓂᐊᐧ, ᐅᒥᓯ ᑭᑕ ᐃᑌᐧᐤ ᐊᔭᒥᐁᐃᐧᔨᓂᐤ,

ᐁᐧᔪᑖᐃᐧᒫᑲᐦᑕᒪᐣ ᐊᔭᒥᐋᐃᐧᓂᕽ, ᑭ ᐸᑭᑎᓈᒪᑎᐣ ᐅᑭ ᐊᔨᓯᔨᓂᐊᐧᐠ ᑭᑕ ᐊᐢᑖᔭᐣ ᑭᒋᐦᒋᔭ ᐅᐢᑎᑳᐧᓂᐋᐧᕽ.

ᑭᐦᒋᐊᔭᒥᐁᐃᐧᔨᓂᐤ. ᒣᔮᑳᐧᑦ ᐅᑭ ᑳ ᐸᑭᑎᓇᒪᐃᐧᔭᐣ ᑖᐯᐧ ᐁ ᑭ ᑭᐢᑭᓄᐊᒫᐦᒋᐠ ᒥᓇ ᐁ ᐊᐧᐁᐧᔨᒋᐠ ᑭᑕ ᒥᔨᐦᒋᐠ ᐅᒪ ᑭᐦᒋᑐᑖᑫᐃᐧᐣ.

ᐊᔭᒥᐁᐃᐧᔨᓂᐤ. ᓂ ᑭ ᑭᐢᑭᓄᐊᒪᐋᐧᐊᐧᐠ ᒥᓇ ᓂ ᑭ ᑳᐦᑲ-ᑫᐧᒋᒫᐊᐧᐠ, ᑖᐯᐧ ᒫᑲ ᐁᑯᓯ ᓂᐟ ᐃᑌᔨᒫᐊᐧᐠ.

¶ ᐁᑲᐧ ᑭᐦᒋᐊᔭᒥᐁᐃᐧᔨᓂᐤ ᐊᐦᐳ ᑯᑕᑲ ᐊᔭᒥᐁᐃᐧᔨᓂᐊᐧ ᐁ ᒥᔮᐟ ᐅᒪ ᑭᑕ ᐊᔭᒥᑖᐤ.

ᑭᑕ ᑭ ᒣᑭᕽ ᐊᔨᒋᐃᐍᐏᐣ ᐊᐊᐧᓯᒣ ᑭᑕ ᐋᐸᒋᐃᑯᒋᐠ ᐊᓂᑭ ᑫ ᐅᑎᓇᐦᑭᐠ, ᑳ ᐅᔭᐢᑖᒋᐠ ᐊᔭᒥᐋᐃᐧᐣ ᒦᔭᐧᓯᐣ ᑭ ᐃᑌᔨᑕᒪᐧᐠ ᐅᒥᓯ ᑭᑕ ᐃᑕᓱᐁᐧᒋᐠ, ᐁᑳ ᐊᐃᐧᔭᐠ ᑭᑕ ᐊᔨᒋᐃᐦᐟ, ᐱᑯ ᐊᓂᑭ ᑫ ᑭ ᐃᑌᐧᒋᐠ ᑖᐯᐧᑕᒧᐃᐧᐣ, ᑳ ᑎᐯᔨᒋᑫᐟ ᐅᐟ ᐊᔭᒥᐋᐃᐧᐣ, ᒥᓇ ᑳ ᒥᑖᑕᐦᑎᑭ ᐅᔭᓱᐁᐧ-ᐃᐧᓇ; ᒥᓇ ᐊᓯᒋ ᑭᑕ ᑭ ᐃᑌᐧᒋᐠ ᑲᑫᐧᒋᑐᐃᐧᓇ ᑳ ᐊᐢᑌᑭ ᑲᑫᐧᒋᑐᐃᐧ ᒪᓯᓇᐃᑲᓂᕽ; ᐁᑯᓯ ᒫᑲ ᐅᑭ ᐁ ᐃᐧᒋᐃᐁᐧᒋᐠ X ᐅᐟ ᐊᔭᒥᐁᐃᐧᑲᒥᑯᕽ ᐁ ᑭ ᓯᑲᐊᑖᐦᒋᐠ, ᒥᓇ ᐁ ᑭ ᑭᐢᑭᓄᐊᒫᐦᒋᐠ ᑖᐱᐢᑯᐨ ᐅᒪ ᑳ ᐃᑕᐢᑌᐠ, ᑭ ᒫᐊᐧᒋᐃᑐᓈᓇᐤ

ᐅᑕ ᑭᑕ ᐊᔭᒥᐁᐢᑕᒪᐚᔭᒁᐤ, ᒥᓇ ᑭᑕ ᑭᐦᒋ ᑐᑕᐚᔭᒁᐤ ᒥᒋᐦᒋᔭ ᐅᐦᒋ ᐁ ᓴᐍᔨᒥᐦᒋᐟ. ᒥᐢᑕᐦᐃ ᒫᑲ ᒥᔻᓯᐣ ᐅᒪ ᑭᑕ ᐃᓯᒋᑫᕽ.

ᓂᑳᐣ, ᒋᑫᒫ ᑭ ᐚᐸᑌᓈᓇᐤ ᑭᐦᒋᒪᓯᓇᐃᑲᓂᕽ ᐊᐹᐢᑎᓪᐊᐠ ᐁ ᑭ ᐊᔭᒥᐁᐢᑕᒪᐚᒋᐟ ᒥᓇ ᐁ ᑭ ᐊᐢᑖᐋᒋᐟ ᐅᒋᐦᒋᐚᐘ ᐅᐢᑎᑳᓂᔨᕽ ᐊᓂᐃ ᑳ ᑭ ᓯᑲᐊᑖᒥᐦᐟ; ᐁᑯᓯ ᐁᐘᑯ ᐃᓯ- ᒋᑫᐏᐣ ᑭ ᐱᒥᑎᓴᐃᑳᑌᐤ ᐊᔭᒥᐋᐏᓂᕽ ᐁᑯᐢᐱ ᐅᐦᒋ.

ᒥᓇ, ᐁᐘᑯᓗ ᐅᐦᒋ ᐁ ᐊᔭᒥᐁᐢᑕᒫᐦᒋᐟ ᒥᓇ ᐁ ᑭᐦᒋᑐᑖᐦᒋᐟ ᒥᒋᐦᒋᔭ ᐅᐦᒋ ᑭᑕ ᑭ ᐊᔨᒋᐃᑯ ᐠ ᒥᓇ ᑭᑕ ᑭ ᒪᐢᑲᐏᓯᐢᑳᑯᒋᐟ ᑳ ᑳᓈᑎᓯᔨᐟ ᐊᒑᐦᒁ.

ᐁᑿ ᒥᓇ, ᐊᓂᑭ ᑳ ᐅᑎᐦᑕᐦᑭᐟ ᐃᐢᐱᑎᓯᐏᐣ ᑭᑕ ᑭ ᐃᔨᓂᓯᒋᐟ, ᒥᓇ ᐁ ᒥᑐᓂᔨᑕᑭᐟ ᐁ ᐃᑕᐢᑌᐠ ᑭᑕ ᐃᑘᐢ- ᑖᒪᒧᒋᐟ ᐊᓂᐃ ᐊᓯᑖᒪᑫᐏᓇ ᑳ ᑭ ᐃᑘᐢᑖᒪᑯᒋᐟ ᐅᐦᑖ- ᐏᑳᐏᓂᐚᐘ ᒥᓇ ᐅᑳᐏᑳᐏᓂᐚᐘ ᐃᐢᐱ ᑳ ᓯᑲᐊ- ᑖᒋᐟ ᐁᑿ ᐏᔮᐤ ᑫᐦᒋᐚᐠ ᐅᑐᓂᐚᕽ ᐅᐦᒋ ᐁ ᐯᐦᑖᑯᒋᐟ ᐅᑕᔭᒥᐋᐘ ᑭᑕ ᐚᔭᑕᐢᑖᒋᐟ ᐁᐘᑵᔨᐤ, ᒥᓇ ᑭᑕ ᐊᓯᑕᐦᑭᐠ ᐁ ᐃᓯ ᐏᒋᐃᑯᒋᐟ ᑭᓭᒪᓂᑐᐘ ᑕᐦᑭ ᑭᑕ ᑲᑵ ᑎᐱᑐᑕᑭᐠ ᐊᓂᒪ ᑳ ᑭ ᐃᓯ ᓇᐢᑯᒧᒋᐟ.

¶ **ᐁᑿ ᑭᐦᒋᐊᔭᒥᐁᐏᔨᓂᐤ,** ᐊᐦᐳ ᑯᑕᑲ ᐊᔭᒥᐁᐏᔨᓂᐘ ᐁ ᒥᔼᐟ ᑭᑕ ᐃᑘᐤ,

ᓇᑐᐦᑕᒧᐠ ᐁ ᐃᑘᒪᑲᕽ ᑭᐦᒋᒪᓯᓇᐃᑫᐏᐣ ᑳ ᒪᓯᓇᐃᑳᑌᐠ ᐊᔨᓈᓄᐤ ᐱᐢᑭᑕᓯᓇᐃᑖᓂᕽ ᐅᐟ ᐃᓯᒋᑫᐏᓂᐚᐘ ᐊᐹᐢᑎᓪᐊᐠ, ᒥᑖᑕᐦᐟ ᓀᐅᓵᑉ ᐱᐢᑭᑕᓯᓇᐃᑲᓂᐢ ᐁ ᒫᒋ ᐊᔭᒥᑖᕽ.

ᐃᐢᐱ ᒫᑲ ᐊᐹᐢᑎᓪᐊᐠ ᒉᕒᐅᓴᓪᒥᕽ ᑳ ᐊᔮᒋᐠ ᐱᓭᑕᐦᑭᐠ ᓴᒣᕒᐃᔭᐃᕽ ᑳ ᐊᔮᔨᐟ ᐁ ᑭ ᐅᑎᓇᒥᔨᐟ ᑭᓭᒪᓂᑐ ᐅᐟ

ᐃᑌᐧᐃᐧᐣ, ᑭ ᐃᓯᑎᓴᐊᒪᐁᐧᐊᐧᐠ ᐱᑕᕑᐊ ᒥᓇ ᒐᓇ; ᐁᐊᐧ-
ᑯᓂᐠ ᐃᐢᐱ ᑌᑯᓯᑭᐠ, ᑭ ᐊᔭᒥᐁᐢᑕᒪᐁᐧᐊᐧᐠ, ᑭᑕ ᒥᔪᑯ-
ᐃᐧᓯᔨᐟ ᑳ ᑲᓈᑎᓯᔨᐟ ᐊᒑᐦᑲᐧ; ᒋᑫᒫ ᓇᒣᐢᑲᐧ ᐊᐃᐧᔭᐠ
ᐁᑯᑕ ᐅᑎᐦᑎᐠ; ᐱᑯ ᑭ ᓯᑲᐊᑕᐋᐧᐊᐧᐠ ᐅ ᐃᐧᔦᐃᐧᓂᔨᕽ
ᑳ ᑎᐯᔨᒋᑫᔨᐟ ᒋᓴᓴ. ᐁᑲᐧ ᒫᑲ ᑭ ᐊᐢᑖᐊᐧᐠ ᐅᒦᐦᒋᐋᐧᐊᐧ
ᒥᓇ ᑭ ᒥᔨᑯᐃᐧᓯᔨᐊᐧ ᑳ ᑲᓈᑎᓯᔨᐟ ᐊᒑᐦᐣᐧ.

¶ ᐁᑲᐧ ᑭᐦᒋᐊᔭᒥᐁᐃᐧᔨᓂᐤ ᑫ ᐃᑌᐧᐟ,

ᐅᑕ ᐅᒪ ᐁ ᐅᐦᑎᐢᑲᐃᐧᐢᑲᐚᐧᔦᐠ ᑭᓭᒪᓂᑐ ᒥᓇ ᐁ
ᐚᐸᒥᑯᔦᑯᐠ ᐅᑭ ᑳ ᒫᐊᐧᒋᐃᑐᒋᐠ ᑭ ᑭᐦᑖᐧᒥ ᐃᑖᐧᓈᐚᐧᐤ ᒋ
ᐊᓂᒪ ᑭᐦᒋᐊᔭᑕᒫᑫᐃᐧᐣ ᒥᓇ ᑭᐦᒋᐃᑌᐧᐃᐧᐣ ᑲ ᑭ ᐃᑌᐧᐢ-
ᑖᒪᑲᐃᐧᔦᐠ ᐃᐢᐱ ᑲ ᓯᑲᐊᑖᑲᐃᐧᔦᐠ; ᐁ ᑲᐧᔭᐢᑲᐧᐢᑖᔦᐠ ᒥᓇ
ᐁ ᐚᔭᑕᐢᑖᔦᐠ ᐁᐊᐧᑯ ᑭᔭᐚᐤ ᑎᐱᔭᐤ, ᒥᓇ ᐁ ᐃᐧᑕᒣᐠ
ᑭᔭᐚᐤ ᑫᒋᐚᐧᐠ ᐅᐦᒋᑕ ᐱᑯ ᑭᑕ ᑖᐯᐧᑕᒣᐠ ᒥᓇ ᑭᑕ ᐃᐦᑐᑕᒣᐠ
ᑲᑭᔭᐤ ᐊᓂᐦᐃ ᑯᐦᑖᐃ ᑳᐃᐧᓂᐚᐧᐊᐧᐠ ᒥᓇ ᑮᑲᐃᐧᑳᐃᐧᓂᐚᐧᐊᐧᐠ
ᑳ ᑭ ᐅᑎᓇᐦᑭᐠ ᐁᑯᐢᐱ ᑭᔭᐚᐤ ᐅᐦᒋ?

¶ ᑲᑭᔭᐤ ᐁ ᐸᑲᐦᑭᑖᑯᓯᒋᐠ ᑭᑕ ᐃᑌᐧᐊᐧᐠ,

ᓂᐟ ᐃᐦᑐᑌᐣ.

¶ ᐊᐦᐳ ᐅᒪ ᑭᑕ ᑭ ᐚᐸᒋᑖᐤ ᑭᐦᒋᐊᔭᒥᐁᐃᐧᔨᓂᐤ.

ᐅᑕ ᐅᒪ ᐁ ᐅᐦᑎᐢᑲᐃᐧᐢᑲᐚᐧᔦᐠ ᑭᓭᒪᓂᑐ ᒥᓇ ᐁ
ᐚᐸᒥᑯᔦᑯᐠ ᐅᑭ ᑳ ᒫᐊᐧᒋᐃᑐᒋᐠ ᑭ ᐸᑭᑎᓈᐚᐤ ᒋ ᒪᒋ-
ᐊᒑᕽ ᑭᑭ ᑲᑭᔭᐤ ᐅᐟ ᐃᓯᒋᑫᐃᐧᓇ, ᒥᓇ ᑲᑭᔭᐤ ᑳ ᓂᓯ-
ᐊᐧᓈᒋᐃᐁᐧᐠ ᒥᓇ ᑳ ᐊᐧᓈᐦᐃᐁᐧᐠ ᐅᑕ ᐊᐢᑭᕽ, ᐊᓯᒋ ᑲᑭᔭᐤ
ᒪᒋ ᒧᐢᑕᐁᐧᔫᑕᒧᐃᐧᓇ ᒥᔭᐃᐧᕽ ᑳ ᐸᔮᑭ?

ᓇᐢᑿᐘᓯᑖᐏᐣ. ᓂᐟ ᐃᐦᑐᑌᐣ.

ᑭᐦᒋᐊᔭᒥᐁᐏᔨᓂᐤ. ᑭ ᑖᐻᑌᓈᐚᐤ ᒋ ᑲᑭᔭᐤ ᑳ ᐃᑕᐢᑌ ᐅᑕᔭᒥᐋᐤ ᐅ ᑖᐻᑕᒧᐏᐣ?

ᓇᐢᑿᐘᓯᑖᐏᐣ. ᑲᑭᔭᐤ ᓂ ᑕᐻᑌᐣ.

ᑭᐦᒋᐊᔭᒥᐁᐏᔨᓂᐤ. ᑭ ᑲ ᑲᑵ ᐃᐦᑕᒫᐧᓈᐚᐤ ᒋ ᑭᓯᒪᓂᑐ ᑳ ᐃᓯ ᓇᑕᐍᔨᑕᕽ ᒥᓇ ᐅᔭᓱᐍᐏᓇ, ᑭᑕ ᒥᑎᒣᓴᐠ ᑕᐦᑐ ᑭᓯᑳᐤ ᐃᔭᔪᕽ ᑫ ᐱᒫᑎᓯᓴᐠ?

ᓇᐢᑿᐘᓯᑖᐏᐣ. ᓂ ᑲ ᐃᐦᑐᑌᐣ ᑭᓯᒪᓂᑐ ᐏᒥᐦᐃᒋ.

¶ ᑭᐦᒋᐊᔭᒥᐁᐏᔨᓂᐤ ᑭᑕ ᐃᑌᐤ,

ᑭ ᐏᒋᐃᑯᐏᓇᓇᐤ ᐋᔭᐤ ᐅ ᐏᔦᐏᓂᕽ ᑳ ᑎᐯᔨᒋᑫᐟ.

ᓇᐢᐱᒧᐏᐣ. ᑳ ᑭ ᐅᓯᑖᐟ ᑭᐦᒋᑭᓯᐠ ᒥᓇ ᐊᐢᑭ.

ᑭᐦᒋᐊᔭᒥᐁᐏᔨᓂᐤ. ᑭᑕ ᐃᐧ ᑭᐦᒋᑖᐍᔨᑖᑲᐧᓂᔮᐤ ᐅ ᐏᔦᐏᐣ ᑳ ᑎᐯᔨᒋᑫᐟ;

ᓇᐢᐱᒧᐏᐣ. ᐊᓄᐦᐨ ᐅᐦᒋ ᐱᔭᐢ ᐃᔭᑯᕽ ᑫ ᓈᐢᐱᒋ ᐊᐢᑭᐘᕽ.

ᑭᐦᒋᐊᔭᒥᐁᐏᔨᓂᐤ. ᑌᐯᔨᒋᑫᔭᐣ ᓇᑐᐦᑕ ᓂᐟ ᐊᔭᒥᐋᐏᓂᓈᓇ.

ᓇᐢᐱᒧᐏᐣ. ᒥᓇ ᓂ ᒪᐏᒧᐢᒋᑫᐏᓈᐣ ᑭ ᑲ ᐃᐧ ᐅᑎᐦᑎᑯᐣ.

ᐁᑲᐧ ᐊᔭᒥᐋᑖᐣ.

ᒫᒪᐍᔭᐢ ᓰᔦᑳᑎᓯᔭᐣ ᒥᓇ ᑳᑭᑫ ᐯᒫᑎᓯᔭᐣ ᑭᓯᒪᓂᑐ, ᑳ ᑭ ᐃᑌᔭᑕᒪᐣ ᑭᑕ ᑭᐦᒌᐨ ᓂᐦᒑᐏᑭᐊᒋᐠ ᐅᑭ ᑭᐟ ᐊᑐᐢ-ᑫᔮᑲᓇᐠ ᓂᐱ ᐅᐦᒋ ᒥᓇ ᑳ ᑲᓈᑎᓯᔮᐟ ᐊᒫᐦᑲᐧ, ᒥᓇ ᑳ ᑭ ᐊᓴᓇᒪᐚᒋᐠ ᑲᑭᔭᐤ ᐅ ᒪᒋᐦᑎᐏᓂᐙᐘ; ᐊᔭᒥᐦᐃᐠ ᑭ ᐸᑯᓭᔨᒥᑎᓈᐣ, ᑌᐯᔨᒋᑫᔭᐣ, ᑳᓈᒋ ᐸᒫᐦᑲᐧ ᐅᐦᒋ ᐊᓗ ᐅᒥᔦᑌᐦᐁᐃᐍᐤ, ᒥᓇ ᑕᐦᑐ ᑭᓯᑳᐤ ᓭᐦᑭᐦᑐᐏᐠ ᐊᓂᐦᐃ ᓇᓈᑐᕽ ᒣᑭᐏᓇ ᑫ ᓂᓱᐦᑲᒫᑯᒋᐠ; ᐃᔭᓂᓯᐏ ᐸᒫᕽ ᒥᓇ

ᓂᓯᑐᐦᑕᒧᐏᐣ; ᐅᔕᓱᐍᐏ ᐊᓖᕽ ᒥᓇ ᐊᓖᐦᑯᐏ ᒫᐢᑲᐏ-
ᓯᐏᐣ; ᑭᐢᑫᔨᑕᒧᐏ ᐊᓖᕽ ᒥᓇ ᑖᐯᐧ ᒪᓂᑐᐚᑎᓯᐏᐣ;
ᐁᑯᓯ ᑮᑕ ᐃᐧ ᒧᐢᑭᓀᐢᑳᐏᐠ ᑌᐯᔨᒥᑫᔭᐣ ᑭ ᑳᓇᒥ ᑯᓯᑵᔨ-
ᒥᑯᐏᐣ ᐊᓖᕽ ᐅᐟᒋ ᐊᓗᐦᐨ ᒥᓇ ᑳᑭᑫ. ᐋᒣᐣ.

¶ ᐁᑲᐧ ᑲᑭᔭᐤ ᐁ ᐅᒥᐦᒋᑲᐧᓇᐱᒡ ᐅᐟ ᐊᐢᑕᒥᐏᓂᔨᕽ ᑭᐦᒋᐊᔭᒥᐁᐏᔨᓂᐊᐧ, ᑭᑕ
ᐊᐢᑖᐤ ᐅᒥᐦᒋ ᐅᐢᑎᑳᐧᓂᔨᕽ ᑲᑭᔭᐤ ᐊᑭᓄ ᐁ ᐃᑌᐧᐟ,

ᓈᑕᒪᐤ, ᑌᐯᔨᒥᑫᔭᐣ, ᐊᐊᐧ ᑭᐟ ᐊᐚᓯᒥᐡ (ᐊᐦᐳ ᐊᐊᐧ ᑭᐟ ᐊᑐᐢᑫᔮᐸᐣ) ᑭ ᑭᐦᒋᑭᓯᑯᐏ ᓴᐍᔨᒥᑫᐏᐣ ᐅᐦᒋ, ᑭᑕ ᑭ ᐊᑐᐢᑳᒡ ᑳᑭᑫ; ᒥᓇ ᑕᐦᑐ ᑭᓯᑳᐤ ᑭᑕ ᔭᐦᑭᑭᐟ ᑭ ᑳᓇᒥ ᐋᓖᐦᑯᕽ, ᐊᐊᐧᓯᔦ ᒥᓇ ᐊᐊᐧᓯᔦ, ᐱᔨᐢ ᐃᔨᑯᕽ ᑫ ᐅᑎᐦᑕᕽ ᑳᑭᑫ ᑭᐟ ᐅᑌᓇᐏᐏᐣ. ᐋᒣᐣ.

¶ ᐁᑲᐧ ᑭᐦᒋᐊᔭᒥᐁᐏᔨᓂᐤ ᑭᑕ ᐃᑌᐤ,

ᑳ ᑎᐯᔨᒥᑫᐟ ᑭ ᑲ ᐃᐧ ᐃᐧᒣᐃᐧᑯᐚᐤ.

ᓇᐢᐱᑐᒥᐏᐣ. ᒥᓇ ᑭ ᑲ ᐃᐧ ᐃᐧᒣᐏᐠ ᑭᐟ ᐊᓖᐦᑯᕽ.

¶ ᐁᑲᐧ ᑲᑭᔭᐤ ᐁ ᐅᒥᐦᒋᑲᐧᓇᐱᕽ ᑭᐦᒋᐊᔭᒥᐁᐏᔨᓂᐤ ᑭᑕ ᐃᑌᐤ,

ᐁᑲᐧ ᐊᔭᒥᐚᑕᐣ.

ᓅᐦᑖᐏᓈᐣ ᑭᐦᒋᑭᓯᑯᕽ ᐁᔾᔭᐣ, ᑭᑕ ᐃᐧ ᑲᓈᑌᔨᑖᑲᐧᐣ ᑭ ᐃᐧᔦᐏᐣ, ᑭ ᑎᐯᔨᒥᑫᐏᐣ ᑭᑕ ᐃᐧ ᐅᑎᐦᒋᐸᔨᐤ, ᐁ ᐃᑌᔨᑕᒪᐣ ᑭᑕ ᐃᐧ ᑐᒋᑳᑌᐤ ᐅᑕ ᐊᐢᑭᕽ, ᑳ ᐃᓯ ᐊᔮᐠ ᑭᐦᒋᑭᓯᑯᕽ. ᒥᔨᓈᐣ ᐊᓅᐦᐨ ᑳ ᑭᓯᑳᐠ ᑫ ᐅᐦᒋ ᐱᒫᑎᓯᔮᕽ; ᒥᓇ ᐊᓭᓇᒪᐏᓈᐣ ᓂ ᒪᒋᐦᑎᐏᓂᓈᓇ, ᑳ ᐃᓯ ᐊᓭᓇᒪ-ᐋᐧᑭᐦᒋᐠ ᐊᓂᑭ ᑳ ᐋᐧᓂᑐᑖᑯᔮᑭᐠ; ᒥᓇ ᐁᑳᐃᐧᔭ ᐃᑐᐦᑕᐦᐃᓈᐣ ᑯᑌᔨᒥᑯᐏᓂᕽ, ᒫᑲ ᒥᑖᑵᓇᒪᐏᓈᐣ ᒪᒋ ᑫᑳ. ᐋᒣᐣ.

ᒫᒪᐍᔮᐢ ᓯᐚᑳᑎᓯᔭᐣ ᒥᓇ ᑳᑭᑫ ᐯᒫᑎᓯᔭᐣ ᑭᓴᒪᓂᑐ,

ᑳ ᐃᓯᐦᐃᔮᕽ ᑭᑕ ᐃᑌᔨᑕᒫᕽ ᒥᓇ ᑭᑕ ᐃᐦᑐᑕᒫᕽ ᐊᓂᐦᐃ ᑳ ᒥᔺᐢᓯᒥᑯᔭᐣ ᒥᓇ ᑳ ᓇᐦᐃᔭᐍᐦᐃᑯᔭᐣ ᑭ ᒪᓂᑐᐏ ᑮᐦᒑᔨᐏᓂᕽ; ᑭ ᒪᐏ ᒍᐢᑖᑎᓈᐣ ᑕᐸᐦᑌᔨᒧᐏᓂᕽ ᐅᑭ ᑭᐟ ᐊᑐᐢᑫᔮᑲᓇᐠ ᑌᐦᑎ ᐊᓄᐦᐨ ᑳ ᑭ ᐊᐢᑖᔮᕽ ᓂᑎᐦᑎᓈᓇ ᐅᐢᑎ-ᑳᐧᓂᐚᕽ ᐁ ᑭᐢᑭᓇᐘᐸᓚᔮᑭᐠ ᑳ ᑳᓈᑎᓯᒋᐠ ᑭᐟ ᐃᓯᑎᓵ-ᐚᑲᓇᐠ, ᑭᑕ ᑫᐦᒋᓇᐦᐅᒋᐠ ᐅᒪ ᑳ ᑭᐦᒋᑐᑖᐧᔮᑭᐠ ᐁ ᒥᔼ ᐃᑌᔨᒪᒋᐠ ᒥᓇ ᐁ ᑭᓴᐚᑐᑕᐚᒋᐠ. ᑮᔮᑦ ᑭᒋᐦᒋ ᐍᔼᐦᒑ-ᐏᒫᐏᔭᐣ, ᑭ ᐸᑯᓭᔨᒥᑎᓈᐣ ᑳᑭᑫ ᑭᑕ ᓯᑐᓂᑲᐧᐠ; ᑮᔮᑦ ᑭ ᑳᓇᒋ ᐋᒐᐦᑲᐧ ᑳᑭᑫ ᑭᑕ ᐏᒉᐏᑲᐧᐠ; ᐁᑯᓯ ᑭᑕ ᐏ ᐃᓯ ᑭᐢᑭᓄᑕᐦᐃᑲᐧᐠ ᑭᑕ ᑭᐢᑫᔨᑕᑭᐠ ᒥᓇ ᑭᑕ ᓇᓇᐃᐦᑕᐦᑭᐠ ᑭᐟ ᐃᑌᐏᐎᐣ, ᑭᑕ ᑭ ᐱᔨᐢ ᐅᑎᑕᐦᑭᐠ ᑳᐢᑫ ᐱᒫᑎᓯᐎᐣ; ᐏᔭ ᐅᐦᒋ ᑳ ᑎᐯᔨᒥᑯᔮᕽ ᒋᓴᐢ X, ᑳ ᐱᒫᑎᓯᑦ ᒥᓇ ᑳ ᑎᐯᔨᒥᑫᐟ· ᐊᔨᒋ ᑮᔭ ᒥᓇ ᑳ ᑳᓈᐢᓯᐟ ᐋᒑᕽ, ᑳᑭᑫ ᐯᔭᐠ ᒪᓂᑐ, ᐃᔨᑯᕽ ᑫ ᓈᐢᐱᒋ ᐊᐢᑭᐚᕽ. ᐋᒣᐣ.

ᒫᒪᐍᔭᐢ ᓯᐛᑳᑎᓯᔭᐣ ᑌᐯᔨᒋᑫᔭᐣ, ᒥᓇ ᑳᑭᑫ ᒉᓂ-ᑐᐏᔭᐣ, ᐃᑌᔨᑕ ᑭ ᐸᑯᓭᔨᒥᑎᓈᐣ ᑭᑕ ᑭᐢᑭᓄᑕᐦᐃᔮᕽ, ᑭᑕ ᑳᓈᒋᐦᐃᔮᕽ, ᒥᓇ ᑭᑕ ᑎᐯᔨᒥᔮᕽ ᓂᑌᐦᐃᓈᕽ ᒥᓇ ᓂᔭᐏᓈᕽ, ᐁ ᐃᑕᐢᑌᑭ ᑯᔭᓱᐍᐏᓇ ᒥᓇ ᐁ ᐃᓯ ᐚᑐᐢᑳᑕᒥᕽ ᑭᐟ ᐃᑕᓱᐍᐏᓇ; ᐁ ᐃᓯ ᐊᔨᐚᐧᑭ ᓲᐦᑫᔨᑳᐧᕽ ᑭ ᑲᓇᐍᐦᔨᒥᐍᐏᐣ ᑭᑕ ᐅᐦᒋ ᑲᓇᐍᔨᑖᓂᓯᔮᕽ ᓂᔭᐏᓈᕽ ᒥᓇ ᓂᐟ ᐊᒑᐦᑯᓈᕽ, ᐊᓄᐦᐨ ᐅᑕ ᒥᓇ ᑳᑭᑫ; ᐏᔭ ᐅᐦᒋ ᑳ ᑎᐯᔨᒥᑯᔮᕽ ᒥᓇ ᑳ ᐱᒫᒋᐦᐃᑯᔮᕽ ᒋᓴᐢ X. ᐋᒣᐣ.

¶ ᐍᑲᐧ ᑮᐦᒋᐊᔭᒥᐁᐏᔨᓂᐤ ᑭᑕ ᓴᐍᔨᒣᐤ ᐁ ᐃᑌᐧᐟ,

ᐅ ᓴᐍᔨᒋᑫᐏᐣ ᑭᓴᒪᓂᑐ ᒫᒪᐍᔭᐢ ᓯᐛᑳᑎᓯᐟ, ᐅᐦᒑ-

ᐃᐧᒫᐤ ᐅᑯᓯᓯᒫᐤ ᒥᓇ ᑳ ᑲᓈᑎᓯᐟ ᐊᒑᕽ, ᑭ ᑲ ᐃ ᑭᑭᐢᑳᑯᓈᐋᐧᐤ ᒥᓇ ᒑᐦᑭ ᑭ ᑲ ᐃᐧ ᐃᐧᒉᐃᐧᑯᓈᐋᐧᐤ. ᐋᒣᐣ.

¶ ᓇᒪᐃᐧᔭ ᐊᐃᐧᔭᐠ ᑭᑕ ᐅᑎᓈᐤ ᑭᑕ ᐃᐧᒋᐃᐁᐟ ᑭᐦᒋ ᐃᓯᒑᐧᐃᐧᓂᕽ ᒪᐧᔦᐢ ᐊᔨᒋᐃᐦᐟ ᐊᐦᐳ ᑭ ᐊᐧᐁᐧᔨᒋ ᒥᓇ ᑌᐸᑫᔨᒧᒋ ᑭᑕ ᐊᔨᒋᐃᐦᐟ.

ᑫ ᐃᓯ ᑭᐦᒋᐃᐧᑭᐦᑐᐃᐁᐧᕽ.

¶ ᓂᑳᐣ ᐅ ᑌᐹᐧᑎᑯᐃᐧᔪᐋᐧᐤ ᑲᑭᔭᐤ ᐊᓂᑭ ᑳ ᐃᐧ ᐃᐧᑭᑐᒋᐠ ᑭᑕ ᐃᐧᒋᑳᑌᔨᐤ ᐊᔭᒥᐁᐃᐧᑲᒥᑯᕽ ᓂᐢᑐ ᐊᔭᒥᐁᑭᓯᑳᐊᐧ ᐃᔨᑯᕽ, ᒣᑳᐧᐨ ᐁ ᑫᑭᓭᐹ ᐊᔭᒥᐋᕽ ᐊᐦᐳ ᐁ ᐅᒑᑯᓯ ᐊᔭᒥᐋᕽ, ᑭᐢᐱᐣ ᐁᑳ ᐁᔮᑭ ᑫᑭᓭᐹ ᐊᔭᒥᐋᐃᐧᐣ, ᓭᒫᐠ ᑭ ᑭᓯ ᐊᔭᒥᒑᐦᑭ ᑭᒑᐧᑦ ᐊᔭᒥᒋᑫᐃᐧᐣ, ᐊᔭᒥᐁᐃᐧᔨᓂᐤ ᐁ ᐃᑌᐧᐟ,

ᓂ ᐃᐧᐦᑌᐣ ᐁ ᐃᐧ ᐃᐧᑭᑐᒋᐣ —— ᐅᐦᒋ ᒥᓇ —— ᐅᐦᒋ. ᑭᐢᐱᐣ ᐃᐦᑕᐋᐧᐣ ᑭᔭᐋᐧᐤ ᑭ ᑭᐢᑫᔨᑌᓈᐋᐧᐤ ᑫᑳ:, ᐊᐦᐳ ᑲᐧᔭᐢᐠ ᑭᑕ ᑭᐱᐦᒋᐦᐃᑯᒋᐠ ᑫᑳ:, ᐅᑭ ᓂᓱ ᐊᔨᓯᔨᓂᐊᐧᐠ ᐁᑳ ᑭᑕ ᐃᐧᒉᑕᐃᐦᒋᐠ ᑲᓈᒋ ᑭᐦᒋᐃᐧᑭᑐᐃᐧᓂᕽ ᑭ ᑲ ᐃᐧᑌ- ᓇᐋᐧᐤ. ᐁᐊᐧᑯ ᐅᒪ ᓂᐢᑕᑦ [ᓂᓵᐧᐤ, ᐊᐦᐳ ᓂᐢᑖᐧᐤ] ᐁ ᓀᑫᐧᒋᒥᑲᐃᐧᔦᐠ.

¶ ᐅᑎᐦᒋᐸᔨᑫ ᑭᓯᑳᐤ ᐊᓂᑭ ᑳ ᐃᐧ ᑭᐦᒋᐃᐧᑭᑐᒋᐠ ᑭᑕ ᐯ ᐱᑐᑫᐊᐧᐠ ᐊᔭᒥᐁᐃᐧᑲᒥᑯᕽ ᐊᓯᒋ ᐅ ᐋᐧᐦᑯᒫᑲᓂᐋᐧᐊᐧ ᒥᓇ ᐅ ᐃᐧᒉᐋᐧᑲᓂᐋᐧᐊᐧ; ᐁᑯᓯ ᐁᑯᑕ ᐁ ᐃᐧᒋᑳᐸᐃᐧᐢᑖᑐᒋᐠ, ᓈᐯᐤ ᑭᐦᒋᓂᐢᑭᕽ ᐃᑌᑫ ᒥᓇ ᐃᐢᑫᐧᐤ ᓇᒪᐦᑎᓂᕽ ᐃᑌᐦᑫ, ᐊᔭᒥᐁᐃᐧᔨᓂᐤ ᑭᑕ ᐃᑌᐧᐤ,

ᑳ ᑭᐦᒋᔮᑭᐸᑕᑯᐠ, ᑭ ᒫᒪᐃᐧ ᐱᐦᑐᑳᓇᐤ ᐅᑕ ᑭᓭᒪᓂᑐ ᐁ ᐋᐸᒥᑯᔭᕽ, ᒥᓇ ᐅᐟ ᐋᐢᑕᒥᐃᐧᓂᐋᐧᕽ ᐅᑭ ᐅᑕᔭᒥᐋᐊᐧᐠ, ᑭᑕ ᐃᐧᒉᑕᐦᐋᔭᑯᐠ ᐊᐊᐧ ᓈᐯᐤ ᒥᓇ ᐊᐊᐧ ᐃᐢᑫᐧᐤ ᑲᓇᒋ ᑭᐦᒋᐃᐧᑭᑐᐃᐧᓂᕽ, ᐁᐊᐧᑯ ᐁ ᑭᐢᒐᔨᑖᑲᐧᕽ ᐃᓯ ᐊᔭᐃᐧᐣ.

ᑭᓭᒪᓂᑐ ᐁ ᑭ ᐅᓴᐢᑖᐟ ᒣᑲᐧᐤ ᑫᔮᐱᐤ ᐁᑳ ᐁ ᐅᐦᒋ ᐊᐧᓂᐃᐦᑎᐟ ᐊᔑᓰᔑᓂᐤ, ᐁ ᑭᐢ ᓇᐋᐧᒋᑕᒫᑯᔭᕽ ᐊᓂᒪ ᒪᒫᐦᑖᐃᐧ ᐃᒉᐦᑐᐃᐧᐣ ᑳ ᐊᔮᒋᐠ X ᒥᓇ ᐅᑕᔭᒥᐋᐧᐊᐧᐠ. ᐁᐊᐧᑯ ᑲᓈᒋ ᐊᔮᐃᐧᐣ X ᑲ ᑭ ᑭᐢᑌᔑᑖ ᑖᐟ ᒥᓇ ᑳ ᑭ ᒥᔦᓈᑯᑖᐟ ᐁ ᐃᐧᒋᐃᐁᐧᐟ ᒥᓇ ᓂᐢᑕᐟ ᐁ ᒪᒫᐦᑖᐃᐧ ᐃᓯᒋᑫᐟ ᐊᓂᑕ ᑫᓇ ᑳᕓᐊᕓᔫᕽ; ᒥᓇ ᓭᐟ ᐹᕓ ᐃ ᑕᐟ ᑭᑕ ᑭᐢᑌᔑᑕᐦᑭᐠ ᑲᑭᔭᐤ ᐊᔑᓰᔑᓂᐊᐧᐠ ᐁᐊᐧᑫᐧᔑᐤ; ᐁᐊᐧᑯ ᐅᐦᒋ ᒫᑲ ᐃᑕᐢᑌᐤ ᐁᑳ ᐊᐃᐧᔭᐠ ᑭᑕ ᐅᑎᓇᕽ ᔮᐦᑫᔑᑕᒎᐃᐧᓂᕽ. ᐊᐦᐳ ᐁᑳ ᐁ ᒫᒥᑐᓀᔑᑕᕽ, ᐊᐦᐳ ᒪᒋ ᒍᐢᑕᐁᐧᔑᑕᒍᐃᐧᓂᕽ, ᒫᑲ ᑯᓯᑫᐧᔑᑕᒍᐃᐧᓂᕽ, ᐊᔮᑳᐧᒥᓯᐃᐧᓂᕽ, ᒫᒥᑐᓀᔑᑕᒍᐃᐧᓂᕽ, ᐃᔑᓂᓯᐃᐧᓂᕽ ᒥᓇ ᐅ ᑯᓯᑫᐧᔑᒥᑯᐃᐧᓂᕽ ᑭᓭᒪᓂᑐ: ᒥᑐᓂ ᐁ ᓈᑲᑌᔑᑕᒥᕽ ᑫᑲ: ᐅᐦᒋ ᑳ ᑭ ᐅᓵᑭᐦᑌᐠ ᑭᐦᒋᐃᐧᑭᐦᑐᐃᐧᐣ.

ᓂᐢᑕᐣ, ᑭ ᐅᓵᑭᐦᑌᐤ ᑭᑕ ᓂᑖᐃᐧᑭᐃᐦᒋᐠ ᐊᐋᐧᓯᓴᐠ, ᑭᑕ ᐅᐦᐱᑭᐃᐦᒋᐠ ᐅ ᑯᓯᑫᐧᔑᒥᑯᐃᐧᓂᕽ ᒥᓇ ᐅ ᓵᐦᑭᐦᐃᔫᐁᐧ-ᐃᐧᓂᕽ ᑳ ᑎᐯᔑᒋᑫᐟ ᒥᓇ ᑭᑕ ᑭᐢᑌᔑᑖᑯᑖᐃᐧᐦᐟ ᐅ ᐃᐧᔦᐃᐧᐣ.

ᐁᑲᐧ, ᑭ ᐅᓵᑭᐦᑌᐤ ᑭᑕ ᑲᓈᒋᑖᐃᐧᐦᐟ ᐅ ᐃᐧᒣᑐᐃᐧᓂᐋᐧᐤ ᓇᐯᐤ ᒥᓇ ᐃᐢᑫᐧᐤ, ᒥᓇ ᑭᑕ ᒥᑖᑫᐧᓈᒪᑯᒋᐠ ᒪᒋᔨ ᐃᐧᐣ.

ᐁᑲᐧ ᒥᓇ, ᑭ ᐅᓵᑭᐦᑌᐤ ᑭᑕ ᐅ ᐃᐧᒣᐋᐧᑲᓂᐦᑐᒋᐠ, ᑭᑕ ᐃᐧᒋᐃᐧᑐᒋᐠ, ᒥᓇ ᑭᑕ ᓂᐢᑖᓭᔑᒎᑐᑖᑐᒋᐠ ᓅᓈᐦᐃᐸᔑᑖᐧᐃᐧ ᒥᓇ ᐁᑳ ᓅᓇᐦᐃᐸᔑᑖᐧᐃᐧ. ᐁᑯᑕ ᐅᒪ ᐢᓈᒋ ᐊᔮᐃᐧᓂᕽ ᐅᒋ ᓂᔓ ᒣᑳᐧᐤ ᑳ ᐯ ᐃᑐᐦᑌᒋᐠ ᑭᑕ ᐃᐧᒣᑕᐃᐦᒋᐠ. ᐁᑯᓯ ᒫᑲ ᑭᐢᐱᐣ ᐊᐃᐧᔭᐠ ᑲᐢᑭᑖᐤ ᑭᑕ ᐋᐧᐸᑕᐦᐃᐁᐧᐟ ᑲᐧᔭᐢ ᑫᑲ: ᐁᑳ ᑭᑕ ᐃᐧᒣᑕᐃᐦᒋᐠ ᐅᑭ, ᑭᔮᐟ ᓭᒫᐠ ᑭᑕ ᐱᑭᐢᑫᐧᐤ. ᐊᐦᐳ ᐁᑯᓯ ᑭᔮᐟ ᐁᑳᐃᐧᔭ ᐃᐧᑳᐤ ᑭᑕ ᐱᑭᐢᑫᐧᐤ.

¶ ᐁᑲᐧ ᐊᓂᐃ ᑳ ᐃᐧ ᐃᐧᑭᑐᔨᐟ ᐁ ᑭᑑᐟ ᐅᒥᓯ ᑭᑕ ᐃᑌᐧᐤ,

ᑭ ᑲᑫᐧᒋᒥᑎᓈᐋᐧᐤ ᒥᓇ ᑭᐟ ᐸᔮᑳᐧᒥᒥᑎᓈᐋᐧᐤ ᒌᐱᐢᑯᒼ, ᑫ ᐃᓯ ᐃᐧᐦᑕᒫᐠ ᐊᓂᒪ ᑳ ᑯᐢᒌᑌᔨᒐᐧᑳᕽ ᐅᔭᐟᐁᐧᐃᐧᑭᓯᑳᐠ, ᐃᐢᐱ ᑲᑭᔭᐤ ᑳ ᑭᒧᒋᕽ ᒥᑌᐦᐃᕽ ᒨᓯᐢ ᓃᑲᐧᐦᑭ, ᑭᐢᐱᐣ ᐃᐦᑕᐋᐧᐣ ᐁ ᓂᓯᔦᐧᐠ ᑭ ᑭᐢᑫᔨᑌᓈᐋᐧᐤ ᓈᐣᑕᐤ ᑫᑲ: ᐃᑕ ᐅᐦᒋ ᐁᑳ ᑭᑕ ᑭ ᐃᐧᑳᑕᐦᐃᔅ ᓅᔦᐧᐠ ᑭᐦᒋᐃᐧᑭᑐᐃᐧᓂᕽ, ᐊᓄᐦ- ᑭ ᑲ ᐃᐧᑌᓈᐋᐧᐤ. ᒋᑫᒪ ᑫᐦᒋᓇᐦᐳᐠ ᒥᑐᓂ, ᑕᐦᑐ ᑳ ᐧᑳᑕᐃᐦᒋᐠ ᐁᑳ ᐁ ᐃᑕᐢᑌᔨᐠ ᑭᓴᒪᓂᑐ ᐅᐟ ᐃᑌᐧᐃᐧᐣ, ᓇᒪᐃᐧᔭ ᐃᐧᑳᑕᐃᑲᐧᐠ ᑭᓴᒪᓂᑐᐊᐧ, ᒥᓇ ᓇᒪᐃᐧᔭ ᑲᐧᔭᐢ ᐃᓯ ᐃᐧᑳᑐᐋᐧᐠ.

¶ ᑭᐢᐱᐣ ᐁᑳ ᑫᑲ: ᐃᐧᑕᒥᐦᑭ ᑭᑕ ᑭᐱᐦᒋᐃᑯᒋᐠ ᐁᑲᐧ ᐊᔭᒥᐁᐃᐧᔨᓂᐤ ᑭᑕ ᐊᑎ ᐃᑌᐤ ᐊᓂᐃ ᓈᐯᐊᐧ,

—— ᑭ ᑲ ᐋᔮᐋᐧᐤ ᒋ ᐊᐊᐧ ᐃᐢᑫᐧᐤ ᑭᑕ ᐃᐧᐃᐧᔫ, ᑭᑕ ᐱᒫᒋᐦᐃᔦᐧᐠ ᒌᐱᐢᑯᒼ ᐁ ᐃᑕᐢᑌᐠ ᑭᓴᒪᓂᑐ ᐅᐟ ᐃᓯᒌᐧᐃᐧᐣ ᑲᓈᒋ ᐋᔮᐃᐧᓂᕽ ᑭᐦᒋᐃᐧᑭᑐᐃᐧᓂᕽ? ᑭ ᑲ ᓵᑭᐦᐋᐤ ᒋ, ᓵᐁᐧᔨᒫᐤ, ᑭᐢᑌᔨᒫᐤ, ᒥᓇ ᑲᓇᐁᐧᔨᒫᐤ, ᐋᐦᑯᓯᐃᐧᓂᕽ ᒥᓇ ᒥᓺᐋᔮᐃᐧᓂᕽ, ᒥᓇ ᐁᑳ ᐃᐧᑳᒼ ᑭᑕ ᐱᓯᐢᑫᔨᒪᐟ ᑯᑕᐠ ᐃᐧᔭ ᐱᑯ ᑭᑕ ᐋᔮᐊᐧᐟ, ᐃᔨᑯᕽ ᒌᐱᐢᑯᒼ ᑫ ᐱᒫᒋᐦᐃᔦᐧᐠ?

¶ ᓈᐯᐤ ᑭᑕ ᐃᑌᐧᐤ,

ᓂ ᑲ ᐃᐦᑐᑌᐣ.

¶ ᐁᑲᐧ ᐊᔭᒥᐁᐃᐧᔨᓂᐤ ᑭᑕ ᐃᑌᐤ ᐃᐢᑫᐧᐊᐧ,

—— ᑭ ᑲ ᐋᔮᐋᐧᐤ ᒋ ᐊᐊᐧ ᓈᐯᐤ ᑭᑕ ᐅᓈᐯᒥᔫ, ᑭᑕ ᐱᒫᒋᐦᐃᔦᐧᐠ ᒌᐱᐢᑯᒼ ᐁ ᐃᑕᐢᑌᐠ ᑭᓴᒪᓂᑐ ᐅᐟ ᐃᓯᒌᐧᐃᐧᐣ ᑲᓈᒋ ᐋᔮᐃᐧᓂᕽ ᑭᐦᒋᐃᐧᑭᑐᐃᐧᓂᕽ? ᑭ ᑲ

ᓇᓇᐃᐦᑕᐚᐤ ᒋ, ᒥᓇ ᐊᑐᐢᐤᐚᐤ, ᓵᑭᐋ , ᑭᐢᑌᔨᒫᐤ ᒥᓇ ᑲᓇᐍᔨᒫᐤ ᐋᐦᑯᓯᐏᓂˣ ᒥᓇ ᒥᔦᐋᔮᐃ ᓂˣ; ᒥᓇ ᐁᑳ ᐏᑳᐨ ᑭᑕ ᐱᓯᐢᑫᔨᒪᐟ ᑯᑕᐠ ᐏᔭ ᐱᑯ ᑭᑕ ᐊᔮᐘᐟ, ᐃᔨᑯˣ ᑖᐱᐢᑯᐨ ᑫ ᐱᒫᑎᓯᔦᐠ?

¶ ᐃᐢᑵᐤ ᑭᑕ ᐃᑘᐤ,

ᓂ ᑲ ᐃᐦᑐᑌᐣ.

¶ ᐁᑿ ᐊᔭᒥᐁᐏᔨᓂᐤ ᑭᑕ ᐃᑘᐤ,

ᐊᐍᓇ ᑳ ᒉᑭᐟ ᐅᐦᐃ ᐃᐢᑵᐘ ᑭᑕ ᐏᑭᒫᔨᐟ ᐅᐦᐃ ᓈᐯᐘ?

¶ ᐁᑿ ᐊᔭᒥᐁᐏᔨᓂᐤ ᐁ ᐅᑎᓈᐟ ᐊᓂᐃ ᐃᐢᑵᐘ ᐅᐦᑖᐏᔨᐘ ᐊᐦᐳ ᐅᑐᑌᒥᔨᐘ ᐅᐦᒋᔨᐤ ᐅᐦᒋ, ᑭᑕ ᐃᑌᐤ ᐊᓂᐦᐃ ᓈᐯᐘ ᐅ ᑭᐦᒋᓂᐢᑭᔨˣ ᑭᑕ ᓴᑭᒋᐦᒉᓈᔨᐟ ᐊᓂᐃ ᐃᐢᑵᐘ ᐅ ᑭᐦᒋᓂᐢᑭᔨˣ, ᐁᑯᓯ ᑭᑕ ᓇᓈᐢᐱᑐᐦᑖᑯᐟ ᐅᒥᓯ,

ᓂᔭ —— ᑯᑎᓂᑎᐣ —— ᐁ ᑭᐦᒋᐏᑭᒥᑖᐣ, ᑭᑕ ᐊᔮᐏᑖᐣ ᒥᓇ ᑭᑕ ᒥᒋᒥᓂᑖᐣ ᑳ ᑭᓯᑳᐠ ᐅᐦᒋ, ᓇᐦᐃᐸᔨᐏᓂˣ ᒥᓇ ᓇᔦᑖᐏᐸᔨᐏᓂˣ, ᐍᔦᑎᓯᐏᓂˣ ᒥᓇ ᑭᑎᒫᑭᓯᐏᓂˣ, ᐋᐦᑯᓯᐏᓂˣ ᒥᓇ ᒥᔦ ᐋᔮᐏᓂˣ, ᑭᑕ ᓵᑭᐦᐃᑖᐣ ᒥᓇ ᑭᑕ ᐸᒥᐦᐃᑖᐣ, ᐃᔨᑯˣ ᓂᐳᐃᐣ ᐅᐦᒋ ᑫ ᐸᐢᑫᐏᔨᑐᔭˣ; ᑳ ᑭ ᐃᑕᐢᑖᐟ ᑭᓭᒪᓂᑐ ᐅ ᑲᓈᒋ ᐃᓯᑣᐏᐣ; ᐁᐘᑯᒪ ᐁ ᐃᐧ ᑖᐺᔮᐣ.

¶ ᐁᑿ ᐁ ᐸᑭᒋᐦᒉᓂᑐᒋᐠ ᐃᐢᑵᐤ ᑭᑕ ᐅᑎᓄᐤ ᓈᐯᐘ ᐅ ᑭᐦᒋᓂᐢᑭᔨˣ ᐅ ᑭᐦᒋᓂᐢᐠ ᐅᐦᒋ, ᒥᓇ ᑭᑕ ᓇᓈᐢᐱᑐᐦᑘᐤ ᐊᔭᒥᐁᐏᔨᓂᐘ,

ᓂᔭ —— ᑯᑎᓂᑎᐣ —— ᐁ ᑭᐦᒋᐏᑭᒥᑖᐣ, ᑭᑕ ᐊᔮᐏᑖᐣ ᒥᓇ ᑭᑕ ᒥᒋᒥᓂᑖᐣ ᑳ ᑭᓯᑳᐠ ᐅᐦᒋ, ᓇᐦᐃᐸᔨᐏᓂˣ ᒥᓇ ᓇᔦᑖᐏᐸᔨᐏᓂˣ, ᐍᔦᑎᓯᐏᓂˣ ᒥᓇ

ᑭᑎᒫᑭᓯᐃᐧᔪᕽ, ᐋᐦᑯᓯᐃᐧᓂᕽ ᒥᓇ ᒥᔦ ᐋᔮᐃᐧᓂᕽ, ᑭᑕ ᓵᑭᐦᐃᑖᐤ ᒥᓇ ᑭᑕ ᐸᒥᐦᐃᑖᐤ ᒥᓇ ᑭᑕ ᓇᓇᐃᐦᑖᑖᐤ, ᐃᔑᑯᕽ ᓂᐳᐃᐧᐤ ᐅᐦᒋ ᑫ ᐸᐢᑫᐃᔑᑐᔭᕽ, ᑳ ᑭ ᐃᑕᐢᑖᐟ ᑭᓭᒪᓂᑐ ᐠ ᓄᓈᒋ ᐃᓯᑖᐃᐧᐤ; ᐁᐊᐧᑯᒪ ᐁ ᐃᐧ ᑖᐯᐧᔮᐤ.

¶ ᑲᐧ ᒥᓇ ᐁ ᐸᑭᒋᐦᒉᓂᑐᒋᐠ ᓈᐯᐤ ᑭᑕ ᐅᑎᓅᐤ ᐊᐦᑲᓂᐢ ᒥᓇ ᑭᑕ ᑭᑲᒍᐦᐁᐤ ᐅ ᓅᐅᒋᐦᑳᓇᔑᕽ ᐃᐢᑫᐧᐊᐧ ᓇᒫᐦᑎᓂᕽ ᐁ ᐃᓯ ᑭᐢᑫᓄᐊᒫᑯᐟ ᐊᔮᒥᐁᐧ-ᐃᐧᔑᓂᐊᐧ ᐁ ᐃᑌᐧᐟ,

ᐊᐊᐧ ᐊᐦᑲᓂᐢ ᐅᐦᒋ ᑭ ᑮᐦᑭᐃᐧᑭᒥᑎᐤ, ᓂᔭᐤ ᐅᐦᒋ ᑭ ᑭᐢᑌᔑᑖᔪᐦᐃᑎᐤ, ᒥᓇ ᑲᑭᔭᐤ ᑫᑲ: ᑳ ᐋᔮᔮᐤ ᑭ ᒥᔑᑎᐤ ᐅ ᐃᐧᔦᐃᐧᓂᕽ ᐅᐦᑖᐃᐧᒫᐤ ᒥᓇ ᐅᑯᓯᓯᒫᐤ, ᒥᓇ ᑳ ᑲᓈᑎᓯᐟ ᐋᒫᕽ. ᐋᒣᐤ.

¶ ᐁᑲᐧ ᓈᐯᐤ ᐁ ᐸᑭᑎᓈᐟ ᐊᐦᑲᓂᐢ ᐃᑕ ᑳ ᑭ ᑭᑲᒍᐦᐋᐟ ᐃᐢᑫᐧᐊᐧ ᐅᒋᐦᑭᔑᕽ, ᑖᐱᐢᑯᐦ ᑭᑕ ᐅᒋᐦᑭᑲᐧᓇᐯᐊᐧᐠ; ᐁᑯᓯ ᐊᔮᒥᐁᐃᐧᔑᓂᐤ ᑭᑕ ᐃᑌᐧᐤ,

ᐁᑲᐧ ᐊᔭᒥᐋᑖᐤ.

ᑭᔭ ᑳᑭᑫ ᒣᓂᑐᐃᐧᔭᐤ, ᑳ ᐅᓯᐦᐊᐟ ᒥᓇ ᑳ ᑲᓇᐁᐧᔑᒪᐟ ᑲᑭᔭᐤ ᐊᔑᓯᔑᓂᐤ, ᑳ ᒣᑭᔭᐤ ᑲᑭᔭᐤ ᐋᑳᐦᑯᐃᐧ ᐅᐦᒋᐢ-ᑖᒪᑫᐃᐧᐤ, ᒥᓇ ᑳ ᐅᐦᑎᓈᒪᑫᔭᐤ ᑳᑭᑫ ᐱᒫᑎᓯᐃᐤ; ᐯ ᐃᓯᑎᓴᐊᒪᐃᐧᐠ ᑭ ᓴᐁᐧᔑᒋᑫᐃᐧᐤ ᐅᑭ ᑭᐟ ᐊᑐᐢᒉᔮᑲᓇᐠ, ᐊᐊᐧ ᓈᐯᐤ ᒥᓇ ᐊᐊᐧ ᐃᐢᑫᐧᐤ, ᑳ ᓴᐁᐧᔑᒫᔮᑭᐠ ᑭ ᐃᐧᔦᐃᐧᓂᕽ; ᑖᐱᐢᑯᐦ ᐊᐧᓭᐠ ᒥᓇ ᕒᐃᐯᑲ ᑳ ᑭ ᐃᓯ ᒥᔦ ᐃᐧᒉᑐᒋᐠ, ᐁᑯᓯ ᐃᐧᐢᑖᐋᐧᐤ ᑭᑕ ᐃᐧ ᑎᐱ ᑕᒫᐧᐠ ᒥᓇ ᑭᑕ ᐃᐧ ᓈᑲᑌᔑᑕᒫᐧᐠ ᐁ ᑭ ᐃᐧ ᑮᐦᑭᐃᑎᑐᒋᐠ ᑖᐱᐢᑯᐦ, ᒥᓇ ᐊᐊᐧ ᐊᐦᑲᓂᐢ ᑳ ᒣᑭᕽ ᒥᓇ ᑳ ᐅᑎᓂᐦᐟ ᐁᐧᐊᐧᒍᐧᑲᐧᓂᒪ ᐁ ᑭᐢᑫᓇᐋᐧᒋᑖᕽ ᑫᐦᒋᓈᒫ ᑭᑕ ᐃᐧ ᑎᐱᑐᑖᐦᐅᐠ, ᐁᑯᓯ ᑕᐦᑭ ᑭᑕ ᐃᐧ ᐊᔮᐊᐧᐠ ᒥᑐᓂ ᓵᑭᐦᐃᑐᐃᐧᓂᕽ ᒥᓇ ᐯᔭᑕᑫᔑ-

ᒧᐃᐧᓂˣ ᑖᐱᐢᑯᐨ, ᒥᓇ ᑭᑕ ᐃᐧ ᑎᐱᑐᑕᐦᑭᐠ ᑯᔭᓱᐁᐧᐃᐧᓇ; ᐃᐧᔭ ᐅᐦᒋ ᑭᓴᐢ X ᑳ ᑎᐯᔨᒥᑯᔮˣ. ᐋᒣᐣ.

¶ ᐁᑲᐧ ᐊᔭᒥᐁᐃᐧᔨᓂᐤ ᑭᑕ ᓂᓴᐧᐢᑖᐁᐧᐤ ᐅ ᑭᐦᒋᓂᐢᑭᔨᐊᐧ ᒥᓇ ᑭᑕ ᐃᑌᐧᐤ,

ᐊᓂᐃ ᒋᓴᓂᑐ ᑳ ᑭ ᐃᐧᒉᑕᐦᐚᐟ ᐁᑳᐃᐧᔭ ᐊᔨᓯᔨᓂᐤ ᑭᑕ ᓇᓈᓂᐢᒋᐦᐁᐤ.

¶ ᐁᑲᐧ ᐊᔭᒥᐁᐃᐧᔨᓂᐤ ᐅᒥᓯ ᑭᑕ ᐃᑌᐤ ᐊᔨᓯᔨᓂᐊᐧ,

ᑮᓴᐢᐱᓃ —— ᒥᓇ —— ᐁ ᑭ ᓇᐢᑯᒥᑐᒋᐠ ᒑᐱᐢᑯᐨ ᑲᓈᒋ ᐃᐧᑭᐦᑐᐃᐧᓂˣ, ᒥᓇ ᐁᑯᓯ ᑳ ᐃᑌᐧᒋᐠ ᐁ ᐯᐦᒑᑯᒋᐠ ᑭᓴᒪᓂᑐᐊᐧ ᒥᓇ ᐅᐦᐃ ᐊᔨᓯᔨᓂᐊᐧ, ᒥᓇ ᐁᑯᑌ ᐁ ᑭ ᐃᓯ ᑭᐦᒋᐃᑎᑐᒋᐠ ᒑᐱᐢᑯᐨ, ᒥᓇ ᐁ ᑭ ᐚᐸᑎ-ᔨᐁᐧᒋᐠ ᐁᐊᐧᑫᐧᔨᐤ ᐁ ᒣᑭˣ ᒥᓇ ᐁ ᐅᑎᓂᐦᐟ ᐊᐦᑲᓂᐢ ᒥᓇ ᐁ ᓂᓴᐧᐢᑖᐃᐧᐦᐟ ᐅᒋᐦᒋᐙᐊᐧ; ᓂ ᐃᐧᑌᐣ ᐁᑳᐧ ᐁ ᐃᐧᑭᐦᑐᒋᐠ ᒑᐱᐢᑯᐨ, ᐅ ᐃᐧᔪᐃᐧᓄˣ ᐃᓯ ᐅᐦᑖᐃᐧᒫᐤ, ᒥᓇ ᐅᑯᓯᓯᒫᐤ, ᒥᓇ ᑳ ᑲᓈᑎᓯᐟ ᐊᒫˣ. ᐋᒣᐣ.

¶ ᒥᓇ ᐊᔭᒥᐁᐃᐧᔨᓂᐤ ᑭᑕ ᑕᑯ ᐃᑌᐧᐤ ᐅᒪ ᓴᐁᐧᔨᒥᐁᐧᐃᐧᐣ.

ᑭᓴᒪᓂᑐ ᐅᐦᑕᐃᐧᒫᐤ, ᑭᓴᒪᓂᑐ ᐅᑯᓯᓯᒫᐤ, ᑭᓴᒪᓂᑐ ᑳ ᑲᓈᑎᓯᐟ ᐸᒫˣ ᑭ ᑲ ᐃᐧ ᒥᔪᑐᑖᑯᐚᐤ, ᑭ ᑲ ᐃᐧ ᑲᓇᐁᐧ-ᔨᒥᑯᐚᐤ ᒥᓇ ᑭ ᑲ ᐃᐧ ᓈᑲᑕᐁᐧᔨᒥᑯᐚᐤ; ᑳ ᑎᐯᔨᒋᑫᐧ ᐅ ᑭᓴᐋᑎᓯᐃᐧ ᒪᒉᔭᐁᐧᔨᒋᑫᐃᐧᐣ ᐅᐦᒋ ᑭ ᑲ ᓴᐧ-ᑲᓇᐚᐸᒋᑯᐚᐤ, ᒥᓇ ᑭ ᑲ ᐃᐧ ᒧᐢᑭᓃ ᒥᔨᑯᐚᐤ ᑲᑭᔭᐤ ᐊᒫᐦᑯᐃᐧ ᓴᐁᐧᔨᒋᑫᐃᐧᐣ ᒥᓇ ᓂᓱᐦᑳᒪᑫᐃᐧᐣ, ᑭᑕ ᑭ ᐃᓯ ᐱᒫᑎᓯᔦᐠ ᒑᐱᐢᑯᐨ ᐅᑕ ᐱᒫᑎᓯᐃᐧᓂˣ, ᑯᑕᐠ ᐊᐢᑭˣ ᑫ ᐅᑎᐦᒋᐸᔨᐠ ᑭᑕ ᑭ ᐊᔲᔦᐠ ᑲᑭᑫ ᐱᒫᑎᓯᐃᐧᐣ. ᐋᒣᐣ.

¶ ᐁᑿ ᐅᒪ ᓂᑲᒧᐣ.

ᓂᑲᒧᐣ cxxviii.

ᓴᐍᔨᑖᑯᓯᐤ ᑲᑭᔭᐤ ᐊᐃᐧᔭᐠ ᑳ ᑯᓯᑵᔨᒫᐟ ᑳ ᑎᐯᔨ-
ᒋᑫᔨᐟ; ᑳ ᐱᒧᑖᑐᑕᒫᐟ ᐅᐟ ᐃᑖᑎᓯᐃᐧᓂᔨᐤ.

ᒋᑫᒫ ᑭ ᑲ ᒦᒋᐣ ᑳ ᐊᑐᐡᑳᑕᒪᐣ ᑭᒋᐦᒋˣ; ᑭ ᑲ ᒥᔪᐧ-
ᔨᒧᐣ ᒥᓇ ᑭ ᑲ ᒥᔪᐸᔨᐃᑯᐣ.

ᑭᐊᐧ ᑭᑕ ᐃᓯ ᐋᔫ ᑖᐱᐢᑯᐨ ᑳ ᒥᓂᓯᐃᐧᐟ ᓱᒥᓈᑎᐠ
ᐱᐦᒋ ᑭᑭˣ; ᑭᐟ ᐊᐚᓯᒥᓴᐠ ᑖᐱᐢᑯᐨ ᐋᕀᐃᐠ ᓂᑖᐃᐧᑭᑳᑲᓇ
ᐚᐢᑳ ᑭ ᒥᒋᓱᐃᐧᓈᓂᑯˣ.

ᒫᑎᑲ, ᐁᑯᓯ ᐅᒪ ᑫ ᐃᓯ ᓴᐍᔨᑖᑯᓯᐟ ᐊᓇ ᐊᔨᓯᔨᓂᐤ,
ᑳ ᑯᓯᑵᔨᒫᐟ ᑳ ᑎᐯᔨᒋᑫᔨᐟ.

ᑳ ᑎᐯᔨᒋᑫᐟ ᑭ ᑲ ᓴᐍᔨᒥᐠ ᓵᔭᓂˣ ᐅᐦᒋ; ᑭ ᑲ
ᐚᐸᑕᐣ ᒫᑲ ᐁᓯ ᒦᔪᐃᐧᓯᐠ ᒉᐅᓴᕀᐊᐨ ᐃᔨᑯˣ ᑫ ᐲᒪᑎᓯᔭᐣ.

ᐁᐦᐁ, ᑭ ᑲ ᐊᐧᐸᒥᒫᐊᐧ ᑭᐟ ᐊᐚᓯᒥᓴᐠ ᐅᐟ ᐊᐚᓯ-
ᒥᓯᐚᐊᐧ; ᒥᓇ ᐯᔭᑕᑫᔨᒧᐃᐧᐣ ᑭᑕ ᐃᐧ ᐋᔫ ᐃᐢᕽᐁᐃᕀ.

ᑭᑕ ᒪᒥᐦᒋᒫᐤ ᐍᔦᑖᐃᐧˣ ᒥᓇ ᐅᑯᓯᓯᒫᐤ, &c.

¶ ᐅᒪ ᓂᑲᒧᐣ ᑭᓯᑖᐦᑭ, ᓈᐯᐤ ᒥᓇ ᐃᐢᑵᐤ ᐁ ᐅᒋᐦᒋᑳᓇᐱᒋᐠ ᑳ ᑎᐯᔨᒋᑫᐟ ᐅ ᒥᒋᓱᐃᐧᓈᓂᑯˣ, ᐊᔭᒥᐁᐃᐧᔨᓂᐤ ᐁ ᓂᐸᐃᐧᐟ ᒋᑭ ᒥᒋᓱᐃᐧᓈᓂᑯˣ, ᐁᑯᓯ ᐁ ᐋᐢᑕᒦᑲᐸᐃᐧᐢᑕᐚᐤ ᑭᑕ ᐃᑌᐤ,

ᑌᐯᔨᒋᑫᔭᐣ ᑭᑎᒫᑭᓇᐃᐧᓈᐣ.

ᓇᐢᐱᒧᐃᐧᐣ. X ᑭᑎᒫᑭᓇᐃᐧᓈᐣ.

ᐊᔭᒥᐁᐃᐧᔨᓂᐤ. ᑌᐯᔨᒋᑫᔭᐣ ᑭᑎᒫᑭᓇᐃᐧᓈᐣ.

ᓅᐦᑕᐃᐧᓈᐣ ᑭᐦᒋᑭᓯᑯˣ ᐁᔮᔭᐣ, ᑭᑕ ᐃᐧ ᑲᓈᑌᔨᑖᑲᐧᐣ ᑭ
ᐃᐧᔨᐃᐧᐣ, ᑭ ᑎᐯᔨᒋᑫᐃᐧᐣ ᑭᑕ ᐃᐧ ᐅᑎᐦᒋᐸᔨᐤ, ᐁ

ᐃᑌᔨᑕᒪᐤ ᑭᑕ ᐃᐧ ᑐᒋᑳᑌᐤ ᐅᑕ ᐊᐢᑭᕽ, ᑳ ᐃᓯ ᐋᔮᐠ ᑭᐦᒋᑭᓯᑯᕽ. ᒥᔨᓈᐤ ᐊᓄᐦ ᑳ ᑭᓯᑳᐠ ᑫ ᐅᐦᒋ ᐱᒫᑎᓯᔮᕽ; ᒥᓇ ᐊᐢᓇᒪᐃᐧᓈᐤ ᓂ ᒪᒋᐦᑎᐃᐧᓂᓈᓇ, ᑳ ᐃᓯ ᐊᐢᓇᒪᐊᐧᑭᐦᒋᐠ ᐊᓂᑭ ᑳ ᐊᐧᓂᑐᑖᔫᔮᑭᐠ; ᒥᓇ ᐁᑳᐃᐧᔭ ᐃᑐᐦᑕᐦᐃᓈᐤ ᑯᑌᔨᒥᑯ ᓫᐧᓂᕽ, ᒫᑲ ᒥᑖᑫᐧᓇᒪᐃᐧᓈᐤ ᒪᒋ ᑫᑳ:. ᐋᒣᐣ.

ᐊᔭᒥᐁᐃᐧᔦᓂᐤ. ᑌᐯᔨᒋᑫᔭᐤ ᐱᒫᒋᐦᐃᐠ ᑭᐟ ᐊᑐᐢᑫᔮᑲᐤ ᒥᓇ ᑭ ᐊᑐᐢᑫᔮᑲᓂᐢᑫᐧᒼ.

ᓇᐢᐱᑐᐃᐧᐤ. ᑳ ᐊᐢᐯᔨᒧᑖᐢᑭᐠ.

ᐊᔭᒥᐁᐃᐧᔦᓂᐤ. ᑌᐯᔨᒋᑫᔭᐤ ᐃᓯᑎᓴᐦᐊᒪᐃᐧᐠ ᐃᐧᒋᐃᐁᐧᐃᐧᐤ ᑭ ᑲᓈᒋ ᐃᐦᑖᐃᐧᓂᕽ ᐅᐦ ;

ᓇᐢᐱᑐᐃᐧᐤ. ᒥᓇ ᑳᑭᑫ ᓈᑕᒪᐃᐧᐠ.

ᐊᔭᒥᐁᐃᐧᔦᓂᐤ. ᑭ ᒪᐢᑲᐃᐧᓯᐃᐧᓂᕽ ᐅᐦᒋ ᑲᓇᐁᐧᔦᒥᐠ.

ᓇᐢᐱᑐᐃᐧᐤ. ᐁ ᐅᐦᑎᐢᑯᐃᐧᐢᑳᑯᒋᐠ ᑳ ᐃᐧ ᓂᓯᐊᐧᓈᒋᐦᐃᑯᒋᐠ.

ᐊᔭᒥᐁᐃᐧᔦᓂᐤ. ᑌᐯᔨᒋᑫᔭᐤ, ᑭᑎᒫᑭᐦᑕ ᓂᐟ ᐊᔭᒥᐋᓱᐧᓂᓈᐤ.

ᓇᐢᐱᑐᐃᐧᐤ. ᒥᓇ ᑮᔮᐨ ᓂ ᒪᐃᐧᒍᐢᒋᑫᐃᐧᓂᓈᐤ ᑭ ᑲ ᐃᐧ ᐅᑎᐦᑎᑯᐤ.

ᐊᔭᒥᐁᐃᐧᔦᓂᐠ.

ᑭᓭᒪᓂᑐ, ᐅ ᒪᓂᑐᒥᐚᐊᐧ ᐁᐸᕑᐁᐦᐊᒼ ᒥᓇ ᐚᓭᐠ ᒥᓇ ᒉᑲᑊ, ᓭᐁᐧᔦᒥᐠ ᐅᑭ ᑭᐟ ᐊᑐᐢᑫᔮᑲᓇᐠ, ᒥᓇ ᑭᐢᑎᑳᑕ ᐊᓂᒪ ᑭᐢᑎᑳᐤ ᑳᑭᑫ ᐃᒫᑎᓯᐃᐧᐤ ᐅᑌᐦᐃᐋᐧᕽ; ᐁᑯᓯ ᐱᑯ ᑫᔅ: ᑳ ᑲᓈᑕᕽ ᑭᐟ ᐃᑌᐧᐃᐧᓂᕽ ᑫ ᐅᐦᒋ ᑭᐢᑫᔨᑕᒨᐋᐧᑫᐧ, ᑭᑕ ᐃᐧ ᑖᐯ ᑎᐹᒋᑕᒪᐃᐧᐠ ᐁᐊᐧᑫᐧᔨᐤ. ᑭᑎᒫᑭᓇᐃᐧᐠ, ᑌᐯᔨᒋᑫᔭᐤ, ᑭᐦᒋᑭᓯᑯᕽ ᐅᐦᒋ ᒥᓇ ᓭᐁᐧᔦᒥᐠ. ᒥᓇ ᑳ ᑭ ᐃᓯ ᓭᐁᐧᔦᒪᒋᐠ ᐁᐸᕑᐁᐦᐋᒼ ᒥᓇ ᓭᕑᐊ ᑭᑕ ᑭ ᒥᐢᑕᐦᐃ ᒥᓵᐧᔦᒧᒋᐠ, ᐃᑌᔨᑕ ᐁᑯᓯ ᑭᑕ ᑭ ᐃᓯ ᓭᐁᐧᔦᒪᒋᐠ ᐅᑭ ᑭᐟ ᐊᑐᐢᑫ-

ᔮᑲᓇᐧ; ᐁ ᓇᓇᐃᑕᐦᑫᐠ ᑳ ᐃᓯ ᓇᑕᐁᐧᔨᑕᒪᐣ, ᒥᓇ ᑕᐦᑫ ᐁ ᐯᔭᐦᑕᑫ ᐋᔮᒋᐠ ᑭ ᑲᓇᐁᐧᔨᒥᐁᐧᐃᐧᓂˣ, ᑭᑕ ᑭ ᐋᔮᒋᐠ ᑭ ᓵᑭᐦᐃᐁᐧᐃᐧᓂˣ ᐃᐢᑯ ᑫ ᐲᒫᑎᓯᒋᐠ; ᐃᐧᔭ ᐅᐦᒋ ᒋᓴᐢ X ᑳ ᑎᐯᔨᒥᑯᔮˣ. ᐋᒣᐣ.

¶ ᐁᑲᐧ ᒥᓇ ᐊᔭᒥᐁᐃᐧᔨᓂᐤ ᑭᑕ ᐃᑌᐧᐤ,

ᒫᒪᐁᐧᔭᐢ ᓯᔦᑳᑎᓯᐟ ᑭᓭᒪᓂᑐ, ᐯ ᒥᒋᒫᐨ ᐅᐦᒋ ᑳ ᑭ ᐅᓯᐦᐚᐟ ᓂᐢᑕᐨ ᑭ ᓂᑭᐦᐃᑯᓇᐊᐧ ᐚᑕᒪ ᒥᓇ ᐃᐸ ᐁᑯᓯ ᑳ ᑭ ᑲᓈᒋᐦᐚᐟ ᒥᓇ ᑳ ᑭ ᐃᐧᒉᐦᑕᐦᐚᐟ ᐃᐧᑭᑐᐃᐧᓂˣ; ᑭ ᑲ ᐃᐧ ᓯᑭᑎᑖᐧᑯᐋᐧᐤ ᐁ ᐃᓯ ᐁᐧᔦᑕᓂᔨᐠ ᐅ ᑭᓴᐋᐧᑎᓯᐃᐧᐣ, ᑭ ᑲ ᐃᐧ ᑲᓈᒋᐦᐃᑯᐋᐧᐤ ᒥᓇ ᑭ ᑲ ᐃᐧ ᓴᐁᐧᔨᒥᑯᐋᐧᐤ, ᑭᑕ ᑭ ᓇᐃᔭᐁᐧᐦᐋᐧᔭᐠ ᑭᔭᐃᐧᐋᐧˣ ᒥᓇ ᑭᐟ ᐊᑰᐦᑯᐋᐧˣ, ᒥᓇ ᑭᑕ ᑭ ᐲᒫᑎᓯᔭᐠ ᑖᐱᐢᑯᐨ ᑲᓈᒋ ᓵᑭᐦᐃᑐᐃᐧᓂˣ ᐃᔨᑯˣ ᑫ ᐲᒫᑎᓯᔭᐠ. ᐋᒣᐣ.

¶ ᐁᑲᐧ ᒥᓇ ᐊᔭᒥᐁᐃᐧᔨᓂᐤ ᐅᒪ ᑭᑕ ᐊᔭᒥᑖᐤ,

ᑲᑭᔭᐤ ᑭᔭᐋᐧᐤ ᑳ ᐃᐧᑭᐦᑐᔭᐠ, ᐊᐦᐸ ᑳ ᐃᑌᔨᑕᒣᐠ ᑭᑕ ᐅᑎᓇᒣᐠ ᐊᓂᒪ ᑲᓈᒋ ᐋᔮᐃᐧᐣ ᑮᐦᒋᐃᐧᑭᐦᑐᐃᐧᐣ ᓇᑐᐦᑕᒧᐠ, ᑖᓂᓯ ᐁᑌᐧᒪᑲˣ ᑮᐦᒋᒪᓯᓇᐃᑲᐣ, ᐊᓂᒪ ᐁ ᐃᑕᐢᑌᐠ ᓇᐯᐋᐧᐠ ᑭᑕ ᐃᓯ ᑎᐱᑐᑕᐚᐧᒋᐠ ᐃᐧᐃᐧᐋᐧᐊᐧ, ᒥᓇ ᐃᐢᑫᐧᐋᐧᐠ ᑭᑕ ᐃᓯ ᑎᐱᑐᑕᐚᐧᒋᐠ ᐅ ᓈᐯᒥᐚᐧᐊᐧ.

ᓭᐣᐟ ᐹᓫ ᐅ ᒪᓯᓇᐋᒫᑫᐃᐧᓂˣ ᐃᐱᓯᔭᓇ ᐁ ᒪᓯᓇ-ᐊᒫᐧᐟ, ᓃᔭᓇᐣ ᐱᐢᑭᑕᓯᓇᐦᐃᑲᓂˣ ᒥᔦᐤ ᐅᒪ ᐅᔭᓱᐁᐧᐃᐧᐣ ᑲᑭᔭᐤ ᓈᐯᐊᐧ ᑳ ᐃᐧᑭᑐᔨᐟ; ᓈᐯᑎᐠ, ᓵᑭᐃᑯᐠ ᑭᐃᐧᐋᐧᒍᐊᐧᐠ, ᑖᐱᐢᑯᐨ X ᑳ ᑭ ᐃᓯ ᓵᑭᐋᐧᐟ ᐅᑕᔭᒥᐋᐧᐊᐧ, ᒥᓇ ᑳ ᑭ ᐸᑭᑎᓂᓱᐟ ᐁᐊᐧᑯᓂ ᐅᐦᒋ; ᑭᑕ ᑭ ᑲᓈᒋᐋᐧᐟ, ᐁ ᐯᑭᐋᐧᐟ

ᐁ ᑭᒥᐢᑖᐹᐋᐧᔮᐟ ᐃᑌᐧᐃᐧᐣ ᐅᐦᒋ, ᑭᑕ ᐸᑭᑎᓇᒪᓱᐟ ᐅᑕᔭᒥᐋᐊᐧ ᑖᐱᐢᑯᐨ ᐁ ᑭᐦᒋᓈᑲᐧˣ ᐊᔭᒥᐁᐃᐧᑲᒥᐠ, ᐁᑳ ᓈᐣᑕᐤ ᐁ ᐃᐧᔨᐹᐠ ᐊᐦᐳ ᐁ ᐅᓯᑳᐠ ᐊᐦᐳ ᓈᐣᑖᐤ ᐁᐣᓯ ᐃᓯ; ᒪᑲ ᑭᑕ ᑲᓈᑕˣ ᒥᓇ ᐁᑳ ᑭᑕ ᒫᔨᓈᑲᐧˣ. ᐁᑯᓯ ᓈᐯᐊᐧᐠ ᐅ ᑲ ᐃᓯ ᓵᑭᐋᐧᑖᐋᐧᐤ ᐃᐧᐃᐧᐋᐧᐊᐧ ᑖᐱᐢᑯᐨ ᑎᐱᔭᐤ ᐃᐧᔭᐃᐧᐋᐧᐊᐧ. ᐊᓇ ᑲ ᓵᑭᐋᐧᐟ ᐃᐧᐊᐧ ᓵᑭᐃᓱ: ᒋᑫᒫ ᓇᒪᐃᐧᑳᐨ ᓈᐯᐤ ᐸᑳᐧᑕᑦ ᐃᐧᔭ ᐃᐧᔭᐤ. ᒫᑲ ᑲᓇᐁᐧᔨᑕᑦ ᒥᓇ ᓈᓇᐹᒋᑖᐤ, ᑖᐱᐢᑯᐨ X ᑲ ᐃᑐᑕᐋᐧᐟ ᐅᑕᔭᒥᐋᐊᐧ; ᒋᑫᒫ ᑮᔭᓇᐤ ᐅ ᐸᐢᑫᓯᐃᐧᓂᐤ ᐃᐧᔭᐃᐧˣ. ᐁᐊᐧᑯ ᐅᒪ ᐅᐦᒋ ᒫᑲ ᐊᔨᓯᔨᓂᐤ ᑭᑕ ᓇᑲᑌᐤ ᐅᑖᐃᐧᔭ ᒥᓇ ᐅᑳᐃᐧᔭ, ᐁᑯᓯ ᑭᑕ ᐃᐧᒉᐁᐧᐤ ᐃᐧᐊᐧ; ᐁ ᓂᓯᒋᐠ ᒫᑲ ᑭᑕ ᐯᔭᑯ ᐃᐧᔮᓴᐊᐧᐠ. ᐅᒪ ᑭᐦᒋ ᒫᒪᐢᑳᑌᔨᑖᑲᐧᐣ: ᒫᑲ ᐅᒪ ᑲ ᐃᑌᐧᔮᐣ X ᒥᓇ ᐅᑕᔭᒥᐋᐊᐧᐠ ᐁ ᓈᑲᑌᔨᒪᒋᐠ. ᒫᑲ ᐁᔨᐁᐧˣ ᑭᔭᐋᐧᑦ ᑲᑭᔭᐤ ᐊᐃᐧᔭᐠ ᑭᑕ ᓵᑭᐁᐤ ᐃᐧᐊᐧ ᑲ ᐃᓯ ᓵᑭᐃᓱᐟ.

ᐁᑲᐧ ᒥᓇ ᐁᐊᐧᑯ ᐊᐊᐧ ᑫᔮᐱᐨ ᓴᐣᐟ ᐹᕽ ᐁ ᒪᓯᓇᐊᒪᐋᐧᐟ ᑲᕽᐋᓯᔭᓇ ᐅᒥᓯ ᐃᑌᐤ ᑲᑭᔭᐤ ᓈᐯᐊᐧ ᑲ ᐃᐧᑭᑐᔨᐟ; ᓈᐯᑎᐠ ᓵᑭᐃᐦᑯᐠ ᑭᐃᐧᐋᐧᐊᐧᐠ ᒥᓇ ᐁᑳᐃᐧᔭ ᑭᓯᐢᑖᐦᑯᐠ.

ᓇᑐᐦᑕᒧᐠ ᒥᓇ ᑖᓂᓯ ᓴᐣᐟ ᐱᑕᕽ ᐅᐟ ᐃᓯᑎᓴᐋᐧᑲᓇ X, ᐃᐧᐢᑕ ᒫᑲ ᑭ ᐃᐧᐃᐧᐤ, ᑲ ᐃᑖᐟ ᐊᓂᐦᐃ ᑲ ᐃᐧᐃᐧᔨᐟ, ᑭᔭᐋᐧᐤ ᓈᐯᑎᐠ, ᐁᑯᓯ ᐃᓯ ᐃᐧᒋ ᐹᔭᒥᑯᐠ ᑭᐃᐧᐋᐧᐊᐧᐠ ᑭᐢᑫᔨᑕᒧ ᐧᓂˣ, ᐁ ᒪᓈᒋᐋᓴᐠ ᐃᐢᑫᐧᐤ ᐃᐧᔭ ᐁ ᓄᓱᐃᐧᓯᐟ, ᒥᓇ ᐁ ᓂᓱ ᒥᔨᑯᐃᐧᓯᐘᐠ ᓂᓱᒫᑯᐃᐧᐣ ᐱᒫᑎᓯᐃᐧᓂˣ; ᑭᐟ ᐊᔭᒥᐋᐃᐧᓂᐋᐧᐊᐧ ᐁᑳ ᑭᑕ ᐊᐧᓈᑖᓴᐠ.

ᐁᑯᑦ ᐃᐢᑯ ᑭ ᑭ ᐯᐦᑌᓈᐋᐤ ᐁ ᐃᑕᐢᑌᐠ ᓈᐯᐤ ᑭᑕ ᐃᓯ ᑎᐱᑐᑕᐋᐧᐟ ᐃᐧᐊᐧ. ᐁᑲᐧ ᒫᑲ ᑭᐢᑕᐋᐧᐤ ᐃᐢᑫᐧᑎᐠ

ᓇᑐᐦᑕᒧᐠ ᒥᓇ ᑭᐢᑫᔨ ᒧᐠ ᑫ ᐃᓯ ᑎᐱᑐᑕᐚᔦᑯᐠ ᑭ ᓇᐯᒥᐚᐘᐠ ᑳ ᐃᓯ ᐸᔫᐦᑌ ᐃᐧᒋᑳᑌᐠ ᑮᐦᒋᒫᓯᓇᐃᑲᓂᕽ.

ᓭᐣ ᐹᐢ ᑫᔮᐱᐨ ᐁᑯᑕ ᐁ ᒫᓯᓇᐦᐊᒫᐏᐟ ᐃᐱᓯᔭᓇ ᐅᒥᓯ ᑭᐟ ᐃᓯ ᑭᐢᑭᓈᒪᑯᐚᐤ; ᐃᐢᑫᐧᑎᐠ, ᓇᓇᐃᑖᑯᐠ ᑭ ᓈᐯᒥᐚᐘᐠ, ᑖᐱᐢᑯᐨ ᑳ ᑎᐯᔨᒋᑫᐟ. ᒋᑫᒫ ᓈᐯᐤ ᐅᐢᑎᑳᐧᓂᐢᑲᐁᐧᐤ ᐃᐧᐊᐧ, ᑖᐱᐢᑯᐨ X ᑳ ᐃᓯ ᐅᐢᑎᑳᐧᓂᐢᑲᕽ ᐊᔭᒥᐊᐃᐧᐣ, ᐃᐧᔭ ᒫᑲ ᐁ ᐱᒫᑎᓯᐢᑲᕽ ᒥᔪᐤ. ᑖᐱᐢᑯᐨ ᒫᑲ ᐅᑕᔭᒥᐚᐊᐧᐠ ᑳ ᐃᓯ ᑎᐯᔨᒥᑯᒋᐠ Xᐊ, ᐁᑯᓯ ᐃᐢᑫᐧᐊᐧᐠ ᐅ ᑲ ᐃᓯ ᑎᐯᔨᒥᑯᑖᐚᐤ ᐅᓈᐯᒥᐚᐘᐧ ᒥᓯᐁᐧ ᐃᓯ. ᐁᑲᐧ ᒥᓇ ᐃᑌᐤ, ᑮᔮᐨ ᐃᐢᑫᐧᐤ ᑭᑕ ᓈᑲᑌᔨᑕᐨ ᑭᑕ ᑯᓯᑫᐧᔨᒫᐟ ᐅ ᓈᐯᒪ.

ᐁᑲᐧ ᐁ ᒫᓯᓇᐦᐊᒫᐏᐟ ᑲᐢᐋᓯᔭᓇ ᓭᐣ ᐹᐢ ᐅᒥᓯ ᑭᐟ ᐃᓯ ᑭᐢᑭᓈᒪᑯᐚᐤ; ᐃᐢᑫᐧᑎᐠ ᓇᓇᐃᑖᐦᑯᐠ ᑭ ᓈᐯᒥᐚᐘᐠ, ᑳ ᐃᓯ ᓇᐃᐢᑳᑯᐟ ᑳ ᑎᐯᔨᒋᑫᐟ.

ᓭᐣ ᐱᑕᕒ ᒥᓇ ᒥᑐᓂ ᑭ ᑭᐢᑭᓈᒪᑯᐚᐤ, ᐅᒥᓯ ᐁ ᐃᑌᐧᐟ, ᐁᑯᓯ ᐃᓯ ᒥᓇ ᑭᔭᐚᐤ ᐃᐢᑫᐧᑎᐠ, ᓇᓇᐃᑖᑯᐠ ᑭ ᓈᐯᒥᐚᐘᐠ; ᐁᑯᓯ ᑭᐢᐱᐣ ᐁᑳ ᓇᓇᐃᑕᑲᐧᐃᐧ ᐃᑌᐧᐃᐧᐣ ᐁᑳ ᐋᑕ ᐁ ᐊᔮᒋᐠ ᐃᑌᐧᐃᐧᐣ ᑭᑕ ᑲᐢᑭᐃᑯᒋᐠ ᐅᐟ ᐃᓯ ᐱᒫᑎᓯᐃᐧᓂᔨᐤ ᐃᐧᐃᐧᐚᐊᐧ; ᐊᐧᐸᑖᑲᐧᐃᐧ ᑲᓇᐁᐧᔨᒥᓱᐃᐧᓂᕽ ᐁ ᐃᓯ ᐱᒫᑎᓯᓴᐠ ᑭᑭ ᑯᓯᑫᐧᔨᑕᒧᐃᐧᐣ. ᑭ ᐊᐧᐁᐧᓯᐅᐃᐧᓂᐚᐤ ᑮᔮᐨ ᐁᑳᐃᐧᔭ ᐊᓂᒪ ᐊᐧᐢᑭ ᑳ ᐊᐱᑳᑕᒥᕽ ᒣᐢᑕᑲᔭ ᒥᓇ ᑳ ᐃᐧᔮᒥᐦᐟ ᐅᔮᐃᐧ ᓲᓂᔮᐤ, ᐊᐦᐴ ᐁ ᐳᓯᐢᑲᒥᕽ ᑭᑭᐢᑳᒋᑲᐣ; ᒫᑲ ᓇᐋᐧ ᐁᑳ ᑳ ᓄᑲᐧᕽ ᐊᐸᓯᐸᓂᐃᐧᐃᐧᐣ ᒥᑌᐦᐃᕽ, ᐁᑳ ᑳ ᓂᓯᐊᐧᓈᑕᕽ ᑭᑭᐢᑳᒋᑲᐣ ᐁ ᓵᐢᑳᑎᓯᐟ ᒥᓇ ᐁ ᑮᔮᒣᐃᐧᓯᐟ ᐊᒫᕽ, ᐁᐊᐧᑯ ᐁ ᐃᓯ ᑭᑖᐸᑕᕽ ᑭᓭᒪᓂᑐ ᒥᐢᑕᐦᐃ ᑳ ᐃᑕᑭᑌᐠ.

ᑫ ᐃᓯ ᓇᐦᐃᓂᐦᒋᐠ ᐅᓂᐱᐊᐧᐠ.

¶ ᑭᑕ ᓈᑲᑌᔨᒋᑳᑌᐤ ᐅᒪ ᑳ ᐊᑎ ᐊᐢᑌ ᐁᑳ ᑭᑕ ᐊᔭᒥᑖᕽ ᐊᐃᐧᔭᐠ ᑳ ᓂᐱᐟ ᐁᑳ ᐁ ᐅᐦᒋ ᓯᑲᐊᑖᐦᐟ, ᐊᐦᐸ ᐁ ᑭ ᐊᓴᓂᐦᐟ ᐊᔭᒥᐁᐃᐧᑲᒥᑯᕽ ᐅᐦᒋ, ᐊᐦᐸ ᐁ ᑭ ᓂᐸᐦᐃᓯᐟ.

¶ ᐊᔭᒥᐁᐃᐧᔨᓂᐤ ᒥᓇ ᐊ ᐃ ᑳ ᐃᐧᑫᐃᐧᑯᐟ ᐁ ᓇᑭᐢᑲᑭᐠ ᒥᔪ ᐁ ᐊᑎ ᐱᑐᑫᕽ ᐊᔭᒥᐁᐃᐧᓂᒥᑯᐃᐧ ᒉᓂᑲᓂᕽ, ᐁᑯᓯ ᐁ ᓂᑳᓛᑐᑕᐦᑭᐠ, ᐊᐦᐸ ᐱᐦᒋ ᐊᔭᒥᐁᐃᐧᑲᒥᑯᕽ, ᐊᐦᐸ ᔨᑲᐧᐊᐢᑳᓂᕽ ᐃᓯ, ᑭᑕ ᐃᑌᐧᐊᐧᐠ,

ᓂᔭ ᐅᐊᐧᓂᐢᑳᓂᐁᐧᐤ ᒥᓇ ᐱᒫᑎᓯᐃᐧᐣ ᐃᑌᐤ ᑳ ᑎᐯᔨᒋᑫᐟ: ᐊᓇ ᑳ ᑖᐯᐧᐦᑕᐃᐧᐟ, ᐁ ᐋᐧᑕ ᓂᐱᐟ, ᑫᔮᐱ-ᑭᑕ ᐱᒫᑎᓯᐤ: ᒥᓇ ᐊᐃᐧᔭᐠ ᐱᒫᑎᓯᒋ ᒥᓇ ᑖᐯᐧᐦᑕᐃᐧᒋ ᓇᒪᐃᐧᔭ ᐃᐧᐦᑳ- ᑭᑕ ᓂᐱᐤ. ᓵᐣ ᒍᐣ xi. 25, 26.

ᓂ ᑭᐢᑫᔨᐦᑌᐣ ᒥᐱᒫᒋᐃᐁᐧᐟ ᐁ ᐱᒫᑎᓯᐟ, ᒥᓇ ᑭᑕ ᓂᐸᐃᐧᐟ ᐊᐢᑭᕽ ᐃᐢᑳᐧᔮ- ᑭᓯᑳᑭᐧ. ᒥᓇ ᐋᐧᑕ ᒪᓂᒧᓴᐠ ᑭ ᓂᓯᐋᐧᓈᒋᐦᑖᑖᐧᐃᐧ ᐅᒪ ᒥᔪ, ᓵᑯ- ᓂ ᐃᐧᔮᓯᕽ ᓂ ᑲ ᐋᐧᐸᒫᐤ ᒪᓂᑐ; ᑫ ᐋᐧᐸᒪᐠ ᓂᔭ ᑫᐦᒋᐋᐧᐠ, ᒥᓇ ᓂᐢᑭᓯᑲᐧ ᐅᐦᒋ ᓂ ᑲ ᑲ ᐋᐧᐸᒫᐤ, ᒥᓇ ᓇᒪ ᐊᐃᐧᔭᐠ ᐱᑐᐢ. ᔫᑊ xix. 25, 26, 27.

ᓇᒫᐃᐧᔭ ᑫᑲ: ᑯᐦᒋ ᐯᑖᓇᐤ ᐅᑕ ᐊᐢᑭᕽ, ᒥᓇ ᑫᐦᒋᓈᒫ-ᓇᒪᐃᐧᔭ ᑫᑲ ᑭ ᑲ ᓯᐯᐧᐦᑕᑖᓇᐤ. ᑳ ᑎᐯᔨᒋᑫᐟ ᑭ ᒉᑭᐤ, ᒥᓇ ᑳ ᑎᐯᔨᒋᑫᐟ ᑭ ᐅᑎᓇᐠ; ᑭᑕ ᑭᐢᑕᑭᐦᑕᒫᐅᐧ ᐅ ᐃᐧᓀᐃᐧᐅᐧ ᑳ ᑎᐯᔨᒋᑫᐟ. ᓂᐢᑕᐠ ᑎᒪᑎ vi. 7. ᔫᑊ i. 21.

¶ ᑭ ᐱᑐᑫᑖᐁᐧ ᐊᔭᒥᐁᐃᐧᑲᒥᑯᕽ ᑭᑕ ᐊᔭᒥᑖᓂᐊᐧᐅ ᐅᒪ **ᓂᑲᒧᐣ**.

ᓂᑲᒧᐣ xxxix.

ᓂ ᑭ ᑖᐅ ᐯᔭᑕᐠ ᓂ ᑲ ᓈᑲᑕᐁᐧᔨᑌᐣ ᓂᐟ ᐃᓯᒋᑫ-ᐃᐧᓇ, ᐁᑯ ᑭᑕ ᒪᒋᑐᑕᒫᐣ ᓂᑌᔭᓂ ᐅᐦᒋ;

ᓂ ᑲ ᑲᓇᐌᔨᑌᐣ ᓂᐣ ᑖᐱᐢᑯᐨ ᑖᐱᑐᓀᐱᒋᑲᐣ ᐅᐦᒋ, ᒣᒁᐨ ᐅᒪᒫᑎᓯᐘᐠ ᐁ ᐅᑎᐢᑲᐏᐢᑲᐏᒋᐠ.

ᓇᒪ ᓂ ᑭᑐᐣ, ᐁ ᑯᐢᑷᐚᑎᓯᔮᐣ ᓇᒪ ᓈᐣᑕᐤ ᓂᐟ ᐃᑚᐣ ᐊᐦᐸ ᑳ ᒥᔻᓯᐠ; ᒥᓇ ᓂ ᐱᑵᔨᑕᒧᐏᐣ ᑭ ᐅᐦᐻ ᐊᔮᐤ.

ᓂᑌᐦ ᐱᐦᒋ ᓂᔭᐏᕽ ᑭ ᑭᓯᑌᐤ; ᒣᒁᐨ ᐁ ᒫᒥᑐᓀ-ᔨᑕᒫᐣ ᐃᐢᑯᑌᐤ ᑭ ᒓᑯᑌᐤ; ᐁᑿ ᓂ ᑭ ᐱᑭᐢᑷᐣ ᓂᑌᔮᓂ ᐅᐦᒋ;

ᑌᐯᔨᒋᑫᔭᐣ ᑭᐢᑫᔨᑕᒧᐃᐣ ᓂ ᐸᓂ ᐃᐦᑖᐏᐣ, ᒥᓇ ᐁ ᐃᑕᐦᑎᑭ ᓂ ᑭᓯᑳᒪ ᐁ ᐃᓯ ᐊᔮᐠ; ᑭᐢᑫᔨᑕᒧᐃᐣ ᐁ ᐃᓯ ᓀᐟᐏᓯᔮᐣ.

ᒫᑎᑲ ᑭ ᑭ ᐃᓯᑖᐤ ᓂ ᑭᓯᑳᒪ ᑖᐱᐢᑯᐨ ᑎᐱᒥᐦᒫᒋᑲᐣ; ᒥᓇ ᓂᐟ ᐃᐢᐱᑎᓯᐏᐣ ᑖᐱᐢᑯᐨ ᓇᒪ ᑫᑲ ᑭᔭ ᐁ ᐃᓯ ᐚᐸᐸᑕᒪᐣ; ᑕᐻ ᑲᑭᔭᐤ ᐊᔨᓯᔨᓂᐤ ᐋᑕ ᐁ ᒫᐘᒥ ᒥᔦ ᐊᔮᐟ ᒥᑐᓂ ᐱᑯᓇᑕ.

ᑖᐻ ᑲᑭᔭᐤ ᐊᔨᓯᔨᓂᐤ ᐱᒧᑌᐤ ᐱᑯᓇᑕ ᐃᓯᓈᑯᓯᐏᓂᕽ; ᑖᐻ ᐱᑯᓇᑕ ᒥᑯᐢᑳᑌᔨᑕᒥᐦᐃᐟ; ᒫᐘᓴᑿᐢᑖᐤ ᐌᔭᑎᓯ-ᐏᓇ, ᐁᑯᐟ ᓇᒪᐏᔭ ᑭᐢᑫᔨᑕᐠ ᐊᐌᓂᐊ ᑫ ᒫᐘᒋᑖᔨᐟ.

ᐁᑿ ᒫᑲ ᑌᐯᔨᒋᑫᔭᐣ ᑫᑲ: ᑳ ᐅᐦᒋ ᐯᐅᔮᐣ? ᑭᔭ ᑭᐟ ᐊᐢᐯᔨᒧᑐᑖᑎᐣ.

ᐸᒋᑎᓴᐊᒪᐏᐣ ᑲᑭᔭᐤ ᓂ ᐘᓂᑐᑕᒧᐏᓇ; ᐁᑳᐏᔭ ᐃᓯᐃᐣ ᖴᑕ ᐱᐏᑭᓴᐧᓯᒋᐠ ᑭᐢᑵᑳᓇᐠ.

ᓇᒪ ᓂ ᑭ ᑭᑐᐣ, ᓇᒪ ᓈᐣᑕᐤ ᓂ ᑭ ᐃᑚᐣ; ᒋᑫᒫ ᑭᔭ ᑳ ᑭ ᐃᐦᑐᑕᒪᐣ.

ᐃᑲᑌᓇᒪᐏᐣ ᑭ ᐸᑲᒪᐦᐅᐌᐏᐣ; ᓂ ᓂᓯᐚᓈᒋᐃᑯᐣ ᐁ ᐸᑲᒪᐅᑯᔮᐣ ᑭᒥᐦᒥ.

ᐃᐢᐱ ᑭᑕᐊᒫᑫᐃᐧᐣ ᐅᐦᑎ ᑫᑫᐢᑭᒪᑎ ᐊᔨᓯᔨᓂᐤ ᐁ ᐊᐧᓂᑐᑕˣ, ᑭᐟ ᐃᓯᑖᐋᐧᐣ ᐅ ᑲᑕᐊᐧᓯᓯᐃᐧᐣ ᑭᑕ ᒣᐦᑎ ᐁᑳ ᐃᑕᑲᐧᓂᔨᐠ ᑖᐱᐢᑯᐨ ᒫᓂᑐᐢ; ᑖᐯᐧ ᑲᑭᔭᐤ ᐊᔨᓯᔨᓂᐤ ᐱᑯᓇᑕ.

ᓇᑐᐦᑕ ᓂᐟ ᐊᔭᒥᐋᐃᐧᐣ ᑌᐯᔭᑭᑫᔭᐣ, ᒥᓇ ᐱᓯᑭᑕ ᓂ ᒪᐃᐧᒍᑫᐃᐧᐣ; ᐁᑳᐃᐧᔭ ᐋᓄᐧᑕ ᓄᐦᑭᑲᐋᐧᐱᐃᐧᓇ;

ᑭᑫᒫ ᑭ ᒫᓄᑌᑲᑎᐣ, ᒥᓇ ᐅᑲᐯᓯᐤ, ᑖᐱᐢᑯᐨ ᑳ ᑭ ᐃᓯ ᐋᔭᑭᐠ ᑲᑭᔭᐤ ᓄᑖᐃᐧᐸᓈᐠ.

ᒪᓈᑭᐃᐣ ᑭᔮᒼ, ᑳᐃᐧ ᑭᑕ ᐊᔮᔮᐣ ᒪᐢᑲᐃᐧᓯᐃᐧᐣ, ᒪᐧᓴᐢ ᐅᑕ ᐅᐦᑎ ᓯᐯᐧᑌᔮᐣ ᐁᑳ ᒥᓇ ᑭᑕ ᐊᔮᔮᐣ.

ᑭᑕ ᒪᒥᐦᑭᒫᐤ ᐁᐧᔦᑖᐃᐧˣ, ᒥᓇ ᐅᑯᓯᓯᒫᐤ, &c.

¶ ᐁᑲᐧ ᐅᒪ ᐊᔭᒥᐦᑭᑫᐃᐧᐣ.

ᓂᐢᑕᒼ ᑲᕒᐃᐣᑎᔭᓇ xv. 20.

ᒫᑳᓂ ᑭ ᐊᐧᓂᐢᑲᐤ X ᓂᐸᐃᐧᓂˣ ᐅᐦᑎ, ᐁᐊᐧᑯ ᐁ ᓂᑳᓄᑕᐋᐧᐟ ᐊᓂᐃ ᑳ ᓂᐹᔨᐟ. ᑭᑫᒫ ᑳ ᑭ ᐃᓯ ᑕᑯᓯᓄ-ᒪᑲˣ ᓂᐸᐃᐧᐣ ᐊᔨᓯᔨᓂᐤ ᐅᐦᑎ, ᐊᔨᓯᔨᓂᐤ ᒥᓇ ᐅᐦᑎ ᑭ ᑕᑯᓯᓄᒪᑲᐣ ᐋᐱᓯᓯᓄᐃᐧᐣ ᓂᐸᐃᐧᓂˣ ᐅᐦᑎ. ᑭᑫᒫ ᑳ ᐃᓯ ᑲᑭᔭᐤ ᓂᐱˣ ᐋᑕᒼ ᐅᐦᑎ, ᐁᑯᓯ ᒥᓇ X ᐅᐦᑎ ᑲᑭᔭᐤ ᑫ ᐱᒫᒋᐃᑯᐃᐧᓯˣ. ᒫᑲ ᑲᑭᔭᐤ ᐊᐃᐧᔭᐠ ᐃᑕ ᐁ ᐊᑭᒋᑳᓱᐟ: X ᑳ ᓂᑳᓄᑖᑫᐟ; ᐁᑲᐧ ᐊᓂᐃ X ᑳ ᐅᐟ ᐃᔨᓂᒥᐟ, ᐃᐢᐱ ᑕᑯᓯᑭ. ᐁᑲᐧ ᒫᑲ ᑫ ᐅᑎᑭᐸᔨᐠ ᐃᑕ ᑭᑕ ᐸᓂᐸᔨᐠ, ᐃᑕ ᑫ ᐸᑭᑭᐧᓇᒪᐋᐧᐟ ᑭᐦᑎ ᐅᑭᒫᐃᐧᐃᐧᐣ ᑭᔐᒪᓂᑐᐊᐧ, ᐁᐧᔦ-ᑖᐃᐧˣ ᐅᑎ; ᐃᐢᐱ ᑭ ᑭᓯᔦᑎ ᑲᑭᔭᐤ ᐅᔭᔨᐁᐧᐃᐧᐣ ᒥᓇ ᑎᐯᔨᒋᑫᐃᐧᐣ ᒥᓇ ᑲᐢᑭᐁᐃᐧᓯᐃᐧᐣ. ᑭᑫᒫ ᐱᑯ ᑭᑕ

ᑎᐯᔨᒋᑫᐟ, ᐃᐢᑯ ᑲᑭᔭᐤ ᐅ ᓄᑎᓈᑲᓇ ᑭᑕ ᑕᑕᑯᐢᑳᑖᐟ. ᐊᓇ ᐃᐢᑳᐧᔮᐨ ᓄᑎᓇᔅᐣ ᑫ ᓂᓯᐊᐧᓈᒋᐃᐦᐟ ᐁᐊᐧᑯ ᓂᐸᐃᐧᐣ. ᒋᑫᒪ, ᐃᐧᔭ ᑲᑭᔭᐤ ᑫᑲ: ᑭ ᐊᐢᑖᐁᐧᐤ ᑭᑕ ᑎᐯᔨᑕᒥᔨᐟ ᓯᐹ ᐅᓯᑎᔨᕽ. ᒫᑲ ᐁ ᐃᑌᐧᐟ, ᑲᑭᔭᐤ ᑫᑲ: ᑎᐯᔨᑕᒧᐋᐤ, ᒍᑳᐧᐣ ᐃᐧᔭ ᐁᑳ ᐁ ᐊᓯᒐᑭᒥᐦᐟ ᐊᓇ ᑳ ᑭ ᑎᐯᔨᑕᒧᐋᐟ ᑲᑭᔭᐤ ᑫᑲ:. ᐃᐢᐱ ᒫᑲ ᑲᑭᔭᐤ ᑫᑲ: ᑭ ᑎᐯᔨᑕᑭ, ᐁᑲᐧ ᐅᑯᓯᓰᒪᐤ ᐃᐧᐢᑕ ᑫ ᑎᐯᔨᒥᑯᐟ ᐊᓂᐃ ᑳ ᑭ ᑎᐯᔨᑕᒧᐃᑯᐟ ᑲᑭᔭᐤ ᑫᑲ:, ᑭᓭᒪᓂᑐ ᐃᐧᔭ ᑭᑕ ᐃᓯ ᒫᒪᐁᐧᔨᑖᑯᓯᐟ.

ᒋᑫᒫ ᑭᐢᐱᐣ ᓇᒪᐃᐧᔭ ᐁᑯᓯ ᑖᓂᓯ ᑫ ᐃᑐᑕᑭᐠ ᐊᓂᑭ ᑳ ᐹᐦᑕᐧᓯᐃᐧᐃᐦᒋᐠ ᑳ ᑭ ᓂᐱᔨᐟ ᐅᐦᒋ? ᑭᐢᐱᐣ ᐅᓂᐱᐊᐧᐠ ᐁᑳ ᐁᐧᓂᐢᑲᓂᑖᐧᐃᐧ, ᑖᓄᑭ ᑳ ᐹᐦᑕᐧᓯᐃᐧᐃᐦᒋᐠ ᐁᐊᐧᑯᓂ ᐅᐦᒋ? ᑖᓄᑭ ᓂᔮᓈᐣ ᒥᓇ ᑳ ᓂᐸᐃᐧᔮᕽ ᑲᑫᐧᐢᐸᓈᑕᓄᕽ ᑕᐦᑐ ᑎᐸᐃᑲᐣ? ᓂᐟ ᐊᐢᐱᒧᑊ ᐊᓂᒪ ᑲ ᐃᓯ ᒪᒥᐦᒋᒧ-ᑐᑖᑕᑯᐠ, ᓂᒋᐋᐧᒥᑎᐠ, ᑳ ᐋᔮᔮᐣ X ᒋᓭᐢ ᐃᓯ ᑳ ᑌᐯᔨ-ᒥᑯᔮᕽ, ᓂ ᓂᐱᐣ ᑕᐦᑐ ᑭᓯᑳᐤ. ᑮᓭᐢᐱᓅ ᐁ ᐃᓯᒋᑫᐃᐦᒋᐠ ᐊᔨᓯᔨᓂᐊᐧᐠ ᑳ ᓄᑎᓇᑭᐠ ᐱᓯᐢᑭᐊᐧᐠ ᐁᐱᓭᓯᕽ, ᑖᓂᓯ ᑫ ᐃᑖᐸᒋᐃᑯᔮᐣ? ᑭᐢᐱᐣ ᐅᓂᐱᐊᐧᐠ ᓇᒪᐃᐧᔭ ᐊᐧᓂᐢᑲᓈᐊᐧᐠ, ᑮᔮᐟ ᒥᒋᓱᑖᐠ ᒥᓇ ᒥᓂᑫᐧᑖᐠ, ᒋᑫᒫ ᑫ ᐋᐧᐸᕽ ᑭ ᑲ ᓂᐱᓇᐤ. ᐁᑳᐃᐧᔭ ᑭ ᑲ ᐋᐧᓭᓯᒥᑲᐃᐧᓈᐋᐧᐤ: ᒫᔨ ᐃᐧᑯᑐᐃᐧᐣ ᓂᓯ-ᐊᐧᓈᒋᑖᒪᑲᐣ ᒥᓀ ᐃᓯᐁᐧᐱᓯᐃᐧᐣ. ᑯᐢᑯᐢᑳᐠ ᑲᐧᔭᐢᑭᑖᑎᓯᐃᐧᓂᕽ ᐃᓯ, ᒥᓇ ᐁᑳᐃᐧᔭ ᒪᒋᐃᐦᑎᐠ; ᒋᑫᒫ ᐋᑎᐦᐟ ᓇᒪᐃᐧᔭ ᑭᐢᑫᔨᒣᐊᐧᐠ ᑭᓭᒪᓂᑐᐊᐧ: ᐅᒪ ᓂᐟ ᐃᑖᐧᐣ ᐁ ᐃᐧ ᓇᓅ-ᐯᐃᐧᒥᑕᑯᐠ.

ᒫᑲ ᓈᐣᑕᐤ ᐊᐃᐧᔮᐠ ᑭᑕ ᐃᑌᐤ, ᑖᓂᓯ ᐁᓯ ᐊᐧᓂᐢᑲ-ᓂᐦᒋᐠ ᐅᓂᐱᐊᐧᐠ? ᒥᓇ ᑫᑯ ᒥᔭᐤ ᑳ ᑭᑭ ᐊᐧᓂᐢᑳᒋᐠ?

ᑭᔭ ᐁᑳ ᑳ ᐃᔨᓂᓯᔭᐣ, ᐊᓂᒪ ᑳ ᑭᐢᑎᑳᑕᒪᐣ ᓇᒪᐃᐧᔭ ᐱᒫᑕᐣ, ᑭᐢᐱᐣ ᐁᑳ ᓂᐳᒪᑲᑭ: ᐁᑯᓯ ᐊᓂᒪ ᑳ ᑭᐢᑎ-ᑳᑕᒪᐣ, ᓇᒪᐃᐧᔭ ᑭ ᑭᐢᑎᑳᑌᐣ ᐊᓂᒪ ᒥᔭᐤ ᑫ ᐃᑕᑲᐧᕽ, ᒫᑲ ᐁ ᒧᐦᒋ ᒥᓂᓯᐃᐧᐟ, ᓂᑯᑖᐧ ᐸᑫᐧᓯᑲᓂᑳᐣ, ᐊᐦᐳ ᑯᑕᐠ ᑐᐃᐧ ᑭᐢᑎᑳᐣ; ᒫᑲ ᑭᓭᒪᓂᑐ ᒥᔭᐃᐧᑖᐤ ᐃᐧᔭ ᐁ ᐃᑌᔨᑕᕽ, ᒥᓇ ᑕᐦᑐ ᑭᐢᑎᑳᐣ ᐱᐢᑭᐢ ᐁ ᐃᓯ ᐃᐧᔭᐃᐧᒪᑲᕽ. ᑲᑭᔭᐤ ᐃᐧᔮᐢ ᓇᒪᐃᐧᔭ ᐯᔭᑲᐧᐣ ᑐᐃᐧ ᐃᐧᔮᐢ: ᒫᑲ ᐯᔭᑲᐧᓂᔨᐤ ᐅ ᐃᐧᔮᓯᐋᐧᐤ ᐊᔨᓯᔨᓂᐊᐧᐠ, ᒥᓇ ᑯᑕᐠ ᐅ ᐃᐧᔮᓯᐋᐧᐤ ᐱᓯᐢᑭᐊᐧᐠ, ᒥᓇ ᑯᑕᐠ ᐅ ᐃᐧᔮᓯᐋᐧᐤ ᐱᔦᓯᐊᐧᐠ, ᒥᓇ ᑯᑕᐠ ᑭᓄᓭᐊᐧᐠ. ᐃᑕᑲᐧᓇᐧ ᒥᓇ ᑭᓯᑯᐃᐧ ᒥᔭᐊᐧ, ᒥᓇ ᐊᐢᑭᐃᐧ ᒥᔭᐊᐧ: ᒫᑲ ᐁ ᐃᓯ ᑭᐢᑌᔨᑖᑲᐧᕽ ᑭᓯᑯᐃᐧ ᒥᔭᐤ ᐯᔭᑲᐧᐣ. ᒥᓇ ᐁ ᐃᓯ ᑭᐢᑌᔨᑖᑲᐧᕽ ᐊᐢᑭᐃᐧ ᒥᔭᐤ ᐱᑐᑕᐣ. ᐯᔭᑲᐧᐣ ᐁ ᐃᓯ ᑭᐢᑌᔨᑖᑯᓯᐟ ᑭᓯᑳᐃᐧ ᐱᓯᒼ, ᒥᓇ ᐱᑐᐢ ᐃᓯ ᑭᐢᑌᔨᑖᑯᓯᐤ ᑎᐱᐢᑳᐃᐧ ᐱᓯᒼ, ᒥᓇ ᐱᑐᐢ ᐃᓯ ᑭᐢᑌᔨ-ᑖᑯᓯᐋᐧᐠ ᐊᒑᐦᑯᓴᐠ; ᒋᑫᒫ ᐹᐱᑐᐢ ᐃᓯ ᑭᑳᔮᓯᑫᐊᐧᐠ ᐊᒑ-ᐦᑯᓴᐠ. ᐁᑯᓯ ᐃᓯ ᒥᓇ ᐅᐟ ᐋᐱᓯᓯᓄᐃᐧᓂᐋᐧᐤ ᐅᓂᐱᐊᐧᐠ. ᐸᑭᑎᓂᑳᑌᐤ ᓂᓯᐊ ᓈᑎᓯᐃᐧᓂᕽ; ᐊᐧᓂᐢᑲᓂᑳᑌᐤ ᐁᑳ ᐃᐧᑲᐨ ᑭᑕ ᓂᓯᐋᐧᓈᑕᕽ; ᐸᑭᑎᓂᑳᑌᐤ ᑭᑎᒫᑭᓯᐃᐧᓂᕽ; ᐊᐧᓂᐢᑲᓂ-ᑳᑌᐤ ᑭᐢᑌᔨᑖᑯᓯᐃᐧᓂᕽ; ᐸᑭᑎᓂᑳᑌᐤ ᓀᓱᐃᐧᓯᐃᐧᓂᕽ; ᐊᐧᓂᐢᑲᓂᑳᑌᐤ ᒪᐢᑲᐃᐧᓯᐃᐧᓂᕽ: ᐸᑭᑎᓂᑳᑌᐤ ᐃᐧᔮᓯᐃᐧ ᒥᔭᐤ; ᐊᐧᓂᐢᑲᓂᑳᑌᐤ ᐊᒑᐦᑯᐃᐧ ᒥᔭᐤ. ᐃᐧᔭ ᐁ ᐃᑕᑲᐧᕽ ᐃᐧᔮᓯᐃᐧ ᒥᔭᐤ, ᐃᑕᑲᐧᐣ ᒥᓇ ᐊᒑᐦᑯᐃᐧ ᒥᔭᐤ. ᐁᑯᓯ ᒥᓇ ᐃᑕᓯᓇᐃᑳᑌᐤ, ᐊᓇ ᓂᐢᑕᒼ ᐋᑕᒼ ᑭ ᐱᒫᑎᓯᐃᐧ ᐊᒑᐦᑯᐃᐧᐤ. ᐊᓇ ᐃᐢᑳᐧᔮᐨ ᐋᑕᒼ ᑭ ᐱᒫᑎᓯᐢᑳᑫᐤ ᐊᒑᕽ. ᒫᑲ ᓇᒪᐃᐧᔭ ᓂᑳᐣ ᒌ ᐊᔮᐤ ᐊᓂᒪ ᑳ ᐊᒑᐦᑯᐊᐧᕽ ᒫᑲ

ᐊᓂᒪ ᑳ ᐃᐧᔮᓯᐊᐧᕽ; ᐁᑲᐧ ᒣᐧᐢᑕᐢ ᐊᓂᒫ ᑳ ᐊᑳᐦᑯᐊᐧᕽ. ᐊᓇ ᓂᐢᑕᑦ ᐊᐳᓯᐳᓂᐤ ᐊᐢᑭᕽ ᐁ ᐅᐦᒋᐟ, ᐊᐢᑭᐃᐧ ᐋᔫᐤ: ᐊᓇ ᑯᑕᐠ ᐊᐳᓯᐳᓂᐤ ᑮᐦᒋᑭᓯᑯᕽ ᐅᐦᒋᐤ. ᑖᐱᐢᑯᐨ ᐊᐢᑭᕽ ᑳ ᐅᐦᒋᐟ, ᐁᑯᐟ ᐃᓯ ᐊᔭᐊᐧᐠ ᒥᓇ ᐊᐢᑭᕽ ᑳ ᐅᐦᒋᒋᐠ: ᒥᓇ ᑖᐱᐢᑯᐨ ᐊᓇ ᑳ ᑮᐦᒋᑭᓯᑯᐃᐧ ᐋᔫᐟ, ᐁᑯᓯ ᐃᓯ ᐋᔫᐊᐧᐠ ᐊᓂᑭ ᑳ ᑮᐦᒋ ᑭᓯᑯᐃᐧ ᐋᔫᒋᐠ. ᒥᓇ ᑳ ᑭ ᐃᓯ ᑭᑭᐢᑲᒫᐧᔪᕽ ᐅᐟ ᐃᓯᓈᑯᓯᐃᐧᐣ ᐊᐢᑭᕽ ᑳ ᐅᐦᒋᐟ, ᐁᑯᓯ ᒥᓇ ᑫ ᐃᓯ ᑭᑭᐢᑲᒫᐧᔪᕽ ᐅᐟ ᐃᓯᓈᑯᓯᐃᐧᐣ ᑮᐦᒋ ᑭᓯᑯᕽ ᑳ ᐅᐦᒋᐟ.

ᐁᑲᐧ ᐅᒪ ᓂᐟ ᐃᑖᐧᐣ ᓂᒋᐋᐧᒥᑎᐠ, ᐄᐧᔫᐢ ᒥᓇ ᒥᐦᑯ ᓇᒪᐃᐧᔪ ᑭᑕ ᑭ ᐋᔫᒪᑲᕽ ᑭᓭᒪᓂᑐ ᐅᐟ ᐅᑌᓇᐃᐧᐃᐧᐣ; ᒥᓇ ᓇᒪᐃᐧᔪ ᐊᓂᒪ ᑳ ᓂᓯᐋᐧᓈᑕᕽ ᑭᑕ ᑭ ᐋᔫᒪᑲᕽ ᐊᓂᒪ ᐁᑳ ᑳ ᓂᓯᐋᐧᓈᑕᕽ. ᒫᑎᐢ, ᑭ ᐃᐧᑖᒪᑎᓈᐊᐧᐤ ᒪᒫᑖᐃᐧ ᑫᑲ: ᓇᒪᐃᐧᔪ ᑲᑭᔪᐤ ᑭ ᑲ ᓂᐹᓇᐤ, ᒫᑲ ᑲᑭᔪᐤ ᑭ ᑲ ᑫᐧᐢᑭᒥᑲᐃᐧᓇᐤ, ᓯᓯᑯᐨ, ᐯᔪᐠ ᐸᓴᑳᐱᐃᐧᐣ ᐃᐳᑯᕽ, ᐃᐢᑳᐧᔫᐨ ᑮᐦᒋ ᐱᐱᑲᐧᐣ: ᒋᑫᒫ ᑭᑕ ᐯᑖᑯᓯᐤ ᑮᐦᒋ ᐱᐱᑲᐧᐣ, ᐁᑯᓯ ᐅᓂᐱᐊᐧᐠ ᑭᑕ ᐊᐧᓂᐢᑳᓈᐊᐧᐠ ᐁᑳ ᑭᑕ ᓂᓯᐋᐧᓈᑎᓯᒋᐠ, ᑭ ᑲ ᑫᐧᐢᑲᑭᒥᑲᐃᐧᓈᓇᐤ ᒫᑲ. ᐃᐧᔪ ᐅᒪ ᑳ ᓂᓯᐋᐧᓈᑕᕽ ᑭᑕ ᐳᐢᑎᐢᑲᒧᒪᑲᕽ ᐁᑳ ᑳ ᓂᓯᐋᐧᓈᑕᕽ, ᒥᓇ ᐅᒪ ᑳ ᓂᐳᐃᐧᓂᐊᐧᕽ ᑭᑕ ᐳᐢᑎᐢᑲᒧᒪᑲᕽ ᐁᑳ ᑳ ᓂᐳᐃᐧᓂᐊᐧᕽ. ᒫᑲ ᐃᐢᐱ ᐅᒪ ᑳ ᓂᓯᐋᐧᓈᑕᕽ ᑭ ᐳᐢᑎᐢᑲᒧᒪᑲᑭ ᐁᑳ ᑳ ᓂᓯᐋᐧᓈᑕᕽ, ᒥᓇ ᐅᒪ ᑳ ᓂᐳᐃᐧᓂᐊᐧᕽ ᑭ ᐳᐢᑎᐢᑲᒧᒪᑲᑭ ᐁᑳ ᑳ ᓂᐳᐃᐧᓂᐊᐧᕽ, ᐁᑲᐧ ᑫ ᑎᐱᐸᐳᐠ ᐃᑌᐧᐃᐧᐣ ᑳ ᒪᓯᓇᐃᑲᑌᐠ, ᓂᐳᐃᐧᐣ ᑯᓵᐯᐃᑲᑌᐤ ᓵᑯᑖᐧᐃᐧᓂᕽ. "ᐋᐤ ᓂᐳᐃᐧᐣ, ᑖᓂᐁᐧ ᑭ ᓵᑯᑖᐧᐃᐧᐣ? "ᐋᐤ ᓂᐳᐃᐧᐣ, ᑖᓂᐁᐧ ᑭ ᐃᐧᓴᑲᐅᐁᐧᐃᐧᐣ? ᓂᐳᐃᐧᐣ ᐅ ᐃᐧᓴᑲᐅᐁᐧᐃᐧᐣ ᐁᐊᐧᑯ

ᒪᒋᐃᐦᑎᐃᐧᐣ; ᒥᓇ ᒪᒋᐃᐦᑎᐃᐧᐣ ᐅ ᒪᐢᑲᐃᐧᓯᐃᐧᐣ ᐁᐘᑯ ᐅᔭᔨᐁᐧᐃᐧᐣ: ᒫᑲ ᑭᑕ ᓇᓈᐢᑯᒥᐦᐊ ᑭᓵᒪᓂᐣ, ᑳ ᒥᔑᑯᔭᕽ ᓵᑯᒋᐃᐧᐣ ᐃᐧᔭ ᐅᐦᒋ ᑳ ᑎᐯᔑᒥᑯᔭᕽ ᒋᓴᐢ X. ᐁᑯᓯ ᒫᑲ, ᓯᔮᑭᐃᑕᑯᐠ ᓂᒋᐚᒥᑎᐠ, ᐃᐧ ᒪᐢᑲᐙᐢᑖᐠ, ᐁᑳ ᒋᑕ ᐊᐧᐢᑲᐃᐧᓂᑲ ... ᐘᐠ, ᑳᑭᑫ ᐁ ᐁᐧᔪᒋ ᐊᔪᐢᑲᐚᐘᐠ ᑳ ᑎᐯᔑᒋᑫᐟ, ᒋᑫᒫ ᐁ ᑭᐢᑫᔑᑕᒣᐠ ᐁᑳ ᐱᑯᓇᑕ ᑭᑕ ᐊᔪᐢᑲᐚᐘᐠ ᑳ ᑎᐯᔑᒋᑫᐟ.

¶ ᐊᐦᐳ ᐅᒪ ᐊᔭᒥᐦᒋᑫᐃᐧᐣ.

ᓂᐢᑕᐟ ᑌᓴᓫᐋᓂᔭᓇ iv. 13.

ᒫᑲ ᓇᒪᐃᐧᔭ ᓂ ᓇᑕᐁᐧᔑᑌᐣ ᑭᑕ ᐸᑳᓇᐚᑖᐘᐠ ᓂᒋᐚᒥᑎᐠ, ᐁᓯ ᐊᔫᒋᐠ ᐊᓂᑭ ᑳ ᓂᐹᒋᐠ; ᐁᑳ ᑭᑕ ᒥᐦᒋᔭᐁᐧᓯᐘᐠ, ᑖᐱᐢᑯ ᑯᑕᑲᐠ, ᐁᑳ ᑳ ᐅᐟ ᐊᐢᐯᔑᒧᐃᐧᓂᒋᐠ. ᒋᑫᒫ ᑭᐢᐱᐣ ᑭ ᑖᐯᐧᑌᓈᓇᐤ ᒋᓴᐢ ᐁ ᑭ ᓂᐱᐟ ᐁᑯᓯ ᒥᓇ ᐁ ᑭ ᐊᐧᓂᐢᑳᐟ, ᐁᑯᓯ ᒥᓇ ᐊᓂᑭ ᑳ ᓂᐹᒋᐠ ᒋᓴᐢ ᐃᓯ ᑭᓵᒪᓂᐣ ᑭᑕ ᑭᑭ ᐅᑎᓅᐤ. ᒋᑫᒫ ᐅᒪ ᑭ ᐃᐧᑖᑎᓈᐣ ᐅᐟ ᐃᑌᐃᐧᐣ ᐅᐦᒋ ᑳ ᑎᐯᔑᒋᑫᐟ, ᑭᔭᓇᐤ ᑳ ᐱᒫᑎᓯᔭᕽ, ᑳ ᐃᐢᑯᔭᕽ ᐃᔑᑯᕽ ᑭᑕ ᑕᑯᓯᕽ ᑳ ᑎᐯᔑᒋᑫᐟ, ᓇᒪᐃᐧᔭ ᑭ ᑳ ᓂᑲᓄᑖᐘᐚᐣ ᐊᓂᑭ ᑳ ᓂᐹᒋᐠ. ᒋᑫᒫ ᑳ ᑎᐯᔑᒋᑫᐟ ᐃᐧᔭ ᑭᑕ ᐯ ᓃᓯᓅ ᑭᐦᒋ ᑭᓯᑯᕽ ᐅᐦᒋ, ᑌᐯᐃᐧᐣ ᑭᑭ, ᐁ ᑌᐯᐧᐤ ᐊᓇ ᑭᐦᒋ ᐅᑭᓯᑯ, ᒥᓇ ᑭᑭ ᐅ ᐱᐱᑳᐣ ᑭᓵᒪᓂᐣ: ᐁᑯᓯ ᐅᓂᐱᐗᐠ X ᐃᓯ ᓂᑳᐣ ᑭᑕ ᐊᐧᓂᐢᑲᐗᐠ: ᐁᑲ· ᒫᑲ ᑮᔭᓈᐤ ᑳ ᐱᒫᑎᓯᔭᕽ, ᑳ ᐃᐢᑯᔭᕽ, ᑭ ᑳ ᐅᑎᓂᑲᐃᐧᓈᓇᐤ ᐋᐢᑯᕽ ᑭᑭ ᐁᐘᑯᓂᐠ, ᑭᑕ ᓇᑭᐢᑲᐚᔭᕽ ᑳ ᑎᐯᔑᒋᑫᐟ ᓇᐘᐚᒋ ᑭᓯᑯᕽ: ᐁᑯᓯ ᒫᑲ ᑳᑭᑫ ᑭ ᑳ

ᐃᐧᒉᐋᐧᓇᐤ ᑳ ᑎᐯᔨᒋᑫᐟ. ᒥᔦᑌᐁᐃᑐᐠ ᒫᑲ ᐅᐃ ᐃᑌᐧᐃᐧᓇ ᐅᐦᒋ.

¶ ᐁ ᓇᐦᐃᓂᐦᐤ ᐁ ᐅᐢᑳᑎᓯᐟ ᐊᐙᓯᐢ ᐁ ᑭ ᓯᑲᐋᐦᒑᐤ ᐅᒪ ᐊᔭᒥᐦᒋᑫᐃᐧᐣ ᑭᑕ ᑭ ᐅᑎᓂᑳᑌᐤ.

ᓴᐣ ᒫᐟᑘ xviii. 1–6, 10.

ᐁᑯᐢᐱ ᒪᑲ ᑭᐢᑭᓄᑐᒪᐋᐧᑲᓇᐠ ᑳ ᐯ ᓈᑕᒋᐠ ᒋᓴᓴ,
ᐅᒥᓯ ᐁ ᐃᑌᐧᒋᐠ, ᐊᐁᐧᓇ ᐸᐋᐧᓯᒉ ᑫᐦᒐᔨᐃᐧᐟ ᑭᐦᒋ
ᑭᓯᑯᐃᐧ ᐅᑌᓇᐃᐧᐃᐧᓂᕽ? ᒋᓴᐢ ᒫᑲ ᑭ ᓇᑐᒉᐤ ᐊᐱᐢᑕ-
ᐊᐧᓯᓴ, ᐁ ᑭ ᐹᐦᔫᐟ ᒫᑲ ᐊᓂᑕ ᑖᐋᐧᔨᕽ ᐃᑕ ᐁ ᐊᔭᔨᐟ.
ᐅᒥᓯ ᒫᑲ ᐁ ᑭ ᐃᑌᐧᐟ, ᑖᐯᐧ ᑭᐟ ᐃᑎᓇᐸᐧᐤ, ᑭᐢᐱᐣ
ᐁᑳ ᑫᐧᐢᑭᐱᓖ ᑎᓯᔦᑯ, ᒥᓇ ᐃᓯᓈᑯᓯᔦᑯ ᑕᐱᐢᑯᐨ ᐊᐱᐢᑕ-
ᐊᐧᓯᐢ, ᓇᒪᐃᐧᔭ ᑭ ᑲ ᐱᑐᑳᓇᐋᐧᐤ ᑭᐦᒋ ᑭᓯᑯᐃᐧ ᐅᑌᓇᐃᐧ-
ᐃᐧᓂᕽ. ᐁᐅᑯ ᒫᑲ ᐅᐦᒋ, ᑭᐢᐱᐣ ᐊᐃᐧᔭᐠ ᑫ ᐃᓯ
ᐊᐱᐢᑌᔨᒧᑫᐧ ᑖᐱᐢᑯᐨ ᐊᐊᐧ ᐊᐱᐢᑕᐊᐧᓯᐢ, ᐁᐊᑯ ᒥᔮᐊᐧᒋ
ᑭᐦᒌᔨᐃᐧᐟ ᑭᐦᒋ ᑭᓯᑯᐃᐧ ᐅᑌᓇᐃᐧᐃᐧᓂᕽ. ᑭᐢᐱᐣ ᒫᑲ
ᐊᐃᐧᔭᐠ ᑫ ᐅᑎᓈᑫᐧ ᐯᔭᐠ ᐅᒪ ᑐᐃᐧ ᐊᐱᐢᑕᐊᐧᓯᓴ ᓂᐟ
ᐃᓯᔩᑲᑌᐃᐧᓂᕽ, ᓂᔭ ᓂᐟ ᐅᑎᓂᐠ. ᐊᐃᐧᔭᐠ ᒫᑲ ᑫ
ᓇᔦᑕᐃᐧᑐᑕᐙᑫᐧ ᐯᔭᐠ ᐅᐃ ᑳ ᐊᐱᓯᓯᓯᔨᐟ ᑳ ᑌᐯᐧᔦ-
ᔨᒥᔨᐟ, ᓇᐋᐧᐨ ᑭᑕ ᑭ ᐋᐸᒋᐅ ᐱᓂᑭᐱᑲᓇᓯᓂᔭ ᑭ
ᑕᑯᐱᑎᒥᐟ ᐅᑲᐧᔭᕽ, ᐁᑯᓯ ᒪᑲ ᑭ ᓂᐢᑖᐹᐋᐧᔨᐦᐤ ᑖᐃᐧᐨ
ᑭᐦᒋᑲᒥᕽ. ᐋᔮᑲᐧᒥᓯᐠ ᐁᑳ ᑭᑕ ᐱᐁᐧᔨᒫᔦᐠ ᐯᔭᐠ ᐅᑯ
ᑳ ᐊᐱᐢᑌᔨᒌᑯᓯᒋᐠ: ᒋᑫᒪ ᑭᐟ ᐃᑎᓇᐋᐧᐤ, ᑭᐦᒋ ᑭᓯᑯᕽ
ᐅᑭᓯᑯᒥᐊᐧᐊᐧ ᑲᑭᑫ ᑲᓇᐋᐧᐸᒉᔨᐊᐧ ᓅᐦᒑᐃᐧᔭ ᑭᐦᒋ ᑭᓯᑯᕽ
ᑳ ᐋᔭᔨᐟ.

¶ ᐃᐢᐱ ᐅᑎᐦᑕᑳᐧᐁᐧ ᔨᑲᐧᐊᐢᑳᐣ ᒣᑳᐧᐢ ᐁ ᐊᐧᐁᐧᔨᕽ ᒥᔭᐤ ᑭᑕ ᐊᐢᑖᐣ ᐊᐢᑭᕽ, ᐊᔭᒥᐁᐃᐧᔨᓂᐤ ᑭᑕ ᐃᑌᐧᐤ,

ᐊᔨᓯᔨᓂᐤ ᐃᐢᑫᐧᕽ ᑳ ᐅᐦᒋ ᓂᐦᑖᐃᐧᑭᐟ ᒋᒫᓯᓂᔨᐤ ᐅ ᐱᒫᑎᓯᐃᐧᐣ ᒥᓇ ᒧᐢᑭᓄᐢᑳᐠ ᓇᓄᐦᐣᑌᔨᒧᐃᐧᐣ. ᐯ ᐅᐦᐱᑭᓇ ᐁᑯᓯ ᑲᐊ ᐋᐧᐣ ᑖᐱᐢᑯᐨ ᐋᐧᐱᑲᐧᓂ; ᑖᐱᐢᑯᐨ ᐁ ᑭ ᒧᐦᒋ ᒋᑳᐢᑌᓯᕽ, ᒥᓇ ᓇᒪᐃᐧᔭ ᐃᐧᑳᐨ ᐯᔭᑲᐧᓗᕽ ᑭ ᐊᔮᐤ.

ᒣᑳᐧᐨ ᐱᒫᑎᓯᐃᐧᓂᕽ ᓂᐳᐃᐧᓂᕽ ᓂᐟ ᐊᔮᓈᐣ; ᐊᐁᐧᓇ ᒫᑲ ᑫ ᑭ ᐸᑯᓭᔨᒫᔮᕽ ᒋᑕ ᐃᐧᒋᐦᐃᑯᔮᕽ, ᑭᔭ ᐱᑯ ᑌᐯᔨᒋᑫᔭᐣ, ᑭᔭ ᓂ ᒪᒋᐦᑎᐃᐧᓂᓈᓇ ᑲᐧᔭᐢ ᑳ ᓇᓴᑖᐁᐧ-ᔨᑕᒥᐦᐃᑯᔭᐣ?

ᐁᔨᐁᐧᕽ ᒫᑲ ᑌᐯᔨᒋᑫᔭᐣ ᑭᓭᒪᓂᑐ ᒫᒪᐁᐧᔭᐢ ᑳ ᑲᓈᑎᓯᔭᐣ, ᑌᐯᔨᒋᑫᔭᐣ ᒫᒪᐃᐧᔭᐢ ᓯᓴᐦᑳᑎᓯᔭᐣ, ᑳ ᑲᓈᑎᓯᔭᐣ ᒥᓇ ᒫᒪᐁᐧᔭᐢ ᑫᓭᐋᐧᑎᓯᔭᐣ ᐅᐱᒫᒋᐃᐁᐧᐤ, ᐁᑳᐃᐧᔭ ᐸᑭᑎᓂᓈᐣ ᐃᐧᓴᑭ ᑲᑳᐧᑕᑲᒪᐦᒋᐦᐅᐃᐧᓂᕽ ᑳᑭᑫ ᓂᐳᐃᐧᓂᕽ.

ᑭ ᑭᐢᑫᔨᑌᐣ ᑌᐯᔨᒋᑫᔭᐣ ᐁ ᐃᓯ ᑭᒧᐨ ᐃᑕᐢᑌᑭ ᓂᑌᐦᐃᓈᓇ; ᐁᑳᐃᐧᔭ ᑭᐸᐦᐊ ᑳ ᑭᓭᐋᐧᑎᓯᔭᐣ ᑭᐦᑕᐊᐧᑲᔭ ᐅᒪ ᑳ ᒪᐃᐧᒧᐢᑖᑕᕽ; ᒫᑲ ᒪᓈᓯᐦᐃᓈᐣ, ᑌᐯᔨᒋᑫᔭᐣ ᒫᒪᐁᐧᔭᐢ ᑳ ᑲᓈᑎᓯᔭᐣ, ᑭᓭᒪᓂᑐ ᒫᒪᐁᐧᔭᐢ ᓯᓴᑳᑎᓯᔭᐣ, ᑳ ᑲᓈᑎᓯᔭᐣ ᒥᓇ ᑫᓭᐋᐧᑎᓯᔭᐣ ᐅᐱᒫᒋᐃᐁᐧᐤ, ᑭᔭ ᒫᒪᐁᐧᔭᐢ ᑳ ᑌᐸᑫᔨᑖᑯᓯᔭᐣ ᑭᑕ ᐅᔭᓯᐁᐧᔭᐣ ᑳᑭᑫ, ᐁᑳᐃᐧᔭ ᐸᑭᑎᓂᓈᐣ ᐃᐢᐱ ᐅᑎᐦᑕᒫᐦᑫ ᐁ ᑭᓯᐹᐠ ᓂ ᐱᒫᑎᓯᐃᐧᓂᓈᐣ, ᓈᐣᑕᐤ ᐃᐧᓴᑫᔨᑕᒧᐃᐧᐣ ᓂᐳᐃᐧᐣ ᐅᐦᒋ ᑭᑕ ᐁᑳ ᐊᐢᐯᔨᒧᑐᑖᑖᕽ.

X, ᑳ ᐊᐧᓂᐢᑲᓂᐁᐧᐟ ᒥᓇ ᑳ ᐱᒫᑎᓯᐢᑳᑫᐟ; ᐱᑯ ᐊᐃᐧᔭᐠ ᑖᐯᐧᑕᐋᐧᒋ ᑭᑕ ᐱᒫᑎᓯᐟ ᐋᑕ ᑭ ᓂᐱᒋ, ᒥᓇ ᐱᑯ ᐊᐃᐧᔭᐠ ᑳ ᐱᒫᑎᓯᐟ, ᒥᓇ ᑖᐯᐧᑕᐋᐧᒋ, ᐁᑳ ᑭᑕ ᓈᐢᐱᒋ ᓂᐱᐟ, ᑳ ᑭ ᑭᐢᑭᓄᐊᒫᑯᔮᕽ, ᐅ ᑲᓈᒋ ᐃᓯᑎᓴᐋᐧᑲᓇ ᓴᐣᐟ ᐹᓫ ᐅᐦᒋ, ᐁᑳ ᑭᑕ ᒥᐦᑖᑎᒫᔮᕽ, ᐊᔪᐦᐃ ᑳ ᐊᑎ ᓂᐯᐦᐋᐟ, ᑖᐱᐢᑯᐨ ᐊᔩᓯᔩᓂᐊᐧᐠ ᐁᑲ ᐊᐢᐯᔨᒧᐃᐧᐣ ᑳ ᐊᔮᒋᐠ; ᑭ ᑕᐸᐦᑌᔨᒧᐃᐧ ᐸᑯᓭᔨᒥᑎᓈᐣ ᑭᔭ ᐅᐦᑖᐃᐧᒫᐤ, ᑭᑕ ᐊᐧᓂᐢᑲᓃᔮᕽ ᒪᒋᐦᑎᐃᐧᓂ ᓂᐳᐃᐧᓂᕽ ᐅᐦᒋ, ᑲᐧᔭᐢᑭᑖ-ᑎᓯᐃᐧ ᐱᒫᑎᓯᐃᐧᓂᕽ ᐃᓯ; ᐃᐢᐱ ᓂᐢᑕᓈᐣ ᓇᑲᑕᒪᐦᑭ ᐅᒪ ᐱᒫᑎᓯᐃᐧᐣ, ᑭᑕ ᓈᑖᔭᐠ, ᑳ ᐃᓯ ᐸᑯᓭᔨᒨᔮᕽ ᐁ ᐃᓯ ᐊᔮᐟ ᐊᐊᐧ ᓂᒋᐋᐧᒥᓈᐣ (ᓂᑕᐁᐧᒫᓈᐣ) ᒥᓇ ᐃᐢᐱ ᒫᒪᐃᐧ ᐊᐧᓂᐢᑲᐦᑭ ᐃᐢᑳᐧᔭᐨ ᑭᓯᑳᑭ, ᑭᑕ ᑭ ᒥᔦ ᑲᓇᐋᐧ-ᐸᒥᔮᕽ ᒥᓇ ᑭᑕ ᒥᔪᑯᐃᐧᓰᔮᕽ ᐊᓂᒪ ᓴᐁᐧᔪᒋᑫᐃᐧᐣ ᓯᐋᑭᐦᐊᐟ ᑭᑯᓯᐢ ᑫ ᐃᑖᐟ ᑲᑭᔭᐤ ᑳ ᓵᑭᐃᐢᑭᐠ ᒥᓇ ᑳ ᑯᓯᑫᐧᔪᒥᐢᑭᐠ, ᐅᒥᓯ, ᐋᐢᑕᒥᑎᐠ ᑭᔭᐋᐧᐤ ᓴᐁᐧᔪᑖᑯᓯᓴᐠ, ᐁᐧᑕᐋᐧᓯᒥᓯᒥᑯᓴᐠ ᓄᐦᑖᐃᐧ, ᐅᑎᓇᒧᐠ ᐊᓂᒪ ᐅᑌᓇᐃᐧᐃᐧᐣ ᑳ ᑭ ᑲᐧᔮᒋᑖᒪᑲᐃᐧᓴᐠ ᐊᐢᐱᐣ ᓂᐢᑕᐟ ᐁ ᐊᐢᑭᐊᐧᕽ; ᒥᔪᓈ: ᐅᒪ ᑭᐟ ᐃᓯ ᐸᑯᓭᔨᒥᑎᓈᐣ, ᑫᓴᐋᐧᑎᓯᔭᐣ ᐅᐦᑖᐃᐧᒫᐤ, ᐃᐧᔭ ᒋᓴᐢ X ᐅᐦᒋ, ᓂᔮᑖᒪᑯᔮᕽ ᒥᓇ ᐯᒫᒋᐦᑯᔮᕽ. ᐋᒣᐣ.

ᐅ ᑭᓴᐋᐧᑎᓯᐃᐧᐣ ᑳ ᑎᐯᔨᒥᑯᔭᕽ ᒋᓴᐢ X, ᒥᓇ ᐅ ᓵᑭᐃᐁᐧᐃᐧᐣ ᑭᓭᒪᓂᑐ, ᒥᓇ ᐅ ᐃᐧᒋᐃᐁᐧᐃᐧᐣ ᑳ ᑲᓈᑎᓯᐟ ᐊᒦᕽ, ᑭ ᑲ ᐃᐧ ᐃᐧᒣᐃᐧᑯᓈᓇᐤ ᑳᑭᑫ. ᐋᒣᐣ.

¶ ᐅᐦᐃ ᐊᔭᒥᐋᐃᐧᓇ ᑭᑕ ᑭ ᐋᐸᒋᑖᕽ ᓀᐦᐃᐸᔨᑭ.

¶ ᐁ ᐊᔭᒥᐁᐢᑕᒪᐦᒋᐠ ᑳ ᒫᔨᐸᔨᒋᐠ.

ᓄᐦᑖᐃᐧᓈᐣ ᑭᐦᒋᑭᓯᑯᕽ, ᑳ ᑭᑎᒫᑭᓈᑫᐟ ᑭᑯᓯᐢ ᒋᓴᐢ X

ᑳ ᑭ ᒫᑐᐟ ᐅ ᓇᐦᐃᓂᑐᐃᐧᔅᒥᑯᔭᕽ ᕮᐋᓴᕒᐊᓴ; ᑭᑎᒫᑭ-ᓀᐃᐧᐠ, ᑭ ᓇᑐᑖᒪᑎᓈᐣ, ᐅᑭ ᐊᓄᐦᐨ ᒣᑳᐧᐨ ᐱᑫᐧᔨᑕᒍᐃᐧᓂᕽ ᒥᓇ ᐋᔨᒥᓯᐃᐧᓂᕽ ᑳ ᐋᔮᒥᐠ; ᑭ ᒥᔦᑌᐦᐁᐃᐁᐃᐧᓇ ᐅᐦᒋ ᓯᑌᐧᔨᒍᐦᐃᐠ ᑭᐟ ᐃᓯ ᐸᑯᓴᐧᔨᒥᑎᓈᐣ ᑭᐢᑫᔨᑕᒍᐦᐃᐠ ᑲᑭᔭᐤ ᑫᑲ: ᐁ ᒫᒪᐃᐧ ᐊᑐᐢᑫᒪᑲᕽ ᑭᑕ ᐋᐸᒋᐃᑯᒋᐠ ᐊᓂᑭ ᑲ ᓵᑭᐦᐃᐢᑭᐠ; ᒥᓇ ᐸᑭᑌᔨᑕᒪᐃᐧᐠ ᑕᐦᑭ ᑫᐦᒋᓈ ᑭᑕ ᐊᐢᐯᔨᒍᒋᐠ ᒥᓇ ᐁᑳ ᑭᑕ ᐊᓯᐁᐧᔨᑕᐦᑭᐠ ᑭ ᑲᓇᐁᐧᔨᒥ-ᐁᐃᐧᐣ ᐁᐧᐦᑖᐃᐧᒫᐃᐧᔭᐣ; ᐁᐊᐧᑯ ᐅᐦᒋ ᑫᔮᐱᐨ ᒋᓴᐢ X ᑳ ᑎᐯᔨᒥᑯᔮᕽ. ᐋᒣᐣ.

¶ ᐊᐋᐧᓯᐢ ᐁ ᑭ ᐳᓂ ᐱᒫᑎᓯᐟ.

ᑌᐯᔨᒋᑫᔭᐣ ᒋᓴᐢ X, ᑳ ᑭ ᐅᑎᓇᒋᐠ ᐊᐱᐢᑕᐋᐧᓯᓴᐠ ᑭᐢᐱᑐᓂᕽ ᒥᓇ ᑳ ᑭ ᓴᐃᐧᔨᒪᒋᐠ; ᔦᐦᑌᓇᒪᐃᐧᓈᐣ ᓂᐢᑭ-ᓯᑯᓈᓇ, ᑭ ᐸᑯᓴᔨᒥᑎᓈᐣ, ᑭᑕ ᑭ ᓂᓯᑕᐃᐧᓇᒫᕽ ᐁ ᑭ ᐅᑎᓇᐟ ᐊᐋᐧ ᐊᐋᐧᓯᐢ ᑭᐢᐱᑐᓂᕽ, ᐁ ᐁᐧᐊᐧᑭᓂᑯᐟ ᑭ ᓵᑭᐦᐃᐁᐃᐧᐣ, ᒥᓇ ᐁ ᑭ ᐸᑭᑎᓇᒪᐊᐧᐟ ᐁ ᐃᓯ ᓴᐁᐧ-ᔨᒥᐁᐧᐠ ᑭ ᒥᔦᑐᑖᑫᐃᐧᐣ. ᑭᔭ ᑳ ᐱᒫᑎᓯᔭᐣ ᒥᓇ ᑳ ᑎᐯᔨᒋᑫᔭᐣ ᐊᓯᒋ ᐁᐧᔦᑖᐃᐧᕽ ᒥᓇ ᑳ ᑲᓈᑎᓯᐟ ᐊᒫᕽ, ᐯᔭᐠ ᒪᓂᑐ, ᐃᔨᑯᕽ ᑫ ᓈᐢᐱᒋ ᐊᐢᑭᐊᐧᕽ. ᐋᒣᐣ.

ᐁ ᐊᔭᒥᐁᐢᑕᒪᐚᑕᒥᕽ ᐊᔭᒥᐋᐎᐣ ᑭᑕ ᑭᓯᐢᑳᐸᔩᐠ.

¶ ᓂᑳᐣ ᐅᒪ ᑭᑕ ᐃᑗᕽ-

ᐊᐢᑭ ᑭᑕ ᒧᐢᑭᓅᐤ ᐁ ᑭᐢᑫᔨᑖᑲᐧᓂᔩᐠ ᐅ ᑭᐢᑌᔨᑖᑯ·
ᓯᐎᐣ ᑳ ᑎᐯᔨᒋᑫᐟ ᑖᐱᐢᑯᐨ ᓂᐱᔭ ᑳ ᐃᓯ ᐊᑲᐧᓂᐢᑲ-
ᒧᒪᑲᐦᑭ ᑭᐦᒋᑲᒥ. ᐦᐚᐹᑲᐠ ii. 14.

ᐃᑐᐦᑌᐠ ᒥᓯᐍᐢᑲᒥᐠ, ᒥᓇ ᐎᑕᒫᕽ ᒦᔕᐧᒋᒧᐎᐣ ᑲᑭᔭᐤ
ᑳ ᑭ ᐅᓯᐃᐦᐟ. ᓴᐣᐟ ᒫᕒᐠ xvi. 15.

ᐊᓂᒪ ᑫ ᒫᐧᒋᐦᒋᑳᑌᐠ ᑖᐯᐧ ᒥᐦᒌᑎᐣ, ᒫᑲ ᐅᑕᑐᐢᔦᐘᐠ
ᒉᑲᐚᓯᓯᐘᐠ. ᐊᔭᒥᐁᐢᒑᕽ ᒫᑲ ᑳ ᑎᐯᔨᑕᕽ ᒫᐊᒋᐦᒋᑫᐃᐣ
ᑭᑕ ᐃᓯᑎᓴᐚᐟ ᐅᑕᑐᐢᑫᐘ ᐅ ᒫᐧᒋᐦᒋᑫᐎᓂᕽ. ᓴᐣᐟ ᒫᑘ
ix. 37, 38.

¶ ᐁᑲᐧ ᑭᑕ ᐅᑎᓂᑳᑌᐤ ᑳ ᐊᑎ ᐃᓯ ᐊᔭᒥᐚᕽ ᐁ ᑫᑭᓴᐹᔮᐠ ᐊᐦᐳ ᐁ ᐅᑖᑯᓯᐢ.

¶ ᓂᐢᑕᑦ ᐊᔭᒥᒋᑫᐎᐣ ᐚᓵᔭ xlix. 13–24. ᐁᑲᐧ ᐅᒪ ᓂᑲᒧᐣ.

ᓂᑲᒧᐣ xcvi.

ᓂᑲᒧᐢᑖᕽ ᑳ ᑎᐯᔨᒋᑫᐟ ᐅᐢᑭ ᓂᑲᒧᐣ; ᓂᑲᒧᐢᑖᕽ ᑳ
ᑎᐯᔨᒋᑫᐟ ᒥᓯᐌ ᐊᐢᑭ.

ᓂᑲᒧᐢᑖᕽ ᑳ ᑎᐯᔨᒋᑫᐟ, ᒥᔕᐧᑭᑖᒫᐧᕽ ᐅ ᐎᔦᐎᐣ;
ᐚᐸᑎᔨᐁᐧᐚᐧᕽ ᐅ ᐎᔦᐎᐣ (ᐦ) ᑭᓯᑳᐤ.

ᐙᑐᑖᒫᐧᕽ ᐅ ᑭᐢᑌᔨᑖᑯᓯᐎᐣ ᒣᑳᐧ ᓇᓈᑐᑯᐢᑳᓄᓯᓈᕽ, ᑳ
ᒪᒪᐢᑳᑌᔨᑖᑲᐧᓂᔨᑭ ᐅᐟ ᐃᓯᒋᑫᐎᓇ ᒣᑳᐧ ᑲᑦᔭᐤ ᐊᔨᓯ-
ᔨᓂᐘ.

ᒋᑫᒫ ᑭᐦᒑᔨᐃᐧᐤ ᑳ ᑎᐯᔨᒋᑫᐟ ᒥᓇ ᑭᑕ ᑭ ᑭᐦᒋ ᒪᒥᐦᒋᒥᐦᐟ; ᐃᐧᔭ ᐊᔨᐋᐧᐠ ᑭᑕ ᑭ ᑯᓯᑫᐧᔨᒥᐦᐟ ᐃᔨᑯᕽ ᑲᑭᔭᐤ ᒪᓂᑐᐊᐧᐠ.

ᒋᑫᒫ ᑲᑭᔭᐤ ᐅ ᒪᓂᑐᒥᐋᐧᐊᐧ ᐊᔨᓯᔨᓂᐊᐧᐠ ᒪᓂᑐᑳᓇᐠ; ᒫᑲ ᑳ ᑎᐯᔨᒋᑫᐟ ᑳ ᑭ ᐅᓯᑖᐟ ᑭᓯᑲᐧ.

ᑭᐢᑌᔨᑖᑯᓯᐃᐧᐣ ᒥᓇ ᑭᐦᒋᐅᑭᒫᐃᐧᐃᐧᐣ ᐅᐦᑎᐢᑲᐃᐧᐢᑖᐠ; ᒪᐢᑲᐃᐧᓯᐃᐧᐣ ᒥᓇ ᑲᑕᐊᐧᓯᓯᐃᐧᐣ ᐋᔭᔨᐤ ᐅ ᑲᓈᒋᑲᒥᑯᕽ.

ᒥᔨᕽ ᑲ ᑎᐯᔨᒋᑫᐠ ᑭᔭᐊᐧᐤ ᑳ ᐊᐧᐋᐧᑯᑐᓴᐠ ᐊᔨᓯᔨᓂᑎᐠ; ᒥᔨᕽ ᑳ ᑎᐯᔨᒋᑫᐟ ᑭᐢᑌᔨᑖᑯᓯᐃᐧᐣ ᒥᓇ ᒪᐢᑲᐃᐧᓯᐃᐧᐣ.

ᒥᔨᕽ ᑳ ᑎᐯᔨᒋᑫᐟ ᑭᐢᑌᔨᑖᑯᓯᐃᐧᐣ ᑳ ᐃᑕᐢᑌᔨᐠ ᐅ ᐃᐧᒉᐃᐧᐣ; ᐯᑖᐠ ᐸᑭᑎᓈᓱᐃᐧᐣ ᒥᓇ ᐱᑐᑫᐋᐧᕽ ᐅ ᒫᐊᐧᒋᐃᑐᐃᐧᑲᒥᑯᕽ.

ᐊᔭᒥᐋᐃᐧ ᐊᑐᐢᑳᕽ ᑳ ᑎᐯᔨᒋᑫᐟ ᐁ ᐃᓯ ᑲᑕᐊᐧᓯᓯᐠ ᑲᓈᑎᓯᐃᐧᐣ; ᑯᓯᑫᐧᔨᒥᕽ ᐁ ᐅᑎᐢᑲᐃᐧᐢᑲᐋᐧᓴᐠ ᒥᓯᐁᐧᐊᐢᑭ.

ᐃᐧᑕᒫᑯᐠ ᓇᓈᑐᑯᐢᑳᐣ ᐊᔨᓯᔨᓂᐊᐧᐠ ᑳ ᑎᐯᔨᒋᑫᐟ ᐁ ᑭᐦᒋᐅᑭᒫᐃᐧᐟ; ᐊᐢᑭ ᒥᓇ ᐋᔭᑕᐢᑌᐤ ᐁᑳ ᑭᑕ ᑭ ᐊᐧᐢᑲ ᐃᐧᓂᑳᑌᐠ; ᑲᐧᔭᐢᐠ ᑭᑕ ᐅᔭᓱᐋᐧᑌᐤ ᐊᔨᓯᔨᓂᐊᐧ.

ᑮᔭᑦ ᑭᓯᑲᐧ ᑭᑕ ᒥᔭᐋᑕᒧᒪᑲᓇᐧ ᒥᓇ ᐊᐢᑭ ᑭᑕ ᒪᒪᑖᑯᓯᒪᑲᐣ; ᑮᔭᑦ ᑭᐦᒋᑲᒥ ᑭᑕ ᐯᐦᑖᑲᐧᐣ ᒥᓇ ᑳ ᐃᓯ ᒧᐢᑭᓄᐠ;

ᑮᔭᑦ ᑭᐢᑎᑳᐣ ᑭᑕ ᒥᔭᐋᐧᑕᒧᒪᑲᐣ ᒥᓇ ᑭᔭᐤ ᐁᑯᑕ ᑳ ᐋᔭᐠ; ᐁᑲᐧ ᑲᑭᔭᐤ ᒥᐢᑎᑲᐧᐠ ᓴᑳᕽ ᑫ ᓂᑲᒧᒋᐠ ᐁ ᒪᒪᑖᑯᓯᒋᐠ.

ᐁ ᐅᑎᐢᑲᐃᐧᐢᑲᐋᐧᒋᐠ ᑳ ᑎᐯᔨᒋᑫᔨᐟ ᒋᑫᒫ ᐯ ᐃᑐᑌᐤ;

ᑭᑫᒫ ᐯ ᐃᑐᑌᐤ ᑭᑕ ᐅᔭᓱᐋᐧᑕᕽ ᐊᐢᑭ; ᑭᑕ ᐅᔭᓱᐋᐧᑕᑦ ᐊᐢᑭ ᑳᐧᔭᐢᑳᐧᑎᓯᐃᐧᓂᕽ, ᒥᓇ ᐊᐦᓯᐦᓂᐊᐧ ᐅ ᑖᐯᐃᐧᓂᕽ.

ᑭᑕ ᒪᒥᐦᒋᒫᐤ ᐁᐧᔦᑖᐃᐧᕽ ᒥᓇ ᐅᑯᓯᓯᒫᐤ, &c.

¶ ᑭᑖᐧᑦ ᐊᔭᒥᑭᑫᐃᐧᐣ, ᐃᐱᓯᔭᓇ iii. ᐁᑲᐧ ᐅᒪ ᓂᑲᒧᐣ.

ᓂᑲᒧᐣ xcvii.

ᑳ ᑎᐯᐦᒋᑫᐟ ᑭᐦᒋᐅᑭᒫᐃᐧᐤ, ᑮᔮᑦ ᐊᐢᑭ ᑭᑕ ᒥᔭᐋᐧᑕᒧᒪᑲᐣ; ᑮᔮᑦ ᑳ ᐅᓵᒣᔭᑎᑭ ᒥᓂᐢᑎᑲᐧ ᑭᑕ ᒪᒪᑖᑯᓯᒪᑲᓇ.

ᐊᐧᐢᑯ ᒥᓇ ᐊᐧᓂᑎᐱᐢᑳᐤ ᐋᐧᐢᑳᐢᑳᐤ; ᑳᐧᔭᐢᑳᐧᑎᓯᐃᐧᓂᕽ ᒥᓇ ᐅᔭᓱᐁᐧᐃᐧᓂᕽ ᐊᐢᐸᐢᑌᐦᐤ ᐅ ᑭᐦᒋᐅᑭᒫᐊᐧᐱᐃᐧᑦ.

ᐃᐢᑯᑌᐤ ᓂᑳᓄᑖᐤ; ᒥᓇ ᑭᓯᓱᑯᐦᐊᐧ ᑳ ᓇᑲᐢᑲᑯᐟ ᐋᐧᐢᑲ.

ᐅ ᐋᐧᐋᐧᐢᑌᐸᐦᐃᐧᓇ ᑭ ᐋᐧᐋᐧᐢᑌᐸᐦᐊᐧ ᐊᐢᑭᕽ; ᐊᐢᑭ ᑭ ᐋᐧᐸᑕᒧᒪᑲᐣ ᐁᑯᓯ ᑭ ᓇᓇᒥᐸᐦᐤ.

ᐊᐧᒋᔭ ᑭ ᑎᑭᑌᐊᐧ ᑖᐱᐢᑯᐨ ᐊᑯᐢᑭᐊᐧᓯᑲᐣ ᐁ ᒍᑯᓯ″ ᑳ ᑎᐯᐦᒋᑫᐟ; ᐁ ᒍᑯᓯ″ ᑳ ᑎᐯᐦᑕᕽ ᒥᓯᐁᐧ ᐊᐢᑭ.

ᑭᓯᑲᐧ ᐋᑐᑕᒧᒪᑲᓂᐦᐊᐧ ᐅ ᑳᐧᔭᐢᑳᐧᑎᓯᐃᐧᐣ; ᒥᓇ ᑲᑭᔭᐤ ᐊᐦᓯᐦᓂᐊᐧ ᑭ ᐋᐧᐸᑕᒥᐦᐊᐧ ᐅ ᑭᐢᑌᐦᑖᑯᓯᐃᐧᐣ.

ᑭᑕ ᐃᐧ ᓇᓀᐯᐃᐧᓯᐊᐧᐤ ᑲᑭᔭᐤ ᑳ ᐊᑐᐢᑳᐋᐧᒋᐤ ᑲ ᒪᓯᓂᑯᓱᐦᐁᐟ ᓇᐢᐱᓯᒋᑲᓇ, ᒪᓂᑐᑳᓇ ᑳ ᐅᐦᒋ ᒪᒥᐦᒋᒧᒋᐤ; ᐊᔭᒥᐋᐃᐧ ᐊᑐᐢᑳᕽ ᑲᑭᔭᐤ ᑭᔭᐋᐧᐤ ᒪᓂᑐᐊᐧᐤ.

ᓵᔭᐣ ᑭ ᐯᐦᑕᑦ ᒥᓇ ᑭ ᒪᒫᑯᓯᐤ, ᒥᓇ ᐅᑖᓂᓴ ᒍᑕ ᑭ ᒥᔭᐋᐧᑕᒥᐦᐊᐧ, ᑯᔭᓱᐁᐧᐃᐧᓇ ᐅᐦᒋ ᑳ ᑎᐱᐦᒋᑫᔭᐣ.

ᑭᑫᒫ ᑭᔭ ᑌᐯᐦᒋᑫᔭᐣ ᐊᐦᐋᐧᐤ ᑭ ᑭᐦᒌᐦᐃᐧᐣ ᐃᐦᑯᕽ ᒥᓯᐁᐧ ᐊᐢᑭ; ᓈᐢᐱᐨ ᐋᐧᔪᐤ ᑭᐟ ᐊᐦᐋᐧᑭᐢᑲᐋᐧᐊᐧᐤ ᑲᑭᔭᐤ ᒪᓂᑐᐊᐧᐤ.

ᑭᔭᐚᐤ ᑳ ᓵᑭᐚᓴᐠ ᑳ ᑎᐯᔨᒥᑫᐟ ᐸᑳᐧᑕᒧᐠ ᑳ ᒫᔮᒡ; ᐱᒫᒥᐃᒉᐤ ᐅᐟ ᐊᐚᐦᑯᔨᐊᐧ ᐅᑳᓈᑎᓯᒫ; ᐸᐢᐱᐁᐤ ᐅᒥᐦᒥᔨᕽ ᐅᐦᒥ ᐅᒪᒫᑎᓯᐊᐧ.

ᐚᓭᔮᐤ ᑭᐢᑎᑳᑕᒪᐊᐧᐊᐧᐠ ᐅᑲᐧᔭᐢᑳᐧᑎᓯᐊᐧᐠ, ᒥᓇ ᒪᒪᑖᑯᓯᐃᐧᐣ ᑳ ᑲᐧᔭᐢᑯᑌᐁᒥᐠ.

ᒪᒪᑖᑯᓯᐢᑖᕽ ᑳ ᑎᐯᔨᒋᑫᐟ ᑭᔭᐚᐤ ᐅᑲᐧᔭᐢᑮᑕᑎᓯᐊᐧᐠ; ᒥᓇ ᓇᓈᐢᑯᒥᕽ ᑳ ᑲᓈᑕᓂᔨᐠ ᐅ ᐃᐧᔦᐃᐧᐣ.

ᑭᑕ ᒪᒥᐦᒋᒐᐤ ᐁᐧᔦᑖᐃᐧᕽ ᒥᓇ ᐅᑯᓯᓯᒫᐤ, &c.

¶ ᑖᐯᐧᑖᒍᐃᐧᐣ ᒥᓇ ᐊᐢᑯᐦᐨ ᑳ ᐊᔮᐠ ᑭᓯᑖᐦᑭ, ᒥᓇ ᐊᔭᒥᐋᐃᐧᐣ ᐊᓂᒪ ᐯ ᑭᓯᑳᐠ, ᐁᑲᐧ ᐅᐦᐃ ᐊᔭᒥᐋᐃᐧᓇ.

ᑭᓭᒪᓂᑐ ᐯᔭᑲᐧᔭᐠ ᑳ ᑭ ᐅᐦᒋ ᐅᓯᐦᐊᐟ ᑲᑭᔭᐤ ᐁ ᐃᑕᐦᑐᐢᑳᓄᓯᐟ ᐊᔨᓯᔨᓂᐤ ᑭᑕ ᐊᔮᐟ ᒥᓯᐁᐧᐢᑲᒥᐠ, ᒥᓇ ᑳ ᑭ ᐯ ᐃᓯᑎᓴᐊᐧᐟ ᑭᑯᓯᐢ ᑭᑕ ᐃᐧᑕᒪᐚᐟ ᒦᔭᐧᒋᒍᐃᐧᐣ ᐊᓂᐃ ᐚᔭᐤ ᑳ ᐊᔮᔨᐟ ᒥᓇ ᑭᓯᐚᐠ ᑳ ᐊᔮᔨ; ᐃᑌᔨᑕ ᑲᑭᔭᐤ ᐊᔨᓯᔨᓂᐤ ᒥᓯᐁᐧ ᐃᑌ ᑭᑕ ᓇᓈᑐᓈᐦᒼ ᒥᓇ ᑭᑕ ᒥᐢᑲᐦᒼ. ᐱᐦᑐᑲᐦᐃᐠ ᑳ ᓇᓈᑐᐦᑯᐢᑳᓄᓯᒋᐠ ᐊᔨᓯᔨᓂᐊᐧᐠ ᑭ ᑲᓇᐁᐧᔨᒥᐁᐧᐃᐧᓂᕽ ᒥᓇ ᐁᑳ ᑳ ᐊᔭᒥᐋᒋᐠ ᑭᑕ ᑎᐯᔨᒪᒋᐠ. ᐁᑯᓯ ᑭ ᓇᑐᑖᓚᑎᓈᐣ ᐃᐧᐸᒼ ᑭᑕ ᒉᐦᒋ ᑲᐢᑭᐊᒋᐠ ᑭ ᓇᐊᐧᔫᑲᓇᐠ, ᒥᓇ ᑭᔨᐸ ᑭᑕ ᑕᑯᓯᓄᒪᑲᕽ ᑭ ᑎᐯᔨᒥᑫᐃᐧᐣ; ᐁᐊᐧᑯ ᐅᐦᒋ ᑫᔮᐱᒼ ᒋᓴᐢ X ᑳ ᑎᐯᔨᒥᑯᔮᕽ. ᐋᒣᐣ.

ᒫᒪᐁᐧᔭ ᓯᔦᑳᑎᓯᔭᐣ ᑭᓭᒪᓂᑐ, ᑭᑯᓯᐢ ᒋᓴᐢ X ᐅᐦᒋ ᑳ ᑭ ᐃᑕᓱᐚᑕᒥᐠ ᐊᐹᐢᑎᓭᐊᐠ ᑭᑕ ᐃᑐᐦᑌᒥᐠ ᒥᓯᐁᐧᐢᑲᒥᐠ, ᒥᓇ ᑭᑕ ᐃᐧᑕᒪᐚᒥᐠ ᒦᔭᐧᒋᒍᐃᐧᐣ ᑲᑭᔭᐤ ᐊᔨᓯᔨᓂᐊᐧ;

ᐸᑭᑌᔨᑕᒪᐃᐧᐠ ᑲᑭᔭᐤ ᐊᓂᑭ ᑳ ᑭ ᓇᑐᒪᒋᐠ ᑭᑕ ᐊᑐᐢᑫᒋᐠ ᑭᐟ ᐊᔭᒥᐁᐃᐧᑲᒥᑯᕽ, ᒋᐦᑫᔨᑕᒧᐃᐧᐣ ᑭᑕ ᓇᓇᐃᐦᑕᑭᐠ ᑭᐟ ᐃᑌᐧᐃᐧᐣ, ᒥᓇ ᑖᐯᐧ ᑭᑕ ᓄᐦᑌ ᑭᐢᑫᔨᑕᒧᐃᐁᐧᒋᐠ ᑭᐟ ᐃᓯᑖᐧᐃᐧᐣ ᐊᐢᑭᕽ, ᒥᓇ ᑭ ᐱᒫᒋᐃᐁᐧᐃᐧᐣ ᒥᓯᐁᐧ ᐃᑌ ᐊᔨᓯᔨᓂᓈᕽ. ᐊᐧᐁᐧᔨᐦᐃᐠ ᑭᑕ ᓇᐦᐃᐢᑲᑭᐠ ᑳ ᐃᐢᐯᔨᑖ-ᑲᐧᓂᔨᐠ ᒥᓇ ᑳ ᑳᓈᑕᓂᔨᐠ ᐅᐟ ᐊᑐᐢᑫᐃᐧᓂᐋᐧᐤ; ᒥᔨᐠ ᐊᒑᐦᑲᐧ ᑭᑕ ᐊᔮᒋᐠ ᒪᐢᑲᐃᐧᓯᐃᐧᐣ, ᒥᓇ ᓵᑭᐃᐁᐧᐃᐧᐣ, ᒥᓇ ᐊᔮᑳᐧᒥᓯᐃᐧᐣ; ᒥᔨᐠ ᒪᐢᑲᐃᐧᓯᐃᐧᐣ ᑭᑕ ᓯᐯᔨᑕᐦᑭᐠ ᑭᐢᐱᐣ ᑫᑲ: ᐁ ᐋᔨᒪᓂᔨᐠ, ᐁᑯᓯ ᐁ ᐃᓯ ᐱᒫᑎᓯᒋᐠ ᒥᓇ ᐁ ᐃᓯ ᑲᑫᐢᑭᑫᒧᒋᐠ ᑭᑕ ᐚᐸᑕᐦᐃᐁᐧᒋᐠ ᑭ ᑭᐢᑌᔨᑖᑯᓯᐃᐧᐣ, ᒥᓇ ᑭᑕ ᐃᐧᒋᑖᒋᐠ ᑭᑕ ᐃᓯ ᐱᒫᒋᐅᔨᐟ ᑲᑭᔭᐤ ᐊᔨᓯᔨ-ᓂᐊᐧᐠ; ᐃᐧᔭ ᐅᐦᒋ ᒋᓴᐢ X ᑳ ᑎᐯᔨᒥᑯᔮᕽ. ᐊᒣᐣ.

¶ ᐅᑕ ᑭᑕ ᓂᑲᒧᓈᓂᐊᐧᐣ, ᐁᑲᐧ ᐊᔭᒥᐋᐃᐧᓇ ᐊᑎ ᑭᓯᐸᔪᕽ. ᐊᔭᒥᐁᐃᐧᔨᓂᐤ ᑭᑕ ᐃᑌᐧᐤ,

ᐁᑲᐧ ᐊᔭᒥᐋᑖᐣ.

ᒫᒪᐁᐧᔭᐢ ᓯᔦᑳᑎᓯᔭᐣ ᐅᐱᒫᒋᐃᐁᐧᐤ, ᑭᔭ ᐁ ᑭ ᐅᐦᐱᐢᑳᔭᐣ ᐅ ᑭᐦᒋᓂᐢᑭᕽ ᑭᓴᒪᓂᐣ ᑲ ᑭ ᐅᑎᓇᒪᐠ ᑫ ᐃᓯ ᒥᔨᑯᐃᐧᓯᒋᐠ ᐊᔨᓯᔨᓂᐊᐧᐠ; ᐃᓯᑎᓴᐊᒪᐃᐧᐠ ᑭᐟ ᐃᔨᓂᒪᐠ ᐅ ᓂᐟᑲᒫᑫᐃᐧᓂᔨᐤ ᑳ ᑲᓈᑎᓯᔨᐟ ᑭᐟ ᐊᒑᐦᑲᐧ, ᑭᑕ ᒋᐦᑫᔨᑕᐦᑭᐠ ᑭᑕ ᒣᑭᒋᐠ ᐁ ᐃᓯ ᑭᑭᐃᐧᓯᒥᐠ, ᑭᑕ ᑭ ᑭᐢᑫᔨᑕᒧᐃᐦᐟ ᐊᔭᒥᐋᐃᐧᐣ ᒥᓯᐁᐧᐢᑲᒋᐠ ᐊᔨᓯᔨᓂᐤ. ᓴᐁᐧ-ᔨᒥᐠ ᑲᑭᔭᐤ ᑳ ᒫᒪᐄᐧ ᐃᐧᒋᐃᑐᒋᐠ ᑭᑕ ᒥᓯᑌᐸᔨᑖᒋᐠ ᒥᔮᐧᒋᒧᐃᐧᐣ; ᑭᑕ ᑭ ᑖᐯᐧ ᒥᔦ ᐚᐸᒋᐊᒋᐠ ᑭᑕ ᑭᐢᑫᔨᑕ-ᒧᐃᐁᐧᒋᐠ ᑳ ᑭᐦᒋᑖᐧᐁᐧᔨᑖᑲᐧᕽ ᑭ ᐃᐧᔦᐃᐧᐣ; ᒥᓇ ᑭᑕ ᓇᓇᐦᐃᐸᔨᑐᐊᐧᒋᐠ ᐅᐟ ᐊᑐᐢᑫᐃᐧᓂᐋᐧᐤ, ᐁᑯᓯ ᑳ ᐃᓯ

ᐋᐧᓭᔭᐠ ᒪᓂᑐᐃ ᑖᐯᐧᐃᐧᐣ ᑭᑕ ᐅᑎᐦᑖᐢᑌᐸᔨᐠ ᑭᓯᐸᓄᐟ ᐊᐢᑭᕽ ᐃᑕ ᐁ ᐋᐧᐊᐧᓂᑎᐱᐢᑳᐠ. ᑭᑎᒪᑭᐦᑕᐃᐧᓇ ᑳ ᑲᓈᑎ-ᓯᔭᐣ ᐅᐱᒫᒋᐃᐁᐧᐤ, ᑭᔭ; ᐊᓯᒋ ᐅᐦᑕᐃᐧᒫᐤ ᒥᓇ ᑳ ᑲᓈᑎᓯᐥ ᐊᒑᕽ ᑳ ᐱᒫᑎᓯᔭᐣ ᒥᓇ ᑳ ᑎᐯᔨᒋᑫᔭᐣ ᑳᑭᑫ ᐯᔭᐠ ᑭᓭᒪᓂᑐ, ᐃᔨᑯᕽ ᑫ ᓈᐢᐱᒋ ᐊᐢᑭᐊᐧᕽ. ᐋᒣᐣ.

ᒫᒪᐁᐧᔭᐢ ᓯᔪᑳᑎᓯᔭᐣ ᑭᓭᒪᓂᑐ ᓄᐦᑖᐃᐧᓈᐣ ᑭᐦᒋᑭᓯᑯᕽ, ᑲᓇᐋᐧᐸᐦᑕ ᑭ ᐸᑰᓭᔨᒥᑎᓈᐣ ᑭᐟ ᐊᔭᒥᐁᐃᐧᑲᒥᐠ ᒥᓇ ᐅᐦᑎᓇᒪᐋᐧᑕ ᐁ ᐃᓯ ᓇᑕᐁᐧᔨᑖᑲᐧᕽ. ᐊᓂᒪ ᑫ ᒫᐊᐧᒋᐦᒋᑳᑌᐠ ᒥᐦᒉᑎᐟ, ᒫᑲ ᐅᑕᑐᐢᑫᐊᐧᐠ ᒐᑲᐋᐧᓯᓯᐊᐧᐠ ᑭᔭ ᑳ ᑎᐯᔨᑕᒪᐣ ᒫᐊᐧᒋᐦᒋᑫᐃᐧᐣ ᐃᓯᑎᓴᐦᐅᐠ ᐅᑕᑐᐢᑫᐊᐧᐠ ᑭ ᒫᐊᐧᒋᐦᒋᑫᐃᐧᓂᕽ. ᐊᐧᐢᑲᐃᐧᓇᑦ ᐅᑌᐦᐃᐋᐧᐊᐧ ᑭᐟ ᐊᑐᐢᑮᔭᑲᓇᐠ ᑭᑕ ᒋᐦᑫᔨᑕᒧᐃᐧ ᐸᑭᑎᓂᓱᒋᐠ ᑭᐟ ᐊᑐᐢᑫᐃᐧᓂᕽ. ᐸᓯᑯᓂᐠ ᐁ ᐋᐦᑲᒣᔨᒧᒋᐠ ᒥᓇ ᐁ ᑖᐯᐧᒋᐠ ᓈᐯᐊᐧᐠ ᓂᔭᓈᐣ ᐅᐦᒋ. ᒥᔨᐠ ᑭ ᓂᓯ-ᑲᒫᑫᐃᐧᐣ ᑭᑕ ᐋᐦᑲᒣᔨᒧᒋᐠ ᐁ ᐸᒥᐋᒋᐠ ᑭᐟ ᐃᔨᓂᒪ; ᒥᓇ ᑭᑕ ᐃᐧ ᑭᑭᐢᑳᑲᐧᐠ ᐅᑌᐦᐃᐋᐧᕽ ᓵᑭᐦᐃᐁᐧᐃᐧᐣ ᑭᑕ ᓂᑳᓄᔨᑕᐦᑭᐠ ᑭᑕ ᐱᒫᒋᐋᒋᐠ ᐯᔭᐠ ᐊᐦᐳ ᐊᒑᐦᑲᐧ ᑳ ᐊᐧᓂ-ᐦᐅᔨᐟ. ᐸᑭᑌᔨᑕ ᐅᒪ ᓄᐦᑖᐃᐧᓈᐣ ᑭᐦᒋᑭᓯᑯᕽ, ᐃᐧᔭ ᐅᐦᒋ ᓄᐱᒫᒋᐃᐁᐧᒥᓈᐣ ᒋᓴᐢ X. ᐋᒣᐣ.

ᒫᒪᐁᐧᔭᐢ ᓯᔪᑳᑎᓯᔭᐣ ᑭᓭᒪᓂᑐ, ᓂᑌᐦᐃᓇᕽ ᐅᐦᒋ ᑭ ᑕᐸᐦᑌᔨᒧᐃᐧ ᓇᓈᐢᑯᒥᑎᓈᐣ ᐁ ᐃᓯ ᒥᔪ ᑐᑕᐃᐧᔮᕽ ᒥᓇ ᐁ ᐃᓯ ᑭᑎᒫᑭᓇᐃᐧᔮᕽ ᓂᔭᓈᐣ ᒥᓇ ᑲᑭᔭᐤ ᐊᔨᓯᔨᓂᐤ. ᑭ ᓇᓈᐢᑯᒥᑎᓈᐣ ᐁ ᐋᐧᐢᑌᓇᒫᑯᔮᕽ ᑭ ᒥᔫᐧᒋᒧᐃᐧᐣ, ᒥᓇ ᑳ ᐊᑐᐢᑳᑯᔮᑭᐠ ᑭᐟ ᐊᑐᐢᑮᔭᑲᓇᐠ, ᒥᓇ ᑳ ᐸᒥᐃᑲᐃᐧᔮᕽ ᑭᐟ ᐊᔭᒥᐁᐃᐧᑲᒥᑯᕽ. ᐊᔨᐋᐧᐠ ᒫᑲ ᑭ ᓇᓈᐢᑯᒥᑎᓈᐣ ᐊᓂᑭ ᐅᐦᒋ ᑳ ᑭ ᐊᑐᐢᑫᒋᐠ, ᐊᐦᐳ ᑳ ᑭ ᑯᑕᑭᑖᒋᐠ, ᐊᐦᐳ ᑳ ᑭ

ᓂᐱᒋᐠ ᑭ ᐃᐧᔦᐃᐧᐣ ᐅᐦᒋ ᐱᑯ ᐃᑌ ᑮᔮᑦ ᐁ ᐱᑲᐧᒋ ᐋᔮᐠ ᐊᐢᑭ; ᐁ ᓇᑐᑕᒫᑖᕽ ᑭᑕ ᒥᔨᔮᕽ ᑭ ᓂᓯᑲᒫᑫᐃᐧᐣ ᑭᑕ ᑭ ᐱᒥᑎᓴᐊᒫᕽ ᑳ ᑭ ᐃᓯ ᒥᔦ ᐋᐧᐸᑎᔨᑯᔮᑭᐠ, ᐁᑯᓯ ᐃᐢᑳᐧᔮᐨ ᓂᔭᓈᐣ ᒥᓇ ᑭᑕ ᑭ ᐅᑎᐦᑕᒫᕽ ᑳ ᐊᓯᑕᒪᐃᐧᔮᕽ ᑭᐦᒋᑭᓯᑯᕽ; ᐃᐧᔭ ᐅᐦᒋ ᒋᓴᐢ X ᑳ ᑎᐯᔨᒥᑯᔮᕽ. ᐋᒣᐣ.

¶ ᐁᑲᐧ ᑭᑕ ᑭ ᐅᑎᓂᑳᑌᐤ ᓴᐣᐟ ᑲᐃᓴᐢᑕᑦ ᐅᐟ ᐊᔭᒥᐋᐃᐧᐣ ᒥᓇ ᐅ ᑭᓴᐊᐧᑎᓯᐃᐧᐣ ᑳ ᑎᐯᔨᒥᑯᔮᕽ ᒋᓴᐢ X &c.

ᑫ ᐃᓯ ᐊᔭᒥᐋᕽ ᐁ ᓇᓈᐢᑯᒧᐃᐧ ᑭᓯᑳᐠ.

¶ ᓂᑳᐣ ᐅᒪ ᑭᑕ ᐃᑌᐧᕽ.

ᓇᓈᐢᑯᒥᕽ ᑳ ᑎᐯᔨᒋᑫᐟ, ᒋᑫᒫ ᒥᔮᐧᑎᓯᐤ, ᒋᑫᒫ ᐅ ᑭᓴᐋᐧᑎᓯᐃᐧᐣ ᑳᑭᑫ ᐊᔮᔨᐤ. ᓂᑲᒧᓇ cxviii. 1.

ᒥᔭᐋᐧᑕᒧᐠ ᑳ ᑎᐯᔨᒋᑫᐟ ᐅᐦᒋ, ᑭᔭᐋᐧᐤ ᑲᐧᔭᒼ ᐁᑖᑎᓯᔦᐠ. ᒋᑫᒫ ᓇᓈᐢᑯᒧᐃᐧᐣ ᓇᐃᐢᑲᑲᐧᐠ ᐅᑲᐧᔭᐢᑳᐧᑎᓴᐠ. ᓂᑲᒧᓇ xxxiii. 1.

ᓇᓈᐢᑯᑦ ᑳ ᑎᐯᔨᒋᑫᐟ ᓂᐟ ᐊᒫᕽ, ᒥᓇ ᐁᑳᐃᐧᔭ ᐊᐧᓂᑭᐢᑭᓯᑐᑕᑦ ᑲᑭᔭᐤ ᐅ ᒥᔦᑐᑖᑫᐃᐧᓇ. ᓂᑲᒧᓇ ciii. 2.

¶ ᐁᑲᐧ ᑭᑕ ᐅᑎᓂᑳᑌᐤ ᑳ ᐊᑎ ᐃᓯ ᐊᔭᒥᐋᕽ ᐁ ᑫᑭᓴᐹᔮᐠ ᐊᐦᐳ ᐁ ᐅᑖᑯᓯᐢ.

¶ ᓂᐢᑕᑦ ᐊᔭᒥᒋᑫᐃᐧᐣ ᑎᔦᑕᐊᓇᒥ viii.

ᓂᑲᒧᐣ cxlvii.

ᒪᒥᐦᒋᒥᕽ ᑳ ᑎᐯᔨᒋᑫᐟ; ᒋᑫᒫ ᒥᔮᐧᓯᐣ ᑭᑕ ᓂᑲᒧᐢᑖᐤ

ᒪᒥᐦᒋᒥᐁᐧᐃᐧᓇ ᑭ ᑭᓭᒪᓂᑐᒥᓇᐣ; ᒋᑫᒫ ᒥᓭᐧᔨᒑᑲᐧᐣ, ᒥᓇ ᒪᒥᐦᒋᒥᐁᐧᐃᐧᐣ ᓇᐦᐃᓈᐩᐧᐣ.

ᑳ ᑎᐯᔨᒋᑫᐟ ᐅᓯᒌᐤ ᒉᐤᐅᓴᓭᐊᑦ; ᒪᐊᐧᓴᑯᓀᐤ ᑳ ᑭ ᐊᐧᔪᐃᐧᐁᐧᐱᓂᒥᐦᐟ ᐃᐢᐤᐁᐃᓭᐊ.

ᒥᓈᐧᒋᐁᐤ ᑳ ᐱᑯᑌᐦᐁᔨᐟ, ᒥᓇ ᒐᐦᑯᐱᒐᒣᐧᐤ ᐅ ᒥᓵᐧᑲ-ᓂᑳᑎᑯᐃᐧᓂᔨᐊᐧ.

ᓂᑲᒧᐢᑖᕽ ᑳ ᑎᐯᔨᒋᑫᐟ ᓇᓈᐢᑯᒧᐃᐧᓂᕽ; ᓂᑲᒧᐢᑖᕽ ᐁ ᒪᒥᐦᒋᒫᓴᐧᐠ ᑭᑐᒋᑲᓂᕽ ᑭ ᑭᓭᒪᓂᑐᒥᓇᐤ.

ᑳ ᐊᑲᐧᓇᐊᕽ ᑭᓯᐠ ᐊᐧᐢᑯ ᐅᐦᒋ, ᑳ ᐊᐧᐁᐧᔨᒌᐟ ᑭᑕ ᑭᒥ-ᐊᐧᓂᔨᐠ ᐊᐢᑭᕽ, ᒪᐢᑯᓯᔪ ᑳ ᐅᐦᐱᑭᒌᐟ ᐊᐧᒋᕽ.

ᒥᐸᐤ ᐱᓯᐢᑭᐊᐧ ᐅ ᒥᒋᐃᐧᓂᔨᐤ, ᒥᓇ ᑳᐦᔫᑭᓯᓴ ᑳ ᐯᐦᑖᑯᓯᔨᐟ.

ᒪᒥᐦᒋᑦ ᑳ ᑎᐯᔨᒋᑫᐟ, ᑭᔪ ᒉᐤᐅᓴᓭᐊᑦ; ᒪᒥᐦᒋᑦ ᑭ ᑭᓭᒪᓂᑐᑦ ᑭᔪ ᓵᔪᐣ.

ᒋᑫᒫ ᑭ ᓱᐦᑮᒑᐤ ᑮᐧ ᐃᐢᑳᐧᑌᒥ ᑭᐹᐢᑯᐃᑲᓇ; ᑭ ᓴᐁᐧ-ᔨᒣᐤ ᑭᐟ ᐊᐋᐧᓯᒥᓴ ᐱᐦᒋ ᑳ ᐊᔫᔨᐟ.

ᐃᐧᒐᐢᑭᑐᐃᐧᐣ ᐅᓯᐦᒑᐤ ᐋᐧᓴᑳᑦ ᑭᐟ ᐊᐢᑭᕽ; ᑭ ᑭᐢᐳᐃᐠ ᐁ ᒫᐊᐧᒋ ᒥᔪᓯᔨᐟ ᐸᑫᐧᓯᑲᓂᑲᓇ.

ᑭᑕ ᒪᒥᐦᒋᒫᐤ ᐁᐧᔪᑖᐃᐧᕽ ᒥᓇ ᐅᑯᓯᓯᒫᐤ, &c.

¶ ᑭᑕᐧᑦ ᐊᔪᒥᒋᑫᐃᐧᐣ ᓴᐣᐟ ᓭᐅᐠ xii. 15–35.

ᓂᑲᒧᐣ ciii.

ᓇᓈᐢᑯᑦ ᑳ ᑎᐯᔨᒋᑫᐟ ᓂᐟ ᐊᒌᕽ; ᒥᓇ ᑲᑭᔪᐤ ᑳ ᑭᑭᐢ-ᑳᑯᔫᐣ ᓇᓈᐢᑯᑦ ᑳ ᑲᓈᑕᓂᔨᐠ ᐅ ᐃᐧᔪᐃᐧᐣ.

ᓇᓈᐢᑯᑦ ᑳ ᑎᐯᓕᒋᑫᐟ ᓂᐟ ᐊᒫᕽ; ᒥᓇ ᐁᑳᐎᔭ ᐺᓂ ᑭᐢᑭᓯᑐᑕᑦ ᑲᑭᔭᐤ ᐅ ᒥᔪᑐᑖᑫᐎᓇ.

ᑳ ᐳᓀᐸᑖᒫᒼ ᑲᑭᔭᐤ ᑭ ᒪᒋᐃᐦᑎᐎᓇ; ᑳ ᒥᓏᒋᑖᐟ ᑲᑭᔭᐤ ᑭᐟ ᐃᑖᐢᐱᓀᐎᓇ.

ᑳ ᓈᑖᒫᒼ ᐁᑳ ᑭᑕ ᓂᓯᐘᓈᑕᕽ ᑭ ᐱᒫᑎᓯᐎᐣ; ᑳ ᑭᐢᑕᐢᑖᒫᒼ ᓵᑭᐃᐍᐃᐧ ᑭᔕᐚᑎᓯᐎᐣ ᒥᓇ ᔪᐢᑭ ᑭᑎᒫᑭ-ᓈᑫᐎᐣ.

ᑳ ᑌᐱᔭᐍᐃᒼ ᑭᑐᓂᕽ ᒥᔪ ᑫᑿᔭ ᐅᐦᒋ; ᐁᑯᓯ ᑯᐢᑲᑎᓯᐎᐣ ᑳ ᑭᒗᒥ ᐊᔮᐠ ᒑᐱᐢᑯᐨ ᒥᑭᓯᐤ.

ᑳ ᑎᐯᓕᒋᑫᐟ ᐃᐦᑐᑕᒪᐍᐤ ᑿᔭᒼ ᐃᓯᒋᑫᐎᓇ; ᒥᓇ ᐅᔭᓱᐍᐎᓇ ᑲᑭᔭᐤ ᑳ ᑭᑎᒪᐃᒥᐦᐟ.

ᑭ ᑭᐢᑫᔨᑕᒧᐁᐤ ᐅᐟ ᐃᓯᑗᐎᓇ ᒧᓯᐢ; ᐅᐟ ᐃᓯᒋᑫᐃᓇ ᐃᐢᕋᐁᐃᓫ ᐅᐟ ᐊᐘᓯᒥᓯᔨᐘ.

ᑳ ᑎᐯᓕᒋᑫᐟ ᒧᐢᑫᓀᐤ ᑭᑎᒫᑭᓈᑫᐎᐣ ᒥᓇ ᒥᔫᐧᑎᓯᐎᐣ; ᓇᒪᐎᔭ ᐅᒉᐦᑲᑦ ᑭᓯᐚᐧᓯᐤ ᒥᓇ ᐍᔪᑎᓯᐤ ᑭᔕᐚᑎᓯᐎᐣ.

ᓇᒪᐎᔭ ᑕᐦᑭ ᑭᑕ ᐊᑖᒥᒥᐍᐤ; ᒥᓇ ᓇᒪᐎᔭ ᑭᑕ ᑲᓇᐍᔨᑕᑦ ᐅ ᑭᓯᐚᐧᓯᐎᐣ ᑳᑭᑫ.

ᓇᒪᐎᔭ ᑯᐦ ᐊᔨᑐᑖᑯᓇᐤ ᑳ ᐃᓯ ᒪᒋᑐᑕᒪᕽ, ᒥᓇ ᓇᒪᐎᔭ ᑯᐦ ᑎᐸᐊᒫᑯᓇᐤ ᑳ ᐃᑕᐢᑌᑭ ᑭ ᐘᓂᑐᑕᒧᐎ-ᓂᓇᐘ.

ᑭᑫᒫ ᑳ ᐃᓯ ᐃᐢᐹᐠ ᑭᓯᐠ ᐃᔨᑯᕽ ᐎᔭ ᐊᐢᑭ; ᐁᑯᓯ ᐁᐢᐱᒫᔨᐠ ᑳ ᐃᓯ ᑭᔕᐚᑐᑖᐧᐟ ᐊᓂᐃ ᑳ ᑯᓯᑫᐧᔨᒥᑯᐟ.

ᐃᔨᑯᕽ ᑳ ᔮᐎᓈᑿᕽ ᐃᑕ ᑳ ᓵᑲᐢᑌᐠ ᐃᑕ ᑲ ᐸᐦᑭᓯᒧᐠ ᐅᐦᒋ, ᐁᑯᔨᑯᕽ ᑭ ᑭ ᒥᑖᑫᐧᓇᒫᑯᓇᐤ ᑭ ᒪᒋᐃᐦᑎᐎᓂᓇᐘ.

ᒑᐱᐢᑯᐨ ᐅᐦᑖᐎᒫᐤ ᑳ ᐃᓯ ᑭᑎᒫᑭᓇᐚᐠ ᐅᐟ ᐊᐘᓯᒥᓯ

ᐁᑯᓯ ᑳ ᑎᐯᔨᒋᑫᐟ ᐁᓯ ᑭᑎᒫᑭᓇᐋᐧᐟ ᐊᓂᐃ ᑳ ᑯᓯᑫᐧ-ᔨᒥᑯᐟ.

ᑭᑕ ᒪᒥᐦᒋᒫᐤ ᐁᐧᔫᑖᐃᐧᕽ ᒥᓇ ᐅᑯᓯᓯᒫᐤ, &c.

¶ ᑖᐯᐧᑕᒧᐃᐧᐣ ᒥᓇ ᐊᐢᑯᐦᐨ ᑳ ᐊᔮᐠ ᑭᓯᑖᐦᑭ, ᒥᓇ ᐊᔭᒥᐋᐃᐧᐣ ᐊᓂᒪ ᐁ ᑭᓭᑳᐠ, ᐁᑲᐧ ᐅᐦᐃ ᐊᔭᒥᐋᐃᐧᓇ.

ᒫᒪᐁᐧᔭᐢ ᓯᔫᑲᑎᓯᔭᐣ ᑭᓭᒪᓂᑐ ᓄᑖᐃᐧᓈᐣ ᑭᐦᒋᑭᓯᑯᕽ ᑭ ᓇᓈᐢᑯᒥᑎᓈᐣ ᒥᓇ ᐯᔭᑲᐧᐤ ᐁ ᐅᑎᓵᐸᑕᒫᕽ ᐅᒪ ᓇᓈᐢᑯᒧᐃᐧ ᑭᓯᑲᐤ ᒥᓇ ᑲᑭᔭᐤ ᑭᐟ ᐊᓱᑕᒫᑫᐃᐧᓇ ᑳ ᑭ ᑎᐱᑐᑕᒪᐃᐧᔮᕽ, ᐅᓵᐨ ᐅᑎ ᑳ ᑭ ᐊᓱᑕᒪᐣ ᐃᐢᑯ ᑫ ᐊᐢᑭᐊᐧᕽ ᐸᑭᑎᓂᑫᐃᐧᐣ ᒥᓇ ᒪᓂᓯᑫᐃᐧᐣ ᐁᑳ ᑭᑕ ᓄᐦᑌᐸᔨᐠ. ᑭ ᓇᓈᐢᑯᒥᑎᓈᐣ ᒥᓇ ᐯᔭᑳᐧᐤ ᑳ ᐅᐦᐱᑭᑕᒪᐃᐧᔮᕽ ᑭᐢᑎᑲᓇ ᐊᐢᑭᕽ ᐅᐦᒋ, ᒥᓇ ᑳ ᐅᐦᒋᐢᑕᒪᐃᐧᔮᕽ ᒥᓇ ᑳ ᑲᓇᐁᐧᔨᑕᒪᐃᐧᔮᕽ ᑲᑭᔭᐤ ᑫᑲ: ᑳ ᐅᐦᒋ ᒥᔪᐧᔨᑕᒫᕽ ᐁ ᐱᒫᑎᓯᔮᕽ. ᑭᐢᑭᓄᐊᒪᐃᐧᓈᐣ ᑭᑕ ᑲᓄᑭᐢᑭᓯᔮᕽ ᑭᔭ ᑳ ᐅᐦᒋᐢᑕᒪᐃᐧᔮᕽ ᑲᑭᔭᐤ ᑫᑲ:, ᑖᐯᐧ ᒫᑲ ᑭᑕ ᓇᓈᐢᑯᒥᑖᕽ, ᒫᑲ ᐊᓯᒋ ᐁᑳ ᑭᑕ ᐅᓵᒣᔨᑕᒫᕽ ᐊᐢᑭᐃᐧ ᑫᑲᐧᔭ, ᒫᑲ ᑭᑕ ᓇᑐᓇᒫᕽ ᐊᓂᒪ ᑫ ᐋᐸᒋᐃᑯᔮᕽ ᓂᐟ ᐊᒫᐦᑯᓈᕽ, ᐁᑯᓯ ᐁᐊᐧᑯ ᐅᐦᒋᐢᑕᒪᐃᐧᓈᐣ ᑫᓭᐋᐧᑎᓯᔭᐣ ᐅᐦᑖᐃᐧᒫᐤ, ᐃᐧᔭ ᐅᐦᒋ ᒋᓵᐢ X ᑳ ᑎᐯ-ᔨᒥᑯᔮᕽ. ᐋᒣᐣ.

ᑫᓭᐋᐧᑎᓯᔭᐣ ᑭᓭᒪᓂᑐ, ᑭᔭ ᐁ ᐃᑕᓱᐋᐧᑕᒪᐣ ᐊᐢᑭ ᐁᑳ ᑳ ᐅᐦᐱᑭᐦᒋᑫᒪᑲᕽ, ᐊᐦᐳ ᐁᑌᔨᑕᒪᓂ ᑳ ᒣᑭᒪᑲᕽ ᐁ ᐃᓯ ᒥᓂᓯᐊᐧᕽ ᐃᑕ ᐁᐢᐸᔨᑭ; ᐃᐧᒋᐃᓈᐣ ᑭᑕ ᑭ ᑭᐢᑭᓄᐊ-ᒫᑯᐃᐧᓯᔮᕽ ᑖᐱᐢᑯᐨ ᑭ ᑭᓭᐋᐧᑎᓯᐃᐧᓇ ᒥᓇ ᑯᔭᓱᐁᐧᐃᐧᓇ ᐅᐦᒋ, ᐁᑯᓯ ᑭᑕ ᓂᓯᑕᐃᐧᓇᒫᕽ ᑭᔭ ᒥᑐᓂ ᐁ ᑎᐯᔨᑐ-ᒪᐃᐧᔮᕽ ᑲᑭᔭᐤ ᑫᑲ: ᐁ ᐊᑎ ᐃᐢᐸᔨᐦᐃᑯᔮᕽ; ᒥᑐᓂ ᒫᑲ

ᐁ ᑫᒋᓈᐅᔮᕽ ᑲᑭᔭᐤ ᑭ ᓴᐍᔨᒥᐍᐏᓇ ᑳ ᐅᐦᒋᐢᑕᒪ ᐏᔮᕽ ᐁ ᐃᑕᑭᐦᑌᑭ ᑭᑕ ᑯᑌᔨᒥᑲᐏᔮᕽ ᐊᓯᒋ ᒥᓇ ᑭᑕ ᐋᐸᒋᐃᑯᔮᕽ, ᑭᑕ ᐃᓯ ᐅᑎᓇᒫᕽ ᒥᓇ ᑭᑕ ᐋᐸᒋᑖᔮᕽ ᓇᒪᐏᔭ ᓂᔭᓈᐣ ᐱᑯ ᐁ ᒥᑐᓀᔨᒥᓱᔮᕽ ᒫᑲ ᐁ ᐏᒋᑖᔮᕽ ᑳ ᑲᓈᑕᕽ ᑭᐟ ᐊᔭᒥᐁᐏᑲᒥᐠ ᒥᓇ ᑲᑭᔭᐤ ᑯᑕᐠ ᑫᑲ: ᐁ ᐃᓯ ᑲᐢᑭᑖᔮᕽ ᑭᑕ ᐋᐸᒋᐃᑯᐟ ᐊᔨᓯᔨᓂᐤ, ᒥᓇ ᑭᔭ ᑭᑕ ᐃᓯ ᑭᐢᑌᔨᑖᑯᐦᐃᑲᐏᔭᐣ, ᐏᔭ ᐅᐦᒋ ᒋᓴᐢ X ᑳ ᑎᐯᔨᒥᑯᔮᕽ. ᐋᒣᐣ.

¶ ᐁᑲᐧ ᑯᑕᑲ ᐊᔭᒥᐋᐏᓇ ᑭᑕ ᑭ ᐅᑎᓂᑳᑌᐊᐧ ᐱᑯ ᐁ ᐃᓯ ᓇᐃᐸᔨᐠ.

ᑭᑕ ᐃᓯ ᐱᐢᑭᐦᑕᐢᑖᕽ ᔨᑲᐧᐦᐊᐢᑳᓂ ᐊᐢᑭ.

¶ ᓂᑳᐣ ᑲᐧᔭᐢᐠ ᑭᑕ ᒣᓂᑭᐦᑲᑌᐤ ᐁᐊᐧᑳᐧᓂᒪ ᐊᐢᑭ, ᐁᑲᐧ ᒫᑲ ᑭᑕ ᑲᑫᐧᒋᒪᐤ ᑭᐦᒋᐊᔮᒥᐁᐏᔨᓂᐤ ᑭᑕ ᐃᓯᒋᑳᑕᕽ ᑳ ᐃᓯ ᓇᑕᐍᔨᑖᑲᐧᕽ. ᐁ ᐊᑎ ᐱᑐᑫᕽ ᒣᓂᑲᓂᕽ ᑭᐦᒋᐊᔭᒥᐁᐏᔨᓂᐤ ᑭᑕ ᐃᑌᐧᐤ ᐅᒪ ᐊᔭᒥᐋᐏᐣ.

ᓂᑳᓄᐦᑕᐏᓈᐣ, ᑌᐯᔨᒋᑫᔭᐣ, ᑲᑭᔭᐤ ᓂᐟ ᐃᐦᑐᑕᒧᐏᓂᓈᕽ ᑭ ᑭᐦᒋ ᒪᒣᔭᐏᔨᒋᑫᐏᐣ ᐅᐦᒋ, ᒥᓇ ᔭᐦᑯᑕᐦᐃᓈᐣ ᑭ ᐏᒋᐃᐍᐏᐣ ᐅᐦᒋ; ᑲᑭᔭᐤ ᓂᐟ ᐊᑐᐢᑫᐏᓂᓈᓇ, ᐁ ᒫᒋᐸᔨᑭ, ᐁ ᒣᑳᐧ ᐱᒥᐸᔨᑭ, ᒥᓇ ᐁ ᐳᓂᐸᔨᑭ ᑭᔭ ᐁ ᐏᒋᐃᔮᕽ, ᑭᑕ ᑭ ᑭᐢᑌᔨᑖᑲᐧᕽ ᑳ ᑲᓈᑕᕽ ᑭ ᐏᔪᐏ; ᐁᑯᓯ ᐱᔨᐢ, ᑭ ᑭᓴᐋᐧᑎᓯᐏᓂᕽ ᑭᑕ ᐊᔮᔮᕽ ᑳᑭᑫ ᐱᒫᑎᓯᐏᐣ; ᐏᔭ ᐅᐦᒋ ᒋᓴᐢ X ᑳ ᑎᐯᔨᒥᑯᔮᕽ. ᐋᒣᐣ.

¶ ᒣᑲᐧ ᑭᐦᒋᐊᔭᒥᐁᐏᔨᓂᐤ, ᒥᓇ ᐊᔭᒥᐁᐏᔨᓂᐊᐧᐠ, ᒥᓇ ᑯᑕᑲᐠ ᐊᔨᓯᔨᓂᐊᐧᐠ ᐁ ᑭ ᐅᔨᑳᐸᐏᒋᐠ ᑭᑕ ᐋᐧᐢᑲᐦᑌᐊᐧᐠ ᐸᓂᒪ ᐊᐢᑭ ᐁ ᐃᑌᐧᒋᐠ ᐅᐦᐃ ᓂᑲᒧᓇ

ᓂᑲᒧᐣ xxiii.

ᑳ ᑎᐯᔨᒋᑫᐟ ᓄᑲᓇᐃᐧᒫᔭᑎᑫᐧᑦ; ᓇᒪ ᐃᐧᔭ ᑫᑲ: ᓂ ᑲ ᑭᐧᑖᒫᐣ.

ᓂ ᐱᒥᓯᓄᐦᐃᐠ ᐃᑕ ᐁ ᐁᐧᔦᑕᐢᑯᓯᐊᐧᑳᐠ; ᓂᐟ ᐃᑐᐦ-ᑕᐃᐠ ᓯᓱᓀ ᐁ ᑭᔮᒥ ᐋᔮᑭ ᓂᐱᔭ.

ᒥᓈᐧᒋᐁᐤ ᓂᐟ ᐊᒑᐦᑲᐧ; ᓂ ᑭᐢᑭᓄᑕᐃᐠ ᑲᐧᔭᐢᑳᐧᑎᓰᐃᐧ-ᒣᐢᑲᓇᕽ ᐅ ᐃᐧᔦᐃᐧᐣ ᐅᐦᒋ.

ᐁᐦᐁ, ᐋᑕ ᐱᒧᑌᔮᓀ ᐋᔭᑎᓈᕽ ᐃᑕ ᐁ ᐋᑲᐋᐧᐢ-ᑌᐢᑳᑫᐠ ᓂᐳᐃᐧᐣ, ᓇᒪ ᑫᑲ: ᑳ ᒫᔮᑕᕽ ᓂ ᑲ ᑯᐢᑌᐣ; ᒋᑫᒫ ᑭ ᐃᐧᒉᐃᐧᐣ; ᑭ ᓯᑐᓂᑫᐃᐧᓈᐦᑎᐠ ᒥᓇ ᑭ ᓴᐢᑲᐦ-ᐅᓈᐦᑎᐠ ᓂ ᓂᐢᑖᓯᐢᑳᑯᐣ.

ᑯᔭᐢᑕᒪᐃᐧᐣ ᒥᒋᓱᐃᐧᓈᑎᐠ ᐁ ᑲᓇᐋᐧᐸᒥᒋᐠ ᑳ ᐃᐧ-ᓂᓯᐸᐧᓈᒋᐃᒋᐠ; ᑭ ᑭ ᑕᒪᐢᑯᓀᐣ ᓂᐢᑎᑳᐧᐣ ᐱᒥ ᐅᐦᒋ; ᓂ ᒥᓂᑳᐧᑲᐣ ᐹᓯᑖᐳᐁᐧᐸᔨᐤ.

ᒥᔮᐧᑎᓯᐃᐧᐣ ᒥᓇ ᑭᓴᐋᐧᑎᓯᐃᐧᐣ ᒫ ᐃᐧᔭ ᓂ ᑲ ᐱᒥ ᑎᓴᐅᑯᐣ ᐃᔨᑯᕽ ᑫ ᐱᒫᑎᓯᔮᐣ; ᐁᑯᓯ ᑳ ᑎᐯᔨᒋᑫᐟ ᐅ ᐋᐧᐢᑳᐦᐃᑲᓂᕽ ᓂ ᑲ ᐃᐧᑭᐣ ᑳᑭᑫ.

ᑭᑕ ᒪᒥᐦᒋᒫᐤ ᐁᐧᔦᑖᐃᐧᕽ ᒥᓇ ᐅᑯᓯᓯᒫᐤ, &c.

ᓂᑲᒧᐣ xc.

ᑌᐯᔨᒋᑫᔭᐣ ᑭ ᑭ ᐃᐧᑭᑫᒧᑐᑖᑎᓈᐣ, ᒥᓯᐁᐧ ᐁ ᐊᑎ ᐋᔮᓂᐢᑫ ᐱᒫᑎᓯᕽ.

ᒪᐧᓴᐢ ᐸᐧᒋᔭ ᑭ ᒧᐢᑭᒪᑲᑭ, ᐊᐦᐳ ᒪᐧᓴᐢ ᐅᓯᑖᔭᐣ ᐹᑲᐧᒑᐤ ᒥᓇ ᐊᐢᑭ, ᑳᑭᑫ ᐅᐦᒋ ᒥᓇ ᑳᑭᑫ ᐊᑎ ᒋ ᐣᓴᒪᓂᑐᐃᐧᐣ.

ᓂᓯᐘᓈᑌᓯᐏᓂᕽ ᑭᐟ ᐃᓯ ᐸᑭᑎᓈᐤ ᐊᔨᓯᔨᓂᐤ; ᒥᓇ ᑭᐟ ᐃᑖᐧᐣ, ᑳᐏ ᐯ ᐋᔮᐠ ᑭᔭᐘᐤ ᐊᔨᓯᔨᓂᐏᑯᓯᓵᓂᑎᐠ.

ᒋᑫᒫ ᑭᐦᒋᒥᑖᑕᑐᒥᑕᓇᐤ ᑕᐦᑐ ᐊᐢᑭ ᑭᔭ ᐁ ᐃᓯ ᑲᓇᐚ-ᐸᑕᒪᐣ, ᑖᐱᐢᑯᐨ ᐱᑯ ᐅᑖᑯᓯᕽ ᑳ ᒫᔫᐢᑲᒧᐸᔨᑭ; ᑖᐱᐢᑯᐨ ᐯᔫᐠ ᑲᓇᐏᒉᐱᐢᑵᐏᐣ.

ᑭ ᓯᐺᑕᐚᐘᐠ ᑖᐱᐢᑯᐨ ᐁ ᔨᐢᑭᐯᐸᔨᐠ; ᐃᓯ ᐋᔪᐘᐠ ᑖᐱᐢᑯᐨ ᓂᐹᐏᐣ; ᐁ ᑫᑭᓭᐹᔮᐠ. ᐃᓯ ᐋᔪᐘᐠ ᑖᐱᐢᑯᐨ ᒪᐢᑯᓯᔭ ᐁ ᐅᐦᐱᑭᐦᑭ.

ᐁ ᑫᑭᓭᐸᔮᐠ ᒪᒥᓭᐧᐏᐋᔭᐤ ᒥᓇ ᐅᐦᐱᑭᐣ; ᐁ ᐅᑖᑯᓯᐠ ᑭᐢᑭᐍᐸᐃᑳᑌᐤ ᒥᓇ ᓂᐳᐏᑎᐣ.

ᒋᑫᒫ ᓂ ᒉᐦᒋᐃᑯᓇᐣ ᑭ ᑭᓯᐚᓯᐏᐣ; ᒥᓇ ᑭ ᑭᓯᐢ-ᑖᑫᐏᐣ ᓂ ᒥᑯᐢᑳᑌᔨᑕᒥᐃᑯᓈᐣ.

ᑭ ᑭ ᐅᓯᐢᑲᐺᐢᑖᐧᓯᐣ ᓂ ᐘᓂᐃᑎᐏᓂᓈᓇ; ᑭᒧᐨ ᓂ ᒪᒋᑐᑕᒧᐏᓂᓈᓇ ᐚᓭᔮᕽ ᑭᐦᑳᐧᑲᓂᕽ ᐅᐦᒋ.

ᒋᑫᒫ ᑲᑭᔭᐤ ᓂ ᑭᓯᑳᒥᓈᓇ ᒉᐦᒋᐸᔨᐘ ᑭ ᑭᓯᐚᓯ-ᐏᓂᕽ; ᓂ ᑭᓯᐱᐢᑫᓈᐣ ᓂᐟ ᐊᐢᑭᐏᓂᓈᓇ ᑖᐱᐢᑯᐨ ᐋᑕᐘᑳᐣ ᑳ ᐋᑐᑕᒥᕽ.

ᐁ ᑭᓯᑳᐠ ᓂᐟ ᐊᐢᑭᐏᓂᓈᓇ ᑌᐸᑯᐦᐳᒥᑕᓇᐤ ᐃᑕᐦᑎᓇᐧ, ᐁᑯᓯ ᑭᐢᐱᐣ ᒪᐢᑲᐏᓯᐏᐣ ᐅᐦᒋ ᐊᔨᓈᓅᒥᑕᓇᐤ ᐃᐢᐸᔨ-ᑳᐧᐃᐧ; ᓵᑯᐨ ᐅ ᒪᐢᑲᐏᓯᐏᓂᐚᐤ ᐱᓯᓯᐠ ᐊᑐᐢᑫᐏᐣ ᒥᓇ ᒥᐦᒋᔭᐍᓯᐏᐣ; ᒋᑫᒫ ᑭᔨᐸ ᒉᐦᒋᐸᔨᐤ ᐁᑯᓯ ᓂ ᓯᐯᐧ-ᑯᒋᓂᓈᐣ.

ᐊᐍᓇ ᑫᐢᑫᔨᑕᕽ ᐁ ᐃᓯ ᒪᐢᑲᐏᓯᒪᑲᕽ ᑭ ᑭᓯᐚᐧ-ᓯᐏᐣ, ᒥᓇ ᑭ ᑭᓯᐢᑖᑫᐏᐣ ᐁ ᐃᑕᐢᑌᐠ ᑭᑕ ᐃᓯ ᑯᐢᑎ-ᑲᐏᔭᐣ.

ᐃᓯ ᑭᐢᑭᓄᐊ_ᐃᐧᓈᐣ ᑭᑕ ᑎᐸᑭᑖᒫᕽ ᓂ ᑭᓯᑳᒥᓈᓇ, ᑭᑕ ᐃᑕᐢᑌᑭ ᓂᑌᐦᐃᓈᓇ ᐃᔨᓂᓯᐃᐧᓂᕽ.

ᐯ ᑭᐁᐧ ᑌᐯᔨᒋᔦᔮᐣ ᑖᓂᔨᑯᕽ ᑭᑰᐧᐢ? ᑮᔮᑦ ᑫᐧᐢᑫᔨᑕ ᑭᐟ ᐊᑐᐢᑫᔮᑲᓇᐠ ᐅᐦᒋ.

ᑌᐱᔭᐁᐧᐃᐧᓈᐣ ᑭᔨᐸ ᑭ ᑭᔦᐋᐧᑎᓯᐃᐧᐣ ᐅᐦᒋ; ᑭᑕ ᒪᒪᑖᑯᓯᔮᕽ ᒥᓇ ᑭᑕ ᒥᓵᐧᔨᑕᒫᕽ ᐃᐢᑯ ᑫ ᐱᒫᑎᓯᔮᕽ.

ᒪᒪᑖᑯᐃᐧᓈᐣ ᐃᔨᑯᕽ (ᐦ) ᑭᓯᑳᐊᐧ ᑳ ᑭ ᑯᑕᑭᐃᔮᕽ, ᒥᓇ ᐊᐢᑭᐃᐧᓇ ᐃᑕ ᑳ ᑭ ᐋᐧᐸᑖᒫᕽ ᒫᔨᐊᔮᐃᐧᐣ.

ᑮᔮᑦ ᑭᐟ ᐊᑐᐢᑫᐃᐧᐣ ᑭᑕ ᓄᑯᑐᐋᐧᐊᐧ ᑭᐟ ᐊᑐᐢᑫᔮᑲᓈᐠ, ᒥᓇ ᑭ ᑭᐢᑌᔨᑖᑯᓯᐃᐧᐣ ᑭᑕ ᐋᐧᐸᑕᒥᔨᐟ ᐅᐟ ᐊᐋᐧᓯᒥᓯᐋᐧᐊᐧ.

ᑭᑕ ᒪᒋᐦᒋᒫᐤ ᐁᐧᐧᑖᐃᐧᕽ ᒥᓇ ᐅᑯᓯᓯᒫᐤ, &c.

¶ ᐁᑲᐧ ᑭᐦᒋᐊᔭᒥᐁᐃᐧᔨᓂᐤ ᑭᑕ ᐃᑌᐧᐤ,

ᐅ ᑭᐦᒋ ᑲᐢᑭᐦᐁᐃᐧᓯᐃᐧᐣ ᑳ ᑎᐯᔨᒋᑫᐟ ᑭ ᑭᔦᒪᓂᑐᒥᓇᐤ ᑭ ᑲ ᐃᐧ ᑭᑭᐢᑲᔦᐋᐧᓇᐤ; ᐋᔮᑕᐢᑕᒪᐃᐧᓈᐣ ᓂᐟ ᐊᑐᐢᑫᐃᐧᓂᓈᓇ ᓂᒋᐦᒋᓈᕽ; ᐁᐦᐁ, ᐊᑐᐢᑫᐃᐧᐣ ᓂᒋᐦᒋᓈᕽ ᐋᔮᑕᐢᑕᒪᐃᐧᓈᐣ.

¶ ᐁᑲᐧ ᑭᑕ ᐊᔭᒥᑖᓂᐊᐧᐣ ᐯᔭᐠ ᐊᔭᒥᐦᒋᑫᐃᐧᐣ ᒋᓂᓯᐢ xxiii, ᐊᐦᐸ ᓭᐣᐟ ᒑᐣ v. 21–30, ᐊᐦᐸ ᓂᐢᑕᐟ ᑌᓭᐊᓂᔭᓇ iv. 13 ᐅᐦᒋ.

¶ ᐁᑲᐧ ᐯᔭᐠ ᐊᔭᒥᐁᐃᐧᔨᓂᐤ ᐊᐦᐸ ᑯᑦ ᐊᔨᓯᔨᓂᐤ ᐁ ᐸᑭᑎᓇᒪᑯᐟ ᑭᐦᒋ-ᐊᔭᒥᐁᐃᐧᔨᓂᐊᐧ ᑭᑕ ᐊᔭᒥᑖᐤ ᐅᒪ,

ᑳᓇᒋᑖᐃᐧ ᐃᑌᐃᐧᐣ.

ᐅ ᐃᐧᐧᐃᐧᓂᕽ ᑭᔦᒪᓂᑐ. ᐋᒣᐣ.

ᒋᑫᒫ ᐅᒪ ᐊᐢᑭ ᐁ ᑭ ᐸᑭᑌᔨᒋᑳᑌᐠ ᐁᑯᑕ ᑭᑕ

ᓇᐦᐃᓂᐦᒋᐠ ᐅᓂᐱᐊᐧᐠ, ᐁᑯᓯ ᑲᐧᔭᐢᐠ ᐁ ᑭ ᒣᓂᑭᑲᐦᑌᐠ ᒥᓇ ᐁ ᑳᐧᔮᑕᕽ ᐁᑳᐧ ᑭᑕ ᑲᓇᒋᑖᕽ ᒥᓇ ᐁ ᑭ ᑲᑫᐧᒋᒥ ᒐᐄᐧᔮᐤ ᑭᑕ ᑲᓈᒋᑖᔮᐤ;

ᐁᑳᐧ ᓂᔭ —— ᐁ ᐃᓯ ᐸᑭᑎᓇᒫᑲᐄᐧᔮᐤ ᒪᓂᑐᕽ ᐅᐦᒋ ᑭᑕ ᑭᐦᒋᐊᔭᒥᐁᐃᐧᐳᓂᑲᐦᑕᒫᐤ, ᓂ ᑲᓈᒋᑖᐤ ᐅᒪ ᐊᐢᑭ ᒥᓇ ᓂ ᐱᐢᑭᑕᐢᑖᐤ ᐁᑳ ᐱᑯᓇᑕ ᑭᑕ ᐃᑖᐸᑕᕽ, ᒥᓇ ᓂ ᐸᑭᑎᓇᒫᐧᐤ ᒫᒪᐁᐧᔭᐢ ᓯᔦᐧᑳᑎᓯᐟ ᑭᓭᒪᓂᑐ ᐁᑯᑕ ᑭᑕ ᓇᐦᐃᓂᐦᒋᐠ ᐅᓂᐱᐊᐧᐠ ᐁ ᐃᑕᐢᑌᐠ ᐋᐧᒐᔮᓯᐤ ᐊᔭᒥᐋᐧᐃᐧᐤ, ᐃᐧᔭᐃᐧᐋᐧᐊᐧ ᐅᑖᐯᐧᑕᒍᐊᐧᐠ ᐁᑯᑕ ᑭᑕ ᓇᐦᐊᐢᑌᐳᑭ ᐁ ᐃᐦᑕᑌᐳᑖᑲᐧᕽ ᐊᔪᒪ ᐋᐱᓯᓯᓄᐃᐧᐤ ᑳᑭᑫ ᐱᒫᑎᓯᐃᐧᓂᕽ ᐃᓯ; ᐃᐧᔭ ᐅᐦᒋ ᒋᓴᐢ X ᑳ ᑎᐯᐳᒥᑯᔭᕽ.

ᐁᑯᓯ ᒫᑲ ᓂ ᐃᐧᑌᓈᐤ ᒥᓇ ᓂᐟ ᐃᑕᓱᐋᐧᓈᐤ ᐅᒪ ᐊᐢᑭ ᐁᑯᓯ ᑭᑕ ᐃᓯ ᑲᓈᑕᐢᑌᐠ, ᒥᓇ ᑭᑕ ᐱᐢᑭᑕᐢᑌᐠ, ᒥᓇ ᑭᑕ ᐸᑭᑎᓂᑳᑌᐠ ᑳᑭᑫ, ᐅᒪ ᓂᐟ ᐃᑌᐃᐧᓂᓈᐤ ᒥᓇ ᓂᐟ ᐃᑕᓱᐁᐃᐧᓂᓈᐤ ᐅᐦᒋ.

ᐁᑯᑕ ᒫᑲ ᓂᐟ ᐊᐢᑖᓈᐤ ᓂ ᐃᐧᔦᐃᐧᓂᓈᐤ ᒥᓇ ᓂᐟ ᐊᑯᐢᑭᐊᐧᓯᑲᓂᓈᐤ ᐊᓄᐦᐨ ᑳ ᑭᓯᑳᐠ . . . .

¶ ᐁᑳᐧ ᑭᐦᒋᐊᔭᒥᐁᐃᐧᐳᓂᐤ ᑭᑕ ᐃᑌᐤ ᐅᒪ ᐊᔭᒥᐹᐃᐧᐤ.

ᑭᓭᒪᓂᑐ ᑳ ᑭ ᑭᐢᑭᓄᐊᐧᐃᐧᔮᕽ ᑳ ᑲᓈᑕᕽ ᑭᐟ ᐃᑌ-ᐃᐧᓂᕽ ᐱᑐᐢ ᐁ ᐃᓯ ᐊᔮᐟ ᐱᓯᐢᑭᐤ ᐁᑳ ᑯᑖᒦᐦᑯᐟ ᒥᓇ ᐊᐳᓯᐳᓂᐤ ᐅᐟ ᐊᒦᐦᑲᐧ ᑳ ᓈᑖᐳᐟ ᑭᓭᒪᓂᑐᐊᐧ ᑳ ᑭ ᐅᓯᐦᐃᑯᐟ; ᐁᑳᐧ ᒥᓇ ᐁ ᑭ ᐃᓯ ᑭᐢᑭᓇᐋᐧᐸᐦᑎᐳᑯᔮᑭᐠ ᑭᐟ ᐊᑐᐢᑫᔮᑲᓇᐠ ᒥᓴᑳᒣ ᑳ ᐯ ᐊᐢᑭᐊᐧᕽ, ᑳ ᑭᐢᑭᓄᐊᒪ-ᐃᐧᔮᕽ ᑭᑕ ᐱᐢᑭᑕᐢᑖᔮᕽ ᐃᑕ ᑭᑕ ᓇᐦᐊᐢᑌᐳᑭ ᐃᔭᐃᐧᐋᐧᐊᐧ

ᑭᐟ ᐃᔨᓂᒪᐠ, ᐁᑳ ᐊᐃᐧᔭᐠ ᑭᑕ ᒥᑯᐢᒐᒥᑖᐟ, ᒣᑳᐧᐨ ᐅᐟ ᐊᒌᐦᑯᐚᐧᐊᐧ ᐁ ᑲᓇᐌᐧᔨᑖᑯᓯᔨᐟ ᐅᒋᐦᒋᔨᕽ ᐅᐱᒫᐢᐃᐌᐧ-ᒥᐚᐧᐊᐧ; ᐅᑎᓇ ᑭ ᐸᑯᓭᔨᒥᑎᓈᐤ ᓂᒋᐦᒋᓈᕽ ᐅᐦᒋ ᐅᒪ ᓂᐟ ᐃᓯᒋᑫᐃᐧᓂᓈᐤ ᐁ ᐱᐢᑭᑕᐢᑏᔭᕽ ᐅᒪ ᐊᐢᑭ ᐁᑯᓯ ᐅᒪ ᑭᑕ ᐃᓯ ᒥᔮᐧᐸᑕᕽ, ᒥᓇ ᓂ ᑲ ᐃᐧ ᒥᐢᑲᐚᐧᓯᒥᑯᓈᐤ ᐚᐧᐃᐧᐸᐨ ᐁ ᐚᐧᐸᑕᒫᕽ ᓅᐦᑌᐸᔨᐃᐧᐤ ᐁ ᐃᓯ ᐱᑭᐢᑲᓯᐠ ᓂ ᐱᒫᑎᓯᐃᐧᓂᓈᐤ ᐁᑯᓯ ᒫᑲ ᑭᑕ ᐃᓯ ᑎᐸᑭᑕᒫᕽ ᓂ ᑭᓯᑳᒥᓈᓇ ᐃᔨᓂᓯᐃᐧᓂᕽ ᑭᑕ ᐃᑕᐢᑌᑭ ᓂᑌᐦᐃᓈᓇ; ᒣᑳᐧ ᒫᑲ ᐁ ᐱᒫᑎᓯᔮᕽ ᐁ ᒥᑐᓄᔨᑖᒫᕽ ᓂᐱᐃᐧᐤ, (ᐦ) ᑭᓯᑳᐤ ᑭᑕ ᐊᐧᐁᐧᔨᑲᐦᑖᒫᕽ ᐊᓂᒪ ᐅᔭᓯᐌᐧᐃᐧᐤ ᑫ ᐊᑎ ᐋᔮᐠ, ᑭᑕ ᑭ ᒫᑲ ᐃᐧᒋᐃᐌᐧᔮᕽ ᐋᐱᓯᓯᓄᐃᐧᓂᕽ ᑳᑭᑫ ᐱᒫᑎᓯ-ᐃᐧᓂᕽ ᐃᓯ, ᐁ ᐃᐧᑫᐚᐧᔮᕽ ᐊᓇ ᑳ ᑭ ᓂᐱᐟ ᓂ ᒪᒋᐦ-ᑎᐃᐧᓂᓈᓇ ᐅᐦᒋ ᒥᓇ ᑳ ᑭ ᐊᐧᓂᐢᑳᐟ ᑭᑕ ᑲᐧᔭᐢᑭᑖᑎᓯ-ᐊᐧᑭᒥᑲᐃᐧᔮᕽ, ᐁᑲᐧ ᒫᑲ ᑳ ᐱᒫᑎᓯᐟ ᒥᓇ ᑳ ᑎᐯᔨᒋᑫᐟ ᐊᓯᒋ ᑭᔭ ᒥᓇ ᑳ ᑲᐣᑎᓯᐟ ᐊᒌᕽ, ᐯᔭᐠ ᑭᓭᒪᓂᑐ, ᐃᔨᑯᕽ ᑫ ᓈᐢᐱᒋ ᐊᐢᑭᐊᐧᕽ. ᐋᒣᐣ.

¶ ᑭᐢᐱᐣ ᓇᐦᐃᐸᔨᑭ ᐁᑲᐧ ᐅᑕ ᑭᑕ ᑭ ᓂᑲᒧᐣᓂᐊᐧᐤ ᒥᓇ ᑭᑕ ᑭ ᑲᑫᐢᑭᑫ-ᒧᓇᓂᐊᐧᐤ. ᐃᐢᑲᐧᔮᐨ ᒫᑲ ᐅᒪ.

ᐅ ᐯᔭᑕᑫᔨᒨᐦᐃᐌᐧᐃᐧᐤ ᑭᓭᒪᓂᑐ ᑳ ᐊᔨᐚᐧᑭᐢᑲᒧᒪᑲᕽ ᑲᑭᔭᐤ ᓂᓯᑐᐦᑕᒧᐃᐧᐤ, ᑭ ᑲ ᐃᐧ ᑲᓇᐌᐧᔨᑕᒫᑯᓈᐊᐧᐤ ᑭᑌᐦ-ᒼᐚᐊᐧ ᒥᓇ ᑭ ᒥᑐᓄᔨᒋᑲᓂᐚᐊᐧ ᐅ ᑭᐢᑫᔨᒥᐌᐧᐃᐧᓂᕽ ᒥᓇ ᐅ ᓵᑭᐃᐌᐧᐃᐧᓂᕽ ᑭᓭᒪᓂᑐ, ᒥᓇ ᐅᑯᓯᓴ ᒋᓴᐢ X ᑳ ᑎᐯᔨᒥᑯᔭᕽ; ᒥᓇ ᐅ ᓴᐌᐧᔨᒥᐌᐧᐃᐧᐤ ᑭᓭᒪᓂᑐ ᒫᒪᐌᐧᔭᐢ ᓯᐊᑳᑎᓯᐟ, ᐅᐦᑖᐃᐧᒫᐤ ᐅᑯᓯᓯᒪᐤ ᒥᓇ ᑳ

ᑲᓈᑎᓯᐟ ᐊᒦᕽ, ᑭ ᑲ ᐃᐧ ᑭᑭᐢᑳᑯᓈᐚᐤ ᒥᓇ ᑕᐦᑭ ᑭ ᑲ ᐃᐧ ᐃᐧᑫᐃᐧᑯᓈᐚᐤ. ᐋᒣᐣ.

¶ ᑭᐢᐱᐣ ᓈᔦᐢᑕᐤ ᐯᔭᐠ ᔮᑲᐧᐊᐢᑳ ᐱᑲᐧᒦᔮᕽ ᐅᒪ ᐊᔭᒥᐋᐃᐧᐣ ᑭᑕ ᑭ ᐋᐸᑕᐣ.

ᑌᐯᔨᒥᑫᔭᐣ ᒋᓴᐢ X, ᑭᔭ ᑭ ᓇᐦᐃᓂᑯᐃᐧᐣ ᐅᐦᒋ ᑳ ᐨ ᑲᓈᒋᑖᔭᐣ ᐊᐢᑭᐃᐧ ᓇᐦᐃᓂᑐᐃᐧᑲᒥᐠ; ᐃᑌᔨᑕ ᑭ ᐸᑯᓭ-ᔨᒥᑎᓈᐣ, ᑭᑕ ᓴᐁᐧᔨᑕᒪᐣ ᒥᓇ ᑭᑕ ᑲᓈᒋᑖᔭᐣ ᐅᒪ ᔮᑲᐧᐦ-ᐊᐢᑳᐣ, ᐁᑯᑕ ᑭᑕ ᑭ ᐯᔭᑕᐠ ᓇᐦᐊᐢᑌᔨᐠ ᐃᐧᔭᐤ ᑭᐟ ᐊᐧᐢᔦᔮᑲᐣ ᐅᑕ ᑳ ᐃᐧ ᐊᐢᑖᐚᔮᕽ (ᑭ ᐊᐢᑖᐃᐧᐦᐤ) ᑭᔭ ᑭᑕ ᑲᓇᐁᐧᔨᑕᒪᐣ ᐊᔨᐢ ᑭᔭ ᐅᐊᐧᓂᐢᑳᓂᐁᐧᐤ ᒥᓇ ᐱᒫᑎᓯᐃᐧᐣ, ᑳ ᐱᒫᑎᓯᔭᐣ ᒥᓇ ᑳ ᑎᐯᔨᒥᑫᔭᐣ ᐊᓯᒋ ᐅᐦᑖᐃᐧᒫᐤ ᒥᓇ ᑳ ᑲᓈᑎᓯᐟ ᐊᒦᕽ, ᐯᔭᐠ ᑭᓴᒪᓂᑐ, ᐃᔨᑯᕽ ᑫ ᓈᐢᐱᒋ ᐊᐢᑭᐋᐧᕽ. ᐋᒣᐣ.

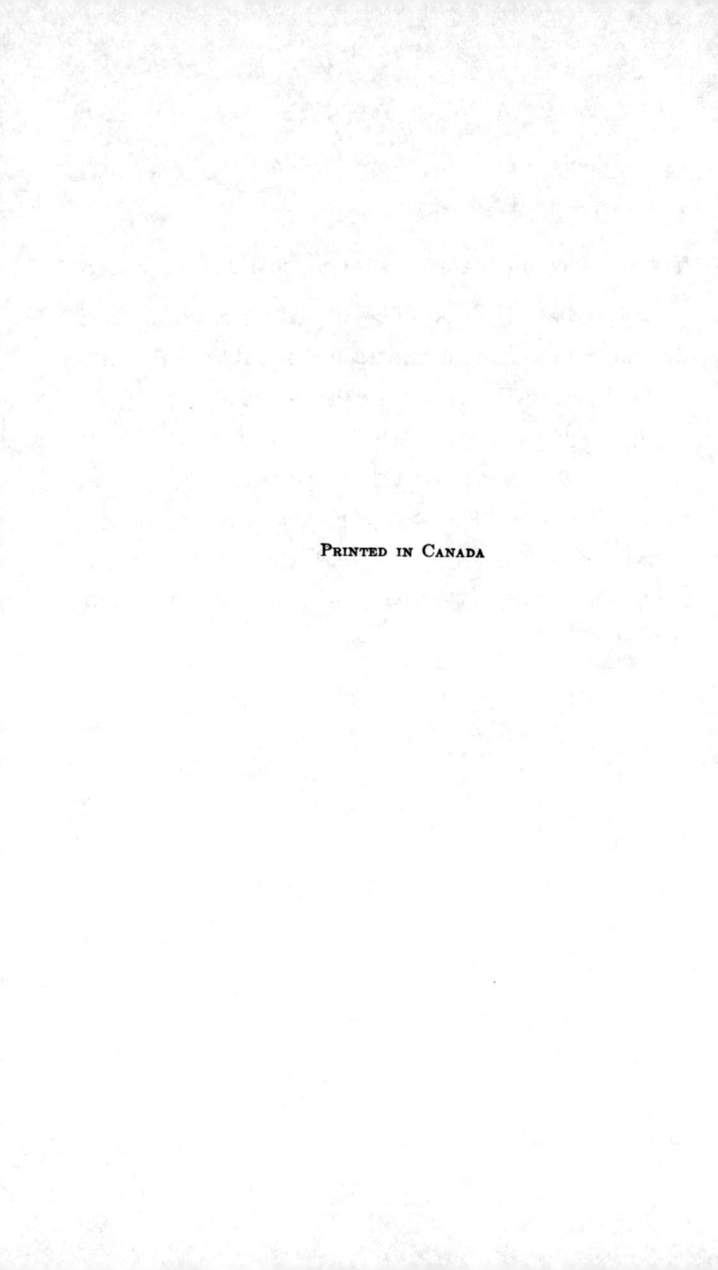

Printed in Canada